浙江大学公法与比较法研究所　编

公法研究

第 24 卷

主编　章剑生

ZHEJIANG UNIVERSITY PRESS

浙江大学出版社

·杭州·

图书在版编目（CIP）数据

公法研究. 第 24 卷 / 章剑生主编. — 杭州：浙江
大学出版社，2025. 7. -- ISBN 978-7-308-26555-3

Ⅰ. D90-53

中国国家版本馆 CIP 数据核字第 2025V06K53 号

公法研究·第 24 卷

章剑生　主编

责任编辑	傅百荣
责任校对	徐素君
封面设计	周　灵
出版发行	浙江大学出版社
	（杭州市天目山路 148 号　邮政编码 310007）
	（网址：http://www.zjupress.com）
排　　版	杭州隆盛图文制作有限公司
印　　刷	浙江新华数码印务有限公司
开　　本	710mm×1000mm　1/16
印　　张	33.75
字　　数	553 千
版 印 次	2025 年 7 月第 1 版　2025 年 7 月第 1 次印刷
书　　号	ISBN 978-7-308-26555-3
定　　价	88.00 元

目 录

专题论文

备审案析

域外公法

名作书评

公法访谈

"初违不罚"适用要件研究

——基于《行政处罚法》第33条的分析

邵　鹏[*]

内容提要："初违不罚"制度的缘起、发展以及入法，是贯彻落实处罚公正、处罚与教育相结合原则之必然，亦是顺应人本执法、优化营商环境等发展变革之当然。作为实践回应型[1]立法的一种，"初违不罚"入法是对近些年来探索实践的确认、固化，同时也为制度下步有序、有效地实施提供了基本的法律依据。但通过观察不难发现，各地各领域行政主体对制度适用的核心——适用要件及其认定不甚统一：虽然新《行政处罚法》为了制度裁量的规范化，明确将适用统一为三项要件，即初次违法、危害后果轻微、及时改正，具有重大意义；但由于立法表述本身客观存在的抽象性和模糊性，使得适用要件的内涵要义与认定判定并不完全明了、清晰，尚存巨大的解释空间。此外，从现有文献看，目前学界少有对法定三项要件开展专门、深入的系统研究，相关著述结合实践的分析也比较单薄。因此，本文以适用要件及其认定作为研究对象具有理论和现实意义，有助于理论研究的丰富并指导执法实践。

在完成"初违不罚"制度脉络梳理的基础上，本文主要通过理论阐释、体系分析、实践检视以及各地相关制度文本的规范考察等方式，对法定三项要

---

　*　邵鹏，浙江工商大学法学院2023届硕士毕业生。

〔1〕　参见《转变中的法律与社会》第81-87页，原著P.诺内特、P.塞尔兹尼克，张志铭译，中国政法大学出版社出版(1994年版)。

　　参见[美]诺内特、[美]塞尔兹尼克：《转变中的法律与社会》，张志铭译，中国政法大学出版社1994年版，第81-87页。

件进行逐层解构并分别证成,初步构建制度适用要件的理解、裁量和认定路径。在"初次违法"要件的判定中,违法"次数"的认定可以适当借鉴刑法理论有关"次"的确认标准,在完成违法"次数"认定后,还应从时间、空间及领域三重维度对"初次"进行衡量,确定科学合理的认定周期、地域差异以及领域限制;此外,还需注意可以适用制度的违法行为应是有限的,部分易产生恶劣影响和公众法益严重损害的特定违法理应排除在制度适用之外。合理建构"危害后果轻微"判定路径的关键有二:一是在于行政主体应基于"危害后果"不同的评判,对"轻微不罚""初违不罚"等相近制度作出理解、适用上的区分;二是在于行政主体应结合各地执法实际,科学确定"轻微"这一法律不确定概念的地域化裁量基准,从而便于执法实务的裁量控制与公平适用。评判"及时改正"要件则应注重从"及时与否""改正实效"两方面入手,并尽可能多地包含不同主观态度、不同类型、不同方式的改正行为;结合当下三种主要的改正类型,"及时性"的衡量应通过合理确定时间参照的方式将及时的评判简单化;另外,一些典型案例的裁判启示我们,"实效性"的认定应并重兼采改正的过程、结果,通过过程性、实质性两方面的考察将改正实效的衡量具象化进而最终认定改正的及时与否、实效如何。

关键词:初违不罚;适用要件;初次违法;危害后果轻微;及时改正

导　论

(一)问题的提出

早在 2004 年前后,江苏省质监部门就旨在加强对企业的质量帮扶,强化行政执法中的服务工作,较早地针对企业监管过程中常见的十项轻微违法行为,推出了"首查不罚"举措,在全国市场监管领域产生了一定反响。此后,各地各领域的行政主体开始在各自职权范围内,对"初违不罚"进行了一系列探索尝试。

随着各地各领域对"初违不罚"探索的深入,国家法律层面对该制度予以了积极的回应:2021 年《行政处罚法》重新修订,将"初违不罚"制度正式写入法律。立法者首次规定了"初违不罚"制度适用的法定三要件,赋予行政主体对"初次违法且危害后果轻微并及时改正"的违法当事人不予行政处罚的裁量认定权,其目的是希望以柔性执法、软法治理的合法手段替代以往一味追求的从严从快、顶格处罚,最终实现社会治理效果。

从目前实践看来,尽管"初违不罚"已经在税务征管、交通管理、城市管理等执法领域得到了广泛适用,展现了行政主体教育引导、权利保护的强烈信号,且不乏对其评价甚高的公众、媒体;但不可忽略的是,作为一项入法不久的新兴制度,多数行政主体、执法人员以及行政相对人对其制度基础、制度缺憾和要件认定把握还存在诸多困境。有的行政主体仅出台了一份有关"初违不罚"的工作方案和通知便简单了之,对制度如何更为科学合理地适用没有过多深究,不敢用、不想用、不会用的状态还不同程度地存在;有的公众作为行政相对人对制度适用要件的理解存在偏差,甚至认为"初违不罚"是政府给予的一次"免罪金牌"和"免罚福利",有"权"不用、过期作废的想法不在少数。此外,笔者还发现,"初违不罚"理论和实务中尚有许多空白有待进一步研究探讨。诸如,"初违不罚"入法前后的实践情况如何? 若要充分发挥制度效用,新的法定适用要件该从哪些角度合理把握? 有哪些值得理论界和实务界关注的认定路径? 本文认为,对上述情况和问题的研究探讨,对改善"初违不罚"要件的适用现状,更好发挥制度效用,提升依法执法水平和保障行政相对人合法权益具有理论、现实意义。

(二)国内外研究现状

行文之初,本文以"初违不罚""首违不罚""初次违法""首次违法"等作为关键词,在知网平台检索到了百余篇相关期刊文献和媒体刊载。此外,笔者还以"不予处罚＋适用要件/裁量基准"作为关键词,检索到了若干篇关于"不予处罚"适用要件和裁量判断的文献,这些资料构成了撰写本文的基础文献,也为笔者开展"初违不罚"适用要件领域的研究做了知识铺垫。

囿于当前学界对"初违不罚"适用要件直接且深入的体系化研究较少,暂无更多的研究成果可供学习参考,笔者转而从梳理"初违不罚"的发展脉络入手,将视野放宽至与"初违不罚"制度相关的其他研究成果,最终形成此文献综述。

1. 国内研究现状

(1)"初违不罚"实践初期之研究

"初违不罚"实践之初,国内行政法学界不少学者对这一制度曾发起过一场理论纷争,他们主要争论、探讨的内容是"初违不罚"是否具有法律依据,是否符合法律要求以及具有哪些理论基础等。在理论纷争兴盛的同时,我国政府在这一时期将"人本执法""柔性执法"等行政理念吸纳入执政实际,出台了一定的导向性政策,部分新闻媒体也以"柔性执法""让执法充满温度"作为关键词对这些政策进行了宣传报道,这对"初违不罚"的兴起发展起到了一定的助推作用。

就这一时期的理论观点来看,主要存在着对"初违不罚"制度支持、否定两派观点:支持派学者认为这一制度是行政执法"人性化"的尝试探索,蕴含着对人的理解和尊重,也是行政处罚的改革创新,体现了行政执法理念的重大转变。[2] 否定派学者认为该制度本质上已经将行政主体关于行政处罚的自由裁量空间压缩为零,且该制度本身存在适用范围不确定、界定困难等难题。[3] 此外,不赞成该制度的学者还指出,"初违不罚"不仅可能引起公共利益与第三人利益之间的冲突关系,还可能催生行政主体"以教代罚"的懒政,刺激行政相对人"首次免罚"后产生再次投机的侥幸,制度的正当性值得怀疑。[4]

除此之外,在21世纪初变化急遽的中国社会,"以人为本""执政为民""柔性执法"等执政理念勃兴并得到国家认可,政府行政管理的行使逐步由单纯地强调约束,转而向各类灵活治理手段并举积极转变。2004年9月,在"不断提高构建社会主义和谐社会的能力,不断增强全社会的创造活力,妥善协调各方面的利益关系,推进社会管理体制创新"总目标指引下,[5]公安部在警务执法理论中提出"人性化执法"理念,旨在充分尊重和保护当事人合法权利,以人性化执法赢得人民群众对公安部门的信任和支持。2005

---

〔2〕 参见章剑生:《罚抑或不罚?——基于行政处罚中"首次不罚"制度所展开的分析》,《浙江学刊》2011年第2期。

〔3〕 参见朱晓燕、王怀章:《"首次不罚"制度的法理思考——兼谈行政执法方式的完善》,《行政法学研究》2007年第2期。

〔4〕 参见陈光豪:《"首违免罚制"是人性化还是人治化?》,《浙江人大》2007年第6期。

〔5〕 参见《中共中央关于加强党的执政能力建设的决定》,2004年9月19日中国共产党第十六届中央委员会第四次全体会议通过。

年末,重庆市人民政府正式将"人本执法"理念作为重庆市行政执法的核心理念予以采纳,配套出台的系列规定体现了"教育为先、处罚在后"的政策导向。[6]以此为契机,"初违不罚"作为"以人为本""人本执法"的有益尝试,开始在各行政执法领域更多地得到承认并予以贯彻。对此,多数观点认为,将"人本执法"价值取向融入行政执法行为,不仅可以达成一定的执法实效,还能减少执法者与当事人之间的矛盾,融洽两者关系。行政处罚领域"初违不罚"的试行,给予了违法当事人一次及时纠正违法行为的机会,让更多当事人体验到了执法温度,是"人本执法"的创新体现。[7]

正是因为高度契合了"人本执法""柔性执法"的时代脉搏和价值取向,"初违不罚"才在政策、理论的双重指引下发展起来。同时,行政法学理论界的两派纷争对实践的发展与国家立法的完善是有好处的,有助于梳理发现"初违不罚"的制度缺憾、裁量空间和适用范畴。

(2)"初违不罚"实践拓展期之研究

随着"初违不罚"在更多领域的探索实践,学界的理论纷争渐趋统一于赞成派,这也为"初违不罚"更广领域、更深层次的探索做好了铺垫。这一时期,理论界和实务界逐渐开始转向对"初违不罚"的功能意义、内涵要义、理论支撑方面的探讨,不少专家学者以及执法人员从自身理解出发,对"初违不罚"的表现形式、适用条件等深层次问题进行了探究,其中部分文献涉及对"初违不罚"适用、认定的初步探讨。

① 在"初违不罚"内涵要义研究方面,学者多从字面含义或者实践尝试的角度出发进行阐释,对制度内涵要义的诠释较为粗浅。诸如,制度入法前,有观点主张"初违不罚"指的是行政主体对非主观故意,情节轻微,能及时纠正,对社会和其他相对人未造成危害后果的初次违法行为,不予实施行政处罚。[8]该观点存在于制度入法前,虽然与入法后的法定要件有所出入,但就当时的探索实践来看,有其存在的合理性,基本囊括了当时各地行

---

〔6〕 参见《重庆市人民政府关于坚持以人为本创新和规范行政执法的决定》,渝府令第191号,2005年12月20日公布。

〔7〕 参见杜晋丰:《人性化执法:理念转变与实践改进》,《中国人民公安大学学报》2004年第2期;参见赵韵玲:《以和谐思维引领行政执法实践》,《首都经济贸易大学学报》2008年第1期;参见韦锋:《树立和谐执法理念 推进依法行政进程》,《苏州大学学报(哲学社会科学版)》2008年第2期。

〔8〕 参见张新芳、赵玉考:《行政执法"首次不罚"制度初探》,《中国卫生法制》2012年第20期。

政主体从主观过错、违法情节、是否改正、危害后果等方面对"初违不罚"具体适用要件的探索尝试,为"初违不罚"法定要件的确定奠定了基础。

制度入法后,学界对"初违不罚"制度定位的研究更进一步。例如,有的观点认为"初违不罚"是立法者在"不予处罚"制度项下,新增的一项情形,即对于"首次发现、情节轻微、没有造成后果和能立即整改"的违法行为,实施容错机制。[9] 该观点较为准确地界定了"初违不罚"的适用要件和逻辑层次,指出"初违不罚"是"不予处罚"项下的具体细分,提出了"初违不罚"与其他"不予处罚"情形需要进一步区分的理论构想。但本文认为,这一时期理论研究对"初违不罚"与其他"不予处罚"情形的对比尚不全面,对"轻微不罚""初违不罚"易于混同的现状、成因分析亦不深入。

② 在"初违不罚"理论支撑研究方面,部分来自执法实务领域的作者撰文指出,制度践行了行政处罚领域"处罚与教育相结合、宽严相济和过罚相当"三项原则:(A)"处罚与教育相结合原则"在旧《行政处罚法》中作为一项单独的原则予以列明,即明确了行政主体释法和教育的义务,"初违不罚"侧重及时改正、纠偏客观违法的做法是"处罚与教育相结合原则"的具体表现之一;(B)我国行政处罚学界一直以来受刑法理论的影响颇深,基于刑法理论的影响,"初违不罚"改变了一味追求惩罚的导向,体现了"宽严相济原则"中宽缓的一面,是对该原则的有益实践;(C)行政主体通过综合考量违法行为的出现频次、事实性质以及危害程度,考察行为人是否及时改正恢复应然状态,最终作出"不予处罚"的决定,与"过罚相当原则"所要求的"处罚种类和处罚幅度要与违法过错、程度相适应"是不谋而合的。

③ 在"初违不罚"适用要件研究方面,现有的文献资料普遍对此探讨不深、浅尝辄止,但诸位学者抛出的各类问题和对适用要件的初步探究却为本文的进一步探讨指明了方向。例如,有的学者主张"初次违法"是"柔性执法"理念与"处罚与教育相结合"原则相结合的产物,其给予了行政相对人及时修正自己错误的机会,但法律对于"初次违法"认定存在歧义,究竟是"一次性"还是"一段时间内的初次",是否应当限定"初次违法"的时间、空间及

---

〔9〕 参见王利群、曾明荣:《提出新要求 促进高效能执法——新〈行政处罚法〉对应急管理综合行政执法的影响》,《中国应急管理》2021 年第 8 期。

领域尚有待进一步界定。[10] 该观点虽然没有明确阐释"初违不罚"的具体内涵,但却启示笔者:"初违不罚"法定适用要件存在裁量认定的巨大空间,理论和实务需要对法律文本的内涵要义进行更深层次的分析。

(3)"初违不罚"入法前后之研究

"初违不罚"正式入法前后,尤其是以 2021 年 1 月为时间节点,学界结合新《行政处罚法》的变化和近年来对执法经验成果的探讨,又掀起了一波对"初违不罚"的研究热潮。此外,各级行政主体、新闻媒体也结合新法审议通过,对"不予处罚"的制度亮点、功能意义和执法应用开展了集中释义。不少学者通过对比"初违不罚"与"不予处罚"其他情形的异同,对新法中"初违不罚"法定要件的内涵进行了部分阐释,这也对本文进一步探求法定要件的解释路径起到了积极作用。其中,与本文有关的文献资料和研究成果主要聚焦于以下方面。

① "初违不罚"利于"放管服"改革和优化营商环境。2019 年 2 月,中央首次提出深化"放管服"改革,优化营商环境的论断,在这一目标追求指引下,一系列社会经济参与者权利保护、完善营商环境发展的政策法规相继出台。[11] 作为深化"放管服"改革和优化营商环境的有力之举,"初违不罚"弥补了我国在优化营商环境法律法规方面的一项空白,为营造人性化、法治化、公平化的行政执法环境做出了一定贡献。据不完全统计,截至 2022 年 5 月,已有 400 余个行政主体出台了 500 余份"初违不罚"相关的规范性文件。2021 年 11 月,中央媒体《法治日报》对税务领域推行"首违不罚"清单予以专题报道,报道称"首违不罚"是我国税务征纳领域改革发展的标志性成果,全国累计已有逾 6 万名纳税人从"首违不罚"清单的施行中受益。

② "初违不罚"利于限制行政权力的无序扩张。《行政处罚法》历次修改,均强调了对行政执法权的规制与监督,体现了行政控权理念。有学者撰文指出,作为缓解行政主体与公众之间紧张关系的一项制度,"初违不罚"的正式入法也体现了对行政权的控制。"初违不罚"通过赋予行政主体"不予处罚"权,改变了以往"违法必究""违法必罚"束缚性认识,利于改变过去行政处罚之中"乱罚"的现象,利于行政主体抑制行政处罚中"想罚"的冲动,利

---

〔10〕 参见龚向光:《新修订的〈行政处罚法〉对卫生健康系统的影响》,《中国卫生法制》2021 年第 3 期。

〔11〕 中共中央召开全面依法治国委员会第二次会议,2019 年 2 月。

于贯彻行政处罚与教育相结合原则并消解部分民怨、民怒,从而发挥行政主体、行政权的踊跃作用。[12]

③ "初违不罚"利于开辟社会综合治理新路径。近年来,社会治理成为社会热词,两对看似矛盾的基本关系成为其中的核心要义。[13] 在结果可控的前提下,我国政府主要做了两方面的尝试:合理限制行政权力,更好更充分地激发社会活力;要求行政主体不断向服务型、引导型转变,充分信任行政相对人,努力营造和谐有序、充满活力的社会发展氛围。有观点指出行政主体推行"初违不罚",放弃一味从严惩处的理念,转而将行政执法的重点变为引导教育、说理释法,这是社会治理新路径的有益尝试,这有利于实现由"强监管、严惩处"向"长期监管、软法施治"的多元共建共治共享的转变。[14]

2. 国外研究现状

除了检索国内研究现状以外,本文还尝试以"first violation(初次违法)""minor offence(轻微违法)"等作为英文关键词,对国外文献进行了检索,但收获甚少。因此,笔者尝试跳出直接描述"初次违法不予处罚"的关键词直译方式,转而将视野拓展到与"初违不罚"相关的国外理论基础。作为一项中国特色明显的行政执法创新,域外行政法学界虽然没有明确提出与"初违不罚"相关的专有概念、名词和学术专论,但与行政治理相关的公共治理理论、政府治理效率和治理成本理论、成本—收益理论以及自由裁量基准制度、教育与惩罚相平衡原则等各类理论和学说蓬勃发展,也为"初违不罚"在我国的实践发展提供了丰富的域外理论支撑,这也为本文更加全面地了解、掌握"初违不罚"的缘起演变、立法意图做出了一定贡献。

随着全球各国政府治理实践的深入,公共治理理论在国际社会科学中逐步兴起,并成为影响全球的理论范式。公共治理理论的开创者詹姆斯·N. 罗西瑙(2001)曾提出,公共治理活动并不应当完全需要依靠政府强制力来实现,而应当在各种不同的制度关系中恰当地运用权力去引导、控制

---

[12] 参见章剑生:《罚抑或不罚?——基于行政处罚中"首次不罚"制度所展开的分析》,《浙江学刊》2011年第2期。

[13] 社会治理中的两对基本关系指的是"如何把握和谐有序与充满活力之间的平衡"与"如何把握人民权利与行政权力之间的平衡"。

[14] 参见曾远:《包容审慎视角下税收"首违不罚"的法理意蕴与制度调试》,《税收经济研究》2022年第2期。

及规范公民的各种活动，从而最大可能地实现并维护公共利益。[15]

公共治理理论作为舶来品，于21世纪初被引入国内，这一行政理论对我国政府体制改革和制度创新影响颇深，在深度融合我国国家治理体系后，"有效治理""实质法治""兼顾个案公平与社会综治"等标志性词汇逐步成为指导中国行政管理体制改革的主流词汇。公共治理理论融入中国的时点恰好与一些新兴的执法方式位于同一历史坐标，这也为"初违不罚""轻微不罚"等执法创新提供了有机的土壤，使得其创设、完善和发展成为可能。

与此同时，随着法律经济学对政府公共治理行为影响力的与日俱增，治理成本和治理效能逐渐成为政府治理行为的重要考量内容。"成本—收益"理论是一种评估治理成本与效能收益之间关系，从而选择最优治理行为的分析方法。[16] 根据斯蒂夫·萨维尔(2008)在其著作《法律的经济分析》中提及的"惩罚公式"：相称的罚款＝$H \times (1/P)$。[17] 在行政主体施加以制裁的概率为定值的情况下，被罚行为造成的损害较小时，其所受到的处罚也应当较小，甚至不予处罚。这与行政法中比例原则，行政处罚法中公正裁量原则，以及"初违不罚"中，针对轻、微、小的行政违法行为可以不予行政处罚的做法内涵是一脉相通的。"成本—收益"理论不失为在社会公共秩序利益没有较大损害的情况下，兼顾降低行政执法成本与取得监管实效的良方。无独有偶，正如《法和经济学》一书的两位作者罗伯特·考特和托马斯·尤伦(1994)所述，在公共行政领域，政府在治理目标的实现过程中，不仅要注重保护社会正义，也要注重治理成本的控制，以实现社会治理的最大效益。两位美国学者研究和运用"成本—收益"理论便是旨在利用最小治理成本获得最优治理效果。该理论指导行政主体在实施行政行为(包括行政处罚)时，以较小的行政资源投入来实现最佳的行政工作目标，从而达到社会资源配置的最优状态。

作为进一步提升国家治理体系和治理能力的有益尝试，"初违不罚"从诞生之初便确立了实现高质效公共治理的目标任务，而这背后无不渗透着

---

〔15〕　[美]詹姆斯·N.罗西瑙：《没有政府的治理：世界政治中的秩序与变革》，张胜军、刘林等译，江西人民出版社2001年版。

〔16〕　参见陈文清：《法律经济学视角下城管执法问题的应对策略——以摊贩管理为对象》，《天府新论》2018年第5期。

〔17〕　相称的罚款＝$H \times (1/P)$：H为伤害成本即被罚行为造成的损害；P为制裁概率，即被罚行为被处罚的可能性。

公共治理理论与"成本—收益"理论的内涵实质，两项重要的域外理论在中国化为我国行政治理思想后，为"初违不罚"的进一步发展奠定了思想理论基础。

3. 国内外研究现状评述

综前所述，笔者基于时间演进的大体顺序，搜集、阅读、梳理了"初违不罚"试行、发展、入法等时期的相关文献，可以明确的是：行政法学界从初期对"初违不罚"制度的褒贬不一，逐步过渡到了对该制度的理解支持；行政法学界经过广泛深入的研讨，渐渐认识到了这一制度是我国政府对更高水平社会治理体系和治理能力的探索尝试和重大迈进。但纵观检索到的研究资料，本文发现，学界对"初违不罚"适用要件的关注研究不多，目前暂无专门研究适用要件的文献资料呈现；仅有少数文献作者结合部分行政执法领域实际，关注到了"初违不罚"适用的核心——适用要件及其认定，但这部分文献作者仅从各自所在的研究领域或者执法领域出发，对法定适用要件进行粗浅的解析，缺乏从教义解释学角度对适用要件进行系统探讨的尝试。

换言之，虽然"初违不罚"兼顾了优化营商环境和彰显人本执法理念，制度入法既得到了行政法学界的长期呼吁，也是近年来基层柔性执法实践的回应和提炼，[18]但我们仍然应当冷静、理性地看到，目前制度的适用仍然面临一些实践困境。[19] 一方面，"初违不罚"适用要件包含巨大的裁断空间，诸如"初次""轻微""及时"等不确定法律概念致使适用要件具有模糊、多义性，若缺乏对行政主体必要的规制，极易造成行政自由裁量的滥用，甚至诱发腐败；另一方面，行政主体不敢、不想、不会运用制度的情况仍然较为突出，过于原则且抽象的立法表述使得行政主体、执法人员为规避履职风险和不罚追责，常常抱有"不罚失责、能罚则罚"的主观意愿，对作出"不予处罚"的最终决定忧心忡忡。[20]

基于对国内外研究现状的阅读与思考，本文将行文的选题和研究的重心确定为"初违不罚"适用要件，并计划系统、深入地探求适用要件的内涵要义。

---

〔18〕 参见江国华、丁安然：《"首违不罚"的法理与适用——兼议新〈行政处罚法〉第 1 款之价值取向》，《湖北社会科学》2021 年第 3 期。

〔19〕 参见江国华、王孜航：《论"首违不罚"裁量基准的优化构造》，《长江论坛》2022 年第 3 期。

〔20〕 参见朱晓燕、王怀章：《"首次不罚"制度的法理思考——兼谈行政执法方式的完善》，《行政法学研究》2007 年第 2 期。

(三)研究思路与方法

1. 研究思路

在行政主体适用"初违不罚"的过程中,如何理解制度背后的理论基础和制度价值,如何把握"初违不罚"与"不予处罚"相关情形的区别,如何科学合理地解构"初次违法"适用要件以及对"初违不罚"适用要件的实践尝试有何优劣之处是本文需要围绕论述的几个重点问题。其一,我们在形式上需要厘清"初违不罚"适用要件的识别、认定路径,勾勒出一个有层次、有重点的判断架构;其二,我们更需要注重对"初违不罚"的适用进行实质研究,将法律中不明确的要件进行剖析解释,并通过多种方式防止行政主体出现评判偏颇。

诚然,将纯粹的理论分析完全应用于层出不穷的个案中并不容易,笔者在系统整理"初违不罚"制度的理论基础、制度价值,为本文研究标定宏观方向的基础上,以"初违不法""免罚清单"等作为关键字段,以《行政处罚法》第三十三条内容作为搜索相关,检索到相关规范文本共计543份。在剔除重复、无关文本与案例后,选取部分有代表性、有参考价值的规范文本及裁判案例作为研究对象,用于"初违不罚"适用要件的规范梳理、分析解释,并提出一些思考和建议,以期更好地服务制度应用。

2. 研究方法

(1)文献分析法

本文从"初违不罚"作为关键字段出发,搜索得到了有关该制度的一批学术文献,提炼总结出学者们的论点论据和既有研究成果;同时,随着写作的深入,文献的搜索范围还进一步拓展到了"不予处罚"制度、"免罚清单"、"自由裁量"以及"行政裁量基准"等关联内容。通过对已有研究成果的总结思考,本文将其与行政法学理论知识相结合,提出"初违不罚"的完善建议。

(2)规范分析法

本文对新旧《行政处罚法》、相关法律法规和行政规范性文件中涉及"初次违法"构成要件的演变和规定进行分类梳理、汇总呈现,并根据法律解释方法进行合理释义,在相关理论研究基础上对本文的中心论题展开研究。

(3)案例分析法

收集与"初违不罚""不予处罚""从轻、减轻处罚"相关的案例,归纳总结

"初违不罚"出台的现实意义和易于产生矛盾的实践环节；通过不同案例之间的比较研究，探求"初违不罚"适用要件认定过程中存在的问题，以及如何妥善解决的方法。

（4）实证分析法

通过对行政执法部门执法人员的相关访谈以及对典型案例的检索分析，了解行政执法实务领域的典型案例、实践举措以及施行过程，为本文的研究提供执法实务素材和依据。

（四）研究创新与局限

本文研究的创新之处主要是：笔者通过文献分析、规范分析和实证分析的方法，规范梳理、归纳各地各领域行政主体在制度入法前后公布施行的"初违不罚"规范文本，并以此为基础，阐明"初违不罚"适用要件的理解空间和合理解释。此外，笔者还尝试将研究方向拓展至"初违不罚"制度的未来发展和优化路径，将其与社会发展实际、社会综合多元治理相结合，期待有更好的研究发现和成果。

本文的局限主要在于：笔者在研究论文相关内容时，检索、获取的各类样本有限，提出的研究结论在一定程度上不能完全反映某一行政处罚领域的相关实际，有待结合行政主体的执法实践做进一步融合和变通。

一、"初违不罚"的演变、价值及制度核心

在行政柔性执法领域，行政主体近年来积极探索，出台了众多"不予处罚"规范文本。其中，以"初次违法""危害后果轻微"等作为"不罚"适用要件的规定出现频率相对较高，亦最具代表性。但囿于暂无法律法规的统一界定，各地各领域对该项制度的叫法各有不同，"初违不罚"在行政处罚实务中亦常被称为"首次不罚""首违不罚""初次不罚"等等，虽然叫法不同，但其核心内涵、适用要件是相近且类似的。[21] 因此，笔者将这些类似的规范文本

---

〔21〕 本文所述"首违不罚"，与实务、理论所称"初违不罚""首违免罚""首次免罚""首错不罚""首错免罚""初次违法免罚"等为同一制度，均为针对首次、初次行政违法行为不予处罚的相关政策性制度规定，下文不再作区分解释。

作为"初违不罚"制度缘起、发展的素材予以检视,形成该部分内容。

(一)缘起、发展及入法

1. 缘起初见

2004 年 3 月,国务院印发《全面推进依法行政实施纲要》(本段简称《纲要》),确立了全面建设法治政府的目标。在《纲要》指引下,政府自身与社会公众都对依法行政提出了更高要求,不但要求行政主体有法必依、执法必严、违法必究,还要求行政主体能遵循处罚法定原则、过罚相当原则,并在行政执法中综合、全面考量当事人的违法行为、违法情节、危害后果和主观过错等因素,从而使行政执法的目标能更为恰当地达成。简言之,从彼时开始,国家开始逐步要求行政机关不仅应作出合法合理的行政处罚决定,还应当敢于作出不予处罚决定,进而给予违法当事人及时改正、遵循秩序的机会,营造更为和谐、有序的社会环境。《纲要》作为国家对行政柔性执法的风向标,既肯定了此前已有的初步尝试,也为此后更为深入的探索指明了方向,鼓励行政机关对"初违不罚"做出更广泛的创新与探求。

从论文撰写之初检索到的文本素材来看,各地行政主体对于"初违不罚"的探索尝试也始于 2003—2004 年,陆续出台的"初违不罚"制度规定常常可见于当时的政务公开专栏与媒体报端;较早使用"初次违法""不予处罚"等法律术语的规范文本来自福建厦门和浙江杭州。2003 年 3 月,厦门市工商行政管理局发布《关于对部分情节较轻的违法经营行为实施首次不罚的试行办法》(本部分下文称《试行办法》),列明了 15 种工商管理领域的违法行为,对"无主观恶意且首次从事办法列举的违法行为人",免予行政处罚;但同时,执法主体适用"初违不罚"后需要出具《责令整改通知书》,责令当事人在 15 日内纠正其违法行为,并要求执法主体做好对当事人"初违不罚"的执法记录。[22] 此外,根据相关媒体报道,2004 年 3 月,杭州市物价局曾经宣布在当月月底之前在全市范围内开展一次明码标价专项整治行动,第一次检查到经营者违反《价格法》相关规定不明码标价的,不对该违法行为进行罚款,而是先期开展普法教育,帮助经营者建立健全价格管理制度机

---

〔22〕 参见厦门市工商行政管理局下发的《关于对部分情节较轻的违法经营行为实施首次不罚的试行办法》,厦工商法〔2003〕1 号,2003 年 3 月 6 日发布。

制，以"人性化执法"手段培养市场诚信意识。[23] 但同时，当时的百姓似乎对此"不予罚款"的政策并不理解，这一创新举措还未正式付诸实施，就遭到了许多非议。[24]

在"初违不罚"缘起初见的两地，就文本规范程度而言，厦门市工商行政管理局的《试行办法》逻辑较为严密、体例较为完整，形成了"初违不罚"制度的基本规范框架，成为后续各地各领域行政主体学习借鉴的范本。《试行办法》主要由四个部分构成："初违不罚"的法律依据；"初违不罚"的适用要件、范围限制和兜底条款；"初违不罚"的程序规定（如责令改正、登记留档和抽查巡检等）；执法人员违法违规所应承担的相关责任等。此后，重庆、四川、云南、山东等地区，交通管理、城市管理、税务监管、涉农监管、环保监管、消防监管等领域的行政主体纷纷效仿，出台规范文本，推动"初违不罚"在各地各领域开始试行。

2. 发展演变

随着探索尝试的进一步深入，各地"初违不罚"规范文本也在赓续传承的基础上不断完善，并逐步体系化。例如，前述列举的厦门市工商行政管理局在 2003 年 3 月规定"无主观恶意且首次从事办法列举的违法行为人"免予行政处罚，表述用语较为粗犷，"不予处罚"的适用要件仅有两项。到了2004 年 6 月，江苏省质量技术监督局首次规定"对企业主观过失造成，能及时纠正整改、没有造成危害后果、积极配合查处的十项轻微质量违法行为实行'首查免罚'"，设置了四项适用要件。[25] 五年后，2009 年 3 月，江苏省质量技术监督局更新规范文本，规定"'首违不罚'是指质监部门对违法行为轻微并及时纠正，没有造成危害后果，行政相对人首次且非主观故意违法、能积极配合执法的案件，根据《行政处罚法》等法律法规的规定，依法作出从轻、减轻、免予行政处罚的决定"，适当增加了"首违不罚"的适用要件，为执

---

[23] 我国《价格法》第四十二条规定："经营者违反明码标价规定的，责令改正，没收违法所得，可以并处 5000 元以下的罚款。"

[24] 参见陈旺：《应准确解读执法部门"首次不罚"》，中国青年报 2004 年 3 月 31 日，http://zqb.cyol.com/content/2004-03/31/content_847364.htm。（最晚访问于 2022 年 6 月 19 日）

[25] 参见江苏省质量技术监督局下发的《关于实行"首查不罚"的通知》（苏质技监发〔2004〕141 号），2004 年 6 月 1 日公布。

法的裁量判断框定了大体的发展方向。[26]

　　在诸多"初违不罚"的探索尝试中，行政主体最终都将行政处罚的结果指向了"不予处罚"；然而，如果实践仅仅停留于"不予处罚"，而让违法当事人有"罚里逃生"之感，则无利于违法问题的解决，是失当的。为了更好地督促改正，防止"不罚"再次诱发违法，在作出"不予处罚"的决定之后，行政主体常常采用以下几种方式来巩固"不罚"成果：①制发《责令改正通知书》或《停止违法告知书》并定期复查、抽查，以此要求行政相对人限期改正并确保整改实效，如果在复查、抽查中发现仍然存在该违法行为，则启动正常的处罚程序，待查明案情后，依法作出相应行政处罚。例如，国家市场监督管理总局在 2019 年制定出台了《市场监督管理行政处罚程序暂行规定》并配套出台了《市场监督管理行政处罚文书格式范本》，其中就明确载明了《责令整改通知书》的格式范本，为其在市场监管领域的广泛适用作了制度铺垫。②辅之以行政约谈、行政约见、行政告诫、行政劝告、行政指导等柔性执法手段，督促行政相对人及时地整改违法行为，重回合法合规的运行轨道。例如，近年来公众可以经常发现某某互联网企业或平台运营者受到网信监管部门行政约谈并要求整改的新闻。行政主体往往通过约谈沟通、宣讲法规、分析讲评等方式，指出行政相对人在运行中存在的问题，要求其予以及时纠正并规范言行来实现"不处罚，事亦了"的理想状态。③对违法当事人作出告知，并要求当事人作出承诺，签署书面的《整改承诺书》，保证在限定期限内纠正违法行为且不再犯类似错误。例如，2020 年前后，浙江各地行政主体在市场监管、城市管理等领域推出的《轻微违法行为告知承诺制》：对符合的违法情形，执法人员作出"不予处罚"决定后，可以要求行政相对人立即当场改正或者书面承诺限期改正，并严格落实执法全过程记录制度，确保全程留痕、合法合规。④将违法当事人的违法行为及时记录，并存入诚信监管记录，当事人一定时期内的违法次数将对其诚信评价造成影响，从而导致其在一些监管事项的申请、办理以及审批等环节受到区别对待。例如，笔者所从事的出入境边防检查领域，省一级边检主管机关曾出台相关规定，要求各口岸边检机关定期对监管的出入境交通工具承运单位、承运人进行诚信评价，评级较低的行政相对人会受到更加严格的行政监管，并不享受"柔性执法"

〔26〕　参见《江苏省质量技术监督局"首违不罚"暂行规定》，(苏质监稽发〔2009〕67 号)，2009 年 3 月 15 日公布。

"免预检作业"等政策举措。

此外,还值得一提的是,"初违不罚"在税务监管领域发展得较为完备、成熟,形成了行政执法双方都共同认同的有利局面。具体来看,"初违不罚"在税务监管领域的发展脉络大体如下:从各地的先行探索到 2020 年 8 月《长江三角洲区域税务轻微违法行为"首违不罚"清单》公布施行(同一时期的《京津冀税务轻微违法行为"首违不罚"清单》亦正在征求意见),再到 2021 年 2 月国家税务总局启动"我为纳税人办实事暨春风行动",分几批在全国推行统一的"首违不罚"涉税事项清单。上述发展历程,基本实现了税务监管"初违不罚"从地方性探索到区域性规定再到全国性制度的拾阶跃升,也为"初违不罚"制度在其他领域的发展与最终入法积累了经验、做好了铺垫。

总体来说,在"初违不罚"发展演变到正式入法之前的这一时期,各地各领域的行政主体做了诸多有益尝试,主要通过出台、更新各类"初违不罚"规范文本,对"初违不罚"的制度依据、适用要件、适用程序等作了进一步的规范,对行政主体的一线执法实践起到了一定指导,亦较好地体现了"初违不罚"这一柔性执法行为的功能属性,助推了"初违不罚"逐步进入全国人大的立法视野之中。

3. 正式入法

在《行政处罚法》于 2021 年修订前,虽然"初违不罚"由于没有法律明文支持而产生过各类理论纷争,但行政主体对制度的探索尝试却没有因此停止。例如,江苏省质监部门于 2009 年印发《宿迁市沭阳质量技术监督局"首违不罚"暂行规定》,明确"初次违法"的客观事实在符合"及时改正"与"没有造成危害后果"2 项要件的情况下,可以套用"轻微不罚"制度,进而不予处罚;江苏省国税部门于 2014 年开始实行税务领域的"首(初)违不罚",对符合条件的首(初)次涉税违法的纳税人免予处罚;宁波交管部门于 2018 年开始对首次违章停车的非机动车不采取拖移等强制措施,转而以系黄丝带的方式对违法当事人进行温馨提示等。各地行政主体通过出台各类规范文本,在适用条件、适用情形以及具体操作规程等方面为"初违不罚"积累了一定经验,但它们不可避免地存在地域化、领域化、碎片化的局限,仍然缺乏国家层面统一的"初违不罚"制度规定。

在执法实务和理论学界的共同呼声下,新《行政处罚法》于 2018 年启动修改,历经多轮调研、座谈、论证和完善,最终于 2021 年 1 月经全国人大常委会表决通过。2021 年初,正如全国人大在《关于〈中华人民共和国行政处罚法(修改草案)〉的说明》中指出,本次修法需要主动适应改革,体现和巩固行政执法领域中已经取得的重大改革成果。"初违不罚"的新增作为本次修法亮点所在,回应了理论纷争和实务所需,补充了"不予处罚"项下的空白,以法律形式拓展了"初违不罚"未来的发展和适用空间。

新《行政处罚法》第三十三条第一款在确认"初违不罚"作为一项法定制度而存在的同时,还一并规定了"初次违法""危害后果轻微""及时改正"三项法定要件以及"可以不予处罚"的自由裁量权,用于指导各地各领域行政主体施行该项制度。可见,该条款的表述主要是规定了行政主体的行政裁量(权),且兼采了要件裁量和效果裁量两种方式——关于行政裁量,行政法学界常常依法律规范对行政权承认裁量阶段的不同,将行政裁量划分为要件裁量和效果裁量。[27] 结合行政法学理论,对新《行政处罚法》第三十三条第一款进一步解构后还可以发现:法律对"初违不罚"三项法定要件的规定属于要件裁量,更多地强调合法性标准,行政主体需对法定要件要作出符合立法原意的解释并用于裁量判断;对"可以不予处罚"的明确属于效果裁量,更多地强调合理性标准,行政主体最终依据其判断,作出"不予处罚"的处理决定。简言之,被写入新《行政处罚法》的"初违不罚",本质上是一种对行政处罚权的裁量规范,由精细化的要件裁量和效果裁量两部分共同构成了一个完整的"不予处罚"裁量权构造。

(二)制度价值

首先说明的是,"初违不罚"制度意义可在一定程度上指导适用要件的解析、证成与认定。正因如此,在此处交代制度价值并非笔者行文的偏颇,而是有意为之。

新《行政处罚法》对"初违不罚"作出的明确规定,其用意在于保障法律既有规则的力度,又有个案的温度。行政执法面广、量大,对其最为通俗的解释便是各类行政执法行为一头连着政府,一头连着群众,在行政执法领域落实该项制度的影响面和意义尤为突出,优化行政执法方式十分重要。正

---

〔27〕 参见金成波:《从重处罚设立的必要性及其制度构造》,《行政法学研究》2022 年第 4 期。

如国务院及有关部门近年来提出的各类深化改革意见指出,行政执法应当不断创新执法方式,综合运用说服教育、约谈警示等非强制、柔性执法方式,让执法既有力度又有温度,从而实现宽严相济、法理相融。此外,基层执法人员在一线执法时,面对大量初次发生、危害后果轻微的违法行为,如果处处唯法条是举,不顾国情社情、公众心理而一味采取行政强制、行政处罚,常常极易招致行政相对人的抵制而大大降低行政效率,有时甚至会导致负面效应滋生,反而不易于、不利于行政目的的实现。为此,一线执法人员常采用的"教育指正""因势利导""改正后放行"等做法,这也成为催生"初违不罚"制度的实践土壤。

现阶段所倡导的"初违不罚"制度是立法者对行政执法中的实践给予的定位和正名,制度所体现的法理、现实意义主要凝结于以下三个方面。

1. 落实处罚公正原则、细化不予处罚体系之必然

从宏观层面来看,新《行政处罚法》于第五条规定了"处罚公正原则"(行政法中亦称之为"比例原则"),该原则要求在设定、实施行政处罚时,必须以事实为依据,应当根据违法行为的事实、性质、情节以及社会危害程度,作出"罚"抑或"不罚"的最终决定。作为行政处罚领域的"帝王条款"[28],该原则并不一味强调"顶格处罚",而是指导行政主体应兼顾行政目标的实现与保护违法当事人的权益,如实现行政目标可能对当事人的权益造成不利影响,那么这种不利影响应当被尽可能小地限制在一定范围和限度之内。"初违不罚"正是如此,即通过法律新增制度的方式明确规定:符合一定条件,能够被社会公众所承受、接纳的违法行为可以给予不予行政处罚。这在宏观层面具体落实了处罚公正原则(比例原则)。

从微观层面来看,"初违不罚"的入法完善了行政处罚领域"不予处罚"的情形(区别于"轻微不罚"等其他"不予处罚"情形,下文详述),通过设立对不同违法情形的精细化处置方案,实现违法危害与惩戒手段的匹配,这也正是"初违不罚"的立法设定。作为精细化区分不同程度违法对应不同处理结果的具体方式之一,一方面,"初违不罚"既是赋权,法律赋予行政主体对符合条件的违法行为以"初违可以不罚"的权力,拓展了行政主体在面对各种

---

[28] 我国台湾地区著名行政法学者陈新民认为,处罚公正原则(比例原则)是拘束行政权力违法最有效的原则,其在行政法中的角色如同诚信原则在民法中的角色一样,二者均可称为相应法律部门中的"帝王条款"。

不同情形的违法时有更多选择；另一方面，"初违不罚"也是限权，立法者通过设定适用要件，要求行政主体更加合法、公正地行使"初违不罚"权，对多次违法，危害后果严重，不能或尚未及时改正等违法行为决不能滥用"初违不罚"权，以防造成相关法律被架空。

2. 贯彻处罚与教育相结合原则之应然

与此同时，"初违不罚"亦体现了对处罚与教育相结合原则的贯彻。处罚与教育相结合原则在我国《行政处罚法》第六条被提及，作为我国行政处罚法律制度的又一重要原则，其要求行政主体处罚与教育并举，不可偏废，既不能"不教而诛"，也要避免"以教代罚"。"初违不罚"作为立法者在依法处罚与教育改正之间权衡的结果，立法者要求行政主体通过教育警示手段督促违法当事人及时改正违法行为、补救损失，体现了教育感化的主旨；但也要求行政主体对于未能及时改正的违法行为及时给予行政处罚，保证其威慑力与严肃性。上述原则在第三十三条第三款得到了呈现：虽然对违法当事人作出了"不予处罚"的最终决定，但行政主体还具有教育、警示的法定义务，这与处罚与教育相结合原则的内涵是一脉相承的。此外，"初违不罚"还对于指导执法人员转变"唯罚是举"的执法理念，指引行政主体正确处理法理与法条，重视执法行为的调节性与社效性具有积极、显著的指导意义。

3. 顺应社会发展变革、探索多元公共治理之当然

当下，我们面临改革攻坚、结构调整、发展瓶颈等诸多新情况，传统意义上行政机关与行政相对人之间"命令＋服从"的执法模式，尚不能不完全满足当前现实所需。作为在行政执法领域实现"人本执法""软法之治"的新尝试，"初违不罚"制度所强调的不必以一味地严惩不贷来彰显执法权威，这也契合中国古代以仁治国的理念。若"初违不罚"能在我国行政执法领域较大范围地推行，对落实人本执法、节约执法成本、减少执法阻力，更好地达到、实现"软法之治"大有裨益。

除此以外，"初违不罚"制度将行政处罚以比较缓和的方式呈现在世人面前，对理顺执法主体与行政相对人的关系，平衡两者之间的权利义务具有积极意义。采取"初违不罚"制度，要求行政主体以依法履行法律职责为己任，既不是"为罚而管"，也不是"不管不问"，也体现了法治社会先进的执法理念，对于打造创新、务实、勤政、高效的服务型执法主体起到了有力的推动作用。

（三）制度核心——适用要件及其认定

对违法当事人来说，施行"初违不罚"制度使其得到了一次及时改正违法的机会，体现了行政执法的温度，对增进行政执法双方的理解支持，促进法律法规的了解掌握，提高法律遵从度具有积极意义。但需注意的是，"初违不罚"有明确的规定、条件，并非任何"初次违法"都能不予处罚，必须是要符合法定要件的违法行为才能依法适用；否则，当事人必须承担法律后果，行政主体必须做到依法处置、罚当其责。因此，有效发挥"初违不罚"制度作用的关键便落到了法定适用要件及其认定之上。就目前法律的明确规定来看，唯有实现对三项法定要件合法、合理地理解把握，才能推动"初违不罚"制度实现立法目的。

1. 适用三要件的统一与法定化

在"初违不罚"制度入法演变的过程中，适用要件的变迁是可以单独作为一项演变要素予以观察的。总体来说，"初违不罚"入法前的适用要件各地不一、纷繁各异，直至新《行政处罚法》于 2021 年经全国人大常委会审议通过，适用要件才在国家法律层面得到统一确立。对适用要件变迁进行回顾是开展相关论述分析的基础性工作，考量入法前后各地"初违不罚"适用要件的施行样态有利于我们从适用要件的发展脉络中发现现实的优劣之处，并为进一步解构要件提供借鉴参考，为此本文于此展开了对适用要件的回顾和呈现。

（1）入法前适用要件不一

在"初违不罚"试行至入法前的很长一段时间内，各地各领域有关于"初违不罚"的适用要件是不统一的，且入法前的适用要件大多超越当前三要件的立法表述。本文以 2021 年 1 月为节点，将"初违不罚"入法前部分具有代表性的规定适用要件的规范文本按照时间顺序汇总整理，形成表 1。

经表 1 的汇总整理可知，"初违不罚"入法前，部分地区行政主体对"初违不罚"适用要件的表述多样、内容繁杂，没有固定统一的设定范式。行政主体常常根据自身的执法经验以及本地区的执法所需，拟制出各自的"初违不罚"适用要件。例如，有的文件规定"确属业务生疏且初次违法的，可以不予处罚"，有的文件对适用对象进行了限定，"无主观恶意的小微企业、个体工商户可以不予处罚"。此外，各地"初违不罚"要求的不一还体现在各自适用要件内涵细化的不同方面。例如,不同地区的行政主体对"初次违法"的时间、空间与领域的界定不尽相同;不同地区的行政主体对"及时改正"在实践、态度、效果方面的要求各不相同;不同地区的行政主体对"可以不予处罚"的处罚种类理解不同(有的只是不予罚款,有的是不予罚款但予以警告,还有的则是不予处罚等等)。

表1 2021年1月前"初违不罚"规范文本节选

文件名称	发文单位	发文时间	适用要件规定
成都市价格行政处罚自由裁量标准(试行)	成都市物价局	2008-08-25	确属业务生疏且初次违法的,可以不予处罚。
郑州市消防行政处罚裁量标准适用规则(试行)	郑州消防部门	2009-06-19	客观上对法律不了解,没有造成后果的初次违法,可以轻罚或不罚。
宁波市人力资源和社会保障行政处罚自由裁量权适用办法	宁波市人社局	2012-11-06	违法行为情节轻微并在责令改正通知书下达前主动改正,没有造成危害后果,无违法所得的,不予处罚。
关于调整贵阳小客车号牌核发及通行管理工作的公告	贵阳市公安交管局	2014-07-07	初次发生公告所列的违法行为,一律不予处罚。
沈阳市生态环境执法免罚清单(暂行)	沈阳市生态环境局	2020-09-19	规定适用主体仅限于小微企业、个体工商户;采用非主观恶意、未造成明显环境污染、未有合理群众信访三项适用要件。

不一致的适用要件及内涵细化不但可能导致行政裁量的规则性和合法性缺失,还加大了行政相对人知法的难度,减少了相对人遵守法律的预期稳定。除此之外,各地行政主体对"初违不罚"适用要件表述不一、要求不一还可能带来地区间竞争的实质隐患:①可能造成各地执法对象事实上的不平等、不公平。在不断优化营商环境的当下,各地不同的"初违不罚"标准意味着对市场主体不同的容错程度,可能在一定程度上对监管敏感的资本产生不同的吸引力,从而迫使具备潜在同等竞争力的其他城市亦被迫放宽"初违不罚"适用标准以保持市场吸引力。②不同、可变的适用标准还可能易使"初违不罚"条款工具化。"初违不罚"本身是行政主体在"人本执法""优化营商""综合治理"方面的有益尝试,但不同的、可变的适用要件常常造成不

合理的扩大、缩小制度适用范畴。

但不可否认的是,各地各类规范性文件所列的多数适用要件与现阶段法定三要件或多或少有一定联系,客观上为立法者提炼法定三要件提供了实践先验。例如,有的文件将"初次违法"规定为"一年内首次税务违法行为";有的文件将"危害后果轻微"细化为"没有违法所得,货值金额在 2 万元以下或者没有销售、没有违法所得的";有的文件将"及时改正"解释为"在责令改正通知书下达前主动改正"等等。客观地说,入法前各地各类规范性文件对"初违不罚"适用要件的具体化尝试,为法定三要件的统一确立做出了贡献。立法者正是基于对各地各领域的探索尝试予以提炼总结,才使得法定适用要件逐步定型于当下的三项要件,并被吸纳进入新法修改草案。

(2)入法后适用要件统一

为进一步考察制度入法后,各地、各领域行政主体对"初违不罚"适用要件的规范情况,笔以 2021 年 1 月新法审议通过的时间作为筛选节点,对已有的规范文本再次梳理,选取了部分具有代表性的规范文本汇总形成表2,用于重点检视近阶段各地"初违不罚"适用要件的用语表述和具体表征。

经表 2 汇总梳理可知,新《行政处罚法》2021 年 1 月审议通过后,虽然到当年 7 月才正式施行生效,但 2021 年 1 月后陆续印发的涉及"初违不罚"制度的规范文本在新法的指引下,对制度适用要件的规定也趋于统一。除税务领域对"及时改正"要件细化明确为"在税务机关发现前主动改正或在税务机关责令限期改正期限内改正"外,其他涉及"初违不罚"的规范文本对适用要件的界定表述已基本定型、趋同,普遍采用了法定三要件。

表 2　2021 年 1 月后"初违不罚"规范文本节选

文件名称	发文单位	发文时间	适用要件	新增内容
文化市场综合执法行政处罚裁量权适用办法	文旅部	2021-02-09	法定三要件	无
规范医保基金使用监督管理行政处罚裁量权办法	国家医保局	2021-06-23	法定三要件	无
关于进一步贯彻实施《行政处罚法》的通知	国务院	2021-11-15	法定三要件	无
违反《铁路安全管理条例》行政处罚实施办法	交通运输部	2021-11-19	法定三要件	无
农业行政处罚程序规定	农业农村部	2021-12-21	法定三要件	无

文件名称	发文单位	发文时间	适用要件	新增内容
关于进一步贯彻落实《行政处罚法》的通知	财政部	2021-12-31	法定三要件	无
公安部关于贯彻实施《行政处罚法》的通知	公安部	2021-12-08	法定三要件	要求采取签订承诺书等方式教育、引导、督促其自觉守法
国家税务总局关于开展2022年"我为纳税人缴费人办实事暨便民办税春风行动"的意见	国家税务总局	2022-01-11	首次发生,危害后果轻微,在税务机关发现前主动改正或在税务机关责令限期改正期限内改正的	要求集体审议、文书说理;加强税法宣传辅导
市场主体登记管理条例实施细则	国家市场监督管理总局	2022-03-01	法定三要件	无

需注意的是,各类规范性文件对法律表述的原样继承也为其带来了窘境:规定"初违不罚"适用要件的第三十三条第一款内涵要义广阔、解释空间巨大,如此继承法律表述的各类规范文本亦继承了新法的客观缺憾。这导致各地各领域本应具备较强实际可操作性的规范文本仍然存在解释的空间,仍然需要另行出台具体的实施细则或者解释文本,对适用要件进一步予以阐释。这也在客观上造成了对法定三要件理解、执行不一的现象,并加剧了规范文本繁杂、冗杂的局面。

2. 与"轻微不罚"的比较

(1)理论意旨

在新《行政处罚法》框架下,"不予处罚"制度共有 5 种具体类型,分别为:无责任能力不罚、轻微不罚、初违不罚、无(主观)过错不罚、时效不罚。其中,"轻微不罚""初违不罚"一同被规定于第三十三条第一款,两者都是不予处罚制度项下不同的具体情形。但通过对"初违不罚"规范文本的梳理不难发现:在新法修订前的相当一段时间中,"初违不罚"制度的探索尝试似乎一直与"轻微不罚"制度并行,多数行政主体对"初违不罚""轻微不罚"不作区分、不求甚解,将两者规定于同一份规范文本之中的情况也不在少数。在"初违不罚""轻微不罚"并行阶段,行政主体甚至将两项制度的适用要件混淆使用,把"初次违法"作为"违法行为轻微"的表现形式纳入"轻微不罚"予以推行,这也在客观上造成并加剧了部分行政主体及执法人员对"不予处罚"项下 2 种情形的理解偏差。

与此同时,也正是由于这一时期旧《行政处罚法》缺乏更为规范、精细的制度设计,造成了以"轻微不罚"制度长期模糊代替"不予处罚"制度的执法现状。随着经济社会的日益发展,仅由"轻微不罚"一种类型对较轻的违法行为不予处罚进行区分,显然已经无法满足社会生活精细化划分的现实所需。因此,"初违不罚"制度从"轻微不罚"制度发端,两者逐步各行其是并最终一同被写入新《行政处罚法》第三十三条第一款。

因此,基于逻辑和体系的考量,本文意识到,在深入解构、剖析"初违不罚"制度的法定适用要件前,还有必要对"轻微不罚""初违不罚"两项制度进行概念、要件拨梳,以进一步明晰两者的异同和关联。此外,此处对两项制度进行区分也起到了一举两得的作用,对下文解构、认定"危害后果轻微"要件有一定帮助。

(2)制度拨梳

为了便于对比分析"初违不罚""轻微不罚"的异同,本文将新、旧《行政处罚法》涉及两项制度的条款列为表 3 以作对比。

表 3 "轻微不罚""初违不罚"修法前后法条对比

行政处罚法(2017 修正)	行政处罚法(2021 修正)
第二十七条第一款 违法行为轻微并及时纠正,没有造成危害后果的,不予行政处罚。	第三十三条第一款 违法行为轻微并及时改正,没有造成危害后果的,不予行政处罚。初次违法且危害后果轻微并及时改正的,可以不予行政处罚。

① 从微观角度并结合文义解释来看,新旧条文对"初违不罚""轻微不罚"分别做出了文义表述,其中的内涵要义大体如下:(A)两项制度看似最终都落脚"不予行政处罚",但"初违不罚"之前加之有"可以"二字,而"轻微不罚"之前则没有限定。由于"不予处罚"制度总体而言偏向于对私法益的考量,根据行政法上对公权利和私法益"法无授权不可为,法无禁止即自由"的传统法谚,这说明"轻微不罚"只要符合条件,行政主体就应当做出"不予

处罚"决定。而符合"初违不罚"适用要件的违法行为,是否作出"不予处罚"还有赖于行政主体的最终裁量。(B)两项制度均具备"及时改正"要件,说明及时消除违法行为对社会秩序的破坏和公共利益的损害是立法者对"不予处罚"的基本要求,没有对违法行为的纠偏改过,就不容许"不予处罚"的适用存在。(C)两项制度的适用要件存在一定的细微差别:"轻微不罚"要求"违法行为轻微"且"没有造成危害后果",而"初违不罚"则要求"初次违法"且"危害后果轻微"。换言之,"轻微不罚"对违法行为有轻重程度上的限定,只能是"轻微"的违法行为才可纳入制度考量范畴,且"轻微不罚"不允许存在对公私法益的危害后果,要求"没有造成危害后果",这排除了众多客观上存在的"小""微"违法情形,大大缩小了"轻微不罚"的适用范围。反观"初违不罚",其对违法行为只有次数上的要求(即初次违法行为),且容许该违法行为产生"轻微"的危害后果。因此,两者相较,"轻微不罚"的构成难度较"初违不罚"更大,"初违不罚"的适用范围明显大于"轻微不罚"。

② 承前所述,从宏观角度并结合体系解释接续分析,"初违不罚"是立法者在新《行政处罚法》的立法中,面对社会复杂发展所需作出的回应——一种通过将法律制度更加细分来对应社会发展更加复杂化的回应。(A)"轻微不罚"现阶段并不能完全涵盖行政违法领域的所有类型,特别是在面对广泛出现的"小""微"违法情形时,不能匹配"轻微违法"的法定适用要件,不能作出不予处罚的决定,出现了"法律制度—社会实践"的应对盲区。所以,执法实践呼唤一种新的不罚制度,这种制度需要既与"轻微不罚"要求相近,又与"轻微不罚"存在逻辑关联。是故,"初违不罚"脱胎于"轻微不罚",作为"轻微不罚"的延续、补充与完善,应运而生。例如,我们经常见到职业打假人投诉举报某店商品信息栏含有"最佳"等绝对化用语或者"驰名商标"字样等违法宣传用语。实际上,此类案件的违法当事人因其经营规模较小,其违法行为危害后果虽然有但往往轻微;相关违法行为一般是初次违法、主观恶性小,且被举报投诉或者从其他途径获知存在违法问题后,一般会立即停止或者改正违法行为。但前述情形下的违法当事人不具备"没有造成危害后果"要件,因而不得适用"轻微不罚"制度,不得对当事人不予处罚;而新法生效后,市场监管机关遇到前述情形,完全可以依法适用"初违不罚"制度,实现过罚相适。(B)此外,我们还可从个别地方出台的规范文本中,发现两项制度的区别。以长江海事局的两份《清单》为例:2020 年 8 月,为鼓

励、支持新冠疫情后长江航运企业复工复产，长江海事局在其官网挂出通告，决定出台《长江海事局轻微海事违法行为"不予处罚"清单》《长江海事局轻微海事违法行为"首违可不罚"清单》两份《清单》，共计 18 项轻微海事行政违法行为被列入《清单》予以施行。2021 年 1 月，新《行政处罚法》修订通过，长江海事局根据新法，重新修订了两份《清单》的适用条件和范围，共废止原"首违不罚"清单中的两种违法行为，新增 10 种违法行为。简言之，长江海事局没有将所有的"不予处罚"情形合并在一份《清单》中予以公布，而始终采用两份《清单》作为载体区分"不予处罚"（实为"轻微不罚"）与"初违不罚"，这也从实践角度印证了"轻微不罚""初违不罚"是两项不同的制度，两者存在逻辑层次和要件差异。

行文至此，还需指出的是，诚然新《行政处罚法》第三十三条第一款对"初违不罚"的界定是一个巨大的进步，将制度统一规范于法定三项要件之下，但从理论界和实务界的探索尝试来看，制度的内涵理解不尽统一，"初违不罚"的适用仍然存有较大裁量空间且需综合考量各种因素。现阶段，立法表述语义模糊、适用要件界定不明对行政主体、执法人员造成了不小的困境。一则，"初违不罚"条款在适用时有较大的涵射空间，客观上赋予了执法人员更大的裁量余地，法定三项要件有待进一步科学合理地解构，已有的认定路径有待总结、完善；二则，"初违不罚"适用要件的把握对行政主体如何兼顾立法表述与个案公平提出了更高的要求，要求执法者既明确制度实施界限，掌握适用分寸，又能依据客观事实、案件性质、危害程度等因素作出合法、合理裁断，所以有必要对新《行政处罚法》第三十三条规定的"初违不罚"法定三项要件作出更细致的研究与分析。

因此，本文将行文重点转为对"初违不罚"法定三项适用要件的深入探讨，期许从立法原意出发，通过条文解读、理论分析、实践检视等方式，探求法定三项适用要件科学合理的认定路径，从而有助于"初违不罚"的依法适用。

二、"初违不罚"的前提要件——初次违法

在所有适用要件的裁酌中，"初次违法"居于法定要件之首，是"初违不罚"制度适用的先验条件，违法行为必须首先被认定为是符合要求的"初次

违法",才可按部就班地接续判定"危害后果""改正行为"两项要件。此外，"初次违法"还是"初违不罚"制度得以命名并区别于其他"免罚"制度的标志性特征，在所有"不予处罚"适用要件中具有独特性。然而，对"初次违法"要件解构后不难发现，对该要件的认定需要回答"初次""违法"两方面的问题：其一，如果"初次"的认定维度和判定标准存异，那么"初次违法"的认定结果将截然不同，究竟应从哪些维度给予"初次"合理的评判成为当前理论界和实务界的主要疑虑；其二，这里的"违法"行为是否应当有所限定，即某一监管领域中，是否所有的初次违法行为都可以适用"初违不罚"也值得结合实践给予分析。

因此，本文从理论界已有的研究成果和实务界的先验做法出发，从不同角度、不同维度对"初次违法"要件进一步剖析，希望对于准确地把握要件内涵要义，合理地确立"初次违法"认定标准有所助益。

（一）"初次"的判断起点与多维度认定

"初次"一词在汉语语义中通常被解释为"开始的次第"，即"第一次"。此项释义并无歧义，但结合法律事实认定来看，对于"初次"的理解似乎并不那么简单。诸如，应当采用何种标准区分"初次违法"与"多次违法"；对"初次"的认定是否需要加以时间跨度、空间地域以及违法领域的限制等问题都是执法实务界对"初次违法"认定的现实困惑。如何科学合理地回答现实之问，对理解"初违不罚"制度的核心要件——"初次违法"具有重要意义。

1. "次"的内涵要义

何谓"一次违法"，即违法行为"次"的认定，这关系到违法行为的计数与排序，是"初次违法"作为核心要件认定把握过程中的判断起点。考虑到我国行政处罚一直以来受刑法理论影响颇深，刑法理论对于"次"的理论研究已经较为充分，这对本文开展"初次违法"中"次"的内涵探求作出了正向启示。通过研读相关文献资料，笔者初步梳理了我国刑法理论学界有关"次"的认定理论：

其一，我国刑法理论对某一行为是否可以被认定为"一次"犯罪行为采用形式解释立场，但对入罪当罚的判断须结合犯罪的实质标准进行筛查过滤，对"某次"犯罪行为认定标准的形式理解并不会导致不当的入罪。[29] 换言之，刑法理论通说认为，某一行为是否构成"一次"犯罪应当首先判断是否符合某罪的构成要件；其次是否入罪当罚则应当结合犯罪的实质标准进一步裁量。

其二，刑法理论还通常将行为是否具有危害性、惯常性，是否基于一个概括的故意，目的是否一致，分批次的时间间隔长短以及是否属于同一批次等因素纳入认定犯罪行为"次数"的考量范畴。

刑法理论的以上观点为当前认定"初次违法"中的"次数"提供了一定借鉴。基于前述通说观点，笔者认为，"初违不罚"制度项下违法行为的判断应区分客观违法与有责该罚两个层面，对违法事实的"次数"认定亦应采形式解释（判断）的立场，即行政主体应当根据具体法律法规对具体违法事项的要件要求，判断该次违法行为是否成立；如当前行为符合要件要求，则应当将其认定为"一次"违法行为。在适当借鉴刑法理论的基础上，行政主体判断客观行为是否构成"一次"违法行为，还可以兼采主观（故意）状态、违法目的意图以及危害性、惯常性等因素予以综合考量。此外，依据行政执法三项制度[30]要求，行政主体还可对照已有的执法记录，对时间跨度、空间区域、领域跨度进行综合考量，从而判定客观行为是否应当认定为"一次"违法。这也引发了对"初次"的多维度认定，与本文接下来的论述密切相关。

2. 基于时间、空间、领域维度的"初次"认定

（1）"初次"的时间维度考量："一定期限内"与"全周期"的抉择

① "期限内初次"抑或"全周期初次"

在执法实务中，行政主体在具备对违法"次数"的认定标准后，首先需要面对的就是认定"次数"时是否应当设置一定期限的问题。从理论角度分析，行政主体对"初次"认定期限的设置主要可采两种方式：第一种方式是认定某行政相对人在一定时间跨度或时间周期内（如一个会计年度、一个记分周期、一个公历年度），第一次发生的违法行为是"初次"；第二种方式则是设定，在行政相对人完整的存续期内（如自然人从具备行政责任能力到丧失责任能力，抑或是法人从登记到注销），将第一次发生的违法行为认定为"初次

---

〔29〕 参见任涛：《多次盗窃的教义学分析及司法认定》，《学术交流》2021 年第 3 期。

〔30〕 《中共中央关于全面推进依法治国若干重大问题的决定》提出，要推行行政执法公示制度，完善执法程序，建立执法全过程记录制度，严格执行重大执法决定法制审核制度。

违法"。简言之,理论上存在"期限内初次""全周期初次"两种"初次"设定路径,用于认定"初次违法"对应的时间维度。

上述关于"初次违法"认定期限的理论划分在实践中也得到了体现。本文按照出台(施行)的时间顺序,将部分领域有关"初次违法"期限的认定汇总整理形成表4。

表4　部分领域"初次违法"认定期限

序号	所属领域	计次周期	具体时长	出台部门	施行时间
1	交通管理	1个记分周期	12个自然月内	公安部交通管理局	2004.04
2	税务征纳	1个会计年度	1个公历年度	国家税务总局	2021.04
3	应急管理	——	完整存续期内	张家港市应急管理局	2021.07
4	交通管理	规定时长	连续3个自然月以上	杭州市公安局	2021.11
5	涉农监管	——	完整存续期内	浙江省农业农村厅	2021.12
6	治安管理	——	完整存续期内	南昌市公安局	2022.05
7	市场监管	规定时长	违法之日起3年内	成都市市场监管局	2022.07

可见,行政主体近年来对认定"初次违法"设定一定期限是一种比较常见的做法,且不同领域行政主体对于期限的设定有所不同,这也为其他更加广泛的监管领域和行政主体是否作出、如何做出"初次违法"认定周期的规定提供了参考借鉴。另外,从表格汇总还可获悉,对于百姓参与度较高、违法出现频次较高、整体危害后果可控的行政监管领域(诸如交通管理、税务征纳以及市场监管),行政主体普遍设立了认定期限,使得行政相对人每隔一段时间,便可获得一次适用"不予处罚"的机会。

不可否认的是,前述两种计次方式都有其存在的合理性,亦都有一定的缺憾。

"期限内初次"设定了一定时长的周期,有利于行政主体适当削减执法记录成本,但当计次周期重新起算,行政相对人便获得了一次适用"不予处罚"的机会,伴随着重获"不罚"机会而来的,往往是相对人心理的懈怠和行为的放松。这与《行政处罚法》立法目的有所出入,亦有行政主体失之于宽之嫌，并可能导致"初违不罚"制度泛化、滥用。[31]"全周期计次"这一方式恰好弥补了"期限内计次"的先天不足，回应了行政处罚及"初违不罚"制度的立法目的——通过对违法后果的警示与宽缓，进一步督促行政相对人在社会生活中遵守秩序并谨防公共利益受损，但其不利之处亦十分明显："全周期初次"的计次方式恐造成执法成本的冗增，倘若对各监管对象的所有违法行为都予以无差别地记录，并不限制记录保存期限，势必产生海量数据的存储、调用之需，造成执法资源的浪费。如何调和这一矛盾成为当下行政主体必须面对和思考的问题之一。

② 完善进路："合理确立"初次"适用期限

综合前述，"初次违法"时间维度项下的主要内容是行政主体需要在明确违法行为"次数"认定标准的基础上，进一步合理确定"初次违法"的适用期限，进而为从时间维度科学合理地认定"初次违法"做好铺垫。目前，行政主体、执法人员对违法行为"次数"的认定暂无歧义，各实践文本的不同主要表现在：是否明确"初次违法"认定期限以及期限设定的长短两方面。

结合上述实践和期刊文献资料，本文认为，行政主体应当综合考量监管领域、免罚事项、相对人守法心理、执法成本以及执法记录留存技术等因素，设定合理时长作为计次周期，通过"合理设定计次周期"的方式来兼顾执法效果与执法成本。此外，笔者对如何弥补前述计次方式的不足也进行了思考：以笔者所从事的口岸出入境联合行政执法领域为例，口岸联检部门（中国边检、中国海关以及中国海事）曾在"初违不罚"制度之外试行了对监管对象的"诚信体系"建设，将行政相对人的守法、违法行为量化为诚信赋分，记入各自的诚信运行档案，作为其参与行政监管事项的反馈并视诚信赋分高低给予其一定监管过程中的奖励条件。如将"初违不罚"制度与"诚信体系"建设相融合，便可能在一定程度上弥补设定"初次违法"认定周期的缺憾——"初违不罚"的作出具有一定的周期轮回性，而行政处罚之外的"诚信赋分"等则是即违法即记录，且无相应周期限制。"诚信赋分"的高低不对行政相对人的实体权利产生影响，但可作为监管对象参与口岸出入境监管事务的奖励依据。例如，出入境边防检查机关对诚信分值高的报关代理单位和交通工具运营主体，可以在法律框架内采取简化报关手续、到港即装卸货

---

〔31〕 参见陈光豪：《"首违免罚制"是人性化还是人治化？》，《浙江人大》2007 年第 6 期。

物等奖励举措,进而顺畅通关、优化营商并以此激励监管对象自律守法。如此一来,既考虑了"初违不罚"制度的立法意图,亦兼顾了行政主体开展监管的执法成本与当事人滋生违法冲动的不良心理,不失为一条解决"初次违法"时间维度考量困境的良策。

(2)"初次"的空间维度认定:与行政管辖区划的分辨

① "初次违法"的认定与行政管辖区划的内在逻辑

从新《行政处罚法》第二十三条来看,除法律法规特殊规定外,行政处罚的管辖与行政区划的划分密切相关,现有的行政处罚管辖权划分已适用多年,并得到了理论、实务两界的支持。与此相关的是,在"初次"的认定过程中,是否尊崇行政管辖权的空间划分会在一定程度上对认定结果产生影响。现阶段,行政管辖的空间划分对"初次违法"认定造成困扰的情形主要指的是:一定时间、某一行政监管领域内,在本行政管辖区划范围内"初次违法"的认定,是否受到区划范围外已适用"初违不罚"违法行为的影响?简言之,即违法当事人在一定期限内,先后于 A、B 两地产生同一监管领域内的违法行为,如已在 A 地适用"初违不罚",则在 B 地的初次违法是否可以继续适用"初违不罚"?

从理论上分析,对上述问题的回答存在两种结果:第一种结果认同"初次违法"的认定不受行政管辖区划的影响,那么违法当事人在本行政管辖区划范围外的违法行为已适用"初违不罚"的,在本行政区划内再次被发现的违法行为则不得被认为是"初次违法"并因此不得再次"不予处罚"。第二种结果则认为:"初次违法"的认定受行政管辖区划的制约,即一定时期内,不同的行政管辖区划中,同一监管领域内的违法行为可以分别适用"初违不罚",违法行为人可以因各地行政区划的天然沟壑,两次甚至更多次数地适用"初违不罚"制度。由此引发的公众担忧,诸如是否会因此导致"初违不罚"的滥用及社会公益的受损等,也显得不无道理。因此,行政管辖的空间划分对"初次违法"认定造成困扰确实值得探究。

② 行政管辖划分与"初违不罚"适用的实践样态

通过梳理检索到的"初违不罚"规范文本,本文发现,由于存在行政事权划分、行政地域划分等客观因素,各地确实存在行政管辖空间划分影响"初次"认定的情况。以交通管理领域为例,浙江温州 2019 年 8 月起在全市范围内推出机动车 12 项轻微交通违法免予处罚政策;山东临清 2021 年 1 月起对本市 6 类轻微交通违法行为实施"首违免罚"新规；浙江杭州 2021 年 3 月起在全市推出升级版轻微交通违法"优驾容错"措施；浙江台州 2021 年 5 月也在市域范围内针对 10 项偶发且对交通安全没有重大影响的违法行为给予"容错"机会。由此可见，交通管理领域的"容错免罚"制度都是以行政区划作为适用前提的。此外，在诸如市场监管、环保监管等领域，各地行政主体出台的"初违不罚"适用规范均针对本行政区划范围的事项，均未提及跨行政区划不得适用"初违不罚"。基于"公权法无授权不可为，私权法不禁止即自由"，在法律法规无特殊规定的情况下，本地行政主体无权因当事人在他地出现过违法情形而主动限缩其私法益（即禁止当事人适用"初违不罚"这一有利于当事人的行政处罚制度）。因此，根据上述各地行政主体发布的"初违不罚"规则，倘若违法当事人在不同空间发生"初次违法"，在符合其他适用要件的情况下，当事人是可以免于处罚的。由此，也造成了同一违法当事人在不同地区的"初次违法"可以多次"享受"不予处罚。

但近年来，税务征纳领域"初违不罚"的实践演变逐渐打破了前述的实践规则：更高层级的税务行政主管部门在出台免罚文件时，有意淡化了"初违不罚"的空间界限，从部分省市税务机关各自试行"首违不罚"制度[32]，到局部省市税务机关联合发布"首违不罚"免罚文件，最终到国家税务总局在全国范围内统一印发并组织实施《税务行政处罚"首违不罚"事项清单》。在国家层面税务主管机关的推动下，全国统一的数字税务系统（金税系统）实现了税务征纳数据的共享共用，"初违不罚"的适用空间不再区分不同省市的地域之差，而将全国范围内纳税人的"初次违法"一视同仁。税务征纳领域的这一厘革也为"初违不罚"的发展探索提出了新的命题——在中央事权偏重的行政执法领域，运用数字化手段实现区域乃至国家层面的执法数据融通，很可能推动"初次"在空间维度的认定方面发生深刻变革。

③ 完善方式：兼顾行政管辖划分与监管事权所需

考虑到行政权存在区域划分与不同事权的现实情况，本文认为，现阶段"初次违法"空间维度认定路径的建构，应当合理权衡行政权划分之现实与监管事项之所需。一方面，行政权客观上存在中央及地方的事权划分，[33]

---

[32] 税务征纳领域常称"初违不罚"为"首违不罚"，两者无异。

[33] 我国《宪法》规定，中央政府主要负责国家秩序与整体发展、军事、外交等国家事务，而地方各级政府及其职能部门主要负责各自行政区划内的经济发展、社会治安等地方事务。

涉及国家秩序与整体发展的重要事项应当由国务院及其所属部门予以规定管理,而涉及行政区划内的经济发展与社会治安的一般事权应当由各级政府及其所属部门负责管辖,基于事权划分原则与管理事项的重要程度,对"初次"的认定应当倾向于:以承认空间(地域)限制为原则,以突破空间(地域)约束为例外。另一方面,对于属于地方事权的管理事项中,"初次违法"的认定是否受制于空间(地域),还可以兼采违法概率与危害后果:对于惯常出现且危害后果不严重的违法事项,在认定"初次违法"时可以考虑受制于空间限制,即在个人利益(适用"初违不罚"制度)与公共利益(严格依法给予处罚)的权衡中,侧重违法当事人私法益的考量,优先考虑"初违不罚"制度的推广实施;对于易于造成严重危害后果严重的领域和行为,则可以适当突破空间(地域)的束缚,依法严肃惩处违法行为,优先考量公共法益和秩序的维护。

(3)"初次"的领域维度衡量:"违法计次"与"监管领域"的对应关系

① 是否限制监管领域对"违法计次"的多种影响

从领域维度来理解"初次"的确定,其本质上是要回答"初次违法的判断是否应当限定违法领域"这一问题。详言之,即违法当事人在 A 监管领域曾经发生过违法行为,在一段时期、同一地域内(将时间、空间维度作为不变量),当其又在 B 监管领域发生初次违法,该当事人在 B 监管领域能否适用"初违不罚"? 从理论角度分析,违法领域对行政主体认定"初次"违法存在"一域一行为""一域多行为"以及"多域多行为"三种可能,三种不同的认定规则分别对应了不同的"初违不罚"制度适用结果。

举例言之,假设生活中交通监管领域经常出现的"违停"[34]违法行为可以作为某违法当事人适用"初违不罚"的初次违法行为,交管部门对其批评教育后对其作出了"初违不罚"决定并记录在案。当该当事人再次出现"未按规定使用安全带"[35]的违法行为并被交管部门查获,抑或是当该当事人被税务机关查证属实存在"逾期未缴纳税款"[36]的违法行为时,查获"未按规定适用安全带"违法的交管部门与查获"逾期未缴纳税款"违法的税务部门能否分别再次将违法行为认定为"初次违法",并依法对其再次适用"初违不罚"?

---

〔34〕 参见《道路交通安全法》第九十三条。

〔35〕 参见《道路交通安全法》第五十一条。

〔36〕 参见《税收征收管理法》第六十八条。

　　若赞成"一域一行为说"，则该当事人"未按规定使用安全带"的违法行为依然可由交管部门再次作出不予处罚的决定（同在交管领域，只有第二次及以后的"违停"违法行为才需予以行政处罚，"未系安全带"作为该领域另一种违法行为，仍可被认定为"初次"）；若赞成"一域多行为说"，则该行为人应当接受交管部门"未按规定使用安全带"的行政处罚（同在交管领域，"违停免罚"后的一定时期内，再次出现的任何交通违法行为都不得认定为"初次"）；若赞成"多域多行为说"，税务机关在核实其存在交通违法记录后，应当对其"逾期未缴纳税款"的违法行为作出相应行政处罚（交管领域的"初违"作为违法记录留存后，将会影响所有领域"初违"的认定）。

　　② "初次"领域维度衡量的实践勘察

　　根据前述，行政主体针对"初次"的认定在涉及违法领域时，存在三种理论可能："一域一行为""一域多行为"以及"多域多行为"——即"初次"的认定，是针对某一领域的某一违法行为，还是针对某一领域的不同违法行为，抑或是针对不同领域的不同违法行为。

　　本文对已有的"初违不罚"实践进行梳理后发现：（A）"一域一行为"的认定方式仅停留在理论分析层面，其过分地放松了对某领域的监管，从而可能导致"初违不罚"的滥用与公共法益的受损，目前尚无行政主体采用。（B）"一域多行为"的认定方式顺应了行政监管职权的划分，有利于行政主体在本部门负责的监管领域开展"初违不罚"的推广适用，是行政主体认定"初次违法"的主流方式。例如，2021 年 4 月，国家税务总局制定《税务行政处罚"首违不罚"事项清单》（本段下文称《清单》），规定"对于首次发生清单中所列事项且危害后果轻微，在税务机关发现前主动改正或者在税务机关责令限期改正的期限内改正的，不予行政处罚"。《清单》中列明的 10 类违法事项符合前述条件，可以适用"初违不罚"制度，但若有再犯税务征管领域的违法行为，则该当予以行政处罚。与此类似，2021 年 7 月，南京市地方金融监督管理局印发《南京市地方金融监管行政处罚自由裁量基准轻微违法行为不予行政处罚清单（第一批）》；2021 年 12 月，江苏省市场监督管理局印发《江苏省市场监管领域轻微违法行为不予处罚和从轻减轻处罚规定》；2021 年 12 月，浙江省农业农村厅出台《浙江省农业行政处罚裁量基准》，多数"初违不罚"探索尝试都明确规定违法当事人在该领域的"初次违法"在满足其他适用要件的情况下可以"不予处罚"，但在该领域再出现其他违法行为(包括但不限于免罚文件中列明的违法行为),则该当予以行政处罚。(C)进一步细致寻找,本文还发现仅有极少数地区对"初次违法"的认定采用了"多域多行为"方式。例如,湘西自治州人民政府在 2022 年 1 月发布的《关于进一步深化"放管服"改革优化营商环境的实施意见》(本段下文称《实施意见》),该《实施意见》由湘西自治州人民政府作为发文主体印发,实质上是一份针对市场监管、企业合规、税务征管等多领域的综合性文件。在《实施意见》第 10 条,提到了应当对涉企行政执法"实施审慎监管原则",可以适用包括"初违不罚"制度在内的柔性执法措施。无论是从政府政策解读还是媒体刊载来看,湘西自治州人民政府作出的《实施意见》对"初次违法"的认定采用了"多领域多行为"的方式,即某一违法企业在《实施意见》列明的领域内适用了一次"初违不罚"制度之后,如若在其他领域再犯,则应当接受相应的行政处罚。再例如,2021 年 9 月,淄博市人民政府授权淄博市司法局出台《轻微违法行为不予行政处罚和一般违法行为减轻行政处罚事项清单(2021 年版)》(本段下文称《清单》),规定市级政府 28 个执法部门所监管的390 项事项可以适用"初违不罚"制度。但淄博《清单》与湘西《实施意见》类似,违法相对人在适用了一次"初违不罚"制度后,即使再犯的违法行为属于《清单》内列明的可以不罚事项,也应当接受行政处罚,以示违法当事人的主观过错明显、教育效果不佳,并防止在市域范围内产生"一个领域可以违法免罚一次"的负面激励。

③ 不同领域"初次违法"认定的可行路径

包含行政处罚在内的行政监管作为一种长期的持续行为,应当着重考量行政相对人能否认识到其自身错误并予以改正,从而避免秩序和他利的损失。[37] 从行政监管的本质出发,如若行政相对人在一定时期内,超过一次地出现一种或多种违法行为,则在相当程度上可以表明:该违法当事人对其错误的悔过程度和行为的注意义务尚不能达到法律之要求,频繁出现的违法行为也可能为某一或者某几个领域内的高频违法事项应予重点监管。对于如此的违法当事人和违法行为,如果仍然可以适用"初违不罚"不免产生"免罚不用,过期浪费"的负面效应。因此,"一域一行为"的认定路径显然是不符合"初违不罚"制度设计初衷的。此外,"多域多行为"的认定路径仅

---

[37] 参见周优、刘琦:《税务执法"首违不罚"的法理阐释与制度完善》,《税务研究》2021 年第9 期。

被极少数地方政府采用亦有一定的客观原因:如若采用"多域多行为说"来认定"初次",其客观的前提条件便是所有领域的行政执法记录都能互相融通,相关数据在短时间内都被调阅使用,这与"初次"的时间维度考量中采用"全周期的初次"相类似,对一级地方政府的数字化程度要求极高,将会使执法成本激增。纵使现阶段各地,特别是沿海发达地区的政府在大力推行数字化改革,但在短时间内恐难以在一定范围的行政区域内,实现精准、实时地记录行政相对人在不同监管领域内的违法行为。

承前所述,各地行政主体已有的"一域多行为"认定路径兼顾了制度初衷与实操可能,符合过罚相当的立法原则与限制执法成本的考量,仍然是现阶段值得更广泛采用的认定路径——即违法当事人在一定时期内,第一次发生的违法行为是某一领域"初违不罚"规范文本中所列的违法行为,则行政主体可以依法作出"不予处罚"的决定,但该当事人应当及时改正并引起足够的注意以防在该领域内再次出现包括该行为在内的所有违法行为;如若一定时期内,在该领域再次出现相关违法,则不应当被认定为"初次",应当接受相应的行政处罚。

(二)"初次违法"行为的范围限定

在"初次违法"要件的认定中,除了"初次"在时间、空间以及领域三重维度存在解释、分析的需要外,对"违法(行为)"也存有一定的探讨空间。对"违法(行为)"的探讨主要集中于是否应当限定"初违不罚"所适用的违法行为,即某一行政监管领域内,何种违法行为可以适用,何种违法行为不得适用"初违不罚"的问题。

1. 法理分析

从法理解释来看,虽然新《行政处罚法》第三十三条在立法表述中没有明确"初违不罚"是否限定适用领域,看似所有行政处罚领域都可以适用"初违不罚",但从体系解释的角度出发,却不难发现立法者的立法意图与该条款的内涵要义:①新《行政处罚法》第三十三条第一款列明了"初违不罚"的法定要件,其中"危害后果轻微"既可以看作是法定第二要件(下文详细论述),也可以看作是对"初次违法"适用领域的限定补充。立法者通过对初次违法行为危害后果的描述,事实上作出了限定"初次违法"适用行为的规制:虽然法律本身没有对"初次违法"的所适行为进行明示,但社会危害性严重、对他人或者公共法益侵害较大的违法行为理应不得适用"初违不罚"。②新《行政处罚法》第三十三条第一款先后规定了"轻微不罚""初违不罚"两项制度,根据本文前述内容对"轻微不罚""初违不罚"逻辑层次的分析,"初违不罚"是"轻微不罚"的延续和补充,因此立法者通过第一款前半部分对"轻微不罚"制度的描述,确立了对"初违不罚"的潜在要求——"违法行为轻微",这也可认为是对违法行为的限定。所以,对"初次违法"认定的适用领域进行限定是符合立法意图的,是合法且必要的。正如学界指出,行政处罚的软弱无力比乱处罚的危害更大,处罚的无序滋扰的是行政相对人的私益,而处罚的缺位却是对公民整体利益的侵犯。[38] 立法者除了愈发重视违法当事人的私益(允许执法者对部分符合条件的违法行为不予处罚),亦没有忽视对敏感、重要公共利益的保护——特别是涉及国计民生,极易产生重大影响的违法行为,推行"初违不罚"更应慎之又慎。

就行政处罚制度的目的来说,公共利益保护是其主要目的之一。一些侵害重大公共利益的违法行为一旦发生,便可能造成公民人身、财产安全的重大损害,"初违不罚"的施行也有意回避了这些敏感、严重的违法行为。这些违法行为一直是各行政监管严格管理的对象,不仅不可不予处罚,反而应当加大惩处力度;否则,"初违不罚"制度便可能沦为牺牲公共利益的始作俑者。例如,目前尚未针对特殊医学用途配方食品与保健食品、医药产品、婴幼儿配方食品与用品等违法行为适用"初违不罚",这些违法行为即使是"初次违法",也不能认定为"违法行为轻微",更不能认定为"危害后果轻微",因而不得适用"初违不罚"。[39] 俗言之,涉及医药、婴幼儿食品用品的产供销全流程容不得半点马虎,一旦发生违法行为便极易造成较为严重的危害后果。监管主体应先查明违法事实与情节,并对违法行为的性质与社会危害程度做出客观公正的评价,最终依法作出相应的行政处罚,而不得随意作出不予处罚的决定。[40] 因此,"初违不罚"所对应的违法行为是应当有所限定的,决不能也不应无端地放纵严重的违法行为,这也与公众日常的直观认识和朴素的法理道义完全相符。

---

〔38〕 参见应松年:《中国走向行政法制探索》,中国方正出版社 1998 年版,第 347 页。

〔39〕 参见李雨彤:《严格配方食品注册监管 加大违法处罚力度》,《中国防伪报道》2015 年第6 期。

〔40〕 参见管宣:《严格食品药品监管 规范行政执法行为——海南省食品药品监督管理局贯彻实施〈行政处罚法〉小记》,《海南人大》2008 年第 11 期。

2. 实践环视

从执法实践来看，对"初次违法"的适用行为予以限定是各地行政主体已有的做法。有的行政主体笼统规定了适用、不适用的违法行为范畴。例如，江苏省质量技术监督局于 2009 年 3 月印发《"首违不罚"暂行规定》规定，"生产、销售危及人体健康和人身、财产安全或者有其他严重质量问题产品等违反法律法规、危害市场经济秩序的违法行为，不适用本规定"。这言简意赅地表明，江苏省质监部门对"初违不罚"适用的违法行为进行了限定。除此以外，更多的行政主体则是通过各类免罚清单，列明可以适用"初违不罚"的违法行为。考究其目的，应是谨防"初违不罚"制度成为行政执法中开脱处罚的借口，避免一些违法行为成为法外之行，同时进一步对执法人员适用"初违不罚"予以框范，堵塞制度滥用可能带来的风险隐患。

但目前，对于选择哪些监管事项、哪些违法行为作为适用或者不适用"初违不罚"的违法行为，各地行政主体暂无统一标准和固定表述，也由此导致行政主体对适用"初违不罚"的违法行为采取了不同的规定方式。从检索到的规范性文件看，行政主体主要采用笼统规定、正向枚举两种方式对违法行为适用"初违不罚"进行限制。①笼统规定模式。例如，2022 年 3 月，上海市市场监管局联合上海市司法局发布了《市场主体轻微违法违规行为免罚清单（二）》（本段下文称《清单（二）》），《清单（二）》综合了市场监管、文化市场、城市管理、民防、生态环境、消防等多个执法领域，较为笼统地规定清单所列监管领域如出现首次被发现的违法行为，可以适用"初违不罚"。②枚举规定模式。例如，2021 年 7 月，湖南郴州市场监管局印发《市场监管领域首次轻微违法行为免罚清单（试行）》，逐一列举了市场监管领域 12 个大类的 42 项初次违法行为可以适用"初违不罚"；2022 年 6 月，湖北省市场监管局印发《市场监管轻微违法行为免予处罚清单（2022 版）》，规定可以对所列举的市场监管领域 15 个大类的 121 项初次违法行为不予处罚。

此外，本文通过以时间为轴对"初违不罚"规范文本进行梳理，还观察到：各地对适用"初违不罚"违法行为的规定呈现"由少到多、由单一向综合"的演进趋势。概言之，适用"初违不罚"的违法行为与领域整体趋势是趋于不断增多和拓展的。例如，上海市场监管局与上海市司法局联合发布《市场轻微违法违规经营行为免罚清单》，2019 年 3 月第一版仅涉及工商、质量、食品安全、消防领域的 34 项违法行为，2022 年 3 月第二版则在原有基础上，新增了广告、商标、专利、计量、食品经营、价格等领域的 10 项违法行为，不仅增加了具体违法事项的种类，还进一步拓展了适用领域。

总体来说，虽然各地行政主体对适用"初违不罚"的违法行为规定方式各异且存在不断拓展之势，但可以确定的是："初次违法"中的违法行为在实践中始终是有所限定的，行政主体对哪些执法领域、哪些违法行为可以适用"初违不罚"始终是有所考量的。行政主体通过实践做法证明：部分监管领域的特定违法行为因其不符合"初违不罚"制度的立法目的，是不得适用"初违不罚"的，行政主体对制度所适用的违法行为进行限定应当且必要。

3. 考量要素

承前所述，"初次违法"要件是确定哪些领域、哪些违法行为可以"不予处罚"的前置性条件，为制度的施行奠定了基础。因此，在"初违不罚"适用领域和适用情形不断拓展的当下，如何合理地选定"不罚事项"成为制度施行的重中之重，亟须作出回答。

本文认为，行政主体在确定"初次违法"适用行为时，应当尽可能更多地考量法律指引、社会发展、再犯可能以及执法成本等客观因素，尽可能少地考虑罚没收入、执法成绩等主观因素。行政主体在酝酿出台"初违不罚"规范文本时，首先应以《行政处罚法》及本领域行政执法所依据的法律法规为准则，初步建构不得免罚的监管领域及违法事项。例如，前述事关人民生命健康的配方食品、医疗药品、婴幼儿食品用品监管领域，除了仅违反管理程序的轻微违法行为，应当尽可能少地减少适用"初违不罚"，但法律作出例外性规定[41]的除外。

其次，基于对审慎监管[42]和再犯可能的考量，行政主体可以将社会发展产生的新兴产业、新生事物暂予列入免罚文件，如若再犯可能性较高、社会影响和危害性较大，可及时停止纳入"初违不罚"的适用范畴。

最后，行政主体亦应当酌情考量行政执法成本因素，违法情节轻缓、社会影响危害有限但监管、执法成本十分高昂的违法行为，亦可以通过"初违

---

〔41〕　参见《药品管理法》第一百二十四条第三款之规定："未经批准进口少量境外已合法上市的药品，情节较轻的，可以依法减轻或者免予处罚。"据此，如果当事人系首次销售未经批准进口的境外已合法上市的药品且数量较小可以按照"首违不罚"制度不予处罚。

〔42〕　参见《2017 年国务院政府工作报告》，《报告》明确提出应当本着鼓励创新、包容审慎的原则，制定新兴产业监管规则。

不罚"予以不罚,以此平衡无限的监管所需和有限的执法资源,从而将执法力量更多地投向对监管迫切所需的方面。

(三)"初次违法"要件的综合考量

综合前述,在"初违不罚"适用要件统一于法定要件的当下,在适当借鉴刑法理论有关"次"的认定并从时间、领域以及空间三个维度对"初次"进行解构的路径较为合理,既便于行政处罚双方的理解,也易于行政执法人员的操作,不失为一种可行的办法。此外,法律对"初次违法"所对应的违法行为也是有所限定的,部分敏感且重要的监管领域对应的违法行为不得被纳入"初违不罚"的制度视野,以防在公、私法益的对比中出现失衡。

换言之,行政主体在依法确定"初次违法"时,应当注意以下事项:一是"初次违法"应当是一定时间范围内的"初次"。这一时间范围既可以是周期性的,也可以是无期限的,但实务中应当综合考量相对人守法能力和行政主体执法成本,并结合所监管领域性质及地域发展情况(如人口数量、经济发展及城市规模等因素)对认定周期作出合理选择。二是"初次违法"应当是在同一空间范围内的"违法"。这一空间范围原则上应由行政主体管辖范围决定,当在其他行政管辖区域有"初违"记录的行政相对人再次在某地区产生违法行为,出现"初次违法"认定特殊情形时,行政主体可以在综合考量监管事项的事权归属、危害程度、出现频度以及当事人的主观恶意、改过悔过情况后,综合判断是否应当突破空间(地域)的限制,以防法外横行。三是"初次违法"应当是一定适用领域内的"初次"。同一监管领域内所列明的违法行为是"初次"判定的范围,这既有利于违法当事人对违法处罚产生合理的心理预期,也有利于行政主体适当控制执法成本,如非一定层级的行政主体专门出台跨监管领域的规范文本,行政主体仅需在其职责所在的监管领域内开展"初违不罚"的施行推广即可。四是"初次违法"应当是有所限定的"违法"。"初次违法"行为范围的确定应当着重考虑违法行为的客观情节、行为性质以及实施手段等因素,并做一定归纳划分,其基本形态便是依据单行法律作为划分界限,如有具体法律条文规定则应以法条为界限。

上述观点也在一定程度上得到了国家层面的认可:2021 年 9 月,司法部行政执法协调监督局副局长、一级巡视员徐志群就制度施行初期,如何确定"初违不罚"回答记者问时专门指出,"初次违法"主要是指当事人在一定时间范围内,在同一领域、同一空间内第一次有某种违法行为;各部门和地方在贯彻实施行政处罚法时,应根据一定时间、空间和领域等实际情况,合理确定"初违"。[43] 除此以外,行政主体可以积极开展执法记录的留存、存储与运用,以实现对过往一定时期内监管情况的记录、检索、回溯;行政主体还可以通过积极构建行政执法"罚与不罚"之外的诚信体系,更好地融通行政执法与社会制约,实现监管效能。

三、"初违不罚"的程度要件——危害后果轻微

在《行政处罚法》第三十三条第一款中,"危害后果轻微"是"初违不罚"的法定第二项适用要件,就其语义表述分析,该适用要件首先要求我们对何为"危害后果"进行理论界定,其次要求我们对法律不确定性概念"轻微"做出合理的评判。此外,"危害后果轻微"还是"初违不罚"制度区分于"轻微不罚"制度的主要依据,本文前述对两项制度的拨梳也与该部分内容存在一定关联并起到了帮助作用。本文将在下文重点对"危害后果轻微"的评判予以进一步阐释。

(一)危害后果:效果裁量的法定因素之一

新《行政处罚法》在第五条规定了行政处罚的公正裁量原则,即行政机关应当依据违法行为的事实、性质、情节以及社会危害程度作出公正裁量。从文义表达解释出发,此处"社会危害程度"指的正是违法行为所造成的"危害后果";行政主体应当依据危害的程度高低与后果的严重与否,作出是否行政处罚、给予何种处罚的决定。同时,公正裁量原则也彰显了"危害后果""社会危害性"在行政处罚之中的重要性,即两者是行政处罚自由裁量范畴非常重要的考量要素,如果"危害后果""社会危害性"判断不准,就会影响行政主体对行政处罚的裁量决定,进而影响到个案公平与个案正义。可见,"危害后果""社会危害性"的判断结果对"罚"抑或"不罚"的裁量结果有着密

---

〔43〕 参见《司法部解读,如何确定"首次不罚"?》,搜狐新闻,2021 年 9 月 22 日,https://www.sohu.com/a/491362777_121106884.

切的内在逻辑关联。

由于我国刑法理论相较于行政法研究起步较早，且刑事司法与行政处罚均有惩处社会危害性行为的基本功能，故而刑法理论对行政法学一直影响颇深，刑法理论及实践做法在一定程度上常常引领着行政处罚实践。我国刑法学理论一般认为，危害后果是危害行为给刑法所保护的法益所造成的现实侵害事实与现实危险状态。参考刑法理论对刑事犯罪"危害后果"的已有研究，行政执法中的"危害后果"在某种意义上也可以理解为：某一客观违法行为对法律所保护的客体造成的一定损害，包括对社会公益和社会秩序的损害，以及对被侵害人财产权、生命权、健康权等权利的侵害。此外，进一步借鉴刑法学理论，认定行政违法行为产生"危害后果"还可以从因果性、侵害性、现实性、多样性、法定性等方面加以考量。具体来说，可以从"行为—后果间的因果关系""合法权益的侵犯与实害结果的表现""侵害事实与危险状态"等角度，考量违法行为是否产生了危害后果。

另外，分析判断某一行政违法行为的法益危害性，还应当结合具体法律规定及客观现实评判加以认定，并非所有违法行为的后果都可以被认定为具有行政法意义上的"危害后果"。当"危害后果"的认定中涉及依法行政原则、社会危害性原则的权衡时，社会危害性原则必须受到依法行政原则的制约，行政主体可以从三方面进一步考量两项原则的位阶：其一，即使客观行为具有现实的、明显的社会危害性，只要法无明文规定，即不能认定该行为具有"危害后果"，包括禁止类推解释和适用相关法律条文；其二，如果客观行为仅在形式上符合法律所规定的违法构成要件，而实质上却并不具有社会危害性，则需要对其作进一步权衡，通过比较"依法裁处"与"免予处罚"的利弊，以最大可能在个案中实现"两利相权取其大，两弊相衡取其小"。其三，由于行政处罚自由裁量权的行使必须受法律积极明示（授权）或消极默许的控制，行政主体应当在考量社会危害性的基础上，兼顾相关特定法律的条文含义、目的精神和一般原则，对"危害后果"予以细化明确。例如，表2中所列规范性文件，《浙江省农业行政处罚裁量基准》将"危害后果轻微"具体描述为：未销售的，或者没有违法所得的，或者未发生相关动物疫情的。

括而言之，危害后果是行政处罚裁量的重要考量因素，对危害程度的判定将最终影响作出何种处罚决定。至于"初违不罚"制度中是否存在危害后果，存在何种危害后果，行政主体则可以更多地参考刑法理论对刑事犯罪危害后果判定的指导方案（诸如，刑事危害后果存在的特性，判定原则发生冲突时的处理规则等），从而实现对待违法行为是否存在社会危害的认定。

（二）危害程度的评判——"轻微"

1."轻微"：不确定法律概念

法律概念指的是法律条文对各种具有法律意义的事物、状态、行为进行概括的专门术语。按照法律概念确定内涵外延的确定程度不同，法律概念可以分为确定性概念和不确定性概念两类。当然，确定与否只是程度问题，不确定一确定之间可以相互转化，不确定法律概念在运用时需要法官或执法者运用自由裁量（权），通过法律解释、法律适用使不确定变得确定。"危害后果轻微"中的"轻微"便是如此。

从文义解释角度出发，"轻微"指的是违法行为实际造成的危害程度较低，挽回损失、修复关系所需要花费的代价较小。"轻微"一词，常常用于描述程度而出现在法律用语中，但由于其内在的概念模糊和缺乏具体指征，有待行政主体与执法者进一步裁量判断，因而属于不确定法律概念。根据不确定法律概念[44]的项下细分，"危害后果轻微"又属于规范性法律不确定概念：对于同一客观违法，其行为情节轻微与否，不同执法人员有不同的裁量认定，在裁量基准不明的情况下，评价客观违法行为是否轻微便主要取决于执法人员的主观因素。所以，对"危害后果轻微"的判断必须经由一定的评价态度才能阐明其意义，"轻微"的认定需要行政主体尽可能地确立统一的裁量标准，以实现对其内涵价值空间进一步填补。唯有如此，才能确保行政自由裁量行为本身的规则，进而防止行政自由裁量和行政执法权的滥用。

2."轻微"评判的实践检视

（1）裁量基准的运用：立法与实践的共同选择

由于新《行政处罚法》第三十三条第一款的原则性规定，行政主体需要通过裁量判断才能最终确定违法当事人是否可以不予处罚，对"危害后果轻微"的判定将对制度的适用产生直接影响。为了防止"初违不罚"陷入滥用与休眠的两难境地，显然有必要通过阐释适用要件的内涵要义和细化"初违

---

〔44〕　不确定法律概念可分为：经验性法律不确定概念（叙述性法律不确定）与规范性（或需价值填补的）法律不确定概念两类。

不罚"的法律效果来实现对行政主体裁量权的合理规制。

在"初违不罚"的具体施行中，各地行政主体惯常采用实现设立一种具体化评判标准的方式，对适用要件作出更明确的"情节细化"，以此辅助具体执法人员作出裁量判断和形成自由裁量的法定约束。[45] 由此可说，设立裁量基准的根本目的是约束行政主体的自由裁量权，既要防止过分宽松的自由裁量权对行政相对人的合法权益产生随意侵蚀，也要避免自由裁量权过分羁束而束缚行政主体的主动性。设定规范且便于操作的裁量基准能使得法律规则转化为操作标准，为法律从文本走向实践提供了现实可能；裁量基准还为《行政处罚法》的规范适用提供了保障，能有效避免裁罚畸重畸轻和"同案不同判""自由裁量滥用"等乱象。此外，新《行政处罚法》第三十四条首次将行政处罚裁量基准写入国家法律文本，该条款也为行政主体推广"初违不罚"裁量基准提供了必要的法律支撑。[46]

（2）"轻微"裁量的规范考察

从已颁行的"初违不罚"裁量基准来看，行政主体对"危害后果轻微"的细化规定主要采取定量方式，少数行政主体采用定量定性相结合的方式对"危害后果轻微"予以说明。采用定量方式对"危害后果轻微"进行细化主要是指，行政主体将违法行为格化为不同档次，通过列明具体数额对不同档次行为所造成的危害后果进行量化，以便于执法人员认定违法行为所造成的危害后果。例如，2022 年 1 月出台的《浙江省交通运输行政处罚裁量基准（2021 年版）》，其中第 31 项违法行为就是采用量化方式对"危害后果"进行细化规定的典型代表（表 5）。

表 5　浙江省交通运输行政处罚裁量基准（节选）

违法事项	违法行为	实施机关	违法程度	违法情形	裁量基准	备注
对危及公路及设施安全、完好行为的处罚	擅自占用、挖掘公路	设区的市、县（市、区）交通运输部门	轻微	初次违法，占用、挖掘公路 2 平方米以下，或挖掘深度在 0.5 米以下，及时改正的	免予处罚	责令停止违法行为

---

〔15〕　参见江国华、王孜航：《论"首违不罚"裁量基准的优化构造》，《长江论坛》2022 年第 3 期。

〔16〕　参见周佑勇：《行政处罚裁量基准的法治化及其限度——评新修订的〈行政处罚法〉第 34 条》，《法律科学（西北政法大学学报）》2021 年第 5 期。

违法事项	违法行为	实施机关	违法程度	违法情形	裁量基准	备注
			一般	占用、挖掘公路 2 平方米及以上 5 平方米以下的，或挖掘深度在 0.5 米及以上 1 米以下的	处 2000 元罚款	
			较重	占用、挖掘公路 5 平方米及以上 15 平方米以下的，或挖掘深度在 1 米及以上 2 米以下的	处 1 万元罚款	
			严重	占用、挖掘公路 15 平方米及以上，或挖掘深度在 2 米及以上的，或影响公路交通安全的，或造成其他严重后果的	处 2 万元以上 3 万元以下罚款	

　　然而，笔者经过梳理还发现，"危害后果轻微"的裁量认定还存在两方面的困扰。

　　其一，目前国内行政执法实务界对何谓"危害后果轻微"缺少细化考量，仅有部分地区、部分领域的行政主体，针对部分违法行为制定了危害后果方面的评判标准；行政法学界也只是对普遍意义上的行政处罚裁量基准进行了宽泛研究，专门对"初违不罚"裁量基准的研究相对不足。在此背景下，"危害后果轻微"要件的重要性在实务中常被忽略，相关衡量标准还不明确，致使"轻微"的判定主观性过大，存在应然、实然差距过大的情况。例如，部分行政主体对"危害后果轻微"的规定概念不明，甚至依旧"照搬"新《行政处罚法》第三十三条的原文，导致对基层执法的指导性、操作性不强。本文将部分行政主体对"危害后果轻微"的细化规定整理形成表 6。

表 6 部分行政主体对"危害后果轻微"的细化规定

序号	文件名称	发文时间	"危害后果轻微"的细化规定
1	深圳市民政部门行政处罚自由裁量权基准表(2021 年第 2 版)	2021.12.02	不按照规定办理变更登记的:1 项需变更事项未办理变更;经责令后改正,违法行为造成一定影响。
2	武汉市司法行政系统行政处罚"三张清单"(2021 年版)	2021.11.15	1. 为不真实、不合法的事项出具公证书的:初次违法且危害后果轻微并及时改正的,且申请人提供虚假材料负主要责任,公证机构、公证员已经履行法定职责,可以不予处罚。 2. 同时在两个以上公证机构执业的:初次违法且危害后果轻微,被投诉或被发现后,能及时改正,未造成不良社会影响的,可以不予处罚。
3	抚顺市柔性执法事项清单(第一批)	2021.12.09	1. 学校违反有关规定招收学员的行为的:涉事学校、教育机构主动纠正违法行为;经批评教育、立即停止违法行为,未造成不良影响;首次发生情节轻微、影响不大的违法行为。 2. 拒不执行限期迁离决定的行为的:首次发现且违法行为情节轻微,没有社会恶劣影响的。
4	税务行政处罚"首违不罚"事项清单	2021.03.31	对于首次发生下列清单中所列事项且危害后果轻微,在税务机关发现前主动改正或者在税务机关责令限期改正的期限内改正的,不予行政处罚

其二,根据本文前述分析,"轻微不罚"要求"未造成危害后果",而"轻微不罚"则要求"危害后果轻微",对比两者的适用要件可以看出,"初违不罚"比"轻微不罚"具备更宽泛的适用空间,将"没有造成损害后果"放宽至"危害后果轻微"。但是,各地规定"初违不罚"的规范文本(免罚清单抑或是裁量基准)却出现了对"轻微不罚""初违不罚"两者混淆的显著倾向,将两者混同适用相当于变相提高了"初违不罚"的适用门槛,将大大限缩"初违不罚"的适用空间。例如,2022 年 4 月印发的《湖南省交通运输领域"轻微不罚""首违不罚"清单》涵盖道路运输、公路、航道等 6 项管理领域的 37 项违法行为,但《清单》未对"轻微不罚""初违不罚"的适用要件作出区分,造成了两项制度的混同。

(三)"危害后果轻微"认定标准的合理设定

本文认为,综合考量理论的探索与实务的实践,各地行政主体在后续制定"初违不罚"认定标准时,对判定"危害后果轻微"的判定应当侧重以下三个方面。

首先,针对新《行政处罚法》第三十三条第一款中前、后两部分规定分属"轻微不罚""初违不罚"两项制度,行政主体应区别对待"未造成危害后果"和"危害后果轻微"的违法行为,以更好地区分两者。需特别引起重视的是,行政主体在出台"初违不罚"规范文本时,不得将"未造成危害后果"作为"不予处罚"的必备条件,否则将极大地压缩"初违不罚"的适用空间。也正是基于上述原因,行政主体在出台各类"柔性执法"规范时,可以考虑在文本内分列"轻微不罚""不予处罚""从轻处罚""减轻处罚"等处罚梯度,从而破解相近制度之间极易出现的交叉叠加与混同滥用。

其次,针对新《行政处罚法》第三十三条第一款中"危害后果轻微"的抽象表述,行政主体应结合本地实际,通过量化方式对该要件予以细化明确,以破解基层执法人员对"轻微"把握不准、理解不透的困境。需注意的是,如何确定细化情节的项目、档次,以及如何安排认定的档次并不单纯取决于法律条文的文义解释,还有赖于行政主体不同时期的政策导向与价值判断,有待各行政主体的执法积累。此外,为确保细化情节的适应性,还可以适当考量设置兜底的定性条款,尽可能使得规则的滞后性被开放、包容所弥补。

再次,针对不同领域、同一领域、不同地域的客观差异,行政主体在确定本行政管辖区域内"没有造成危害后果""危害后果轻微"的认定标准时,还应统筹考虑长期积累的执法经验、违法行为的出现概率、被侵害法益的容错程度、违法行为的持续时长、造成的人身和财产损失情况、违法行为的规模、涉及区域范围的大小以及属地百姓的惯常习性等因素,设置符合本地区的认定格次。同时,我们还必须认识到:虽然行政主体有权根据客观违法、当地特色以及社会影响程度(诸如交易数额、货值数额、违法所得数额、权益损害人数、阅读量、点击量、转发量等数值),在授权范围内给出危害后果的判断与分层,结合地域差异出台裁量基准,但也必须防止越向基层,越可能出现的规则性淡化、合法性缺失的问题。

四、"初违不罚"的后效[47]要件——及时改正

在《行政处罚法》第三十三条第一款中,"及时改正"位于"初次违法""危害后果轻微"之后,属于对违法当事人主观悔过程度、改正恢复效果与不予处罚决定作出前行为状态的描述。该要件具备"及时""改正"两层含义,"及时"指的是违法当事人"不拖延"完成某一事项;"改正"是指当事人将违法状态的"邪"变为守法状态的"正"。换言之,该要件涉及"及时与否""改正实效"两重维度,但行政主体对这两重维度的判定尚存困境,有待结合理论与实践进一步厘清:即不同改正类型与及时性之间如何裁断;如何从改正的具体方式跨越到改正实效的认定。是故,本文将在分析"及时改正"合理性及必要性的基础上,从"及时与否""改正成效"两重维度如何理解与判定入手展开阐述,以期寻找一条合理且易于操作的"及时改正"认定路径。

此外,必须写在"及时改正"具体判定之前的是,从新法的条文表述来看,"改正"与日常生活中"悔改""革新"等略有不同,属于不带感情色彩的中性描述,这表明立法者对当事人改正的主观动机没有过多苛求。换言之,新《行政处罚法》第三十三条第一款的"改正"应当尽可能多地包含不同主观态度、不同类型、不同方式的改正行为,即只要使得受损的法益、秩序通过当事人的作为或不作为恢复到正常、完满的状态,即当符合该条款中"改正"的中性内涵。虽然部分学者对责令改正是否应当被纳入"初违不罚"存在不同观点,[48]但执法实践对此作出了与本文上述观点一致的回应:已有的"初违不罚"规范文本,通过正向列举,对部分"改正"的具体方式予以了细化明确。

---

〔47〕　此处的"后效"并非与"前效"相对应,也并非学界给予该要件的定义。本文之所以将"及时改正"称为后效要件,其主要缘由是源于成语"以观后效","及时改正"要件的立法意图与该成语所表达的含义内涵相通、一脉相承,即法律要求违法当事人不仅要有"及时"的纠错表现,而且还要有"正"的实效结果,使得受损的法益尽量恢复到违法发生前的合法状态;如不能达成这一要求,则行政主体仍应给予相应处罚以示惩戒,故称"后效要件"。

〔48〕　参见张新芳、赵玉考:《行政执法"首次不罚"制度初探》,《中国卫生法制》2012 年第 4期。

这些具体的改正既包括"在某一行政处罚程序之前"当事人的积极主动改正,[49]也包括行政主体广泛采用的责令当事人采取"消除影响、恢复原状、赔偿损失、下架链接、召回商品、积极退赔"等被动改正举措。可见,"及时改正"要件的确应当既包含当事人在受到行政主体批评指正后的主动改正,也囊括在执法部门责令(限期)改正下的被动改正。

(一)改正与责令改正:当事人的法定义务与行政主体的法定职责

倘若将《行政处罚法》作为一个整体,在具备可能改正、可以改正的条件下,"违法改正"并非"初违不罚"制度所独有,而是整个行政处罚领域所必备的事项:无论是"罚"抑或是"不罚",纠正违法并将客观违法行为造成损害的实然状态恢复为守法有序的应然状态始终是立法者追求的目的。改正作为行政处罚领域的必要措施,其目的在于防止当事人再次违法,维持行事秩序处于合法状态,从而最终实现案消事了。对违法行为的改正既有利于尽快恢复法定的正常秩序,也有利于把违法行为的损害降到最小。具体分析,立法者将"及时改正"作为该制度的适用要件应当是出于以下两点考量。

其一,新旧《行政处罚法》都要求行政主体在发现违法行为后必须及时制止并要求改正,新《行政处罚法》在第二十八条第一款保留了行政处罚改正原则。该原则表明,行政主体在行政处罚中具有双重职责,即除了履行"裁量是否对违法当事人作出行政处罚"的职责,还应当履行"责令违法当事人通过一定的方式,消除违法行为造成的不良影响和危害后果"这一职责。换一角度理解行政处罚改正原则,该原则也表明了违法当事人与"改正"之间的关系:当行政主体根据法律规定,向当事人提出要求改正后,"改正违法"便成了当事人的责任与义务,是当事人在接受行政处罚之外,另一项必须完成的法定义务。例如,在交管领域治理车辆超载方面,法律规范设定了"禁止超载行驶货车"的法律义务,如当事人违反法定义务,除了接受相应罚款,还须承担卸载超载货物的法律责任,卸载超出规定载重货物的行为即所谓"改正"。否则,如果违法当事人在缴纳罚款后无需纠正其超载驾驶的违

---

〔49〕 参见宁波市人社局印发的《宁波市人力资源和社会保障行政处罚自由裁量权使用办法》,(甬人社发〔2012〕425 号,2012 年 11 月 6 日发布);南京市住房保障和房管局印发的《南京市房产行政处罚从轻减轻及不予处罚清单(第一批)》(2021 年 7 月 12 日发布);海南省人社厅印发的《海南省人力资源和社会保障领域实施包容免罚清单》(琼人社规〔2021〕11 号,2021 年 10 月 21 日发布)。

法行为,那么行政处罚(罚款)也就蜕变为其继续违法的对价,交通管理的执法行为就落入了"以罚代管"的窘境。

其二,新旧《行政处罚法》都规定了从轻、减轻处罚的具体情形,新《行政处罚法》于第三十二条第(一)项规定,主动消除或者减轻违法行为危害后果的应当从轻、减轻处罚。此处的"主动消除、减轻违法行为危害后果"亦可理解为行政处罚体系对改正的实质要求,实现违法行为的改正,不仅是行政主体的法定职责、违法当事人的法定义务,还是当事人获得从轻、减轻处罚的一条法定路径。除此以外,该条款还表明,改正的结果如何与当事人最终获得处罚的轻重在某种意义上存在一定关联。从这种意义上进一步理解,在"初违不罚"中设置"及时改正"要件与法定的"从轻、减轻处罚"规定似乎有异曲同工之妙:在其他违法因素不变的情况下,违法当事人的"改正"越彻底、越到位,行政主体苛责的处罚则越轻、越少。在违法当事人符合"初次违法""危害后果轻微"的前提下,当其"改正行为"完全达到法定应然程度时,行政主体对当事人可以不必再施以处罚(即作出不予处罚的决定),转而采用其他教育、释法等柔性执法方式提示当事人不再违法,这便到达了"初违不罚"制度的适用领域。

综前所述,无论是基于法律有关于权利义务的原则性规定,还是基于"从轻、减轻处罚"的体系化对比,对"初违不罚"制度而言,将"及时改正"作为其法定要件是符合法律要求且具备合理性、必要性的。在未对违法当事人苛责行政处罚的情况下,对该制度设置"及时改正"的适用要件完全符合对行政处罚各方利益的保护与立法意图。

(二)改正行为的及时性裁断及其类型

及时性作为"及时改正"要件的第一重维度,如何基于不同类型的改正行为作出及时与否的裁断成为行政主体首先必须作答的设问。本部分内容将结合改正行为的具体类型,梳理已有的改正及时性裁断方案,并尝试归纳一条既符合实际又便于操作的裁断路径。

从语义表述来看,"及时"与前述"轻微"类似,是一项不确定法律概念,对"及时与否"的评判也需要行政主体运用行政裁量权予以确定。另外,"及时"还是一个相对概念,及时与否的评判不应仅针对某一待判行为单独做出,而应当将待判行为对比相对固定的参照时点,才能得出相对合理稳定的评判结果。就"相对概念具体化"这一点来说，由于行政处罚裁量、决定的作出是一个过程，[50]所以如能在行政处罚程序的时间演进路线上找到可以具体量化的参照时点，并将违法当事人的改正行为（待判行为）与之相对比，那么及时性的认定将不再是空中楼阁，将容易操作得多。

上述关于改正及时性裁断的方案，在已有的"初违不罚"规范文本中也得到了正反两面实践的尝试：例如，有的行政主体出台"初违不罚"规范文本，以行政处罚过程中的某些节点作为时间参照，将当事人作出具体改正行为的时点与之对比，以此作为及时性的裁断标准，这对一线执法人员的自由裁量进行了一定规制，具有防止行政裁量任性与滥用的作用；[51]而有的行政主体则在规范文本中，原样继承了新《行政处罚法》第三十三条"及时改正"的立法表述，将对不确定法律概念的判断完全交予执法人员，一线执法人员对"及时与否"的裁断将极大程度地取决于其自身的理解，对及时性的裁量认定空间巨大。可见，将改正行为的完成时点与行政执法的程序安排相比照，并以此认定改正行为"及时与否"的做法是符合执法实践和便于实务操作的，不失为一种及时性裁断的合理方案。

在及时性裁断方案可行的前提下，紧接着需要面对的便是"如何裁断不同类型改正行为及时与否"这一问题。众所周知，执法实务中的改正行为类型主要有三种：除了责令违法当事人对违法行为改正，[52]还有经行政主体释法提醒，违法当事人积极推动实现的"主动改正"；除此以外，随着各地的探索尝试，"经行政主体应允的当事人承诺改正"这种新兴的改正方式也逐渐出现在执法实践之中，并被吸纳进入"初违不罚"制度，逐步形成一整套操作流程体系。这些改正方式最终都表现为违法当事人对自身不当行为的纠正，都能在一定程度上实现对被损害法益的修复，但"如何建立及时性裁断方案与不同类型改正行为之间沟通桥梁"成为当前面临的主要问题，有待理论和实务界作出答复。

---

〔50〕《行政处罚法》规定，我国的行政处罚一般程序主要包括发现违法、立案、调查取证、审核、告知、作出处罚决定等步骤环节。

〔51〕例如，2021年10月，海南省人社厅印发《海南省人力资源和社会保障领域实施包容免罚清单》，其中将"及时"的认定细化明确为：主动整改或者在行政机关责令（限期）改正期限内改正；2021年7月，南京市住房保障和房屋管理局印发《南京市房产行政处罚从轻减轻及不予处罚清单（第一批）》，通过对违法当事人补救时间节点进行正向枚举的方式，将"及时"的认定予以细化明确。

〔52〕参见《行政处罚法》第二十八条。

1. 违法当事人主动改正

违法当事人主动改正虽然没有法律的明文规定,但却作为一种事实存在的改正方式被行政处罚双方所接纳。现阶段执法实践中,除了对是否处罚作出裁量外,行政主体在执法中发现非严重违法行为,常常先采取释法教育,并给予当事人一次主动改正违法行为的机会。倡导当事人主动改正违法行为在达到维护法益和制度的同时,还带来两方面的积极意义:一方面,主动改正能最大程度地节约执法资源,将有限的执法资源投入更加亟需之处;另一方面,主动改正亦能从侧面证成违法当事人的主观悔过程度较高、再犯可能性低较低,能最大可能地实现软法之治。

但与主动改正具备积极意义相对的是,由于行政主体在主动改正中没有为违法当事人设定具体的改正期限,当事人完成改正行为的时点缺少与之对比的参照时点,这也导致对主动改正及时性的判断陷入了窘困。这也是前述改正行为及时性认定中存在的主要困境,亟需出台对此的填补规则。本文认为,前述及时性裁断方案对于"违法当事人主动改正"这一改正类型仍然可以适用,只需将"判断主动改正行为及时与否"的问题转化为"主动改正行为完成时点应与行政执法过程的哪一环节相比照"。行政主体可以事先出台规定,预设一定的对比参照,从而实现判断主动改正行为及时性的目标。

2. 在行政主体责令改正期限内改正

作为当前法律唯一明文规定的改正方式,责令(限期)改正表面上是立法者对行政主体设置了一种作为义务(即针对特定违法行为,不能只实施行政处罚,还应当责令违法当事人改正),其本质上是立法者意图通过安排行政主体的程序介入,来确保受损的法益恢复到法定的完满状态,这也是行政执法取得实质效果的题中应有之义。

责令(限期)改正其既可与行政处罚合并适用,也可与行政处罚先后适用,还可单处责令改正。根据现有法律法规,本文对责令(限期)改正进行了简要的法规范梳理:①并处责令改正与行政处罚,其常常指在处以没收、罚款、吊销许可证的同时,责令违法当事人(限期)改正违法行为。[53] ②先责令改正并观后效,指的是行政主体发现违法行为后,先责令当事人改正,若

---

[53] 参见《环境噪声污染防治法》第五十条;参见《食品安全法》第一百二十八条。

违法当事人在限期内未依法改正或拒不改正,则行政主体依法作出处罚;若违法当事人按期改正且无再犯行为,则不再进行处罚。[54] ③单处责令改正,是指行政主体仅要求违法当事人作出行为变动,使其符合法律规定的一种终局性处理方式。从具体实践来看,行政主体对违法当事人作出责令改正的告知后,根据当事人完成责令改正行为的时间节点不同,还可分为"当场改正""在责令限期内改正"两项子类。[55] 此外,本文还通过相关文献资料了解到,行政法学界曾经对"责令处罚"的法律属性开展过理论纷争[56],特别是学界还重点对"责令改正属于行政处罚还是属于行政命令"进行了多维度的辨析研究。[57]

但本文认为,无论是责令改正的三项细分情形,还是学界对其的辨析纷争,都对责令改正及时性的裁断没有影响。就责令改正的过程来看,行政主体无论采用哪一种责令改正的形式,最终都归于违法当事人"当场"或"在责令改正期限内"完成改正行为,而根据前述及时性裁断方案,行政主体可以通过设定责令改正的期限来明确及时性裁断的参照时点,从而将"及时"这一不确定性法律概念明确化。因此,无论是"当场改正"还是"在责令期限内改正",只要改正行为符合责令改正期限的要求,都应当毫无疑问地被判定为"及时"。

3. 依照承诺内容及时改正

伴随着"初违不罚"的发展入法,"承诺改正"这一介于"主动改正""责令改正"之间的新兴情形进入公众视野,并在执法实务中逐渐推行开来。例如,2021 年 12 月,国家税务总局颁行《第二批税务行政处罚"首违不罚"事项清单》,对首次发生清单中所列事项且危害后果轻微的纳税人不予处罚,税务主管机关应向适用税务行政处罚"首违不罚"的当事人发放《"首违不罚"告知承诺书》,并对其说理释法、警示教育,如当事人再次违反的则应严格依法依规处罚。此外,应急管理领域也有类似探索。2022 年 5 月,江苏张家港应急管理部门印发《关于在安全生产领域推行首次违法行为不予行

---

〔54〕 参见《食品安全法》第一百二十五条第二款。

〔55〕 参见《律师法》第五十二条。

〔56〕 参见殷勇:《论责令改正行为的法律属性》,http://www.110.com/ziliao/article-134475.html。

〔57〕 参见李孝猛:《责令改正的法律属性及其适用》,《法学》2005 年第 2 期;参见孙晓蒙:《责令改正的法律属性定位及其适用》,《学理论》2012 年第 14 期。

政处罚的实施意见的通知》，要求执法人员发现违法行为后，向当事人指出违法行为、宣教相关法律法规规定、提出整改要求，依法下达相关不予处罚执法文书。当事人确认后，自愿签署《承诺书》；《承诺书》签署后，如当事人未按期提交整改说明、未限期整改到位的，执法人员依法实施行政处罚。

就其本质来看，"违法当事人依照承诺及时改正"融合了"责令改正"与"教育释法"两项功能，除了"柔性执法"理念、行政处罚改正原则、处罚与教育相结合原则促进了"承诺改正"的发展，新《行政处罚法》第三十三条第三款也为"承诺改正"的推行提供了有力的法律支撑。在"承诺改正"及时性裁断方面，本文认为，正是由于"承诺改正"综合了"责令改正""主动改正"各自的特点——违法当事人对改正行为承诺的改正期限得到了行政主体的应允，使得"承诺改正"与"责令改正"及时性的裁断存在殊途同归之处，即只要当事人在其允诺并得到行政主体认可的改正期限内完成相应的改正，即可被认定为"及时"。

可见，"责令改正""承诺改正"两者由于具备一定的改正期限，及时性裁断标准较为清晰、明确，只有"主动改正"及时性的裁断需进一步完善，十分有必要探索建立一条既有利于行政执法人员裁量控制，又有利于快速判定的及时性裁断路径。因此，问题的焦点便转移到"选择何种时间节点作为改正行为及时性认定的参照"上来。

承前所述，本文设想：不妨将主动改正行为的完成时点与行政处罚一般程序相比照，进而认定改正行为"及时与否"。这是解决当前困境的务实方案，该方案不仅为行政执法人员一段时期内作出"同案同判"的处罚决定奠定了基础，具备可重复性；还有机统一地处理了"初违不罚"与"一般程序"，兼顾了行政处罚体系的整体性和关联性，具备体系性。例如，可以尝试规定"及时"的改正行为包括以下几种情形：当事人在行政主体发现违法行为前主动改正；当事人在行政主体立案后，作出行政处罚决定前主动改正；当事人在行政主体责令限期改正后，在限期内予以改正等等。以此举例为基础，本文尝试将三种类型的改正行为与行政处罚一般程序作比，形成改正行为及时性认定谱表（表 7），以期更为清晰、直观地展现"改正行为不同类型""改正行为不同完成时点""及时性认定结果"以及"未完成改正的后果"之间的对应关系。诚然，表 7 是笔者对于"改正行为及时性判断"的初步总结，并非对所有实践认定的全面总结，仅可作为不同改正行为"及时性"裁断标准设置的一种参考。

表 7 改正行为及时性判断谱表

序号	改正类型	改正行为完成时点	及时性的认定	未完成改正的后果
1	主动改正	行政主体发现违法前	及时	依法立案调查
2	主动改正	行政主体初步认定违法后，立案前	及时	依法立案调查
3	主动改正	行政主体立案后，作出行政处罚决定前〔58〕	及时	依法作出处罚
4	承诺改正	行政主体认定违法后，承诺改正期限内	及时	依法立案调查
5	责令改正	行政主体认定违法后，责令改正期限内〔59〕	及时	依法立案调查

（三）改正行为的方式及实效性衡量

"改正实效"作为"及时改正"的第二重维度，如何从改正行为的具体方式处罚，对改正的实效性进行判断是行政主体在认定"及时改正"要件时必须面对的第二个问题。本部分内容将结合部分案例，探讨改正方式与改正成效之间的逻辑关联。

1. 改正方式与实效衡量因素的内在关联

不同的改正方式主要表现为违法当事人采用不同的方式纠正违法，从而将自身违法的实然状态改变为守法的应然状态。行政主体常常根据违法情形的不同，要求当事人作出不同方式的改正，"以何种标准衡量不同改正方式所对应的改正实效"成为随之而来的问题。

通过梳理已有的实践做法，本文将常见的违法情形、对应的改正方式以及达成改正实效的要求汇总形成表 8，并希望以此表为基础，进一步探究

---

〔58〕 需说明的是，由于表中所列情形均假定违法当事人第一次"涉足"改正行为，故而本表不包含"行政主体认定违法后，责令违法当事人改正但当事人不改正，却在'行政主体立案后-作出处罚决定前'主动改正、承诺改正"等二次改正的情形。因此，从本表推导不出"只要于行政处罚决定作出前完成改正行为就具备及时性"的结论。

〔59〕 虽然责令改正主要存在 3 种情形且"责令改正作出"与"行政处罚作出"的时点可能交叉重叠，但基于本文前述分析与便于实操的考量，本文认定所有在责令改正期限内完成的改正行为均为"及时"。

"改正实效"衡量的合理标准。

表 8　常见违法情形、改正方式及改正实效汇总

序号	违法情形	改正方式	达成改正实效的应然要求
1	造成持续的违法状态	在规定的时间内停止违法行为	消除违法持续状态
2	获得违法所得的物资、财物	如数退还、上交或赔偿	不再获得违法所得
3	使用不合格产品或合格产品使用不规范	更换使用合格产品	使用合格产品或者规范使用
4	侵犯他人知识产权	停止侵害他人利益并赔偿损失	不再侵犯他人法益
5	生产生活造成持续安全隐患	消除安全隐患	依法依规生产生活
6	未依法定程序或未办合法手续	遵照法定程序或补办合法手续	依法办理事项或手续

从表格呈现可知，不同违法情形对应着不同的改正方式，与之对应的"改正实效"标准亦各不相同。虽然"违法情形—改正方式—改正实效"之间具有形式和类型上的多样性，但"改正实效"的认定还是有规律可循的：应当是违法当事人通过作为或不作为的方式，配合行政主体、履行改正行为，使得受损的法益、秩序恢复到正常、完满的状态是"改正实效"的内涵要义。此外，就"改正实效"的考量因素来说，还可以将当事人是否履行改正行为，是否配合行政主体，是否持续一段时间遵规守法等作为过程性因素；将当事人改正后的行为是否重新符合法律要求，是否修复受损法益以及是否消除违法持续状态等作为实质性因素，用于辅助"改正实效"的衡量。

2. 改正实效的过程性、实质性考量

由于任何行为的过程、结果在法律世界中都具有其独特的意义，因此违法改正的过程性因素、结果性因素也对改正实效的评判至关重要，这也正是我国行政法律部门既重视实体正义，也强调程序正义的意义所在。正是基于此，虽然新《行政处罚法》第三十三条第一款未对"及时改正"所指的应然状态予以描述，但本文认为。行政主体在检视违法当事人改正行为是否具备实效时，应当并重前述表 8 所提到的过程性因素、实质性因素。

与此对应，执法司法实践中，行政主体、司法机关对"改正实效"的认定，除了要求违法当事人达成"配合行政主体""履行改正行为"等过程性要求，还要求当事人满足"修复受损法益""消除违法持续状态"等实质性要求,以实现彻底消除或至少明显降低违法影响的结果。

(1)过程性因素对改正实效判别的影响

在行政处罚实务中,已有部分行政主体注意到了当事人不同的改正过程对"改正实效"的认定存在影响,它们通过出台规范文本对"及时改正"要件的改正过程进行了细化明确,进而指导执法人员对改正实效的判别。

例如,2022 年 8 月,上海市印发《关于全面推行轻微违法行为依法不予行政处罚的指导意见》(本部分下文称《指导意见》),〔60〕文本中涉及交通管理领域的部分,对当事人改正行为的过程作出了部分规定:能够当场改正的违法行为,违法当事人需当场立即改正;不能当场改正的违法行为,当事人需在规定的期限内完成整改。诸如,对"客运、货运经营者擅自改装已取得车辆营运证的车辆"这一违法行为,规定违法当事人须在规定时限内完成恢复擅自改装部分的整改,方可不予处罚。此外,《指导意见》还明确了"行政相对人要配合执法工作"这一过程性要求,即行政相对人只有不存在拒不接受执法部门调查处理、阻碍执法、煽动抗拒执法等妨碍执行公务情形的,才可不予处罚。无独有偶,2021 年 7 月,南京市住房保障和房屋管理局印发《南京市房产行政处罚从轻减轻及不予处罚清单(第一批)》(本部分下文称《清单(第一批)》),文中详细列举了违法当事人(开发企业、建设单位、经纪机构以及房屋出租方)可能出现的 23 种违法行为,也对当事人改正过程做出了量化规定(诸如,如何纠正违法,弥补、补救损失等)。同时,《清单(第一批)》还确立了行政主体改正监督规则:倘若违法当事人是事后改正,相关行政主体应制发《责令改正通知书》并及时地对其改正过程实施复核,从而将当事人整个改正过程纳入监管范畴,并以此督促改正行为取得实效。

可见,改正行为的过程性因素是改正实效性判别的关键因素。这启示我们,对"改正实效"的认定应将当事人改正的过程纳入考察,行政主体可以通过配套建立一定的改正监督规则,督促当事人配合调查处理,积极推动改正过程向改正结果转变。

---

〔60〕 此处引用上海市《关于全面推行轻微违法行为依法不予行政处罚的指导意见》来说明"初违不罚"制度之适用要件,并非笔者刻意混淆"轻微不罚""初违不罚"两项制度,而是两者"及时改正"要件完全相同,存在互相参考借鉴的法律表述。

(2)实质性因素对改正实效认定的作用

以实质性因素为导向考量违法当事人的改正实效,即注重考量当事人的改正行为是否实质上修复了受损法益、是否消除了持续违法的状态后果以及当事人完成改正行为后开展的各类活动是否符合法律的实质要求。据此,笔者通过裁判文书公开网检索到了涉及改正结果评判的两项案例——海口农商行诉海口市政府等无偿收回国有用地使用权及行政复议案[61](下文简称"海口农商行案")与方林富炒货店诉杭州市西湖区市场监督管理局等行政处罚及行政复议案[62](下文简称"杭州方林富案")。

"海口农商行案"中,关键的一项争议焦点是海口农商行认为,其作为土地使用权人在土地闲置期限内,启动报规报建工作是一种主动采取措施消除或减轻土地闲置违法行为危害后果的纠正行为,应当按照《行政处罚法》从轻、减轻处罚的原则予以认定。虽然根据《城乡规划法》《建筑法》的相关规定,在启动行政处罚的查处程序前,土地使用权人确实可以通过主动改正的方式消除、减轻土地闲置违法行为的危害后果,并以此换取从轻或减轻行政处罚;但是,法院却最终认定,海口农商行启动报规报建工作只能视为其具有了开发建设的意愿,在其未办理建设工程规划许可证和施工许可证并依法动工开发前,依据前述规定,不宜认定其已经主动采取了措施消除或减轻闲置违法行为的危害后果,也不能阻却闲置土地的查处;法院还认为,确立此类情形的判例,还可以防止个别土地使用权人恶意、重复和拖延报规报建,利用报建程序来规避闲置土地查处的弊端。可见,改正实质性因素在改正实效的认定中是必不可少的,没有取得实质性成果的改正行为往往不得被判定为取得改正实效。

"杭州方林富案"中,方林富炒货店在经营场所内外及包装袋上发布广告,并使用"最好""最优""最香""最特色""最高端"等绝对化宣传用语,违反了《广告法》的相关规定,区市场监管局遂作出责令停止发布使用绝对化用语广告并处罚款 20 万元的行政处罚决定,后经西湖区人民法院一审判决将罚款变更为 10 万元,原被告双方主要围绕行政裁罚是否得当展开了一系列辩诉。除本案核心争议外,原告方还在诉讼中提出:造成本案裁罚畸重的一项重要原因是行政主体未充分考虑其"消除或减轻危害后果"的改正行为,

〔61〕 参见海南省高级人民法院(2019)琼行终 636 号行政判决书。
〔62〕 参见浙江省高级人民法院(2019)浙行申 64 号行政裁定书。

未适用从轻、减轻处罚原则。在行政处罚决定作出前,原告方多次向被告方就整改的结果作出申辩,但双方对整改行为是否彻底且有效,是否达到了法定的应然标准,是否足以再次引起公众误解等改正实效的认定产生了较大分歧。该案再审裁定书的一段陈述对前述改正实效的最终认定提供了一定参考:再审法院认为,方林富炒货店在行政处理过程中及事后虽有所整改,将违法广告语中的"最"字点涂或者涂画后改为"真"字,但"最"字仍然清晰可辨,在很大程度上仍然可能再次引起消费者、公众的误解,此种整改方式并不彻底,尚未达到《广告法》法定的应然标准。因此,法院裁定方林富的整改行为不符合"改正"之实质性要求,法院不支持在该案行政处罚决定作出时适用从轻、减轻处罚原则。这是实质性因素对改正实效认定产生重大影响的又一例证。

从前述两项案例可知,改正行为的实质性因素是改正实效判定的另一项关键因素。只有违法当事人的改正行为在实质上符合立法意图,在实质上取得弥补损失,消除、减轻违法行为造成的违法状态和危害后果,达到法定的应然标准,并消弭足以再次引发法益受损的风险隐患,才有可能被认定为是有效的改正行为,才有可能被认定为具备改正实效。

3. 改正实效的衡量路径

前述文本规范对改正过程的填补与司法裁断对改正结果的阐释,一方面是对程序正义的践诺;另一方面也为认定"何种改正行为才能取得实效"提供了路径借鉴。行政主体应当更多地关注违法当事人是否遵循程序性规定,是否仍然可能持续违法状态并影响法益平衡等评判标准,并以此客观、公正地评判违法当事人的纠偏、整改是否取得了实效。

执法司法实务中,具体的改正方式虽然形式各异,但对改正过程、实质结果都是有所关注的,即行政主体对改正实效的检视,既考量当事人是否按要求配合实施改正行为并不再从事违法,也注重考量当事人完成改正行为后是否符合法律对应然状态的规定。这是当前对违法改正日益明晰的两方面要求,两者共同作为违法改正实效裁断因素的必要性也日益凸显。随着实践和经验的不断积累,行政主体对违法改正实效性的裁断路径将继续朝着兼采过程与结果的转变。

结　语

作为回应型立法的一种，"初违不罚"的入法为近年来地方的探索实践提供了法理依据，但不可忽视的是，因《行政处罚法》立法本身客观存在的笼统性、抽象性，各地已出台的"初违不罚"规范文本虽在《行政处罚法》的统领下制定，却仍有较大的"特色"实践空间，这加剧了制度适用标准不一的窘境。因此，"初违不罚"适用要件的解构与确认是制度适用建构过程中无可回避的重要议题，是行政法学界和各地行政主体当下的重任，理论和实务都亟需更明确、更科学、更合理的适用要件规范解构与适用指引。

"初违不罚"合理适用困境的出路，在于进一步明确适用要件的内涵外延并确立合理的实施规范。行政主体如何准确把握"初次违法""危害后果轻微""及时改正"的实质内涵，如何更好地运用法律赋予的行政裁量（权）是制度合理适用、破解窘境的关键一环。本文在梳理制度理论支撑、适用要件入法演变的基础上，通过规范考察近年来各项实践积累并结合已有案例，厘清相关要素的适用边界，明晰要件认定标准，并为最终形成相对系统、客观、统一的"初违不罚"适用准则作出努力。这亦是本文的逻辑路线和撰写思路。诚然，由于素材和学识的局限，文中尚有许多有趣的部分有待进一步深入探求，这也为笔者在今后的工作学习方向埋下了有益的伏笔。

当一项基本的制度业已成型之时，我们回过头再来审视其蕴含的一些基础概念，对其在进行梳理、分析和研究，认真剖析其理论基础、内涵边界和现状不足，对我们进一步实践并完善该项制度其实是大有裨益的。至少，能够让我们的行政主体在向前进步、向上发展的过程中，在面对纷繁复杂、万千变化的经济社会变动时，处理得更加坦荡、自信，少犯原则性和低级性错误，对于"初违不罚"而言亦是如此。本文对"初违不罚"合理适用的基础梳理、微观分析和政策建议只是本文的在该领域的一点探索尝试，希望可以防止行政处罚中的双方，乃至社会大众谈到"初违不罚"时，其背后的理论基础、法定适用要件和需要改善的方面不再含糊不清、方向不明；希冀"初违不罚"制度能够真正地发挥其应有的制度作用。

[推荐人及推荐理由]

《行政处罚法》的修订将"初违不罚"制度正式写入法律，这是新法的一大亮点。规定"初违不罚"制度的第三十三条第一款条款言简意赅，其核心是适用要件，因此，准确理解适用要件是正确适用该制度、实现立法目的之要冲。而当下，学界对此则缺乏系统深入的研究，本文作者以"初违不罚"适用要件为主线展开研究，选题切口小，具有较强的理论指导性和实践应用性。

整体来看，论文梳理了"初违不罚"制度的缘起与发展，理论阐释了该制度的价值所在，并做了大量的实践文本考察和汇总梳理，还运用了相关判例融合讨论，文献工作扎实、细致。在此基础上，论文将三要件分别归纳为：前提要件（初次违法）、后果要件（危害后果轻微）和后效要件（及时改正），分别对上述法定三要件做了抽丝剥茧式的分析和论证，有较为独立的见解。诸如，作者提出了：初次的认定，应从时间、空间及领域三重维度对"初次"进行衡量，确定科学合理的认定周期、地域差异以及领域限制；评判"及时改正"要件则应注重从"及时与否""改正实效"两方面入手，"实效性"的认定应并重兼采改正的过程、结果，通过过程性、实质性两方面的考察将改正实效的衡量具象化进而最终认定改正的及时与否、实效如何等观点和建议，对理论掌握和实务操作"初违不罚"制度都具有较强指导意义。

——罗文燕，浙江工商大学法学院教授

行政程序违法判决体系化研究

马　晶[*]

内容提要:行政机关遵守行政程序不仅是维护客观法秩序的制度要求,也是行政相对人程序性主观公权利的权利保障要求。行政相对人对行政机关违反行政程序的行为提起行政诉讼,法院对行政行为的合法性进行审查后作出不同类型的判决。但在我国司法实践中,行政程序违法判决标准不清、实体法依据缺乏、法律效果缺乏及行政诉讼诉判关系具有特殊性等原因,既导致法院在对行政程序违法案件进行合法性审查时存在适用依据的困难,原告也对判决结果不满意而频繁上诉,争议不能得到实质性化解。对此,我国理论上主要以法教义学视角进行研究,提出了"二分法说""三分法说"等,试图以扩大解释行政程序违法的判决要件等方式为其提供判决依据;同时,日益完善的行政程序规范也在供给行政程序的实体法依据。但是,上述研究仍然遵循单一的合法性审查视角,片面关注大前提的完善,而忽略了作为争议一方的行政相对人的实质利益诉求,对于解决行政程序违法争议助益不大。文章从规范、理论和司法实践三方面梳理我国行政程序违法司法审查的现状切入,进一步从理论上对行政程序违法判决构成要件展开分析,并提出目前司法实践和学界研究存在的问题,最终基于新的研究视角提出完善建议。具体而言,文章第一部分通过界定行政程序违法的类型以明确研究对象,基于法教义学研究立场和我国行政诉讼法担纲行政程序法功能考虑,以行政诉讼法中的行政程序违法类型规定为主,结合司法实践和理论中的观点一并界定文章的研究对象。第二部分从理论上分析行政程序违法判决的构成要件,揭示出不同类型判决之间存在着司法适用的顺

---

*　马晶,华南师范大学法学院特聘副研究员。

序,这反映出行政程序违法司法审查诉判不一致的客观特性,以及对确认违法判决的倾向性适用。第三部分则指出行政程序违法在司法适用中主要存在的问题,并指出目前学界并没有对上述问题提供较好的解决思路。第四部分以行政判决书的构造为新的研究视角,指出裁判理由中法院对行政程序违法的认定与说明,承载着对判决主文中行政程序违法性的说明和对原告诉讼请求的回应,前者与判决主文本质上一致,是内容与结果的关系,后者通过回应原告的诉讼请求体现对公民程序性权利的保护,二者共同达到实质性化解争议的目的。第五部分提出为实质性化解行政程序违法争议,我国应当从明确判决的适用依据、增加判决的类型、理顺判决之间的适用关系、统一判决的法律效果、完善实体法规定五个方面进行完善。

关键词:行政程序违法;判决体系;法律适用;裁判理由;判决主文

前　言

法治发达国家法律治理的核心要义就是正当程序,这一法理从罗马法时期萌发至今,经由立法领域、司法领域发展后逐渐渗入到行政领域,引起了行政法治理念和制度的变迁。行政程序法制发展史上,1889 年西班牙制定了世界上第一部行政程序法,此后世界范围内经历了三次行政程序立法高潮,如今随着行政国家和数字时代到来而导致行政法律关系日益复杂化,行政程序的重要性进一步凸显。我国作为法治后起国家,法治就是程序之治的理念已经落实于制度。依法治国的核心是法治政府建设,而遵守行政程序是法治政府建成的重中之重,法治政府建设的核心在于行政机关及其工作人员在执法的过程中遵守行政程序。程序法治通过立法、行政和司法共同合力得以实现。与此同时,在公民权利意识苏醒乃至蓬勃的今天,程序性权利作为一类重要的主观公权利逐渐成为公民的诉求,这要求法治给公民提供全面的程序权利救济。

一、行政程序违法的类型界定

行政程序作为法律程序的一种,是"行政机关行使行政权力、作出行政决定所遵循的方式、步骤、时间和顺序的总和"[1]。与需要区分行政违法和违法行政一样,行政机关违反行政程序和行政相对人违反行政程序规范都会产生法律责任,后者可由行政机关追究其违法责任,故行政程序违法是指行政主体实施行政行为时,违反法定的步骤、方式、顺序、时限和正当程序原则的行为。[2] 本文认为,行政程序违法指行政主体及其工作人员在履行行政职责中违反行政程序的行政行为。

2014 年《行政诉讼法》修改,以"行政行为"取代了"具体行政行为"导致行政行为概念的泛化,也就意味着相对人可以针对事实行为等提起行政诉讼,[3]但鉴于对这些行为的可诉性还存在争议,且理论上对"行政行为"的概念和功能等存在争议,故本文探讨对象限于具有高权措施、行政机关、公法性、规制、针对个案、外部效力六个基本要素的具体行政行为。[4]同时,我国《行政诉讼法》根据对被诉行政行为类型和诉讼请求的不同,规定了十种判决种类,本文以败诉判决和胜诉判决为标准作如下界分,原告败诉判决仅指驳回诉讼请求判决,原告胜诉判决包括违反法定程序的撤销判决、违反法定程序的撤销并重作判决、行政机关未履行程序义务的履行判决,以及作为补充判决的确认违法判决、行政程序重大且明显违法的确认无效判决。

行政程序是行政法学中重要制度,我国理论研究和规范制定已经蔚为大观。在我国国家层面尚未出台统一行政程序法的情况下,《行政诉讼法》

---

〔1〕 王万华:《行政程序法研究》,中国法制出版社 2000 年版,第 2-3 页。

〔2〕 参见应松年:《行政程序法》,法律出版社 2009 年版,第 169 页。

〔3〕 全国人民代表大会常务委员会法制工作委员会编写的释义中认为,第二条释义可以从以下几点理解"行政行为":一是行政行为不包括行政机关的规范性文件;二是行政行为既包括作为,既包括作为,也包括不作为;三是行政行为包括事实行为;四是行政行为包括行政机关签订、履行协议的行为。参见信春鹰主编:《中华人民共和国行政诉讼法释义》,法律出版社 2014 年版,第 8-9 页。

〔4〕 参见最高人民法院印发《关于贯彻执行〈中华人民共和国行政诉讼法〉若干问题的意见(试行)》第一条。本司法解释已被《最高人民法院关于执行〈中华人民共和国行政诉讼法〉若干问题的解释》(法释〔2000〕8 号)废止。

担纲了规范行政实体法律关系的功能,我国行政程序违法最早规定于 1989 年《行政诉讼法》中。1996 年《行政处罚法》规定的听证制度是首次规定于实体法中的行政程序内容,2008 年《湖南省行政程序规章》是我国首部地方统一行政程序规定。但因我国没有国家层面统一的《行政程序法》,理论与实践中也没有就行政程序违法类型达成统一认识,鉴于此,本节内容从分析行政诉讼法、实体法规定以及司法审判实践中行政程序违法现状出发,以期准确界定行政程序违法类型。

(一)实定法中的行政程序违法类型

1. 行政诉讼法中的行政程序违法类型

我国《行政诉讼法》明确规定了违反法定程序的驳回判决、撤销判决和确认违法判决。行政程序违法后果最早规定于 1989 年《行政诉讼法》中,违反法定程序的行政行为一律判决撤销,但是,这一规定由于不能满足行政执法实践中程序违法类型的多样化而受到批判。最高人民法院发布司法解释增加了可适用的不同判决类型,以缓解制度的僵硬,2014 年修改的《行政诉讼法》明确增加"程序轻微违法"的确认违法判决,意味着这一司法实务的努力最终被立法机关所接受。

1989 年的《行政诉讼法》中首次规定了行政程序违法撤销判决。该法第五十四条第一款第 3 项规定:"违反法定程序的判决撤销或者部分撤销,并可以判决被告重新作出具体行政行为。"但行政程序违法撤销重作判决具有特殊性。该法第五十五条第二款规定了重作的一般性限制,即行政机关重新作出行政行为时,不得再次以原先的事实作出行政行为,但行政程序违法重作适用该条时存在"限制的例外"。《最高人民法院关于执行〈中华人民共和国行政诉讼法〉若干问题的解释》(法释〔2000〕8 号)(以下简称 2000 年《若干解释》)第五十四条规定,行政程序违法撤销后,可以再次以被判决撤销认定的事实为根据作出行政行为,[5]也就是说行政程序违法重作不受"同一事实和理由"的限制。

"违反法定程序"作为撤销判决的独立事由具有我国独特的历史和文化

---

〔5〕《最高人民法院关于执行〈中华人民共和国行政诉讼法〉若干问题的解释》(法释〔2000〕8 号)第 54 条规定:"人民法院以违反法定程序为由,判决撤销被诉具体行政行为的,不受行政诉讼法第五十五条的限制。"

背景,〔6〕行政法制建设初期,立法者意欲通过司法倒逼行政机关工作人员依照程序执行法律,具有强烈的现实政策需求。但实践中行政程序违法多样,一刀切式的立法必然不能满足行政程序违法多样性的要求,尤其是对于一些行政程序轻微违法的现象如何审判,出现了判决适用不能的情形,而且"如果一律适用撤销判决,会加重行政机关的成本负担,不符合比例原则"〔7〕。因此,2000 年《若干解释》第 56 条和 57 条增加了驳回诉讼请求判决和确认违法判决,此后法院通常根据该解释第 56 条第 4 项的规定,将该类案件解释为"其他应当驳回诉讼请求的情形",以避免随意撤销,造成资源的浪费。

相比于 1989 年《行政诉讼法》的单一撤销规定,2000 年《若干解释》为程序违法的多样性提供了选择的可能性。尽管以司法解释增加判决类型的方式存在正当性质疑,但可以窥见,行政诉讼对行政程序违法从"一刀切"规定逐步承认其多样态性,从最开始的强调一律撤销到增加多种判决类型。

2014 年《行政诉讼法》规定了多元行政程序违法判决类型。随着司法实务和学界对行政程序违法类型认识的深化,新修改的《行政诉讼法》吸纳了司法机关和学者的观点,增加了程序轻微违法的确认违法判决,由此在2000 年《若干解释》的基础上进一步对行政程序违法的后果进行多元化规定。具体而言,《行政诉讼法》第六十九条、第七十和七十四条规定了三种判决类型,从体系解释上看,后两条以行政程序的违法程度进行划分,即程序严重违法的予以撤销,程序轻微违法的则确认违法。

第一,行政行为违反法定程序判决撤销。与 1989 年《行政诉讼法》规定相同的是,行政程序违法判决撤销后可以基于原来行政行为认定事实基础上重复作出。一方面,按照限制的一般性而言,现行《行政诉讼法》规定行政行为不可以重新基于相同的事实等再次作出行政行为,行政程序当然包括在内;另一方面,根据《最高人民法院关于适用〈中华人民共和国行政诉讼法〉的解释》(法释〔2018〕1 号)(以下简称 2018 年《行诉解释》)第九十条第二款规定,《行政诉讼法》修改后行政程序违法被判决撤销后重作同样是"限

---

〔6〕 "受到美国法的强烈影响,我国行政法学者一直不遗余力地强调行政程序的独立价值,希望以此彻底纠正'重实体轻程序'的传统弊端。这种取向使 1989 年制定的《行政诉讼法》将'违反法定程序'作为法院撤销行政行为的独立事由"。参见姜明安主编:《行政程序法典化研究》,法律出版社 2016 年版,第 367 页。

〔7〕 亓荣霞:《行政瑕疵刍议》,《政法论坛》1999 年第 6 期。

制的例外"。从立法史来看,这条司法解释是对 2000 年《若干解释》第五十四条的继承。最高人民法院行政审判庭解释为,行政程序违法行为没有实际影响到相对人的实体权利义务。所以尽管是同一事实和理由,行政程序经过补正就是合法的程序。[8]此外,最高人民法院行政审判庭还认为,程序违法判决撤销、撤销重作只是增加诉累,造成行政和诉讼程序空转,严重损害国家利益、社会公共利益,因此司法实践中违反法定程序适用撤销判决、撤销重作判决的将会减少。[9]

第二,程序轻微违法判决确认违法。这一条款在新增后也引起了学界的诸多讨论,比如程序轻微违法与程序瑕疵如何区分的问题。2014 年《行政诉讼法》第七十四条第一款第 2 项新增明确了行政程序轻微违法作出确认判决;2018 年《行诉解释》第 96 条对该款的"轻微违法"进行了解释。结合这两个条文可以得出行政程序轻微违法确认判决主要包含以下内容:首先,"重要程序性权利"不同于程序轻微违法确认判决中的"原告权利",因为后者指原告的实体权利而不包括程序性权利。[10]其次,行政行为违反了行政相对人的"重要程序性权利",而且"对行政相对人的权益造成实际侵害的",指的是一些程序能够严重影响当事人权益的类型,主要指违反正当程序原则的程序违法情形,其对立面是"程序轻微违法"。前者主要包括违反正当程序的情形:没有根据法律的规定或者依职权进行听证、出现回避的情形时行政执法人员没有主动或者应申请进行回避、行政机关作出负担行政行为或者裁量行政行为时,没有听取行政相对人的陈述和申辩等。后者例如处理期限轻微违法,通知、送达等程序轻微违法。[11]最后,结合来看,该条指行政行为没有违反正当程序且对原告实体性权利没有造成实际影响的,

---

〔8〕 "人民法院生效判决以违反法定程序为由撤销原行政行为,纯属人民法院对行政机关依法行政的监督,不涉及利害关系人合法权益保护问题。"参见最高人民法院行政审判庭:《最高人民法院行政诉讼法司法解释理解与适用》,人民法院出版社 2018 年版,第 420 页。

〔9〕 参见最高人民法院行政审判庭:《最高人民法院行政诉讼法司法解释理解与适用》,人民法院出版社 2018 年版,第 422-423 页。

〔10〕 参见最高人民法院行政审判庭:《最高人民法院行政诉讼法司法解释理解与适用》,人民法院出版社 2018 年版,第 445 页。

〔11〕 "'重要程序性权利产生实际损害的程序违法'是与'程序轻微违法'相对应的模糊概念,应当指违反正当程序原则的程序违法情形,主要包括(1)未依法举行听证;(2)未遵守回避原则;(3)作出不利行政行为时,未听取利害关系人的陈诉、申辩……一般而言,只要不违反正当程序原则,就属于'程序轻微违法'的情形。"参见最高人民法院行政审判庭:《最高人民法院行政诉讼法司法解释理解与适用》,人民法院出版社 2018 年版,第 445 页。

判决确认违法。从反面解释即意味着尽管没有违反正当程序，但由于给原告实体权利造成了实际影响，仍然应当撤销。

第三，符合法定程序判决驳回原告诉讼请求。修改后的《行政诉讼法》第六十九条规定了行政行为符合合法行政构成要件时，行政行为符合法定程序，法院判决驳回原告的诉讼请求。新法吸纳了 2000 年《若干解释》中的驳回判决，但其适用条件发生变化，法院不能再根据《若干解释》第五十六条第四款的情形进行对程序轻微违法适用驳回判决。

第四，2014 年《行政诉讼法》中没有列举规定行政程序违法的无效情形。第七十五条规定"行政行为有实施主体不具有行政主体资格或者没有依据等重大且明显违法情形"为无效行政行为，需要解释行政程序违法是否包含在"等"中。梁凤云认为："从域外的情形来看，如果仿照德国的规定，不需要达到'重大且明显违法'标准的行政行为，一般均与程序有关……这些程序性问题，虽然重要，但与我们理解的'无效'有一定的差距……正是因为这种认识，本解释中对于复议机关确认违法行政行为无效的，也没有包含行政程序重大且明显违法情形。"〔12〕

综上而言，从对法律规定进行体系解释来看，除无效判决外，我国《行政诉讼法》中以违法程度对行政程序违法判决类型进行了明确的规定。

2. 行政实体法中的行政程序违法类型

行政程序法典是行政程序违法判断的重要实体法依据，遗憾的是，我国统一的行政程序法典目前仍未出台。《行政处罚法》《行政许可法》《行政强制法》作为行政执法的三大基本法，规定了行政机关应遵循的程序和行政相对人的程序性权利，但鲜少规定行政程序违法实体法后果，多规定违法行政程序的行政主体承担内部责任。具体而言，《行政处罚法》第五十五条规定了程序违法的内部责任，由行政机关内部对违反行政程序的行政机关进行追责；作为申请行政行为的《行政许可法》赋予行政相对人陈述权、申辩权等程序性权利，第七十二条第一款第 3 项、第 4 项、第 8 项也同样规定了与行政处罚违反程序一样责任与监督方式；《行政强制法》规定行政机关作出对行政相对人不利行政行为时，同样赋予了其必要的程序性权利，第六十一条

---

〔12〕 最高人民法院行政审判庭：《最高人民法院行政诉讼法司法解释理解与适用》，人民法院出版社 2018 年版，第 461—462 页。

第一款第 3 项同样规定了行政机关违反法定程序的内部责任。

值得注意的是,新修改的《行政处罚法》与《行政诉讼法》进行了衔接,第三十八条第二款规定:"违反法定程序构成重大且明显违法的,行政处罚无效",并且其不再将行政程序违法的效力规定在总则的位置,而是重新规定了行政处罚违反程序的法律后果。[13]

3. 地方统一程序规范主要以行政程序违法程度进行划分

我国行政法学者经过多年的讨论与提出立法建议稿,这些研究成果直接影响了行政程序立法。[14]理论和实务相结合,地方统一行政程序已然先行,这不但为日后中央统一行政程序制定积攒了经验,也提供了立法模板。2008 年学界和湖南省法制办联合制定的《湖南省行政程序规定》(以下简称《湖南程序规定》)是我国行政程序法制进程中的"破冰之举"。作为我国第一部统一行政程序法典,其为后来省、自治区、直辖市制定行政程序提供了蓝本,奠定了我国地方行政程序法制的基础和开端。[15]2022 年江苏省人民代表大会通过的《江苏省行政程序条例》是我国首部省级地方性法规,根据《行政诉讼法》第六十三条的规定,《江苏省行政程序条例》是审判依据,具有十分重大的意义。

相比三大行政执法行为基本法对行政程序违法侧重于内部承担责任而言,地方政府规章大致与《行政诉讼法》保持一致,均以行政程序违法程度进行划分,规定了更加多元的法律后果,尤其是对行政程序轻微违法的补正规定具有重要意义。

(二)司法实践中的行政程序违法类型

国内学者注意到行政程序违法的实践多样性,应用实证研究的方法进

---

〔13〕 旧《行政处罚法》在总则部分第 3 条规定了行政机关作出行政处罚决定应当遵守程序和无效的情形。由于与行政行为效力内容不一致,这一规定招致了学界诸多批评,主要原因包括:其一,对程序违法的行政行为效力予以否定其制裁性不足;其二,这一规定不能与《行政诉讼法》的行政行为因重大且明显才无效而衔接。新《行政处罚法》第 38 条第 2 款对此进行回应,规定了与《行政诉讼法》衔接的无效制度。

〔14〕 参见应松年主编:《行政程序法》,法律出版社 2009 年版;姜明安等著:《行政程序法典化研究》,法律出版社 2016 年版。

〔15〕 十多个省、自治区、直辖市紧随其后,以政府规章的形式颁布了统一行政程序规范,整体上形成了先地方后中央的立法现象。理论研究参见王万华、宋烁:《地方重大行政决策程序立法之规范分析——兼论中央立法与地方立法的关系》,《行政法学研究》2016 年第 5 期。

行了研究。章剑生教授分别整理了 1985—2008 年、2009—2018 年《最高人民法院公报》公布的违反法定程序案例，对司法实践中的法定程序违法情形进行了类型化整理[16]；于立深教授分析了 300 多个文本，提出了行政程序违法的十个问题等。[17]基于上述研究成果，和我国最高人民法院的审级地位及其因此而产生的"事实上的拘束效力"，本部分主要以最高人民法院的判决为研究对象，分析司法实践中的行政程序违法类型。

截至目前，最高人民法院发布行政指导案例 25 例，涉及行政程序 3 例；公报案例 130 例，涉及行政程序案例 17 例；中国行政审判庭发布典型案例 160 例[18]，涉及行政程序案例 10 例。总体上而言，实践中行政程序违法类型多样，远超出了《行政诉讼法》所规定的形态，且值得注意的是，法院在适用判决过程中并非严格遵守判决之间的关系。

1. 以违反法定程序为裁判理由

案例 1："郝龙只等 15 人诉屯留县人民政府不履行征地方案等法定职责案"中[19]，法院认为被告政府进行土地征收，不能侵犯相对人的权利等，应当依照相关法律规定的法定程序，履行法律规定的其职权范围内的公告职责。而本案中的政府违反了这一公告义务，进而违反了法定程序，涉案被征收土地的农民有权起诉要求征地机关依法履行征地公告职责。法院最终作出履行职责判决。

案例 2："刘云务诉山西省太原市公安局交通警察支队晋源一大队道路交通管理行政强制案"中[20]，针对涉案被诉的被告行政机关的处罚行为，最高人民法院认为，其在执法的过程中违反了《中华人民共和国道路交通安全法》规定的行政处罚决定作出前的告知、听取当事人陈述、申辩、送达等法定程序。法院最终作出确认违法判决。

---

〔16〕 参见章剑生：《对违反法定程序的司法审查——以最高人民法院公布的典型案件（1985—2008）为例》，《法学研究》2009 年第 2 期；章剑生：《再论对违反法定程序的司法审查基于最高人民法院公布的判例（2009—2018）》，《中外法学》2019 年第 3 期。

〔17〕 参见于立深：《违反行政程序司法审查中的争点问题》，《中国法学》2010 年第 5 期。

〔18〕 参见最高人民法院行政审判庭：《中国行政审判案例》（第 1 卷），中国法制出版社 2011 年版；最高人民法院行政审判庭：《中国行政审判案例》（第 2 卷），中国法制出版社 2012 年版；最高人民法院行政审判庭：《中国行政审判案例》（第 3 卷），中国法制出版社 2012 年版；最高人民法院行政审判庭：《中国行政审判案例》（第 4 卷），中国法制出版社 2013 年版。

〔19〕 参见《最高人民法院公报》2015 年第 3 期（总第 221 期）。

〔20〕 参见《最高人民法院公报》2017 年第 2 期（总第 244 期）。

案例 3："于栖楚诉贵阳市住房和城乡建设局强制拆迁案"中[21]，该案法院认为，被诉行政机关以通常行政管理实践中的行政机关的内部工作方式，即由相关政府负责人在涉案申请上作出意见的其他行为方式，而没有作出原本法律规定的正式的书面的行政决定形式，违反了法定程序。最终判决确认违法。

案例 4："寿光中石油昆仑燃气有限公司诉寿光市人民政府等解除政府特许经营协议案"中[22]，针对被告政府没有履行程序义务的行为，该案法院认为被告应当根据法律的规定履行告知、听证申述、申辩，并组织听证等程序义务，而这一义务须在决定收回许可授权时履行，而被告没有作出，因此取消特许经营的行为违反法律规定。最终判决确认违法。

案例 5："北京希优照明设备有限公司不服上海市商务委员会行政决定案"中[23]，该案主要涉及电子政务化时的送达问题，原告认为诉请撤销行政行为，理由是被告行政机关没有向其作出书面的决定，但被告其实已经向原告通过电子方式履行了送达义务。法院对此不予支持，主要理由是法院分析了用电子化送达行政决定的优势和便利性，并与传统书面的送达方式进行了比较，从而肯定了被告行政机关以电子化方式履行行政行为的正确性。法院最终作出驳回判决。

2. 以程序瑕疵为裁判理由

案例 6："张道文、陶仁等诉四川省简阳市人民政府侵犯客运人力三轮车经营权案"（以下简称"张道文案"）中[24]，最高人民法院裁判理由认为，被告市政府在是设定经营许可权的程序上存在明显不当，但从公共利益的角度来考量，这种没有告知许可期限的行为是一种程序上的瑕疵，对于原告没有告知即无期限的主张不予支持。最终作出确认违法判决。

案例 7："宜昌市妇幼保健院不服宜昌市工商行政管理局行政处罚决定案"中，[25]法院裁判要旨从笔误是否会对原告的权利造成影响处罚，主要是笔误与行政实体的内容之间的问题，将笔误不认为是对行政行为的内容造

---

〔21〕　参见《最高人民法院公报》2013 年第 10 期（总第 204 期）。
〔22〕　参见《最高人民法院公报》2018 年第 9 期（总第 263 期）。
〔23〕　参见《最高人民法院公报》2011 年第 7 期（总第 177 期）。
〔24〕　参见最高人民法院指导性案例第 88 号。
〔25〕　参见《最高人民法院公报》2001 年第 4 期（总第 72 期）。

成了影响,因而只能是算作程序瑕疵,进而认为处罚决定有效。最终作出维持判决。

3. 以违反正当程序原则为裁判理由

案例 8: "射阳县红旗文工团诉射阳县文化广电新闻出版局案"中[26],该案裁判要旨指出就算在现行法律存在漏洞的情况下,行政机关作出注销行为时不能就当没有法律规范而恣意执法,此时还是要从最基本的正义角度出发,认可程序正当。而本案中的被告行政机关很明显地违反了这一原则,即在没有听取原告的陈述申辩的情况下作出注销许可违反了这一原则。最终作出撤销判决。

案例 9: "西峡龙成特种材料有限公司诉榆林市知识产权局等案"中[27],最高人民法院认为对于被告违反"审理者未裁决、裁决者未审理"这一依法行政宗旨的行为不属于程序轻微违法,而属于对于基本程序的重大且明显违反。最终判决撤销行政行为并责令重作。

案例 10: "田永诉北京科技大学拒绝颁发毕业证、学位证案"中,[28]该案既涉及高校的教育自主权,也涉及原告的基本程序权利。法院认为,尽管没有法律规定高校的这一决定应当遵守何种程序,但是正当程序却要求被告履行最基本的告知义务,即应将退学处理决定向原告送达等。在此基础上还应当让原告提出其个人针对这一决定的意见,因被告未履行这一义务使得处理决定未生效。最终判决被告应当履行颁发义务。

同样违反陈述申辩的案件有:"黄泽富等诉四川省成都市金堂工商行政管理局案"(以下简称"黄泽富案")[29]"定安城东建筑装修工程公司与海南省定安县人民政府等收回国有土地使用权及撤销土地证案"[30]等撤销行政行为案件、"无锡美通食品科技有限公司诉无锡质量技术监督局高新技术产业开发区分局质监行政处罚案"[31]等质检行政处罚案件、"上海金港经贸总公司诉新疆维吾尔自治区工商行政管理局行政处罚案"[32]等工商行政处罚

---

〔26〕 参见《最高人民法院公报》2018 年第 8 期(总第 262 期)。
〔27〕 参见《最高人民法院公报》2018 年第 5 期(总第 259 期)。
〔28〕 参见最高人民法院指导案例第 38 号。
〔29〕 参见最高人民法院指导案例第 6 号。
〔30〕 参见《最高人民法院公报》2015 年第 2 期(总第 220 期)。
〔31〕 参见《最高人民法院公报》2013 年第 7 期(总第 201 期)。
〔32〕 参见《最高人民法院公报》2006 年第 4 期(总第 114 期)。

案件、"平山县劳动就业管理局不服税务行政处理决定案"[33]等税务行政处罚案等。从最高人民法院的案例可以看出,行政程序违法类型多样。基于胜诉的利益需求,原告在起诉时不会以行政程序的违法程度为由主张判决类型,而是以行政程序违法的具体要素列举。对违法程度进行划分并作出不同类型的判决是法院判断的结果。此外,行政程序司法审查还包括《行政诉讼法》没有规定违反行政正当程序的情形。由此可以得出,实践中,从法院判决的角度看,依然体现出对行政程序违法程度进行划分,主要表现为违反法定程序、行政程序轻微违法和违反正当程序。

(三)理论上的行政程序违法类型

大体而言,行政程序违法的理论研究是围绕着实定法的制定、修改进行探讨。因 2014 年《行政诉讼法》对 1989 年《行政诉讼法》中行政程序违法的修改完善,在《行政诉讼法》修改以前,行政程序违法司法审查的讨论围绕着《行政诉讼法》违反"法定行政程序"和"正当程序"之间的划分;随后,因为《行政诉讼法》新增了轻微违反程序的类型,学界讨论的重点集中于对于程序轻微违法的讨论。与此同时,理论界还提出了行政程序违法的不同类型,并围绕着上述问题形成了"违法程度说""程序要素说""行政行为性质说"和"法律后果说"四种观点。

其一,违法程度说。王万华最早提出行政程序应当区分不同的违法程度,认为程序应当以违法的程度划分不同种类的违法后果;[34]宋雅芳将程序违法区分为无效、撤销和轻微瑕疵可补正;[35]柳砚涛将"程序瑕疵"与程序轻微违法进行了比较,认为瑕疵应当与刑法上的技术性失误进行比较,否认了瑕疵的合法性,并将其置于中间地带,从而也形成了瑕疵、轻微违法的划分;[36]梁君瑜主张"三分说"的行政程序违法类型,即从程序价值的角度来界定"程序轻微违法",以被违反的价值重要性和程序价值被违反的程度为标准,并且由此形成违反法定程序、狭义程序瑕疵、程序轻微违法的三种

---

〔33〕 参见《最高人民法院公报》1997 年第 2 期(总第 50 期)。

〔34〕 参见王万华:《行政程序法研究》,中国法制出版社 2000 年版,第 256-257 页。

〔35〕 参见宋雅芳:《行政程序法专题研究》,法律出版社 2006 年版,第 251-256 页。

〔36〕 参见柳砚涛:《认真对待行政程序"瑕疵"——基于当下行政判决的实证考察》,《理论学刊》2015 年第 8 期。

类型。[37]

其二，程序要素说。姜明安基于行政程序是行政机关义务角度以行政程序要素进行划分，即行政主体方式违法、步骤违法、顺序违法和时限违法，与此相对应违反法定程序应承担的法律责任包括：行政主体程序违法法律责任为无效、撤销、补正、责令履行职责、确认违法和行政赔偿；行政公务人员程序违法的法律责任为暂扣和吊销行政执法证、行政处分、追偿损失和刑事责任。[38]

其三，行政行为性质说。有学者以行政行为的性质为主考察行政程序的违法类型，如马怀德认为违反法定程序标准应当是一个灵活的标准，法院要区分强制性程序和任意性程序，也要区分涉及公民合法权益的程序和不涉及公民合法权益的程序，其中对于违反强制性和涉及公民实体权益的程序，法院应当予以撤销；对于违反任意性的和不涉及公民实体权益的程序，法院应当使用确认判决予以违法性确认；[39]王玎则主张应当按照行政行为为负担性或授益性的不同而进行划分。[40]

其四，损害后果说。另有学者则以程序违法的法律后果进行划分，即以程序违法造成的侵害结果判定行政机关的责任，并基于不同情况不同对待的观点确定了程序违法撤销、确认违法、确认无效和瑕疵可补正等多样化处理方式。[41]

本文认为对行政程序违法以程度进行划分更具合理性。一方面，法学研究必须建立在对现行法秩序的关照之上，因此，应该以现行实定法规范对行政程序违法规定为起点，对我国《行政诉讼法》中行政程序违法规范进行体系解释。由此可知，行政程序违法应当以违法程度不同进行划分。另一方面，对行政程序违法以违法程度进行划分比较符合行政程序违法本身的特质，并能够包含更多的行政程序违法形态。具体来说，"程序要素说"体现了行政程序定义下的要素类型，但此种划分方式比较僵硬，没有注意到《行政诉讼法》并非以要素进行划分。而且行政行为的类型不一致，其对程序要

---

〔37〕 参见梁君瑜：《行政程序瑕疵的三分法与司法审查》，《法学家》2017 年第 3 期。

〔38〕 姜明安主编：《行政程序研究》，北京大学出版社 2006 年版，第 386-388 页。

〔39〕 参见马怀德主编：《新编中华人民共和国行政诉讼法释义》，中国法制出版社 2014 年版，第 327 页。

〔40〕 参见王玎：《行政程序违法的司法审查标准》，《华东政法大学学报》2016 年第 5 期。

〔41〕 参见姜明安主编：《行政程序法典化研究》，法律出版社 2016 年版，第 373 页。

素的合法性判断程序也不一致,例如有的行政执法领域要求行政执法决定必须书面作出,有的则不需要;"行为性质说"尽管将行政程序违法与其所依附的行政行为类型关联考虑,但是忽略行政程序本身的价值,不符合现代程序法治的要求;"损害后果说"相对而言更加合理,但以对行政行为的损害后果作为行政程序违法的考量标准与"行为性质说"存在同样的不足之处。

相比之下,"违法程度说"更符合行政程序违法现状,"行政程序种类繁多,性质差异较大,目的也有所不同,对相对人权利影响的程度也有所不同,应该区别不同性质程序确立不同的法律后果"。[42]以行政程序违法程度为划分标准,首先体现了对行政程序的独立价值的认可;其次以程度划分具有灵活性,能够应对目前或将来实践中出现的各种程序类型,具有更大的包容性和前瞻性;最后,违法程度说取向于个案中程序违法的具体情况,更符合对实质正义的需求。因此,下文以不同违法程度为类型,立足于《行政诉讼法》中程序违法的规定展开研究。

通过对司法案例的整理发现,法院在审理过程中并没有完全依据《行政诉讼法》规定的判决类型和判决要件进行裁判,这一司法适用是否符合法律规定需要进一步探讨,本文第三部分和第四部分针对这一问题从理论和实践中寻找答案。

二、行政程序违法判决及其适用要件

判决是一种法律行为,兼顾有程序技术和实体功能,前者指判决需要通过解决纠纷得出结论,后者指判决是对当事人的权利进行确定。[43]从为公民提供无漏洞的权利救济来说,尽管不同的判决类型对行政行为合法性和有效性评价不同,行政判决类型之间可以出现交叉或者重叠的部分,但判决类型的总和必须能够解决所有的行政违法争议。研究行政诉讼判决类型的适用要件并揭示类型之间的适用关系,是分析法院如何对行政程序违法案件作出裁判的理论依据。

---

〔42〕 王万华:《行政程序法研究》,中国法制出版社 2000 年版,第 255 页。
〔43〕 参见[英]戴维·M.沃克:《牛津法律大辞典》,邓正来等译,光明日报出版社 1998 年版,第 484 页。

我国诉讼类型与判决类型之间的关系存在争议。理论上诉讼类型与判决类型一致,但由于我国《行政诉讼法》没有明文规定诉讼类型,因此,讨论我国的行政程序违法判决类型必须明确诉讼类型与判决类型之间的关系。这里存在两个前提性问题:与民事诉讼相比[44],我国行政诉讼是否也是诉判一致? 与大陆法系国家相比,我国行政诉讼诉判关系是否与其具有相似的构造? 第一个问题在本文第四节展开,本节主要涉及判决类型,因此回答第二个问题。

不同于其他大陆法系国家,我国并没有明文规定行政诉讼类型,[45]判决类型也绝对不是诉讼类型,但我国判决类型已在一定程度上实现了学理上诉讼类型的功能。如有学者认为,我国行政诉讼中已经具备甚至比明文规定诉讼类型国家更为详细的诉讼类型的内容[46],梁凤云也认为,《行政诉讼法》修改后我国判决类型推进了诉讼类型的体系化。[47]本文认为,虽然我国并没有明文规定诉讼类型,但因我国判决类型已经实现了学理上诉讼类型的功能,因此暂以理论上的诉讼类型划分我国判决类型,即给付之诉-给付判决、形成之诉-形成判决、确认之诉-确认判决。给付判决的内容既包括物的给付,也包括行为的给付;确认之诉包括确认违法之诉和确认无效之诉;形成判决变动现存的法律关系,既包括变更,也包括消灭,我国行政撤销判决和变更判决就是典型的形成判决。

(一)败诉判决及其适用要件

根据《行政诉讼法》第六十九条的规定,法院驳回原告的起诉必须满足三个适用要件,而对于不作为或者行政给付的案件只需要满足原告请求理由不成立。

第一,"证据确凿"是指行政机关在行政执法过程中通过行政调查获得

---

[44] "根据判决所裁决的诉的不同种类或不同性质,可以分为给付判决、确认判决和形成判决。这种划分与诉的种类是一致的"。参见张卫平:《民事诉讼法》,法律出版社 2019 年版,第 435 页。

[45] 诸多学者呼吁我国行政诉讼法应当明文规定诉讼类型,理由包括主要包括扩大受案范围、有利于行政诉讼结构与程序完善等,详细内容见刘飞:《行政诉讼制度专题研究:中德比较的视角》,法律出版社 2016 年版,第 61-104 页。

[46] 参见刘飞:《行政诉讼类型制度的功能》,《法学研究》2013 年第 5 期。

[47] 参见梁凤云:《不断迈向类型化的行政诉讼判决》,《中国法律评论》2014 年第 4 期。

的据以作出行政行为事实的基础令人确信,能够使得行政执法人员形成内心确信并据以作出行政行为。[48]《行政诉讼法》第三十四条规定了被告承担举证责任。"适用法律、法规正确",包括两方面:其一,法律、法规本身是正确的;其二,适用"法律、法规"是正确的全面的,不存在张冠李戴的情形;其三,符合法定程序。司法实践中,"对遵守正当程序的基本要求而作出的被诉行政行为,法院将会以'符合法定程序'为由驳回原告的诉讼请求"。[49]

应当严格适用驳回诉讼请求判决的适用要件,如郭修江认为,只要是被诉行政行为违法,哪怕是轻微程序违法,也要作出与违法对应的判决类型,而不得作出驳回判决。[50]另外需要注意的是,有学者认为,驳回诉讼请求判决没有既判力。[51]这一认知与该法的变迁有极大的关系,驳回判决取代了旧法中的维持判决,改变了过去实践中人民法院对有些行政行为虽然合法但不一定合理的案件不能撤销、变更,但如果维持,行政机关在判决后就不能再自己改变解决其合理性问题的情况。

(二)形成判决及其适用要件

撤销诉讼是行政诉讼类型的基本形态,是最"古典"的行政诉讼种类,撤销诉讼是形成诉讼的一种,撤销判决的判决效力与此相对应,即为判决生效后,被判决行政行为的效力从作出之日起被撤销。

1. 全部或部分撤销判决

《行政诉讼法》第七十条第一款第 3 项规定具有重要的意义,该条将违反法定程序作为撤销行政行为的独立事由,被视为具有强调行政程序独立地位的价值。

行政程序违法适用撤销判决需要满足以下四个要件:第一,存在一个行政行为;第二,行政行为违反法定程序;第三,行政程序违法的行政行为具有可撤销性,撤销判决最主要的功能是恢复原状,只有在行政程序结果形成的

---

〔48〕　参见姜明安:《行政诉讼法》,北京大学出版社 2016 年版,第 297 页。

〔49〕　参见章剑生:《现代行政法总论》(第 2 版),法律出版社 2019 年版,第 489 页。

〔50〕　参见郭修江:《行政诉讼判决方式的类型化——行政诉讼判决方式内在关系及适用条件分析》,《法律适用》2018 年第 11 期。

〔51〕　"驳回诉讼请求判决所针对的是原告的诉讼请求,而不是被诉的行政行为,也就没有对行政行为的合法性作出肯定或者否定的结论,所以,驳回诉讼请求判决没有既判力"。参见吴童明:《既判力的界限研究》,《中国法学》2001 年第 6 期。

情况下才需要考虑撤销行政行为，否则在没有作出行政程序的情况下，需要考虑适用履行判决；第四，行政程序违法可撤销的限制。在满足第三个适用要件的基础上还需考虑，是否所有行政程序违法结果的行政行为需要一律撤销？结合《行政诉讼法》情况判决的规定可以得知，存在侵害相对人的听证权等重大行政程序违法的情况下也并非一律撤销。原因在于行政行为的违法性并不一定与行政行为效力相匹配。尽管应当为了实质正义撤销行政行为，但是为了公共利益，就可以判决确认违法。

2. 撤销并重作判决

重作判决是对司法权与行政权分工的突破，是一种附带性判决，主要附带于撤销判决。其指人民法院撤销违法行为之后，基于实质化解纠纷和监督行政机关及时执法以保护相对人合法权益的目的，在判决撤销的同时如果还需行政机关进一步调查事实的则责令其重新作出，或者当需要重新作出的行政内容已经不需要行政机关再进行调查和行政裁量权缩减至零时，可以直接要求行政机关作出内容具体而确定的判决。其适用要件包括：第一，违法行政行为被撤销；第二，具有重作的可能性；第三，具有重作的必要性；第四，满足违反程序重作判决的必要条件，即法定程序明确。

根据《行政诉讼法》第七十一条和 2018 年《行诉解释》第九十条的规定，行政程序违法撤销重作不受"同一事实和理由"的限制。行政程序违法的重作判决更多地表现出其监督行政的一面，最高人民法院行政审判庭认为，这一规定仅仅是司法机关对行政机关的客观监督，具有客观诉讼的面向，不涉及对原告权利的保护，被撤销行政行为的程序补正合法即可。[52]

（三）确认判决及其适用要件

行政诉讼中的确认判决同时包括确认违法判决和确认无效判决，二者的适用要件和顺序也不一致，这与民事诉讼对民事法律关系进行确认的确认判决不同。确认违法判决在其他类型适用不合时宜时作出，因而是一种辅助性判决，具有"补充性""备位性"，这也就意味着其仅具有确认法律关系的效果，并不具有创设或者变更的法律效果。[53]

---

〔52〕　参见最高人民法院行政审判庭：《最高人民法院行政诉讼法司法解释理解与适用》，人民法院出版社 2018 年版，第 421 页。

〔53〕　参见王贵松：《论我国行政诉讼确认判决的定位》，《政治与法律》，2018 年第 9 期。

1. 确认违法判决

《行政诉讼法》第七十四条第一款第 2 项是修改新纳入的判决类型,针对行政行为轻微违反法定程序情形。正确适用该条需要与《行政诉讼法》第七十四条第一款第 3 项规定一起关联考虑,从体系解释来看,这两个条文之间形成了以违法程度划分的不同类型,并分别适用不同的判决类型,产生不同的法律后果,即否定被诉行政行为的效力和不否定其效力而确认违法。其适用条件具体如下:

第一,存在一个行政行为。第二,行政行为程序轻微违法。从行政执法实践和行政效能的角度来看,目前对行政程序轻微违法的法律后果的考虑还偏向于其对实体行政法律关系造成的影响,即对行政相对人的实体权利是否造成侵犯,如果程度轻微没有形成影响的,就能作出对公民权利保护并非必需的判断。但是从依法行政原理和程序独立价值上来看,对于这种程序违法仍然要确认违法,体现了立法者对程序违法责任要求的严格立场。第三,轻微程序违法行为对原告权利不产生实际影响。不产生实际影响是指行政机关的行为对公民、法人或其他组织的合法权益没有产生任何旨在变动,包括权利的限制、减少、增加、免除义务等,不会改变原告权利义务关系状态。在此情况下没有必要对行政行为进行撤销,行政机关可以采取补正措施,但也必须对违法的行政行为作出确认违法的判决,以行使法院作为司法机关对行政机关行使职权的监督。

值得注意的是,需要着重强调撤销判决与确认违法判决的关系,按照行政判决原理和体系解释来说,确认违法判决是辅助性判决,备位判决:

表 1　撤销判决与确认判决之间的适用关系

组合	条文	适用关系
第一组	第七十条＋ 第七十四条第一款第 1 项	按照公共利益考量:"情况判决" (1)行政行为违反"法定程序"的首先予以撤销; (2)当不宜撤销时适用确认违法判决。
第二组	第七十条＋ 第七十四条第一款第 2 项	按照体系解释:违法程度的划分 (1)行政程序轻微违法的,适用确认违法判决; (2)行政程序轻微违法以上的,适用撤销判决。

此外,有学者以主观权利和客观程序进行划分,认为原告多以行政程序违法为违法性要件之一提起行政程序,且"实践中程序违法类型多样,最典

型的行政机关没有保障相对人的陈述申辩义务，法院对此作出的判决也并不一定完全按照判决的适用要件"，并认为实践中表现出司法简单化处理："是否对原告权利义务产生影响成为主要的判断依据"。[54]

表 2　行政程序违法适用判决情形

主观权利　　　　　客观程序	对原告权利产生影响	对原告权利不产生影响
轻微	A 撤销	B 确认违法判决 74 条
非轻微	C 撤销	D 撤销判决 70 条确认违法

2. 确认无效判决

《行政诉讼法》第七十五条没有明确例举行政程序无效的情形，司法解释对行政程序无效的情形没有明确表态。理论上一般从解释其是否属于"重大且明显的"而予以归入和涵括。制定法并没有明确规定行政程序违法是否存在使其不受期限限制的失去效力。无效行政行为自始无效，法院经过审查后认为属于制定法规定的无效情形的，应作出确认其无效判决。行政行为自始无效主要包括三个方面：作为行政法律关系主体的行政主体存在重大的违法情形、作为行政法律关系的内容的明显违法情形和行政法律关系表现形式的明显违法情形。判断的标准有"普通人标准说"[55]和"客观的明显说"[56]两种观点。后者认为，无效的行政程序首先是违法的行政程序，只是依据法律的规定，无效的程序违法程度应当是重大且明显。

本文认为，无效判决具有诉讼意义上的时效特殊性和实体法上的完善公民抵抗权意义。不能仅仅根据行政效率或者违法程度与行政行为的关系考察，就得出不予以规定的结论。具体理由包括三方面，其一，实践中存在行政程序违法导致无效的案例。在"王某诉巩义市民政局婚姻登记案"中[57]，该案审理法院认为，针对这一高度体现人身性的登记行为存在重大违法时判决该登记自始无效。被告政府在原告未到登记现场的情况下就为其办理，这一行为明显违反了我国法律规定的公民在申请关于具有人身关

---

〔54〕　李烁：《行政行为程序轻微违法的司法审查》，《国家检察官学院学报》2020 年第 3 期。

〔55〕　参见张旭勇：《行政判决的分析与重构》，北京大学出版社，2006 年版，第 200 页。

〔56〕　参见许宗力：《行政处分》，翁岳生主编《行政法》（上），中国法制出版社 2002 年版，第 708 页。

〔57〕　参见河南省登封市人民法院（2016）豫 0185 行初 136 号行政判决书。

系的婚姻时,登记机关应当履行的法定的登记程序。其二,新修改的《行政处罚法》改变了过去在总则中规定无效的情形,但是因为与理论上的可成立要件不能区分的情况,明确规定了处罚无效的情形;2008 年《湖南省行政程序规定》也规定了行政程序的无效情形。[58] 其三,无效判决的理论意义在于无效的行政行为在法的安定性与实质正义之间的取舍,其违法性质之明显已无法忍受,因此不受起诉期限的限制,这在日本被称为"乘坐定期公共汽车"晚了点的撤销判决,[59]而且对应行政相对人的抵抗权,具有保护相对人权利的需求。

(四)给付判决及其适用要件

给付判决包括履行判决和除行政行为之外的金钱给付行为,本文探讨履行判决,因为金钱给付行为中的行政程序一般在执行环节存在问题,与本文讨论主题缺乏必要的关联性。履行判决的行政法律关系构造与撤销判决存在较大的不同,我国行政诉讼是以撤销诉讼为程序设计,因此需要注重其构成要件。理论上按照被诉行政机关对行政相对人申请的答复情况分为两种,第一种类型是拖延履行,即行政机关的"怠政"行为,这里并不包括明确拒绝履行的情况,这种情况在理论上被视为行政机关已经针对行政相对人的申请作出了答复,只不过是拒绝性的行为;第二种情况是不履行的情形,即不是快与慢,而是没有任何行为。我国《行政诉讼法》第七十二条对上述两种情况下的行政机关怠于或无所作为的情形都进行了规定。

第一,给付判决中原告首先必须拥有要求行政机关进行给付的请求权,根据原告所申请的事项或主张的内容来看,被申请的行政主体同时需要具有能够为一定给付的职责。第二,在存在第一个条件的前提下,即相对人进行了申请,行政机关也有作出回应的义务,但此时行政机关"怠"或"不"作为。就与实体给付关系相对应观察而言,行政程序中主要表现为行政机关没有遵守法定的程序以及法定期限。第三,履行具有必要性和可能性。这里主要指的是相对人当初申请的行为时的社会环境,以及与法院作出裁判

---

〔58〕《湖南省行政程序规定》第一百六十一条将行政执法行为无效的情形限定为三项:(1)不具有行政执法主体资格的;(2)有法定依据的;(3)法律、法规、规章规定的其他无效情形。

〔59〕参见王贵松:《行政行为无效的认定》,《法学研究》2018 年第 6 期。但是,日本确认无效判决的功能可以被撤销判决所吸收。

之时相比发生了变化,是否需要行政机关继续作出行为存在商榷之处。[60]
这种情况下就会出现判决转化的情形,即履行判决向确认违法判决的转换,
以使相对人可以提起行政赔偿诉讼。比如根据《警察法》的规定,公安机关
负有及时出警保护公民人身安全的职责,当其没有免责事由而不及时出警
或者拖延以致公民在合理可期待期间内未得到保护的,此时再判决履行已
经没有实际意义。行政机关不可能履行的情形包括两种:其一是时空条件
的客观变化,其二是法律、法规和政策的变化导致,后者涉及法院作出判决
时既判力的基准时问题。

　　理论上认为,诉讼类型是"公民、法人或者其他组织可以行政诉讼请求
救济且法院仅在法定的裁判方法范围内裁判的诉讼形态",[61]"诉讼类型"
与"……之诉"研究内容一致。[62]据此,法院只能在原告提出的特定诉讼类
型范围内进行裁判。但是,根据本节分析,行政程序违法判决适用时,判决
类型之间存在着转换的可能性和必然性,行政程序违法判决中确认违法判
决的适用应当遵循其补充判决的地位,法官在适用时应当首先分析是否满
足撤销判决的要件,是否存在不宜撤销的情形;其次再判断是否满足确认判
决的要求(参见图 1)。这说明行政程序违法存在诉判不一致的情形,这对
法院加强裁判文书的说理提出了特殊要求。

三、行政程序违法司法审查存在的问题

　　2014 年《行政诉讼法》将"程序轻微违法"规定为确认违法判决的适用
要件后,行政程序违法的判决类型以违法程度划分为两种类型。在《行政诉
讼法》未修改以前出现"程序瑕疵",而适用驳回诉讼请求的现象应当"已经
被大大压缩,严格说在立法层面已经不复存在了"[63],以中国裁判文书网为
案例库进行检索,审级设置为一审,检索对象时间设置为新《行政诉讼法》实

---

　　〔60〕　相对人从行政机关拖延履行构成违法诉至法院,到法院作出有效判决之前的一段时间,
现实社会生活环境和相对人自身状况完全可能出现重大变化,以致判决行政机关履行没有意义或
者不可能。参见周佑勇:《行政不作为判解》,武汉大学出版社 2000 年版,第 133 页。

　　〔61〕　蔡志方:《行政救济法新论》,元照出版有限公司 2000 年版,第 170 页。

　　〔62〕　赵清林:《行政诉讼类型研究》,法律出版社 2008 年版,第 2 页。

　　〔63〕　陈振宇:《行政程序轻微违法的识别与裁判》,《法律适用》2018 年第 11 期。

```
                                        是否存在公共利益 ┌→ 是：确认违法判决
                               严重违法 ┤
                        违法程度          └→ 否：撤销判决
                ┌→ 请求撤销 ┤
                │   行政行为          是否对原告实体性
                │            轻微违法   权利产生影响    ┌→ 是：撤销判决
                │                    └──────────┤
                │                                 └→ 否：确认违法判决
                │
                │            是否具有履行的    ┌→ 是：履行判决
         判决转换├→ 请求履行 ┤ 可能及必要   ┤
                │   行政行为          └→ 否：确认违法
                │
                │                    法院审查是否符合撤销判决 ┌→ 否：确认无效
  原告诉讼       │   请求确认                          ┤
  请求 ─┤       └→ 无效判决 ┤                       └→ 是：履行判决
         │                    是否重大且明显违法       ┌→ 是：确认无效
         │                                        ┤
         │                                         └→ 否：驳回原告诉讼请
         │
         └→ 依诉判决 → 确认行政行为违法 ┌→ 情况判决确认违法
                                    └→ 行政程序轻微
                                       违法确认违法
```

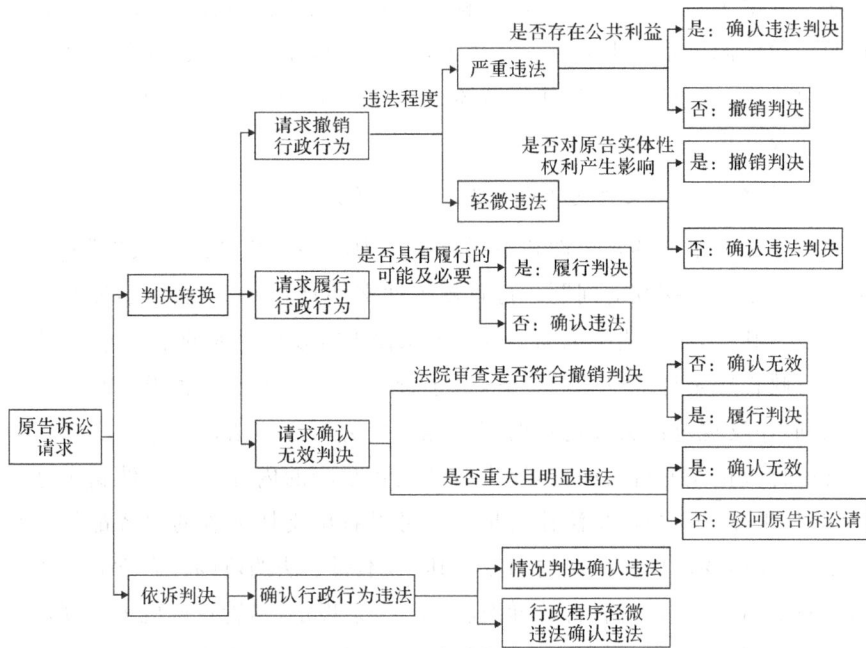

图 1　行政程序违法判决适用关系

施之前，没有发现"程序轻微违法"这一用语。修改《行政诉讼法》以前，"程序轻微违法"和"程序瑕疵"因为没有制定法的依据，出现混用而不足为奇，但引人注意的是，《行政诉讼法》修改以后，这一现象依然存在。实践中，我国各地各级法院对"行政程序轻微违法"的理解不一致，由此也适用不同的判决类型，发展出了不可计数的瑕疵类型，对此适用驳回判决。

　　良法善治并非结伴而行，法律效力并不同于法律实效，实践中行政程序违法类案件上诉率高，不能实质性化解争议，学界针对这一现状展开了积极的讨论。本节内容从法律适用的角度分析，目前国内行政程序违法司法审查中存在问题的学理探讨现状及其不足。

（一）行政程序违法判决的法律依据不明确

　　从立法史的角度看，行政程序违法司法审查的讨论内容围绕着《行政诉讼法》修改呈现阶段性划分，行政程序违法判决的法律依据不明确导致了法律适用依据难题："法"的范围不确定。1989 年《行政诉讼法》针对行政程序违法只规定了行政行为"违反法定程序"而予以撤销的判决,加之彼时我国行政法律渊源体系尚未形成统一认识,由此引起理论上"法"的范围如何确定的争论,随着我国行政法律规范体系的完善,以下两类规范目前实践中仍不能达成共识。

1. 行政规范性文件是否属于"法"存在争议

鉴于行政事务的复杂性和不同行政行为的多样化,"红头文件"的法律地位也是学者们探究的问题。行政规范性文件是否属于"法",学界有对立的观点。其一,属于法的范围。有学者从保护行政相对人的角度出发,认为遵守行政程序是行政机关的义务,对于行政相对人来说则属于行政程序上的权利,违反规范性文件规定的程序也认定为程序违法;[64]亦有学者认为从规范行政机关的行为而言,红头文件或者政府的内部规范文件属于这一范围,如果违反应当承担法律后果。[65]可以看出支持纳入的学者都是站在控权的立场,要求保护公民的利益。其二,不属于法的范围。有学者认为从司法救济角度认为根据《行政诉讼法》第 53 条规定,尽管行政机关以规范性文件规定了行政程序,但是在法律位阶中不具有效力意义,"即使规章在行政诉讼中也被置于'参照'地位"[66]。

2. 行政机关内部程序规定是否属于"法"存在争议

内部行政规则,是与具有外部效力的行政法律规范相对应的,行政主体对其所属内部公职人员以及对其所属的下级行政机关制定发布的规范或者决定、命令等,不会直接对外部行政相对人员产生法律效力或者影响,比如行政机关的一些内部工作。[67]行政机关内部程序规定是否属于"法"也存在两种对立的观点。其一,属于法的范围。有学者从学理上的诚实信用原则的原理和要求出发,认为政府本身规范自己行为的文件,就算是内部的也应当自觉服从,如果行政主体违反这些规定,从长远来看很难形成公民对行政持续稳定的预计。[68]也有学者从行政机关工作日常的行政实践角度认为,

---

〔64〕 参见宋雅芳:《行政程序法专题研究》,法律出版社 2006 年版,第 233 页。

〔65〕 参见应松年、杨小君:《法定行政程序实证研究——从司法审查角度的分析》,国家行政学院出版社 2005 年版,第 47 页。

〔66〕 参见章剑生:《现代行政法总论》(第 2 版),法律出版社 2019 年版,第 150-165 页。

〔67〕 参见王名扬:《法国行政法》,中国政法大学出版社 2016 年版,第 138 页。

〔68〕 参见宋雅芳:《试论违反行政程序的法律后果》,《中州学刊》2007 年第 4 期。

内部行政规则可以在日常的执法管理中形成一种固定的模式,而作为行政机关日常的执法表现,作为与行政机关日常打交道的公民,因为熟悉这些机关的固定模式,也会形成对其行为的估计,如果行政机关随意违背,而不遵守的话与实质正义不相符合。[69]其二,不属于法的范围。有学者认为行政机关为日常执法管理的需要而为自身规定的手续或者其他等,不认为是执法机关自觉遵守执行的规范。

随着法制的进步,"法"的范围逐渐得到厘清,以致有学者认为对这一问题的研究和争论没有意义,主要是随着我国行政法制的健全,"法"的数量剧增,菜单被不断地拉伸。但本文认为由于低位法律对程序权利限制最为厉害,对行政相对人的权益影响最大,所以仍有必要研究,但应采取不同的研究视角。区分裁判依据和执法依据的研究视角具有重要意义。从裁判依据角度看,只有法律和法规才能作为判决的依据,但从执法依据来看,根据依法行政的要求和保护公民权益需求,行政规范性文件和内部行政程序应当属于"法"的范围。上述两类规范尽管不能作为裁判依据,但以行政判决书的构造来看,其是证明行政行为合法性的证据或者解释法律的论据,下节对此展开分析。

(二)行政程序违法判决的标准不清

如前文分析,我国行政程序违法判决的适用条件之间界限不够明确,导致理论上学者针对行政程序违法后果也形成了"违法程度说""程序要素说""行政行为性质说"和"法律后果说"四种观点。《行政诉讼法》修改后,行政程序违法确认违法判决构成要件中"程序轻微违法"的概念也不够明确。具体而言,围绕着实定法的制定、修改,在《行政诉讼法》修改以前,行政程序违法的理论探讨围绕着区分违反"法定行政程序"和"正当程序"进行;《行政诉讼法》修改因新增行政程序轻微违法的类型,学界讨论的重点便集中于程序轻微违法的讨论。[70]

---

〔69〕　参见于立深:《违反行政程序司法审查中的争点问题》,《中国法学》2010年第5期。

〔70〕　相关讨论参见林鸿潮:《行政行为审慎程序的司法审查》,《政治与法律》2019年第8期;李让:《行政程序轻微违法研究——基于〈行政诉讼法〉第七十四条第一款第(二)项》,《公法研究》2019年第1期。

1. 修法前"程序瑕疵"判决维持

《行政诉讼法》修改前,实践中出现较多以"程序瑕疵"为理由并作出维持判决。在"焦作市月桥建材(集团)公司不服博爱县地质矿产局案"中,[71]对于行政机关没有行政相对人发出扣代缴委托书的行为,法院在与公共利益进行衡量后认为应当维持。在"孙兆贵诉上海市药品监督管理局处罚案"中,[72]针对被侵犯利益的行政相对人的诉讼请求和理由,法院对于山执法者以外的人制定行政决定书的行为是瑕疵行为,而不是违反法定程序。该类案件均以程序轻微瑕疵不对执法结果产生实际影响而判决维持。[73]

这一阶段学界对行政程序瑕疵的认识也有多重角度。亢荣霞将行政程序瑕疵分为表明身份的瑕疵、取证时的瑕疵、告知瑕疵和听证瑕疵等;[74]陈莹莹认为从程序违法的内容涵盖大小将程序违反作出不同的划分,包括广义程序违法、狭义的程序违法和程序瑕疵;[75]宋雅芳和于立深等认为按照行政程序违法程度的不同可以划分为三种不同的类型。[76]

2. 修法后"程序轻微违法"判决确认违法

新的《行政诉讼法》明确新增了"程序轻微违法"的规定,这也就形成了为学界多数学者所讨论,并进行法解释学研究的"二分法"的行政程序违法划分,但实践中出现了不计其数的法外类型。理论上学者对此有不同的主张,并形成了不同的观点。

其一,"二分法说"。柳砚涛认为,刑法中"瑕疵证据"只是一些不具有实际意义的工具性的或者手段上的技术性缺陷,因此主张从行政程序违法程度的角度出发,应当将"严重违反法定程序"和"轻微违反法定程序"通过示例性列举的方式进行规定,可以分别列出主要的情形,而对于列举之外的情

〔71〕 参见祝铭山主编:《资源类行政诉讼》,中国法制出版社 2004 年版,第 32-33 页。

〔72〕 参见祝铭山主编:《不服行政处罚类行政诉讼》,中国法制出版社 2004 年版,第 174-177 页。

〔73〕 "泉州兴发贸易有限公司不服泉州市药品监督管理局行政处罚决定案"。参见国家法官学院、中国人民大学法学院:《中国审判案例要览》(2006 年行政审判案例卷),中国人民大学出版社、人民法院出版社 2007 年版,第 127 页。

〔74〕 参见亢寮傧:《行政瑕疵刍议》,《政法论坛》1999 年第 6 期。

〔75〕 参见陈莹莹:《程序瑕疵与程序公正——江苏省工商局处罚南京市煤气公司行政诉讼案评析》,《法学》2001 年第 7 期。

〔76〕 参见宋雅芳:《试论违反行政程序的法律后果》,《中州学刊》2007 年第 4 期;于立深:《违反行政程序司法审查中的争点问题》,《中国法学》2010 年第 5 期。

形可以再由行政执法机关和法院通过一般的"举轻以明重"或者"举重以明轻"这样的方法进行具体个案的法律适用。[77]李烁也主张"二分法",认为在《行政诉讼法》修改后,法院应当一改以往的审判方法,明确适用新法规定的二分法立场,即一般违法的"违反法定程序"和轻微违法的"程序轻微违法",从而着重对行政程序瑕疵进行审理以作出撤销判决等。[78]陈振宇认为,应当严格遵循立法者的判断和取舍,明确二分法的裁判适用类型。[79]

其二,"三分法说"。杨登峰认为,"按属性和严重程度,程序'问题'可分为违法、不合理和其他瑕疵三类"[80];梁君瑜也认为,正视实践的多种程序违法后果制定法之间的不符合现状,应当重构行政程序瑕疵的类型,在学界主张的二分法的划分基础上,引入"狭义程序瑕疵"之新类型。[81]

其三,"综合分类说"。章剑生没有从行政程序违法程度进行划分,而是从法理上对行政程序的分类方式进行了综合式分析,主要包括以下类型:第一,以行政程序所规范的行政行为内容为划分,分为干预行政和给付行政;第二,以行政程序针对的对象划分,分为从行政相对人角度观察的保权型和从行政主体一方考察的提高效率型;第三,从传统意义上来看的工具主义进路和人格尊严的进路。[82]

不可否认的是,世界上各个国家的行政程序违法问题都倾向于个案裁量,在具体的个案中对行政程序违法的法律效果进行判断。我国《行政诉讼法》第七十四条第一款第2项成为行政程序违法审查的"万能袋",实质上也反映了该类案件确实具有类型多样的客观特征。因此本文主张应从实质性解决行政程序违法争议的层面去看待这一问题,这将是下一节所论述的内容。

---

〔77〕　参见柳砚涛:《认真对待行政程序"瑕疵"——基于当下行政判决的实证考察》,《理论学刊》2015 年第 8 期。

〔78〕　参见李烁:《行政行为程序轻微违法的司法审查》,《国家检察官学院学报》2020 年第 3 期。

〔79〕　参见陈振宇:《行政程序轻微违法的识别与裁判》,《法律适用》2018 年第 11 期。

〔80〕　杨登峰:《行政行为程序瑕疵的指正》,《法学研究》2017 年第 1 期。

〔81〕　参见梁君瑜:《行政程序瑕疵的三分法与司法审查》,《法学家》2017 年第 3 期。

〔82〕　参见章剑生:《再论对违反法定程序的司法审查基于最高人民法院公布的判例(2009—2018)》,《中外法学》2019 年第 3 期。

(三)行政程序违法的法律效果缺乏依据

行政程序法中是否规定行政实体法律关系曾经也是极具争议的内容之一,但如今从比较法的视角综合来看,在行政程序法中规定实体内容已经达成一致。行政程序从工具主义论到独立价值论的提出具有重大意义,其中最关键的是行政程序违法与行政实体之间的关系如何确定,即行政程序违反的结果如何影响行政行为的效力,何种情况下行政行为应当撤销、无效、确认违法。由于我国统一行政程序法没有出台,这一问题也没有得到解决。

三大行为基本法中,行政程序违法结果多以承担内部行政责任的方式规定,大部分法律都没有规定效力内容,部分法律在单行法中规定了无效的情形,如新修改的《行政处罚法》第三十八条的规定。修法讨论之际,有学者分析认为,以行政程序违法的后果否定行政行为的效力不具有制裁性,因而主张应当为行政程序违法的行为设定赔礼道歉的方式,这样可以更好地加强司法裁判对原告诉讼请求的回应,而不是单纯的被告"虽败犹胜"。[83]能否将行政程序违法的法律效果转化为行政人员的内部责任,如何处理行政程序违法与行政行为效力之间的关系需要理论进一步论证。但是,正如前文所分析,规定无效制度的原因在于公民可以不予执行无效的行政行为,实体法上对应的是公民的抵抗权,诉讼制度上主要是起诉期限不受限制等制度,如果这些理论没有构建起来,单纯在制定法中规定这些内容,实则会因为缺少理论支持而虚置。

实践中,尽管 1996 年《行政处罚法》规定了违反法定程序的无效法律后果,但司法实践中多根据《行政诉讼法》作出撤销判决、确认违法判决,这也说明程序违法无效与撤销、确认违法之间没有明显的区分。《行政诉讼法》中规定的行政程序违法后果,是对行政行为效力的否定,不能体现出制裁性,而且行政机关可以重新作出完全相同的行政行为。如前所述,最高人民法院审判庭也认为这是一种对行政行为的监督行为。不管是实践中的做法,还是最高人民法院的态度,都预示着行政程序违法更多地表现出维护客观法秩序的面向,而不是对公民主观权利的救济,这与行政程序立法规定的目的相违背。

---

〔83〕 参见张步洪:《行政处罚程序违法的实体化处理与法律责任》,《国家检察官学院学报》2020 年第 5 期。

(四)判决对行政程序违法诉判关系说理不足

诉判关系是研究诉讼判决的基本问题,研究判决必须研究诉讼请求。民事诉讼严格遵循诉判一致的诉讼法原理,判决必须回应原告的诉讼请求。《行政诉讼法》第四十九条规定了起诉条件,但是正如前文而言,行政诉讼相比民事诉讼具有特殊性,行政诉讼是否严格遵循诉判一致,这直接影响到了判决之间的适用关系。在民事诉讼理论中,大陆法系根据诉种将民事判决分为三种典型意义上的判决类型,这一划分也是我国民事诉讼判决类型的主流观点。我国《行政诉讼法》没有明确规定行政诉讼的类型,只通过第六十九条—第七十八条分别规定了判决类型,研究诉判关系的前提是明确此处"诉"的内涵。民事诉讼以实体法说为通说,诉讼标的指当事人在实体法上的权利或者法律关系,民诉中诉判一致的"诉"是诉讼请求。行政诉讼标的具有特殊性,对诉讼标的的不同认识影响到对诉判一致与否的认定,邓刚宏将"诉"定义为诉讼请求,以此与判决之间的关系认识出发,认为行政诉讼是诉判一致与不一致的统一;[84]马立群将"诉"定义为诉讼标的,认为"诉判一致,严格来讲,不是诉讼请求与判决对象一致,而是指基于原告诉讼请求确定的诉讼标的与判决对象一致"[85]。鉴于诉讼标的理论较为深奥,且其法教义学基础不够坚实,本文暂不展开分析这一问题,相比而言,"诉讼请求"有法教义学支撑,因此本文暂采取邓刚宏的观点,将"诉讼请求"定义为诉判关系中的"诉"。

1. 民事诉讼遵循诉判一致原则

民事诉讼法理论中,诉讼是一种当事人的司法活动,是原告要求裁判机关对自己的主张作出回应的一种行为,具有法律上的意义,目的是解决纠纷。民事诉讼理论上的划分方法,可以为行政诉讼的划分提供参照。诉判一致是诉讼法中的一项基本原则,判决的具体方式取决于法院对原告诉讼请求审查的结果。纵向看,民事诉讼中诉判关系可以表示为:原权、救济权、诉权、请求权、判决,因此理论上可以构建为救济权形式—诉讼类型—判决类型的模型,具体为:"给付之诉—给付诉讼—给付判决""形成之诉—形成

---

〔84〕　参见邓刚宏:《我国行政诉讼诉判关系的新认识》,《中国法学》,2012 年第 5 期。

〔85〕　参见马立群:《行政诉讼标的研究—以实体与程序连接为中心》,中国政法大学出版社 2013 年版,第 198 页。

诉讼—形成判决""确认之诉—确认诉讼—确认判决".〔86〕也就是说,民事诉讼中,法院必须尊重当事人的处分权而不得诉外裁判,严格遵循了诉判一致的诉讼原则。

2. 行政诉讼是诉判一致与不一致的统一

尽管《行政诉讼法》进行了修改,但是该法并没有对学界争议很久、期待立法明确的行政诉讼类型作出制定法上的明定。学界和司法实务中曾主张,我国实定法中规定的判决类型,如撤销判决等。这些判决类型的功能和作用能够倒推出其他大陆法系国家已经规定了的行政诉讼类型,并以此作为我国诉讼类型划分的基础。但这一主张很快因其"倒果为因",无视诉讼类型与判决之间的区别而受到学者的批判。实践中,德国行政诉讼与我国台湾地区行政诉讼确实也采用民事诉讼理论上的划分方式,明确规定了不同的诉讼类型和与之相对应的判决类型。不管是行政诉讼发展历史上脱胎于民事诉讼的渊源,还是立法中我国《民事诉讼法》在推动行政诉讼实践发展中直接影响了《行政诉讼法》立法及行政诉讼制度建构的客观事实,〔87〕都表明我国行政诉讼判决类型的划分也应当遵循上述划分。

但是行政确认判决与民事确认判决的法理基础存在不同。民事诉讼中确认之诉指原告要求法院确认其主张的法律关系存在或不存在的请求,其目的不在于权利义务的实现,而是有助于防止争议进一步发展或扩大,具有预防诉讼的性质。而行政诉讼中确认判决是基于公共利益和个人利益之间进行权衡的结果,确认判决认定行政行为违法但不否认其效力,这也就意味着行政行为的违法性与效力并不一致,即行政诉讼中法院会基于公共利益的考量作出不同于当事人诉求的判决。与上文对判决的适用顺序相联系也可得知,行政程序司法审查诉判不一致,这就要求法院对此作出理由说明。

---

〔86〕　参见王涌:《私权的分析与建构——民法的分析法学基础》,中国政法大学 1999 年博士论文。

〔87〕　"体例上,《行政诉讼法》始终没有能够摆脱民事诉讼法体例的影响,以诉讼制度要素与程序发展流程为主线架构法律制度……内容方面,不管是 1989 年的《行政诉讼法》,还是 2014 年修改《行政诉讼法》,都没有能够完全脱离民事诉讼制度建构完整的行政诉讼制度,法律仅规定行政诉讼不同于民事诉讼的特有制度。"参见王万华:《新中国行政诉讼早期立法与制度——对 104 部法律、行政法规的分析》,《行政法学研究》2017 年第 4 期。

四、判决书结构中的行政程序违法

通过前述研究可以发现,理论上对行政程序违法司法审查困境的探讨仍然局限于传统的规范法学分析方法,运用法解释学方法解释法概念,以试图在法教义学下通过解释概念来涵盖实践中出现的各种不能为现行行政诉讼所包括的情形。大陆法系以制定法为判决依据,案件的裁判过程遵循司法三段论的法学方法,即"确定法效果的三段论法",这就包括确定适用依据的大前提、确定案件事实的小前提和二者之间的涵摄过程,[88]简要表达为:

T→R　 (对 T 的每个事例均赋予法效果)

S=T　 (S 为 T 的一个事例)

S→R　 (对于 S 应赋予法效果 R)。

从实质解决行政争议的角度来看,仅关注大前提的完善,忽视行政程序违法维护客观法秩序的功能,忽略基于维护公益而进行的判决类型之间的适用关系,而不能对原告的诉讼请求作出回应,是行政程序违法争议不能实质性化解,理论研究进展缓慢的原因之一。行政诉讼遵循全面审查原则,既审查程序是否合法,也审查认定事实、适用法律是否正确,司法审查判定程序违法的行政处罚决定,大多在认定事实和适用法律方面也存在错误,因此应当将行政程序违法研究视野扩大至整个判决书,而不是仅限于大前提的完善。以行政判决书为观察对象,可以发现行政程序违法分别出现在事实认定、裁判说理和判决主文。诉讼文书是诉讼参与人和人民法院进行诉讼活动的重要载体,法官在判决书中所阐述的判案理由是法官的裁判活动合理合法的集中体现,判决书结构是指判决书叙述案件的构成要素及其相互关系,《行政诉讼文书样式(试行)》(以下简称《行政诉讼文书样式》)规定,我国行政诉讼裁判文书结构中,"经审理查明"表明法院对事实认定的情况,"本院认为"体现法院对裁判依据与法律事实的涵摄,"判决如下"则是法院对原告诉讼请求的回应。

---

〔88〕 参见[德]卡尔·拉伦茨:《法学方法论》,陈爱娥译,商务印书馆 2003 年版,第 150 页。

(一)作为案件事实:行政程序违法在事实认定部分

一般而言,法庭"经审理查明"是案件事实认定部分,就案件审理法院而言,准确清晰认定案件事实是正确作出裁判的前提;就对其他法院而言,已经确定的事实为先决问题。作为司法活动的事实认定是一个归纳推理过程,这一过程主要由包括诉讼双方当事人的举证和质证行为,以及法院的认证行为构成。[89] 相比于民事诉讼的处分主义,行政诉讼以全面审查为原则,对行政行为作出的主体、程序等进行全面判断与审查。从形式上来看,我国《行政诉讼法》采用了以当事人提出原则为基础并以职权调查原则为辅助的证据获取体制。[90] 行政程序违法裁判中,不同的类型的行政程序违法诉讼对当事人提出不同的证明要求。

第一,行政程序违法的提出形式不同。原则上,行政诉讼遵循全面审查原则,法院对证据、法律依据、程序一体审查,但原告对行政程序违法的诉求不同,关涉被告提出证据程度,会影响到案件的正确认定。行政审判实践中,作为证据的行政程序违法大致有两种存在形态,一是原告以行政程序违法为诉讼理由之一,被告会以"行政行为的作出遵守了法定程序"进行辩解,但因为不是案件主要的争议点,所以当事人双方并非一定会提出证据;二是原告仅以行政程序违法为由主张行政行为违法,被告必须针对程序合法进行辩解。原告诉讼理由针对对象不一样,被告提出证据完整程度不一样,法院依职权调查的程度也不一样。

第二,法院依职权调查不宜撤销的事实行政程序违法判决之间存在适用关系,并存在诉判不一致的情形,尤其涉及撤销判决与确认违法判决之间的关系,如本文表 1 所示,第一组关系中的关键点在于如何确定公共利益,而这在事实认定环节具有特殊性。首先,从证据获取上来看,我国《行政诉讼法》第三十九条规定了法院的证据调取职权。全国人大常委会法制工作委员会行政法室认为,《行政诉讼法》第三十九条的立法背景和目的有两个,其中之一就包括了解审理案件的事实因素。我国法院并非域外国家的严格意义上三权分立的机关,但在彻底了解审理案件的真相方面,具有同样的要

---

〔89〕 参见张保生:《事实认定及其在法律推理中的作用》,《浙江社会科学》2019 年第 6 期。

〔90〕 参见马立群:《德国行政诉讼证据调查与客观证明责任的分配规则——兼评对我国的借鉴价值》,《比较法研究》2020 年第 5 期。

求,只不过我国行政审判的目的更加倾向于保护公益,以及涉及的案件之外的他人利益;[91]而早在《最高人民法院关于行政诉讼证据若干问题的规定》(法释〔2002〕21号)第二十二条也规定,法院在这一问题上的证据调查的法定职责,其中还包括法院也应当审查案件所可能受到影响的程序事项,马立群认为,虽然我国看似没有规定法院的实质性的全面调查的法定职责,但是从上述规范的实质性内容可以解释出,法律要求法院彻底调查事实的内容。[92]其次,从调取时间上来看,被诉行政程序违法的基准时不同于行政判决的作出之时,因此法院需要调查行政行为作出之时至今的违法行为现状,典型的案件如"益民公司诉河南省周口市政府等行政行为违法案"[93]。最后,从调取性质来看,《行政诉讼法》第三十九条和第四十条规定调查证据属于法院的权力,但在确认判决作出中,法院必须履行调查的职责否则会损害公共利益,因此应当是法院负有调查的义务。

综上所述,行政程序违法案件中,法院必须基于法定的调查权调查证据,以正确认定事实,进而为下一步的裁判说理提供事实证据支撑。

(二)作为判决理由:行政行为违法性说明和回应原告诉讼请求

判决理由是指法院根据已经认定的事实和证据所阐述的裁判的理由,包括两部分内容:有争议的案件事实、法律事实与案件事实之间的涵摄过程,其实质内容是对行政行为违法性的说明。行政程序违法案件中确定大前提首先要找到"法",但如本文第三节所述,这一大前提本身存在适用的不确定性,学理上的讨论存在局限性。

本文认为,在目前我国行政程序法制供给不足的情况下,对大前提的完善应当在区分裁判依据和裁判论据(释法论据)的基础上从说理角度进行完善。如前文,行政程序违反纠纷不能实质化解的原因也是行政相对人认为行政机关裁判文书说理不足。而法律要求,裁判文书结论的作出一定要建立在正确适用所涉案件的法律和法律涵摄时所要用到的构成要件的事实之

---

〔91〕　参见最高人民法院行政审判庭:《最高人民法院行政诉讼法司法解释理解与适用》,人民法院出版社2018年版,第86页。

〔92〕　参见马立群:《德国行政诉讼证据调查与客观证明责任的分配规则——兼评对我国的借鉴价值》,《比较法研究》2020年第5期。

〔93〕　参见《最高人民法院公报》2005年第8期(总第106期)。

上,通过说理才能让行政相对人明白法律裁判的路径,以理服人。[94]本文以论证对象进行划分,主张加强对行政行为的合法性和原告的诉讼请求的说明,法院的判决书载明据以支撑作出裁判的证据认定的事实,以及为何为此认定,也必须说明选择的具体的法律规范和条文,以及为何选择这一法律。

1. 行政程序违法判决说理:判决主文违法性的说明

我国《行政诉讼法》以对行政行为的合法性审查为原则,法院从职权要素、程序要素和内容要素审查行政行为是否合法,这一过程旨在证明判决主文中结论的正确性。

第一,行政程序裁判依据和释法论据。为准确适用法律作出判决,法官需要在判决书中正确援引法律条文,并对其作为处理案件的可适用性作详细的解释和说明。诉讼文书制作要求法院不能单纯地给出条文就作出裁判,必须结合具体的案情对选择适应的法条展开,即通过解释法条的构成要件使得涵摄的过程更加清晰可见。《最高人民法院印发〈关于加强和规范裁判文书释法说理的指导意见〉的通知》(法发〔2018〕10 号,以下简称《释法说理指导意见》)明确区分了裁判依据和裁判论据,前者包含规范内适用和规范外漏洞填补,裁判论据包括学说。行政程序判决规定是裁判依据。根据《行政诉讼法》和《最高人民法院关于裁判文书引用法律、法规等规范性法律文件的规定》(法释〔2009〕14 号,以下简称《裁判文书引用规范性法律文件规定》)的规定,[95]依照严格的依法裁判,能够在行政审判中作为裁判依据的只能是法律或者行政法规、地方性法规,根据目前我国行政程序法制现状,裁判依据只能是《行政诉讼法》中判决要件的规定。

法律、法规以外行政程序规定可以作为释法论据。首先,《裁判文书引用规定》要求,尽管只有法律和法规可以作为裁判依据,但是在区分裁判依据和释法论据的前提下,再结合前文所要求的法院必须展开对所选择适用条文的解释。也就是说,除了法律、法规以外的其他规范都可以用来解释被选择的依据规范的内涵,这就暗含了法律、法规以外的规范可以成为裁判依据的论据即释法依据。我国以政府规章为表现形式的统一行政程序立法,往往成为被告的执法依据而呈堂法庭,执法依据尽管不能成为裁判依据,但

---

〔94〕 参见雷磊:《从"看得见的正义"到"说得出的正义"——基于最高人民法院〈关于加强和规范裁判文书释法说理的指导意见〉的解读与反思》,《法学》2019 年第 1 期。

〔95〕《最高人民法院关于裁判文书引用法律、法规等规范性法律文件的规定》第 1 条。

可以用来支撑解释法律选择的正确性。其次,《裁判文书引用规定》第六条还指出,除了上一条规定的规范之外,其他效力更低位阶的规范例如红头文件等也能发挥在裁判中阐述说理的作用。结合本文研究的行政程序来说,一些案件中原告或者被告执法机关提供的行政机关内部工作程序等也能够用来解释裁判依据中行政程序概念。再次,行政机关的内部程序规定通常涉及行政机关的工作程序而成为法院用以进行说明行政程序合法的依据。最后,学理通说也可以成为释法论据在实践中也得到认可,如在"黄泽富案"中,法院通过以正当程序说明对原告没收 32 台电脑的行为应当属于《行政处罚法》规定听证的"等"内。

值得注意的是,《释法说理指导意见》同时认为裁判依据包含规范内适用和规范外漏洞填补,裁判论据包括学说,行政法作为公法,如果法律规定本身存在漏洞,理论上法官不能进行漏洞填补。但实践中不少案例对此持有疑问,如在"张振隆诉徐州市教育局注销社会办学许可证案"中,[96]针对被告的抗辩,该案审理法官指出需要考虑的是行政程序的遵守不能仅局限于现行制定法。

第二,裁判论据与论据说理裁判。论据是法院选择适用解释法律的理由、对案件事实选择的说明以及如何将案件事实涵摄于裁判依据之下的法官思维的可视化说明。论据能够润滑大前提与小前提之间的缝隙,充分体现法官对案件的认识程度和对法律的适用精神的把控和掌握能力,高质量的说理能够熨平法律的褶皱、涤荡当事人之间跋扈的紧张关系。民事案件因为私法自治性质的缘故,社会自发形成的社会习俗、公序良俗和诚实信用等原则都可以在法律存在漏洞的情况下予以适用。[97]但是,在遵循公私法二元区分的情况下,刑法作为公法、纠正社会犯罪行为的补充性手段必须严格遵循法定主义,同样作为公法的行政法也是国家强大的公权力的行使,必须遵守依法行政,这也就意味着在这两类案件的审理中不能与私法一样适用非法定依据进行审理。但可以肯定的是,法律原则和立法目的等可以作为裁判说理的论据。同时,《释法说理指导意见》规定法院可以运用指导性

---

〔96〕 参见国家法官学院、中国人民大学法学院:《中国审判案例要览》(2004 年行政审判案例卷),中国人民大学出版社、人民法院出版社 2005 年版,第 205-207 页。

〔97〕 参见《最高人民法院关于裁判文书引用法律、法规等规范性法律文件的规定》(法释〔2009〕14 号)。

案例、公理、情理、法理及通行学术观点等作为说理的论据,[98]这是我国首次将通行学术观点作为裁判说理的内容进行明确规定。行政程序裁判依据缺乏加剧了裁判说理的压力,长久以来,行政程序违法的理论学说为法官裁判案件提供了智识资源和方案选择。学说能否成为法院进行裁判的说理在理论上一直存在争议,主要是不同学者有不同的学说主张,基于不同的立场,有学者也认为如果借用学说进行说理应该指出这一学说的倡导者。但是从另外一个角度也要看到,学说之所以能够阐述理论就是因为其是对实质正义的演绎,运用恰当必然能增加裁判文书的说服力。[99]

统一行政程序法迟迟没有进入立法阶段,主要也是因为一些基本的制度在理论界没有形成统一的认识,但是正当程序理念和听证等最基本的制度已经形成了学界通说。正当程序作为行政机关作出行政行为必须遵守的原则,已经得到实务界的认可并成为理论上的通说。何海波早在 2009 年就通过亲自参与案件认为我国前一阶段的司法发展使得这一原则得到了支持,从初次展现如今已经深入人心,在法秩序中占据一席之地。[100]章剑生认为,行政机关作出行政行为遵守正当程序已经成为理论上的通说,[101]关于正当程序的司法案例和学者评介如今已有相当多的数量,此处不予赘述。

2. 行政程序违法判决说理:对原告诉讼请求的回应

《诉讼文书样式》规定,裁判理由应当说明原告的诉讼请求,民事诉讼中,法院在裁判理由部分围绕原告的诉讼请求进行审理并必须在判决结论部分回应,但行政诉讼这一问题具有特殊性,因为我国原告受理条件阶段的主观性和审理阶段的客观性,相对人的诉请在审理中不具有十分重要的意义。而且按照目前我国理论通说,裁判结论是对行政行为合法性与效力的判断,这就导致判决结论不能看出法院对原告诉讼请求的回应,而这正是需要在裁判说理中加强对原告诉讼请求回应的原因,实践中法官对此也有所

〔98〕 参见《最高人民法院印发〈关于加强和规范裁判文书释法说理的指导意见〉的通知》(法发〔2018〕10 号)。

〔99〕 "学说的内容实质正当性及其约束法官自由裁量空间的外观进而增强裁判可接受性的功能,是裁判文书援引学说的基本原理,也是建构援引规则的出发点"。金枫梁:《裁判文书援引学说的基本原理与规则建构》,《法学研究》2020 年第 1 期。

〔100〕 "在过去十多年中,正当程序原则在司法审查中获得了比较广泛的认可,开始成为中国法律的一部分"。何海波:《司法判决中的正当程序原则》,《法学研究》2009 年第 1 期。

〔101〕 章剑生:《现代行政法总论》(第 2 版),法律出版社 2019 年版,第 218-220 页。

认识。[102]

综合上文分析，可以看出鉴于行政诉讼的特质，一方面，应当在判决理由中明确回应原告的诉讼请求，尤其是诉判不一致时说明判决转换的原因，后者主要涉及公共利益的认定。另一方面，行政行为的违法性与其效力状态并不完全一致，行政行为的效力是基于法的安定性，而对于合法与违法的判断则是每个国家对"依法行政"原则的理解，不同国家会基于治理国家的需要在不同时期的法政策方面采取不同的判断标准，这主要体现为对违法的法律后果和处理机制的差异。[103]这两个方面要求法官不仅需要在事实认定部分履行依职权调查的义务，更重要的是对因公共利益的存在，允许其违法但有效的理由进行详细说明，如法院应当积极分析不予撤销是否符合比例原则、运用成本效益等理论进行分析。只有这样才能实质性地化解争议，使当事人明白其诉讼请求是否得到了回应，以及没有得到回应的原因。

（三）作为判决对象：对行政程序合法性的判断

判决与裁决不同，是审理法院对案件的实体问题作出的结果，这也就是说作为对纠纷处理结果的判断结论是法院经过审理后对当事人诉讼请求或上诉请求的答复。[104]我国民事判决主文是对原告诉讼请求的回应，但通过分析行政诉讼判决主文就可以发现其仅仅对被告对行政相对人施加行为的违法性作出认定，而对于权益受到损害的、提起诉讼的原告的请求则并没有回应。这就导致判决的效力仅及于对行政行为合法性认定，而不及于行政行为判决合法性说明和违法性确认依据。

1. 民事诉讼判决既判力及于判决主文

判决的效力就是生效判决发生的实际作用，包括原有效力、附随效力和

---

〔102〕　"程序轻微违法案件样本的上诉率高达 38.7％。上诉人普遍提出，一审裁判对其实际权利影响认定不清。在对行政相对人的调查显示，受访者普遍表示法院未进行实际调查，亦无客观评定标准，裁判文书未阐明如何对原告权利不产生影响。判令行政程序轻微违法但不撤销，并没有使相对人获得任何形式补偿，行政机关虽败犹胜。"焦明君、鲁昌松：《微瑕的程序正义——行政程序轻微违法司法审查标准之构建》，载贺荣主编：《深化司法改革与行政审判实践研究》（下），人民法院出版社 2017 年版，第 1583 页。

〔103〕　参见赵宏：《法治国下的目的性创设——德国行政行为理论与制度实践研究》，法律出版社 2012 年版，第 319-320 页。

〔104〕　参见张卫平：《民事诉讼法》，法律出版社 2019 年版，第 439 页。

事实效力,是判决的核心内容。依照民事诉讼理论,判决的既判力是十分重要的内容,具有防止司法资源浪费、定分止争的作用。行政程序违法纠纷案件中,如果行政案件能够发挥这一效力,则该类案件的上诉率将会大大减少,这需要我们予以分析。判决的既判力主要针对后诉即其他诉讼、生效判决诉讼以外的诉讼,具有防止当事人反复诉讼和法院作出矛盾判决的效果。

判决既判力的范围包括客观范围和主观范围两个方面。首先,客观范围具有重要性,指的是经过审理法院作出的判决,可以如何以及在哪种程度上对谁具有约束的作用。[105]其次,如何确定其范围的标准亦是重要的问题。主要包括两个要素,第一个是必须是最后的判决,也包括中间判决,即是对某一法律关系的最后认定。第二个是诉讼标的,即确定下来的判决中的诉讼标的。[106]再次,如何确定诉讼标的成为确定法院审理案件既判力的关键。诉讼标的在民事诉讼中已经经过学者的讨论比较成熟,从大陆法系国家来看形成了不同的理论和观点。但是目前采用旧实体法说,这也就是说诉讼标的就是原告的诉讼请求。通过上述分析可以发现民事判决既判力的范围基于判决主文。我国诉讼法理通说基本于此持有相同的看法,尽管《民事诉讼法》没有明确规定,法院裁判中就要对原告主张和要求司法机关予以解决的事项作出回应,二者的内容是一致,即判决是对诉讼标的的裁判;另一方面,民事诉讼判决主文既可能是全部也可能是部分承认当事人的诉讼请求,但必须是对当事人诉讼请求的答复。

2. 行政诉讼判决既判力应当及于判决理由

如前所述,判决理由部分是对行政行为违法性的说明和对原告诉讼请求的同应,如果照搬依照民事诉讼既判力的规定,不符合行政诉讼的特征。一方面,从行政行为的合法性来说。其一,如前文分析,行政诉讼判决理由是对行政行为合法性依据的说明,二者是过程与结果的关系,内容在本质上是一样的,正如学者指出判决理由是对判决主文的说明,因此将判决的既判力及于判决理由就是诉讼标的本身在发生既判力。[107]其二,依照依法行政

〔105〕　参见江伟主编:《民事诉讼法》,高等教育出版社、北京大学出版社 2000 年版,第 277 页。

〔106〕　参见张卫平:《民事诉讼法》,法律出版社 2019 年版,第 445 页。

〔107〕　"撤销判决的既判力范围包括对行政行为的违法性确认,而判决理由是违法性确认的依据,既判力及于判决理由,并非该理由本身发生既判力,而是诉讼标的本身发生既判力,即由判决理由确定的违法性发生既判力"。参见马立群:《行政诉讼标的研究——以实体与程序连接为中心》,中国政法大学出版社 2013 年版,第 154-155 页。

原则,不同法院对同一行政行为违法性认定和说明是一致的。如果既判力仅及于判决主文,会出现对及于同一行政事实进行反复审查的行为,这不利于诉讼经济,而且会出现前诉与后诉的矛盾判决。这恰恰是既判力效力所禁止的,典型的在多阶段行政行为中,行政相对人针对同一个机关提出不同的诉讼请求,法院明确要求一案一诉,基于同一个征地行为,原告可能会针对征地审判、征地决定等不同的环节提起多个诉讼。其三,我国是再审时许可上诉制,[108]根据《行政诉讼法》第九十一条第 3 项和第 4 项的规定,原审事实不清证据不足和适用法律错误都是提起上诉的理由,所以判决的法律效力仅及于判决结论无法判断事实认定和法律适用过程情况。上述三点理由说明,判决的效力应当基于判决理由。另一方面,从对原告诉讼请求的回应来说,判决的既判力仅及于判决主文完全不能探知对原告诉讼请求的回应。

行政程序违法司法审查判决依据标准不清,应当通过裁判论据加强对裁判依据的解释。行政规范性文件、内部行政程序规定及学界通说都可以作为裁判论据。行政程序违法司法审查也存在判决类型之间的转变,需要法院依职权认定公共利益,从而为诉判不一致提供说明以回应原告的诉讼请求。行政程序违法案件审理的上述特殊性要求行政程序违法案件的判决既判力及于判决理由,以便约束后诉,防止矛盾判决和保障诉讼经济。

五、行政程序违法判决体系的立法完善

尽管可以使用不同类型的裁判论据解释法律,但是法律方法的运用与法官的能力有极大的关系。制定法国家不能将案件的正确审理依赖于法官的个人能力,这不利于司法的统一适用,尽快修改《行政诉讼法》以减少对大前提的解释是根本。

(一)明确判决的适用依据

《行政诉讼法》修改后,实践中法院极易借助"程序瑕疵"这一概念适用

---

〔108〕　参见牛颖秀:《仅就裁判理由可以上诉吗？——以上诉受理机制为中心的考察》,《法学家》2019 年第 2 期。

"驳回诉讼请求"判决。实践中大量案例的出现,实质上说明了我国现行行政程序违法判决类型不能覆盖解决实践中出现的违法问题。因此应当明确"程序瑕疵"和"程序轻微违法"之间的关系,从立法上进行法律术语的修正,并建立在厘清相关概念的基础上。

第一,撤销判决修改为"违反行政程序"。如前文分析,从体系解释的角度看,《行政诉讼法》规定的第七十条撤销判决与第七十四条体现出违法"程度"的区分,以致实践中出现了"法定程序"重要性高于"行政程序"的误区。但其实质原因是判决原理所决定,确认违法判决是撤销判决的补充判决。建议将违反"法定程序"修改为违反"行政程序",以减少法律适用者直接以行政程序轻微违法作出确认违法判决,不分析是否还满足撤销判决。

第二,确认判决修改为"行政程序违法"。尽管各国趋势是对行政程序瑕疵的相对性和绝对性进行平衡,但行政程序违法的程度并不是绝对的,基本的立场取向于结合个案进行具体裁量。因此,不宜将"程序轻微违法"以法规形式进行规定,而是取决于个案中具体违法程度的轻微与否,该项中"对原告权利不产生实际影响的"已经为法院进行个案裁判提供了入口。此外,修改本项亦有助于 2018 年《行政解释》中对于该条的解释歧义。

第三,无效判决将违反行政程序作例示性列举规定。现行《行政诉讼法》没有规定程序重大且明显违法的无效情形,这容易造成行政程序违法不会存在无效的情形。不管是实践中存在行政程序违法确认无效的案例,或者行政实体法的规定,还是理论上具有的诉讼意义上的时效特殊性和实体法上公民抵抗权意义,行政程序违法存在无效的可能与必要性。本文认为,体现行政程序的独立价值,应将行政程序也作为列举事项进行规定,故建议在《行政诉讼法》确认无效判决中增加程序性的例示列举,如此能体现出行政程序违法的独立性和无效制度的理论价值。

第四,驳回诉讼请求判决修改为"符合行政程序"。如上述对撤销判决的分析,"法定程序"的表述在实践中容易引起法律依据适用的歧义,实践中出现大量的以行政程序轻微违法为由作出驳回判决,为保证判决适用的一致性,应将《行政诉讼法》第六十九条中的"法定程序"修改为"行政程序"。

明确且无矛盾、符合形式逻辑的实定法能够为行政程序违法的司法适用提供明确的判断依据,同时也能够减轻司法适用者和行政执法人员的解释负担,从更深远的角度来看有助于法秩序的稳定与统一。

(二)理顺判决之间的适用关系

正如本文第二节所述,行政程序违法判决具有体系性,应当遵循不同类型判决的适用顺序,如此才能在全面查清案件的基础上作出判决。

首先,明确确认行政程序违法确认判决和撤销判决之间的关系,前者是后者的补充判决。如果原告针对行政机关作出的不合法程序诉求撤销该行政行为,则有两种审理途径。其一,法院经过审理发现被告的程序违法行为严重,导致需要撤销行政行为,则进一步根据第七十四条第一款第1项判断是否存在重大公共利益而不得撤销的情形;其二,法院经过审理发现被告行政程序违法并非严重,不足以撤销行政行为,则进一步需要判断是否满足第七十四条第一款第2项规定的轻微违法适用要件。只有对于完全遵守行政程序的行政行为才能判决驳回诉讼请求。

其次,履行判决和确认违法判决之间存在适用顺序。如果原告根据《行政诉讼法》第七十三条规定要求行政机关履行作出程序的行为,法院首先需要根据原告的申请判断行政机关是否具有法定职责,其次判断是否具有作出程序的可能和必要。如果仍然需要行政机关作出行政行为,则作出履行判决,如果在判决作出时存在例外履行不能的情况,则法院根据《行政诉讼法》第七十四条规定的履行不能情况下作出确认违法判决,不能因为履行不能而驳回原告的诉讼请求。

最后,原告主张确认行政程序违法行为无效时法院存在查明与释明义务。根据2018年《行政解释》第九十四条第二款的规定,原告主张行政程序违法行为无效,法院首先进行审查判断是否满足无效的要件;其次根据审查结果认为被诉行为不属于无效情形,此时法院需要对原告履行释明义务;接下来则会出现两种情况,其一是原告听取了法院的释明,其二是拒绝听取。另外,根据《行政解释》第九十四条第一款的规定法院可以直接作出确认无效判决。无效判决是适用具有实体法上的意义和诉讼法上的意义,这里即是其集中体现。

(三)增加判决的类型

为了给行政相对人的程序性权利提供更加完整、及时和无漏洞的权利保护,应当增加暂时权利保护判决类型。一方面,从司法救济的及时性而言,司法裁判是事后救济,行政程序违法争议的特性就是针对行政过程而言,争议的是行政行为的事中、事前侵权行为。从逻辑上而言,预防性判决能更好、更及时地救济公民的程序性权利。另一方面,在现行判决体系内部,法院遵循判决适用的顺序也会倾向性地作出确认违法判决,行政机关"虽败犹胜",行政相对人能否根据确认违法判决顺利地获得国家赔偿也不无疑问。

第一,增加预防性判决。一个有效的司法救济体系必须包括有效的临时救济,"为了实现对公民权益及时有效的司法保护,防止这种损害发生,很多国家都规定公民可以向法官申请紧急的保护措施……这就是行政诉讼中的预防性保护制度"。[109]大陆法系国家中法国、[110]德国、[111]日本、[112]意大利等都通过规定预防性诉讼或暂时权利保护制度以构造完整的权利救济体系。我国行政诉讼中的预防性保护或称"暂时性权利保护"[113],包括行政行为停止执行、先予执行、财产保全和行为保全四种制度,[114]但这些制度存在诸多问题。[115]为给予公民无漏洞的权利保护,我国行政诉讼应借鉴域外国家的规定增加预防性判决类型。

我国应借鉴德国的规定,在确认判决体系内规定预防性确认之诉。"如果不能苛求原告必须等到某一负担实际出现才采取行动,就应当考虑预防性法律保护……为此,可以采用预防性停止作为之诉,或者视情况采用预防

---

〔109〕　罗智敏:《论行政诉讼中的预防性保护:意大利经验及启示》,《环球法律评论》2015年第6期。

〔110〕　参见郑延谱、陈咏熙:《填补权利保护的漏洞:法国行政诉讼法临时处分制度的晚近发展》,《行政法学研究》2009年第3期。

〔111〕　参见刘飞:《德国公法权利救济制度》,北京大学出版社2009年版,第92-98页。

〔112〕　参见王天华:《行政诉讼的构造:日本行政诉讼法研究》,法律出版社2010年版,第六章"课予义务诉讼与禁止诉讼的法定"第193页及以下,第七章"假救济制度"第212页及以下。

〔113〕　参见何海波:《行政诉讼法》,法律出版社2016年版,第496页。

〔114〕　《行政诉讼法》第五十六条、第五十七条,2018年《行政诉讼法司法解释》第七十六条、第七十七条。

〔115〕　其一,这四种规定本身即存在公民权利保护的缺陷;其二,具体就行政行为的预防性保护而言,2014年《行政诉讼法》规定的行政行为停止执行存在法律效果不明确、裁量标准不周延、证明标准不明确等弊端,虽然2018年《行诉解释》增加了诉中行为保全,但因照搬民事诉讼法痕迹过于明显,没有照顾到行政诉讼法的特殊性,功能发挥有限;其三,我国的预防性保护并不是前述大陆法系国家中作为一种诉讼类型的预防性保护,救济效果有限。为给予公民无漏洞的权利保护,我国行政诉讼应借鉴域外国家的规定增加预防性判决类型。

性确认之诉。"[116]适用要件可以借鉴德国的规定。第一,德国预防性确认之诉的适用范围包括:"几乎所有行为、变更和不利影响—且不依赖于具体的法律形式""部分采用预防性确认之诉的情况有,需要制止一个具有威胁性的行政行为,或者一个'有威胁的规范'"[117]。第二,预防性确认之诉的适当性要件为:首先是"法律关系必须已经足够明确,以致基于一个已经可以看清的事实情况,就可以预计会对原告产生消极后果";其次是确认利益"必须正好在于,一个未来的法律关系之存在,当前已经可以得到确定";最后是诉权"一般是不必要的……如果诉讼标的是一个行政行为,或者对一个事实行为的不作为。这时候原告就必须预防性地主张,该行为或停止作为可能对他的权利造成了侵害"。[118]我国在现行预防性保护措施不完善的前提下通过增加预防性确认判决同样能够达到为公民提供完整救济的目的。

第二,增加禁止诉讼。我国应借鉴日本的立法,在行政诉讼判决体系中规定禁止诉讼。[119]禁止判决具有往后的持续效力,能够消除法律关系的不确定性以及由此带来的风险,禁止判决适用于以下情况:"行政机关将要实施一定行为;一旦行政机关实施该行为,将造成重大损害;而且,别无其他适当的方法可以避免该损害的发生"。[120]我国没有规定禁止判决,但已经出现了适用禁止的情形。《最高人民法院关于审理政府信息公开行政案件若干问题的规定》(法释〔2017〕17 号)第十一条第一款规定了我国政府信息领域的禁止判决,《政府信息公开条例》第十五条规定,要求被公开的信息涉及第三方的,其可能提起禁止公开的诉讼。日本的禁止诉讼是在行政机关尚未作出某种行政处分的情况下,为避免公权力行使所带来的侵害而禁止行政机关作出某种行政处分的诉讼,是一种预防性诉讼。[121]考察日本禁止判决在"鞆浦填埋许可交付禁止请求案"一审判决的结果,发现其在固守行政诉讼主观构造的前提下,发挥着类似"公益诉讼"的功能。[122]而在我国,行政诉

---

〔116〕　[德]弗里赫尔穆·胡芬:《行政诉讼法》,法律出版社 2003 年版,第 321 页及以下。

〔117〕　[德]弗里赫尔穆·胡芬:《行政诉讼法》,法律出版社 2003 年版,第 322 页。

〔118〕　[德]弗里赫尔穆·胡芬:《行政诉讼法》,法律出版社 2003 年版,第 322 页。

〔119〕　日本 2004 年修改《行政事件诉讼法》(第 3 条第 7 款)增加了禁止诉讼,将其之前以无名抗告诉讼存在的方式法定化。

〔120〕　何海波:《行政诉讼法》,法律出版社 2016 年版,第 472 页。

〔121〕　王天华:《行政诉讼的构造:日本行政诉讼法研究》,法律出版社 2010 年版,第 193 页。

〔122〕　王天华:《行政诉讼的构造:日本行政诉讼法研究》,法律出版社 2010 年版,第 209 页。

讼中的亦有类似案件，如在"张祖元等诉武汉市国土资源和规划局许可案"中，[123]可以看到居民对于故文化历史遗迹的保护体现出强烈的禁止判决需求。禁止诉讼的诉讼要件是："(1)行政机关将要作出一定的处分＝盖然性要件；(2)行政机关作出一定的行政处分会造成重大损害＝重大损害要件；(3)别无其他适当方法避免该损害＝补充性要件"。禁止诉讼的诉讼要件是本案要件是："从该处分或者裁决所依据的法令规定来看行政机关显然不应当作出禁止之诉所指向的处分或者裁决，或者行政机关作出该处分或者裁决超越其裁量权范围或者构成裁量权滥用"。[124]

综上而言，针对程序行政行为的特性和我国判决体系不能完全救济公民权利而言，在现行判决体系中增加预防性确认判决和禁止判决兼具全面保护公民权益和公共利益的功能。

(四)统一判决的法律效果

如前文所分析，如果按照大陆法系民事诉讼法将判决既判力限于判决主文，实质上虚置了行政诉讼判决既判力的实质内涵。而将行政判决既判力的客观范围及于判决理由会真正实现既判力所欲发生的定分止争的作用。

明确行政诉判关系中"诉"的内涵是确定行政诉讼判决既判力的前提。从上文分析来看，如邓刚宏所主张将"诉"限定为"诉讼请求"虽然借鉴了民事诉讼判决既判力的内容，但是没有考虑到行政诉讼的特殊性，不能实质性化解行政程序违法争议。而马立群主张的"诉"是指诉讼标的，其包含"行政行为的违法性"和"原告的权利主张"（或者说原告的诉讼请求）两个基本要素比较符合实际情况。[125]我国台湾行政诉讼标的包括行政行为的违法性和原告的权利请求。[126]德国行政诉讼法上对诉讼标的也采用这一观点，"可以

---

〔123〕 参见湖北省武汉市中级人民法院行政判决书(2016)鄂01行终551号。

〔124〕 王天华：《行政诉讼的构造：日本行政诉讼法研究》，法律出版社2010年版，第203页。

〔125〕 马立群：《行政诉讼标的研究——以实体与程序连接为中心》，中国政法大学出版社2013年版，第154-155页。

〔126〕 "行政诉讼之诉讼标的并非行政处分本身，而是原告之下述法律效果之主张或下述权利主张：被争执之行政处分或其拒绝或不作为乃是违法，并因此损害原告之权利。或者是原告之下述权利主张：原告对于特定法律关系之存在或不存在，有即受确认之正当的利益存在。依此见解，行政处分之客观违法性亦属于诉讼标的之一部分。"陈清秀：《行政诉讼法》，法律出版社2016年版，第709-710页。

优先考虑那个'两段式诉讼标的说'"。[127]据此理论,撤销之诉或义务之诉的诉讼标的之确定,应当:(1)根据原告的权利主张即行政行为或停止作出行政行为违法,并且侵害了原告的权利;(2)根据那些支持诉的理由,即现实生活中实际情况的各具体方面,它们是决定或者停止作为的基础。[128]

上文所分析的诉判关系以诉讼请求判断诉判关系,进而发现行政程序违法诉讼中存在的判决类型转化的问题,得出诉判不一致的结果,但如果将"对行政行为违法性"判断纳入"诉判关系"中"诉"范围,则判决类型的转换中既包含了对原告诉讼请求的回应,也包含了对行政行为违法性的说明。进一步,判决理由主要对原告诉讼请求的回应和对行政行为违法性的说明,因此承认行政判决既判力的"扩张性",[129]将既判力的客观范围及于判决理由有益于化解争议。

综上而言,将行政诉讼判决的既判力及于判决理由既能实现判决既判力应有的内涵,又能解决行政程序违法判决中存在的诉判不对应关系,以期助益于实质性化解行政程序违法争议。

(五)制定统一的行政程序法以明确依据

行政判决并不会实质性的改变行政法律关系而化解行政程序违法纠纷,统一行政程序法应当对行政程序违法的法律效果进行规定,我国法制层面亟需出台统一的行政程序法。行政程序法既包含程序内容,也包含实体内容,实为一部"行政法总则"。《行政程序法》中应明确规定行政程序违法的法律后果,最主要的是如何规定行政程序违法与实体法效果之间的关系。

德国行政程序法规定了行政程序违法的无效、可撤销、补正和治愈等不同的法律后果,我国可以借鉴德国,在行政程序法中针对不同的情形规定多元责任种类。行政行为撤销的法律后果是使其溯及既往的失去效力,德国《联邦行政程序法》第 46 条规定,不能因程序违法撤销行政行为。但德国《联邦行政程序法》被视为行政效率目标模式的典型代表,这一规定因过分

---

[127]　"原告的权利主张,即行政行为或者对行政行为的拒绝违法,并侵害了他的权利"。[德]弗里赫尔穆・胡芬:《行政诉讼法》,法律出版社 2003 年版,第 139 页。

[128]　[德]弗里赫尔穆・胡芬:《行政诉讼法》,法律出版社 2003 年版,第 138-140 页。

[129]　有学者将这一情形称为行政判决既判力范围的"扩张性"。参见汪汉斌:《行政判决既判力研究》,法律出版社 2009 年版,第 168-176 页。

注重效率而招致学界的批评和欧盟法的冲击,[130]我国不能全然借鉴。德国行政程序规定了部分行政程序违法的无效情形,但诚如梁凤云所言,其规定确实与我国普遍所理解的"重大且明显"而导致的无效有较大不同。目前新修订的《行政处罚法》第三十八条第二款规定的无效条款可以借鉴,重大且明显违法的行政程序违法才可以作出无效的规定。而对于一些轻微违法的行政程序规定补正治愈或者转换的法律后果更能体现行政效率。德国行政程序法也规定了行政程序轻微违法的补正情况,[131]同时也规定了瑕疵行政行为的转换,[132]这两类后果可以有效解决我国行政程序轻微违法后被错误判决"驳回诉讼请求"或判决"确认违法"后又得不到实质救济的困境。

行政程序法的缺失使得法院缺乏审理案件的裁判依据,以致出现了许多法解释上的模糊与不清。虽然《江苏省行政程序条例》是审判依据,但是仅限于江苏省的案件,我国应当尽快制定统一的行政程序法,以违法程度为依据,规定行政程序重大且明显违法判决无效、一般违法判决可撤销、行政程序轻微违法可以判决补正治愈或者转换。

结　语

对行政争议的实质性解决是一个系统性问题,需要综合各方面因素来考虑,目前学界探讨的将行政复议作为争议化解的主渠道,完善人民法院对裁判文书的说理功能,加强行政机关对行政决定的说理等等,均为完善之道。就本文而言,目前行政程序违法争议实定法依据只有《行政诉讼法》中判决类型的规定,从判决的适用要件切入并发现判决适用的顺序,进而提出将行政判决既判力客观范围扩及于判决理由的观点,亦是落脚于如何解决实质性化解行政程序争议的方法之一。

诉讼是为了实现当事人的法定权利或维持客观的法秩序,而通过法院审理作出最终法律判断的过程。行政程序违法司法审查对确认违法判决的

---

〔130〕　参见傅玲静:《论德国行政程序法中程序瑕疵理论之建构与发展》,《行政法学研究》2014年第 1 期。

〔131〕　《德国联邦行政程序法》第 45 条。

〔132〕　《德国联邦行政程序法》第 47 条。

倾向性适用体现出对行政的监督面向,因而更多地体现了行政程序违法诉讼维护客观法秩序的功能。学界对行政程序法的讨论伴随着制定行政程序法典而起起落落,在行政程序法典制定之初就有对行政相对人程序性权利保护的考量和呼吁,或者说行政程序法典的制定就是为了通过限制行政机关的公权力而保障公民的程序性权利,正当行政程序理念的引入可谓是行政法治观念的启蒙。但是发展到今天,其呈现出更多的客观法监督的面向,这是对公民程序性主观公权利保护的萎缩,从世界各国扩大对公民权利保护的趋势和我国公民对行政程序公正的需求来看,行政程序违法研究应当改善这一状况。

行政程序违法争议不能实质化解主要在于行政相对人对程序性公权利的追求,和司法审查维护客观法秩序之间的矛盾,这一矛盾直接表现就是该类案件上诉率高。但是,最高人民法院行政审判庭的实务指导意见仍然认为,以后行政程序违法适用撤销判决的时候将会越来越少,因为撤销仅仅体现了对行政机关遵守程序的监督,因而宜作出确认违法判决。最高人民法院只从撤销判决的作用观察而得出这一结论,结果是进一步加剧矛盾,且逐渐吞噬由立法机关确定的对公民程序性权利的保护。

文章以行政判决书为观察视角,主张将行政程序违法判决既判力客观范围及于判决理由,既能完善行政诉讼判决既判力理论,又能保障公民程序性公权利,实质性化解争议,具有现实意义。更为重要的是,在我国已有的行政诉讼类型中,应当明确判决适用依据和判决适用顺序,还应当借鉴域外大陆法系国家,增加我国没有的禁止作出判决和预防性确认判决,以为公民提供无漏洞的权利保护。就整体行政法制度而言,还应当完善我国的行政实体法制度,尽快制定行政程序法典,以提供给公民无漏洞的权利保护。

〔推荐人及推荐理由〕

2014年修改《行政诉讼法》时对行政程序违法的程度进行了梯度化和类型化处理,并规定了相对应的行政判决种类。与此相关的立法内容不仅吸收和细化了传统法治主义对程序合法性的基本要求,同时也增加了程序瑕疵补正等司法审查的新制度。但是,目前针对行政程序违法的不同判决形式依然存在适用标准不清和彼此界限不明的情形,呈现出分散立法和体系化不足的特点。基于此背景,本文从法教义学的视角出发,基于规范、理论和司法判例对行政程序违法的司法审查现状和行政程序违法判决适用要件进行了详细分析,并以系统论为核心思维方法提出了行政程序违法判决体系化的建议。本文研究结论具有新的学术思路和一定的观点创新。文章文献全面、系统、即时,综合反映了本主题的学术和司法动态,归纳和评述恰当。同时,本文结构合理、论证严谨、文笔流畅,反映出作者具备基本的学术素养和学术能力。该论文荣获 2021 年西南政法大学优秀硕士学位论文、2022 年重庆市优秀硕士学位论文。

——马立群,西南政法大学行政法学院教授、硕士生导师

❖▶▌[内容摘要及关键词英译文]

Abstract:Administrative agencies' compliance with administrative procedures is not only a requirement for maintaining objective legal order under the rule of law, but also a requirement for guaranteeing the procedural and subjective public rights of administrative concerned person. The administrative concerned person filed an administrative lawsuit against the administrative agency's violation of administrative procedures, and the court made different types of judgments after reviewing the legality of the administrative act. In judicial review, due to the unclear judgment standards for administrative procedure violations, the lack of substantive law basis, the lack of legal effects and the particularity of administrative litigation and judgment relations, on the one hand, the courts faces difficulties in applying statues exist in the legality review of administrative procedure violations, on the other hand, the plaintiff was also dissatisfied with the verdict and frequently appealed, as a result, the dispute could not be substantially resolved. In response to this problem, the current administrative litigation in our country focuses on adopting different interpretation methods to explain the elements of the judgment. Theoretically, the 'dichotomy theory' or the 'three-division theory' have been proposed trying to explain the major premises in order to include more types in practice. The types of illegal administrative procedures provide the basis for judgments. At the same time, the increase in the number of administrative procedures norms is also providing the substantive law basis for administrative procedures. However, the above work still follow a single legality review perspective, one-sidedly focus on the improvement of the major premise, and ignore the interests of the administrative counterpart as a party to the dispute, which is essentially of little help in solving the problem of illegal administrative procedures. The article sorts out the current situation of judicial review of illegal administrative procedures in our country from the three aspects: norms, theory and practice. Further, it analyzes the elements of administrative procedures illegal judgments in theory and puts forward the existing problems in current judicial practice and academic research, and finally puts forward perfect suggestions to solve this problem based on the new perspective. Specifically, the first part of the article defines the types of administrative procedure violations to clarify the research objects, and considers the functions of administrative procedure law based on the legal dogmatics research position and the administrative procedure law of our country, and takes the administrative procedure violation types in the administrative procedure law as mainly, combine the viewpoints in judicial practice and theory to define the research object of the article. The second part theoretically analyzes the constituent elements of administrative procedure illegal judgments, and reveals that there is a sequence of judicial application between different types of judgments. This reflects the objective characteristics of inconsistency in judicial review and judgment of administrative procedure violations, as well as the tendency to apply the confirmation of illegal judgments. The third part points out the problems in the judicial application of administrative procedure violations, which mainly include four problems: the unclear legal basis of the administrative procedure violation judgment, the unclear judgment standard, the lack of legal effect and the particularity of the administrative litigation and judgment relationship. However, in view of these problems, the current academic circles have not provided better solutions to these problems. The fourth part takes the structure of the administrative judgment as a new observation perspective, and finally reveals that the court's explanation of the illegality of the administrative procedure in the reason for the judgment carries the explanation of the illegality of the administrative procedure in the main text of the judgment and the response to the plaintiff's litigation request. The former is qualitatively consistent with the main text of the judgment, which is the relationship between content and results. The latter reflects the protection of citizens' procedural rights by responding to the plaintiff's litigation request, and the two together achieve the effect of substantively resolving disputes. The fifth part is based on the foregoing research and believes that in order to substantively resolve disputes over administrative procedure violations, our country's positive law should clarify the basis for the application of judgments, increase the types of judgments, straighten out the application relationship between judgments, unify the legal effects of judgments and improve the substantive law stipulates.

Keywords: Administrative Procedure Violation; Judgment System; Application of Law; Reason for Judgment; Main Text of Judgment; Validity of Judgment

行政诉讼起诉期限制度研究

陈思琳[*]

内容提要：起诉期限制度在行政诉讼中发挥着重要作用，直接影响当事人诉权的实现和行政争议的解决。大量的裁判文书表明，起诉期限仍存在"超期裁驳"案件比例失衡、具体适用规则歧见纷纭、审查模式不尽完善、"过期之诉"治理边界不明四个主要问题。起诉期限的目的定位是整个制度的出发点，既有的目的学说无法为期限制度完善提供完整的支撑，基于争议解决的行政诉讼目的和高效化解行政争议的现实需求，应当将起诉期限的设立目的定位为：为尽快解决行政争议，对行政争议司法救济途径的时间限制。"尽快解决行政争议"决定了起诉期限制度具有正义、秩序、效率三重价值，在适用时应当以实现实质公正的正义价值为首要考量，维护行政效力的秩序价值次之，最后兼顾合理配置司法资源的效率价值。对起诉期限制度的完善，宜从立法、适用、审查、补救四个层面依次进行。在立法上，取消复议决定、行政协议、涉动产不动产等案件的区分设置，转而以行政诉讼类型化为导向，明确起诉期限仅适用于撤销之诉和部分课予义务之诉，排除适用于给付之诉和确认之诉。在适用上，以尽快解决行政争议为目标导向，统一起算点、期限延误、最长起诉期限的适用规则。在审查上，将起诉期限性质定位为诉讼要件，进而明确法院具有主动审查起诉期限的审查责任，但应当秉持当事人主义；且起诉期限的审查阶段不应当在案件立案时，而应当在案件审理的初始阶段。在补救上，检察机关针对"过期之诉"制发的检察建议应当定性为社会治理检察建议，在制发时秉持司法谦抑性原则，仅在案件办

---

* 陈思琳，清华大学法学院2023级博士研究生，华东政法大学法学院宪法学与行政法学专业2023届硕士生。

理中针对具有典型性的"过期之诉"进行治理;并运用利益衡量原则,仅对具有救济必要性的"过期之诉"进行补救。

关键词:行政诉讼;起诉期限;解决行政争议;行政诉权

引　言

行政诉讼制度自设立以来,囿于时代的局限与制度本身的缺憾,深陷"立案难、审理难、执行难"的困境,导致当事人诉权保障缺乏实效,行政争议难以有效化解。"三难"问题中最为突出的是"立案难"问题,大量行政诉讼案件由于各种严苛的起诉条件被拦截在诉讼渠道之外,行政诉讼制度遭遇瓶颈。而时效超过是行政案件被裁定不予受理或驳回起诉的主要原因之一,起诉期限制度成为阻碍当事人通过司法途径解决行政争议的一大障碍,自设立起就饱受争议。在此背景下,2014年《中华人民共和国行政诉讼法》(以下简称《行政诉讼法》)与2018年最高人民法院《关于适用〈中华人民共和国行政诉讼法〉的解释》(以下简称《行诉解释》)对行政诉讼起诉期限的期限长度、延误制度、最长起诉期限等适用规则均作了一定修改,试图缓解因起诉期限造成的救济不畅问题。

但是,修改后的起诉期限制度仍在实践运用中暴露出许多不足。最为突出的是"超期裁驳"案件比例失衡,2014年立案登记制改革后,行政登记立案数量虽得到大幅提升,但因超过起诉期限被裁定驳回起诉的案件数量居高不下,程序空转严重,浪费大量司法资源。其次,起诉期限的具体规则适用存在诸多争议,主要表现为不同地区和级别的法院对起算点、期限延误、最长起诉期限三个主要适用规则的理解不一,同案不同判现象突出,甚至导致许多本来未超过起诉期限的案件被错误裁定驳回。再者,起诉期限的司法审查模式缺乏立法的明确规范,法院是否应当主动审查,以及应当在案件审理的哪个环节审查不甚明了,造成审查的随意化。部分法院在立案环节径行审查起诉期限并因此驳回起诉,造成起诉的高阶化;部分法院直接忽视起诉期限问题,案件直至二审或再审时才因超期被驳回,造成程序空转。最后,大量案件因起诉期限被裁驳进而衍生出一种新的"过期之诉"治理制度,即检察机关为实现必要权利救济,通过制发检察建议的方式介入因超过起诉期限被法院裁驳的行政案件,这带来新的合法性和合理性问题。

　　行政诉讼起诉期限制度作为案件能否进入实体审查的"关卡",是影响行政争议能否实质性化解的重要因素之一。但相比行政诉讼中的实体性问题,其受到学界的关注程度明显不足。既有的关于起诉期限的研究时间较早,多集中于《行政诉讼法》1989 年颁布后和 2014 年修改前夕,对于 2018 年后新的起诉期限制度讨论较少。再者,有关起诉期限的研究主要聚焦于理论基础、适用规则、制度完善和特殊起诉期限四个方面,鲜少涉及起诉期限的审查以及新近产生的"过期之诉"治理问题。可见,既有的研究还存在不足,未能为该项制度的完善提供更多学理支撑,也为本文的研究留有余地。

　　起诉期限制度在司法实践中适用的难题,反映了该制度本身存在的不足。起诉期限的理解适用、审查机制和制度完善问题不仅关乎行政诉讼制度整体效能,更切实影响行政相对人的诉权保障及行政争议的化解,亟需更多的讨论。本文旨在通过厘清行政诉讼起诉期限的目的定位、价值考量和相关影响因素,从立法、适用、审查和补救四个方面提出完善建议,以期对行政诉讼起诉期限制度的优化有所裨益,并为行政诉权的实效性保障提供一些有益的思考。

一、行政诉讼起诉期限的规范分析

　　起诉期限的立法演变蕴含着这一制度的发展趋势:在性质上,逐渐区别于民事诉讼时效,彰显行政诉讼特性;在设立价值取向上,由法安定性考量逐渐趋向公民诉权保护。现行起诉期限制度主要由起算点、期限长度和期限延误三个具体规则构成,在一般案件、复议后起诉、不作为诉讼、未告知起诉期限、不知道行政行为内容、行政协议案件六种不同情形下,具体适用规则有所不同。

(一)立法演变中的起诉期限制度

　　我国行政诉讼起诉期限制度最早规定于 1989 年《行政诉讼法》,经过 1991 年与 2000 年两次司法解释的增补后初成体系。后又经过 2014 年《行政诉讼法》的修订,以及 2015 年和 2018 年司法解释的进一步完善,逐步形成当前的起诉期限制度。起诉期限制度的立法演变以 2015 年为分水岭,可划分为两个阶段:一是 2015 年以前的初步成型阶段,二是 2015 年以后的逐步完善阶段。

第一,1989—2015 年的初步成型阶段。1989 年《行政诉讼法》第三十八条至四十条简单规定了起诉期限,包括 3 个月的普通起诉期限、起诉期限申请延长制度。彼时行政诉讼制度刚刚设立,包括起诉期限在内的许多规定脱胎于民事诉讼法,对行政诉讼特殊性的认识有所不足。1991 年最高人民法院印发的《关于贯彻执行〈中华人民共和国行政诉讼法〉若干问题的意见(试行)》(以下简称《试行意见》)第二十八条、第三十五条、第四十二条、第四十三条对起诉期限的未告知诉权或起诉期限情形、不同规范中起诉期限规定的适用规则、举证责任进行了补充。但在实践中,未告知诉权或起诉期限与未告知具体行政行为被混为一谈,即相对人不知道具体行政行为情形下的最长起诉期限同为一年,理解的分歧缩短了起诉期限,限制甚至剥夺了相对人的诉权。[2] 这一时期,行政诉讼起诉期限独立于民事诉讼时效的特殊性尚未完全体现,制度设置过于粗糙,不能满足现实需要,在实践适用中困难重重。2000 年《若干问题解释》取代了《试行意见》,在第三十九条、第四十一条、第四十二条、第四十三条、第四十四条新增了行政不作为案件的起诉期限、行政机关不告知诉权或起诉期限的期限规定、当事人不知道具体行政行为内容时的起诉期限、不属于自身原因耽误起诉期限扣除规定以及超过起诉期限的法定后果。2000 年《若干问题解释》的补充规定不仅将不告知起诉期限与不知道行政行为进行了区分,还极大地丰富和完善起诉期限的具体规则。但此时的起诉期限制度仍存在许多未尽完善的问题:一是任何行政案件都无差别的适用撤销诉讼的起诉期限,未根据行政诉讼类型设置不同的起诉期限。[3] 二是起诉期限时长太短,过多地考虑行政效率的维护。[4] 三是复议期限与起诉期限缺乏合理的衔接,例如撤回复议的起诉期限、行政机关未受理复议的起算点等问题未明,且复议后起诉的时间过短,压榨当事人的起诉期限。四是期限延缓制度不完善,障碍消除后 10 日内申

---

[2] 参见林莉红:《行政诉讼审理程序若干理论与实践问题研究》,《诉讼法论丛》1999 年。
[3] 参见林俊盛:《行政诉讼起诉期限制度研究》,法律出版社 2014 年版,第 98-100 页。
[4] 马怀德主编:《行政诉讼原理(第二版)》,法律出版社 2009 年版,第 338 页。

请延期时间太短,对当事人来说申请难度太大。[5]

第二,2015 年至今的逐步完善阶段。起诉期限制度的不完善造成大量的行政案件因为期限问题无法进入实体审查,当事人诉权受阻。为此,在 2014 年行政诉讼法修改前夕,诸多学者提出了起诉期限的完善建议。例如,引入民事诉讼中的中止与中断制度,完善期限延误制度;[6]延长一般起诉期限的时间;[7]对行政复议法和行政诉讼法进行同步调整,完善复议与诉讼期限的衔接;[8]完善行政诉讼类型化,对撤销之诉、确认之诉、给付之诉等不同诉讼类型设置不同的起诉期限。[9] 在此背景下,2014 年《行政诉讼法》对起诉期限制度进行了一定的修改:一是一般起诉期限的时长由原先的 3 个月延长至 6 个月,当事人进行权利救济的时间更为宽松;二是修改了起诉期限延误制度,将应当扣除起诉期限的情形扩大到"不可抗力"和"非自身原因"导致的起诉期限延误。同年施行的《最高人民法院关于适用〈中华人民共和国行政诉讼法〉若干问题的解释》(以下简称 2015 年《若干问题解释》)也对起诉期限进行了完善。一是明确了如果行政机关没有按照法律规定的期限履行其职责,公民、法人或其他组织有权在该期限结束后的六个月内向人民法院起诉。二是新增了行政协议的起诉期限制度,规定不依法履行、未按照约定履行协议参照民事诉讼时效规定,单方变更、解除协议等行为适用行政诉讼起诉期限。2018 年施行的《行诉解释》进一步完善了起诉期限制度,"如果没有告知相对人起诉期限的,起诉期限从知道行政行为内容之日起最多不超过一年",缩短了原来的两年规定,并且将"未告知诉权与起诉期限"的说法改为"未告知起诉期限"。多次修改后的起诉期限制度在期限时长、特殊情形起诉期限等方面都有了长足的进步,近 30 年的修法历程折射了该制度由一开始的维护秩序为主到逐渐倾向当事人诉权保护的立法变化趋向。但是,对于学者们提出的起诉期限类型化改革、复议与诉讼合

〔5〕 参见杨彬权:《行政诉讼起诉期限存在的问题及修改建议》,《西部法学评论》2014 年第 3 期。

〔6〕 参见杨彬权、王周户:《域外行政诉讼起诉期限制度比较研究——兼论对我国行政诉讼起诉期限的修改与完善》,《河北法学》2014 年第 4 期。

〔7〕 参见刘善春:《行政审判实用理论与制度建构》,中国法制出版社 2008 年版,第 475 页。

〔8〕 参见刘宏博:《对行政诉讼起诉期限的审查与完善》,《人民司法》2018 年第 34 期。

〔9〕 参见林俊盛:《论行政诉讼起诉期限制度的完善——兼谈我国〈行政诉讼法〉的修改》,《行政法学研究》2013 年第 3 期。

理衔接、起算点认定的完善、设置更加严密的期限延误制度等建议，2014 年《行政诉讼法》，乃至 2018 年《行诉解释》均未有完整的回应。几次修法仍采取较为保守的态度，在遵循原有的起诉期限制度的基础上，进行细微调整，未有较大改动。

（二）现行规范中的起诉期限制度

1. 起诉期限的现行规定

现行法律对起诉期限的规定主要集中于《行政诉讼法》第四十五条至第四十八条。第四十五条与第四十六条第一款分别就复议后起诉的期限与一般起诉的期限进行规定。复议后起诉的期限仅有 15 日，相较于 6 个月的一般起诉期限，这一设定是否合理引起了许多争议。第四十六条第二款规定了最长起诉期限，以动产与不动产为划分标准，分别是 5 年与 20 年，一般认为最长起诉期限为除斥期限，不可中止与中断。第四十七条对行政不作为案件的起诉期限作了规定，将行政机关履职的答复期限限定为 2 个月，当事人提出履职申请 2 个月后开始计算起诉期限，另对紧急情况下的起诉期限作了另外规定。第四十八条规定了起诉期限延误制度，有扣除与延长两种，前者由法官在案件审理过程中依职权适用，后者则需当事人在障碍消除后的 10 日内提出。对于 10 日的延长申请时间是否太短，学界也存在一定的争议。

现行司法解释对起诉期限的补充规定主要集中于《行诉解释》第六十四条至第六十六条，另在第五十八条、第五十九条、第六十九条、第九十四条有所涉及。第六十四条规定了行政机关未告知相对人起诉期限的情形，以及知道行政行为内容之日起的最长起诉期限。由于新司法解释对该条作了一定修改，该条在新旧法的衔接适用上问题颇多。第六十五条规定了相对人不知道行政行为内容的情形，也是对最长起诉期限适用规则的补充规定。第六十六条明确不作为诉讼的起诉期限仍是 6 个月。第五十八条与第五十九条对复议后起诉的期限计算进行了完善，前者规定当事人撤回起诉期限后仍可以在期限内起诉，但未明确此时适用的是何种起诉期限；后者明确复议后诉讼的起算点是复议决定书送达时间。第六十九条规定超过法定起诉期限且无行政诉讼法规定的延误情形的应当裁定驳回起诉。第九十四条则被认为暗含着确认无效之诉不受起诉期限限制的内涵。

另有其他关于起诉期限的规定散落于其他单行法、司法解释、最高法会议纪要以及最高人民法院答复等。例如,《最高人民法院关于行政诉讼证据若干问题的规定》第四条规定被告对起诉期限的举证责任。《最高人民法院第一巡回法庭关于行政审判法律适用若干问题的会议纪要》对 2018 年新《行诉解释》颁布后新旧法衔接适用问题予以回应,司法实践中新旧法衔接适用不当的问题也将随着时间的流逝得以消弭。[10] 虽然随着立法的修改,起诉期限不统一的问题已经大大得到改善,但部分单行法中对起诉期限的特殊规定仍然存在。例如,《专利法》与《国家法赔偿法》中 3 个月的起诉期限,《计量法》中 15 日的起诉期限等。随着立法的完善,统一行政诉讼的起诉期限是大势所趋。

2. 起诉期限的适用规则

综上所述,我国法律法规对行政诉讼起诉期限的规定虽不多,却蕴含着较为复杂的适用规则。具体包括起算点、期限长度和期限延误三种具体规则,每种规则在一般案件、复议后起诉、不作为诉讼、未告知起诉期限、不知道行政行为内容、行政协议案件等六种情形下具有不同的适用方式(如表 1 所示)。与大陆法系其他国家根据行政诉讼类型划分起诉期限规则不同,这六种情形的划分依据较多的是行政行为理论。例如,行政处理与行政协议、行政复议决定与原行政行为。[11] 此外,为满足现实需求,现行立法对不知道行政行为内容与起诉期限也做了特殊规定。

第一,起算点。我国现行规范对行政诉讼起诉期限的起算点没有采用统一的标准,而是根据不同情况规定了五种不同的起算点,既有主观起算点,也包括客观起算点。一是一般诉讼的起算点"自知道或者应当知道作出

---

〔10〕《最高人民法院第一巡回法庭关于行政审判法律适用若干问题的会议纪要》对"未告知起诉期限情形下,起诉期限应当如何计算,新旧法之间如何衔接"回答如下:2015 年 5 月 1 日之前,行政机关作出行政行为未告知起诉期限的,从知道或者应当知道行政行为之日起最长不超过两年;至 2015 年 5 月 1 日,起诉期限尚未届满的,以剩余期限计算起诉期限,但剩余期限超过修改后的行政诉讼法第四十六条第一款规定的六个月起诉期限的,以 6 个月为限,至 2015 年 11 月 1 日起诉期限届满;2015 年 5 月 1 日至 2018 年 2 月 8 日期间,行政机关作出的行政行为未告知起诉期限的,从当事人知道或者应当知道行政行为之日起仅有 6 个月的有效起诉期限,超过 6 个月起诉期限届满;至 2018 年 2 月 8 日,起诉期限尚未届满的,起诉期限适用《适用解释》第六十四条第一款规定,从知道或者应当知道行政行为之日起最长不超过 1 年。

〔11〕 参见章志远:《新〈行政诉讼法〉实施对行政行为理论的发展》,《政治与法律》2016 年第 1 期。

行政行为之日起"。二是就属于经过复议后提出诉讼的情形而言,其起算点应界定如下:当事人对复议决定不满而选择进行诉讼时,起算点为"收到复议决定书之日";而行政机关逾期未作出决定所引起的起诉,则其起算点为"复议期满之日起"。不同行政行为的复议期限有一定区别,在行政机关不予回复的情况下,当事人更难以得知复议期限何时届满,也因此常错过行政诉讼的起诉期限。三是行政不作为诉讼的起算点,同样分为两种情形,行政机关是否明确拒绝履行是判断起算点的关键。四是若行政机关未明确告知相对人起诉期限的起算点,则相对人开始算起诉期限的时间应以其"知道起诉期限之日"或"知道或应当知道行政行为内容"的时间为准。五是最长起诉期限的客观起算点,当相对人不知道行政行为内容时,起诉期限"自行政行为作出之日"开始计算。

第二,期限长度。如表 1 所示,以《行政诉讼法》及《行诉解释》为主要参考对象,共有七类不同的起诉期限长度。除一般案件的 6 个月起诉期限适用较为简单外,其余行政案件几乎都有各自两种以上的分类。实践中,争议较大的是最长起诉期限。我国现行立法中,共有 1 年、5 年、20 年三种不同的最长起诉期限,适用于当事人不知道起诉期限和行政行为内容。学界对此亦有质疑,最长起诉期限应该是唯一的,若存在两个或多个,则无法称其为最长起诉期限。[12]

第三,期限延误。起诉期限延误制度包括期限延长和期限扣除。期限扣除适用于因不可抗力或其他不属于自身原因耽误了起诉期限,一般由原告主张,并由法院在案件审理中决定是否适用期限扣除规则,法院也可以在案件审理中扣除延误时间。法律对期限延长制度适用情形的描述是"因前款规定以外的其他特殊情况",即"不可抗力或者其他不属于其自身的原因"以外的情况,该表述属不确定法律概念,语义不明。对此,最高人民法院法官认为延长和扣除的区别在于:延长要求当事人在起诉前主动申请且在特定时限内申请,扣除则没有上述要求;延长一般在诉讼前发生,扣除一般在诉讼中发生;延长是因当事人自身原因但有正当理由未起诉,扣除是因非当事人原因未起诉。[13]

---

〔12〕 参见杨彬权:《行政诉讼起诉期限存在的问题及修改建议》,《西部法学评论》2014 年第 3 期。

〔13〕 参见章文英、徐超:《行政起诉期限制度的法律精神及其司法运用》,《人民司法》2022 年第 1 期。

表 1　起诉期限适用规则与情形

具体情形		起算点	期限长度	期限延误
一般案件（知道起诉期限＋行政行为内容）		自知道或者应当知道作出行政行为之日起	6 个月	期限扣除制度：因不可抗力或者其他不属于其自身的原因耽误的时间不计算在起诉期限内。期限延长制度：因前款规定以外的其他特殊情况耽误起诉期限的，在障碍消除后十日内申请延长期限。
复议后起诉	不服复议决定的	收到复议决定书之日起	15 日	
	逾期不作出决定的	复议期满之日起	复议最长期限＋15 日	
不作为诉讼	行政机关拒绝履行	知道拒绝履行之日起	6 个月	
	行政机关不予答复	申请后两个月之日起	2 个月＋6 个月	
未告知起诉期限	知道起诉期限	知道或者应当知道起诉期限之日起	6 个月	
	不知道起诉期限　2015 年前	知道或者应当知道行政行为内容之日起	2 年	
	不知道起诉期限　2018 年后	知道或者应当知道行政行为内容之日起	1 年	
不知道行政行为内容	动产案件	行政行为作出之日起	5 年	
	不动产案件	行政行为作出之日起	20 年	
行政协议诉讼	不依法履行、未按照约定履行	自权利人知道或者应当知道权利受到损害以及义务人之日起（民事诉讼）	3 年（民事诉讼）	
	行政机关变更、解除行政协议	自知道或者应当知道作出行政行为之日起	6 个月	

二、行政诉讼起诉期限的实践运作

　　大量司法案例表明，新的起诉期限制度在实践运作中仍存在不少问题，除了长期存在的理解适用问题，还出现了审查、补救等新问题。较高比例的案件超过起诉期限被裁定驳回起诉，导致当事人诉权落空；法官出于对权益保护和法律秩序维护的权衡与犹疑，对起诉期限制度的理解适用歧见纷纭，甚至突破起诉期限规定进行裁判，同案不同判现象突出；由于缺乏统一的审查规则,起诉期限司法审查制度呈现混沌状态,极大影响了起诉期限的认定;为实现必要权利救济,检察机关介入超期案件化解争议,又带来新的合法性和合理性问题。

(一)超期裁驳案件比例失衡

2014 年《行政诉讼法》第五十一条确立了立案登记制度,力求破解行政诉讼制度建立以来就存在的"立案难"问题。[14] 几年来,该制度起到了重要的作用,最为突出的表现是行政案件数量急剧增加,至 2017 年 3 月仅两年时间,行政登记立案数量已同比上升 54.24%。[15] 根据最高人民法院公报,2021 年行政一审收案高达 319977 件,是 2014 年的两倍不止。行政登记立案数量虽得到大幅提升,但由于裁定驳回起诉案件比例居高不下,真正进入实质审查的案件数量大打折扣,其中,以超过起诉期限为由裁定驳回起诉的案件量占所有裁驳案件的近四分之一。最高人民法院公报网公布的数据显示,2015 年后一审裁定驳回起诉案件数量超过一审收案案件总数的20%,是 2015 年以前的近三倍。对中国裁判文书网公布的案件进行统计,[16]可以发现 2015 年以前因超过起诉期限被裁定驳回起诉的案件数量居高,占所有裁定驳回起诉案件的近 25%;2015 年后比例有所下降,从2019 年开始逐渐稳定在 19%左右。

2015 年以前超期裁驳案件比例失衡严重,起诉期限作为众多起诉条件之一,甚至未被列于《行政诉讼法》第四十九条的起诉条件之中,却有着高达近四分之一的案件因此被裁定驳回。出于对当事人诉权的保护,解决"状告难"的顽疾,[17]2014 年《行政诉讼法》对起诉期限制度作了一定修改。不仅将一般起诉期限从原来的 3 个月延长至 6 个月,还新增了起诉期限扣除和行政不作为起诉期限制度。从超期裁驳案件比例的变化来看,这一修改取

---

〔14〕　参见马怀德、孔祥稳:《改革开放四十年行政诉讼的成就与展望》,《中外法学》2018 年第5 期。

〔15〕　《立案登记制实施两周年:国家赔偿案件同比翻一番》,中国新闻网,http://www.chinanews. com/gn/2017/05-18/8227366. shtm. (最后访问时间:2022 年 7 月 8 日)。

〔16〕　以中国裁判文书网为检索媒介,将裁判结果限定为"驳回起诉",案件类型限定为"行政案件",文书类型限定为"裁定书",审判程序限定为"行政一审",裁判理由限定为"起诉期限"进行高级检索。

〔17〕　参见李广宇、王振宇、梁凤云:《行政诉讼法修改应关注十大问题》,《法律适用》2013 年第 3 期。

得了一定成效,但还存在不足。实践中,仍有大量的行政案件因为超过起诉期限被裁定驳回起诉,如果加上因起诉期限问题被裁定不予立案的案件,数量将更加可观。起诉期限成为除受案范围、原告资格要件外,对当事人诉权影响最大的因素,阻碍当事人的权利救济。

程序空转是超期裁驳案件比例失衡最为直接的后果。起诉期限作为一种客观起诉条件,即使案件明显不符合起诉条件,为维护原告程序性权利,仍可经历漫长的一审、二审再审程序,导致原、被告及法院耗费大量时间、精力、资金。[18] 行政诉讼作为权利救济的最后手段,当事人一旦被裁定驳回起诉,案件即不进入实体审查,行政诉争告状无门。因此,司法实践中许多案件因超过起诉期限被裁驳后,当事人还会提起二审甚至再审以求救济。笔者通过大量裁判文书的梳理发现,大多数二审案件的裁判结果是维持一审判决,仅有少数的一审裁定被纠正。尽管此类案件消耗了大量司法资源,但其解决行政争议的效果并不显著,造成大量的程序空转,浪费司法资源。更有甚者,许多案件已经对实体问题进行审查,双方当事人也就实体问题进行多轮辩论,却因为起诉期限被裁定驳回,前期的审查与争辩皆作废。一部分案件直到二审,甚至再审才因期限问题被裁定驳回起诉,程序空转严重。

(二)具体规则适用歧见纷纭

以"中国裁判文书网"为检索媒介,将时间限制为 2015 年 5 月至 2022年 12 月,裁判结果限定为"驳回起诉",案件类型限定为"行政案件",文书类型限定为"裁定书",裁判理由限定为"起诉期限"进行高级检索。对检索所得的因起诉期限被裁定驳回起诉的案件进行分析,并着重研读其中一审与二审、二审与再审对是否超过起诉期限认定不一的裁判可发现,司法实践对起诉期限的适用争议主要围绕起算点、期限扣除和最长起诉期限展开。起算点的认定失误和延误期限没有扣除是案件被错误判定超期的主要原因,最长起诉期限的适用在实践中存在多种样态,阻碍必要权利的救济。

1. 起算点的认定存在争议

《行政诉讼法》与《行诉解释》规定了多种起算点,司法实践中争议最大

---

〔18〕 参见窦开、邢黎:《立案登记制下保护和规范当事人诉权的思考》,《法律适用》2018 年第8 期。

的是一般起算点的认定,即《行政诉讼法》第四十六条的"自知道或者应当知道作出行政行为之日"。"知道或者应当知道"具有较大的主观意向,加之规范中的不确定法律概念,其在运用中争议不断。对起算点的争议可归纳为四个方面:"知道"的程度、"应当知道"的推定、"行政行为"的认定、依法送达的认定。

第一,对"知道"程度的争议,涉及是否要求行政相对人知道行政行为对自己权益的损害以及对损害的认识应当达到何种程度。例如,在"刘某某诉大方县医疗保障局卫生行政管理案"中,一审法院将权益侵害认识纳入"知道"的内容,只有当相对人知道行政行为对自身权益的侵害性才开始计算起诉期限。然而,二审法院认为只要知道行政行为的内容即可开始计算起诉期限,无需知道行政行为的权益侵害性。[19] 存在争议的还有是否要求相对人知道行政行为的作出主体、发生时间等具体内容。例如,在"王光恩诉阳谷县狮子楼街道办事处案"中,一审法院出于对当事人诉权的保障,认为起算点的认定应当以行政主体的认识为前提。但是,二审法院否定了一审法院以行政行为作出主体的认识为起算点的裁判观点,认为当事人即使不知道强拆主体,也可事后通过其他办法自行寻找行政主体,仍以强拆行为发生时为起算点。[20]

第二,对"应当知道"推定的争议。在一些没有书面决定书的行政管理案件中,当事人何时知道行政行为往往难以确认,因此《行政诉讼法》第四十六条的"应当知道"赋予了法院推定当事人知道行政行为时间节点的权力。由于没有具体推定规则与限度,法官只能运用生活经验、职业道德、法律逻辑进行判断,具有较大的自由裁量权。实践中具体表现为推定当事人应当知道作出行政行为的情形多样且较为随意,一、二审观点差距大。具有代表性的案例是,在"马某诉彭阳县公安局交通警察大队行政处罚纠纷案"中,一审法院依据原告曾于 2020 年 1 月向相关部门提出申诉的事实,推定其最迟于该时知道行政处罚内容,并开始计算起诉期限。二审法院则认为起算点应当以当事人明确知道行政行为内容及起诉期限为前提,以原告实际受到案涉行政处罚决定书之日起计算起诉期限。[21]

---

〔19〕 参见贵州省毕节市中级人民法院(2021)黔 05 行终 81 号行政裁定书。

〔20〕 参见山东省聊城市中级人民法院(2021)鲁 15 行终 131 号行政裁定书。

〔21〕 参见宁夏回族自治区固原市中级人民法院(2021)宁 04 行终 27 号行政裁定书。

第三,对"行政行为"认定的争议。法律规定相对人知道行政行为作出时开始计算起诉期限,但实践中案涉争议行政行为的认定存在争议。例如,"行政行为"是否包括过程性行政行为、行政事实行为等? 以及给付之诉中常涉及两个或以上的行政行为,起诉期限应当以当事人知道或应当知道原行政行为之日开始计算,还是行政机关不履行职责之日起算? 例如,在"银泰家居公司诉北辰市场监管局行政登记案"中,案涉原登记发生于 2003 年,后续变更登记发生于 2012 年,后原告申请被告履行变更登记职责,但未得到回复。一审法院对此以超过起诉期限为由裁定驳回起诉,但二审法院认为原告是针对行政机关不履行职责提起的诉讼,并非针对前两次登记,是一种相对独立于原登记行为的新的法律关系。

第四,对依法送达识别的争议。《行政诉讼法》与《行诉解释》对行政决定的送达方式均无详尽规定,而是在《行政诉讼法》的附则当中表明,可以参照民事诉讼法的规定适用。在经复议后起诉案件、商标管理案等一些以决定书送达时间作为起算的案件中,送达时间直接决定起诉期限的起算点。司法实践对是否送达以及送达时间的判断并不一致,简单来说是对依法送达认定的严宽程度不一。例如,在"四川五纵投资顾问有限公司诉国家工商行政管理总局商标评审委员会案"中,一审法院以被诉商标决定的签收日作为行政诉讼起算点,裁定不予立案。然而,二审法院采用了更为严格的认定标准,认为在签收人不是当事人或代理机构,并且被送达人否认实际签收被诉决定的情况下,行政机关应承担举证责任,以证明其送达行为的合法有效性。[22]

2. 期限扣除的判断存在争议

2014 年《行政诉讼法》第四十八条增设了起诉期限的扣除情形,该条是对 2000 年《若干问题解释》第四十三条的进一步完善。起诉期限扣除制度扩充了原先的期限延长制度,形成更加完备的起诉期限延误制度,同时弥补了当事人主动申请延长期限的弊病,将期限延误的判断权移交给法院。然而,法院拥有期限的绝对判断权后,问题接踵而至。由于没有明确的法律规定或司法解释,法官对这一制度的运用普遍存在犹疑与不确定,这一现象在裁判文书中得以窥见。笔者通过整理 2015 年以后涉及行政起诉期限争议

---

〔22〕 参见北京市高级人民法院(2018)京行终 6208 号行政裁定书。

案件发现，被二审法院纠正应当扣除却未扣除起诉期限的，主要有以下几种情形。

第一，对民事争议处理时间的扣除。当事人提起行政诉讼前，就案涉相关争议提起民事诉讼或仲裁的时间是否应当扣除，在实践中颇具争议。扣除民事争议解决时间的案件中，主要有两种情形。一是被诉行政争议以民事争议的裁判结果为依据。《行诉解释》第一百三十八条明确规定，当人民法院审理行政案件时发现需要解决民事争议，且该民事争议是解决行政争议的基础时，该民事争议处理期间不计入行政诉讼审理期限。在司法解释有明确规定的情形下，民事争议处理的时间应当扣除并无争议。之所以出现大量未予扣除的案件，是因为对民事争议是否为行政争议的基础不易判断，加之规避实体争议处理的功利导向，[23]法院可能存在判断失误或怠于审查的情况。二是此时的行政争议虽与民事争议相关，但并未达到以民事争议为基础的程度。由于没有法律明文规定，因此是否应当扣除，以及相关程度如何把握等都存在争议。

第二，对当事人主张权利时间的扣除。对于当事人主张自己权利的时间是否应当扣除，在不同情况下有不同的处理方式。司法实践中一般不扣除当事人信访的时间，认为信访是当事人主动放弃诉讼途径的表现。而相对人向其他行政机关反映问题、与行政机关协商解决、提起另一行政诉讼的时间是否应当扣除，法院态度不一。在"王光荣诉遵义市汇川区人民政府资源行政管理案"中，二审法院以原告一直在向当地政府以及自然资源局申请解决林地确权问题，此段时间为上诉人基于对行政机关的信赖为由，将当事人等待行政机关就相关争议事项进行处理的时间扣除。[24] 而在"彭忠民诉海南陵水黎族自治县人民政府土地登记案"中，最高人民法院认为向政府部门了解、反映情况耽误的时间，不属于法定的期限扣除情形。[25] 面对当事人主张权利时间的扣除，上述两案的审理法院采取了截然不同的观点。

第三，对法院原因耽误时间的扣除。因法院的问题没有立案，所耽误的时间未扣除，是二审法院撤销一审判决的一大原因。例如，在"周松寿等诉福建省宁德市自然资源局行政强制案"中，一、二审法院皆未认同原告提出

---

[23] 参见张龑、解思辛:《行政诉讼起诉期限的司法审查》,《人民司法》2022 年第 1 期。

[24] 参见贵州省遵义市中级人民法院(2021)黔 03 行终 99 号行政裁定书。

[25] 参见中华人民共和国最高人民法院(2019)最高法行再 284 号行政裁定书。

的期限耽误事由,理由是当事人没有充足的证据证明他曾向省高院申诉或起诉。但是,最高人民法院再审时认为,宁德中院的不予立案决定并未作出书面裁定,应当扣除在此期间被耽误的时间。[26] 此外,相对人无法立案后,常采取上访、申诉、信访等方式进行自我救济,在司法实践中,这些诉讼外主张权利的方式常被简单认定为不属于应当扣除期限的事由,却未深究背后真正的原因是法院不予立案。

第四,对当事人失误耽误时间的扣除。当事人提起诉讼时的失误有几种情形:一是诉讼类型提起错误,在民行交叉的案件中,当事人常对行政争议误提起民事诉讼。二是对行政行为性质的误解。较为典型的是在行政拆迁案件中,对拆除行为与责令拆除通知书性质的理解。例如,在"石力富诉绍兴市上虞区小越街道办事处案"中,原告先针对《责任限期拆除通知书》提起诉讼,当其就拆除行为起诉时已超过法定期限。对此,二审法院认为法律并不苛求当事人准确地理解《责令限期拆除通知书》和相应强制拆除行为系分别独立的行政行为,应当对其之前提起诉讼的时间予以扣除。[27] 三是诉讼过程中的程序失误,例如因起诉的材料不全、管辖错误、诉讼主体不适格等耽误的时间是否应当扣除,不同法院的处理结果皆有差异。

3. 最长起诉期限的适用存在争议

《行政诉讼法》以案件是否涉及不动产物权变动为区分标准,将最长起诉期限划分为 20 年与 5 年两种长度,起算点是行政行为作出之日。《行诉解释》第六十五条进一步限定了最长起诉期限的适用前提是当事人不知道行政行为内容。[28] 出于对法安定性的考量,一般认为行政诉讼中的最长起诉期限是绝对期间,不可中断、扣除或延长,这一特点将部分相对人因客观原因长期无法得知行政行为内容的案件拒之门外,阻碍必要的权利救济。

最长起诉期限与权利救济之间的矛盾不仅困扰着当事人,也困扰着法院,司法实践对该制度的适用存在混沌。以婚姻登记类案件为例,面对超期的冒名婚姻登记案件,不同法院在权衡当事人权益保护与法律秩序维持后

---

〔26〕 参见中华人民共和国最高人民法院(2020)最高法行再 168 号行政裁定书。

〔27〕 参见浙江省绍兴市中级人民法院(2020)浙 06 行终 228 号行政裁定书。

〔28〕 《行诉解释》第六十五条规定:"公民、法人或者其他组织不知道行政机关作出的行政行为内容的,其起诉期限从知道或者应当知道该行政行为内容之日起计算,但最长不得超过行政诉讼法第四十六条第二款规定的起诉期限。"

采取了截然不同的做法。一部分法院以超过起诉期限为由裁定不予立案或驳回起诉,另一部分法院直接无视或以各种理由突破起诉期限的限制受理案件,并作出撤销或确认无效判决。[29] 在"尚某诉如东县民政局婚姻行政登记案"中,法院以"结婚登记行为具有人身效力指向,且影响效力始终处于存续状态"属于应当予以救济的特殊情形为由,突破最长起诉期限作出判决。[30] 在"方某诉启动市民政局行政登记案"中,法院适用《行政诉讼法》第四十八条第一款的期限扣除制度进行裁判,认为由于存在属于"不能归责于起诉人"的耽误起诉期限的正当事由,应当认定方某的起诉并未超过起诉期限,同样忽视了最长起诉期限的限制。[31] 在"罗某诉岑溪市民政局行政登记案"中,法院认为因婚姻登记的特殊性,应从当事人明确知道婚姻登记的另一方当事人身份为虚假之日起计算,也未考虑最长起诉期限的限制。[32]

上述案件案情相似,皆是第三人假冒他人身份信息骗取婚姻登记,由被冒名者或婚姻登记中的另一方当事人提起撤销之诉,却距离登记行为作出已超过五年起诉期限。法院在判定此类案件的起诉期限时,运用起算点延迟起算、期限延误扣除制度,自当事人知道自己被冒名时开始计算起诉期限,或将当事人不知道自己"被结婚"的时间予以扣除,均具有合理性。但是,最长起诉期限不受上述情形的影响而中断,且 5 年的最长起诉期限采取客观起算方式,自行政行为作出之日起开始计算起诉期限,不因当事人是否知道行政行为而改变。上述裁判皆忽视了最长起诉期限的限制,超期受理案件并作出判决,反映了这一规则在实践适用存在诸多争议。

(三)司法审查模式不尽完善

起诉期限审查规则的相关规范较为简单,许多问题未予明确,导致实践中起诉期限的审查模式不尽完善。《行诉解释》第六十九条第二款规定,对于已经立案的超过法定起诉期限且无延误情形的,可以裁定驳回起诉。这意味着法院可以在立法阶段不经开庭审查期限问题,并直接驳回超过起诉期限的案件。该规定是否合理存在争论,有实务界人士撰文提出,立案阶段

---

[29] 参见陈思琳、章志远:《冒名婚姻登记纠纷的多维度实质性化解》,《人民司法(应用)》2022 年第 25 期。

[30] 参见江苏省南通经济技术开发区人民法院(2020)苏 0691 行初 325 号行政判决书。

[31] 参见江苏省南通市中级人民法院(2016)苏 06 行终 200 号行政判决书。

[32] 参见广西壮族自治区岑溪市人民法院(2021)桂 0481 行初 3 号行政判决书。

只有原告参与，对于复杂难解的案件，立案法官仅根据原告提供的行政诉状等材料，难以准确判断起诉期限的适用法律，容易导致起诉期限的不当适用问题。[33] 此外，法律对于在被告未予异议的情况下人民法院是否应当主动审查起诉期限、是否在案件审查的每个阶段都可以审查起诉期限等问题均未有明确规定，存在争议。

最高人民法院对起诉期限审查的态度在部分裁判文书中有所体现，在"文昌向海娱乐有限公司诉海口向海娱乐有限公司清算组登记案"中，最高人民法院裁判明确指出，对于行政起诉期限的审查应当贯穿于立案受理和审理阶段，人民法院应当主动审查起诉期限问题，不受当事人是否提出抗辩的影响。如果在受理阶段发现不应立案，则应进行裁定并不予立案；若在进入审理阶段后发现，则应裁定驳回起诉。[34] 该判决传递出关于起诉期限审查的几个关键信息：一是审查阶段，起诉期限的审查贯穿立案到审理的诉讼全过程；二是审查责任，人民法院具有主动审查起诉期限的责任；三是审查结果，超过起诉期限的，在立案阶段裁定不予立案，在审理阶段裁定驳回起诉。然而这样的审查模式是否能较好保护当事人诉权还值得商榷，首先，法院对起诉期限的行政诉讼全过程审查存在一定弊端。除上文提及的立案阶段审查容易造成审查封闭，导致当事人遭受不公外，法院可以在案件审理的任何阶段审查起诉期限，导致案件可能在任何阶段被裁定驳回起诉，带来巨大的不确定性。

尽管如此，全国各级法院对起诉期限的审查模式并未统一，法院对是否主动审查以及何时审查起诉期限具有较大的选择权。司法实践中，对于是否主动审查起诉期限，法院在不同情况下有不同的选择。在案件较为敏感复杂的情况下，出于规避实质审查的功利倾向，法院更愿意主动审查起诉期限，并以此为由裁定驳回起诉；在当事人权益救济较为必要且紧迫，且案件较为简单的情况下，法院常选择忽略起诉期限，继续受理案件并作出判决。此外，由于没有强制性要求，确实容易忽略一些并不十分明显的超期案件。审查模式不一导致对起诉期限的判断较为随意，容易对当事人造成不公，也不利于司法资源的有效利用。以上述案子为例，在该案中，一、二审法院均未对起诉期限进行审查，直至再审时才对起诉期限作出裁定，这导致前期对

---

〔33〕　参见张冀、解思辛：《行政诉讼起诉期限的司法审查》，《人民司法》2022 年第 1 期。

〔34〕　参见中华人民共和国最高人民法院（2017）最高法行再 9 号行政裁定书。

案情的审查与辩论都沦为无效,程序空转严重。此外,现有的审查模式赋予了相对人过多的举证责任。实践中有大量案件忽视了送达错误、立案延迟等非当事人原因耽误时间的扣除,这是因为法院对相对人采取了较为严苛的证明标准和责任,要求其对期限延误原因提供全面的证明材料,对当事人来说具有较大难度。以法院拒绝立案导致超过起诉期限的案件为例,在法院不予立案并未作出书面答复的情况下,要求相对人证明自己曾经立案难度较大,部分法官还要求当事人证明在此期间积极地主张权利,这进一步加大了当事人的举证责任,使扣除耽误期限变得更加不易。

(四)"过期之诉"治理边界不明

由于制度本身的缺憾和适用审查的弊端,大量具有救济必要性的案件因超过起诉期限无法进入司法审查,当事人的权利无法得到救济,行政争议无法化解。这一现实催生了"过期之诉"的治理,具体表现为检察机关通过检察监督介入行政纠纷,对因超过起诉期限被驳回的案件进行实质性化解。2020 年最高检第七检察厅开展了"加强行政检察监督促进行政争议实质性化解"专项活动,并提出可以积极探索化解"过期之诉"。[35] 此后,"过期之诉"治理正式展开,既包括制发检察建议撤销被诉行政行为化解争议,也包括展开检察听证对当事人释法说理定纷止争,涉及冒名登记纠纷、拆迁补偿纠纷等多个领域。

"过期之诉"的治理在冒名婚姻登记纠纷中最为常见,一般通过制发检察建议的形式督促行政机关撤销原行政行为,以达到化解行政争议的效果。例如,在"姚某与福建省闽侯县民政局撤销婚姻登记检察监督案"中,当事人姚某为了撤销 2013 年遭骗婚而产生的结婚登记奔波 7 年,先后向福建省闽侯县法院等三个法院提起五次诉讼,均因超过起诉期限无法得到救济。为实质性化解行政争议,闽侯县检察院依申请介入该案,在举行公开听证和专家讨论会后向案涉民政局发出检察建议,建议其及时纠正错误行政行为。[36]

---

〔35〕 参见闫晶晶:《如何解决行政争议实质性化解"老大难"问题?——最高人民检察院第七检察厅负责人就"加强行政检察监督促进行政争议实质性化解"专项活动答记者问》,《检察日报》2020 年 3 月 8 日。

〔36〕 参见检例第 121 号:姚某诉福建省某县民政局撤销婚姻登记检察监督案。

此外,检察机关还通过检察听证、座谈会等形式对当事人的诉求进行释法说理,使其主动息诉罢访,缓和社会矛盾。有时此种治理方式并不改变被诉行政行为的效力,转而通过解决被诉行为背后的真正矛盾、说服当事人放弃诉讼等方式解决纠纷。例如,在"倪某某诉浙江省文物局政府信息公开检察监督案"中,当事人的拆迁安置房因涉及历史遗址迟迟无法落实,便向浙江省文物局申请政府信息公开,请求公开案涉地块文物勘探确认的依据。但至其提起诉讼时已经超过起诉期限。检察院对此召开听证会,相关部门提出安置方案,承诺及时为当事人办理相关手续,当事人也因此愿意息诉罢访。[37] 再例如,在"河南省新乡市人民检察院化解马某诉长垣市某乡人民政府行政协议争议案"中,当事人因后悔已经签订的拆迁补偿协议提起诉讼,请求撤销原拆迁补偿协议,但已超过起诉期限。检察机关通过全面调查、上门走访,经深入释法说理,使马某主动撤回监督申请。[38]

最高人民检察院厅长张相军访谈时透露,2022 年,共促进行政争议实质性化解 1.7 万余件,从争议年限上看,化解 5 年至 10 年的争议 1700 余件,10 年以上的 1300 余件。[39] 可见检察机关治理"过期之诉"的数量之多,发挥作用之大。但是,检察机关治理过期之诉是否具有法定依据? 尤其是通过检察建议的方式督促行政机关撤销或改变原行政行为是否超越检察监督职权。更为重要的是,"过期之诉"的治理缺乏更加详细和更高层级的规范支撑,其治理边界并不清晰,存在侵犯行政行为确定力和法安定性的风险。正如有学者指出,"过期之诉"与行政行为的公定力存在价值冲突,因此需要建立扎实的理论和制度基础,以保障法益得到充分实现。[40] 因此,如何界定"过期之诉"治理的性质和边界是亟需深入讨论的问题。

---

〔37〕 参见最高人民检察院发布第一批 4 起"检察为民办实事"——行政检察与民同行系列典型案例之二:倪某某诉浙江省文物局政府信息公开检察监督案

〔38〕 参见最高人民检察院发布 12 件检察机关服务保障黄河流域生态保护和高质量发展典型案例之五:河南省新乡市人民检察院化解马某诉长垣市某乡人民政府行政协议争议案

〔39〕 《最高检:去年化解行政争议 1.7 万余件》,https://finance.sina.com.cn/jjxw/2023-02-17/doc-imyfzcht9248946.shtml,最后访问时间:2023 年 2 月 19 日。

〔40〕 参见杨建顺:《"过期之诉"与行政检察监督的价值追求》,《检察日报》2020 年 12 月 30 日第 7 版。

三、行政诉讼起诉期限设立的目的定位

"目的是全部法律的创造者,每条法律规则的产生都源于一种目的,即一种事实上的动机。"[41]起诉期限的设立目的在宏观上决定了起诉期限制度的整体走向与特征,并在微观上进一步影响起诉期限的长度、起算点、期限延误等具体适用规则。因此,我们有必要回溯这一制度的设立目的,并借此重新审视现行的起诉期限制度。

(一)既有学说的梳理与评析

关于起诉期限的设立目的,主要有法安定性之维护、民主与效率之兼顾、行政诉权之保障三种学说,其中民主与效率是理论界与实务界的主流观点,我国当前立法也采取这一观点,试图在诉权保护与行政效率之间取得平衡。以上三种学说为我国起诉期限制度的发展奠定了基础,但仍存在不足之处,值得进一步探讨。

1. 法安定性的维护

在行政诉讼起诉期限制度设立早期,维护法的安定性是其唯一目的。详言之,规定起诉期限是行政行为不可争辩力的必要条件,不能让行政行为在一个过长的时间内都有可能被质疑和否定,否则法律的稳定性将难以保障。[42] 这一学说背后的理论基础是行政行为形式确定力理论,即行政行为具有不受任意改变的法律效力。正如有学者指出,行政诉讼起诉期限制度是依据形式确定力理论设立的,是指行政行为对行政相对人具有法律效力,经过一段时间后相对人不能再要求变更行政行为的一种期限限制。[43] 具体来说,法的安定性原则和行政行为的形式确定力要求行政决定一经作出就有法律拘束力,不得擅自变更或撤销,行政诉讼的提起对行政行为效率和

---

[41] [美]E.博登海默:《法理学:法律哲学与法律方法》,邓正来译,中国政法大学出版社1999年版,第109页。

[42] 参见赵清林:《论我国行政诉讼起诉期限的立法完善》,《河南省政法管理干部学院学报》2004年第6期。

[43] 参见叶必丰:《行政行为的效力研究》,中国人民大学出版社2002年版,第116-117页。

法律秩序的稳定具有较大影响,因此应当对其设置合理的时间限制。[44]

维护法安定性的目的说对起诉期限制度的形成与发展影响深远,亦具有较强的现实意义。法的安定性原则,为的是使法律关系得以早日稳定,减轻法院负担以及增进行政效率。[45] 如果行政相对人得以随时提起诉讼来改变行政行为效力,那么依赖行政行为所形成的权利义务关系将处于一种不稳定的状态,这无疑将对社会安定造成危害。如果未对诉讼时限加以限制,大量的"过期之诉"涌入法院,必将加剧法院的负担;且效力的不确定将使得行政行为无法正常展开,影响行政效率。因而,出于尽快稳定法律秩序的目的,各国立法多对行政诉讼设置较民事诉讼更为严苛的时效制度。

但是,法安定性维护一元目的说的弊端也十分明显,最为显著的是对当事人诉权保障的忽视。一味强调对法安定性与行政行为形式确定力的维护,背离了行政诉讼解决纠纷和保护权益的目标导向,为了秩序稳定而忽视实质正义有本末倒置之嫌。例如,早前行政诉讼法规定的 3 个月较短起诉期限多从行政行为效力维护出发,导致大量行政纠纷无法进入司法审查,当事人的权益难以得到保障,转而通过信访、上访等方式维权,诱发社会问题。随着法治发展,法安定性维护一元目的说遭到了学界的批判,这种观点逐渐退出历史舞台,取而代之的兼顾效率与公平的二元目的说。

2. 民主与效率的兼顾

兼顾民主与效率的平衡说是目前我国学界的主流观点,也是现行立法持有的基本态度,该说认为起诉期限既要体现对行政诉权的保障,又要兼顾对行政效率和行政行为效力的考量,致力于追求行政效率与保障诉权的平衡。"一方面,对行政权力侵犯公民权利应当给予救济,另一方面,由于行政行为的效力先定性、行政活动效率性的要求和行政管理工作的客观需要,行政机关的行政行为不应该一直或者较长时间地处于可受追诉的不确定状态。"[46]在该学说下,对行政诉权的保障体现于起诉期限督促当事人及时提起诉讼,防止其躺在权利上"睡觉"。[47] 该观点的提出是基于对法安定性维

---

〔44〕 林俊盛:《论行政诉讼起诉期限制度的完善——兼谈我国〈行政诉讼法〉的修改》,《行政法学研究》2013 年第 3 期。

〔45〕 参见邵曼璠:《论公法上之法安定性原则》,载城仲模主编:《行政法之一般法律原则(二)》,三民书局 1997 年版,第 300-301 页。

〔46〕 林莉红:《行政诉讼法学》,武汉大学出版社 2015 年版,第 155 页。

〔47〕 参见肖泽晟:《我国行政案件起诉期限的起算》,《清华法学》2013 年第 1 期。

护一元目的说的反思:行政管理和行政秩序确实必须高效,但我们不应仅从这个角度出发来制定起诉期限,同时还必须考虑到当事人的权利救济。[48]

平衡效力、民主与效率的多元目的兼顾论对行政诉讼起诉期限的完善与适用产生了极大的影响,并已经成为理论界与实务界所遵循的基本理念。我国现行起诉期限制度的修改完善蕴含着立法者试图在多元目的之间取得平衡的初衷,一般起诉期限的延长和期限延误制度的完善均体现了对公民权利救济的考虑,但作为不变期间的最长起诉期限仍坚守着对行政效力与效率的维护。

但是,作为主流观点的民主与效率兼顾说仍存在值得商榷之处。如上文所述,从这一目的出发的起诉期限制度在实践运作中产生了诸多问题,出于对权益保护与法秩序遵守的权衡与犹疑,实践中出现许多突破起诉期限规定进行裁判的案例,起诉期限具体规则适用和司法审查制度混乱。究其背后的原因,可归纳为三个方面:一是多元目的的平衡本身难以实现,在效率与公平之间的摇摆容易使起诉期限制度偏离原有的轨道,法官在二者的衡量中容易一边倒地维护效率或保护权利,使其在理解适用上存在混乱。二是民主与效率兼顾观点下的民主指向督促当事人尽快提起诉讼,将之定性为当事人权益保护较为牵强,很难说为当事人的起诉设置期限起到了保护其权益的作用。这种带有强制意味的督促在一定程度上削弱了当事人的权利行使自由,实践中也确实有许多当事人的权益因为起诉期限限制无法得到救济。三是督促起诉的目的说无法与所有的起诉期限规则相对应,例如在最长起诉期限的适用中,由于当事人原则上不知道行政行为内容,在此情况下"督促相对人及时提起诉讼"并不现实。[49]

3. 行政诉权的保障

起诉期限的实践运作暴露了其对公民诉权保护不足的问题,行政诉权保障目的说开始得到关注。该观点认为,应当将起诉期限的功能定位修正为对行政诉权的时间限制,其终极目的仍应当是切实保障行政诉权。论据有二:一是对其功能的定位应当回归行政诉讼整体制度的目的进行考虑,以公民权利救济为主导的多元立法目的也是我国的立法选择;二是权利限度

---

〔48〕 参见马怀德主编:《行政诉讼原理(第二版)》,法律出版社 2009 年版,第 338 页。

〔49〕 参见王学辉、刘海宇:《行政诉讼最长起诉期限制度的合目的性反思及其规则重塑》,《行政法学研究》2022 年第 6 期。

理论要求有权利必有限度,防止权利滥用。[50] 并且在行政诉讼"三难"问题如此突出的现实背景下,更应当强调起诉期限的民主性,相对人合法权益应当成为期限设置与适用的主导因素。[51]

行政诉权保障目的说突破了以往学说对行政效率的偏重,立足于司法实践的现实不足,以当事人权益保护为中心,无疑具有重要的进步意义。以诉权理论为出发点也是对起诉期限作为行政诉讼概念的回归,更有益于回应不断扩大的受案范围。但是,起诉期限这一制度很难脱离行政行为效力这一基本理论,单纯为保障行政诉权的起诉期限设立目的难以实现,也不符合对期限制度的一般认识。况且,对行政诉权的时间限制与督促当事人尽快行使诉权虽然表达不同,但很难说二者具有本质的区别。

(二)"尽快解决行政争议"目的说的提出

如上文所述,既有的三种行政起诉期限目的说均存在不完善之处,难以为起诉期限制度的完善提供价值支撑。基于此,笔者提出一种新的目的说,即将起诉期限的设立目的修正为尽快解决行政争议,本质是对行政争议司法救济渠道的时间限制。这一目的说涵盖了对当事人权益保护与行政行为效力的考量,尽快解决行政争议是行政机关与行政相对人的共同诉求,"解决行政争议"蕴含着对当事人权益的保护,而"尽快"对争议解决的时间提出了要求,蕴含着对行政效率与法安定性的追求。下文将对这一观点提出的理论依据与现实基础进行说明。

1. 理论依据:解决争议的行政诉讼目的

起诉期限作为行政诉讼的重要程序,对其目的的定位应当回归对行政诉讼目的的探讨。关于我国行政诉讼目的的讨论长期以来从未中断,各种学说针锋相对,莫衷一是,主要包括三重目的说、二重目的说、一元目的说等。

在 2014 年《行政诉讼法》修改以前,学界对行政诉讼目的的讨论多聚焦于二重目的说,前后有两种观点。一种观点是,行政诉讼既要保护公民权益,又要维护和监督行政机关依法行使行政职权。其中,"维护行政机关依

---

〔50〕　参见范伟:《行政诉讼起诉期限功能定位之反思与修正》,《行政法学研究》2021 年第 2 期。

〔51〕　参见张弘:《行政诉讼起诉期限研究》,《法学》2004 年第 2 期。

法行使职权"目的说遭到了众多学者的抨击,理由是行政行为的公定力理论使公权力具有了"推定合法"的效力,一个合法有效的行政行为并不需要法院来维护。[52] 随着行政诉讼法的修改,这种观点逐渐退出历史舞台,取而代之的是第二种二重目的说,即行政诉讼既要保护公民权益,又要监督行政权力。在这种观点下,有学者提出,以中国现阶段行政法治和行政诉讼状况,在制度设计上不区分两种目的主次先后,将难以克服二者的内在紧张关系,我国行政诉讼在制度设计上应当突出权利救济目的。[53] 这同样是多数学者的观点。可见,关于行政诉讼目的讨论很长一段时间内都在保护权利和监督权力之间拉扯,二者之间的张力是行政诉讼制度所面临的一大问题。

2014 年《行政诉讼法》修改,将"解决行政争议"纳入行政诉讼的目的之一,使得行政诉讼目的论的讨论焦点从二重目的说逐渐转向三重目的说。三重目的说认为,行政诉讼同时具有保护权益、解决争议和监督权力三种目的。在此之后,解决行政争议不仅成为行政诉讼多元目的之一,且被视为行政诉讼的直接目的,是其他多元目的的共同追求。诉讼制度产生于民众解决争议的需要,是解决纠纷手段从"私力救济"转向"公力救济"的表现。[54] 正如日本学者棚濑孝雄先生指出,审判制度的首要任务就是纠纷的解决,从社会学的角度看来,所谓诉讼案件实际上就是纠纷本身,如何通过审判妥善解决纠纷是法解释学的中心课题。[55] 最高人民法院亦指出,在我国,行政诉讼长期以来存在着上诉率高、申诉率高、服判息诉率低等问题,其中一个重要的原因在于没有充分利用行政诉讼来解决行政纠纷,为了解决这一问题,行政诉讼法的立法宗旨应该强调其解决行政纠纷的功能。[56] 因此,现阶段的行政诉讼制度应当格外强调解决纠纷的目的和功能。

解决行政争议目的说与监督行政权力、保护公民权益并不存在冲突,相反,监督行政权力和保护公民权益应当在解决争议的过程中实现,解决行政

〔52〕 参见谭宗泽:《行政诉讼目的新论——以行政诉讼结构转换为维度》,《现代法学》2010年第 4 期。

〔53〕 参见杨伟东:《行政诉讼目的的探讨》,《国家行政学院学报》2004 年第 3 期。

〔54〕 参见王东伟:《论新〈行政诉讼法〉解决行政争议之立法目的》,《云南大学学报法学版》2016 年第 5 期。

〔55〕 参见[日]棚濑孝雄:《纠纷的解决与审判制度》,王亚新译,中国政法大学出版社 2004 年版,第 1 页。

〔56〕 参见江必新主编:《中华人民共和国行政诉讼法及司法解释条文理解与适用》,人民法院出版社 2015 年版,第 30 页。

争议是行政诉讼多元目的的共同追求。行政诉讼以行政相对人和行政主体之间的对抗为前提,并通过争议的解决最终达到保护公民、法人和其他组织权益的目的,公民的权益保护正是在争议解决的过程中得以实现。[57] 相对人与行政机关之间的纠纷充分暴露了行政权力行使的弊病,通过诉讼程序解决纠纷的过程,也是司法权对行政权进行监督的过程。《行政诉讼法》第一条规定将行政诉讼目的划分为"解决行政争议""保证人民法院公正、及时审理行政案件""保护公民、法人和其他组织的合法权益""监督行政机关依法行使职权"四个维度。后三种行政诉讼目的说分别针对法院、原告和被告三个诉讼主体,基于此,"解决行政争议"具有辐射法院、原告和被告的法拘束效力,这三个诉讼主体参加诉讼活动都要受到"解决行政争议"这一立法目的的引领与约束,并通过它与其他三个立法目的相联系。[58] 也就是说解决争议这一目的本身能够串联起其他目的的学说,是多元目的的共同追求,且能够同时辐射行政监督与权利保护二重诉讼目的。

将尽快解决行政争议作为起诉期限的目的定位与行政诉讼三重目的理论相契合。解决行政争议是我国当前行政诉讼制度所应该突出的功能,也是联系监督行政权力和保护公民权益两种目的的中间点,是二者所共同追求的目标。行政诉讼三重目的说中,保护公民权益是根本目的和首要目的,这与起诉期限的"尽快解决行政争议"目的说并不冲突。如上文所述,公民权益的保护正是在行政争议的解决中实现的,当公民的实际诉求无法得到审理和裁判时,更何谈权益的保护。定位为尽快解决争议的起诉期限能够更好地为当前的行政诉讼制度服务,致力于行政纠纷的真正化解与公民权益的切实保护,并能够兼顾行政权力的监督。

2. 现实基础:高效化解行政纠纷的需求

行政诉讼法自实施以来,囿于时代的局限与制度本身的缺憾,施行深陷"立案难、审理难、判决难"的困境。这一局面导致行政诉讼制度的作用难以发挥,当事人的诉权无法得到有效保障,甚至于宁信访不信法,威胁着社会的和谐稳定。2014 年新《行政诉讼法》以破解"三难"为目标导向,对立案规

---

〔57〕 参见马怀德:《保护公民、法人和其他组织的权益应成为行政诉讼的根本目的》,《行政法学研究》2012 年第 2 期。

〔58〕 参见章剑生:《行政诉讼"解决行政争议"的限定及其规则——基于〈行政诉讼法〉第 1 条展开的分析》,《华东政法大学学报》2020 年第 4 期。

则、受案范围、起诉期限、审判程序、管辖制度等多项制度进行了修改。新法实施后,行政诉讼案件得到大幅提升,原告胜诉率也有所上升,一定程度上缓解了"三难"问题。但是,大量的实践案件表明,行政争议无法得到有效的解决依旧是行政诉讼制度最为显著的问题,具体体现在立案与审理两个层面。在案件受理上,行政登记立案数量虽得到大幅提升,但裁定驳回起诉案件比例居高不下,真正进入实质审查的案件数量大打折扣,旨在化解当事人起诉权与法院受理权之间的矛盾的立案登记制度,并未充分实现其设定的目标。在案件审理上,申诉率高、上诉率高、实体审判率低、原告服判息诉率低的现象仍旧存在着。

综上所述,解决行政争议具有紧迫的现实需求,是否能够解决行政争议是行政诉讼能否发挥实效的关键所在,也是当前行政审判努力的方向。2009 年最高人民法院发布了《关于当前形势下做好行政审判工作的若干意见》首次强调应"注意争议的实质性解决,促进案结事了",使得实质性化解争议这一概念得以"生根发芽"。"促进行政争议实质性化解"是近 10 年来最高人民法院在年度工作报告、专项工作报告和重要会议文件中反复强调的概念,它已经成为行政审判发展的新指导思想。[59] 人民法院为了缩小法律文本与审判实践的距离,对《行政诉讼法》第一条中的"解决行政争议"进行了"实质性解决行政争议"的解释,以回应社会对于行政诉讼程序空转的质疑。[60] 在笔者看来,"行政争议化解"与"行政争议实质性化解"虽不能完全等同,行政争议化解更指向通过诉讼程序化解争议,但从我国对实质性化解争议的大力推崇中仍可以窥见行政诉讼对解决行政争议的迫切需求。

当前行政诉讼案件总体数量虽远不及民事诉讼和刑事诉讼,但从增长速度来看,行政案件稳步上升,远超民事案件和刑事案件。尤其在 2014 年立案登记制改革后,行政案件数量得到大幅度提升,加之行政诉讼人力资源配置本身较少,"案多人少"矛盾愈加凸显。司法资源有限性与案件数量激增之间的矛盾给行政审判带来了巨大压力,也对司法审判的效率提出了更高要求。行政争议不仅应当得到实质性解决,还应当高效地解决。起诉期限制度正是保证司法效率的重要手段,为行政争议设置合理的司法救济期,尽快解决行政争议应当成为起诉期限的目的定位。

---

〔59〕 参见章志远:《行政争议实质性解决的法理解读》,《中国法学》2020 年第 6 期。

〔60〕 参见章志远:《新时代行政审判因应诉源治理之道》,《法学研究》2021 年第 3 期。

(三)"尽快解决行政争议"目的说的阐释

"尽快解决行政争议"目的说包含了权利救济和行政效率的要求,是效率与公平的共同追求。"尽快解决行政争议"不同于"实质性解决行政争议",要求尽量运用司法裁判的方式解决争议;同时其仍是"依法解决行政争议",应依法审慎判断起诉是否超期。

1. "尽快解决行政争议"包含了对权利救济和行政效率的要求

尽快解决行政争议包含两个层面的意涵,一是"解决行政争议"对行政纠纷得到司法救济的需求,二是"尽快"对解决纠纷效率的要求。现实中大量属于受案范围之内的行政争议没有在行政诉讼中得到实质性解决,导致当事人只能寻求其他救济途径。以最为常见的信访为例,大量的信访案件甚至取代了行政诉讼和复议在当事人纠纷解决途径选择中的位置,形成了"大信访、中诉讼、小复议"的格局。这与信访制度的性质定位和所承担的角色是不符的,其本仅适用于"不属于行政复议或行政诉讼受案范围的失当行政行为"以及"现行法律框架内无法解决的重大历史遗留问题"[61]。这还只是司法救济途径不畅引发的问题之一,当行政纠纷无法得到公权力的救济时,社会稳定与和谐都将遭到破坏。因此,起诉期限目的定位首先立足于解决行政争议,尽可能地为行政争议提供司法救济。在设置和适用起诉期限时,都应当以解决行政争议为首要的考量因素,采取较为宽松的理解方式为相对人提供充分权利救济。此外,期限制度本身的特性决定了其应当担负起约束司法救济途径时间的任务,尽快解决行政争议是法安定性和行政行为公定力的必要考量,也是司法资源有限性的直接结果。

相较于法安定性维护一元说和行政诉权保障一元说只考虑行政行为效力和权利救济,尽快解决行政争议说兼顾权利救济和行政效率的考量。根据"解决行政争议"说,对原告的诉讼请求进行审理并作出裁判,也就同时保护了原告的诉权和利益。相比民主与效率兼顾说,尽快解决行政争议说缓解了起诉期限制度在民主与效率之间摇摆不定、难以平衡的窘境,在民主与效率之间有了共同努力的方向和取得平衡的中点,即尽快解决行政争议。以尽快解决行政争议为目的定位的起诉期限制度能够为行政诉讼制度的运

---

〔61〕 章志远:《信访潮与中国多元化行政纠纷解决机制的重构》,《法治研究》2012年第9期。

行发挥更多作用,一方面,其为当事人寻求司法救济提供更为畅通的渠道;另一方面,其为保障行政行为效率设置了诉讼时间限制。

2. "尽快解决行政争议"不同于"实质性化解行政争议"

尽快解决行政争议仅指向运用诉讼途径解决行政纠纷,与实质性化解行政争议不能完全等同。实质性化解行政争议是最高人民法院提出的一项司法政策,近年来频繁出现在法院的工作报告和会议讲话中,指导实践工作。虽然解决行政争议和实质性解决行政争议都致力于纠纷化解,但后者的范畴相较前者要大得多。最高人民法院虽未在权威司法文件中对实质性化解行政争议的内涵予以明确界定,但就实践中的运用来看,其内涵十分丰富,远不止于通过法院裁判解决纠纷。就法院层面而言,实质性化解不仅体现在行政判决的精准适用,还体现在通过多样化的协调化解、辅助性机制配合解决行政争议,例如司法建议、行政机关负责人出庭应诉等机制的配合使用。〔62〕就检察机关层面而言,实质性化解行政争议还可通过检察机关调查核实、开展检察听证、制发检察建议书等方式。在"实质性解决行政争议"观念下,司法裁判并不作为解决争议的首要选择,通过其他方式化解纠纷免于诉讼可能更加经济有效。正如有学者指出:"作为一种司法政策目标,通过司法裁判达到'实质性'解决行政争议无可厚非,但是,它不可以替代作为行政诉讼立法目的之'解决行政争议'"〔63〕将起诉期限的设立目的定位为尽快解决行政争议意味着尽量让被诉行政争议通过裁判的方式得到解决,为当事人畅通司法救济渠道。诉讼虽然不是行政争议的唯一解决途径,但从法治国家的理念出发,尽量为行政争议提供可行的司法救济途径乃是依法治国的应有之义。

3. "尽快解决行政争议"仍是"依法解决行政争议"

尽快解决行政争议虽然对纠纷化解的时间提出要求,但仍应当在法律规定的范畴内运用期限制度,依法解决行政争议。起诉期限制度固然具有保障行政效率、督促当事人尽快提起诉讼解决争议的功能,也担负着合理配置司法资源的重任,但其最重要的作用仍是作为行政诉讼制度的程序性规

---

〔62〕 参见章志远:《行政争议实质性解决的法理解读》,《中国法学》2020 年第 6 期。

〔63〕 章剑生:《行政诉讼"解决行政争议"的限定及其规则——基于〈行政诉讼法〉第 1 条展开的分析》,《华东政法大学学报》2020 年第 4 期。

则,决定案件能否进入实体审查。因此,即使"尽快"对解决争议的效率具有一定要求,也仍应当严格遵守法律规定,依法适用起诉期限规则。对每一个行政案件是否超过起诉期限的审查应当审慎,不得为提高行政与司法的效率,或逃避实质性审查的功利导向,而草率或过分严苛地认定起诉超期。

四、行政诉讼起诉期限适用的价值考量

起诉期限制度并非纯粹的技术性规则,作为一项法律规则,其设立蕴含着相应的价值考量。起诉期限制度的价值是其存在于行政诉讼制度中的依据,也是其设置和运用的基本立场。法律只有在涉及价值的立场框架中才可能被理解,[64]要对起诉期限制度进行完善,就无法逃避对这一制度存在价值的考量。在"尽快解决行政争议"目的说的视阈下,起诉期限制度的价值基础包括实体公正的积极实现、行政效力的依法维护和司法资源的合理配置。出于我国行政诉讼制度实施、行政争议无法化解、公民诉权保护实效性不足等现实背景,我国起诉期限制度的适用应当在平衡正义价值、秩序价值、效率价值的基础上,将实现实体公正作为首要价值目标,同时考虑行政效力的维护,最后兼顾司法资源的合理配置。

(一)正义价值:实体公正的积极实现

司法公正是法律的内在要求,其基本含义是要在司法活动的过程和结果中体现公平、平等、正当、正义,包括实体公正和程序公正,前者是司法公正的根本目的,后者是司法公正的重要保障。[65] 在起诉期限适用的正义价值考量中,应当着重注意处理实体公正与程序公正之间的关系,二者是统一于司法公正的两个方面,但在某些情形下又存在冲突和对立。基于我国当前的法治发展程度和公民权利保护状况,应当更加注重实体公正的价值利益,程序公正是实现实体公正的手段和保障,不可喧宾夺主。具言之,起诉期限制度作为程序制度在维护程序正义的同时,也应当考虑实体公正与个

---

〔64〕 参见[德]G·拉德布鲁赫:《法哲学》,王朴译,法律出版社 2005 年版,第 4 页。
〔65〕 参见何家弘:《司法公正论》,《中国法学》1999 年第 2 期。

案正义,在行政诉讼中体现为对当事人合法权益的保护。正如法谚所言"有权利必有救济",为当事人提供无漏洞的法律救济是现代法治的追求。僵化适用起诉期限将会导致大量的案件因为超期被裁定不予受理或驳回起诉,公民的诉求无法通过司法程序得以解决,合法权益无法得到保障。行政诉讼虽然不是寻求权利救济的唯一途径,但司法作为维护社会公平正义的最后一道防线,往往承载了当事人维权的最后希望。鉴于此,对起诉期限的适用应当着重考量正义价值,积极实现司法实体公正,保护当事人合法权益,尤其在起算点、期限延误和最长起诉期限等制度的理解适用上,应当采取有利于当事人的解释方式。

(二)秩序价值:行政效力的依法维护

行政行为效力是行政诉讼起诉期限设置的理论基础,主要涉及行政行为的是行政行为公定力和由此延伸的形式确定力。公定力是指在公法关系上,行政行为在被有权机关取消或确认无效之前,都暂时被推定为合法,不可随意否认其效力。[66] 行政行为有不可随意变更的法律效力,包括形式确定力与实质确定力,与起诉期限的设置紧密相关的是形式确定力。形式确定力又称"不可争力"或"形式存续力",是行政行为对行政相对人的一种法律效力,指在复议或诉讼期限过后相对人不能再请求变更行政行为。[67] 行政诉讼则为行政相对人理性地质疑、挑战行政行为公定力提供一条行之有效的渠道。[68] 然而,如果行政相对人得以随时提起诉讼来改变行政行为效力,那么依赖行政行为所形成的权利义务关系将处于一种不稳定的状态,这无疑将对社会安定造成损害。因此,出于法安定性的考量,有必要对相对人提起诉讼的时间进行一定的限制,使法律关系得以早日稳定,此即起诉期限的秩序价值。但随着社会的发展,早期的"夜警行政"转变为积极提供公共服务的"福利行政",行政行为公定力理论受到挑战。由于没有实定法的依据,且违背公平正义的理念,公定力理念逐渐被多数法治国家抛弃,行政行为不再受到合法推定。[69] 尽管如此,行政起诉期限制度的秩序价值仍不能

---

〔66〕 参见[日]美浓部达吉:《公法与私法》,黄冯明译,中国政法大学出版社 2003 年版,第 114 页。

〔67〕 叶必丰:《行政行为的效力研究》,中国人民大学出版社 2002 年版,第 116-117 页。

〔68〕 参见章志远:《行政行为效力论》,苏州大学 2002 年博士论文。

〔69〕 参见刘东亮:《行政行为公定力理论之检讨》,《行政法学研究》2001 年第 2 期。

被忽视。适用起诉期限时，尤其是撤销之诉中的适用，应考虑行政行为效力的维护，但应当注意平衡正义价值和秩序价值之间的关系。

(三)效率价值：司法资源的合理配置

司法资源的有限性决定了其不可能受理所有的行政争议，仅能对部分具有必要性和紧迫性的案件提供救济。尤其在近年来，立案登记制度的实施使行政案件数量得到大幅提升，"案多人少"的现实带来司法资源紧张问题，这更加决定了司法对行政争议的救济应当具有一定的选择性。而起诉期限作为一种时效利益，通过时间的限制排除部分因超期失去救济必要的案件，具有合理配置司法资源的效率价值。司法资源合理配置的更深层考量是诉讼效益理论，即表征投入与产出之间关系的范畴，包括两个基本要素：经济成本和经济收益。[70] 诉讼效益理论要求在司法制度的设计上应当合理选择程序规则，以便于社会资源利用的最大化。对法院而言，诉讼的进行需要消耗人力、物力、财力和时间资源，具体包括专业的人员、设施和交通等，如何消耗最少的资源达到权利救济的最大化是其所追求的。时效制度的价值基础在于，正在发生的纠纷比年代久远的纠纷更需要得到救济，正在发生或刚发生不久的纠纷，权利侵害性更加直观紧迫，救济的社会效果更好，而发生久远的纠纷，当事人未提起诉讼表明权利救济并不紧迫。[71] 此外，审查年代久远的案件会面临取证困难问题，增加法院负担，不利于司法资源的合理运用。为实现司法资源的合理配置，应对起诉期限的审查模式进行完善，避免因审查的随意性导致案件常在二审或再审阶段被裁定驳回，程序空转严重。在诉讼起始阶段即筛选出一部分无法进入实体审查的过期之诉，一定程度上能够避免这种情况发生，将不符合起诉期限的案件消弭在诉讼开端，实现繁简分流，减少法院的资源消耗与负担。

(四)"尽快解决行政争议"说下的价值位阶

在适用起诉期限制度的过程中，人民法院往往要面对几种价值利益的冲突，妥善调和多种利益之间的冲突，需对几种价值进行位阶排序。在"尽快解决行政争议"目的说的视阈下，适用起诉期限时应该考量的价值因素依

〔70〕 参见樊崇义主编：《诉讼原理》，法律出版社2003年版，第185页。

〔71〕 参见杨巍：《反思与重构：诉讼时效制度价值的理论阐释》，《法学评论》2012年第5期。

次为正义价值、秩序价值、效率价值。详言之,当三种价值产生冲突时,法院应当首先考虑实体公正的实现,再考虑行政效力的维护,最后兼顾司法资源配置,后两种价值均应当让位于正义价值。

三种价值之间的冲突主要表现为正义价值与秩序价值之间的冲突,以及正义价值与效率价值之间的冲突。法安定性与正义处于彼此对立而又互相补充的紧张关系中,二者之间的矛盾,可视为正义本身的矛盾,即表象的正义与实质的正义之自我衡平。[72] 为了使行政行为效力尽快得到确认,法律秩序尽快归于稳定,起诉期限对公民提起诉讼的时间作出较为严格的限制,导致一部分案件无法被受理或者得到实体裁判,阻碍当事人权益的保护。同样,为了节约司法资源,通过时效要件对行政案件进行有选择性的救济,也使得许多争议无法通过司法途径化解,有违正义价值。

如上文所述,起诉期限制度的设立目的应当定位为"尽快解决行政争议","尽快"蕴含秩序和效率的价值追求,要求行政争议尽快解决,稳定法律关系,使有限司法资源得以及时运用于其他更加紧迫的纠纷。而"解决行政争议"富有对正义价值和秩序价值的追求,解决争议不仅是对公民权利救济,也是对社会秩序的稳定。无论"尽快"对时间提出了怎样的要求,起诉期限的最终目标还是"解决行政争议"。在此背景下,起诉期限的设置不仅需要考虑法安定性,还要权衡期限对个案正义的影响。要解决二者的冲突,不可高估法安定性的重要性。尤其在福利行政逐渐兴起的时代,更应当关注个案中的正义,对实体正义的保护价值有时高于对法律秩序的维护。退一步说,即使将法律秩序的稳定奉为圭臬,但因为起诉期限的过于严苛导致大量案件无法得到司法救济,所引发的社会矛盾也将不利于法律秩序的稳定。虽然司法并非权利救济的唯一途径,但在中国这样一个充斥着"民不与官斗"厌诉情绪的国家,提起行政诉讼通常是当事人万般无奈之下的选择,是其寻求救济的最后手段。[73] 在此语境下,对当事人诉权的保护更显重要,应当倾向于当事人的权利救济,在行政诉讼起诉期限的设置上应当尽量为当事人提供无漏洞的法律救济。而就效率价值而言,司法资源的配置并非

---

〔72〕 参见邵曼璠:《论公法上之法安定性原则》,载城仲模主编:《行政法之一般法律原则(二)》,三民书局1997年版,第281—282页。

〔73〕 参见罗重海、张坤世:《行政案件起诉审查制度之检讨与重构》,《法律适用》2012年第2期。

行政诉讼的目的,与实体权利相比,其重要性略显单薄,只能作为最后的考量因素。

五、行政诉讼起诉期限的完善构想

完善我国行政诉讼起诉期限制度应当从立法、适用、审查和补救四个方面依次展开,立法与适用是在实体层面对起诉期限制度本身的完善,而审查与补救则是在程序层面对起诉期限外部制度的完善。在立法上构建类型化的起诉期限制度,明确起诉期限的划分依据和适用范围是完善该制度的重中之重和首要举措。在对起诉期限进行制度设置简化和适用范围限缩后,应当进一步在适用上对其具体规则予以统一,围绕起算点、期限延误和最长起诉期限三个最主要、最具争议的具体规则展开。实体层面解决起诉期限制度本身存在的问题后,应当在程序层面进一步完善其审查模式和补救措施,以实现对该制度全方位、无遗漏的优化完善。在审查模式上,应当首先明确起诉期限的诉讼要件性质,借助诉的三阶段构造理论明确起诉期限的审查责任和阶段。最后是"过期之诉"的补救问题,当案件因为超过起诉期限被裁定驳回以后,产生了"过期之诉"治理问题,应当明确检察机关针对"过期之诉"制发检察建议的合法性基础与性质归属,在此基础上对其治理边界予以限制。

(一)构建类型化的起诉期限制度

与多数国家依照行政诉讼类型设置起诉期限不同,我国现行起诉期限依据行政行为等多种因素进行划分,造成适用范围的扩大化和适用规则的复杂化。构建类型化的起诉期限包括两个方面:一是简化起诉期限适用规则,取消依据行政行为活动划分的期限制度;二是明确起诉期限的适用范围,依据行政诉讼类型划分期限制度。对起诉期限的类型化建构可以同时解决我国当前立法起诉期限制度缺失和具体规则适用过分繁杂的问题。

1. 既有期限设置的不足

我国既有法律规定并未根据诉讼类型的不同设置起诉期限,而是根据行政行为类型、行政活动方式的不同设置不同的具体适用规则。这种设置方式归咎于行政诉讼类型的缺失,结果是不仅无限扩大了起诉期限的适用范围,更导致期限具体适用规则繁杂,无益于当事人诉权的保护与行政纠纷的化解。

第一,起诉期限适用范围泛化。我国行政诉讼起诉期限未根据行政诉讼的不同类型予以区分,这使得在比较法上仅适用于撤销诉讼的起诉期限制度,一直都被无差别地适用于所有的行政案件,导致对公民合法权益救济的不充分。[74] 然而,在德国、日本等其他大陆法系国家,起诉期限主要是针对撤销诉讼而言。在英美法系中,并没有像大陆法系一样的诉讼类型分类方式,但法院对行政违法行为进行司法审查后,如认定该行为违法,将判决撤销该行政行为。[75] 因此,从某种程度来说,起诉期限制度也仅适用于撤销诉讼。为实现对公民权利的全面无漏洞救济,[76] 长久以来学界不乏确立行政诉讼类型化的呼声。但 2014 年《行政诉讼法》仍未就行政诉讼类型化作出明确规定,而是对原有的诉讼判决类型进行了修改和增补,共分为撤销判决、撤销并重做判决、履行判决、确认违法判决、确认无效判决、变更判决六种判决方式。有学者提出"新《行政诉讼法》虽然没有直接引入行政诉讼种类的概念,但通过行政判决方式的丰富和整合,间接完成了行政诉讼类型化的改造。"[77] 但就起诉期限制度而言,当前的法律与司法解释并无对其进行类型化改造的趋向,单一的起诉期限制度仍运用于所有行政案件,导致起诉期限适用范围的无限扩大。

第二,起诉期限适用规则繁杂。既有的起诉期限缺乏类型化划分,为了适应司法实践中复杂多样的行政案件类型,法律规范根据一般案件、复议后起诉、不作为诉讼、未告知起诉期限、不知道行政行为内容、行政协议六种情形设置了不同的最长起诉期限和起算点。当前的期限情形划分涵盖了行政处理与行政协议、原行政行为与复议决定的新时代行政行为类型,[78] 可以

---

〔74〕 参见林俊盛:《论行政诉讼起诉期限制度的完善——兼谈我国〈行政诉讼法〉的修改》,《行政法学研究》2013 年第 3 期。

〔75〕 参见杨彬权、王周户:《域外行政诉讼起诉期限制度比较研究——兼论对我国行政诉讼起诉期限的修改与完善》,《河北法学》2014 年第 4 期。

〔76〕 蔡志方:《行政救济法新论》,元照出版公司 2000 年版,第 170 页。

〔77〕 章志远:《新时代我国行政审判的三重任务》,《东方法学》2019 年第 6 期。

〔78〕 参见章志远:《新〈行政诉讼法〉实施对行政行为理论的发展》,《政治与法律》2016 年第 1 期。

说具备依据行政行为种类进行期限划分的苗头。但是,这种划分方式使得期限具体适用规则过分繁杂,进一步增加了起诉期限的适用难度。并且在行政诉讼受案范围不断拓展的背景下,涉诉行政行为类型繁多,难以完全列举,根据行政行为设置起诉期限存在一定难度。具体规则设置的繁杂具体体现在多层次的期限长度并存和多元化的起算方式并存。在期限长度上,《行政诉讼法》和《行诉解释》共规定了七类不同的起诉期限长度,除一般案件的 6 个月起诉期限适用较为简单外,其余行政案件几乎都有各自两种以上的分类。在起算点上,既有主观起算点,也有客观起算点,过多的起算点使法官在运用时都常产生困惑,更不要说当事人对之理解和掌握。面对一些存有争议的案件,适用法规的差异会产生完全不同的法律效果,起算方式的不同直接决定了案件能否进入实体审查。

2. 行政诉讼的类型划分

近二十年来,关于是否需要建立行政诉讼类型的划分,以及如何进行划分,我国学术界进行了广泛的探讨。关于诉讼类型是否需要明文规定,有肯定说和否定说两种完全相反的观点。持肯定说的学者认为我国行政诉讼存在着如下问题,需要通过诉讼类型化进行改善:诉讼种类较少,导致行政相对人的某些权益难以获得补救;一些诉讼类型的范围过于狭窄;无益于解决行政争议;诉讼经济效益不高、耗费司法资源。[79] 行政诉讼类型化能加强对行政行为的合法性监督,实现纠纷实质性解决,有效避免权利救济缺失,提高行政判决质量和审理效率。[80] 然而,持否定说的学者认为,诉讼类型化的意义不应该被高估,对诉讼类型进行明确规定的形式意义大于实质意义,不会对行政诉讼制度的具体构造成实质影响。[81] 况且,行政诉讼类型化将大量增加当事人和法院的负担,在中国当前的语境下,这并非一项便民之举。[82] 但即便如此,肯定说仍是学界与实务界的主流观点。在 2014年《行政诉讼法》修改前夕,诸多实务界和学界的权威人士更是纷纷撰文,提

〔79〕 参见马怀德、吴华:《对我国行政诉讼类型的反思与重构》,《政法论坛》2001 年第 5 期。

〔80〕 参见李广宇、王振宇:《行政诉讼类型化:完善行政诉讼制度的新思路》,《法律适用》2012年第 2 期。

〔81〕 参见刘飞:《行政诉讼类型制度的功能》,《法学研究》2013 年第 5 期。

〔82〕 参见应松年:《行政救济制度之完善》,《行政法学研究》2012 年第 2 期。

议在新行政诉讼法中引入行政诉讼类型化制度。[83] 2014 年《行政诉讼法》的修改虽然没有完全采纳行政诉讼类型法定化的建议,但对照修改后的相关规定,结合行政诉讼类型理论,可以发现行政诉讼制度已具有类型化的发展趋向。[84] 为此,对起诉期限类型化的研究不仅符合未来立法的趋势,且迫在眉睫。

关于应构建什么样的类型化诉讼体系,学界众说纷纭。有学者借鉴国外和台湾地区的分类标准,提议将我国的诉讼类型划分为撤销诉讼、课予义务诉讼、给付诉讼、确认诉讼、公益诉讼、机关诉讼、当事人诉讼等七类。[85] 也有学者以诉讼请求的内容为主导性区分标准,将诉讼类型分为撤销之诉、给付之诉、确认之诉三种,并根据诉讼标的不同,将上述三种最基本的诉讼类型进一步区分为若干亚类型的诉讼。其中,撤销之诉可分为原行政行为撤销之诉和行政复议行为撤销之诉;给付之诉可分为课予义务之诉和一般给付之诉;确认之诉可分为无效确认之诉、违法确认之诉和确认行政法律关系存在之诉三种子类型。[86] 还有学者根据行政诉讼的提起是否直接涉及起诉人自身利益作为判断标准,将行政诉讼分为主观诉讼和客观诉讼两种类型,并根据其各自的特点,分别建立相应的诉讼程序构造。[87] 尽管学界提出了各种不同的诉讼类型化具体构想,但撤销诉讼、确认诉讼、课予义务诉讼与给付诉讼四分法得到了多数学者的认可,也较符合我国当前的行政诉讼法律规范。因此,下文将就这四种诉讼类型的起诉期限分别阐述。

3. 取消复议决定、行政协议和动产案件的特殊期限设置

行政诉讼主要适用于撤销之诉,按照诉讼类型设置起诉期限意味着原有的依据行政行为等因素划分的起诉期限被代替,可以对其适用规则予以简化,包括复议决定、行政协议和动产案件。

第一,取消复议后起诉和直接起诉的起诉期限区分。行政决定与复议

---

〔83〕 参见梁凤云:《〈行政诉讼法〉修改八论》,《华东政法大学学报》2012 年第 2 期;李广宇、王振宇:《行政诉讼类型化:完善行政诉讼制度的新思路》,《法律适用》2012 年第 2 期;江必新:《完善行政诉讼制度的若干思考》,《中国法学》2013 年第 1 期;李广宇、王振宇、梁凤云:《行政诉讼法修改应关注十大问题》,《法律适用》2013 年第 3 期。

〔84〕 参见闫尔宝:《论我国行政诉讼类型化的发展趋向与课题》,《山东审判》2017 年第 5 期。

〔85〕 参见马怀德、吴华:《对我国行政诉讼类型的反思与重构》,《政法论坛》2001 年第 5 期。

〔86〕 参见章志远:《行政诉讼类型化模式比较与选择》,《比较法学研究》2006 年第 5 期。

〔87〕 参见薛刚凌:《行政诉讼法修订基本问题之思考》,《中国法学》2014 年第 3 期。

决定之间的起诉期限差异受到学界的不少诟病,复议后起诉的期限过短,挤压了当事人的诉权空间。当复议维持原决定时,不产生更新的事实证据争议,当事人无需准备更多的材料,15 日的提起诉讼时间基本充足。但当复议机关改变原行政行为时,即相当于对原行为的部分或全部否定,会产生新的材料,此时当事人如果对复议决定不服,提起行政诉讼的标的是该复议决定。在这种情况下仍适用 15 日的起诉期限,不仅与 6 个月的一般起诉期限存在较大差异,也难以保障当事人具有充足的诉讼准备时间。[88] 基于此,取消经复议和直接提起诉讼的区分,统一采用 6 个月的起诉期限为最优解。延长复议后起诉的期限不仅契合当下"行政复议主渠道"的政策动向,还能够使起诉期限制度化繁为简,统一适用标准,更为当事人提供更加充裕的诉讼准备时间,可谓一举多得。

第二,取消行政协议和行政处理的起诉期限区分。2015 年《若干问题解释》第十二条规定确立了行政协议诉讼的特殊起诉期限制度,即根据行政协议案件的两种不同类型适用不同的时效规则。[89] 这种二分规定方式源于行政协议的民行合一特殊性,当行政机关采取单方行政行为变更或解除协议时,其性质更倾向于一般行政行为,适用行政起诉期限;而当行政机关不依法履行、未按照约定履行协议时,其性质更倾向于民事合同,适用民事诉讼时效。但是,这样的立法方式带来了许多问题,首当其冲的是增加了起诉期限的适用难度。很多时候行政协议案件的两种情形难以完全区分,在审理中判断适用何种起诉期限也进一步增加了法院的负担。况且,行政协议作为行政行为类型之一,理应和其他行政行为一样适用时效规定。最高人民法院的蔡小雪法官亦提出区分政协议和行政处理的起诉期限将会带来几方面的负面影响:一是会破坏行政诉讼法的统一性;二是会破坏保护公民、法人或者其他组织的诉权与维护社会公共利益、国家利益之间的平衡;三是容易造成适用法律上的混乱;四是容易造成裁判的混乱。[90] 据此,笔者认为应当取消行政协议依据性质划分的特殊期限设置,转而根据当事人

---

〔88〕　参见刘宏博:《对行政诉讼起诉期限的审查与完善》,《人民司法》2018 年第 34 期。

〔89〕　《若干问题解释》第 12 条规定:公民、法人或者其他组织对行政机关不依法履行、未按照约定履行协议提起诉讼的,参照民事法律规范关于诉讼时效的规定;对行政机关单方变更、解除协议等行为提起诉讼的,适用行政诉讼法及其司法解释关于起诉期限的规定。

〔90〕　参见蔡小雪:《新行政诉讼法的起诉期限规定之适用》,载孙笑侠主编:《复旦大学法律评论》(第五辑),法律出版社 2017 年版。

提起的诉讼类型划分。具体来说,当事人提起撤销诉讼时应当适用起诉期限,提起确认行政协议无效之诉或给付之诉时,不适用起诉期限。

第三,取消动产案件与不动产案件的起诉期限区分。我国现行立法依据行政案件涉及的动产与不动产之分,将对最长起诉期限的时长区分规定为 5 年与 20 年。对当事人不知道起诉期限的,法律还规定了 1 年的最长起诉期限。概言之,我国现行立法中,共有 1 年、5 年、20 年三种不同的最长起诉期限。多样的期间长度给审判理解适用带来了难度,易引发当事人与行政机关之间的争议。之所以对动产与不动产案件的起诉期限作出区别规定,是基于行政法律关系的稳定性与所涉及的财产性质。[91] 也就是说,最长的 20 年起诉期限只适用于不动产案件,是出于对其波及的社会稳定性及重大财产利益的考虑。立法者在此默认不动产案件对当事人权益的影响要远大于动产案件,但忽略了实践中丰富多样的情形。实际上,这样的区分方式并无十分道理,涉及不动产的案件并不一定较动产案件对当事人权益影响大。另有部分涉及人身利益的案件,虽不是不动产案件,但对当事人具有深远广泛的影响,需要给予更长的保护时效。例如,在冒名婚姻登记案件中,当事人被盗取个人信息假冒结婚,不仅导致当事人名誉权受损,还影响当事人后续的结婚登记。这种情况下,对当事人权益的损害将持续存在,且影响深远,对其保护期限并不应当比不动产案件短。因此,笔者认为应当将行政诉讼的最长起诉期限统一为 20 年,不再区分动产与不动产,为当事人留下充足的起诉时间。

4. 部分课予义务之诉不适用起诉期限

课予义务之诉是指,因原告向被告行政主体申请作出某一行政行为而被违法拒绝或不予答复,导致原告的权利受到侵犯。为了维护其合法权益,原告在法律规定的范围内请求法院作出判决,迫使行政主体依法履行其法定职责。[92] 我国《行政诉讼法》第七十二条认为是课予义务判决的法律依据。[93] 2018 年《行诉解释》第九十一条丰富了课予义务之诉的内涵,将其

---

〔91〕 参见甘文:《行政诉讼法司法解释之评论——理由、观点与问题》,中国法制出版社 2000 年版,第 119 页。

〔92〕 参见吴华:《论课予义务诉讼——对行政不作为的救济方式》,《行政法学研究》2006 年第 1 期。

〔93〕《行政诉讼法》第七十二条规定:"人民法院经过审理,查明被告不履行法定职责的,判决被告在一定期限内履行。"

"不履行"延伸为"违法拒绝履行"与"无正当理由逾期不予答复"。[94]

在比较法上,课予义务诉讼的起诉期限一般没有明文规定。德国法上对两种不同情形下的课予义务之诉规定了不同的起诉期限,与我国类似。针对拒绝行为提起的课予义务诉讼准用撤销诉讼的起诉期限,而对行政机关不予答复提起的课予义务诉讼只能于提出申请后的三个月后提起诉讼,但未明确规定此种期限的时限。在我国,课予义务诉讼对象一般是行政机关的不作为,包括行政机关拒绝履行和不予答复。我国当前立法对拒绝履行和不予答复的起诉期限进行了区分设置,此种立法方式较为合理,但仍存在一定的问题。拒绝履行属于特殊的行政决定,当事人对该决定的效力予以质疑,对行政行为效力具有一定的影响,因此仍应该适用一般起诉期限制度,以维护法的安定性。然而,对于行政机关不予答复的消极不作为,并不存在一个既定的行政行为,也就无需考虑行政行为效力的维护,可以不适用一般起诉期限的规定。

5. 给付之诉不适用起诉期限

行政给付之诉有广义和狭义之分,广义的给付之诉包括课予义务之诉与一般给付之诉,狭义的给付之诉仅指一般给付之诉,下文所讨论的是狭义的给付之诉。步入 21 世纪后,社会现实及行政任务发生重大变化,"夜警行政"与"管制行政"逐渐转向"福利行政"与"服务行政",将对民众的生存照顾上升至重要地位。随着给付行政的兴起,给付诉讼也得到了关注。2014 年《行政诉讼法》新增的第七十三条被视为一般给付义务的条款,不过这一简单的规定并不意味着我国已经建立了完备的给付诉讼制度。在大陆法系基本理论中,给付之诉包括财产上的给付诉讼、非财产上的给付诉讼、公法上结果除去之给付诉讼、公法上契约之给付诉讼以及预防性不作为之给付诉讼。[95] 行政给付的内容亦十分丰富,包括政府信息、赔偿金请求等。

在比较法上,一般认为给付诉讼不受起诉期限的限制,只需要在公法的请求权时效内提起即可。起诉期限只有在行政机关实施行政行为时方才具

---

〔94〕《行诉解释》第九十一条规定:"原告请求被告履行法定职责的理由成立,被告违法拒绝履行或者无正当理由逾期不予答复的,人民法院可以根据行政诉讼法第七十二条的规定,判决被告在一定期限内依法履行原告请求的法定职责;尚需被告调查或者裁量的,应当判决被告针对原告的请求重新作出处理。"

〔95〕 参见章志远:《给付行政与行政诉讼法的新发展——以行政给付诉讼为例》,《法商研究》2008 年第 4 期。

有必要性,故在给付之诉中,行政机关未作出行政行为,并无不存在对既有行政行为效力的维护,撤销之诉中关于起诉期限的规定也就没必要适用。[96] 同样,我国虽未建立完善的给付之诉制度,但在将来完善类型化行政诉讼制度时,也不应当对一般给付之诉设置起诉期限。这是因为当事人提起给付之诉并不会导致原有的法律关系发生变动,也不会对原有的法律秩序造成冲突,无需为了法的安定性设置严苛的期限制度对当事人诉权予以限制。为了尽快解决行政争议,可以参照适用民法上的请求权消灭制度。

6. 确认之诉不适用起诉期限

我国确认之诉主要指向确认无效之诉。确认之诉是指公民、法人或其他组织请求法院确认某种行政法律关系的一种诉讼类型,此诉讼类型旨在确定行政行为是否有效、是否违法。[97] 确认之诉被认为是所有诉讼种类中最棘手的,其名下的亚类繁多。在德国法中,有一般确认之诉、预防性确认之诉、无效确认之诉、继续确认之诉和中间确认之诉等多种类型的确认之诉。一般确认诉讼针对法律关系存有与否,预防性确认诉讼涉及未来行为,确认无效诉讼确认行政行为自始无效,继续确认诉讼确认已终结行政活动违法性,中间确认诉讼涉及诉讼上的法律关系。[98] 日本法中的确认之诉包括无效确认、有效确认、存在确认、不存在确认和失效确认等,其中无效确认诉讼是最为核心的制度。[99] 但出于确认诉讼性质的考虑,德国与日本在立法上均没有规定确认之诉的起诉期限,而是通过确认利益、补充性规则等制度对确认之诉予以限制。补充性是确认之诉最为显著的特征之一,只要原告可以通过形成之诉或给付之诉主张其权利,就不得提起确认之诉。相比之下,我国的确认诉讼是为了判断行政行为是否合法或有效,而非直接确认行政法律关系的存在。[100]《行政诉讼法》在第七十四条和第七十五条中规定了确认违法判决与确认无效判决。从法律的规定中可以窥见,确认违法判决是一种补充性的判决方式:在撤销判决会造成公共利益损害、程序轻微

〔96〕 参见江必新:《法律规范体系化背景下的行政诉讼制度的完善》,《中国法学》2022 年第 3 期。

〔97〕 参见梁凤云:《不断迈向类型化的行政诉讼判决》,《中国法律评论》2014 年第 4 期。

〔98〕 参见[德]弗里德赫尔穆·胡芬:《行政诉讼法》,莫光华译,法律出版社 2003 年版,第 311 页。

〔99〕 参见[日]南博方:《行政法》,杨建顺译,商务印书馆 2020 年版,第 184-186 页。

〔100〕 参见张浪:《行政诉讼中确认无效之诉的问题探讨》,《法学论坛》2017 年第 2 期。

违法不产生实际影响、违法但不具有可撤销内容时,作为撤销判决的替代判决方式;在判决履行没有意义时,作为履行判决的替代判决方式。司法实践中,当事人一般很少主动提起确认违法之诉,通常由法院在审理后依据职权转化。因此在我国语境下,对确认之诉起诉期限的讨论主要围绕确认无效之诉展开。

学界对于无效确认之诉是否受起诉期限的限制的讨论,可以归纳为"受限制说""不受限制说"和"适当期间说"三种。"受限制说"认为确认无效之诉仍然受一般起诉期限的限制,理由是我国法律并未对无效行政行为的起诉期限作特殊规定,且出于维护法的安定性考量,为防止滥诉应对确认无效之诉进行限制。"不受限制说"主张确认无效诉讼不受起诉期限的约束,因为无效行政行为从一开始就无效且绝对无效,不会随着时间的流逝而产生法律效力。此外,确认之诉不受起诉期限限制是大陆法系的通行观点。"适当期间说"始于"郭家新等诉淄博市博山区政府解除聘任关系案"的裁判文书,在该案中,法院认为"根据一般诉讼原理,请求确认行政行为无效,仍须于适当期间内提起。"[101]"适当期间说"给了法院更大的裁量空间,是一种折中的做法。

司法实践对该问题的态度几经变化,2018 年以前的行政审判基本认定无效行政行为受起诉期限的限制,当事人提出的"无效行政行为不受起诉期限限制"论点,通常会因为缺乏法律依据而被法院驳回。直到 2018 年《行诉解释》颁布,其中第九十四条第二款被认为可能蕴含着无效诉讼不适用起诉期限的意思。同年,最高人民法院对十三届全国人大一次会议第 2452 号建议的答复《对行政行为提起确认无效之诉是否要受到起诉期限限制》明确表态,确认无效之诉不适用起诉期限。随后,最高人民法院的司法裁判也指出,对于 2015 年 5 月 1 日之后的行政行为,当事人可以随时提起确认无效请求,无须考虑起诉期限的限制。[102] 在此趋势下,法院裁判逐渐倾向于不受起诉期限说,直至 2021 年,绝大部分的司法裁判均已明确无效行政行为不受起诉期限的限制。司法审判虽已作出了最新的改变,法律规范仍未有关于确认之诉是否受起诉期限限制的明确规定,也导致实践中同案不同判现象突出,亟须在后续的法律修改或司法解释中予以更正。

---

〔101〕　最高人民法院(2016)最高法行申 2233 号行政裁定书。
〔102〕　参见中华人民共和国最高人民法院(2020)最高法行再 341 号行政裁定书。

　　笔者同样认为,包括确认无效之诉在内的确认之诉的提起都不应当受起诉期限的限制。原因在于:确认之诉并不会改变原法律关系,仅对原本就存在的法律关系进行确认,不会影响行政行为效力及法的安定性,因此没有必要通过起诉期限来维护其行为效力。况且,确认无效之诉不受起诉期限的限制是确认之诉独立性的体现,当事人对尚在起诉期限内的诉讼应先提起撤销之诉,仅在期限超过后别无选择的情况下,确认无效之诉才发挥功能。对确认无效之诉缺乏起诉期限上的特殊设置,已经导致我国确认无效判决的独立价值难以彰显。[103] 为保证确认之诉在我国诉讼体系中的独立地位,对其起诉期限进行改良是必要的。

　　确认之诉无起诉期限限制可能导致当事人借无效确认之诉,提起本已超过起诉期限的诉讼,甚至引发滥诉,加剧行政案件数量的激增。为此,应当采取一定的措施对无效确认之诉的提起予以一定限制。在大陆法系国家,为防止法院变成法律关系的鉴定部门,一般通过诉的利益规则和补充性规则对确认之诉予以限制。诉的利益规则要求原告对"尽快确认"必须具备合法权益,方可请求确认法律关系的存在。作为主观因素的"正当利益"要求必须存在着一种具体的澄清需要;"尽快确认"作为时间因素要求确认迫在眉睫。[104]

　　从我国的现实出发,对确认无效加以限制通过补充性规则更为适宜。对此,最高人民法院的裁判[105]明确对无效确认之诉提起两种限制方式:一是建立无效行政行为举证责任分配制度,由原告对行政行为无效承担举证责任;二是确立法院的审查制度,提前对行政行为是否无效进行审查,具有一定借鉴意义。此外,《行诉解释》第九十四条第二款规定亦暗含着确认无效之诉的适用规则,明确法院应当对原告提起无效之诉的行政行为效力先行审查,如果被诉行政行为并非无效,则不能提起确认无效之诉,只能提起

---

　　〔103〕　参见梁君瑜:《论行政诉讼中的确认无效判决》,《清华法学》2016 年第 4 期。

　　〔104〕　参见[德]弗里德赫尔穆·胡芬:《行政诉讼法》,莫光华译,法律出版社 2003 年版,第 318-320 页。

　　〔105〕　中华人民共和国最高人民法院(2020)最高法行再 341 号行政裁定书:"为避免出现当事人滥用确认无效诉讼请求以规避起诉期限制度的情况,原告一方应当对被诉行政行为属于无效情形举证,被告一方亦可提出证据否定对方主张。人民法院应当对行政行为是否属于无效情形进行审查,认为行政行为属于无效情形的,则不受起诉期限限制;认为行政行为不属于无效情形的,人民法院应当向原告予以释明。"

撤销之诉。概言之,对无效确认之诉提起的限制可以通过举证责任、审查方式、适用顺序三个方面施行。在举证责任上,应当改变原本的举证责任倒置规则,由原告对行政行为的效力承担举证责任。在审查规则上,原告提起超期诉讼时,需先待法院审查确认行政行为是否有效,方可排除时效的适用。在适用顺序上,应当明确确认无效之诉的补充性原则,优先适用撤销之诉,只有当撤销之诉无法适用时,才适用确认之诉。

(二)统一起诉期限的适用规则

起诉期限制度中引起较大争议的规则包括起算点、期限延误和最长起诉期限,需要对其适用予以明晰与完善。对起算点明确"知道或者应当知道作出行政行为"的内涵,对期限延误明确几种应当扣除期限的情形和应当秉持的原则,对最长起诉期限依据行政行为效力连续性予以区分适用。

1. 起算点的认定

起算点是起诉期限中较为复杂的适用规则,"知道或者应当知道"的主观性赋予法官较大的自由裁量权,由于缺乏统一的解释标准,实践中对于何时开始计算起诉期限争议较大。随着行政诉讼受案范围的拓展,案件愈加复杂多样,"作出行政行为之日"也具有迷惑性,进一步加大起算点的适用难度。因此,亟须对起算点中的不确定概念予以明确,秉持尽快解决行政争议的原则,对"知道""应当知道""行政行为""作出"进行解释。

首先,明确被诉"行政行为"。明确被诉行政行为是判断起诉期限的前提条件,最高人民法院裁判明确指出"只有明确被诉行政行为,才能判定起诉人知道或者应当知道作出行政行为之日。"[106]如果相对人对是否存在被诉行政行为尚有疑虑,此时就开始计算起诉期限有违起诉期限制度尽快解决行政争议的设立目的,因为争议本身都还未确定,更遑论尽快解决争议。

在被诉行政行为的认定上应当考虑当事人的真正诉求,以及行政行为的外部完整性。在请求行政机关变更登记案件中,是以原登记行为作出时间,还是后行政机关拒绝变更登记请求时间开始计算起诉期限存在争论。对此,法院应当履行释明义务,明确当事人是对原登记行为还是拒绝变更登记行为有异议,以争议行政行为的知道时间为起算点。不能简单地以原行

---

〔106〕　中华人民共和国最高人民法院(2018)最高法行申 4599 号行政裁定书。

政行为的知道时间作为起算点,以免损害当事人诉权。当行政行为由一前一后两个行为构成时,考察两个行为是不是同一行政行为的组成部分。例如在房屋征收案件中,《拆迁安置方案》的发布与房屋征收决定应当视为一个整体,以后行为的完成时间为起算点。对于持续性的行政行为,行为结束后才具外部完整性,此时开始计算起诉期限更具合理性。

"行政行为"在一般情况下不应当包括过程性行政行为和事实行为,即在当事人仅知道过程性行政行为或事实行为时,一般不开始计算起诉期限。作为行政主体的一种意思表示,行政行为具有内在意思和外在表现两个要素。[107] 过程性行政行为是一种内部行政行为,其表现形式在外部不可见。由于缺乏足以被相对人识别的要素,过程性行为并不能代替完整的行政行为,当事人提起行政诉讼仍应依外部效力的发生起算。也就是说,当行政行为还未完整正式作出,或行政机关并未正式告知相对人时,不应当开始计算起诉期限。应当注意的是,当事人可以提起诉讼的时间与起诉期限的起算点不可一概而论,即使当事人已经通过过程性行政行为,较早地了解行政行为的具体内容,起诉期限的起算点也不得早于行政行为作出之日。例如,在"刘远行诉连平县人民政府行政登记案"中,一审法院以原告知晓争议地之日为起算点。二审法院认为行政行为作出之后当事人才有"知道或应当知道行政行为内容"的可能性,起算点不能早于行政行为作出之日。[108] 就事实性行政行为而言,其不直接产生法律上的后果,也并不直接调整行政主体与行政相对人之间的权利义务关系。虽然事实行为仍可产生一定事实效果,影响当事人的权利义务,但将事实行为直接代替行政行为作为起算点,有违立法本意。

其次,严格把握"知道"的程度。出于行政争议化解和当事人权益保护的考虑,对当事人"知道行政行为作出"应当采取较为严格的认定标准,并根据行政行为对当事人影响的不同采取不同标准。如果被诉行政行为是行政处罚等侵益性行政行为,在当事人知道该行为的具体内容时就可以开始计算起诉期限,不要求当事人具有权益损害认识。但当被诉行政行为是授益性行政行为时,当事人对行政行为内容的了解不足以支撑其提起诉讼,此时应以当事人知道自己权益受损害的时间为起算点。理由是,对于侵害行政

---

〔107〕 参见周佑勇:《论行政行为的内容和形式》,《法商研究》1998 年第 4 期。

〔108〕 参见广东省高级人民法院 (2018) 粤行终 1838 号行政裁定书。

行为而言,当事人在知道行政行为作出时一般能够一并了解该行为对自身权益的损害;而授益性行政行为具有较强的迷惑性,当事人知道行政行为内容和行政行为侵害性的时间节点往往差别较大,简单以行政行为内容的了解时间作为起算点不利于当事人诉权的保护。以冒名婚姻登记为例,被骗婚者虽然自婚姻登记之日起就知道登记行政行为的作出,但其认识到自己被骗婚往往还需要一段时间,应以当事人知道自己被骗婚之日作为起算点。应当明确的是,权益侵害性与行政行为违法性并不能等同,起诉期限起算不以违法性认识为必要条件。[109]

至于是否要求当事人知道行政行为作出主体、时间、现状等具体内容,应当采取诉因出现说,在个案中进行具体分析。依据诉因出现说,行政行为指"那些足以期待行政相对人以具体行政行为违法并带来损害为由提起诉讼,而必须由行政相对人掌握的,有关具体行政行为内容的关键事实。"[110]通俗来说,"知道"的程度应当能够支撑当事人提起诉讼,或者说能够期待当事人因此提起诉讼。例如,在拆迁补偿案件中,只有当事人知道拆迁主体才具有起诉的期待可能性;而在侵权损害案件中,只有当事人了解损害的后果才具有起诉的期待可能性。最高人民法院的裁判文书明确指出,有关强制拆除行为的诉讼请求中必须明确包括房屋被拆除的事实和实施拆除行为的主体,如仅知道房屋被拆除而缺乏明确的行为主体,将无法提起诉讼。因此,对于强拆行为的起诉期限,应当从当事人知道或者应当知道房屋被拆除的事实和实施拆除行为的主体时开始计算。[111]"知道"并非简单地看到或者听说,而应是一种诉讼意义上的"知道",是可以期待当事人提起诉讼的"知道"。事实层面的知道难以直接推导出相对人对自身权益受损的认识,也就无法期待当事人因此提起诉讼,此时开始计算起诉期限是有失公平的。出于对当事人诉权的考虑,应当对"知道"作较为严格的解释。

再次,审慎推定"应当知道"。对于"应当知道",法院应采取审慎克制的态度和有利于当事人的推定方式。司法实践中,法院常通过"相对人向其他机关申诉的时间""补偿款发放通知时间""其他案件的讯问笔录"等各种各样的行为推定当事人应当知道行政行为作出,这样的推定方式较为随意,难

---

[109] 参见最高人民法院(2016)最高法行申 3971 号行政裁定书。

[110] 肖泽晟:《我国行政案件起诉期限的起算》,《清华法学》2013 年第 1 期。

[111] 参见最高人民法院(2019)最高法行申 2092 号行政裁定书。

以保护当事人权益。例如,在"马某诉彭阳县公安局交通警察大队行政处罚纠纷案"中,一审法院依据原告曾于 2020 年 1 月向相关部门提出申诉的事实,判断其最迟于该时知道行政处罚内容,并开始计算起诉期限。却忽略了真正的行政行为作出的时间,以及当事人是否知道以及何时知道起诉期限。二审法院对此予以纠正,认为起算点应当以当事人明确知道行政行为内容及起诉期限为前提,应当以原告实际收到案涉行政处罚决定书之日起计算起诉期限。[112]

正如有学者指出,"所谓'知道'应以行政机关'告知'为原则性要求。"[113]行政机关在作出具体行政行为时,应当依法通过通知或公告的形式,向当事人说明行政行为的事实、理由和依据,而不是仅仅由当事人道听途说地了解相关情况。[114] 在行政机关未履行告知义务时,法院不应当推定当事人知道行政行为作出。且"应当知道"的推定同样应当是一种诉讼意义上的"知道",推定当事人知道行政行为作出应当具有充足的理由和依据。诸如,相对人向其他机关申诉的时间、收补偿案中收到补偿款的时间、行政强制书中的落款时间等都无法直接作为当事人应当知道行政行为的依据。理由是,法律上的推定应当形成较为严密完整的逻辑链,尤其是对当事人权益具有重要影响的事实认定,更应该避免推定随意性。这不仅关乎当事人对司法权威的认同,也直接影响当事人诉权是否得以实现。但也有例外情况,当有确凿证据证明当事人在当时情况下不可能不知道,或者当事人已经自认知道行政行为作出时,可以开始计算起诉期限。

最后,依法判定行政行为"作出"。起算点中的"行政行为作出之日"应当如何判定,存在争议。行政行为包含着内在意思和外在表示两个必要的组成条件,内在意思主要是行政行为所内含的目的意思要素,主要包括行政行为的具体内容;外在表示即行政主体以一定方式将其内在意思展示于外部,且能为外界所识别,它指明着行政行为的形式和程序。[115] 行政行为的作出不仅体现在内部内容和程序均以完成,还体现在外部表示上,该内涵已

---

[112] 参见宁夏回族自治区固原市中级人民法院(2021)宁 04 行终 27 号行政裁定书。

[113] 张弘:《行政诉讼起诉期限研究》,《法学》2004 年第 2 期。

[114] 参见李轩:《试析行政诉讼时效及其适用》,载张步洪:《中国行政法学前沿问题报告》,中国法制出版社 1999 年版,第 225 页。

[115] 周佑勇:《论行政行为的内容和形式》,《法商研究》1998 年第 4 期。

以可辨识形式(例：文字、口头表述、手势等)展现于外界。[116] 也就是说行政机关应当履行告知义务,通过书面方式送达行政决定书,这进一步引发如何判定"依法送达"的问题。

通过对裁判文书的梳理分析,我们可以得出,通过法律文书送达判断起算点的前提是程序合法,送达程序应当严格按照《民事诉讼法》中的相关规定进行。当受送达人非行政相对人本人时,应向其同住的成年家属进行发送,并且严禁随意转交。[117] 当事人知道行政行为的时间应当是实际收到法律文书的时间,非本人签收时,不可简单通过签收时间进行推定。公告送达的运用应当尤为谨慎,行政机关只有在必要的情况下使用此种送达方式,才可作为起算点。相对人对送达的方式与效力有异议的,法院经审查后认为送达程序存在瑕疵的,文书送达时间不可作为起诉期限的起算点。

2. 期限延误的适用

《行政诉讼法》第四十八条分别规定了期限扣除与延长两种不同的期限延误制度,前者的适用前提为"不可抗力"和"其他不属于其自身的原因",后者的适用前提为"前款规定以外的特殊情况"。民法上对于不可抗力有一套系统化的解释,其要素为：不可预见、不可避免且不可克服,属于客观情况。[118] 行政诉讼中的"不可抗力"与民法上的"不可抗力"有异曲同工之效,皆是对特殊事由的免责规定,例如地震、洪灾等都属于不可抗力的范畴。"其他不属于自身的原因"是对不可抗力的扩展,将不可归责于当事人的事由都纳入可以扣除期限的范畴。期限延长制度中,采用的是"其他特殊情况"之表述,这一概念并不明确,与期限扣除的规定难以区分。有学者将期限扣除与期限延长的区别概括为：一方面,期限延长时当事人对耽误原因的认知程度相对于期限扣除更高;另一方面,即使期限延长,仍有可能出现"其他特殊情况",导致当事人提起诉讼的情况。[119] 此种区分方式具有一定的合理性与参照性,但在司法实际运用中,起诉期限的扣除与延长并没有严格的区分。由于期限延长的申请时限较短,且对当事人主动申请的要求较高,

---

〔116〕 参见侍海艳、刘星：《行政诉讼一般起诉期限起算点的认定标准》,《淮阴师范学院学报(哲学社会科学版)》2022年第4期。

〔117〕 参见黑龙江省哈尔滨市中级人民法院(2020)黑01行终391号行政裁定书。

〔118〕 参见王利明、杨立新等：《民法学》,法律出版社2004年版,第763-764页。

〔119〕 参见范伟：《论行政诉讼中的起诉期限延误——兼评〈行政诉讼法〉第48条》,《行政法学研究》2018年第2期。

大多数期限延误运用的是期限的扣除制度。在此背景下,二者的界限更为模糊,甚至并为一谈。在一些确有期限延误情形的案件中,即使当事人未申请延长起诉期限,法官也会在案件审理时将延误的期限扣除。因此,扣除制度实际上发挥了主要的延误功能,在司法实践中所产生的争议也最多。可以说,起诉期限扣除涵盖了期限延长,当相对人未在案件审理前主动及时申请期限延长,应当允许其在庭审时提出期限扣除主张,法院也应当依职权主动扣除延误的起诉期限。

实践案例层出不穷,案件类型更是千变万化,期限延误的事由无法通过简单的列举予以概括。为从本质上肃清期限扣除认定的诸多争议,应当归纳期限扣除所应具备的基本要素。笔者认为"其他不属于其自身的原因"的成立,应当符合以下几个要素:一是不可归责于当事人,即不存在主观故意或重大过失,耽误事由的发生是一般人无法预知,或即使注意到也无法避免的。二是达到了阻碍当事人提起诉讼的程度,期限扣除的事由不仅是不可归责于当事人的,还应当是达到了使当事人因此无法提起诉讼的严重程度。三是因果关系不可阻断性,这意味着当事人无法提起行政诉讼与耽误事由之间存在着直接的因果关系,且这种因果关系是连续的,不因其他事由而中断。四是当事人具有信赖保护利益,当事人未及时提起行政诉讼是出于对行政机关将会妥善解决行政争议的信赖,一般体现为收到行政机关口头或书面的允诺。此外,一些特殊情况下的起诉期限的扣除应当予以明确,下文将详细展开。

第一,对民事争议处理时间的扣除。出于对当事人诉权的保障,扣除民事争议期限逐渐成为司法裁判的倾向,但并非所有的民事争议时间都应当扣除。从司法实践来看,提起民事诉讼而耽误的起诉期限主要有两种情形:一是被诉行政争议以民事争议的裁判结果为依据;二是被诉行政争议与相关民事争议相牵连。第二种情形应当如何扣除在法律上没有明确规定,因此存在适用上的模糊。有实务界人士将其概括为,先行诉讼与后续行政诉讼的实质争议相同,前者可直接解决起诉人的实质诉求,若胜诉则无需再提起行政诉讼。[120] 判定民事诉讼与行政诉讼之间的关系需要综合考量案件事实和法律的相关性,当民事争议能够影响行政诉讼裁判结果的认定时,就

---

〔120〕 参见章文英、徐超:《行政起诉期限制度的法律精神及其司法运用》,《人民司法》2022 年第 1 期。

应当扣除民事争议处理的时间。

第二，对当事人积极主张权利时间的扣除。起诉期限设立的考虑之一是"法律不保护躺在权利上睡觉的人"，但在许多情况下当事人并未怠于行使权利，相反，他们在正式提起行政诉讼前都曾积极地主张自己的权利。从保护当事人诉权的角度出发，扣除当事人积极主张权利的时间是应有之义，但并非所有主张权利花费的时间都应当扣除。主张权利时间的扣除应当重点考察两个方面：一是当事人是否产生信赖利益，当事人向有关机关反映问题时，有关机关是否予以答复或作出一定的承诺，相对人基于对其妥善处理争议的信赖而未及时提起诉讼。二是当事人主张的权利的事由与提起诉讼的事由应当是同一的，起码是直接关联的。

此外，实践中的一些特殊情况还需要明确。当案涉两个及以上行政行为时，当事人针对其中一个行为主张权利的时间能否在起诉时扣除，应采取较为宽松的认定方式。以较为典型的强制拆除行为为例，在石力富诉绍兴市上虞区小越街道办事处案中，当事人曾就《责令限期拆除通知书》提起诉讼，当他后来再就拆除行为提起诉讼时被一审法院告知超过起诉期限。对此，二审法院认为《责令限期拆除通知书》和相应强制拆除行为系分别独立的行政行为还是一个行政行为的两个面向，难以苛责当事人了解。在司法审查中，应当采取较为宽松的理解方式，只要当事人就其中一行为积极地维权，就不应当以超过起诉期限为由裁定驳回起诉。[12] 此外，司法实践中一般认为，向有关机关信访和反映问题，系当事人自行选择的司法以外的救济途径，不能作为耽误起诉期限的法定事由。但面对信访案件，仍需要关注当事人是否将信访作为代替司法裁判的解纷方式，如果仅是将信访作为信息咨询等辅助性的纠纷解决途径，还是应当扣除相关时间。

第三，对法院原因耽误起诉时间的扣除。考虑我国当前仍存在厌诉畏诉的社会风气，公民法治意识尚未十分健全，为使公民权利得到无漏洞的救济，应当对法院或当事人失误而耽误的起诉时间采取较为宽松的态度。除了较容易认定的、纯粹为法院原因耽误起诉期限的情形外，面对当事人采取上访、申诉、信访等方式耽误的时间，应当进一步考察其背后真正的原因是否为法院不予立案。对法院不予立案耽误当事人起诉时间的，不能对当事

---

[12]　参见浙江省绍兴市中级人民法院(2020)浙06行终228号行政裁定书。

人赋予过分苛刻的证明责任。有的法院将《行政诉讼法》第五十一条理解为强制性规定,认为当事人在一审法院没有立案后未向上级法院申诉、起诉、投诉的,视为放弃诉权,不应扣除耽误时间。对此,最高人民法院判决指出,该条款不属于强制性规定,而是任意性规定。此规定授予起诉人权利,其可选择向上级人民法院提出申诉或者起诉,但并不是必需的,因此应当扣除耽误期限。[122]

第四,对当事人失误耽误起诉时间的扣除。对于当事人缺乏法律知识导致的错误提起民事诉讼、针对错误的行政行为或当事人等诉讼要结案提起诉讼、管辖法院错误、材料不全等失误,法院应主动扣除耽误期限。虽然上述情形确实与"不属于其自身的原因"有所出入,但对法律理解不健全而导致的失误,并非出于主观故意,是一种应当得到谅解的特殊情形。为减少因为上述原因耽误起诉期限的时间,法院应当履行释明义务,及时向当事人解释相关规则,纠正错误起诉。

3. 最长起诉期限的完善

最长起诉期限在阻碍当事人权利救济的同时,也间接导致法律适用的混乱和恣意。可以说,有很大一部分被裁定驳回的案件是因为最长起诉期限的限制,这一制度甚至使为保护当事人权益而设置的扣除、延长、主观起算点等制度无法发挥实效。

与普通起诉期限试图通过时间限制尽快解决行政争议,同时考量行政效率和相对人权益不同,最长起诉期限制度只关注法的安定性与行政效率,希望通过时间的经过让当事人的诉权归于消灭,以稳定法律秩序。这体现在两个方面,一是最长起诉期限为不变期间,不可以中断或者终止,也不可以延长或扣除,5 年或 20 年的时间自然经过后,行政争议就彻底丧失司法救济的可能性。二是最长起诉以"行政行为作出之日"这一客观时间节点为起算点,不考虑当事人是否知道行政行为或者起诉期限。如上文所述,本文将起诉期限的设立目的定位为"为尽快解决行政争议,对行政争议的司法救济途径加以时间限制"。这一设立目的实际上包含了维护当事人权益和维护法律秩序的双重考量,通过争议解决维护当事人的合法权益,通过争议的尽快解决,使法律秩序快速稳定,维护行政效率。但是,最长起诉期限制度

---

〔122〕　参见中华人民共和国最高人民法院(2020)最高法行再 168 号行政裁定书。

完全放弃了解决行政争议和当事人权益维护的设立目的,只为实现法律秩序的稳定。这样的制度设置不仅与起诉期限整体制度的设立宗旨相悖,也明显违反比例原则。

行政诉讼起诉期限多从民事诉讼时效借鉴而来,最长起诉期限也不例外。《民法典》第一百八十八条[123]虽然同样设了 20 年的最长时效,但同时规定了例外情况,为当事人的权利救济留下"口子",明确在特殊情况下可以对最长诉讼时效进行延长。而行政诉讼在借鉴民事诉讼时效时,出于维护法安定性的考虑,将民事最长时效中的例外规定全部舍弃,这导致最长起诉期限在实践中产生一系列问题,常常使当事人权益得不到救济。一方面,最长起诉期限不可延长和扣除很大程度上导致起诉期限中的扣除和延长制度难以发挥实效。另一方面,最长起诉期限适用的客观起算点没有为当事人的权利救济留下任何余地,使一般期限制度为保护诉权设置的主观起算点在一些案件中也被闲置。还是以冒名婚姻登记案件为例,当事人一般经过较长时间才知道自己被冒名登记结婚,因此可以适用期限延误制度,扣除当事人不知道被冒名的时间,起算点应为当事人知道行政行为作出之日,起诉期限自当事人知道婚姻登记行政行为起开始计算。可见,一般起诉期限制度中的多种适用规则已考虑到现实中的多种情况,为当事人权利保护留下了还算充足的空间。但问题就出在最长起诉期限制度上,5 年的最长起诉期限从行政行为作出之日开始计算,且丝毫不受延误制度影响,这导致大量冒名登记案件无法得到救济。

为了起诉期限制度能够更好地发挥实效,有必要改变当前的最长起诉期限规则。首先,不应当完全抛弃民事诉讼时效中的例外情形,应当为必要权利救济留下适当的例外规则。最高人民法院关于贯彻执行《中华人民共和国民法通则》若干问题的意见(试行)第一百六十九条曾规定,因中止诉讼时效的原因持续存在,导致权利人未能在规定期限内行使其请求权,属于可以延长诉讼时效的特殊情况。[124] 但是,行政诉讼与民事诉讼有着本质的区别,行政诉讼没有期限中止规则,如何限定例外情形是个颇为复杂的问题,

---

〔123〕 《民法典》第一百八十八条规定:"诉讼时效期间自权利人知道或者应当知道权利受到损害以及义务人之日起计算……自权利受到损害之日起超过二十年的,人民法院不予保护,有特殊情况的,人民法院可以根据权利人的申请决定延长。"

〔124〕 参见周江洪:《诉讼时效期间及其起算与延长——〈民法总则〉第 188 条评释》,《法治研究》2017 年第 3 期。

开的"口子"过大会导致法律秩序处于不稳定状态,开的"口子"过小也难以带来实质改变,无法保护当事人权益。对此,"尚某诉如东县民政局婚姻行政登记纠纷案"判决提供了较好的思路,该案突破最长起诉期限的理由是"原告尚某在 15 年之后提起诉讼,形式上确已超过法定起诉期限。但本案特殊性在于,结婚登记行为具有人身效力指向,且影响效力始终处于存续状态。"[125]根据行政行为法律效果是否具有延续性进行区分处理,对具有延续性效果的行政行为不适用最长起诉期限。此外,可以借鉴民事诉讼时效中的例外制度,当相对人因不可抗力或者其他不属于其自身的原因无法提起诉讼,且该阻碍事由一直处于延续状态时,不适用最长起诉期限。综上若耽误当事人起诉的事由一直延续到起诉前,以至当事人一直无法提起诉讼,且行政行为的法律效果具有延续性,一直到当事人起诉时仍影响着当事人的权利义务,则法官可以依申请延长最长起诉期限。

(三)完善起诉期限的审查模式

1. 起诉期限的性质应当定位为诉讼要件

起诉期限的性质是其在诉讼过程中担任何种角色的写照,决定了人民法院对起诉期限的审查模式,如法院是否应当主动审查起诉期限,应当在诉讼的哪一阶段进行审查等。因此,起诉期限性质的厘清是对其审查规则进行完善的前提。

起诉期限的性质之争主要围绕起诉条件说与诉讼要件说展开,两种学说针锋相对,但从我国现行的立法与司法实践来看,起诉条件说掌握了话语主导权。起诉条件说的核心观点在于:提起行政诉讼的必要条件之一是起诉期限,只有在规定期限内提起诉讼,法院才能受理,否则法院应裁定不予受理或驳回起诉。我国《行诉解释》第六十九条则明确规定了超过法定起诉期限应当裁定驳回起诉,这意味着起诉期限是行政诉讼成立并受理的基本条件之一,决定着案件能否进入司法实体审查。立法解释进一步明确了该推论:"除本条(第 49 条)规定外,本法的其他一些规定也是起诉条件。"[126]这一观点得到了学界的基本认可,例如有学者指出,第 49 条虽未将起诉期

〔125〕　江苏省南通经济技术开发区人民法院(2020)苏 0691 行初 325 号行政判决书。

〔126〕　全国人大常委会法制工作委员会行政法室编:《〈中华人民共和国行政诉讼法〉解读与适用》,法律出版社 2015 年版,第 112 页。

限纳入起诉条件,但当事人不在法律规定的期限内起诉,同样会导致起诉无效的后果。[127] 不仅如此,在涉及行政诉讼起诉条件制度的相关研究中,几乎无一例外地将起诉期限视为起诉条件之一,并以此作为学术研究开展的前提条件。[128] 最高人民法院裁判也曾明确指出,在行政诉讼中,起诉期限是必须满足的起诉条件之一,与民事诉讼中的诉讼时效不同,是解决行政起诉是否可以被法院实体审查的核心问题。[129] 综上,纵观我国学界观点、立法现实与司法实践,"起诉期限是行政诉讼的起诉条件"这一观点已经得到了几乎绝对的认同。

尽管如此,将起诉期限定性为起诉条件带来的弊端十分明显,首当其冲的是"导致了起诉的高阶化和诉讼程序开始的高阶化"[130]。依据我国审查模式,从立案到审理阶段的全过程皆可对起诉期限问题进行审查,在审理阶段的审查中也未采取诉讼要件与本案判决要件相分离的审查方式,而是一并进行审查。这使得诉讼要件融入起诉要件,造成起诉高阶化,"立案难"问题更加凸显。我国立案登记制改革仍未能化解受理制度与当事人之间的紧张关系,反映当事人诉权与法院审查权之间冲突和协调的起诉条件的预设功能并未真正实现。[131] 其中,因为超过起诉期限而被裁定驳回起诉的案件数量占比极高。究其原因,是我国现行法规定的"起诉条件"因部分吸纳诉讼要件与本案要件的内容而出现"高阶化"。[132] 其次,在立案阶段就对起诉期限这一颇为复杂的问题进行审查缺乏原被告之间的辩论交锋,仅由法院径行判断起诉是否超期不免具有局限性。针对起诉点、期限延误等需要进一步调查和论证的问题,难以得出准确真实的结论,也难以使当事人信服。

依据日本学者中村英郎的观点,民事诉讼过程可分为成立、合法到有理的三阶段递进状态,当第一阶段具备起诉要件后才能成立,可进入下一阶段;第二阶段具备诉讼要件后才视为合法,可进入下一阶段审查;而在第三

---

[127]　参见刘善春:《行政审判实用理论与制度建构》,中国法制出版社 2008 年版,第 463 页。

[128]　例如,高鸿:《行政诉讼起诉条件的制度与实践反思》,《中国法律评论》2018 年第 1 期。

[129]　参见中华人民共和国最高人民法院(2017)最高法行再 9 号行政裁定书。

[130]　张卫平:《起诉条件与实体判决要件》,《法学研究》2004 年第 6 期。

[131]　参见陈海萍:《行政诉讼起诉条件的规范缺陷与修正》,《行政法学研究》2020 年第 1 期。

[132]　梁君瑜:《行政诉讼阶段化构造改良论——基于程序正义与诉讼经济之双重价值诉求》,《广西社会科学》2017 年第 3 期。

阶段需具备本案要件才视为有理,原告的诉讼请求才能得到支持。[133] 诉的三阶层理论是大陆法系的主流观点,行政诉讼法因主要沿袭民事诉讼法理论,也同样采用这一诉讼审理程序。然而,我国并未采用诉的三阶层要件理论,而是采取"立审分离"的二阶层审查模式,由立案庭对诉讼能否进入实体审查进行判断,当案件进入实体审查后再由审判庭对当事人的诉讼请求进行审查。这样做导致了受案条件在立案程序中的扩张,淡化了起诉条件和诉讼要件在诉讼程序中的作用,混淆了诉的成立和合法的区别。[134]

在此背景下,借鉴日本立法将诉讼程序分为起诉条件、诉讼要件和本案要件审理三阶段是比较好的解决方式。[135] 在立案阶段需要审查的起诉条件应严格限定在《行政诉讼法》第四十九条规定的范围内,不再额外增加新的内容。[136] 这意味着起诉期限等《行诉解释》第六十九条规定的其他要件应当被纳入诉讼要件的范围内,起诉期限属于诉讼要件中的提起诉讼的障碍事由。诉讼要件是指法院审理并裁决本案实体权利义务争议所必须具备的条件,其法律效果在于,缺乏诉讼要件的案件,法院不能够对原告提出的实体请求或实体权利义务争议作出实体判决。[137] 将起诉期限定位为诉讼要件是对以往"起诉条件说"的挑战,却也是行政诉讼改革进程下的必经之路,是对起诉要件高阶化的有效回应。诉讼要件说使起诉期限审查得以更加充分暴露在当事人双方的辩论中,改变法院独自判断的封闭审查模式,能够更加有效地保护当事人的诉权。随着起诉期限性质的重新厘定,其相应的司法审查范式也应当得到进一步的改变和优化。

2. 起诉期限的审查责任

关于审查责任问题,应当承认人民法院对起诉期限具有主动审查的职责与权力。对于法院是否具有主动审查起诉期限的职责,学界存在两种截然不同的看法。早期许多学者认为,从旧《行政诉讼法》第四十一条和 2000 年《若干问题解释》第三十二条来看,在行政诉讼的起诉和受理阶段,人民法院没有权力主动审查原告起诉期限,启动起诉期限的审查应当由当事人

---

[133]　参见[日]中英村郎:《新民事诉讼法讲义》,陈刚等译,法律出版社 2001 年版,第 152 页。

[134]　段文波:《起诉程序的理论基础与制度前景》,《中外法学》2015 年第 4 期。

[135]　参见耿宝建:《立案登记制改革的应对和完善——兼谈诉权、诉的利益与诉讼要件审查》,《人民司法》2016 年第 25 期。

[136]　杨寅、李晓:《行政诉讼立案登记制的成效与完善》,《行政法学研究》2018 年第 2 期。

[137]　张卫平:《起诉条件与实体判决要件》,《法学研究》2004 年第 6 期。

主动提出。[138] 且法院主动审查模式对当事人而言,加重了原告举证的负担,与目前我国的司法环境不相适应,要求原告完成这一举证责任存在困难。[139] 直至近年,仍有学者认为,法院主动审查起诉期限问题,不利于查明案件事实真相,也不利于维护司法公正和司法权威。[140] 尽管如此,法院具有主动审查起诉期限的职责仍是大多数学者与司法实践的观点。有学者在法院主动审查模式的基础上提出,应当以法院依职权审查为原则,被告申请审查为例外。[141]

对此笔者认为,法院具有主动审查起诉期限的职责,但是应当以当事人主义为主,以法院依职权审查为例外。理由在于,我国诉讼模式是一种职权主导的体制,对起诉条件的审查,基本上是一种职权调查裁判的方式。[142] 该审查模式在短期内难以改变,且在最高人民法院及法官编写的司法释义书与著作中,已经明确阐释了法院具有主动审查起诉期限的权力。[143] 但是,职权主义审查不免造成审查的封闭性,由双方当事人充分参与对抗和辩论的当事人主义能够更好地保护当事人诉权。尤其涉及事实认定争议的情况下,更应当使当事人充分辩论,以还原真相。此外,在避免实体问题审查的倾向影响下,法官更加倾向于以超过起诉期限为由驳回起诉而非进行更加复杂的实体审查,因此职权主义审查模式可能在一定程度上加剧超期裁驳案件比例失衡的状况。当事人主义为中心的审查模式具体表现为当被告对起诉期限没有提出异议时,法院对起诉期限的主动审查限于形式上的审查。只有当原告的诉讼明显超过起诉期限且没有争议时,法院才进行审查并裁定驳回起诉。以当事人主义为主的审查模式更加符合起诉期限解决行政争议的功能定位,秉着实质性解决行政争议的态度,应当尽量避免因程序性问题裁定驳回起诉,使当事人的诉求无法进入实体问题的审查阶段。

---

〔138〕　参见肖峰昌:《行政诉讼起诉期限若干问题辨析 以最高人民法院司法解释为视角》,《法律适用》2006 年第 9 期。

〔139〕　参见宾家应:《行政诉讼起诉期限审查之检讨》,《法律适用》2007 年第 10 期。

〔140〕　参见王鹏、吕成:《法院不应主动审查起诉期限——兼论超起诉期限行政行为的司法审查》,《江淮论坛》2017 年第 1 期。

〔141〕　参见范伟:《行政诉讼中起诉期限的法律属性及其司法审查进路》,《江海学刊》2019 年第 2 期。

〔142〕　张卫平:《起诉条件与实体判决要件》,《法学研究》2004 年第 6 期。

〔143〕　参见最高人民法院行政审判庭编著:《中华人民共和国行政诉讼法及司法解释条文理解与适用》,人民法院出版社 2015 年版,第 279 页。

3. 起诉期限的审查阶段

依据诉的三阶层构造改良说,起诉期限不再是起诉条件,而是诉讼要件。法院在立案阶段仅对起诉条件进行形式审查,而不对包括起诉期限在内的诉讼要件进行审查。在此阶段,只要原告提交合法的诉状,包含必要记载事项,即有明确的当事人、诉讼请求及事实理由,案件即可进入审理程序。诉讼要件在诉讼开始以后才进行审查,并采用"复式审查模式"。所谓"复式审理结构",是指在大陆法系国家,如德国、日本等,诉讼程序中对实体判决要件和本案实体争议的审理是同时进行的,这与必须先确定是否具备实体判决要件才能进入实体争议审理的方式有所不同。[144] 这意味着起诉期限与其他实体问题的审查都将贯穿诉讼的全过程,而无时间和程序上的分离,这与我国当前的起诉期限审查模式相契合。但是,完全照搬大陆法系国家的审查模式,同样会产生新的问题。最为突出的是,放任大量明显超过起诉期限的案件进入审判庭,从而进行不必要的实体审查,无疑是对司法资源的浪费。因此,在借鉴域外审理程序的同时,我们也应当结合具体实际对起诉期限的审理模式进行优化。

首先,法院在立案阶段不审查起诉期限,依据诉的三阶层构造理论,应当将起诉期限问题移至审理过程中审查。这样给予了当事人充分陈述、辩论的机会,当事人对于法院驳回起诉也会较为容易接受和理解。[145] 其次,应当在案件审理开始时先对起诉期限等一系列诉讼要件进行审查,明确起诉的适法性后再进行本案判决要件的审查。同时,在各诉讼要件之间存在着一定的逻辑顺序,根据《最高人民法院关于行政诉讼证据若干问题的规定》第四条之规定,起诉期限问题属于被告方的抗辩理由,应当由被告方承担举证责任,该问题不属于受理案件的前提条件,而是在确认受案范围、原告资格、事实依据之后才予以审查的事项。[146] 法院审理时应当按照受案范围、原告资格、事实依据、起诉期限顺序,不可随意颠倒,才能最大限度地统一法院的裁判标准。

---

[144] 参见张卫平:《起诉条件与实体判决要件》,《法学研究》2004 年第 6 期。

[145] 参见张卫平:《民事案件受理制度的反思与重构》,《法商研究》2015 年第 3 期。

[146] 参见高鸿:《行政诉讼起诉条件的制度与实践反思》,《中国法律评论》2018 年第 1 期。

(四)厘清"过期之诉"的治理边界

面对法院裁判结果并无不当,但当事人存在合法合理诉求的"过期之诉",检察机关通常采取制发检察建议实现行政争议的实质性化解。[147] 在尽快解决行政争议目的论视域下,起诉期限是对行政纠纷司法救济途径的时间限制,检察机关作为司法救济途径之一介入"过期之诉"时应当保有一定边界,以防过分影响行政行为效率与法的安定性。

1. 对"过期之诉"制发的检察建议属于社会治理类检察建议

人民检察院对"过期之诉"的治理通常采用检察建议的方式,然而相关规范或案例并未明确此种治理方式属于什么性质,以及其是否属于检察机关的法定职权。要厘清"过期之诉"治理的边界,应当先对这种治理方式的性质进行明确。

根据 2019 年最高人民检察院发布的《人民检察院检察建议工作规定》(以下简称《建议规定》),检察建议共分为五种类型:再审检察建议、纠正违法检察建议、公益诉讼检察建议、社会治理检察建议、其他检察建议。"过期之诉"治理所制发的检察建议即是其中的社会治理检察建议,是针对社会管理问题向有关单位和部门提出改进工作、完善治理的检察建议。《建议规定》第十一条对社会治理检察建议的制发要求作出阐释,包括违法犯罪预防、监管疏漏改善、民间纠纷防治、依法履职督促和违法责任追究五种情形。例如,在"姚某案"中,检察机关向婚姻登记机关制发的检察建议归于监管疏漏改善型的检察建议,即民政机关不依法及时履行更正错误的婚姻登记职责,致使公民合法权益受到损害或者存在损害危险,需要及时整改消除的。可以见得,检察机关通过检察建议督促行政机关履行职责是"过期之诉"治理的主要方式。

社会治理检察建议是检察建议的重要类别,对其属性的辨析需要回归对检察建议整体制度性质的厘定。学界对检察建议性质的讨论主要集中于其是否属于法律监督职权,存在肯定说、否定说和二分说三种并行观点。肯

---

[147] 参见张相军、马睿:《超过起诉期限检察监督案件的行政争议实质性化解》,《人民检察》2022 年第 6 期。

定说认为检察建议属于法律监督权,是其重要组成部分。[148] 否定说认为检察建议不是法律监督,也不属于检察职权,只是辅助检察职权实现的事实行为,[149]是社会治安综合治理的一种手段。[150] 二分说将检察建议划分为法律监督与社会综合治理,认为具有法律监督职能的检察建议是一种权力,而具有社会综合治理职能的检察建议是一种权利。[151] 2009 年最高人民检察院出台的《人民检察院检察建议工作规定(试行)》对检察建议的界定与二分说相契合,将检察建议定性为履行法律监督职能之外的延伸,必须依附于检察监督而存在,区别于独立的检察职能。在二分说视域下,社会治理检察建议与法律监督检察建议一分为二,社会治理检察建议不具有法律监督性质,是检察机关依法履行监督职能的延伸。[152] 并且,作为权利而存在的社会检察建议不是检察机关的法定职权,只是辅助检察职权实现的手段。

但是,这一定性在 2018 年《人民检察院组织法》和 2019 年《建议规定》颁布后得到改变。2018 年《人民检察院组织法》第二十一条第一次将检察建议与抗诉、纠正意见共同列为检察机关行使法律监督职权的法定方式。2019 年《检察建议》对检察建议进行全新的定义,明确检察建议是法律监督职责的重要方式,是一种法定的检察权。[153] 也因此,不应当再将社会治理与检察监督强行割裂,社会治理检察建议被视为法律监督的重要方式,是一种法定的检察权。既是权力即有边界,社会治理检察建议权的行使并非漫无边界,而是受到权力有限原则的约束。一般认为,检察权具有司法权与行政权的双重属性,检察治理检察建议既要积极参与社会治理,发挥检察能动效能,也要秉持司法权的谦抑性原则,不能代替行政机关作出判断。检察权作为一般监督手段,对一切个人行为以及政权机关、经济机关、社会团体、其

---

〔148〕 参见韩成军:《检察建议的本质属性与法律规制》,《河南大学学报(社会科学版)》2014年第 5 期。

〔149〕 参见吕涛:《检察建议的法理分析》,《法学论坛》2010 年第 2 期。

〔150〕 参见杨书文:《检察建议基本问题研究》,《人民检察》2005 年第 17 期。

〔151〕 参见万毅、李小东:《权力的边界:检察建议的实证分析》,《东方法学》2008 年第 1 期。

〔152〕 参见邹云翔等:《社会治理检察建议的特征与运行机制》,《人民检察》2021 年第 17 期。

〔153〕 2019 年《检察建议》第 2 条规定:"检察建议是人民检察院依法履行法律监督职责,参与社会治理,维护司法公正,促进依法行政,预防和减少违法犯罪,保护国家利益和社会公共利益,维护个人和组织合法权益,保障法律统一正确实施的重要方式。"

他组织是否合法实施全面监督已成为过去式。[154] 此外,"建议"这一表述所具有的柔性特征进一步强调了检察建议所应坚持的谦抑性原则。

2. "过期之诉"治理应当秉持司法谦抑原则

行政行为具有形式确定力,随着时间的流逝获得不可争辩的效力,以实现法的安定性,使法律关系得以早日稳定,减轻法院负担以及增进行政效率。一般认为,检察权兼具行政权与司法权属性,在介入行政诉讼纠纷时,检察机关更多的是发挥其司法权职能。正因如此,对"过期之诉"进行检察监督应当秉持司法谦抑性原则,只能作为例外的救济措施,并在社会治理检察建议的职权范围内行使。

《建议规定》第十一条将社会治理检察建议的制发时机限定为"办理案件中",这意味着检察机关对"过期之诉"的治理应当限定在办理案件中,不能在没有任何案件背景的情况下直接制发检察建议。当然,对"办理案件中"应当作广义理解,"案件"不但包括"四大检察""十大业务",也包括人大代表、政协委员的提案履职、信访案件办理等。[155] "办理中"不仅包括案件办理的过程中,还包括案件办理后的总结梳理程序等。概言之,社会治理类检察建议的制发应当保持一定程度的谦抑,以案件为依托,针对在案件中发现的问题制发。此外,针对"过期之诉"制发的检察建议应当要求所涉案件具有典型性,具有较大的社会影响。典型性是指个案集中体现了某一类别的现象或共性的性质,包括普遍现象的集中性、反常现象的极端性和未知现象的启示性。[156] 反映普遍问题的个案具有集中性,集中某类社会治理问题的主要特征和属性;反映反常问题的个案具有极端性,即以最反常的情形作为突破口制发检察建议;反映未知问题的个案具有启示性,对某类社会治理问题具有揭示意义。

3. "过期之诉"治理应当运用利益衡量原则

对"过期之诉"进行检察监督应当对法安定性与个案正义进行价值衡

---

〔154〕 参见姜伟、杨隽:《检察建议法制化的历史、现实和比较》,《政治与法律》2010 年第 10 期。

〔155〕 参见王林、王柏洪:《社会治理类检察建议的权力边界及规范化》,《广西大学学报(哲学社会科学版)》2021 年第 2 期。

〔156〕 参见王宁:《代表性还是典型性?——个案的属性与个案研究方法的逻辑基础》,《社会学研究》2002 年第 5 期。

量。行政行为效力是行政诉讼起诉期限设置的理论基础,行政行为形式确定力要求其具有不受任意改变的法律效力。一般认为形式确定力的理论依据,或者说对行政相对人的法定救济权进行限制的正当理由是法的安定性。[157] 如果行政相对人得以随时提起诉讼来改变行政行为效力,那么依赖行政行为所形成的权利义务关系将处于一种不稳定的状态,这无疑将对社会安定造成损害。同时,效力的不确定使得行政行为无法正常展开,影响行政效率。

　　然而,法安定性与正义并非宁若春水,而系出于彼此对立而又互相补充的紧张关系中。法安定性与正义之间的矛盾,可视为正义本身的矛盾,即表象的正义与实质的正义之自我衡平。[158] 对"过期之诉"的治理不仅需要考虑个案正义,还要权衡超期治理对行政行为形式确定力与法安定性的影响。例如,在新疆维吾尔自治区乌鲁木齐县检察院办理的一起"过期之诉"治理案件中,乡政府在 2015 年 5 月发现木某所占用的宅基地面积超过规定标准,于是指示村委会对木某正在施工的院墙进行强制拆除,而未按照法律规定履行催告、告知等程序,导致木某遭受经济损失。此后,木某一直通过与乡政府、村委会进行协商的方式维权,但都未果,至 2021 年提起诉讼时已经超过起诉期限。检察机关认为乡政府在审批宅基地时不合规范,随后又未经法定程序强制拆除木某的院墙,侵犯了木某的合法权益,应当对木某因此产生的经济损失进行赔偿。随后,先后与木某、乡政府及村委会多次进行沟通,促使双方达成和解。[159] 在该案中,当事人木某属低保人员,再加上身患残疾,家里的经济条件非常困难,房屋强拆未补偿给其生活带来巨大影响。案件虽已经超过起诉期限,但相比法安定性之考量,个案正义更加值得关注。

---

　　〔157〕　参见章志远:《行政行为效力论》,苏州大学 2002 届博士学位论文。

　　〔158〕　参见邵曼璠:《论公法上之法安定性原则》,载城仲模主编:《行政法之一般法律原则(二)》,三民书局 1997 年版,第 281-282 页。

　　〔159〕　参见何海燕等:《过期之诉被驳回后……》,《检察日报》2022 年 8 月 24 日第 6 版。

结　语

　　行政诉讼起诉期限制度的设立目的应当定位为"尽快解决行政争议"。起诉期限的适用应当首先考量实现实体正义的正义价值，其次考量维护行政效力的秩序价值，最后考量合理配置司法资源的效率价值。起诉期限脱胎于民事诉讼时效，但与之仍存在本质差异；起诉期限的设置应当考虑行政诉讼类型和行政受案范围等相关理论，根据相关理论的发展及时做出调整。基于此，对起诉期限制度的完善应从立法、适用、审查、补救四个层面共同进行。在立法上，取消复议决定、行政协议、涉动产不动产等案件的区分适用，以行政诉讼类型为区分标准，将起诉期限的适用范围限制于撤销之诉和部分课予义务之诉，排除适用于给付之诉和确认之诉。在适用上，对起算点的认定应明确被诉"行政行为"、严格把握"知道"的程度、审慎推定"应当知道"、依法判定行政行为"作出"。对期限延误的适用，应当把握"不可归责于当事人""达到了阻碍当事人提起诉讼的程度""因果关系不可阻断性""当事人具有信赖保护利益"四个判断要素，并采取有利于当事人的原则判断民事争议处理时间、当事人积极主张权利时间、法院原因耽误时间、当事人失误耽误时间等特殊情形的扣除。对最长起诉期限应当设置例外情形，当耽误当事人起诉的情形一直持续，且被诉行政行为的法律效果处于存续状态时，法院可以依职权延长最长起诉期限。在审查上，法院具有主动审查起诉期限的职责，但应当秉持当事人主义，并在案件审理阶段对起诉期限进行先行审查。在"过期之诉"补救上，检察机关制发检察建议应当秉持司法谦抑性，原则运用利益衡量原则，仅在案件办理中针对具有典型性和救济必要性的"过期之诉"进行治理。

Abstract：The system of time limit for litigation plays an important role in administrative litigation, which directly affects the realization of the litigant's right of action and the settlement of administrative disputes. A large number of judgment documents show that there are still four major problems in the period of prosecution: unbalanced proportion of "delayed adjudication" cases, divergent specific applicable rules, imperfect review mode, and unclear governance boundary of "overdue litigation". The purpose positioning of the time limit for prosecution is the starting point of the entire system, and the existing purpose theory cannot provide complete support for the improvement of the time limit system. Based on the purpose of administrative litigation for dispute resolution and the practical demand for efficient resolution of administrative disputes, the purpose of establishing the time limit for the judicial relief of administrative disputes should be positioned as the time limit for resolving administrative disputes as soon as possible. "To resolve administrative disputes as soon as possible" determines that the system has three values of justice, order and efficiency. In its application, the justice value of realizing substantial justice should be the first consideration, followed by the order value of maintaining administrative effectiveness, and finally the efficiency value of reasonable allocation of judicial resources. The improvement of the system should be carried out from four levels: legislation, application, review and remedy. In terms of legislation, the distinction between reconsideration decisions, administrative agreements, and cases involving movable and immovable property is abolished, and the type of administrative litigation is changed to be oriented, making it clear that the litigation period is only applicable to the litigation of cancellation and partial obligation, excluding the litigation applicable to the litigation of payment and confirmation. In terms of application, with the goal of resolving administrative disputes as soon as possible, the applicable rules of starting point, deadline delay, and the longest prosecution period are unified. In the examination, the court has the responsibility of examining the time limit of prosecution, but it should uphold the doctrine of parties. And the review stage of the prosecution period should not be at the time of filing, but should be at the initial stage of the case trial. In terms of remedy, the procuratorial suggestions should be characterized as the procuratorial suggestions of social governance, and only the typical " overdue lawsuits" should be managed in the handling of cases. And apply the principle of interest measurement to remedy only the "overdue action" which has the necessity of relief.

　　Keywords：administrative litigation；Time limit for prosecution；Settlement of administrative disputes；Administrative litigation right

［推荐人及推荐理由］

　　行政诉讼起诉期限超过与否,直接关系行政争议能否进入实体审理阶段予以解决,作者从行政诉讼起诉期限这一小问题入手研究,尝试解决行政诉讼立案难的问题,选题具有一定的研究价值。文章有 2015 年新行政诉讼法以来裁定驳回起诉案件数据作为支撑,有各种学说理论作为依据,反映作者具备扎实的专业基础知识和较好的研究能力。从立法、适用、审查和补救四个方面进行完善,实则从制度本身和程序方面提出建议,角度清晰、全面。其中,构建类型化的起诉期限制度符合行政诉讼类型化的研究热点,检察机关针对"过期之诉"制发的检察建议,也符合行政检察促进行政争议实质性解决的社会治理方式。总体而言,是一篇优秀的硕士毕业论文,特予推荐。

　　　　　　　　　　——章志远,华东政法大学法律学院教授、博士生导师

美国通信产业规制中的附属管辖权原理

李　芊*

内容提要：美国联邦通信委员会根据 1934 年《通信法》设立之初，主要负责美国州际与涉外广播、电话与电报服务的规制。然而，面临有线电视、计算机、互联网等通信技术的飞速发展，《通信法》的专门授权已无法满足社会发展的规制需求，体现规制权力自主扩张的默示管辖权逐渐生成，并经联邦最高法院通过"附属管辖权原理"予以确认，成为确保法律随社会演化的重要机制。通过对附属管辖权原理的生成、扩张与发展过程的历史考察，本文主张，围绕通信产业新技术的规制，在美国联邦通信委员会、联邦法院与国会之间形成了一种以商谈民主为合法性基础的合作型普通法规制进路。该进路对我国信息社会依法行政原则内涵的更新，以及通信产业政策的制定均具有启示意义。

关键词：美国联邦通信委员会；附属管辖权原理；演化；合作规制；依法行政

一、引言

美国联邦通信委员会（Federal Communications Commission）是罗斯福新政时期设立且存续至今的典型独立规制机构之一，在新政时期信赖机构专门知识的背景下，获得规制特定经济领域的宽泛授权，且受到较少的事前

---

　*　李芊，清华大学法学院比较法方向博士研究生。

限制。[1] 1934 年《通信法》(Communications Act of 1934)分别在第二编(Title II)和第三编(Title III)中,赋予美国联邦通信委员会对作为公共承运人(common carrier)[2]的电报与电话,以及作为大众传媒的无线广播享有明示的法定管辖权。[3] 这种管辖权的设定反映出 20 世纪初第二次工业革命的成果。

但随着 20 世纪后半叶信息和通信技术的飞速发展,信息社会正在浮现。[4] 美国国会立法的滞后,导致一时之间并未形成全面覆盖信息社会诸多领域的规制。为此,美国联邦通信委员会通过对默示管辖权的解释,自行将管辖权扩张至 1934 年《通信法》未予明示授权的通信技术新兴领域,并经联邦最高法院于 1968 年在一个有关有线电视规制管辖权的案件中通过"附属管辖权原理"(ancillary jurisdiction doctrine)予以确认,作为美国联邦通信委员会对新通信技术行使管辖权的正当化依据。此后,联邦通信委员会以该原理为依据,将管辖权向有线电视与计算机通信领域双向扩张,并呈现出不同规制效果。进入互联网时代,美国联邦通信委员会进一步通过附属管辖权,将规制权力扩张至互联网的应用层,附属管辖权的具体范围因此也成为极具争议的焦点。

附属管辖权的非明文授权性、权力范围模糊性,使其处于行政扩权的前沿阵地,以及司法判决中的阴影地带(penumbra area),具有十分重要的学术价值与现实意义。[5] 鉴于美国作为通信产业中的发达国家,联邦通信委

---

〔1〕　Mark Seidenfeld, *Bending the Rules: Flexible Regulation and Constraints of Agency Discretion*, Administrative Law Review, vol. 51, no. 2 (Spring 1999), pp. 429-495.

〔2〕　关于 common carrier 的制度演变与翻译问题,参见马得懿:《普通承运人、公共承运人与"从事公共运输的承运人":渊源、流变与立法探究》,《社会科学》2016 年第 8 期;高薇:《互联网时代的公共承运人规制》,《政法论坛》2016 年第 4 期。

〔3〕　行政管辖权(administrative jurisdiction)与司法管辖权(judicial jurisdiction)不同,传统的司法管辖权理论与法院裁决特定类型纠纷的权力有关;法院对当事人施加特定类型要求的权力是救济(remedial)而非管辖权方面的考量。行政管辖权不仅包括机构(agency)对受规制实体行使职权的权力,还包括机构可能施加的规制要求(regulatory requirements)的类型。参见 Michael Botein, *Jurisdictional and Antitrust Considerations in the Regulation of the New Communication Technologies*, New York Law School Law Review, vol. 25, no. 4 (1980), p. 864.

〔4〕　[美]丹尼尔·贝尔:《后工业社会的来临》,高铦、王宏周、魏章玲译,江西人民出版社 2018 年版。

〔5〕　借用哈特的主张,由于自然语言所具有的开放结构,会有部分案例处于语义核心地带之外的阴影地带(penumbra area),处于阴影地带的案例需要法官进行道德判断。见 H. L. A. Hart, *Essays in Jurisprudence and Philosophy*, Oxford University Press (1983), pp. 63-64.

员会又作为通信产业的主导规制机构,以联邦通信委员会的附属管辖权为切入点,对该委员会在规制权力的灵活性与合法性之间形成的张力及其应对路径展开研究,可以帮助我们发现信息社会中依法行政原则之更新的必要性与可能性,对我们建设面向信息社会的民主、廉洁而高效的政府颇具借鉴意义。

二、附属管辖权原理的缘起

美国联邦通信委员会根据 1934 年《通信法》而设立,负责"规制州际和涉外有线与无线电通信业务,从而尽可能使全体美国人民,不分种族、肤色、宗教、国籍或性别,都能以合理的价格、有充足的设备,获得快速高效的国内和国际有线与无线电通信服务。"[6]与所有的独立规制机构类似,联邦通信委员会的履行职权的方式包括准立法权、准司法权以及行政权,[7]例如《通信法》多处规定,联邦通信委员会有权"为履行职能之必要,实施任何一切立法,制定规则和规章,以及发布命令,但不得与本章内容冲突。"[8]然而,尽管《通信法》立法目的条款的授权看似宽泛,但联邦通信委员会并不当然享有规范所有通信产业的权力。相反,根据 1934 年《通信法》的章节设计,[9]联邦通信委员会享有两类管辖权。第一类是根据《通信法》第二编对公共承运人享有的管辖权,彼时最为典型的通信公共承运人包括电报和电话公司。第二类是根据第三编对在州际或对外贸易中使用"任何通过无线电传输能量或通信或信号的装置"所行使的管辖权,包括(1)对广播电台的管辖权;(2)对第二编中的公共承运人根据第三编的规定所行使的管辖权,例如第二编中的公共承运人在使用无线电波传输时,也需要根据第三编的要求获得

---

[6] Section 1 of the Communications Act of 1934.

[7] James M. Landis, *The Administrative Process*, Yale University Press (1938), p. 10.

[8] Section 4(i), Section 303(r) of the Communications Act of 1934.

[9] 1934 年《通信法》共包括六编(Titles),各编标题分别为:第一编"总则"、第二编"公共承运人"、第三编"关于无线电的规定"、第四编"程序与行政管理的规定"、第五编"处罚"和第六编"附则"。其中,第一编对 1934 年《通信法》的立法目的、适用范围、联邦通信委员会的设立、组织与职权,以及术语的定义等进行了规定。第二编和第三编分别授权联邦通信委员会对作为通信公共承运人的电话电报企业以及对作为大众传媒的无线电广播进行规制。第四、五、六编则是有关前两编实体职权执行机制的规定。

相应许可;(3)对既不属于第二编的公共承运人也不属于第三编的广播站台的频谱使用所行使的管辖权,例如对民用波段电台(citizen band operators)的规制。[10]

此种管辖权的设置与 19 世纪末 20 世纪初的美国通信产业的立法史有关。联邦通信委员会虽于新政时期成立,但其机构设置、职权范围则是早先州际商业委员会与联邦无线电委员会职权的合并整合;1934 年《通信法》更为重要的目的是改变在通信产业政出多门、相互分割的状况,把美国当时的州际与国际通信、电报电话与无线电广播等通信领域集中于联邦通信委员会,对整个通信产业实行统一规制,以确保政府监管的清晰和效率。[11] 因此,1934 年《通信法》在整合与继承 1887 年《州际商业法》(Interstate Commerce Act of 1887)、1910 年《曼—埃尔金斯法》(Mann Elkins Act of 1910)以及 1927 年《无线电法》(Radio Act of 1927)的基础上,形成了两种不同的规制理据与规制模式,分别是:(1)基于通信业自然垄断性质的理据,对作为公共承运人的电报和电话进行的公用事业规制模式,主要规则包含在 1934 年《通信法》的第二编;(2)基于无线频谱稀缺性的理据,对无线电广播采取的公共信托规制模式,主要规则包含在 1934 年《通信法》的第三编。[12] 其中,公共承运人——公用事业规制模式主张,鉴于公共承运人所具有的自然垄断性质,可通过规制维持其垄断地位的同时使其服务于公共利益,主要规制活动包括批准电话与电报公司的服务费率和市场准入等。而广播——公共信托规制模式主张,鉴于无线频谱的稀缺性,可将其视为公共财产,通过规制广播电台的许可条件而使其服务于公共利益,主要规制活动包括设立频谱资源使用许可和规范广播电台节目内容等。

然而,20 世纪后半叶通信技术的飞速发展,例如有线电视、微波通信、计算机通信等技术的发展,均向 1934 年《通信法》的旧式规制模式和规制理

---

[10]　Sec. 301 of Communications Act of 1934. Secs. 311,315,317 of Communications Act of 1934.

[11]　Glen O. Robinson, *The Federal Communications Act: An Essay on Origins and Regulatory Purposes*, in Max D. Paglin (ed.), A Legislative history of the Communications Act of 1934, Oxford University Press (1989), pp. 3-4.

[12]　Kimberly A. Zarkin and Michael J. Zarkin, *The Federal Communications Commission: Front Line in the Culture and Regulation Wars*, Greenwood Press (2006), pp. 1-3; Michael Zarkin, *The FCC and the Politics of Cable TV Regulation*, 1952—1980: *Organizational Learning and Policy Development*, Cambria Press (2010), pp. 49-55.

据不断提出全新挑战。首先是有线电视的发展。无需占用频谱资源的有线电视系统于 60 年代兴起并于 70 年代开始自创节目,频道远远超过无线电视,使得稀缺性不再成为问题,建立在稀缺性基础上的准入许可因此频遭攻击。[13] 随后是微波通信技术乃至卫星通信技术的发展。微波通信一方面进一步扩大了有线电视和无线广播的传播范围,另一方面也使得电话公司的长途和专线业务的自然垄断性质开始遭受质疑,联邦通信委员会因此对在位企业(incumbent firms)从维护垄断逐渐转向促进竞争的规制方式。[14] 最后是计算机的发展及其与通信技术的结合乃至互联网的商业化,使得不同底层通信技术的差异逐渐缩小乃至融合,更让 1934 年《通信法》区分不同产业进行规制的立法模式争议日显。[15] 因此,随着通信技术的发展以及规制理念的变迁,1934 年《通信法》的明示条文与规制模式已无法直接涵盖新的通信技术,难以及时回应新的规制需求。在此背景下,联邦通信委员会在上述明示授权的管辖权之外,发展出了第三类范围模糊的默示(implied)管辖权或剩余管辖权(residual jurisdiction)。[16] 根据这类管辖权,联邦通信委员会可根据第一编的一般授权条款对无法直接套用第二编或第三编专门授权规定的通信活动展开规制。

面临技术革新提出的规制挑战,联邦通信委员会通过不断扩大自身管辖权的方式予以回应,反映出了信息社会规制权力的自主编程(Selbstprogrammierung)现象。政府行政已经不再能够在一个规范含义明确无误的责任框架中,把活动仅限于以规范上中立的、具有专业能力的方式来执行法律。[17] 面临规制权力自主编程现象,如何修补民主的传送带,实现独立规制机构规制权力的民主问责性,成为亟待解决的问题。在此过程

---

〔13〕 Daniel L. Brenner, *Communications Regulation in the Eighties: The Vanishing Drawbridge*, Administrative Law Review, vol. 33, no. 2 (Spring 1981), pp. 255-268.

〔14〕 Günter Knieps & Pablo T. Spiller, *Regulating by Partial Deregulation: The Case of Telecommunications*, Administrative Law Review, vol. 35, no. 4 (Fall 1983), pp. 391-422.

〔15〕 Philip J. Weiser, *Toward a Next Generation Regulatory Strategy*, Loyola University Chicago Law Journal, vol. 35, no. 1 (Fall 2003), pp. 41-86.

〔16〕 Michael Botein, *Jurisdictional and Antitrust Considerations in the Regulation of the New Communication Technologies*, New York Law School Law Review, vol. 25, no. 4 (1980), p. 865.

〔17〕 [德]哈贝马斯:《在事实与规范之间:关于法律和民主法治国的商谈理论》,童世骏译,新知三联书店 2014 年版,第 541 页。

中,美国联邦最高法院发挥了对联邦通信委员会规制权力的制衡作用,在1968年的司法判例中,通过"附属管辖权"原理,将联邦通信委员会这种未经明文授权、范围相对模糊的管辖权予以规范化,用以平衡通信产业中科技变革导致的行政灵活性与合法性之间的张力。因此,本文试图从制度史的视角,呈现附属管辖权的首次生成、后续扩张与新近发展的历史,并在此基础上对附属管辖权原理的制度功能与社会成效进行总结与反思,进而勾勒出其对我国通信政策制定的可能启示。

三、附属管辖权原理的生成与扩张

(一)首次生成:从无线电视到有线电视

1. 新技术与旧产业的博弈

20 世纪后半叶,是通信技术开始迅猛发展的时期,从无线电视到有线电视,从固定电话机到移动用户端,从模拟通信到数字通信,从窄带通信到宽带互联网,技术的每一次变革型创新,往往兼具机遇与挑战,对于甫经制定便已滞后的立法以及既成帝业难免守成的产业而言均是如此。而20世纪后半叶初,最先给旧的立法提出深刻挑战,更给旧的产业带来灭顶之灾的通信技术是有线电视。[18]

在有线电视发明之前的20世纪40年代,电视的发明与商业化应用为时不久,[19]视频信息主要通过全国广播公司(NBC)、哥伦比亚广播公司(CBS)和相互广播公司(MBS)三寡头控制着的无线广播网传输。[20] 无线广播电视通过开放的频谱传输,使得任何人只要自家有电视机、附近有电视台,即可接收信号看电视,但这种传输方式面临的局限包括:频谱资源具有

---

〔18〕 吴修铭主张,正是有线电视的出现让之前占据主导地位的电视广播形式面临灭顶之灾。参见吴修铭:《总开关:信息帝国的兴衰变迁》,顾佳译,中信出版社2011年版,第175页。

〔19〕 1941 年,联邦通信委员会批准了电视服务的全面商业化。参见[美] P. R. 帕森斯, R. M. 弗里登:《有线与卫星电视产业》,詹正茂译,清华大学出版社2005年版,第25页。

〔20〕 National Broadcasting Co., Inc. et al. v. United States et al, 319 U. S. 190 (1943).

稀缺性、频道之间容易相互干扰、信号传输距离有限。[21] 此外,广播电视业采取的是以商业广告支持免费电视节目的商业模式。在这种模式下,虽然观众可以免费观看电视节目,但电台为吸引更多观众以维持广告收入,一般更倾向于在人口密集的城市中心提供符合大众口味的节目,而无法顾及地广人稀地区人们对电视信号的需求以及少数群体对节目内容的特殊需求。[22] 有线电视便是为解决无线广播电视的上述问题而出现的。到 20 世纪 60 年代后期,随着有线系统频道容量的进一步增大,微波中继链路的陆续增多,[23] 有线电视运营商将远程广播信号引进到本地社区的数量大幅增加,并开始将业务从城镇扩张至全美各大城市,[24] 有线电视所具有的节目多样性、信号质量高的优势越发突显,广播电视普遍感到有线电视的替代功能逐渐显现。[25]

意识到有线电视的替代潜力带来的威胁后,当时的广播电视业自然不会坐视不理,而是以经济破坏、不正当竞争和版权侵权三个理由,向联邦通信委员会寻求同等规制,吁请国会寻求立法保护,以及向法院寻求司法救济。在广播业看来,首先,小市场的电台担心有线系统将大市场电台的相同节目信号引入到小城镇的做法,会使得当地观众碎片化,广告商因此不再购买小城镇电台的大量时间,从而减少当地电视台的广告收入水平,并摧毁当地电视台的经济活力。其次,不同于广播电台需要获得节目制作方的许可并支付相应费用才能播放电视节目,有线电视仅仅通过天线或微波链路从空中免费接收信号,而不给予信号来源方或节目权利人任何补偿,因此相对于广播电视台而言,有线电视享有不公平的竞争优势。最后,也是最为关键

---

〔21〕　[美] P. R. 帕森斯、R. M. 弗里登:《有线与卫星电视产业》,詹正茂译,清华大学出版社 2005 年版,第 71 页。

〔22〕　根据当时的研究,拥有附属台的电视台要保持经济上的可行,需要 2.5 万～5 万未重复计算过的观众,而这一数字远超过了许多小城镇的电视台所能够获得的观众数。Don Le Duc, *Cable Television and the FCC*: *A Crisis in Media Control*, Temple University Press (1973), p. 65.

〔23〕　到 1965 年,使用微波中继站系统的社区天线电视大约占 12%。Martin H. Seiden, *An Economic Analysis of Community Antenna Television Systems and The Television Broadcasting Industry*, Washington U. S. Government Printing Office (1965), p. 80.

〔24〕　Note, *The Wire Mire*: *The FCC and CATV*, Harvard Law Review, vol. 79, no. 2 (December 1965), pp. 366-390.

〔25〕　Joseph R. Fogarty & Marcia Spielholz, *FCC Cable Jurisdiction*: *From Zero to Plenary in Twenty-Five Years*, Federal Communications Law Journal, vol. 37, no. 1 (January 1985), pp. 113-130.

的是,有线电视免费获取广播节目并以此谋利,是对版权人知识产权的侵犯,抑制了节目的创新动力。[26]

　　然而,联邦通信委员会根据《通信法》第二编和第三编的规定对电话以及无线电台享有的专门管辖权,在面临有线系统时并无法在概念上直接套用;[27]根据第一编享有"规制州际和涉外有线与无线电通信业务"的一般管辖权,但这些权力面临公法的形式主义要求也并非无所不包。[28]与此同时,尽管各方一直试图推动国会立法的通过,但直到 1984 年,才初次以立法的形式,确认了广播业与有线业务之间的利益妥协。[29]在司法救济方面,广播业首先请求法院认定广播信号构成普通法上的财产权,有线运营商偷走广播信号而没有提供补偿,构成侵占(misappropriation)。但第九巡回法院的法官认为,广播台所寻求的"本质上是版权利益",广播台的救济,如果有的话,必须基于版权。[30]在一个版权侵权案中,原告起诉有线运营商非法接收原告公司制作的电视节目信号,而后又把这些信号转卖给有线电视订户的行为,侵犯了版权持有人根据 1909 年《版权法》享有的公开"表演"(perform)文学作品和戏剧作品的专有权,请求法院禁止这一未经版权持有人同意的行为。地区法庭和上诉法庭都判定在法律的解释范围内,有线传

---

　　[26]　Timothy Wu, *Copyright's Communications Policy*, Michigan Law Review, vol. 103, no. 2 (November 2004), pp. 278-366.

　　[27]　1958 年,联邦通信委员会在一项行政裁决中主张,根据 1934 年《通信法》,社区天线电视(即有线电视)既不属于第二编中的公共承运人,因为不同于公共承运人,社区天线电视对用户接收的信息进行了选择;也不属于第三编中的广播频段,因为社区天线电视系统通过导线而非电磁波将信号传递到用户家中。因此联邦通信委员会对社区天线电视不享有管辖权。Frontier Broadcasting Co. v. Collier, 24 F. C. C. 251 16 R. R. 1005 (1958); Michael Zarkin, *The FCC and the Politics of Cable TV Regulation*, 1952—1980; *Organizational Learning and Policy Development*, Cambria Press (2010), p. 50.

　　[28]　例如有作者指出《通信法》第 4(i)条只授予联邦通信委员会"程序性规则制定权力",而不授予其具有法律效力的实体性权力。Thomas W. Merrill & Kathryn Tongue Watts, *Agency Rules with the Force of Law: The Original Convention*, Harvard Law Review, vol. 116, no. 2 (December, 2002), pp. 467-592.

　　[29]　例如,1959 年参议院商务委员会通过了一项完全站在广播业一边的议案,但在议案于 1960 年提请到参议院的那天,来自全国各地的有线运营商涌进参议院的走廊,议案因而受到激烈辩论,并最终以 39 票对 38 票的一票之差,被退回了商务委员会,从实际上撤销了这项议案。[美]托马斯•P. 索恩威克:《走向信息网络社会:美国有线电视 50 年》,吴贤纶译,马庆平校,中国广播电视出版社 2000 年版,第 27-29 页。

　　[30]　Cable Vision, Inc. v. KUTV, Inc., 335 F. 2d 348 (9th Cir. 1964), cert. denied, 379 U. S. 989 (1965).

输构成了 1909 年《版权法》规定的"表演"行为。[31] 但是联邦最高法院以五比一的多数决站在了有线业这边，认为"实质上，社区天线电视系统只是增强了观众接收广播信号的能力，它为观众们的电视机提供了一根位置适当的天线以及有效的连接。"[32]

2. 1968 年"西南有线案"

面对广播业的压力以及立法的滞后，联邦通信委员会于 1965 年正式制定了两条适用于利用微波中继站进行传输的有线系统的规则：（1）当地信号传输或"强制传输"规则（must-carry rule），要求有线系统在任何当地电视台请求对其信号进行传输时必须再传输；（2）"禁止复制"规则（nonduplication rule），禁止有线系统在本地广播之前或之后的给定时间段通过引进包含相同节目的远程信号的方式复制当地节目。[33] 与早期对广播网络实施的间接规制如出一辙，联邦通信委员会在面临授权不足时，也是先通过对其具有明示管辖权的微波中继系统施加管辖权来实现对有线电视系统的间接规制。但仅仅通过小步的间接规制显然无法应对有线电视带来的巨大挑战。[34] 因此，联邦通信委员会在同份报告中表达了将管辖权扩展到所有有线电视系统的意图。次年，联邦通信委员会正式发布直接规制所有类型社区天线电视系统的《报告和命令》，并增加了"限制扩张"规则，要求在前 100 个最大电视市场中的电视广播站的预测 A 级等场强线内的社区中运营的社区天线电视系统，非经委员会批准表明这种扩展符合公众利益，

---

〔31〕　UATV v. Fortnightly Corp. , 255 F. Supp. 177 (1966)；UATV, Inc. v. Fortnightly Corp. , 377 F. 2d 872 (1967).

〔32〕　Fortnightly Corp. v. United Artists Television, Inc. 392 U. S. 390，399 (1968). 1974 年，最高法院基于相同理由维持了本案的判决理由，见 CBS v. Teleprompter, 415 U. S. 394 (1974).

〔33〕　Rules re Microwave-served CATV, 38 F. C. C. 683 (1965), aff'd *sub nom*. Black Hills Video Corp. v. FCC, 399 F2d 65 (8th Cir. 1968).

〔34〕　随着广播网络（广播网络的所有者通常并不自己直接拥有广播电台或制作广播节目，而是通过在全国范围内租赁广播电台的方式播放自己从别处购买来的广播节目）三寡头在全国范围内占据越来越多的比重，独立电台的节目受到严重的排挤。为了维持地方节目的多样性，联邦通信委员于 1941 年颁布了一系列规则，要求直接受其规制的广播电台不得与广播网络签订相关排他性合同，从而达到对广播网络的间接规制效果。Thomas G. Krattenmaker & A. Richard Metzger Jr. , *FCC Regulatory Authority over Commercial Television Networks*：*The Role of Ancillary Jurisdiction*, Northwestern University Law Review, vol. 77, no. 4 (1982—1983), pp. 403-491.

不得将电视广播站的信号扩展到该站的 B 级等场强线之外。[35] 于是,广播业在国会与司法机构处未能获得支持的诉求,都在联邦通信委员会处获得了支持。

1966 年《报告和命令》中的规则在不同巡回法院遭受挑战,且对 1934 年《通信法》是否赋予联邦通信委员会对有线系统的管辖权,不同巡回法院的解释各不相同。[36] 联邦最高法院发布调卷令对案件进行了提审,并于 1968 年公布判决。[37] 在该案判决中,联邦最高法院一方面从立法授权的语言、历史、目的与管辖权的必要性两个层面对联邦通信委员会根据 1934 年《通信法》第 152(a)节[38]对有线电视享有的宽泛管辖权予以论证,指出:"第 152(a)节的用语……并未将委员会的职权范围限制在通信法其他条款具体规定的活动和通信形式之内。"[39]另一方面,联邦最高法院也对这种管辖权的范围进行了限制,"虽然没有必要在本案中确定联邦通信委员会对社区天线电视所享职权的具体范围,但是联邦通信委员会根据第 152(a)节所享有的职权应合理地附属于(reasonably ancillary to)委员会有效履行对广播电视的规制职责"[40]。至此,联邦通信委员会对有线电视的直接管辖权才最终因法院的支持而得以确认,附属管辖权原理也首次成为联邦法院在 1934 年《通信法》未明文授权的情况下,正当化联邦通信委员会行使默示管辖权的依据,以平衡规制合法性与灵活性之间的张力。[41]

(二)后续扩张:从社会规制到经济规制

在 1968 年联邦最高法院"西南有线案"确定了附属管辖权原理后,联邦

---

[35]　In the Matter of: to Adopt Rules and Regulations Relating to the Distribution of Television Broadcast Signals by Community Antenna Television Systems, 2 F. C. C. 2d 725 (1966).

[36]　其中,第九巡回上诉法院否决了联邦通信委员会的管辖权,见 Southwestern Cable Co. v. United States, 378 F. 2d 118 (9th Cir. 1967);而哥伦比亚特区上诉法院则支持了联邦通信委员会的管辖权,见 Buckeye Cablevision, Inc. v. FCC, 387 F. 2d 220 (D. C. Cir., 1967).

[37]　United States et al. v. Southwestern Cable Co. et al., 392 U. S. 157 (1968).

[38]　即 1934 年《通信法》第一编"总则"中第 1 节关于立法目的与联邦通信委员会的设立之规定。

[39]　United States et al. v. Southwestern Cable Co. et al., 392 U. S. 157, 172 (1968).

[40]　United States et al. v. Southwestern Cable Co. et al., 392 U. S. 157, 178 (1968).

[41]　John Blevins, *Jurisdiction as Competition Promotion: A Unified Theory of the FCC's Ancillary Jurisdiction*, Florida State University Law Review, vol. 36, no. 4 (Summer 2009), pp. 585-634.

通信委员会在 20 世纪后半叶,通过附属管辖权原理一方面继续深入对有线电视的规制,例如对有线付费电视的规制;[42]另一方面也随即通过附属管辖权将其规制权限扩展至 1934 年《通信法》未能提及的其他领域,例如广播电视网络的规制、[43]计算机数据通信服务市场的规制以及对电话公司的各类新型规制。然而,面临有线电视系统的快速扩张给原来广播业寡头市场带来的利益冲突,计算机通信技术的飞速发展给原来电信业垄断市场带来的技术挑战,身兼社会规制者与经济规制者双重角色的联邦通信委员会,将附属管辖权双向扩张到广播与电信领域的过程中,却呈现了不同的规制面貌。[44]

1. 社会规制:广播规制的旧理据

(1)行政扩权后的更强规制

如果 1966 年联邦通信委员会对有线电视承担管辖权是为了防止有线电视免费获得广播信号而构成不正当竞争的话,那么 60 年代末到 70 年代初,随着有线电视频道容量、覆盖范围的增加,联邦通信委员会开始对有线电视所能发挥的功能,展开了更为丰富的想象,并拟定或制定了一系列规制有线电视进一步扩张的规则,包括但不限于:1968 年要求有线电视转播节目须经电台同意的"同意规则",[45]1969 年要求有线电视须自制节目的"原创规则",[46]1971 年限制有线订阅电视可播节目范围的"防虹吸规则",[47]

---

〔42〕 Mark D. Hoffer, *The Power of the FCC to Regulate Cable Pay-TV: Jurisdictional and Constitutional Limitations*, Denver Law Journal, vol. 53, no. 3 (1976), pp. 477-500.

〔43〕 Mt. Mansfield Television, Inc. v. FCC, 442 F. 2d 470 (2d Cir. 1971); Thomas G. Krattenmaker & A. Richard Metzger Jr., *FCC Regulatory Authority over Commercial Television Networks: The Role of Ancillary Jurisdiction*, Northwestern University Law Review, vol. 77, no. 4 (1982—1983), pp. 403-491.

〔44〕 经济规制专注于提高市场效率与竞争,而社会规制则拥抱更为开放的社会目标。Eric Windholz & Graeme A. Hodge, *Conceptualising Social and Economic Regulation: Implications for Modern Regulators and Regulatory Activity*, Monash University Law Review, vol. 38, no. 2 (2012), pp. 212-238.

〔45〕 Notice of Proposed Rulemaking and Notice of Inquiry in Dkt. No. 18397, 15 F. C. C. 2d 417, 419 (1968).

〔46〕 First Report and Order in Docket No. 18397, 20 F. C. C. 2d 201 (1969).

〔47〕 Home Box Office, Inc. v. FCC, 567 F. 2d 9 (D. C. Cir. 1977).

1972 年要求有线系统预留公共节目频道的"接入规则"等。[48]

　　一方面,当时的委员会委员肯尼思·考克斯(Kenneth Cox)和总顾问亨利·盖勒(Henry Geller)是对有线电视实施管理的两位主要倡导者,他们真诚地相信,联邦政府对公众担负着使世界变得更好的责任,这也是在"新边疆"和"伟大社会"时期弥漫华盛顿的一种情绪。联邦通信委员会有责任确保电视节目的多样化和电视服务的普遍性,特别在地方新闻和公众事务报道方面。他们相信,实现这些目的的最佳途径就是鼓励更多地面电视台发展,尽管有线电视业最终证明,它比地面电视台更能实现电视节目,包括地方节目的多样化。[49] 另一方面,20 世纪 60 年代末,随着有线系统向大城市和大都市地区的渗透,曾经作为商业无线电广播附属物的社区天线电视,已经逐渐发展为提供宽带通信的独立媒介,人们也对有线电视的潜力展开了更为丰富的想象,可以为家庭和企业提供不同种类的新通信服务,例如文件传真、电子邮件传输、信息检索。尽管联邦通信委员会依然将有线系统视为无线广播的附属物,专家们却预见了有线王国(wired nation)的到来。[50]

　　因此,联邦通信委员会对有线电视的管辖权附属于广播管辖权的法定职责的正当化理据下,联邦通信委员会对有线电视的规制理据于是就兼具了消极与积极两个面向。消极面向的规制理据是,防止有线电视的扩张对广播电台尤其是超高频电台带来的不利竞争;积极面向的规制理据是,鉴于有线电视的替代功能快速显现,应对有线电视施加广播电视的同等规制,以此实现促进节目多样性的法定目标。尽管后见之明表明,有线电视并不会给超高频电台带来负面影响,甚至更多的是正面影响,且有线电视比广播电视更能实现节目多样性的要求。总体而言,自 1966 年后的十年间,联邦通信委员会在地方主义与节目多样性的名义下,保护在位者广播业,尤其是超

---

　　[48] Cable Television Report and Order on Rules and Regulations Relative to CATV Systems,36 F. C. C. 2d 143 (1972).

　　[49] [美]托马斯 P. 索恩威克:《走向信息网络社会:美国有线电视 50 年》,吴贤纶译,马庆平校,中国广播电视出版社 2000 年,第 53 页。

　　[50] R. L. Smith, *The Wired Nation: Cable TV, the Electronic Communications Highway*, Harper & Row (1972).

高频电台的地位,但对有线电视产业充满了敌意。[51]

(2)司法制衡下的放松规制

在联邦通信委员会的步步紧逼之下,联邦最高法院却逐渐对有线业表现出了更大的宽容。

有线系统运营商首先对"原创规则"提起挑战,主张联邦通信委员会的"原创规则"超出了其对无线广播领域附属管辖权的范围。联邦最高法院以五比四的多数决判定联邦通信委员会的附属管辖权成立,强调节目原创规则"通过增加用于社区自我表达途径(outlets)的数量,促进了在电视广播领域长期以来建立的规制目标。"[52]然而,道格拉斯(William Orville Douglas)大法官在反对意见中表明,根据附属管辖权支持节目原创规则,"是一种如此极端的立法措施,我们不认为它在《通信法》模糊语言的狭缝中(interstitially)得到了授权"。[53]投出决定性一票的沃伦(Earl Warren)大法官也发表了协同意见,认为法定制度预见了全面规制的需求和广播工具传播范围一样普遍,但即便如此,委员会的立场,也达到了即使是开放和普遍的管辖权外部界限的极限,并呼吁国会应尽早立法,让国会来决定基本的政策,而不是完全留给委员会或者法院。[54]事实上,在1974年,联邦通信委员会主动废除了强制性的"原创规则",并解释道,生产优质高效的本地节目要求的是创造力与吸引力,而这些因素无法通过法律或合同的强制实现,反而导致了巨额资金的浪费以及有线用户的不满;相反,在强制规则暂停实施期间,一些有线运营商已然通过商业判断生产原创节目来吸引和维护用户。[55]

联邦最高法院在1972年中西部录像公司第一案中对联邦通信委员会附属管辖权极为宽泛的解释在1979年的中西部录像公司第二案中得到了

[51]　Stanley M. Besen & Robert W. Crandall, *The Deregulation of Cable Television*, Law and Contemporary Problems, vol. 44, no. 1 (winter, 1981), pp. 77-124; Christopher S. Yoo, *Rethinking the Commitment to Free*, *Local Television*, Emory Law Journal, vol. 52, no. 4 (Fall 2003), pp. 1579-1718.

[52]　Midwest Video Corp. v. United States, 406 U. S. 649, 654-669 (1972). 以下简称"中西部录像公司第一案"。

[53]　Midwest Video Corp. v. United States, 406 U. S. 649, 681 (1972).

[54]　Midwest Video Corp. v. United States, 406 U. S. 649, 675-676 (1972).

[55]　Report and Order in Docket No. 19988, 49 F. C. C. 2d 1090, 1105-1106 (1974).

限缩。[56] 1972 年,联邦通信委员会颁布了"接入规则"(Access Rules),要求拥有 3500 或以上用户的有线系统提供至少一个频道用于公共的、教育的、当地政府的和租用的接入目的。[57] 联邦通信委员会认为,此举同样是为了确保联邦最高法院在中西部录像公司第一案中确定的目标,即促进电视节目的多样性以及增加表达渠道。然而,在中西部录像公司第二案中,联邦最高法院驳回了联邦通信委员会的主张,认为接入规则的实施将使得有线系统变为公共承运人,而这与广播不能被视为公共承运人的明文规定相冲突。怀特(Byron White)大法官在多数意见中写道,虽然根据中西部录像公司第一案联邦通信委员会享有宽泛的附属管辖权,但是联邦通信委员会并未被授予不受限制的权力。[58]

经过有线业与广播业三十多年的博弈、联邦法院与联邦通信委员会在旧产业与新技术利益之间的规则探索过程,国会最终于 1976 年修订了 1909 年《版权法》(Copyright Act of 1909),规定了广播电视节目的强制许可,从而保障了广播业与有线电视的合理权益。并在 1984 年 10 月通过了《有线通信政策法》(Cable Communications Policy Act of 1984),在 1934 年《通信法》中增加了第六编专门对有线电视进行规制,统一了各州对有线电视的差异化规制,也放松了联邦层面基于保护广播电视而对有线电视的更强规制。根据该法的规定,有线服务商是介于公共承运人与广播台之间的服务类型,既需要像公共承运人一样无歧视地提供一些公共频道,也像无线广播一样受到内容方面的规制。

2. 经济规制:电信规制的新理念

自 1934 年《通信法》颁布时期直到 1956 年,美国的电信业是美国电报与电话公司(AT&T)受规制的垄断时期。[59] 在这段时期,AT&T 通过市场准入许可的规制壁垒、本地电话的互联限制、通信产业的规模经济效益以

---

〔56〕 FCC v. Midwest Video Corp. , 440 U. S. 689 (1979), reversing Midwest Video Corp. v. FCC, 571 F2d 1025 (8th Cir. 1978). 以下简称"中西部录像公司第二案"。

〔57〕 Cable Television Report and Order,36 F. C. C. 2d 143, on reconsideration, 36 F. C. C. 2d 326 (1972), affirmed sub nom. ACLU v. FCC, 523 F. 2d 1344 (D. C. Cir. 1975). Report and Order in Docket No. 20508, 59 F. C. C. 2d 294 (1976).

〔58〕 FCC v. Midwest Video Corp. , 440 U. S. 689, 706 (1979).

〔59〕 Gerald W. Brock, *Telecommunications Industry : The Dynamics of Market Structure*, Harvard University Press, 1981, pp. 198-199, 235.

及对终端设备接入电话线路的控制等,获得在电信业的垄断地位。[60] 然而,20 世纪后半叶通信技术的快速发展,尤其是微波传输、卫星、微处理器和计算机科技的发展,彻底变革了电信部门。[61] 电信经济的自然垄断属性逐渐淡化,自然垄断理论也逐渐遭遇理论上的挑战。[62] 司法部最先在 1956 年与 AT&T 达成和解协议,将 AT&T 的营业范围限制在"受公共规制"及"与之相关"的活动;并最终于 1982 年的反垄断诉讼中拆解了 AT&T 的长途、设备与本地电话业务,试图彻底打破 AT&T 对整个电信业的垄断。[63]

在竞争而非垄断更有利于实现公共利益的共识逐渐达成的背景下,联邦通信委员会在 1996 年《电信法》确立电信业的全面自由化改革之前,渐次放松了电信业终端设备、长途专线市场的准入规制,直接促进了电信业的进一步发展;[64]同时通过对在位企业新兴市场的准入限制,间接促成了有线宽带、计算机通信技术乃至互联网的发展。[65] 然而,在打破美国电报电话公司在电信业的垄断地位及消除电话公司在相邻市场带来的杠杆效应,从而促进电信市场以及相邻市场的竞争,同时又保障电信普遍服务的立法目的过程中,联邦通信委员会遭遇了明示规制权限不足的困境。在此过程中,附属管辖权就成为联邦通信委员会"戴着旧宪章的镣铐跳舞",[66]实现规制新理念暗度陈仓的最佳途径。

由于 1934 年《通信法》只对当时存在的无线电广播电台和公共承运人的市场准入规制了许可要求,并未直接规定新兴技术领域的市场,例如新兴

---

〔60〕 向海龙:《美国电信技术发展与电信法律制度变革》,北京邮电大学 2012 年硕士学位论文。

〔61〕 Günter Knieps & Pablo T. Spiller, *Regulating by Partial Deregulation: The Case of Telecommunications*, Administrative Law Review, vol. 35, no. 4 (Fall 1983), pp. 391-422.

〔62〕 20 世纪 70 年代以来,理论界对传统自然垄断理论提出相反的新观点,认为市场竞争机制能够自动解决高效率的成本结构问题和价格结构问题,促进生产效率和社会分配效率。Michael Waterson, *Regulation of the Firm and Natural Monopoly*, Basil Blackwell (1988), p. 13.

〔63〕 刘发成:《中美广电通信经济与法律制度比较研究》,重庆出版社 2006 年版,第 175 页。

〔64〕 Glen O. Robinson, *The Titanic Remembered: AT&T and the Changing World of Telecommunication*, Yale Journal on Regulation, vol. 5, no. 2 (Summer 1988), pp. 517-546.

〔65〕 Robert Cannon, *The Legacy of the Federal Communication Commission's Computer Inquiries*, Federal Communications Law Journal, vol. 55, no. 2 (March 2003), pp. 167-206.

〔66〕 借用规范宪法学的主张,认为法解释是"戴着规范的镣铐跳舞",即在受规范原理拘束的同时,还能进行规范意义的重构。林来梵:《宪法学讲义》,法律出版社 2015 年版,第四章。

的有线电视市场、计算机数据处理市场的准入要求。彼时有线电视公司一般从电话公司直接租赁信道设备传输节目信号,或只租赁电话公司电线杆的使用权自己建造信道设备。[67] 电话公司拥有铺设有线电视线路所需的现成设备,也就拥有进入有线电视的便利以及利用其先发优势实施不正当竞争行为的动力。同时,20 年代后期计算机技术飞速发展,且与通信产业的联系越来越紧密,也将通信公共承运人成功吸引到计算机技术领域。彼时,由于电话业务需要大量通信计算机处理高峰时期的流量(traffic),而低峰时段的大量过剩容量则被用于执行公司内部的数据处理功能(例如记账、核算等),因此电话公司凭借电话业务垄断地位带来的雄厚财力,同样享有进入计算机技术领域的潜力乃至优势。为防止在位企业利用其市场影响力限制新兴市场的竞争,联邦通信委员会与联邦法院在当时促进竞争的规制理念共识下,依据附属管辖权制定或支持了限制在位企业进入有线电视、计算机通信等新兴市场的一系列精巧规则。

(1)有线电视市场:揭开面纱原则

为解决电话公司是否应被允许直接或通过子公司参与提供社区天线电视服务,以及如果允许,应根据第 214 节[68]的准入许可施加何种条件的问题,联邦通信委员会于 1969 年发布《调查通告和拟议规则制定通告》,在对收到的评论进行审查后,联邦通信委员会认为,电话公司的子公司与依赖于电话公司提供设备的其他公司之间的不对等的竞争条件是最为核心的问题,而且如果电话公司先占了一个社区的社区天线电视服务市场,将会导致该电话公司的垄断地位延伸到宽带有线服务领域。为纠正这一境况,联邦通信委员会于 1970 年发布正式规则,要求"电话公共承运人不得……直接或间接通过子公司……在其电话服务区域从事向观众提供社区天线电视服务。"[69]该系列规则随后被起诉至联邦法院,法院完全支持了联邦通信委员

---

[67] 例如电线与电线杆,只是当时的电话线是双绞线,而有线电视使用的一般是同轴电缆,前者是一种"窄带"媒介,频谱空间非常小,只够用来传输电话等语音信息;而后者是一种"宽带"媒介,带宽在理论上可以无限扩展。[美]P. R. 帕森斯, R. M. 弗里登:《有线与卫星电视产业》,詹正茂译,清华大学出版社 2005 年版,第 71-72 页。

[68] 1934 年《通信法》第二编第 214 节规定:"任何承运人(carrier)不得从事新线路(line)的建设或任何线路的延伸……或者收购或运营任何线路,除非首先从委员会获得证书(certificate),证明目前或将来的公共便利和必要性(public convenience and necessity)要求或将要求此等额外或延长线路的建设、运营或建造和运营。"

[69] General Tel. Co. of the Sw. v. FCC, 449 F. 2d 846, 852 (5th Cir. 1971).

会的规则。[70]

原告主张,由于第 214 节只适用于公共承运人,而社区天线电视公司,无论是否附属于承运人,本身都不是承运人,因此联邦通信委员会无权对其施加第 214 节的规制。[71] 然而法院认为,首先,根据最高法院在 1968 年"西南有线案"中的解释,联邦通信委员会享有对社区天线公司的管辖权。其次,委员会有职责在社区有线电视领域以其认为最好的方式,在本案中是通过限制公共承运人经营社区天线的方式来实现社区天线电视发展,从而促进 1934 年《通信法》第 1 节的立法目的。最后,因为委员会意图消除的现实的或潜在的反竞争措施,是公共承运人通过子公司(affiliate company)的工具来实现的。在这些情况下,作为非公共承运人的子公司的活动可以被归因于(imputed to)它的公共承运人母公司。为此,在法定目标会因通过独立公司实体被轻易破坏的情况下,委员会有权为实现规制目的,穿透公司的形式,将不同实体视为同一实体。[72] 据此,在联邦法院的加持下,联邦通信委员会获得了揭开非公共承运人公司面纱的权力,达到了防止在位电话企业限制有线电视业竞争的目的。

(2)数据通信市场:结构分离原则

计算机市场的准入规制比起有线电视市场又更为棘手一些,揭开面纱的方式也因此更为复杂。与有线电视市场与电话市场的相互独立不同,计算机技术越来越将数据处理服务与通信服务紧密结合在一起,事实上,计算机系统本身就是一种通信系统的功能等同物,可以替代用于交换和多路复用的传统通信技术乃至终端设备。[73] 早期的大型主机计算机的建造和运营非常昂贵,因此很多公司都更愿意汇集资源,建立一个大型计算机然后共享接入。当时实现共享的最简单方式是通过链接到共享计算机资源的远程终端设备,接入到电话系统的计算机。[74] 但由于 1956 年和解协议禁止贝尔系统(即 AT&T)提供"受规制的服务",因此这类计算机服务是否属于公

---

[70] General Tel. Co. of the Sw. v. FCC, 449 F. 2d 846, 850 (5th Cir. 1971).

[71] General Tel. Co. of the Sw. v. FCC, 449 F. 2d 846, 845 (5th Cir. 1971).

[72] General Tel. Co. of the Sw. v. FCC, 449 F. 2d 846, 855 (5th Cir. 1971).

[73] Gerald W. Brock, *The Communications Industry: The Dynamics of Market Structure*, Harvard University Press (1981), p. 267.

[74] Stuart Minor Benjamin, Douglas Gary Lichtman, Howard Shelanski and Philip J. Weiser, *Telecommunications Law and Policy*, Carolina Academic Press (2012), 3rd ed., p. 348.

共承运人通信服务的问题,摆在了联邦通信委员会的面前。20 世纪七八十年代计算机和电话服务的交集使得委员会意识到,完全将贝尔系统排除数据处理和计算机服务这类不受规制的市场是行不通的。而贝尔系统对连接到主机计算机的用户以及计算机彼此之间相互连接的长途线路的控制,又给贝尔系统提供了进入新市场的潜在决定性优势。

　　为此联邦通信委员会分别于 1966 年、1976 年启动了两次计算机调查(computer inquiries),历经多年的讨论与试验后通过了一系列规制公共承运人进入计算机市场的规则。[75] 联邦通信委员会认为,最好的规制方式是,避免要么绝对禁止通信公共承运人直接或间接提供计算机服务,要么对数据处理行业本身施加规制两种极端,而应采取中间路线。为此,在第一次计算机调查后的规则中,联邦通信委员会将计算机服务区分为:(1)受第二编规制的信息交换(message-switching)服务;(2)不受第二编规制的数据处理(data processing)服务;(3)二者的结合,即依据比重不同而个案审查的混合服务(hybrid service)。[76] 随后,由于混合服务的比重占据了大多数,使得计算机调查规则并无执行的现实可能。[77] 因此在第二次计算机调查后的规则中,联邦通信委员将计算机服务分为:(1)受到第二编公共承运人规则规制的基础服务(basic service),以及(2)不受第二编规制的增值服务

---

　　[75]　事实上,总共启动了三次计算机调查,但与本文讨论内容相关部分主要为前两次。Robert Cannon, *The Legacy of the Federal Communication Commission's Computer Inquiries*, Federal Communications Law Journal, vol. 55, no. 2 (March 2003), pp. 167-206.

　　[76]　信息交换服务是指,涉及通过某个设备,例如电传打字机(teletypewriter),经过公共承运人的线路到达一台计算机,并存储其上直到有一条合适的线路用于将信息转发到接收电台,信息的内容保持不变。数据处理服务是指,使用计算机用于操作,包括数据的存储、检索(retrieving)、分类(sorting)、合并(merging)和计算,作为一种"本地"(local)或"远程访问"(remote access)服务提供。混合服务是指,远程访问数据处理与信息交换结合从而提供一整个(a single integrated service)服务的情形。Final Decision and Order, In re Regulatory and Policy Problems Presented by the Interdependence of Computer and Communication Services and Facilities, 28 F. C. C. 2d 267, 728 (1971).

　　[77]　See In re American Telephone and Telegraph Co. (AT & T), 62 F. C. C. 2d 21, 30-31 (1977), aff'd sub nom. International Business Machines Corp. v. FCC, 570 F. 2d 452 (2d Cir. 1978).

(enhanced service)。[78] 拥有一定经营规模的公共承运人根据第一次计算机调查决定参与经营不受第二编规制的数据服务时应遵守"最大分离"原则,即通过独立的子公司展开经营,并且最大化地禁止母公司与该子公司的任何联系,例如其甚至禁止母公司与子公司交易以及子公司使用母公司的名称或标志等信息用于宣传等。[79] 根据第二次计算机调查决定参与经营不受第二编规制的增值服务时应符合"结构分离"规则,即只要求公共承运人通过独立子公司提供相应服务。[80] 根据最大分离原则制定的相应规则被法院部分推翻,经修正后的结构分离规则得到法院的完全支持。[81]

总体上,分离原则的法条依据是1934年《通信法》第一编第1节的立法目的条款和第4(i)节授予联邦通信委员会准立法权的"必要和恰当条款"

---

〔78〕 基础服务提供"通过通信路径的纯传输能力,在与客户提供的信息的交互方面几乎是透明的。"增值服务"将基础服务与计算机处理应用程序相结合,这些应用程序作用于用户传输信息的格式、内容、代码、协议或类似方面,或向用户提供额外、不同或重组的信息,或涉及用户与存储信息的交互。"增值服务是基础服务以外的任何服务。Computer and Communications Industry Association. v. FCC,693 F. 2d 198(D. C. Cir. 1982),cert. denied,461 U. S. 938(1983).

〔79〕 "最大分离"主要内容为:(1)任何全部或部分地受到通信法约束的公共承运人,均不得向他人提供数据处理服务,除非通过独立的公司实体,且该独立的公司必须记录自己的账目、拥有独立的职员、雇佣独立的运营人员且利用独立的计算机设备和设施。(2)该承运人与此等独立公司之间的所有合同、协议和安排必须在30天内向委员会备案。公共承运人也不得出售或推广独立公司的数据处理服务。(3)禁止承运人出售或租赁任何该承运人用于提供公共承运通信服务的盈余容量或计算机系统组件给其他实体。GTE Service Corp. v. FCC,474 F. 2d 724,730 (2d Cir. 1973).

〔80〕 "结构分离"规则要求公共承运人通过独立子公司提供相应服务。Computer and Communications Industry Association. v. FCC,693 F. 2d 198 (D. C. Cir. 1982),cert. denied,461 U. S. 938(1983).

〔81〕 "最大分离"原则中要求通过独立公司进行经营的部分得到支持,但是禁止交易和使用名称与标志的部分被法院推翻,因此导致第二次计算机调查中改为只要求通过独立子公司的结构分离原则。判决意见指出,因为该规则,表面上是在禁止承运人与其子公司(affiliate)交易或禁止承运人允许其子公司使用它的名称,实际上是在禁止子公司与承运人交易或使用承运人的名称或标志(symbol)。因此这已不是通信市场,而是委员会拒绝规制的数据处理市场。而这是司法部的职权,且联邦通信委员会自己拒绝了对数据处理领域的规制。GTE Service Corp. v. FCC,474 F. 2d 724,730 (2d Cir. 1973);Computer and Communications Industry Association. v. FCC,693 F. 2d 198(D. C. Cir. 1982),cert. denied,461 U. S. 938(1983).

(necessary and proper clause)[82]。根据这两个条款,联邦通信委员会享有限制公共承运人进入新兴计算机市场的附属管辖权。法院认为,虽然1934年《通信法》未对计算机和数据处理服务进行规定,但委员会在电子通信领域的广泛权力,包含了对承运人在一个与通信产业紧密相关的计算机服务领域的活动——在该等活动可能实质性影响其提供高效且价格合理的通信服务的情况下——进行规制的管辖权。[83] 公共承运人的新兴数据处理服务活动,会对价格合理的高效公共通信服务造成威胁,因此委员会有正当理由根据其宽泛的规则制定职权予以规制,防止通过承运人受规制的服务来"交叉补贴"[84]其不受规制的服务。因此,法院认为,诉争规则一般地附属于委员会的主要职责,即确保承运人向公众提供高效经济的服务的职责。[85]

综上可见,联邦通信委员会在电信领域促进竞争与放松规制的新理念下,通过附属管辖权成功将其对电信的管辖权,扩张至之前并不存在的有线通信与计算机通信领域。乍看之,明明打着放松规制(deregulation)的旗号,但实际上整个促进竞争的过程却是联邦通信委员会在《通信法》授权之外,权力不断扩张的过程。正如有学者指出,对于规制者来说,局部放松规制是在面临科技或需求条件的快速变化时一贯的暂时策略,因为局部放松规制提供了成本信息和最优产品的混合,实际上加强了规制权力。[86] 由此可见,在一个缺乏完全竞争的市场环境下,放松规制并不是不予规制,而是

---

〔82〕 1934年《通信法》第4(i)节规定,联邦通信委员会有权"为履行职能之必要,实施任何一切立法,制定规则和规章,以及发布命令,但不得与本章内容冲突"。由于该条赋予联邦通信委员会准立法权,曾多次在判决中被援引为类似美国宪法第1条第8款中的"必要和恰当"条款。North American Telecommunications Association. v. FCC, 772 F. 2d 1282, 1292 (7th Cir. 1985); New England Tel. & Tel. Co. v. FCC, 826 F. 2d 1101, 1107-08 (D. C. Cir. 1987).

〔83〕 GTE Service Corp. v. FCC, 474 F. 2d 724, 730-731 (2d Cir. 1973).

〔84〕 交叉补贴是指,当一个承运人将提供不受规制服务的所致成本转移到提供受规制服务的成本上。由于受规制服务的费率是部分地基于提供那些服务的成本,转嫁成本会导致承运人的垄断付费人承担部分不受规制服务的成本。Computer II Final Decision, 77 F. C. C. 2d at 445,476-77.

〔85〕 GTE Service Corp. v. FCC, 474 F. 2d 724, 732 (2d Cir. 1973); Computer and Communications Industry Association. v. FCC, 693 F. 2d 198(D. C. Cir. 1982), cert. denied, 461 U. S. 938(1983).

〔86〕 Günter Knieps & Pablo T. Spiller, *Regulating by Partial Deregulation: The Case of Telecommunications*, Administrative Law Review, vol. 35, no. 4 (Fall 1983), pp. 391-422.

对在位企业的重新规制(reregulation),[87]或者对电信业不同市场的不对称规制。[88]

四、互联网时代的附属管辖权原理

(一)新近发展:从分业模式到分层模式

1. 互联网应用服务的归类困境:1996 年《电信法》

1996 年《电信法》是 1934 年《通信法》通过后最大一次的修订,基本上确立了 20 世纪后期的放松规制的努力成果,并进一步放开本地电信市场的准入以及电信公司与传媒公司的交叉所有权限制,将放松规制的理念扩展至整个通信产业领域。[89] 具体内容包括:确定放松规制的立法目标,取消电信市场准入的限制,[90]强化互联互通和接入义务,[91]确定并丰富了普遍服务的内涵[92]等。此外,1996 年《电信法》允许传统的传媒公司和电信公司之间彼此进入,相互展开竞争,例如有线公司推出了电话服务,而电话公司则推出了视频服务,打破了长期以来电话业务的垄断经营。

然而这部法律是在互联网成为电话呼叫、文字短信、视频和其他通信方式的广泛媒介之前制订的。彼时人们才刚刚开始通过互联网发送电子邮件,很少有人想到今天能够享受如此多的互联网服务。当时人们对互联网的态度是,互联网是不受规制的,且正是因为不施加规制才导致了互联网的

---

〔87〕 坎农(Robert Cannon)在总结这段时期联邦通信委员会的规制遗产时,主张联邦通信委员会这段时期的规制历史,并不是规制克制(regulatory restraint)或对互联网的不予规制的历史,而是为了计算机网络的利益,对通信网络展开积极且攻击性(affirmative and aggressive)规制的历史。Robert Cannon, *The Legacy of the Federal Communication Commission's Computer Inquiries*, Federal Communications Law Journal, vol. 55, no. 2 (March 2003), pp.167-206.

〔88〕 不对称规制是规制机构对自然垄断行业处于不同市场条件下的经营者予以区别对待的规制。不对称规制最早是由美国的反托拉斯专家理查德·施马兰西于 1984 年向美国联邦通信委员会提出,该政策要求对美国电话与电报公司实施比其他竞争对手更为严格的规制措施。参见殷继国:《自然垄断行业不对称规制理论与实践》,《经济经纬》2010 年第 4 期。

〔89〕 孙玉奎:《美国的 1996 年联邦通信法》,《邮电商情》1996 年第 9 期。

〔90〕 Sections 253 of the Communications Act of 1934.

〔91〕 Sections 251, 256, 259 of the Communications Act of 1934.

〔92〕 Section 254 of the Communications Act of 1934.

快速发展,以及若要对互联网进行规制也应采取普通法院的反垄断规制方式而非事前规制的方式进行。[93] 经 1996 年瀑布式立法修订的《通信法》对委员会是否有权监管基于互联网的服务几乎没有提供直接指导。经 1996 年《通信规范法》(Communications Decency Act of 1996)修订的《通信法》第 223 节涉及未成年人通过互联网和其他交互式计算机网络访问淫秽、骚扰和不雅材料;[94]经 1996 年《电信法》修订的《通信法》第 254、706 和 714 节涉及促进提供增值电信服务的机制,可能包括互联网访问;第 230 节规定了一个政策目标,"维护目前互联网和其他交互式计算机服务的充满活力和竞争的自由市场,不受联邦或州法规的约束。"[95]因此,尽管 1996 年《电信法》对 20 世纪后期放松规制的成果予以了确认与深化,但却未能提前预测到 21 世纪数字时代迎面而来的新挑战,互联网规制中的新旧产业博弈问题,新旧理念张力问题,仍有待平衡与解决。

　　首先,是新旧规制模式的转型问题。1996 年《电信法》并未对 1934 年《通信法》的分业规制模式进行彻底改革。尽管 1996 年《电信法》基于 1982 年第二次计算机调查决定中的"基础服务"与"增值服务"的区分,在第一编新设了"电信服务"与"信息服务"的概念区分,[96]但仍保留了 1934 年《通信法》根据不同产业区分而施加不同编的规制要求的规制模式。在 1996 年通信法修订之前,克林顿政府甚至提议创建第七编专门用于规制宽带服务。[97] 这种根据不同产业提供商身份分别根据第二编规制公共承运人、第三编规制无线电广播、第六编规制有线电视的规制模式,被学者称为分业规

---

〔93〕 James B. Speta, *FCC Authority to Regulate the Internet: Creating It and Limiting it*, Loyola University Chicago Law Journal, vol. 35, no. 1 (Fall 2003), pp. 15-40.

〔94〕 但该规定被联邦最高法院全票认为违反第一修正案而遭废止,见 Reno v. ACLU 521 U. S. 844 (1997)。

〔95〕 Section 230 of the Communications Act of 1934.

〔96〕 Robert Cannon, *The Legacy of the Federal Communication Commission's Computer Inquiries*, Federal Communications Law Journal, vol. 55, no. 2 (March 2003), pp. 167-206.

〔97〕 John T. Nakahata, *Broadband Regulation at the Demise of the 1934 Act: The Challenge of Muddling Through*, CommLaw Conspectus: Journal of Communications Law and Policy, vol. 12, no. 2 (2004), pp. 169-182.

制模式或竖井规制模式(silo-based model)。[98] 然而,随着各类通信服务市场交叉准入限制在 1996 年《电信法》的要求下逐渐放开,无论是电话公司、有线公司、广播公司,都可以提供互联网接入服务,以及语音、图像、数据和视频节目制作与传输服务。数字化技术的广泛应用以及互联网应用的飞速发展则使得无论是电话公司的双绞线,还是有线公司的同轴电缆,抑或是无线电载波,传的都是比特流,原先通过不同技术提供的不同功能逐渐都融合到了互联网平台。[99] 市场的开放与技术的融合使得相关市场的重新界定以及企业市场力量的重新评估迫在眉睫。之前区分不同科技平台施加不同规制要求的模式,使得不同企业在提供互联网服务时面临不平等的规制要求,无法适应促进市场竞争与技术发展的目标。[100] 许多在位企业(主要是各类电话公司)因此不断提出抗议,要求对互联网服务施加旧法之下的更强规制,或放松对在位企业提供互联网服务时的规制要求,以创造公平的竞争环境。

此外,是新旧规制目标的确定问题。随着 20 世纪后期以来的经济放松

---

〔98〕 不同英语学者和中文学者对两种规制模式有不同称呼。根据不同产业类型施加不同规制要求的模式,被称为分类规制(regulation by "pigeonhole")模式、分业规制模式、竖井规制模式(silo regulation,silo-based model)、纵向模式(vertical model)等;以相同的方式规制发挥同样功能的服务而不论其下层平台是什么的规制模式,被称为分层规制(layered model)或横向模式(horizontal model)等。John T. Nakahata, *Broadband Regulation at the Demise of the 1934 Act: The Challenge of Muddling Through*, CommLaw Conspectus: Journal of Communications Law and Policy, vol. 12, no. 2 (2004), pp. 169-182; Philip J. Weiser, *Toward a Next Generation Regulatory Strategy*, Loyola University Chicago Law Journal, vol. 35, no. 1 (Fall 2003), pp. 41-86;肖赞军:《规制融合的美国模式及其启示》,《湖南师范大学社会科学学报》2014 年第 3 期。

〔99〕 Kevin Werbach, *Breaking the Ice: Rethinking Telecommunications Law for the Digital Age*, Journal on Telecommunications & High Technology Law, vol. 4, no. 1 (Fall 2005), pp. 59-96.

〔100〕 为此,美国通信法的学术界与实务界掀起了大量关于法律与代码类比的探索,从通信政策角度提出了各种版本的分层规制模式,将互联网信息产业生态根据所发挥功能不同而分为物理层、逻辑层、应用层和内容层等(此外,还有物理层、逻辑层和内容层的三分法,物理层、逻辑层、应用层、界面层、应用层的五分法),并提倡根据所属层级不同而施加不同规制要求。Yochai Benkler, *From Consumers to Users: Shifting the Deeper Structures of Regulation Towards Sustainable Commons and User Access*, Federal Communications Law Journal, vol. 52, issue 3 (May 2000), pp. 561-580; Kevin Werbach, *A Layered Model for Internet Policy*, Journal on Telecommunications & High Technology Law, vol. 1 (2002), pp. 37-68; Lawrence B. Solum & Minn Chung, *The Layers Principle: Internet Architecture and the Law*, Notre Dame Law Review, vol. 79, no. 3, (2004). pp. 815-948.

规制目标逐渐达成,旧时代的在位企业被新时代的在位企业取代,在向分层规制模式的转型过程中,各层之间、同层之中的企业相互关系如何确定,作为物理层的旧时代在位企业,是否享有对上层企业的市场影响力或者相互关系已然掉转过来,是需要不断更新结论的问题。作为基础设施的物理层,需要大量的投资来促进发展以及产业更新,例如促进光纤通信技术、移动通信技术的发展来支持作为物理层基础设施的发展。[101] 作为应用层与内容层同样是创新的来源,例如平台经济的发展,对国家的经济发展也至关重要。[102] 而不同层级之间的交叉进入,使得互联网不同层级的利益既相互交织,也存在冲突的可能性。不同于 20 世纪后期电信自由化改革的共识过程,21 世纪初期的互联网发展依然充满了不确定性,如何在促进社会目标的名义之下,达致促进创新与竞争的效果,依然充满了争议。

因此,正如小打小闹的 1984 年《有线通信政策法》没能终结联邦通信委员会对有线电视的附属管辖权,[103] 大修大改的 1996 年《电信法》也未能终结联邦通信委员会在电信领域的附属管辖权。与之相反,在互联网带来的技术融合背景下,附属管辖权随即转向了 21 世纪的新领域——互联网规制。

2. 信息服务附属管辖权的确认:2005 年"Brand X 案"

法律与代码之间的惊人相似,使得有关分层模式的大部分讨论都对其功效踌躇满志。但缺乏立法上的明示授权,要实现数字时代从分业规制模式向分层规制模式的转型,还只能在现有法律安排之下摸索。而现有法律安排提供了两种进路。第一种是,根据《通信法》第二编对电信服务的规定,从有到无地削减对互联网服务的规制要求;第二种是根据《通信法》第一编享有的附属管辖权,从无到有地塑造对互联网服务的规制要求。[104] 然而,

---

[101] Susan P. Crawford, *Fiber: The Coming Tech Revolution—and Why America Might Miss It*, Yale University Press, 2018.

[102] Timothy Wu, *Application-Centered Internet Analysis*, Virginia Law Review, vol. 85, no. 6 (September 1999), pp. 1163-1204.

[103] 例如,法院 1989 年的一个案例中支持联邦通信委员会在 1984 年《有线通信政策法》通过后也依然享有对有线电视的附属管辖权。United Video, Inc. v. FCC, 890 F. 2d 1173 (D. C. Cir. 1989).

[104] John T. Nakahata, *Broadband Regulation at the Demise of the 1934 Act: The Challenge of Muddling Through*, CommLaw Conspectus: Journal of Communications Law and Policy, vol. 12, no. 2 (2004), pp. 173-174.

联邦法院和联邦通信委员会起初分别选择了不同的进路。

在 1996 年《电信法》确定放松规制的立法决策之前,联邦通信委员会通过对电信产业实行不对称规制来促进电信领域的竞争。因此自第二次计算机调查以来,电话公司在提供增值服务时被要求与基础服务解绑销售,并满足其他竞争者在提供增值服务时连接到其通信基础设施上的互联要求。而到 20 世纪 90 年代中后期,有线公司开始提供有线调制解调器服务时,却不需要将它们的底层基础设施提供给可能的竞争者。换言之,电话公司与有线公司虽提供相同的服务,却面临不同的规制要求。这在电话公司处于对电信基础设施垄断时期时具有正当性,但随着最后一公里的宽带服务市场的竞争随之越来越激烈,电话公司在宽带服务竞争中并不享有显著优势,对原先的在位企业施加不对称规制要求,已经逐渐失去必要性。电话公司开始抱怨,要求对有线公司也施加"开放接入"的规制要求。[105]

最开始,联邦通信委员会对"开放接入"的争议不采取行动。联邦通信委员会主席比尔·肯纳德(Bill Kennard)在一次讲话中表明,由于有线宽带市场中并不存在独家垄断或双头垄断[因为彼时电话公司提供的数字用户线路(DSL)连接是竞争者],因此联邦通信委员会不对有线调制解调器属于通信法下第六编中的有线服务、第二编中的电信服务,还是第一编中的信息服务予以回应。[106] 但当该争议最先落到了法院手中时,法院却不能拒绝裁判。2000 年第九巡回上诉法院在一个企业合并案件中判定,有线调制解调器服务包含两个因素:有线宽带传输管道(pipeline)和通过该管道传输的互联网服务。由于有线调制解调器服务提供商"控制了用户到互联网的所有传输设备",因此有线运营商通过其有线宽带设施,在提供有线调制解调器互联网接入服务时提供的不是通信法第六编中规定的"有线服务",而是一种"电信服务"。[107]

该判决虽然解决了眼前的争议,但却引起了更大的规制困境。如果有线电视运营商提供的互联网接入服务是电信服务,那么它是否应受到第二

---

[105] Stuart Minor Benjamin, Douglas Gary Lichtman, Howard Shelanski and Philip J. Weiser, *Telecommunications Law and Policy*, Carolina Academic Press (2012), 3rd ed., pp. 761-762.

[106] Stuart Minor Benjamin, Douglas Gary Lichtman, Howard Shelanski and Philip J. Weiser, *Telecommunications Law and Policy*, Carolina Academic Press (2012), 3rd ed., p. 762.

[107] AT&T Corp. v. City of Portland 216 F. 3d 871 (9th Cir. 2000).

编的繁重规制要求？而电话公司提供的互联网接入服务——拨号上网服务与数字订户线又属于何种服务？因此，在该判决后几个月，联邦通信委员会立即开启了对开放接入规制更为广泛的政策问题的调查，并最终于2002年发布决定认为，因为有线调制解调器服务是一套单独完整的服务，使用户能够通过有线运营商的设备享受接入互联网及互联网全面服务的益处，因此有线调制解调器服务作为一种互联网接入服务，属于"信息服务"。[108] 该决定被上诉至第九巡回上诉法院，法院并未对联邦通信委员会的归类合理性进行讨论，而是依据遵循先例的原则，依据该院2000年的判例，否决了联邦通信委员会的立场。[109]

　　为处理联邦通信委员会与上诉法院对宽带接入服务的不同解释问题，最高法院对该案进行了提审，并最终依据谢弗林遵从所确定的规则以六比三的多数决支持了联邦通信委员会的立场。与下级法院对联邦通信委员会争夺对有线调制解调器归类的最终解释权不同，最高法院将该案的争议焦点总结为，是否应对委员会的解释——有线调制解调器是一种信息服务而非电信服务——遵循谢弗林遵从原则。

　　根据谢弗林案确定的司法遵从规则为，联邦法院在确定是否遵从规制机构的决定时应进行两步的考虑：(1)立法术语的字面意思是否直接回答了诉争问题；(2)如果立法对诉争问题的规定是模糊的，那么就遵从机构的合理解释。[110] 最高法院认为，根据谢弗林遵从原则，由于(1)《通信法》中的"电信服务"这一术语是模糊的；(2)联邦通信委员会对该术语的解释是合理的政策选择。并且该解释也没有违反《行政程序法》的相关规定，因此最高法院推翻了下级法院的判决。[111]

　　从技术层面来看，不同于早期电话公司提供拨号上网服务时，互联网接入服务需与电话服务解绑销售，有线运营商提供宽带互联网接入服务时通

---

　　[108] In the Matter of Inquiry Concerning High-Speed Access to the Internet Over Cable and Other Facilities；Internet Over Cable Declaratory Ruling；Appropriate Regulatory Treatment for Broadband Access to the Internet Over Cable Facilities，17 F. C. C. R. 4798，4822-4823 (2002).

　　[109] Brand X Internet Services v. FCC，345 F. 3d 1120 (9th Cir. 2003).

　　[110] Chevron U. S. A. v. Natural Resources Defense Council，467 U. S. 837，865-866 (1984).

　　[111] National Cable & Telecommunications Association v. Brand X Internet Services，545 U. S. 967 (2005).

常是与自己的有线系统捆绑销售,因此宽带互联网接入服务作为连接骨干网与终端用户最后一公里的服务,到底属于电信服务还是信息服务,确实存在技术上的争议。从经济发展角度看,宽带接入服务尚处于萌芽且市场竞争较为活跃的阶段,不宜过早地界定为电信服务而自带第二编的规制要求。但更重要的是,从法律层面来看,自 1984 年谢弗林案以来,联邦最高法院转变为尊重行政机构填补联邦规制项目的空白。[112] 面临技术变迁活跃的通信产业,如果法院成为信息服务与电信服务划分的最终确定者,那规制机构主动通过不同归类而对相关市场施加不同规制要求的制度灵活性就会丧失,而这也意味着互联网规制模式从分业规制向分层规制的转型缺少了必要的手段。[113]

似曾相识的是,与 1968 年最高法院的"西南有线案"一样,最高法院同样未对联邦通信委员会就信息服务所享有的具体权限予以确定,但同时确认,联邦通信委员会可以根据第一编对信息服务享有附属管辖权。因此,法官在之后的判例中指出,2005 年最高法院的"Brand X 案"相当于 1968 年最高法院的"西南有线案",后者确立了联邦通信委员会对有线电视的附属管辖权,前者则首次确立了联邦通信委员会对互联网所享有的附属管辖权。[114] 然而不同于 1968 年附属管辖权是附属于广播电视的规制目标,根据最高法院的解释,21 世纪的互联网附属管辖权所附属的是整个第一编,似乎赋予了联邦通信委员会对互联网规制政策更大的选择自由,在技术融合的时代背景下,去探索规制融合的具体途径。该案之后,联邦通信委员会于 2005 年、2006 年和 2007 年分别将其他类型的宽带服务提供商所提供的数字订户线路、电力线宽带服务和无线宽带服务均归为信息服务,使其免受

---

[112] Philip J. Weiser, *Toward a Next Generation Regulatory Strategy*, Loyola University Chicago Law Journal, vol. 35, no. 1 (Fall 2003), pp.50-51.

[113] 尽管该案在行政法的历史上引起了更大的争议,认为它给予了行政机构过大的裁量权以改变机构原先的解释。见理查德·J. 皮尔斯:《行政法上尊重学说的未来》,牛佳蕊、宋华琳译,《经贸法律评论》2022 年第 5 期。

[114] 此论断为 2010 年塔特法官回顾该先例时的总结。Comcast v. FCC, 600 F.3d 642, 644 (D. C. Cir. 2010).

第二编公共承运人的规制要求。[115] 这意味着拥有不同基础设施来源的互联网服务提供商面临的是相同规制要求,也意味着联邦通信委员会迈出了从分业模式向分层模式的第一步。[116]

(二)规则建构:联邦法院的"三步检验法"

尽管联邦通信委员会将宽带接入服务归为受制于附属管辖权的信息服务时,秉持的依然是放松规制的理念。在最高法院确定了联邦通信委员会根据 1934 年《通信法》第一编享有对互联网的附属管辖权之后,联邦通信委员会自然可以放开手脚地去对互联网展开更为广泛的规制。虽然 1996 年《电信法》放松规制的最终效果要求的是行政干预的逐渐退场,然而行政权力的自主性导致了,经济规制者角色逐渐隐身的背后,迎来的是社会规制者角色的重新返场。[117] 原来用于放松规制的附属管辖权,又在新时代的争议中开始了新一轮重新规制的探索。

在第二次计算机调查以来,联邦通信委员会对信息服务(彼时的"增值服务")秉持的是不予规制或极少规制的立场。然而随着互联网应用的飞速发展引起的规制争议,加上联邦最高法院对信息服务附属管辖权的司法确认,步入 21 世纪的联邦通信委员会逐渐依据附属管辖权对互联网展开了各

---

〔115〕 In re Appropriate Framework for Broadband Access to the Internet Over Wireline Facilities,20 F. C. C. R. 14853,14862 (2005);In re United Power Line Council's Petition for Declaratory Ruling Regarding the Classification of Broadband over Power Line Internet Access Service as an Information Service,21 F. C. C. R. 13281,13281 (2006);In re Appropriate Regulatory Treatment for Broadband Access to the Internet Over Wireless Networks,22 F. C. C. R. 5901,5901-02 (2007).

〔116〕 因此,美国的规制融合或对互联网分层规制模式的探索不同于欧洲自上而下的立法设计,而是基于信息服务与电信服务的二分,将无法套用传统服务的互联网服务归为信息服务,逐步施加更轻的规制要求。肖赞军:《规制融合的美国模式及其启示》,《湖南师范大学社会科学学报》2014 年第 3 期。

〔117〕 Brent Skorup & Joseph Kane, *The FCC and Quasi-Common Carriage*:*A Case Study of Agency Survival*, Minnesota Journal of Law, Science and Technology, vol. 18, no. 2 (Spring 2017), pp. 631-672. 广播内容规制领域亦然,根据 Levi 的研究,广播内容规制的公共利益标准经历了四个阶段的发展,分别是 1960s 之前的大熔炉进路时期、1960-1970s 的社区代表进路时期、1980s-1990s 市场进路时期、1990s-2000s 特定群体保护进路时期。因此从 20 年代后期到 21 世纪的广播内容规制也经历了从市场进路的经济规制到保护未成年人这一特定群体的社会规制转型,从而扩大了规制机构的权力。参见 Lili Levi, *The Four Eras of FCC Public Interest Regulation*, Administrative Law Review, vol. 60, no. 4 (2008), pp. 813-860.

种规制,但也引起了巨大的争议。其中,一些规制要求由于影响范围的有限以及当事人的妥协,并未引起太大争议也未诉至法院层面。引起巨大争议的往往是那些具有目标上的正当性,但在手段的合理性与规制的必要性上仍存在讨论空间的规制。从 2003 年的广播旗标规则试图实现的版权保护目标,到 2005 年互联网协议电话规则试图实现的网络安全目标,[118] 再到 2008 年与 2010 年宽带网络管理规则试图实现的网络中立目标,则是这种引发争议的社会目标的典型体现。尽管在 2005 年"Brand X 案"中,最高法院将互联网服务归类的解释权让给了联邦通信委员会,秉持了以机构为中心的规制进路,但在探索从分业规制向分层规制模式的转型过程中,社会规制与经济规制之间的目标冲突,依然需要平衡。而联邦法院也通过对附属管辖权界限的重新解释,积极地参与到了这个商谈过程中。

1. 一般管辖权的再界定:2005 年"广播旗标案"

20 世纪 50 年代以来,无需占用频谱资源的有线电视系统的持续扩张,向无线电基于频谱稀缺性理据展开的规制模式首次提出挑战,私人财产权模式与公共信托模式的争议就此引发;[119] 到 20 年代 90 年代后期,频谱需求大大减少的数字通信技术得到广泛应用,私人财产权规制模式从学术提议变为立法现实。1997 年国会颁布《预算平衡法》要求联邦通信委员会通过拍卖的方式来分配频谱资源,并于 2006 年之前实现模拟电视服务向数字信号服务的转型,以释放更多的频谱资源。[120] 然而,在数字化转型过程中,内容提供商因担心数字化技术使得节目内容非常容易在互联网上任意传播,从而降低其收入,因此声称在缺少相应复制保护机制的情况下,将不会生产用于数字化广播的高质量节目。而没有此类节目,联邦通信委员会担心消费者将不会购买数字电视转换器,从而延迟了数字电视的转型。[121] 为

---

〔118〕 IP-Enabled Services, E911 Requirements for IP-Enabled Service Providers, 20 F. C. C. R. 10245, 10261 (2005); In re Communications Assistance for Law Enforcement Act, 20 F. C. C. R. 14989 (2005).

〔119〕 R. H. Coase, *The Federal Communications Commission*, Journal of Law & Economics, vol. 2, (Oct., 1959), pp. 1-40; Harvey J. Levin, *The Invisible Resource: Use and Regulation of the Radio Spectrum*, Johns Hopkins Press (1971).

〔120〕 Sections 3002, 3003 of Balanced Budget Act of 1997.

〔121〕 Susan P. Crawford, *The Biology of the Broadcast Flag*, Hastings Communications and Entertainment Law Journal (Comm/Ent), vol. 25, no. 3 (2003), pp. 603-652.

此,联邦通信委员会于 2003 年发布命令,要求在 2005 年 7 月 1 日之前,所有可以接收到数字电视信号的设备制造商在其设备[122]上加装识别广播旗标(broadcast flag)——一种内嵌于数字电视广播流,用于防止未经授权重新分发数字广播的数字代码——的技术,从而防止未经授权复制广播节目的。[123] 然而,在 1934 年《通信法》的明示条款中并未有任何关于采纳广播旗标规则以实现版权保护的授权条款,[124]联邦通信委员会于是依据附属管辖权颁布相应规则。[125]

该规则引起了学术与实务界的巨大争议。从分层模式的视角展开分析,广播旗标规则体现了联邦通信委员会意识到了物理层的变化会对其他层产生连锁反应,采取了以互联网为中心的规制策略。[126] 但广播旗标规则旨在产生效果的层是内容层的版权保护,而直接规制的层则是作为应用层的终端设备,违反了分层原则。[127] 在实务界,广播旗标规则的支持者主要是以美国电影协会为代表的内容服务提供商,主张若不实施数字权利保护技术,数字化后的作品将被未经许可地在互联网上高保真地随意传播,损害版权人的权益。反对者主要是设备制造商、内容服务消费者等。设备制造商认为广播旗标的执行成本过高且不一定有效且会扼杀设备制造的创

---

[122] 这种设备潜在地包括数字电视机、数字有线机顶盒、直播卫星接收器、个人录像机(PVRs)、DVD 录像机、DVHS 录像机和带有电视卡的计算机,参见 Penina Michlin, *The Broadcast Flag and the Scope of the FCC's Ancillary Jurisdiction: Protecting the Digital Future*, Berkeley Technology Law Journal, vol. 20, no. 1 (2005), pp. 907-932, note 21.

[123] Digital Broadcast Content Protection, 18 F. C. C. R. 23550 (2003).

[124] Numbers 对《通信法》不同条款均缺乏授权进行了分析。参见 Robert T. Numbers, *To Promote Profit in Science and the Useful Arts: The Broadcast Flag*, FCC Jurisdiction, and Copyright Implications, Notre Dame Law Review, vol. 80, no. 1 (November 2004), pp. 439-464.

[125] In re Digital Broad. Content Protection, 18 F. C. C. R. 23,550, 23,564 (2003).

[126] 物理层的数字化传输方式,会导致互联网内容层面临盗版丛生的威胁。Philip Weiser 持此主张。参见 Philip J. Weiser, *Toward a Next Generation Regulatory Strategy*, Loyola University Chicago Law Journal, vol. 35, no. 1 (Fall 2003), p. 44.

[127] Richard S Whitt, *A Horizontal Leap Forward: Formulating a New Communications Public Policy Framework Based on the Network Layers Model*, Federal Communications Law Journal, vol. 56, issue 3 (May 2004), p. 637.

新;[128]消费者则认为广播旗标会影响他们对受保护作品的合理使用(fair use)。[129] 委员会内部也存在争议。例如持反对意见的委员科普斯(Copps)和阿德斯坦(Adelstein)认为,广播旗标规则未能将新闻或已属于公共领域的内容排除在外,以及所采用的数字内容保护技术未能处理对个人隐私的影响。[130] 争议双方对联邦通信委员会是否享有管辖权也存在争议。反对者认为,若联邦通信委员会对消费电子产品和计算机设备享有附属管辖权,那么就国会就没有必要具体授权委员会规制消费电子产品的特定方面了。委员会内部对此也有困惑,甚至在意见中主动邀请法院参与解释。[131] 因此,尽管版权保护的目标本身是必要且正当的,但并不意味着联邦通信委员会有施加规制的合法权力。[132]

以美国图书馆协会为代表的九个组织代表大量图书馆和消费者向哥伦比亚特区上诉法院提起诉讼,主张委员会缺少要求解调器产品识别并使广播旗标发挥作用的职权。[133] 法院从三个方面对联邦通信委员会在采纳广播旗标规则时是否享有获授职权进行了审查。其一,是否符合谢弗林遵从中的审查标准。由于谢弗林遵从只在机构已经获得明示或默示授权的情况下才适用,而如下所述联邦通信委员会此处并未获得任何授权。其二,是否超越附属管辖权范围。根据法院的解读,1968 年"西南有线案"所确立的附属管辖权行使标准为:(1)委员会根据第一编所享有的一般管辖权包含受规制事项;(2)规制内容合理地附属于委员会其法定获授职责的有效实施。然而,因为广播旗标规则只在数字电视广播传输完成后才发生效果,因此广播旗标规则并不在委员会一般管辖权的范围之内。因此,委员会不满足行使

---

〔128〕 Susan P. Crawford, *The Biology of the Broadcast Flag*, Hastings Communications and Entertainment Law Journal (Comm/Ent), vol. 25, no. 3 (2003), pp. 603-652.

〔129〕 Andrew W. Bagley & Justin S. Brown, *The Broadcast Flag: Compatible with Copyright Law & Incompatible with Digital Media Consumers*, IDEA: The Intellectual Property Law Review, vol. 47, issue 5 (2007), pp. 607-658.

〔130〕 Digital Broadcast Content Protection, 18 F. C. C. R. 23550, 23616-23617, 23620 (2003).

〔131〕 Digital Broadcast Content Protection, 18 F. C. C. R. 23550, 23614 (2003).

〔132〕 Robert T. Numbers, *To Promote Profit in Science and the Useful Arts: The Broadcast Flag, FCC Jurisdiction, and Copyright Implications*, Notre Dame Law Review, vol. 80, no. 1 (November 2004), pp. 439-464.

〔133〕 哥伦比亚特区上诉法院首先对起诉资格进行审查,认为原告已证明其中一个图书馆本可协助学校教职人员向接受远程教育的学生合法地提供广播节目片段,若广播旗标规则实施,则该合理使用行为无法实现,因此原告具备起诉资格。

附属管辖权的第一个条件。其三,后续立法授权的印证。在 1934 年《通信法》通过之后,国会陆续通过了 1962 年《全频道接收器法》(All Channel Receiver Act of 1962),授权委员会要求所有在州际贸易中出售的电视机都"能恰当地接收由委员会分配给电视广播的所有频道";通过了 1982 年《通信修订法》(Communications Amendments Act of 1982),授权委员会为家用消费电子设备制定性能标准,确保它们能够抗无线电干扰。这些都是国会通过具体立法的方式赋予委员会对接收装置依据 1934 年《通信法》原本并不存在的管辖权。此外,联邦通信委员会自己也承认过去对设备制造商的规制都有具体的立法授权,这是委员会第一次以这种方式对消费电子设备行使附属管辖权。综上,法院认为,涉及联邦通信委员会管辖权的所有相关材料,包括 1934 年《通信法》的字句、立法历史、后续立法、相关案例法以及委员会的实践,都表明当用于接收有线或无线通信的消费电子设备并不参与到有线或无线传输过程时,联邦通信委员会对这些设备没有进行规制的权力。据此,全票驳回了联邦通信委员会依据附属管辖权制定的广播旗标规则。[134]

正如有线电视的发明曾经给版权保护带来的冲突一样,2005 年广播旗标案是通信技术发展引发的版权保护争议在数字时代的历史重演。所不同的是,1968 年广播业败诉后,联邦通信委员会在内容提供商的压力之下回应以同意规则时,尽管管辖权也在扩张,但规制效果与规制要求均发生在内容层;而 2005 年回应以广播旗标规则时,虽规制效果也是内容层,但规制要求已扩张至应用层。若联邦通信委员会可以未经国会授权而直接将管辖权扩张至作为应用层的终端设备,正如学者所言,那附属管辖权的行使就只能依靠它的自律了。

2. 法定获授职责的再界定:2010 年"康卡斯特案"

网络中立(network neutrality)的争议伴随着宽带网络开放接入的争议而来,最早由吴修铭(Tim Wu)于 2003 年提出,指互联网接入服务提供商对竞争性的应用和内容不予歧视。[135]网络开放涉及的是处于同一层的竞争者之间的关系,要求因拥有存在规模效应的基础设施而拥有更强市场影响

[134]　American Library Association v. FCC. , 406 F. 3d 689 (D. C. Cir. 2005).

[135]　Tim Wu, *Network Neutrality*, *Broadband Discrimination*, Journal on Telecommunications & High Technology Law, vol. 2 (2003) pp.141-176.

力的提供商应向其他不存在相应基础设施的竞争者提供价格受到规制的接入服务。而网络中立涉及的是下层服务提供商对上层服务提供商的关系。当网络开放争议举步不前时,通过分层模式的透视镜,业界发现了更为迫切需要规制的问题,即物理层服务提供商对竞争性应用层和内容层服务的歧视行为。由于各个市场准入的壁垒被打破,物理层服务提供商也可以提供应用层和内容层的服务,它们在面临上层的竞争性服务时,难免有动力对自己提供的服务与别家提供的服务予以歧视。为此,2005 年联邦通信委员会首次发布鼓励网络中立的互联网政策声明。[136] 并于 2008 年依据该声明,裁定有线运营商康卡斯特(Comcast)干预其用户使用对等网络应用[137]的行为,"严重阻碍了消费者选择访问内容和使用应用的能力",违反了联邦通信委员会于 2005 年的政策声明。[138]

2010 年,康卡斯特对联邦通信委员会的网络中立规则提起司法审查诉讼,主张委员会未能正当化其对网络管理实践的管辖权。特区上诉法院对附属管辖权的审查沿用了 2005 年广播旗标案中发展出的两步检验法:(1)委员会根据第一编的一般授权包括了受规制事项;(2)规制合理地附属于委员会其法定获授职责有效履行。由于康卡斯特作为有线运营商所提供的有线宽带服务属于一般授权事项中的"有线通信"(communication by wire),满足行使附属管辖权的第一个条件。因此该案争议焦点为网络中立规则是否满足第二个条件。为此,委员会分别提出了《通信法》的多个条文主张法定获授职责的存在,但均被法院驳回。

委员会所主张的条文可分为两类,分别是双方均认同只是国会政策声明的条款以及可能存在法定规制职权的条款。第一类条款中,联邦通信委员会主张《通信法》第 1 节和第 230 节的可适用性。委员会认为,根据第 1 节的规定,建立联邦通信委员会的目的是"确保所有美国人以合理的价格获得快速高效的国内和国际有线与无线通信服务",而禁止不合理的网络歧

---

[136] 包括四个原则性规定,规定用户有权(1)选择他们想要访问的内容;(2)选择他们想要访问的服务和应用程序;(3) 将他们选择的法律设备连接到网络;(4)享受宽带接入、内容和应用提供商之间的竞争。Appropriate Framework for Broadband Access to the Internet over Wireline Facilities,20 F. C. C. R. 14986,14987-88 (2005).

[137] 允许用户直接相互分享大文件,而不需要经过中央服务器。此种程序消耗大量带宽。

[138] In re Formal Complaint of Free Press & Pub. Knowledge,23 F. C. C. R. 13,028,13,054 (2008).

视,直接促进了使得宽带互联网接入服务快速和高效的目标。根据第 230 (b)节的规定,美国的政策是"促进互联网和其他计算机互动服务的持续发展"以及"鼓励技术的发展以最大化用户对使用互联网的个人、家庭和学校接收信息的控制",而康卡斯特的网络管理实践破坏了这两个目标。此外,委员会主张联邦最高法院在 1968 年"西南有线案"中也正是根据这种解释路径来支持其对有线电视管辖权的行使。[139]

然而,法院对此并不认同。特区上诉法院认为,最高法院 20 世纪有关附属管辖权的三个案子表明,政策声明不能单独作为委员会行使附属管辖权的依据,来自众所周知的原则"行政机构只能根据国会授予的职权行为"。政策声明仅仅是对于政策的声明,而不是规制权力的授予。国会政策的声明当然也可以帮助解释法定职权的界限,例如委员会享有明示法定职权的不同服务。当行使其附属管辖权来给电话服务确定"公平合理的"费率时,或者根据第三编的"公共便利、公共利益或公共需要"要求授予广播许可时,或者根据第六编禁止有线运营商限制消费者获取某种类型的电视节目的"不公平的竞争方式"时,委员会必须牢记第一节"以合理的价格,获得全国有线和无线通信服务"的目标。所有三个例子表明,第一节的政策目标无疑阐释了国会授予委员会职权的范围。但做出授权的是第二编、第三编和第六编。因此,关于委员会第 4(i)节的附属职权也是如此。虽然政策声明可以阐释职权,但是该职权最终附属的是第二、第三和第六编。[140]

第二类条款中,委员会依次主张 1996 年《电信法》第 706 节、[141]1934 年《通信法》中的第二、第三和第六编专门授权条款来主张附属管辖权的成立。委员会认为,1996 年《电信法》第 706 节包括了直接的授权,授权委员会"应通过利用……价格上限规制、宽容性规制(regulatory forbearance)、促进本地电信市场竞争的措施,或消除基础设施投资障碍的其他规制方法,鼓励增值电信容量供所有美国人合理与及时地运用……"。然而,法院指出,在一个更早的依然有效的命令中,委员会曾裁定第 760 节"不构成任何独立的授权"。相反,委员会解释道,第 760 节"指导委员会使用其他条文授

---

[139] Comcast v. FCC, 600 F. 3d 642, 652 (D. C. Cir. 2010).

[140] Comcast v. FCC, 600 F. 3d 642, 654 (D. C. Cir. 2010).

[141] 并入《通信法》第一编,见 47 U. S. C. § 1302(a).

予的职权……来鼓励增值服务的运用"[142]。联邦通信委员会从来没有质疑更别说推翻它对第 706 节的理解,因为机构"不能……偷偷地(sub silentio)脱离它先前的政策",因此委员会依然受到它之前对于第 706 节不授予规制职权理解的约束。正如前述第 230(b)节和第 1 节的情形,委员会在此次也试图使用附属管辖权来追求一个独立存在的政策目标,而不是用它来支持特定获授职权的行使。随后,法院对联邦通信委员会依据第二编如第 256、257、201 节关于建立连接公共电信网络的程序、消除电信市场准入的壁垒、规制公共承运人的价格和业务的职权,第三编关于广播的职权,以及第六编第 603 节关于有线费率的规制职权等专门授权条款的适用性依次回应,分别以这些条款的具体授权"不应解释为扩大委员会根据法律在其他方面拥有的职权",这种解释"蔑视了对'附属性'(ancillariness)的任何可靠理解"以及这些依据"并未在诉争命令中提出因而不予考虑"等理由进行了反驳。[143]

综上,法院指出,尽管"国会授予委员会宽泛且适应性的管辖权,以使其能够跟上通信技术的飞速发展",以及"互联网便属于此种技术,且确实是一个时代中通信领域最为重要的创新"。但是尽管通信产业中技术的快速变化带来了艰巨的规制挑战,但允许获授权力之行使的广泛自由,并不等于对某些立法并未授权进行规制的活动进行规制的不受约束的自由。由于委员会未能将其对康卡斯特互联网服务附属管辖权的行使联系到任何"法定获授职责",法院撤销了委员会的诉争命令。[144]

3. 明示禁止性规定的再界定:2014 年"威瑞森案"

2010 年康卡斯特案后,联邦通信委员会根据法院的判决意见,对 1996 年《电信法》第 706 节进行了重新解释,通过对法条的文本、立法的历史、以及委员会职权的相应范围进行详细分析,最终根据这些理由认定第 706 节构成肯定性授予规制职权条款,并根据该条款支持的附属管辖权重新制定网络中立相关规则。具体要求为:(1)固定和移动宽带提供商必须披露其宽带服务的网络管理实践、性能特征以及条款和条件;(2)固定宽带提供商不

---

〔142〕 In re Deployment of Wireline Servs. Offering Advanced Telecomms. Capability, 13 F. C. C. R. 24,011, 24,045, 24,047 (1998).

〔143〕 Comcast v. FCC, 600 F. 3d 642, 657-661 (D. C. Cir. 2010).

〔144〕 Comcast v. FCC, 600 F. 3d 642, 661 (D. C. Cir. 2010).

得拦截合法的内容、应用程序、服务或无害的设备;移动宽带提供商不得拦截合法网站,或拦截与其语音或视频电话服务竞争的应用程序;以及(3)固定宽带提供商在传输合法网络流量时不得进行不合理的歧视。[145]

因此,当该规则于 2014 年再次被诉至特区上诉法院时,法院先对联邦通信委员会对第 706 节的重新解释是否合理根据谢弗林遵从原则进行审查。法院认为,"机构的解释并非立即刻在石头上"。委员会提供了一个它改变对第 706(a)和(b)节理解的合理解释。因此根据谢弗林遵从原则支持委员会认定该节属于实际授予管辖权的条款,而非仅仅是政策声明。[146] 与此同时,法院对委员会依据第 706 节授予的权力制定的相应规则是否超越了第 706 节授予的职权进行审查。委员会认为,"在评估委员会结论的合理性时,我们必须小心不要简单地'用我们的判断代替机构的判断',尤其是当涉及'机构关于规则可能的经济影响的预测性判断'时。"因此根据案卷及委员会提供的论证认定委员会提供了"事实与决策之间的合理联系",因此并未超越职权。[147]

在认定委员会的解释以及规则符合谢弗林遵从原则后,法院转至该案第二个争议焦点,即委员会的具体规制要求,是否违反了《通信法》的禁止性规定进行审查。由于委员会之前已将宽带服务归类为"信息服务",而根据《通信法》第 3(51)节的规定,电信承运人只有在参与提供电信服务时才能被视为本法规定的公共承运人。也即,委员会不得对提供非公共承运服务的提供商施加公共承运人的义务。法院对公共承运人义务的内涵进行了历史的回顾。由于《通信法》本身并未对公共承运人的内涵予以明示规定,法院和委员会于是诉诸普通法来发展出令人满意的定义,因此其性质与范围也在随着时间的推移而处于变化当中。但法院在回顾先例的过程中认为公共承运人区别于私人承运人的基本特征是,向公众无歧视地提供服务,而非对是否交易以及交易条件做个性化的决定,以及因其不加区别地承运所有

---

〔145〕 In re Preserving the Open Internet, 25 F. C. C. R. 17905 (2010).

〔146〕 Verizon v. FCC, 740 F. 3d 623, 636-636 (D. C. Cir. 2014). 多数意见持此观点,但持反对意见的法官希尔伯曼(Silberman)依然认为不能根据第 706 节赋予联邦通信委员会管辖权,否则将授予联邦通信委员会对互联网几乎无限制的管辖权,可采取任何可行的方式促进宽带的运用。Verizon v. FCC, 740 F. 3d 623, 660-662 (D. C. Cir. 2014).

〔147〕 Verizon v. FCC, 740 F. 3d 623, 644 (D. C. Cir. 2014).

人而具有准公共的性质等。[148] 在此基础上,法院对强制披露规则、禁止拦截规则、禁止歧视规则是否构成对宽带提供商施加了公共承运义务——进行审查。法院毫不犹豫地认为,禁止歧视规则要求宽带提供商向所有边缘提供商提供服务时不得进行不合理的歧视,正是该条款强迫宽带提供商向公众无歧视地提供服务,构成了公共承运义务本身。法院认为"合理的网络管理"例外,也不构成对公共承运义务本身的突破。禁止拦截规则相对没有那么清晰,但由于承运人可以就一部分服务构成公共承运人,因此要求所有边缘提供商免费获得一种最低水平的接入服务,这些规则因此在最低水平服务上施加了公共承运义务本身。[149] 强制披露规则的争议焦点与前两者有所不同,威瑞森主张由于前两个规则不成立,那么作为整体规则的一部分,强制披露规则也不应成立。但法院认为,强制披露规则与其他两个规则是否可分,要根据机构的意图以及没有了被推翻的条款后,剩下的规制是否能合理地发挥功能,而法院认为披露规则可以独立运作,因此法院推翻了禁止歧视规则与禁止拦截这两条规则,而只维持了强制披露规则。联邦通信委员会于 2015 年将互联网接入服务列为电信服务而移出附属管辖权的范围后颁布网络中立规则,最终才得到法院的支持。

　　至此,联邦特区法院对前述案例进行整合的基础上,建立起附属管辖权更为精细的三步验证法,根据这个检验方法,联邦通信委员会可以(1)规制"州际或涉外有线或无线通信",如果(2)联邦通信委员会可以将它的附属管辖权与"附属权的明示授权",而不仅仅是"政策声明"联系起来,以及(3)表明该规制不与通信法体现的某些原则相矛盾。然而,尽管法院在附属管辖权发展到互联网领域的规制过程中,试图对附属管辖权从法律解释的角度进行更为精细的建构,但是这种解释本身也依然充满了再解释的空间。[150] 因此,关于联邦通信委员会附属管辖权范围的争议必然会在不同的重要情境中再次出现。

---

　　〔148〕　Verizon v. FCC, 740 F. 3d 623, 651-652 (D. C. Cir. 2014).

　　〔149〕　Verizon v. FCC, 740 F. 3d 623, 657-658 (D. C. Cir. 2014).

　　〔150〕　Christopher J. Wright, *The Scope of the FCC's Ancillary Jurisdiction after the D. C. Circuit's Net Neutrality Decisions*, Federal Communications Law Journal, December 2014, vol. 67, no. 1, pp. 19-40.

五、附属管辖权原理的功能与启示

（一）功能反思：法律随社会的演化

纵观附属管辖权的生成、扩张与发展的历史，附属管辖权试图发挥的制度功能是在立法未能及时授予明示管辖权之前，通过法律解释的方式赋予1934年《通信法》不变的条文以全新的内涵，从而使得立法文义的旧瓶能不断装进社会需求的新酒，回应技术创新与社会发展带来的规制挑战。概言之，附属管辖权的运作过程上大体上实现了规制权力随着以技术、资本为代表的社会权力扩张而不断自主扩张以适应社会发展的过程，并主要体现为旧宪章内涵在条文未变化的情况向四个方面的新发展。

首先是，新规制事项的囊括。从广播电视网、有线电视、计算机到互联网，所有这些技术的规制方式都未能在1934年《通信法》或1996年《电信法》中予以明文规定。然而，联邦通信委员会通过对一般管辖权的文义解释以及专门管辖权的目的解释，将其囊括进规制事项的范围。其次是，新规制理念的探索。在20世纪末期的自由化改革浪潮下，诞生于新政时期试图通过政府控制—命令型规制手段对自然垄断企业进行规制的理念已经无法适应经济和技术的发展，而联邦通信委员会通过对规制目标的扩大解释，实现对垄断市场的不对称规制，从而促进了新兴市场的竞争和新兴技术的发展。再次是，新规制模式的转型。21世纪初期互联网带来的技术融合，让1934年《通信法》分不同产业进行规制的模式无法适应规制融合的需求，为此，联邦通信委员会通过将互联网服务归为信息服务，使原先由不同运营商提供的相同服务可以得到平等的规制条件和竞争环境，逐渐实现向分层规制模式的转型。最后是，新规制目标的发展。在1996年《电信法》对放松规制的改革目标予以确认和深化后，作为经济规制者的规制机构在完成了放松规制的目标后，逐渐发展出促进社会目标的规制者角色，例如实现电视数字化转型、网络安全、网络中立等社会目标，虽然充满争议，却在其他经济规制机构多被废除的潮流下，某种程度上避免了机构自身的消亡。[151]

进入信息社会，社会复杂性随着通信技术的发展与日俱增，法律文本的滞后已经成为必然，如何使法律的演化跟上社会演化的步伐，愈发成为互联网时代的共同主题。对此，梅因早在 19 世纪就提出了进步社会中填补法律与社会之间的演化缺口、协调法律与社会之间关系的三种媒介——拟制、衡平与立法。[152] 依此来看，联邦通信委员会与法院早期对有线电视的规制，可被视作在法律上将有线电视拟制为广播加以规制；而 20 世纪后半叶对于电信市场的不对称规制，则是在防止纵向杠杆以促进电信市场竞争这一共识下进行的衡平；联邦通信委员会对有线与电信的早期规制尝试，则分别于 1984 年与 1996 年通过立法的形式得到确定。概言之，通过运用不同的法律发展技术，联邦通信委员会、联邦法院、国会以及其他相关主体共同推进了法律随社会的演化，使得法律成为促进而非阻碍技术创新与产业发展的因素。也正因如此，曾就任联邦通信委员会委员的罗宾逊（Glen O. Robinson）在回顾 1934 年《通信法》通过后的规制历史时，不乏夸赞地将这部授权法总结为是一部"活宪章"（living constitution）。[153]

（二）运行机理：合作型普通法进路

面对规制国于 20 世纪后期的全面兴起，许多学者提出了规制机构取代普通法法院发展普通法的趋势。[154] 具体到通信产业，美国通信法学界针对联邦通信委员会在互联网规制中出现的行政扩权与司法遵从实践，也纷纷将其总结为一种以机构为中心的普通法规制进路（agency - centered

---

[151]　Brent Skorup & Joseph Kane, *The FCC and Quasi-Common Carriage: A Case Study of Agency Survival*, Minnesota Journal of Law, Science and Technology, vol. 18, no. 2 (Spring 2017), pp. 631-672.

[152]　[英]梅因：《古代法》，沈景一译，商务印书馆 1996 年版，第 17-18 页。

[153]　Glen O. Robinson, *The Federal Communications Act: An Essay on Origins and Regulatory Purposes*, in Max D. Paglin (ed.), A Legislative history of the Communications Act of 1934, Oxford University Press (1989), p. 24.

[154]　Cass R. Sunstein, *Is Tobacco a Drug? Administrative Agencies as Common Law Courts*, Duke Law Journal, vol. 47 (1998). pp. 1013-1069.

common law regulation)。[155] 然而,通过对附属管辖权原理的历史考察可知,附属管辖权既体现了规制权力扩张以适应社会发展的一面,具有主动性与独立性;也体现了哈贝马斯意义下交往权力建制化以实现对规制权力问责的一面,具有反思性与合法性。因此,更为全面的概括是,附属管辖权的运行过程,是相关主体在面临新旧技术、新旧产业、新旧理念、新旧模式与新旧目标的不断更替与发展过程中,在一部旧宪章的框架内和基础上去探索关于新规则的共识过程。

　　首先,这的确是一种逐案的(case-by-case)普通法规制进路,即在1934年《通信法》的广泛授权下,对新技术的具体规制方式进行逐案的探索。不同于其他编对规制权限与规制方式的专门规定,例如对电信服务的费率规制、开放接入的强制要求等,附属管辖权只对一般的规制目标,例如公共利益、普遍服务、技术进步、市场竞争、放松规制等予以指引,但具体的规制方式仍需规制机构去细化落实。因此,这不是一种立法的事前规划,而是规制者面临规制挑战时的事后探索。尽管联邦通信委员会在此规制过程中,也会制定一般的规则指导之后的经济活动,但其规则随时面临司法审查后的推翻以及立法授权后的主动修改或废弃;与之相伴,附属管辖权既会随着新技术与新理念的出现而生成乃至扩张,但也会随着新立法的通过而消失乃至重生。因此,这种普通法规制进路与其说是在制定一次性的一般规则,不如说是公共领域立法民主的试错与准备过程。

　　其次,这是一种横向的合作型规制进路,即这种普通法规制进路并无特定的中心机构,而是各规制机构(联邦通信委员会与联邦法院)均发挥核心作用。换言之,该进路并不以普通法院为中心,也不以规制机构为中心,而是在联邦法院与规制机构之间达成最低共识后展开的规制。尽管规制机构是规制政策的最先制定者,但由于各类决策一般都会受到联邦法院的审查,因此往往会考虑法院的意见。例如在1968年"西南有线案"中,是最高法院对联邦通信委员会对有线电视所享管辖权予以确认。在2005年"Brand X

〔155〕　James B. Speta, *FCC Authority to Regulate the Internet: Creating It and Limiting it*, Loyola University Chicago Law Journal, vol. 35, no. 1 (Fall 2003), pp. 15 - 40; Susan P. Crawford, *Shortness of Vision: Regulatory Ambition in the Digital Age*, Fordham Law Review, vol. 74, no. 2 (November 2005), pp. 695-746; Stuart Minor Benjamin, Douglas Gary Lichtman, Howard Shelanski and Philip J. Weiser, *Telecommunications Law and Policy*, 3rd ed., Carolina Academic Press (2012), p.754.

案"中，也是最高法院对联邦通信委员会的互联网附属管辖权最终拍板。其他具体案件还包括对有线电视更强规制的制衡，对最大分离原则的修订，网络中立规则的调节等。[156] 尽管在新技术与旧产业的博弈过程中，旧产业往往能凭借自己的先期积累与行政权力较好结盟，在此过程中，如果没有司法审查作为限制行政权力扩张的救济手段与潜在威慑，那么新技术变革与发展所需的法律确定性则无从保障。尽管法院时不时会推翻联邦通信委员会的规制决定，但大多时候联邦法院会尊重联邦通信委员会对管辖权范围的解释，只要该解释有合理的依据，经充分的论证，即使该解释与法院的意见不同。

此外，立法机构在此过程中，一方面通过旧宪章发挥着隐而不显的作用，另一方面也通过新立法发挥对规制机构事后确认或及时纠正的作用。例如尽管附属管辖权是在立法明示授权之外的权力行使行为，然而，立法权力却依然以旧宪章的文义等方式时时在场。"附属"的含义，使联邦法院与联邦通信委员会均不能走出立法的目标与文义太远，因而受到立法权力的制衡。例如法院通过"须属于一般管辖权中的规制事项""须附属于法定获授职权""不得与明示禁止性规定冲突"等规则对附属管辖权的具体范围形成限制，均是立法权通过司法权在发挥着论证前提的作用。[157] 因此，尽管三者在制度安排上相互制衡，但结构上的分立并不排斥功能上的合作，而是在面对新事物带来的挑战时，在新法未能及时提供指引之前，以主动积极的行政权力作为试错的手段，被动消极的司法审查作为慎思的机制，兼具规划性与滞后性的立法作为提供基础预期的底盘，通过最低共识的方式共同保障新旧交替过程的平稳进行。

最后，这种合作型普通法规制进路以商谈民主为合法性基础。本文借助哈贝马斯的商谈民主理论，主张真正的民主应是通过公共领域的立法民主。[158] 因此，规制机构准立法行为的合法性并非对国会民主的简单复刻，而是商谈民主的精神提炼；不只是正当程序的要求在行政过程中的更佳保障，而且是程序主义的要求在公共领域立法过程的全面贯彻，将理性的意志

---

[156] 见前文第三（一）、四（一）节。

[157] 见前文第四（二）节。

[158] 马剑银：《通过公共领域的立法民主——商谈论视角下的立法过程模型》，载高鸿钧、何增科主编：《清华法治论衡》（第 11 辑），清华大学出版社，第 52-58 页。

和意见形成过程所必需的交往形式加以更为充分的建制化。[159] 20 世纪后半期以来,随着 1946 年《联邦行政程序法》、1974 年《信息自由法》与 1976 年《阳光下政府法》渐次通过,程序主义进路的行政合法性理论与实践得到快速发展。[160] 具体到附属管辖权这一规制实践的整体来看,这体现在附属管辖权规制过程的以下几个方面。

其一,附属管辖权规制过程的说理性。这不仅包括联邦法院的判决过程的说理性,也包括联邦通信委员会规则制定过程以及行政裁决过程的说理性。在为何行使管辖权、如何行使管辖权的过程中,联邦委员会委员对待决规则表决后多数通过,表决后的多数意见、附随意见以及反对意见均随所表决规则一同发布,多数意见须对征求意见过程中的不同意见予以回应,[161]而反对意见也常有被法院作为支持其推翻联邦通信委员会决定的依据。其二,各规制者之间相互独立且平等的地位。尽管国会立法具有理论上的至高地位,但司法系统与规制机构的独立性均得到了较高程度的保障。其中,为保障联邦通信委员会决策的专业性,国会立法和司法判决从多个方面对独立规制机构的决策独立性予以保障和确认,使其免于总统乃至国会的不当干扰。[162] 其三,受规制者参与规制商谈的程序保障。这主要体现在,各方相对人拥有较为强大的横向联合能力与途径,例如,与规制决策有关的利害关系人既可以通过政治游说方式,间接地参与到国会的立法过程;[163]也可通过《联邦行政程序法》中规定的"通告—评论"程序,实际地参与到委员会的规则制定过程;[164]还可以通过宽泛的起诉资格,以诉讼方式

---

[159]　[德]哈贝马斯:《在事实与规范之间:关于法律和民主法治国的商谈理论》,童世骏译,新知三联书店 2014 年版,第 537-538 页。

[160]　[美]杰瑞·L. 马肖:《行政国的正当程序》,沈岿译,高等教育出版社 2005 年版,第 24-29 页。

[161]　例如在 1977 年,哥伦比亚特区上诉法院在针对限制有线订阅电视可播节目范围的"防虹吸规则"进行司法审查时指出:"除非行政机关回应公众提出的重要观点,否则,公众提供评论的机会就毫无意义可言了。"Home Box Office, Inc. v. FCC, 567 F.2d 9, 17-18 (D. C. Cir. 1977).

[162]　Marshall J. Breger & Gary J. Edles, *Independent Agencies in the United State: Law, Structure, and Politics*, Oxford University Press (2015), pp. 88-89, 167-168, 172-173.

[163]　例如前文第三节关于早期有线电视规制的历史,作为相对于广播电视的初创企业,各类有线电视协会在其利益保障的过程中发挥了巨大作用。[美]托马斯·P. 索恩威克:《走向信息网络社会:美国有线电视 50 年》,吴贤纶译,马庆平校,中国广播电视出版社 2000 年版。

[164]　沈岿:《行政机关如何回应公众意见?——美国行政规则制定的经验》,《环球法律评论》2018 年第 3 期。

参与到具体规制决策的二次"审议"过程。[165] 正因如此,尽管附属管辖权本质上是在立法机关之外实行的准立法行为,但其民主合法性却并未因此大打折扣。

因此,从兼顾独立与问责两个面向来说,如果说美国行政法的史前史是以法院为中心的普通法规制进路的话,那么当随着罗斯福行政而兴起的行政规制国已成定局之后,美国对通信新技术的规制体现了独立规制机构、联邦法院与国会之间去中心化(在国家权力横向划分的意义上)的合作型普通法规制进路,并且这种规制进路的合法性通过商谈民主得以确保。

(三)潜在启示:依法行政原则新解

通过对附属管辖权原理的考察可知,美国通信产业规制的历史,虽面临信息社会立法滞后与规制权力自主扩张的必然趋势,却依然大体上实现了对社会权力与行政权力的双重规制,保障了技术的创新进步与社会的平稳发展。而不论各规制国之间制度与文化的差异几何,技术创新与经济发展所需的法律确定性与灵活性之间的平衡需求仍大同小异。例如,我国行政法上的依法行政原则,不仅要求政府依行政管理法的规定行政,还要求政府依行政组织法和行政程序法的规定行政。该原则在学理上的论证已较充分,[166]但在实践中的配套制度仍有不足。因此,面临通信技术的飞速发展,为保障我国通信产业政策制定的灵活性与合法性,可以从中获取的经验有以下几点。

第一,规制权力的扩张不可避免。通信产业技术变迁的活跃性以及规制国立法滞后的必然性,导致了在新技术的发展冲击着旧秩序时,必须由具有积极主动面向的行政权力先去探索与试错。一方面,这可以避免技术过于快速发展而进行过于频繁的修法活动,维持法律的稳定性。另一方面,这种扩张可以防止新技术借助技术优势冲击旧秩序过猛,旧产业借助市场影响力压制新技术的发展过度,从而实现对社会权力的规制。目前,互联网平台、人工智能等通信技术与产业的快速发展使得技术利维坦现象加剧,如何保障技术服务于主体间自由的实现而非成为权力垄断者宰制的工具,是所

---

〔165〕 例如,在前文第四节关于广播旗标规则的争议中,各类图书馆协会在争取消费者受版权保护作品的合理使用权益的过程中发挥了巨大作用。

〔166〕 姜明安主编:《行政法与行政诉讼法》,北京大学出版社 2019 年版,第三章。

有规制国的共同话题。在国家权力的各个组成部分中,以行政机构为代表的规制权力所具有的积极面向、效率导向以及专业能力,都使得它在抗击技术与资本暴政的战役中成为最有力的排头兵。这既是美国自 20 世纪初以来大量设立独立规制机构的关键理由,[167]也是我国不断在国务院辖下成立新的专门机构,例如国家网信办、国家数据局等的重要原因。

第二,专门的授权立法是规制权力合法性来源的重要基础。尽管历史一再表明,面临行政规制国的复杂社会现象,立法授权总会滞后。但对于特定规制权力的初始授权,却依然必不可少。[168]也正因如此,无论作为权力扩张典型例证的附属管辖权如何不断扩张,却依然限制在《通信法》的规制事项、法定目标、明示文义之内展开。然而,我国目前在通信领域的立法主要以行政法规、部门规章乃至大量规范性文件的方式呈现,对于通信产业部门具体权限的专门立法尚付阙如。例如,我国《电信条例》自 2000 年国务院颁布以来,虽经 2014 年和 2016 年两次修订,但迄今仍未升格成"电信法",难以为通信产业与数字经济发展所需的基础设施提供法律保障。在一些具有高度技术性的前沿领域,如算法规制、数据确权、平台治理、人工智能应用等问题上,则过度依赖部门规章乃至规范性文件,导致规制机构的自我编程现象愈发明显,立法的民主性危机因而凸显。在现有体制下,我国应积极推进"电信法"与"数据促进法"等人大立法的通过,既为相应产业的发展提供更高位阶的法治保障,也给通信部门的准立法、准司法与行政行为提供更为明确的价值指引。

第三,独立的司法审查是规制权力合法性的有力保障。规制权力一旦获得,便具有扩张的天然属性。司法审查直面规制争议的前沿,既可以对规

---

〔167〕 因此,尽管有学者例如胡贝尔(Huber)与黑兹利特(Hazlett)等主张废除联邦通信委员会或缩减其职权,让法院通过普通法、司法部通过反垄断法、联邦贸易委员会通过消费者保护法等一般的事后机制对新技术进行治理,但仍未能成为主流。Peter W. Huber, *Law and Disorder in Cyberspace: Abolish the FCC and Let Common Law Rule the Telecosm* (1997), p. 4, p. 100; Thomas W. Hazlett, *Optimal Abolition of FCC Spectrum Allocation*, Journal of Economic Perspectives, vol. 22, no. 1 (Winter 2008), pp. 103-128.

〔168〕 例如克劳福德(Crawford)认为附属管辖权几乎给予联邦通信委员会对于有线或无线信号的不受限制的权力,呼吁联邦法院不应支持附属管辖权的行使,并呼吁国会及时立法,将规制争议放在更大的平台上进行民主讨论。Susan P. Crawford, *Shortness of Vision: Regulatory Ambition in the Digital Age*, Fordham Law Review, vol. 74, no. 2 (November 2005), pp. 695-746; Susan P. Crawford, *The Ambulance, the Squad Car, & the Internet*, Berkeley Technology Law Journal, vol. 21, no. 2 (Spring 2006), pp. 873-944.

制决定起到慎思的效果,也可以为规制对象提供参与商谈的平台,并最终为立法或修法过程更高效地提供价值、经验输入。目前我国行政诉讼的审查范围仅限于规范性文件,审查方式主要为附带性审查;各类行政法规或部门规章发生争议,或者出现新的情况时,主要由国务院及其组成部门进行解释。[169] 然而,相比于国务院及其组成部门,法院在法律解释方面的业务训练使其具有更强的专业性,能够更为有效地赋予法律法规以更高确定性。相比于机构内部的自行反思,外部的司法审查作为由独立第三方主导的纠纷解决机制,则能更好地确保规制方案的中立性。此外,在上无立法指引、外无外部审查的情况下,行政法规与部门规章的制定往往较容易出现闭门造车的倾向,无法有效统合各方诉求,确保法律适应社会发展。例如,在国家网信办颁布的《网络信息内容生态治理规定》(2020 年)及据其颁布的《互联网用户账号信息管理规定》(2022 年)与《互联网跟帖评论服务管理规定》(2022 年修订)中,如何界定伦理性的呼吁与立法禁止性的要求,成为极具争议的话题。[170] 因此,如何一方面继续提升司法的独立性,使其在针对规范性文件的司法审查过程中发挥更大的作用,[171]另一方面扩大行政诉讼的受案范围以及放宽抽象行政行为的可诉性,是理论与实务中均须努力的方向。

第四,规制过程的正当程序可对规制权力的合法性予以补强。规制对象参与到规制过程本身,既可能贡献更精密合理的规制方案,也可以通过参与过程增强对规制结果的公平感,从而补强行政扩权的合法性基础。[172] 我国目前各类规范性文件的起草过程,在参与主体上更注重各类技术专家与

---

〔169〕 例如《行政法规制定程序条例》(2017 修订)第三十一条规定,"行政法规有下列情形之一的,由国务院解释:(一)行政法规的规定需要进一步明确具体含义的;(二)行政法规制定后出现新的情况,需要明确适用行政法规依据的。"《规章制定程序条例》(2017 修订)第三十三条规定,"规章解释权属于规章制定机关。规章有下列情形之一的,由制定机关解释:(一)规章的规定需要进一步明确具体含义的;(二)规章制定后出现新的情况,需要明确适用规章依据的。"

〔170〕 彭桂兵:《"不良信息"和权利保障——审视〈网络信息内容生态治理规定〉的两个维度》,《青年记者》2020 年第 10 期。

〔171〕 黄学贤:《行政规范性文件司法审查的规则嬗变及其完善》,《苏州大学学报》(哲学社会科学版)2017 年第 3 期。

〔172〕 [美]杰瑞·L. 马肖:《行政国的正当程序》,沈岿译,高等教育出版社 2005 年版,第 29 页。

企业家,参与方式上更注重自上而下地"听取意见"。[173] 然而,尽管通信领域主要处理的是经济规制问题,涉及的经常是专业性较强的通信技术、竞争政策等方面的争议,这方面的争议往往需要具备较为专业的知识才能提供较为有效的理由与意见,但通信产业中还涉及非常重要的通信内容维度、消费者权益保护维度,这类需要价值判断的问题,只有作为大众的消费者本人才能代表其发声。[174] 此外,自上而下的参与方式更具效率,但也存在错失了解真实民情的机会,造成参与程序流于形式的问题,同时容易大开行贿的方便之门,不利于法治文化的形成。因此,如何借鉴规则制定过程中的"通告—评论"程序、司法审查过程中的协会诉讼资格制度,确保任何潜在的利益相关方,尤其是相对分散或力量薄弱的利益群体如消费者、初创企业等,都能以相对平等的身份参与到准立法的行政过程当中,保障立法的民主性和开放性,成为亟待解决的问题。

第五,开放的公共领域是规制权力合法性的不竭动力。在商谈民主的视域下,无论是国会的代表立法,还是规制机构的行政立法,其合法性的基础最终均通过动员起来的公共领域的交往权力加以保障。具言之,附属管辖权的行使越是能将非建制化公共领域动员起来,越是能通过自身运作过程对以国会立法为代表的建制化公共领域输送有益观点,从而促进二者的反思互动和共识达成,那么它就越是因成为商谈民主的一个重要环节而具有民主的正当性。相反,未经公共领域充分讨论的国会立法并不一定就具有当然的民主正当性。[175] 在美国通信产业政策制定过程中,保持公共领域的开放性从而为不同主体之间的商谈提供平台,是其一大特色。[176] 也正因如此,美国通信产业能够依靠自身内部的力量,于 20 世纪初期成功推动从自由垄断向政府规制,再于 20 世纪后期从严格规制向放松规制,又于 21 初期从放松规制向重新规制的不断转型。与之相反,我国目前重要的规制改

---

[173]　例如《行政法规制定程序条例》(2017 修订)第十三条与《规章制定程序条例》(2017 修订)第十五条与第十六条的规定。

[174]　王锡锌、章永乐:《专家、大众与知识的运用——行政规则制定过程的一个分析框架》,《中国社会科学》2003 年第 3 期。

[175]　正如前联邦通信委员会官员曾抱怨道,国会立法的模糊授权把艰难的政策决定留给专家机构。联邦通信委员会规制决策中导致的一些坏结果,都是由其被要求执行的具体立法条款所强制的。Kevin Werbach, *A Layered Model for Internet Policy*, Journal on Telecommunications & High Technology Law, vol. 1 (2002), pp.37-68.

[176]　吴修铭:《总开关:信息帝国的兴衰变迁》,顾佳译,中信出版社 2011 年版。

革大多依靠外部力量推进，无论是远至五四运动以来，中国在救亡与启蒙的双重压力之下，民主法治意识的日渐深化；[177]还是近至改革开放以来，在加入世界贸易组织的外部要求之下，政企分离制度的逐步确立。[178] 因此，一方面确保与国际社会自由交往的国际关系，另一方面确保畅所欲言的国内环境，均是保持法治与科技不断稳定向前发展的基础性因素。唯如此，不论作为广义规制者的立法、司法与行政权力如何随社会的发展而扩张，也依然因受到民主与法治的导控而兼具灵活性与确定性、独立性与可问责性，从而迎接 21 世纪信息社会下势必更加激烈的社会变革与技术变革。

[推荐人及推荐理由]

在比较行政法领域，关于规制理论与制度的相关研究一直是近年来的热点话题，其中独立规制机构的相关研究也是其中一个重点。美国联邦通信委员会是美国通信产业的主导规制机构，但目前中文学界对美国联邦通信委员会开展的研究仍围绕在对其总体架构、历史沿革与职能运作等方面的入门性介绍，缺少对其具体制度展开的深入梳理和分析；英文学界对美国联邦通信委员会附属管辖权原理的研究仍局限在对司法审查的个案分析，缺少具有历史纵深下的总结梳理以及比较视野中的理论反思。

本文以附属管辖权原理的生成、扩张与发展历史为线索，对美国在通信产业的政策制定中，如何实现法律随社会演化的法律发展技术进行了系统分析，并在此基础上提出了合作型普通法规制进路的主张。此外，本文基于对美国通信产业规制中附属管辖权原理的历史考察，卓有成效地挖掘了该原理对中国依法行政原则内涵的更新以及通信产业政策的制定所具有的启示意义。

作者 2022 年寒假曾参加本人主持的"比较行政法研习营"，之后我与作者就美国独立规制机构研究进行过较为深入的交流，并就如何研究美国特定规制机构的制度史，如何开展具体领域的比较法研究，进行过多次深入交流，也就本文文稿的写作和修改提出过若干具体意见。

本文材料扎实、论证详实且具有一定理论创新价值。本文研究有助于推进行政组织法的认识，深化我国学界对美国独立规制机构、通讯规制史的

---

〔177〕 任剑涛、陈卫平、谭好哲等：《反思"五四"：中西古今关系再平衡》，《文史哲》2019 年第 6 期。

〔178〕 王俊豪：《中国自然垄断产业政府管制体制改革》，《经济与管理研究》2001 年第 6 期。

研究,能较好地丰富读者对美国联邦通信委员会及其实际运作过程的理解,特向《公法研究》推荐。

——宋华琳,南开大学法学院教授、博士生导师

论互联网平台行政责任的限度

——基于制度实践与判例的考察

张　瑄*

内容提要：互联网平台行政责任的限度尚不明晰。通过梳理平台责任的类型、分析制度实践与判例，可以帮助探讨平台在不同责任类型下的责任边界。当前，平台责任在制度实践中面临责任内容非统一、责任强度差异大与责任边界模糊等问题，亟须通过系统归纳与理论创新加以优化。平台责任可区分为直接责任、管理责任与侵害责任三种类型，根据其限度应分别基于平台功能定位、行政授权范围及用户权益保护进行界定。优化平台行政责任应从分类管理、技术协同与程序优化入手，明确责任边界，以实现精准规制与有效治理的平衡，推动平台经济的健康发展与社会治理效能的提升。

关键词：平台责任；责任限度；互联网监管；平台监管；互联网治理

一、问题的提出

近年来，随着平台企业成为互联网治理的重要参与者，平台责任在行政监管领域备受关注。落实平台行政责任，有助于规范平台运营行为，优化平台与政府之间的协作关系，激励平台创新治理机制，为数字经济时代的社会治理提供新的思路和方法。然而，作为产生于制度实践的法律概念，"主体

---

* 张瑄，华东政法大学中国法治战略研究院讲师。本文是国家社科基金一般项目（2023BFX009）"数字化行政的法律治理研究"阶段性研究成果。

责任"在学理层面仍存在内涵模糊、边界不清的问题。[1] 若过度强调平台主体责任,不仅可能增加平台运营负担,还可能在一定程度上弱化公共利益的保护力度和政府监管的精准性。因此,探讨数字平台主体责任的合理限度尤为重要。这一问题的分析需要以主体责任的类型划分为基础,进一步梳理其制度逻辑,从而为优化平台治理模式、平衡平台与政府间职责分工,以及构建高效合理的监管框架提供理论支持和实践方向。

二、互联网平台行政责任的实践困境
——以九省平台责任清单为分析对象

基于平台行政责任的复杂性,有关平台行政责任的条款分散于法律法规与单行条例之中。地方政府为了回应区域内平台监管的实践需求,逐步制定地方性法规或规范性文件以填补这制度空白。清单作为一种治理技术,被广泛应用于现代公共治理的各个领域之中,成为实现"负责任的治理"目标的一个重要抓手。为了平台企业全面落实法律责任可以具备照单明责、照单履责的指导,互联网平台主体责任清单的推行已有丰富实践。

自 2021 年市场监管总局部署开展制定网络交易平台责任清单的行动以来,全国已有九个省级行政区的市场监督管理部门出台了互联网平台主体责任清单及相关规范性文件。[2] 依托责任清单进行互联网治理的考量有二:其一,地方性责任清单的制定能够结合各省具体的经济发展水平与治

---

〔1〕 近年来,随着法律规范和政策文件中对互联网平台"主体责任"引用的逐渐增多,有关主体责任的研究也日益深入。现有研究主要从主体责任的兴起与发展、理论内涵以及法定责任与非法定责任的区分等角度展开。这些研究试图通过揭示主体责任作为法律概念的内涵,构建具有普遍适用性的理论框架和实践逻辑。然而,现有研究同样意识到,实定法中"主体责任"这一法律概念在回溯法学概念时,仍面临诸多亟须解决的解释难点与理论挑战。参见刘权:《论互联网平台的主体责任》,《华东政法大学学报》2022 年第 5 期;参见黄锫:《数字平台算法侵害的行政法律责任论纲》,《比较法研究》2023 年第 6 期;参见黄磊:《论平台经营者在网络空间诉源治理中的主体责任》,《数字法治》2024 年第 2 期;参见郭春镇、黄耀鹏:《双重不对称合作:平台内容治理主体责任的运行与优化》,《浙江学刊》2024 年第 5 期。

〔2〕 截止至 2024 年 5 月 1 日,全国共有 9 个省级行政区出台了平台主体责任清单,涉及的行政区划包括 6 个省(山西省、浙江省、安徽省、湖南省、湖北省、海南省)、2 个直辖市(北京市、重庆市)及一个自治区(内蒙古自治区)。值得说明的是,不乏有如哈尔滨等市级市场监督管理部门结合当地互联网企业经营实际情况出台平台责任清单的实践,在本文讨论中也会一并涉及。

理需求,对平台责任进行更具针对性的细化与补充,有助于增强法律适用的灵活性与实践性。其二,清单既是规范平台行为的制度工具,又是一种政策信号,明确传递出政府对平台在社会治理中角色定位的期待,帮助企业在合规管理中建立明确的参照系。基于此,平台责任清单为平台行政责任的研究提供了丰富的研究材料。[3]

(一)平台行政责任的实践样态

平台责任清单的实施运行有助于厘清和落实平台责任,发挥了独特的治理效能。实践中,平台责任清单在内容上大致由两部分规范构成:一是梳理汇总已颁布的实定法条款,按照一定的区分标准,将法律法规规章及规范性文件中有关平台责任的条款予以呈现;二是细化延展具体领域的相关规定,使得宽泛的既有规范在具体执行阶段具有可操作的细化标准。因此,平台责任清单并非对实定法条文的简单汇总,也非全然新制的规范条文。权责清单通过整编梳理与平台具体活动相关的责任规定,勾勒出平台在法律层面的权责图谱。

平台责任清单的制定是为了回应平台监管层面规范条款繁复、监管主体混杂、责任界定不清的治理困境。具体而言,平台行政责任的法律实践呈现出以下特点:

平台责任类型繁多,呈现出多维度的复杂特征。例如,《浙江省网络交易平台企业主体责任清单》将平台责任做类型化区分,在此基础上再细化特定责任条款。然而,责任种类的繁多与划分标准的不统一,也在实践中导致责任界定的模糊性增加,不同责任之间的边界难以清晰划定,从而对责任落

---

[3] 将各省平台责任清单作为平台责任边界的分析对象,主要基于以下几点理由:首先,各省平台责任清单是对平台责任边界进行规范化界定的重要实践载体。相较于法律法规中的抽象规定,平台责任清单在明确平台责任的具体内容、适用场景和实施要求方面具有更高的操作性。这些清单既是法律原则在地方治理实践中的具体化表达,也是平台责任边界在实际运行中的清晰呈现,能够为分析平台责任的多样化形态和边界提供丰富的实证资料。其次,各省责任清单的制定过程充分体现了地方对平台责任的差异化理解与探索。由于各省在经济发展水平、平台行业分布和社会治理需求上存在显著差异,各地的责任清单在具体条目和规范逻辑上也表现出鲜明的地方特色。这种差异性为研究平台责任边界的灵活性和适应性提供了重要的比较分析视角,有助于揭示不同地方在界定平台责任边界时的核心考量和权衡逻辑。最后,以各省平台责任清单为分析对象,能够反映责任边界的动态演化过程。责任清单的动态调整与完善为探讨平台责任边界的扩展与收缩提供了时间维度上的观察视角,有助于深入分析平台责任边界形成和演变的机制。

实与法律适用的协调性提出了更高要求。

平台责任要件逐步细化,治理精细化程度要求提高。从用户数据保护、内容审核到知识产权维护,再到消费者权益保障,各个领域的行政责任都需要明确并具体化,相应的条款才能得以顺利实施。例如,2021 年 11 月 1 日施行的《中华人民共和国个人信息保护法》(以下简称《个人信息保护法》),作为我国首部个人信息保护领域的专门立法,其中第二十四条的规定直指大数据“杀熟”,明确禁止个人信息处理者利用个人信息进行自动化决策,对个人在交易价格等交易条件上实行不合理的差别待遇。然而,何谓“不合理的差别待遇”并未在法律中细化说明。针对这一问题,各省颁布的平台责任细则进行了更为具体的规范,其中,《浙江省网络交易平台经查看主体责任清单》不仅排除了不应认定为“不合理差别待遇”的四种情形,〔4〕还整合包括《互联网信息服务算法推荐管理规定》《浙江省电子商务条例》以及《工业和信息化领域数据安全管理办法(试行)》等规范,补充说明大数据“杀熟”的认定标准和法律责任。〔5〕通过平台责任清单的释明,行政机关认定平台责任的裁量基准更加精准。诚然,责任要件的细化在明确平台行为标准、促进法律适用精准化的同时,也可能导致平台合规成本的上升,增加对责任边界及适用情境的复杂性要求。

规范归责程序的必要性日益凸显。随着平台监管力度不断加强,各级政府采取了约谈、限期整改、下架等多种“软处理”与行政处罚相结合的监管方式,更好地契合治理目标。例如,2021 年 12 月 1 日,国家互联网信息办公室(以下简称“网信办”)约谈某网站主要负责人,针对近期屡次发布或传

---

〔4〕《浙江省网络交易平台企业主体责任清单》援引《浙江省电子商务条例》第 14 条,释明“不合理差别待遇”:“电子商务经营者不得利用大数据分析、算法等技术手段,对交易条件相同的消费者在交易价格等方面实行不合理差别待遇。下列情形不认定为不合理差别待遇:(一)根据消费者的实际需求,且符合正当的交易习惯和行业惯例,实行不同交易条件的;(二)针对新用户在合理期限内开展优惠活动的;(三)基于公平、合理、非歧视规则实施随机性交易的;(四)能够证明行为具有正当性的其他情形。本条所称交易条件相同,是指消费者在交易安全、交易成本、信用状况、交易环节、交易方式、交易持续时间等方面不存在实质性差别。”

〔5〕参见《浙江省网络交易平台企业主体责任清单》“安全保障责任”下的“算法合规”部分。类似再如,《电子商务法》第 10 条规定了“个人销售自产农副产品、家庭手工业产品、个人利用自己的技能从事依法无需取得许可的便民劳动活动和零星小额交易活动”,不需要办理市场主体登记。《海南省市场监督管理局网络交易平台经营者主体责任清单》在市场准入责任部分对该条款予以细化解释,用列举法将“便民劳动活动”定位为“个人通过网络从事保洁、洗涤、缝纫、理发、搬家、配制钥匙、管道疏通、家电家具维修修配”等活动。

输法律、法规禁止发布或者传输的信息，情节严重，依据《中华人民共和国网络安全法》（以下简称"《网络安全法》"）等法律法规，责令其立即整改。同年12 月 9 日，中华人民共和国工业和信息化部（以下简称"工信部"）发布《关于下架侵害用户权益 APP 名单的通报》，对包括该网站在内的 106 款 APP进行下架处理。[6]这一举措引发行政监管程序合法性及软性措施适用条件的广泛讨论。在多省颁布的平台责任清单中，进一步明确了"约谈"这一非刚性的监管手段适用的法定情形。例如，《湖北省网络交易平台经营者主体责任清单目录》规定，仅在平台未履行信息公示义务与信息核验备案义务时，根据《网络交易监督管理办法》的相关规定，可在实施处罚前对可能扰乱网络交易秩序的平台主要负责人进行约谈，并要求其整改，从而将"软处理"作为行政处罚前置程序之一。地方清单对责任程序的创新性规定有助于实质化解行政争议，同时却在监管实践中可能引发程序适用标准模糊或执行不一致的问题，从而对监管效果提出了更高的要求。

（二）平台行政责任的实践困境

平台责任清单由各省行政监督管理部门牵头制定，但平台运营过程中反映出的问题并不以行政部门为区分。因此，某一项平台责任可能关乎多个行政部门的职权范围，且各部门对平台责任的归属存在不同意见。[7]相较各省责任清单的内容可以窥见，平台责任清单在实践中面临以下三方面亟待解决的问题：

1.责任内容的非统一性

各省平台规则的制定主体不同，且内容涵盖的规范包含各地行政部门制定的规范性文件，因此责任内容并不完全相同。在不违背法律法规的前提下，各地平台规则清单存在非统一性。有别于线下实体商户的属地特性，

---

〔6〕　参见综合证券时报：《工信部下架 106 款 APP，个人信息野蛮掘金的时代结束了》，载中国科技网，http://www.stdaily.com/cehua/Dec10th/fmxw.shtml，最后访问日期：2024 年 7 月 11日。

〔7〕　例如，《浙江省网络交易平台经营者主体责任清单》即是浙江省市场监督管理局会同中共浙江省委宣传部、中共浙江省委网络安全和信息化委员会办公室、浙江省公安厅、浙江省人力资源和社会保障厅、浙江省文化和旅游厅、浙江省高级人民法院、浙江省广播电视局、国家税务总局浙江省税务局、浙江省通信管理局、浙江省药品监督管理局等 11 个部门联合制定的，其规则条款覆盖各部门针对互联网平台指定的规范性文件。

平台主体以互联网为载体,辐射范围超越行政区划的区隔。平台用户体量极大,业务分布广泛,各省不同内容的平台责任规定不利于统一细致监管。在某种程度上甚至为跨地域协同监管设置了壁垒。

2.责任强度的差异性

各省份的经济发展水平、社会环境和政策导向各不相同,地方政府在具体行政中核心行政目标与行为侧重点也有不同。例如,经济发达地区可能会对平台的技术创新和数据安全提出更高的要求,而经济欠发达地区可能更加注重平台在推动地方经济发展和解决就业的责任。这样的背景下,如何在保证地方特色和多样化管理的同时,推进平台责任清单的标准化和统一化,将成为未来政策制定和执行中的重要课题。

3.责任边界的模糊性

国家市场监管总局在2021年提出要制定网络交易平台责任清单时,其主要政策目标在于"厘清平台责任边界,加强对平台企业履行主体责任的监管,进一步压实平台责任"。[8]在具体制定和实施的过程中,各省责任清单均采列举式,列明不同类别平台的法律责任与责任依据。平台责任的边界问题仍未厘清,没有形成统一的理论架构用于指导平台责任的设置。采取列举式的原因大致有二:其一,平台问题涉及的法律体系过于庞杂,且为防止平台权力过度膨胀,有些平台责任在设置之初缺乏统一的理论支撑和引导;其二,为平台责任框定边界的任务与实定法规范联系紧密,由省级行政部门判断决定未免有超越职权之嫌。因此,尽管各地推行的互联网平台责任清单发挥了一定的积极效用,但尚未实现最初制度设计层面厘清平台责任边界的构想。

二、互联网平台行政责任的类型区分

随着数字经济的蓬勃发展,互联网平台在社会治理与经济运行中的地

---

〔8〕 新华网:《市场监管总局:今年将制定网络交易平台责任清单》,载新华网2021年3月15日讯,http://www.xinhuanet.com/2021-03/15/c_1127212234.htm,最后访问日期2024年7月11日。

位日益突出,其行为方式不仅影响平台内用户的权益,也与国家行政监管体系形成复杂的互动关系。在这一背景下,平台作为行政责任的承担主体,其角色已不再局限于传统意义上的直接被监管的市场主体,而是逐步延展为治理协作者,甚至通过自我规制主动承担部分公共职能。基于此,"主体责任"的表达在我国法律规范中大量出现,来描绘平台作为网络空间主要组织者、监管者与负责人,对违法行为的兜底责任,规定平台"做好分内之事所应承担的积极作为和不作为的义务"。[9]

然而,对于主体责任的研究碍于主体责任属性不明、内涵不清以及性质模糊,导致作为管理责任的主体责任缺乏明确的边界确定逻辑。平台管理责任过度膨胀,会抑制平台作为市场主体的发展能动性,平台管理责任的过度限缩,又无法对超级平台的行为实施有效的行政监管。因此对于平台责任边界的确认,应当以实定法规范为基础,对主体责任的分类进行进一步拆解,形成明确的责任边界划分标准。

(一)平台作为市场主体的直接责任

在这一类型中,平台因自身行为违反行政法规范而承担的行政责任,与传统行政法律关系中作为行政相对人的社会主体、市场主体以及竞争主体所承担的责任并无实质差异。[10]作为行政相对人,平台需对其在经营活动中未遵守法律法规强制性规定的行为负责,此类行为构成了行政监管意义上的违法事实。这一责任类型体现了平台与行政机关之间直接的监管与被监管关系,强调平台在法定范围内应遵守行政法规范的义务。

作为行政法律规范适用的对象,平台在此类关系中具有明确的被监管地位,其责任主要体现在对市场准入资质的取得以及产品和服务标准的遵守上。例如,根据《中华人民共和国电子商务法》(以下简称"《电子商务法》")第二十七条的规定,平台应当依法办理市场主体登记,以自身经营者的身份开展业务,并履行相应的行政责任。从行政监管关系的角度来看,这种直接监管责任的本质在于行政机关与平台之间形成的单向法律义务关系。行政机关依据法律赋予的监管权限,对平台的经营行为进行审查和评估,并通过行政行为(如许可、备案、处罚等)对平台实施管理。

---

〔9〕　参见刘权:《论互联网平台的主体责任》,《华东政法大学学报》2022 年第 5 期。
〔10〕　参见叶逸群:《互联网平台责任:从监管到治理》,《财经法学》2018 年第 5 期。

需要注意的是,这种类型的责任属于较为传统的责任形态,其主要体现于平台"市场主体"属性之下,而非"公共治理主体"属性之中。平台作为市场主体的直接责任集中反映了平台在行政监管关系中的基本义务属性。该类型的责任明确了平台在市场准入、资质管理和合规经营等方面的边界,为行政机关依法实施监管提供了明确的法律依据,同时对平台的合法经营行为形成了最基础的约束。

(二)平台作为治理协作者的管理责任

从行政监管关系的角度来看,平台作为治理协助者的管理责任,是既有研究中"平台经营者的行政监管主体责任"[11]中的重要组成部分,其内涵更侧重于平台作为公共治理体系的一部分所承担的协作义务。

随着互联网平台在社会经济活动中的地位不断提升,其责任形式逐步突破传统市场主体责任的范畴,向协助履行公共治理职能的方向延展。这一转变使平台在承担行政责任时,超越了单纯作为市场主体的角色,在特定情境下承担起"治理协助者"的管理责任。所谓"治理协助者",是指在此分类下,平台责任具有以下三项特性:

其一,平台用户作为被管理者须履行行政法上的特定义务;其二,平台的职责在于督促用户履行其应尽的行政法义务,而平台因未尽督促义务承担行政责任。这种责任类型要求平台在协同行政机关实现公共治理目标的过程中,履行相应的监督、审查与协助义务;其三,平台对其内用户的管理职能与行政监管任务相承接,其行为内容在实质上具有行政监管的相当性。

例如,根据《电子商务法》第十二条的规定,电子商务平台内的经营者应当依法取得行政许可。与之相应,平台根据《网络交易监督管理办法》第二十四条第二款的规定,应当对未办理市场主体登记的商户进行动态监测,并及时提醒。在平台责任的归责逻辑中存在两层次的思考路径,其一是商户自身的行政义务,其二是平台督促商户履行义务而产生的第二层次义务。平台因未履行或未充分履行第二层次义务而承担责任。具体而言,平台作为治理协助者的第二层次责任主要体现在信息监督与审核责任、行为监控与动态管理责任、违规行为的预警与整改责任、协助行政执法的责任以及风

---

〔11〕 黄磊:《论平台经营者在网络空间诉源治理中的主体责任》,《数字法治》2024 年第 2 期。

险防控与教育责任等诸多方面。[12]

协助管理责任的确立,既是为了弥补行政机关在资源和能力上的不足,也是为了充分发挥平台在技术能力和覆盖范围上的优势,以实现社会治理的精细化和高效化。值得注意的是,这种主体责任的法律基础并非传统的监管与被监管关系,而是建立在行政机关与平台之间的功能协作关系之上。平台因其独特的技术能力和规则设定权,被赋予了协同治理的职能。在这一背景下,平台因治理失职而被追究责任的现象,反映了其在社会治理体系中地位的显著跃升。这既是技术发展和平台扩张的必然结果,也是国家治理模式创新的一个重要方向。[13]

(三)平台作为自我规制者的侵害责任

在管理责任之外,平台行政责任中还存在另一种责任架构方式,本文将其称为"侵害责任"。互联网平台因其治理规则的制定与实施,在一定程度上形成了自主规制体系,从而成为社会治理的一部分。平台的自我规制行为不仅对其内部用户和商户产生约束力,还可能对外部的社会秩序和公共利益造成影响。然而,当平台的自我规制行为未能公平、合理地维护平台内外利益关系,甚至直接侵害用户或商户权益时,行政机关可能介入,并课以平台相应的行政责任,以避免平台作为自我规制者对用户实施侵害行为,进而维护市场经济秩序。

平台基于市场竞争和运营需求,通过规则设定、算法设计、信用评价等手段管理平台内部活动。自我规制行为的初衷通常是维护平台生态健康,但规则制定的单方面性以及缺乏外部监督,自我规制行为可能在实际操作中导致权益侵害。平台责任清单的规范中大量存在侵害责任的立法实践,构成平台治理的重要环节。例如,根据《电子商务法》第三十三条、《网络交

---

〔12〕 例如,《互联网广告管理办法》第十六条规定,互联网平台经营者在提供互联网信息服务过程中,应履行防范和制止违法广告的职责。具体而言,平台经营者应当对用户发布的广告内容进行动态监测与排查,并建立健全投诉、举报受理及处置机制等配套制度。该条文建立在本办法第 2 条至第 15 条所确立的广告主须确保广告真实、合法义务的基础之上,是对互联网广告行为监管责任的一种延伸,旨在明确平台经营者协助行政机关实现互联网广告行为规范化管理的义务。这种协助责任体现了平台在互联网广告监管体系中作为"治理辅助者"的角色,强化了其在公共治理领域的功能性定位。

〔13〕 姜明安:《完善软法机制,推进社会公共治理创新》,《中国法学》2010 年第 5 期。

易监督管理办法》第二十八条、《网络购买商品七日无理由退货暂行办法》第二十二条以及《规范促销行为暂行规定》第七条,电商平台应当保障商户对平台自行制定规则内容的知悉。综合而言,平台应当采取公示、保留修改前后版本、保留下载阅读渠道、修改前征求意见等方式履行法定义务。平台制定规则是典型的平台自治行为,确保商户知悉规则条款的过程,即为充分保障商户作为自治管理结构中被管理一方合法权益的过程。

此外,法律条文为这一责任类型提供了重要的制度依据。例如,《网络交易监督管理办法》第十四条要求平台不得通过协议、规则等方式侵害商户和消费者的合法权益。若平台通过自我规制行为损害用户的公平交易权、信息权或其他权益,其行为可能构成违法,并受到行政处罚。

具体而言,平台作为自我规制者的侵害责任主要体现在以下三方面的要求中:

其一,要求平台规则制定的透明性与公平性。平台在制定和实施规则时应当遵循透明、公平的原则。如果规则存在含糊、隐晦甚至歧视性的内容,可能导致用户或商户利益受损。例如,《反垄断法》第二十二条规定,具有市场支配地位的经营者不得利用规则设计实施不公平的交易条件。若平台通过自我规制行为限制商户自由定价或阻碍消费者自由选择商品,其行为可能构成滥用市场支配地位,承担相应的行政责任。

其二,要求平台规则实施中不得侵害用户权益。平台在实施规则过程中可能侵害商户或用户的合法权益。例如,某些平台通过信用评价规则对商户进行惩戒,若惩戒措施依据不充分或程序不正当,则可能引发权益争议,甚至被行政机关认定为滥用自我规制权力。《消费者权益保护法》第二十条明确要求经营者不得通过格式条款损害消费者权益。若平台通过不合理的规则免除自身责任或加重用户责任,将可能因违规受到处罚。

其三,要求平台履行提示义务。平台负有向商户或用户明确说明其规制规则和行为后果的义务。例如,《电子商务法》第三十八条规定,电子商务平台经营者应当明示服务协议和交易规则的内容。若平台未尽提示义务,导致商户或用户因规则不明而遭受损失,平台可能因未尽主体责任而承担行政处罚。这种情况尤其常见于商户在规则不明情况下被平台封禁或扣款的争议中。

由此可见,对平台行政责任的类型化区分,不仅有助于厘清平台在不同场景下的责任属性,也为进一步探讨其边界提供了理论基础。不同类型责任的功能定位与适用范围各异,市场主体、治理协作者与自我规制者的不同角色赋予平台不同的行政责任类型。因此,明确责任边界应基于责任类型的特点,结合实定法规范与实践需求,逐步构建科学合理的规则体系。

三、互联网平台行政责任的实施限度

平台责任清单中责任强度与责任边界不明的问题并非归咎于制定主体,而是针对平台的规则限度缺乏统一的理论架构,才导致平台责任清单在实践中掣肘。厘清平台责任的限度也需要从规则条款出发,洞悉其背后的制度逻辑与责任模式,在理论层面抽象出统一的责任划归方式。针对平台行政责任的类型化区分,直接责任、管理责任与侵害责任应当对应不同的责任限度设定逻辑。

(一)直接责任的限度

作为市场主体以及经营主体,平台的行政责任边界应从以下两个方面展开分析和构建:

其一,基于平台功能定位明确责任范围。平台的功能属性是界定行政责任边界的基础。作为市场主体,平台在市场交易中应遵循公平竞争原则,履行市场规则;作为经营主体,平台须保障其服务或产品的质量和安全;作为数据所有人或使用人,应当处置平台非法收集、滥用用户数据或侵犯隐私的行为,而对平台匿名化数据的内部优化应当予以相对程度的宽松。平台作为被监管对象,应遵守行政法规与监管要求,履行信息公开、合规运营等义务。因此,需要根据平台在具体场景中的角色差异,对其责任范围进行分类界定,以确保责任划分符合平台功能定位。

其二,遵循比例原则,确保责任分配的合理性。比例原则要求行政行为的措施与目标之间保持合理的平衡。针对平台行政责任的划定,需要确保责任的分配与平台的实际能力、技术水平和社会影响力相匹配,避免因责任过重或要求过高而对平台正常运营造成不当干预。平台作为市场主体,应在一定范围内保持其经营自主权,行政机关对平台履行监管义务的要求应符合适度性原则。

作为市场主体,对其行政责任限度的确定应当紧扣行政法基本原则,同时,也应当区分事前、事中、事后的不同监管阶段,确保每个阶段的监管措施更加精准、具有针对性和时效性,有效预防和减少违法行为发生,提升治理效率。在此基础上,应当平衡平台的自主经营与行政监管之间的关系,保障公共利益和平台的创新发展,提升监管的透明度与公正性。

(二)管理责任的限度

在管理模式下,行政机关、平台与用户间构成了三元监管关系,平台协助行政机关完成针对用户行为的监管任务。管理模式在平台责任清单中广泛存在,但不以行政机关对平台的"授权"作为要件。与前文表述类似,在各地的平台责任清单中,将其归纳为平台的"协助义务"与"配合义务"。在司法实践中,呈现出商户的行政责任随授权关系转移到平台的趋势。

最高人民法院公报案例"曾某某诉长沙市岳麓区交通运输局行政处罚行政复议案"(以下简称"曾某某案")〔14〕是涉及管理责任的典型判例。本案中,原告曾某某驾驶某平台顺风车跨市搭载。在平台上接单后,曾某某在行驶过程中被交通运输管理部门拦截扣押,拟作罚款2万元。曾某某不服,诉诸法院。湖南省高级人民法院再审认为,《长沙市私人小客车合成管理规定》第四条规定,"合乘平台不得提供跨省市、跨区域的合乘服务信息",该条规定应当理解为"若平台违反该规定,提供了跨省市、跨区域的合乘服务信息,则平台应当承担责任,而非车主承担责任"。因此判决撤销交管部门对曾某某作出的处罚决定。

本案中,实定法明文规定了顺风车主的行政责任,从判决结果上看,行政责任由顺风车主移转到平台方。其逻辑涉及平台方与行政机关、平台方与顺风车主的两组关系。

其一,平台方承接政府行政监管职能。此处的"职能"表达是宽泛的,具体到本案中,既表现在平台要代替行政机关监督顺风车主驾驶行为的合法性,又表现在传达法规范精神,在平台页面设计、日常运营、安全支付、用户反馈等各个维度确保平台用户知悉法规范内容。归纳而言,平台方既是用

---

〔14〕 "曾海波诉长沙市岳麓区交通运输局等行政处罚行政复议案"湖南省高级人民法院行政再审判决书,载《最高人民法院公报》2023年第12期(总第328期)第36-45页。

户行为的监督者，也是政府监管的"代言人"。

其二，平台方督促顺风车主履行行政义务。这里的"督促"行为并非柔性，而是会因顺风车主义务的不履行承担责任转移的风险。有别于"避风港规则"为平台留有规避责任的空间，[15]平台在授权模式下的督促义务强度更高。

在管理责任的法律实践中，可以明确的是，平台代行行政监管职责是针对用户实施行政责任的"协助义务"。对于协助义务可以有两种理解：一是将其理解成独立于商户责任的另一种责任，因行政授权行为而产生，伴随商户履责而消亡；二是将其理解为管理义务的一种，行政机关授权平台履行管理职责，其授权范围是宽泛的，甚至不体现在具体条款中。商户未履行行政义务即为平台管理不善，平台承担未尽管理义务的行政责任。根据判决书所载，平台责任来源于商户责任的传导，实定法并未有明确的授权条款，因此第二种理解更契合此种模式下的责任本质。

在管理责任的模式之下，平台管理行为不以授权条款为必须，平台管理权的来源可能是行政权力，也可能是来自平台内部规则的契约权力，但其权力的行使与行政机关的监管权力联系紧密。首先，平台以自己的名义独立行使行政权并承担相应的法律责任，并在实际判例中呈现"责任移转"的权责表现。其次，平台承担行政职能的原因，在于行政机关在互联网监管层面的失力。例如前文平台根据《电子商务法》第十条的规定对商户登记行为发挥监督、敦促职能，是为了应对行政机关在处理电子商务平台的商户违法行为时，注册登记地与实际经营地不一定完全相符的局限。因此，发挥平台代管商户的约束力优势是一种基于行政功效的考量。这与行政授权在"行政机关的法定职权存在难以逾越的功能局限"中不断拓展有异曲同工之处。[16]最后，尽管缺少了行政授权的法规范要件，平台事实上的管理职能在客观层面被赋予了管理权限。例如，对于不履行登记义务的商户，平台可以充分发挥技术优势，予以弹窗提醒、警告、下架商品等多途径制裁方式。其实施制裁行为背后的权力架构即为特定范围内的管理权。因此，可以将管理责任看作宏观意义上宽泛的行政权授予。管理权由行政监管结构转移到平

---

〔15〕 王迁：《信息网络传播权保护条例中"避风港"规则的效力》，《法学》2010 年第 6 期。

〔16〕 叶必丰：《行政行为原理》，商务印书馆 2019 年版，第 30 页；谭波：《行政授权与行政委托：衍生性权力的法律规制》，《当代法学》2022 年第 6 期。

台治理结构中,相对应的行政任务、行政目标以及行政职能也随之转移。

在管理责任中,平台责任的承担方式与行政授权中以自己名义独立行使行政权的被授权组织具有一定的相当性。这种相当性体现在平台在特定领域履行与公共管理相关的职能时,承担了某种程度上类似于被授权组织的责任。然而,这并不意味着平台责任可以无限扩张,而是应当在合法性与合理性原则的基础上,保持明确的责任限度,以避免平台因职责范围不清导致的过度负担或治理无序。

参照行政授权中的"权责一致"原则,[17]平台责任的边界应当与政府监管的管理权范围保持一致。这意味着平台在承担管理责任时,应以行政机关授予或认可的监管权限为依据,不得超越法定职责范围进行干预。同时,这也要求行政机关在设定平台责任时,必须明确其授权依据及相应的责任限度,确保平台责任的履行有章可循,并与政府监管目标相协调。

具体到曾某某案中,平台责任的边界和性质可以通过分析其与行政机关及服务提供方(如顺风车主)的双重关系得到进一步厘清。在传统的监管框架中,平台与行政机关、平台与顺风车主分别构成两组独立的权责关系:前者体现了平台作为监管协助者的义务,后者则反映了平台与服务提供方之间的合同或服务关系。然而,随着平台在社会治理中的地位不断上升,其角色已逐步从单纯的技术服务提供者转变为实际的管理者和监督者,导致这两组关系逐渐融合为一组综合性的管理与被管理关系。即在某些领域中,平台作为政府监管职能的延伸,其责任直接对应于服务提供方或用户的行为规范和管理目标。这一关系的演变使得平台的管理责任实际上以行政机关在特定领域的监管权为限。

在曾某某案中,平台责任的界定应当具体分析管理权范围与履职要求。若平台的管理职能与政府监管目标相一致,例如在维护公共安全或保护消费者权益方面的具体责任,其未履行相关义务所导致的法律责任应当被认定为平台责任。然而,这一责任的承担必须严格限定于平台管理职能的合理范围之内,而不能因外部风险或个别不当行为而扩大到超出合理范围的过度责任。例如,在本案中,若顺风车主的行为超出平台规则的可控范围,而平台已尽到合理的审核、提醒和管理义务,则平台责任的追究应当受到限

---

〔17〕 参见王克稳:《政府业务委托外包的行政法认识》,《中国法学》2011 年第 4 期。

制。〔18〕

因此,平台在管理责任模式下的责任边界既需要立足于行政授权逻辑中的"权责一致"原则,也需要通过明确平台的管理职能范围,规范其在特定领域内的履职行为。这种明确不仅能够保护平台免受无序扩张的责任侵害,也为构建清晰的监管框架提供了依据,最终实现政府监管与平台治理之间的良性协作。

(三)侵害责任的限度

在管理责任之外,侵害责任的"政府—平台—商户"关系存在以下特点:一是平台内部存在自我管理的结构,其权力结构并非从行政机关的行政权继承而来,而是平台依托与商户间的协议建立的管理关系。二是原本在自我管理的结构之下,行政机关不宜干涉平台自治行为,但因平台行为侵犯用户合法权益,扰乱经济秩序和市场稳定,行政责任穿透平台自治管理结构,科以平台主体法律责任。

管理责任与侵害责任最明显的区分在于是否存在法定意义上的用户责任。前者管理责任模式中的用户具有行政法上的义务,平台对协助促成其任务的履行;后者的关系结构中缺乏用户的行政责任,管理结构存在于平台与用户之间,政府对平台管理行为的介入是消极的,仅在其侵害用户合法权益时才要求平台承担行政责任。

实定法规范中存在大量基于侵害责任的立法实践,构成平台治理的重要环节。例如,根据《电子商务法》第三十三条、《网络交易监督管理办法》第二十八条、《网络购买商品七日无理由退货暂行办法》第二十二条以及《规范促销行为暂行规定》第七条的规定,电商平台应当保障商户对平台自行制定规则内容的知悉。综合而言,平台应当采取公示、保留修改前后版本、保留下载阅读渠道、修改前征求意见等方式履行法定义务。平台制定规则是典型的平台自治行为,确保商户知悉规则条款的过程,即为充分保障商户作为

---

〔18〕 值得注意的是,管理责任下的权责关系与行政法"权责一致"原则呈现相反之态。前者是在权力范围内承担法律责任,后者是在超越职权时承担法律责任。产生差异的原因在于承担责任的对象不同,管理责任中,平台在管理权范围内对行政机关承担管理不力的法律责任,是向上的责任承担;行政法"权责一致"是在超越管理权时对行政相对人承担法律责任,是向下的义务履行。因此在具体适用的过程中,要明确权与责的关系,类比行政机关的权限范围,在平台管理行为的语境下划定责任边界。

自治管理结构中被管理一方合法权益的过程。再如,根据《互联网用户账号名称管理规定》第五条的规定,平台在自我管理的过程中要妥善保管互联网用户的账号名称,保护用户信息及公民个人隐私,遵守法律规定,自觉接受社会监督等。

与前文曾某某案相比较,同样是平台向商户明示规则的义务,却分属不同的责任模式。曾某某案中,顺风车主负有行政法上的义务,平台向其明示相关法条规定是基于行政权,即行政机关要求法律法规的规定被顺风车主知悉。管理责任下,平台承担责任的底层逻辑是未履行行政监管义务。侵害责任则与之不同,平台具有向商户明示规则的义务,其承担责任的底层逻辑是避免可能对商户权益造成损害,防止平台自我管理行为损害市场经济秩序。

区分管理责任与侵害责任对于厘清平台责任的意义在于,只有在分析出责任基础,才能进一步分析实定法体系设定责任的目的和出发点,明确责任条款的到达点,即责任边界问题。平台管理责任承接了行政管理任务,在平台未履行或未完全履行行政任务时,应当承担与权限范围相对应的平台责任。平台侵害责任中,平台的自治结构已然形成,规定责任条款是为了避免平台在自治管理的过程中利用平台优势地位,损害用户的合法权益。

有的学者援引"元规制"理论勾勒"将自我管理行为纳入规制范畴"的规制模式,[19]与本文所要探讨的侵害责任的关系结构具有相似性。但是,元规制理论在分析平台责任的维度,难以释明责任设置的"被动性",即责任的设置是为保障被管理一方权益设置的最后一道防线,并非元规制理论所强调的通过元规制的方式介入引导平台自治。元规制理论强调多主体协同规制,关注重点在多方主体的利益平衡与权利互动。[20]值得借鉴之处在于,元规制的核心要义在以法治方式引导互联网平台构建起全面保护用户权利的自我规制体制,用户权利保障也是平台侵害责任的关键。

在侵害责任框架下,平台作为市场主体,其自发形成的管理结构通常具有显著的权力和信息优势。这种优势虽然在一定程度上有助于平台高效地组织交易、规范用户行为,但也可能导致平台利用其优势地位侵害用户的合

---

〔19〕　黄文艺、孙喆玥:《论互联网平台治理的元规制进路》,《法学评论》2024年第4期。

〔20〕　[英]罗伯特·鲍德温、马丁·凯夫、马丁·洛奇编:《牛津规制手册》,宋华琳、李鸻、安永康、卢超译,上海三联书店2017年版,第169页。

法权益。为了平衡这种潜在的权利失衡,法律为平台设立了行政义务与行政法责任,旨在通过公权力介入规范平台的自我管理行为,防范其滥用管理权力。

在具体的责任边界上,侵害责任体现出双重标准:一是自我管理行为不得违反法律法规的规定,这要求平台的规则制定、执行过程符合法律规范,防止平台在自我管理中超越法律边界;二是自我管理行为不得侵害被管理者(用户)受实定法保护的合法权益,特别是涉及用户知情权、选择权和公平交易权等基本权利时,平台必须采取审慎行为。这一双重标准不仅为平台责任的履行提供了明确的方向,也为监管机构的执法提供了重要依据。

在制度设计中,平台责任的设定并不仅限于实际发生权益受损的情形,而是具有一定的前瞻性和预防性。当平台的自我管理行为可能带来可预见的合法权益受损风险时,公权力即有介入的正当性。通过提前干预,及时矫正平台滥用自我管理架构中优势地位的行为,可以有效防止权利侵害的扩大化和系统化。例如,《浙江省网络交易平台企业主体责任清单》中明确要求平台"应当建立争议在线解决机制,制定公示争议解决规则",这一行政责任的设定旨在回应平台在自我管理结构中可能产生的用户救济困境。由于平台往往在争议解决中同时扮演规则制定者、执行者和裁决者的多重角色,其救济机制的设计极易因利益冲突而偏向自身,削弱用户的合法权益保障。因此,要求平台在争议解决规则的制定和实施上接受法律的明确约束,实际上是对平台权力行使过程的一种前置性规范和矫正。

更进一步看,这种侵害责任的设定不仅着眼于个案中的权益保障,更意在构建公平合理的治理体系,以限制平台因其优势地位带来的治理失序问题。通过明确平台的行为边界和救济责任,不仅可以防止因平台滥用管理权导致的权利侵害,也能够为用户提供更透明、更可预测的救济路径,最终实现对平台治理行为的良性引导和对用户权益的有效保护。通过分析平台授权模式与穿透模式两种平台内部结构的区分,可以对平台责任的界限予以明晰:管理责任的监管模式中,平台行政责任设定以其承接的行政权权限范围为限;穿侵害责任的监管模式中,平台责任既要符合实定法体系的规定,又要避免被管理者的合法权益受损。平台管理行为往往伴随信息收集、数据使用以及一系列具有公法性质的制裁措施,单纯追求被管理者利益来设置平台规则也会存在界限过宽之嫌。因此,侵害责任设置并不是静态的条文规定,而是平台所代表的经营秩序、交易安全、网络环境等公共利益与被管理者私利益的动态衡量过程。

四、优化互联网平台行政责任的路径探索

针对平台行政责任在实践中表现出的责任内容的非统一性、责任强度的差异性以及责任边界的模糊性,优化平台行政责任,需要在厘清责任边界的基础上,通过制度创新与技术协同,构建兼顾合法性与可操作性的责任体系。鉴于平台在不同情境下扮演市场主体、治理协作者和自我规制者的多重角色,行政责任的优化应从分类管理和功能整合两方面入手,以实现精准规制与有效治理。

对于平台作为市场主体的行政责任,应着眼于事后惩治与事中监管相结合的方式。在直接涉及市场交易的场景中,例如平台销售假冒伪劣商品或价格欺诈行为,行政监管应坚持最低必要干预原则,避免过度限制市场主体的自主经营权。同时,通过强化现有法律法规对平台交易行为的约束,明确责任追究的标准与范围,为执法部门提供更具操作性的规制工具。此外,可引入信用评价机制,将平台的市场行为与诚信管理体系挂钩,以市场手段对平台形成间接约束。

对于平台作为治理协作者角色的情境下,责任边界应与政府监管权限相当。政府可以通过授权方式赋予平台协助履行公共治理任务的义务,但这种授权必须具有清晰的法律依据与明确的行为指引,以避免平台治理功能被任意扩张或滥用。在治理协作中,平台的责任主要体现在信息监督、违法行为监测与报告等方面,因此需要通过完善法律框架细化平台履责的方式与程序。同时,建立平台与行政机关之间的动态反馈机制,确保政府治理目标与平台履责方式的协调统一,从而实现公共治理资源的优化配置。

对于平台作为自我规制者的侵害责任,核心在于防止其利用管理优势地位侵害用户合法权益。在这类责任的优化中,应以用户权益保护为红线,对平台自发形成的管理架构予以适当规制。在制度设计上,可通过明确用户权益保障的底线要求,细化平台管理规则的透明度与合规性标准。例如,强制平台公开争议解决机制与相关规则,并要求定期接受第三方机构的合规

性评估。通过上述措施,能够有效降低平台滥用规则侵害用户权益的风险。

优化平台行政责任还需要充分发挥技术与政策的协同作用。政府应推动技术规范的制定与普及,鼓励平台利用先进技术提高履责能力。例如,通过智能算法实现精准的内容审核与风险预警,降低平台管理中的执行成本。同时,针对技术应用可能带来的新型合规风险,政府须强化技术监管能力,确保平台的技术使用符合公平性与合法性原则。在政策层面,应注重通过标准化与区域化相结合的方式优化平台责任清单,将国家层面的统一标准与地方治理需求有机结合,以提升责任规则的适应性与实效性。

优化平台行政责任应当从程序正当性与权责统一性出发,推动规制机制的合法化与规范化。政府在规制平台时,应当确保程序的公开透明与权责对等。无论是约谈、整改还是行政处罚,都需具备明确的适用条件与实施程序,并接受司法监督。同时,应探索多元化的争议解决机制,在强化行政规制的同时,为平台提供公平合理的救济渠道,维护其作为市场主体的基本权益。因此,优化平台行政责任的路径,不仅在于对现有规制框架的细化与完善,更在于通过分类管理、技术协同与程序优化实现平台责任边界的精准划定。通过构建科学合理的责任体系,能够在推动平台健康发展的同时,促进社会治理效能的全面提升。

小　结

随着数字经济的蓬勃发展,互联网平台在社会治理与经济运行中的地位日益凸显,其行政责任的界定与优化成为推动平台经济健康发展的关键。本文通过对平台行政责任的类型化分析,结合制度实践与判例考察,揭示了平台责任在直接责任、管理责任与侵害责任三种模式下的限度与实践困境。平台责任的边界亟须在法律框架内进一步明确,以避免责任的过度扩张或限缩。同时,基于平台的多重角色与动态治理需求,优化平台行政责任的路径应聚焦于分类管理、技术协同与程序优化,以实现精准规制与有效治理的平衡。通过细化责任边界、完善法律框架与技术应用,构建科学合理的责任体系。这不仅有助于保障平台经济的创新活力与市场竞争力,更能促进社会治理效能的全面提升,推动数字经济时代的可持续发展。

宪法与部门法交流的备案审查平台

——"备审案析"栏目主持人语

郑 磊*

近年来,备案审查案例的正式披露和持续汇积,正在加速进展。无米难为,有米则当为。备案审查案例分析正当其时。

2020 年 8 月,《规范性文件备案审查案例选编》出版,历年全国人大常委会法工委备案审查工作情况报告中年报案例也有较多积累。2021 年 3 月至 4 月,浙江大学宪法学与行政法学学科在深加工已有备案审查案例的过程中率先尝试开设"备案审查案例分析"课程,形成了备审案析"六要素结构分析"的教学与研究方法。

备案审查案例分析研究的积累和发展,不仅表明案例分析研究挺进备案审查领域,而且标志着备案审查研究中形成了案例分析板块结构,这结构性地填补了中国宪法学研究与宪法实践的案例图景。

进入 2024 年,备案审查案例分析研究成果,随着备案审查案例的披露和积累,同步加速呈现。值年全国人民代表大会成立 70 周年,《公法研究》(第 24 卷)开辟"备审案析"专栏,持续以相关主题或线索专题呈现备案审查案例分析前沿成果。

本期专栏主题为"宪法与部门法交流的备案审查平台"。备案审查制度依托于人民代表大会制度,是一项具有中国特色的宪法监督制度。而对于备案审查案例,合宪性审查案例意义重大但数量有限,源源不断日常呈现的,是行政法案例、民商法案例、经济法案例、刑法案例、诉讼法案例,乃至国际条约案例,可谓"铁打的宪法平台,流水的部门法案例"。备案审查平台,

---

* 郑磊,浙江大学光华法学院教授,博士生导师。

遂成宪法与部门法交流的日常平台。

基于此考虑,本期专栏选择的四篇文章如下:

一是备案审查民法案例分析作品,《地方性法规限制业主共同管理权的可能与限度——基于对"备案审查一号指导案例"的体系检视》。该案既是备案审查指导案例第一案,又是《民法典》备审第一案,全国人大常委会法工委首次以民法典为上位法依据作出处理的备审案例,此文由民法学博士研究生张玉涛在朱虎教授指导下与其合作完成。

二是备案审查行政法案例分析作品,《以良法托举善政——评〈北京市机动车停车条例〉之备案审查》,该文由宪法学与行政法学博士研究生王敬文在何海波教授指导下独立完成,何教授也是该案的审查建议人。

三是一篇侧重于立法法和行政法的备案审查案例分析作品,《备案审查中地方自主性法规的合法性判断——以"地方性法规全面禁售禁燃案"为分析对象》,此文由宪法学与行政法学博士研究生朱可安在章剑生教授指导下独立完成。从侧重于立法学实体内容的案例分析来看,也属于广义的宪法部门类案例。

四是一篇尝试展开基本权利和治理归责双维视角分析的备案审查案例分析作品,《"地方性法规全面禁售禁燃案"中的国家治理法治化双维视角思考》,此文由宪法学与行政法学博士研究生王雁雄、刘浩锴在郑磊教授指导下与其合作完成。基本权利规范分析是合宪性分析的典型视角,国家治理视角的考量同时还需要对广泛的涉案因素结构性展开的现实逻辑分析和结果取向考量,这些视角,体现着宪法学方法论特质的方法在备案审查案例中的运用。

后两篇案例,不仅围绕同一案例展开,而且都属于广义的宪法部门类案例,却尝试了完全不同的分析视角,正好体现了"好文不怕同一案"的组稿思路,尝试了"一案多视角""一案多文"组稿结构。

组稿即将完成之际,恰逢《规范性文件备案审查案例选编(二)》于2024年8月出版,分全国人大常委会案例、省级人大常委会案例、市级人大常委会案例、县级人大常委会案例四编,收录了全国人大常委会层面2020年以来审查纠正的工作案例,以及县级以上地方各级人大常委会层面报送的2019年以来审查纠正的工作案例,共298件。这是经过选之又选的、宪法与部门法交流的298个鲜活场景。

备审案析,取之不竭,宪法与部门法交流,就在这里跳吧。

地方性法规限制业主共同管理权的可能与限度

——基于对"备案审查一号指导案例"的体系检视[*]

张玉涛　朱　虎[**]

内容提要：针对地方性法规限制业主共同管理权的做法，"备案审查一号指导案例"在表明基本否定立场的同时，从业主共同管理权的性质、民事法律关系、立法权限等三个方面进行了说理阐释。但其将直接限制条款与引导限制条款作等同处理，可能会导致论点与论据的彼此错位，且相关论据的正当性亦有待检视。一方面，基于地方性法规固有的立法权限及《物业管理条例》的上位法依据，前者有权对业委会成员资格作出细化规定，但基于比例原则的审查，其无权以按时支付物业费或维修资金等费用，以及更为宽泛的"履行业主义务"，作为任职的必要条件。另一方面，限制业主共同管理权属于《民法典》第二百七十八条中的共同决定事项，但业主大会对不同类型权利的限制应具有强度区分，其有权限制业主的被选举权，但无权限制其参会权和表决权；针对被选举权的限制条件仍应避免恣意性，可以包括业主欠付维修资金、公共分摊费用以及经生效法律文书确认仍不支付物业费的情形。地方性法规应当纠正"未加区分的"引导限制条款，构建更为精细的类型区分机制。

关键词：地方性法规；共同管理权；业委会；物业费；维修资金；备案审查

根据《民法典》及《物业管理条例》的相关规定，业主对建筑物区划内的共有部分享有"共同管理权"，具体包括参加业主大会会议并行使投票权、选

---

* 本文系国家社会科学基金重点项目"民法典多人债之关系及其诉讼构造研究"（21AFX017）、中国人民大学2023年度拔尖创新人才培育资助计划的阶段性成果。

** 张玉涛，同济大学法学院助理教授；朱虎，中国人民大学民商事法律科学研究中心研究员，中国人民大学法学院教授、博士生导师。

举业主委员会成员并享有被选举权、共同决定重大事项、自行管理或委托他人管理建筑物及其附属设施、监督物业服务人等权利。与此同时,业主也应当遵守管理规约、业主大会议事规则和相关规章制度,以及执行业主大会及业主委员会的决定、按照规定交纳专项维修资金、按时交纳物业费等义务。在以往的物业管理实践中,针对未按时交纳物业费、专项维修资金等未履行业主义务的特定主体,部分地方物业管理条例直接剥夺其参选业主委员会(以下简称"业委会")的资格,或对其参加业主大会、行使投票权等共同管理权的行使作出引导性限制规定。但这类做法的正当性引发广泛质疑,对此,不少公民及组织向全国人大常委会法工委提出审查建议。

法工委于 2023 年发布《关于地方物业管理条例限制业主共同管理权有关规定的审查研究案例》,在详细说理的基础上,明确指出地方性法规的上述作法与《民法典》、国务院《物业管理条例》不符,应予纠正。[1] 这是全国人大公开发布的第一个备案审查工作案例,标志着我国在探索建立备案审查案例指导制度的进程中迈出了标志性步伐,对加强备案审查的能力建设、社会宣传、理论研究等具有重要意义。[2] 尽管此项工作经历了严格的审查程序和广泛的意见征询,并承载着"一号指导案例"的光环面世,但相关审查结论和论据是否足够妥当,在理论与实践中均不乏争议。此外,由于审查意见对《民法典》的相关条款作出了权威的细化阐释,可以合理预见,其不仅会在限制共同管理权这一特定议题上,推进相关地方立法的修改完善及司法裁判的基准统一,更会在规范体系层面引发可能的联动效应。鉴于"一号指导案例"的重要性及争议性,本文尝试在梳理案例概况的基础上,充分发掘其所蕴含的理论与实践价值,剖析其中所涉的核心法律争议,以期对备案审查案例指导制度的健全完善有所助益。

---

〔1〕 参见《关于地方物业管理条例限制业主共同管理权有关规定的审查研究案例》,载中国人大网,http://www.npc.gov.cn/npc////c2/c30834/202301/t20230113_423341.html,2024 年 6 月 21 日最后访问。考虑到正文中需大量引用该案例的内容,为避免重复性脚注占据过多篇幅,下文对此不再添加脚注。

〔2〕 参见郑磊:《完善和加强备案审查制度的进路:政策、法律与案例》,《地方立法研究》2023 年第 6 期,第 12 页以下。

一、案例概况与问题提出

（一）案例背景与审查过程

2020 年 1 月，公民张某某向全国人大常委会法工委寄信，请求对某省物业管理条例中有关竞选业委会委员资格的规定予以审查。该规定将"业主按时交纳物业服务费等相关费用"作为参选业委会成员的必要条件（可称之为"直接限制条款"）。张某某认为，该规定与国务院《物业管理条例》相冲突，不利于维护业主权益。同年 9 月，另有公民通过中国人大网审查建议在线提交平台，提出对某省物业管理条例的类似规定进行审查，理由是该规定与《物业管理条例》第六条、第十六条不一致。按照工作流程，法工委启动了对两省物业管理条例的审查。法工委经研究认为，上述规定缺乏上位法依据，不符合立法原意和法治精神，应予纠正。这是《民法典》颁布实施以来，法工委首次以《民法典》为上位法依据对公民提出的审查建议作出处理的案例。[3]《全国人民代表大会常务委员会法制工作委员会关于 2021 年备案审查工作情况的报告》（以下简称《2021 年备案审查报告》）也专门提及，将其作为"有错必纠"的典型范例。

伴随着媒体报道及相关法治宣传，越来越多的公民针对限制业主共同管理权的地方性法规提出审查建议。其中，有的地方性法规并未直接剥夺特定业主的业委会参选资格，而是规定业主大会可以在管理规约、业主大会议事规则中，对拒付物业服务费、公共水电分摊费和不交存物业维修资金的业主参加业主大会、行使投票权等权利进行限制（可称之为"引导限制条款"）。此类规定的合法性同样受到质疑。对此，《全国人民代表大会常务委员会法制工作委员会关于十三届全国人大以来暨 2022 年备案审查工作情况的报告》（以下简称《2022 年备案审查报告》）明确提出了否定意见，认定此种限制"与民法典有关规定不符合"。

在集中清理和专项审查相关规范性文件的基础上，法工委于 2023 年发

---

〔3〕 参见朱宁宁：《业主不交物业费就禁选业委会成员？地方立法抵触民法典，纠正！》，载《法治日报》微信公众号，2021 年 5 月 23 日。

布"一号指导案例"，更为详细地阐明了限制业主共同管理权案例的基本情况、审查研究的工作情况及相应的审查研究意见。据统计，在《民法典》实施后，法工委收到公民、组织提出的地方物业管理条例关于限制业主共同管理权的规定违反《民法典》的审查建议 43 件，建议审查的规范内容包括"直接限制条款"与"引导限制条款"两种类型。法工委虽然在介绍审查建议的概况时，将上述两类条款予以区分，但在提炼系争问题时，又将其融汇合一，并将待审查的核心问题总结为："对未按时交纳物业服务费、专项维修资金等未履行业主义务的业主，地方物业管理条例能否直接剥夺其业主委员会参选资格，或对其参加业主大会、行使投票权等共同管理权的行使作出引导性限制规定？"法工委对此征求了制定机关、最高人民法院、司法部、住房和城乡建设部、民政部等相关部门的意见。其中，肯定观点认为，无论是"直接限制条款"还是"引导限制条款"，均体现了法律上的权利义务对等原则，不存在与《民法典》和《物业管理条例》相悖的问题。否定观点则认为，此类条款不符合法治要求、实践需要和全过程人民民主理念。在征询各方面意见的基础上，法工委对最终作出了否定的原则性回应，认定"部分地方物业管理条例未加区分地将业主未按时交纳物业服务费、专项维修资金等不履行业主义务行为与业主共同管理权挂钩，不适当地限制了业主的建筑物区分所有权，超越了立法权限，混淆了物权关系与合同关系，与《中华人民共和国民法典》、国务院《物业管理条例》的有关规定不符，应予以纠正。"

（二）审查逻辑的体系反思

针对上述审查结论，法工委从业主共同管理权的性质、民事法律关系、立法权限等三个方面进行了较为细致的说理阐释。首先，业主共同管理权是建筑物区分所有权的组成部分，所有权是绝对权，效力及于任何人，除法律规定、国家公共利益需要或所有权人基于自己的意思表示加以限制外，任何组织和个人不得限制或剥夺；其次，以限制所有权的方式保障物业服务合同的履行，混淆了物权关系与合同关系，将会限制业主通过意思自治实现自我救济的途径，不符合《民法典》相关规定的立法原意；最后，根据《立法法》第十一条及《民法典》第二百七十八条、第二百八十条，地方物业管理条例无权设立、变更或消灭业主参选业委会资格、业主大会参会权和投票权等基于所有权产生的共同管理权。

　　作为第一次全文公开发布的备案审查工作案例,上述释法说理内容历经法工委法规备案审查室的多次讨论修改,可谓论据明确,层次清晰。但鉴于该案例所具备的"软性约束力",[4]仍有必要对其正当性进行更为严格的检视乃至字斟句酌的分析。首先,上述三重论据本身是否均足够妥当,理论与实践中不乏争议。例如,业主共同管理权在性质上是否为所有权? 其是否属于《立法法》第十一条所规定的"民事基本制度"? 其次,相关论证将多重不同类型的规范内容等同视之,其合理性亦有待检视。例如,"直接限制条款"的合法性问题指向的是,"地方性法规"是否有权限制业主的共同管理权;而针对"引导限制条款"正当性的分析,首先需要回应"业主大会"是否有权限制共同管理权,继而再考察地方性法规是否有权作引导性规定。对两类条款的合法性审查,本质上分别指向对不同制定主体的权限界定,似有必要作区分对待。此外,不同地方物业管理条例针对"不履行业主义务"的不同行为,可能对业主施加不同层次的权利限制,是否所有的限制性做法均应予以禁止? 最后,无论是《2021 年备案审查报告》和《2022 年备案审查报告》,还是"一号指导案例",针对的审查对象均为地方性法规(及单行条例),但实践中也存在限制业主共同管理权的其他规范性文件。如何应对此类现象,同样有待分析。

　　为使论述条理清晰,下文从"直接限制条款"与"引导限制条款"的区分着手,对地方性法规限制业主共同管理权的正当性开展分层次、类型化的分析,同时融入对"一号指导案例"中审查意见的检视,在此基础上对相关规范性文件的完善方向提出处理建议。

二、直接限制条款的正当性检视

　　所谓"直接限制条款",即"一号指导案例"中所指向的"业主不按时交纳物业服务费不得参选业委会成员"的相关规定。纵观各地立法实践,针对此种条款,大体存在三种不同类型的规范模式,一是将"按时交纳物业费"作为业委会成员必须符合的"积极条件",如《北京市物业管理条例》(2020 年施

---

　　〔4〕　参见韩谦:《打通物业管理"死胡同",备案审查"一号指导案例"诞生记》,载《南方周末》2023 年 3 月 2 日(秦前红观点)。

行)第三十九条第三款;二是将"未按时交纳物业费"作为不得担任业委会成员的"消极条件",如《上海市住宅物业管理规定》(2022 年修正)第二十条第二款;三是针对已经担任业委会成员的业主,将"欠缴物业费"作为罢免其资格的"终止条件",如《江苏省物业管理条例》(2020 年修正)第二十一条第一款。尽管上述规范模式存在形式差异,但殊途同归,本质上都是以业主未履行支付物业费的义务为由,直接剥夺其业委会成员的任职资格。不过,各地法规仍然存在更具实质差异性的规制路径。例如,针对"直接限制条款"的构成要件,存在不同程度的积极要求,包括"按时交纳物业费""按时足额交纳物业费""按时交纳物业费和专项维修资金""按时交纳物业费、专项维修资金及其他需要业主共同分担的费用",以及更为宽泛的"依法(或主动、积极、模范)履行业主义务"等。上述不同类型的限制性条款,究竟在何种程度上欠缺合法性与适当性,下文从地方性法规的三重权限视角展开递进分析。

(一)地方性法规能否限制业主的业委会任职资格?

1. 审查意见的逻辑检视

明确地方性法规的立法权限,是剖析相关规定合法性的必要前提。《全国人民代表大会常务委员会关于完善和加强备案审查制度的决定》(以下简称《备案审查决定》)第十一条也专门将"是否超越权限"列为备案审查的重点内容。"一号指导案例"根据《立法法》第十一条[5]及《民法典》第二百七十七条第一款,[6]认定"直接限制条款"没有上位法依据,超越了立法权限。然而,上述两项法律规范之间以及规范依据与审查结论之间的逻辑关系,仍然存在部分疑问有待厘清。

首先,结合审查意见的前后措辞表达,似可认为法工委将业主共同管理权制度视为《立法法》第十一条第八款的"民事基本制度",从而只能由"法

---

　　[5] "一号指导案例"原文中引用的是《立法法》(2015 年修正)第八条规定。经 2023 年修正后,该条内容没有发生变化,仅条文序号变为第十一条。该条规定:"下列事项只能制定法律:(八)民事基本制度:……"

　　[6]《民法典》第二百七十七条第一款规定:"业主可以设立业主大会,选举业主委员会。业主大会、业主委员会成立的具体条件和程序,依照法律、法规的规定。"

律"制定,同时将《民法典》第二百七十七条第一款第 2 句视为授权立法条款。[7] 但若贯彻上述逻辑,则后者将属于业主共同管理权制度的具体规则向"法规"授权,本身便存在违反法律保留原则之嫌。其次,即使抛开此项问题,仅着眼于《民法典》第二百七十七条的授权范围,同样存在体系疑问。根据法工委的解读,该条中"业主大会、业主委员会成立的具体条件和程序",主要指业主大会、业主委员会成立的人数、客观条件、选举程序和方式等,不包括业主参选业委会的法定资格以及参加业主大会、行使投票权的法定权利。言外之意即,其他法律、法规无权对上述"不包括"的内容作出规定。但现行法中,国务院《物业管理条例》第十六条第二款明确规定,"业主委员会委员应当由热心公益事业、责任心强、具有一定组织能力的业主担任",这本身就是对业主参选业委会的资格限制。若贯彻"一号指导案例"的意见,该款规定似乎也存在超越立法权限的问题。

从各地物业管理条例的立法沿革来看,不同制定机关对法工委的审查意见,也认识各异、贯彻不一。例如,《泸州市物业管理条例》(2019 年修正)第二十四条细致规定了业主参选业委会需满足的多项条件,包括"模范遵守自治公约和管理规约""具备履行职务的健康条件和必要的工作时间""本人、配偶以及直系亲属未在本物业管理区域内的物业服务企业工作""按照规定和约定交纳物业服务费用、专项维修资金和其他应当由业主共同分摊的费用"等。但 2023 年修订后的法规将该条完全删除,即严格贯彻了"一号指导案例"的审查意见,不对业主参选业委会的法定资格作出任何限制。安徽省、绵阳市、南充市等地的物业管理条例,以及四川省、合肥市等地的业主大会和业主委员会指导规则,均呈现出此种规范变动。然而,多数的省级地方性法规,如北京、天津、上海、黑龙江、福建、山东、河南、广东、广西等地法规,经修改后仍然整体保留了对业委会成员任职资格的限制性规定,而仅将"按时交纳物业费"等个别条件予以删除。就此而言,备案审查制度在维护法制统一方面的重要作用似乎并未得到充分彰显。鉴于上述诸多问题,有必要对"一号审查案例"关于立法权限的审查意见作进一步剖析澄清。

---

〔7〕 持此观点者,参见李海平、邢涛:《地方性法规限制业主共同管理权的权限与条件——全国首个备案审查指导案例评析》,载胡锦光主编:《备案审查研究》2023 年第 2 辑,中国民主法制出版社 2023 年版,第 33-34 页;李雷、后鹏:《地方性法规限制共同管理权合法性审查标准研究》,载胡锦光主编:《备案审查研究》2023 年第 2 辑,中国民主法制出版社 2023 年版,第 55 页。

2. 民事基本制度的内涵廓清

关于《立法法》第十一条中的"民事基本制度",现行法并未对其范围作出清晰界定。根据法工委释义书的解读,民事基本制度是指民事活动中最主要的民事行为准则,包括民事主体资格、物权、知识产权、债权、婚姻家庭、收养、继承等方面的制度。[8] 但此种列举过于宽泛,几乎涵盖了所有的民事制度,无法提供具体化的指引作用。至于其中"最主要"的表述,应系遵循"重要事项保留说"的路径,具有一定程度的限缩功能。但"重要事项"的判断同样具有高度不确定性,容易基于不同主体的价值判断差异而流于恣意。为此,有学者建议引入"侵害保留说"作为兜底,用以防范其他立法对民事领域的过度介入。[9] 但该理论系针对宪法上"基本权利"的法律保留而提出,要求基本权利只能由法律限制,其在多大程度上可适用于"民事权利"领域,不无疑问。

关于基本权利与民事权利之间的关系,理论界长期存在争议。本文认为,尽管二者在约束对象、规范强度、权利内容、权利目的等诸多方面存在不同,[10]但并非意味着无法通约。以人格权为例,宪法中的相关规范构成了《民法典》关于人格权具体规定的规范基础,为人格权制度提供了合法性来源以及发展和完善的动力,而后者通过对前者予以细化落实,使得备案审查、合宪性审查、合宪性解释等宪法实施所涉及的人格权内容更为具体和更具有可操作性。[11] 有学者进一步指出,人格权编在《民法典》中的确立,标志着当代的人格权保护实现了从"民事权利范式"向"基本权利范式"的转型。[12] 实际上,并不限于人格权领域,伴随着《民法典》从"民事基本法"到

---

　〔8〕　参见全国人大常委会法制工作委员国家法室编著:《中华人民共和国立法法释义》,法律出版社 2015 年版,第 54-55 页。

　〔9〕　参见周海源:《"民法典时代"行政法规创设民事制度的正当性及其限度》,《行政法学研究》2021 年第 3 期,第 33-34 页。类似观点,另可参见张莹莹:《论行政立法权作用于民事活动的规则》,《浙江学刊》2024 年第 3 期,第 140 页。

　〔10〕　参见于飞:《基本权利与民事权利的区分及宪法对民法的影响》,《法学研究》2008 年第 5 期,第 51 页以下;姜峰:《民事权利与宪法权利:规范层面的解析——兼议人格权立法的相关问题》,《浙江社会科学》2020 年第 2 期,第 15 页以下。

　〔11〕　参见朱虎:《人格权何以成为民事权利》,《法学评论》2021 年第 5 期,第 67 页。

　〔12〕　参见石佳友:《人格权编的中国范式与中国式现代化的实现》,《中国法学》2023 年第 3 期,第 69 页。

"基础性法律"的转变，[13]民事权利将与宪法上的基本权利呈现出更为广泛的良性互动。在此基础上可以认为，针对基本权利法律保留的"侵害保留说"，在民事权利中亦不乏参照空间，但应将其限缩至更为"基本"的重要领域。习近平总书记强调，"保障公民人身权、财产权、人格权，保障公民参与民主选举、民主协商、民主决策、民主管理、民主监督等基本政治权利，保障公民经济、文化、社会、环境等各方面权利"。[14] 根据此项重要论述，可以提炼出与"基本政治权利"相对应的"基本民事权利"概念，从而将"人身权、财产权、人格权"这三类权利加以涵盖。[15] 由此可进一步认为，针对这类权利的限制应属法律保留事项。

存在疑问的是，业主共同管理权是否属于上述"基本民事权利"的范畴？对此，"一号指导案例"在阐述第一点审查意见时指出："业主委员会参选资格、业主大会参会权及表决权等业主共同管理权是建筑物区分所有权的组成部分，所有权是绝对权，效力及于任何人"。该项论述实则将共同管理权定性为所有权，因所有权系财产权中最为核心的权利，自然属于"基本民事权利"。但根据《民法典》第二百七十一条，建筑物区分所有权并非纯粹的"所有权"，而是采取了"三元论"的构造，由专有权、共有权及共同管理权组成。其中，前两者具有鲜明的财产权属性，业主分别对专有部分和共有部分等财产客体享有占有、使用、收益等权利；后者则具有成员权性质，系基于业主之间的共同关系而产生的权利，呈现出浓厚的人合属性。[16] 由此，共同管理权本质上并不属于财产权，更迥异于具有绝对权性质的所有权；此外，其与公民基于自然身份而享有的人身权、人格权亦有本质差异，故而无法归属于"基本民事权利"之中。

综上，针对业委会成员的资格限制并不属于法律保留事项，也即非属《立法法》第十一条中"民事基本制度"的涵盖范畴。"一号指导案例"以该条

---

〔13〕　参见黄忠：《从民事基本法律到基础性法律：民法典地位论》，《法学研究》2023 年第 6 期，第 69 页。

〔14〕　习近平：《坚定不移走中国人权发展道路　更好推动我国人权事业发展》，《人民日报》2022 年 2 月 27 日。

〔15〕　参见王利明、朱虎：《论基本民事权利保护与人权保障的关系》，《中国人民大学学报》2022 年第 5 期，第 2 页以下。

〔16〕　在此意义上，有学者将专有权与共有权统称为建筑物区分所有权的"物法性要素"，而将共同管理权界定为其中的"人法性要素"。参见梁慧星、陈华彬：《物权法》（第七版），法律出版社2020 年版，第 193 页以下。

规范为依据认定"直接限制条款"超越立法权限,理由仍值得进一步思考。

3. 地方性法规的立法权限

"民事基本制度"须由法律规定,当然并非意味着,"民事非基本制度"便可由地方性法规任意介入。此时仍需根据《立法法》第四章的相关规定,来判断相关具体制度是否属于地方性法规的立法权限。该法第八十二条第一款根据上位法对某一事项是否有规定,将地方性法规分为"执行法规"与"自主法规",前者是为了执行上位法,权限来自对上位法的执行权限;后者是为了规范地方性事务,权限来自地方的自主性。[17] 就业委会成员的任职资格而言,国务院颁布的行政法规《物业管理条例》第十六条第二款已有规定,但较为粗略。在此基础上,地方性法规为执行该上位法,结合当地具体情况和实际需要,将任职资格的相关规定予以细化落实,并未超越立法权限。此外,根据《立法法》第八十一条第一款、第八十二条第三款,设区的市、自治州制定地方性法规,限于"城乡建设与管理、生态文明建设、历史文化保护、基层治理等方面的事项"。而业主共同管理权的相关制度应属"基层治理"范畴,故该类制定主体也不存在超越权限的合法性问题。

"一号指导案例"以《民法典》第二百七十七条未向"法规"授权规定"业主参选业委会的法定资格"为由,否定地方性法规的立法权限,似乎存在逻辑前提方面的疑问。首先,该条中"业主大会、业主委员会成立的具体条件和程序",并非属于法律保留事项,且国务院《物业管理条例》第二章已对此作出相应规定。地方性法规在不与上位法相抵触的前提下,有权作出更为细化的执行性规定。此项权限是地方性法规的固有职权,无需获得上位法的特别授权。在此基础上,即使上位法存在类似授权的规范表述,也并不构成真正的授权,因为立法权并未发生转移。据此,《民法典》第二百七十七条中"依照法律、法规的规定",实际上并非所谓的"授权立法"条款,而只是为其他制定主体提供了执行方向。[18] 对此,《民法典》释义书也指出,此项规范是一种"原则性的指引规定。"[19] 由此,上述审查意见以"授权立法"作为

---

〔17〕 参见王贵松:《地方性法规制定权限的界定方式》,《法学》2024 年第 3 期,第 36 页。

〔18〕 现行法中类似的指引性条款,如《体育法》第四十九条第二款:"运动员选拔和运动队组建办法由国务院体育行政部门规定。"关于授权立法与执行性立法的差异,可参见俞祺:《授权立法范围的合理界定》,《法学》2024 年第 2 期,第 29 页。

〔19〕 黄薇主编:《中华人民共和国民法典物权编释义》,法律出版社 2020 年版,第 152 页。

论证的基本前提,可能有待商榷。其次,即使认为该条系授权条款,但其只是针对"业主大会、业主委员会成立的具体条件和程序"这类特定事项的授权。从逻辑上来讲,对某一特定事项的授权当然不等同于对其他相关事项的禁止。既然"一号指导案例"认为"业委会成立的具体条件和程序"并不包括"业主参选业委会的法定资格",那么关于后者是否能被地方性法规所规定,便需另作独立判断。而如前所述,地方性法规对业委会成员资格作出规定,具有上位法依据,并未超越立法权限。

(二)地方性法规能否因业主欠缴相关费用限制其业委会任职资格?

地方性法规在特定事项上享有立法权限,当然不意味着其能够对此任意规制,具体规范内容的正当性仍然需要接受进一步审查。就业委会成员的法定资格而言,地方性法规的相关规定既不能违反《物业管理条例》第十六条第二款,也不得违反比例原则(《备案审查决定》第十一条)。实践中,各地物业管理条例往往通过列举式的规范技术,对业委会成员提出多重限制性要求,例如,"具有完全民事行为能力""本人、配偶及其直系亲属与物业服务人无直接的利益关系"等。此类对业主履职能力及素养的基本要求,并不与上位法相抵触,且符合全体业主的共同利益,同时也存在比较法上的论据支撑。例如,《德国住宅所有权法》(Wohnungseigentumsgesetz,WEG)第29条便规定,住宅所有权人可以通过决议选任管理委员会(Verwaltungsbeirat)。该委员会被定位为"辅助和监督机构"(Hilfs-und Kontrollorgan),用以确保住宅所有权人在业主大会之外仍能参与管理,[20]与我国法上的业委会具有明显的功能相似性。其同样要求管理委员会成员应当具备行为能力,[21]且不能与物业管理人存在不适当的利益关联。例如,若其有偿为物业管理人工作并在后者场所办公,便会被认为难以与业主团体建立必要的信赖关系(Vertrauensverhältnis),从而符合明显不适合担任管理委员会成员的情形。[22]

在地方性法规设定的诸多限制要件中,最具争议的是"按时交纳物业服务费"的相关规定,这也是"一号指导案例"所明确指向的直接限制条款。根

---

〔20〕　Vgl. MüKoBGB/Burgmair, 9. Aufl. 2023, WEG § 29 Rn. 1.

〔21〕　Vgl. Bärmann/Becker, 15. Aufl. 2023, WEG § 29 Rn. 9.

〔22〕　Vgl. MüKoBGB/Burgmair, 9. Aufl. 2023, WEG § 29 Rn. 24.

据"案例基本情况"的介绍,在法工委收到的43件审查建议中,针对"业主不按时交纳物业服务费不得参选业主委员会成员"相关规定提出的建议便有37件,占比高达86%。该数据也能够鲜明地体现出,社会公众对此类规定合法性的质疑之强烈。此外,不少地方性法规在规定业委会成员任职条件时,往往会在同一项规范中将"按时交纳物业费"和"按时交纳专项维修资金"予以并列。"一号指导案例"从"民事法律关系"的角度发表审查研究意见时,在一定程度上亦将二者作等同处理,指出"业主不按时交纳物业服务费、专项维修资金等……不宜一概限制或剥夺其所有权"。但是,其针对该观点所提出的两项论证理由——"混淆物权关系与合同关系"和"违反合同相对性",都主要是针对"欠缴物业费"的情形,由此似乎产生了"论据"和"论点"彼此错位的问题。鉴于此,下文尝试对二者加以区分,首先聚焦理论与实践中最具争议的事项,探讨能否以业主欠缴物业费剥夺其业委会参选资格,继而再延伸讨论欠缴专项维修资金的情形。

1. 业主欠缴物业费

《备案审查决定》第十一条规定,在审查工作中,应当重点审查"采取的措施与其目的是否符合比例原则"。根据比例原则的"四阶"构造,备案审查机关应当遵循"目的正当性—妥当性—必要性—均衡性"的审查步骤和顺序;如果规制手段无法通过前一阶段的审查,便无需进入后一阶段。[23] 从"一号指导案例"基于民事法律关系所出具的审查意见中,能够清晰发现比例原则的适用逻辑,对此可分阶段展开评析。

(1)目的正当性与妥当性审查

地方性法规禁止欠缴物业费的业主担任业委会成员,存在两种可能的规范目的:第一,督促业主履行支付物业费的义务,保护物业服务人的合法权益;第二,确保业主能够妥当履行业委会职责,保障全体业主的利益。就后者而言,又存在多重论证视角。例如,有观点认为,业委会作为业主的自治性组织,主要功能是服务业主,其成员应当具备较高的素质和能力,而欠缴物业费的行为与此种要求相悖;[24]另有观点指出,考虑到欠费业主与物

<hr>

〔23〕 参见王锴:《比例原则在备案审查中的运用——以适当性审查为中心》,《地方立法研究》2023年第8期,第1页。

〔24〕 参见朱宁宁:《业主不交物业费就禁选业委会成员? 地方立法抵触民法典,纠正!》,载微信公众号《法治日报》,2021年5月23日。

业服务人之间存在矛盾冲突,若使其担任业委会成员,将不利于业委会与物业服务人的有效沟通,从而无助于高效快捷地解决小区管理中的相关问题。[25]

首先,针对第一项目的的正当性,"一号指导案例"提出了有力质疑:"根据合同相对性原则,业主按时交纳物业服务费的义务与物业服务企业按照合同约定提供服务的义务相对应,物业服务企业未按约定提供服务,业主可以按照合同约定的情形依法行使先履行抗辩权或同时履行抗辩权等维护自身合法权益。"换言之,在某些情形下,业主对物业服务人收取物业费享有正当的抗辩理由,本就有权拒绝缴纳。基于对《民法典》第九百四十四条第一款第2句的反面解释,并结合《最高人民法院关于审理物业服务纠纷案件适用法律若干问题的解释》(2020年修正)第二条规定,可以认为此种"正当理由"包括以下情形:第一,若物业服务人不履行物业服务合同义务,或者履行义务不符合合同约定,则业主可以主张拒绝缴纳全部或部分物业费;第二,若物业服务人违反物业服务合同约定或者法律、法规、部门规章规定,擅自扩大收费范围、提高收费标准或者重复收费,则业主可以就属于违规收费的部分拒绝缴纳。[26] 在此类场景中,若地方性法规通过"直接限制条款"来督促业主履行"其有权拒绝履行的义务",则此种规范目的本身便明显欠缺正当性。

其次,虽然第二项目的——"保障全体业主利益"的正当性,并不存在疑问,但其并不符合比例原则的"妥当性"要求。采取"禁止欠费业主参选业委会"的规制手段,不仅可能无助于维护全体业主的合法权益,反而会在一定程度上阻碍此项目标的实现。实践中,拒不缴纳物业费的业主要求参加业委会选举,大多是认为本小区的现有物业管理机构侵害其合法权益。[27]"一号指导案例"也指出,在物业服务人未按约定提供服务的情形下,业主在依法行使履行抗辩权的同时,"也可以通过行使共同管理权调整物业服务合

---

〔25〕 参见国务院法制办公室编:《物业管理条例注解与配套》(第三版),中国法制出版社2014年版,第19页。

〔26〕 参见黄薇主编:《中华人民共和国民法典合同编释义》,法律出版社2020年版,第938页;朱虎:《物业服务合同作为集体合同:以民法典规范为中心》,《暨南学报(哲学社会科学版)》2020年第11期,第54页以下。

〔27〕 参见朱宁宁:《业主不交物业费就禁选业委会成员? 地方立法抵触民法典,纠正!》,载微信公众号《法治日报》,2021年5月23日。

同实现权利救济"。换言之,允许这些具有维权意识的业主参选业委会,使其有机会代表全体业主与物业服务人进行磋商谈判,调整物业服务合同中的不合理条款,并监督物业服务合同的履行,实则是维护业主团体合法权益的必要举措。若采取禁止立场,"将一定程度限制业主通过意思自治实现自我救济的途径,不符合《中华人民共和国民法典》相关规定的立法原意"。

(2)必要性审查

或有可能的质疑观点认为,上文关于"直接限制条款"不满足目的正当性和妥当性的论证,主要是针对"业主有正当理由拒绝支付物业费"的情形;但在业主缺乏抗辩的正当理由时,该结论便有可能无法立足。在地方立法实践中,部分法规在设定业委会成员的消极条件时,并未采取"未按时支付"或"欠缴"物业费等表述,而是采取了"无故欠交""恶意欠缴""拒缴""拒付"等表达,在一定程度上已然蕴含了"无正当理由"的价值判断。此外,即使是较为中性的规范表达,在司法实践中也往往被法官融入"正当理由"的解释要素。例如,《广东省物业管理条例》(2008年修订)第二十五条将"按时缴纳物业服务费用"作为业主担任业委会成员的必要条件,但在"岑明霞等诉东莞市房产管理局房屋行政管理纠纷案"中,二审法院在适用该条规定时便指出,对于是否属于"按时缴纳物业服务费"的问题,"重点应在于认定业主是否存在逾期不缴纳物业服务费用经催缴仍无正当理由拒绝缴纳、故意拖欠,从而损害业主共同权益,达到了需要否定其参选为业主委员会委员资格的情况。"[28]

鉴于此种立法及司法倾向,或可进一步考量,地方性法规是否可以将"业主无正当理由欠缴物业费",作为业委会成员的限制条件? 对此有学者认为,这种规范内容本身具有合理性,但若以其作为裁判规则将会造成不同司法程序的纠缠错位,即行政程序的法官有权并且需要对业主是否具有业委会任职资格作出判断,但是却无法审查当事人之间的民事关系;民事程序的法官可以审查当事人之间的民事关系,但是却无权决定业主是否具有任职资格。[29] 此种观点有待斟酌,即使抛开可能的程序问题,根据"一号指导

---

〔28〕 广东省东莞市中级人民法院(2016)粤19行终352号行政判决书。类似观点,参见辽宁省大连市中级人民法院(2018)辽02行终720号行政判决书。

〔29〕 参见王琦:《地方性法规对业主委员会任职条件限制的正当性界限》,载胡锦光主编:《备案审查研究》2023年第2辑,中国民主法制出版社2023年版,第83页。

案例"的审查意见，上述规定本身即欠缺足够的合理性。其指出："业主不按时交纳物业费……可通过追究其合同责任实现权利救济；以业主物业服务合同义务的履行与否作为业主行使所有权的前提，一定程度混淆了物权关系与合同关系。"此种审查逻辑体现出立法机关对比例原则中"必要性原则"的运用，也即，在所有对目的实现相同有效的手段中，应当选择最温和、副作用最小的手段。

换言之，为实现"督促业主依约支付物业费"的规范目的，完全可以选择采取其他途径，而无需采取限制业主共同管理权这种较为激进的方式。并且，现行法已经为物业服务人提供了必要的权利救济规则，根据《民法典》第九百四十四条第二款，业主违反约定逾期不支付物业费的，物业服务人可以催告其在合理期限内支付；合理期限届满仍不支付的，物业服务人可以提起诉讼或者申请仲裁。至于"维护全体业主权益"的规范目的，亦不必通过限制共同管理权的方式实现。尽管无正当理由拒付物业费的业主，可能会面临欠缺法治意识及道德素养的质疑，允许其担任业委会成员或许有损业主团体的利益，但此种风险可以通过其他更为温和的手段进行有效规制。具体而言，在业主大会选举业委会成员前，可将参选人的基本情况予以公示披露，包括是否按时支付物业服务费等情形。[30] 如果其他业主明知参选人拒不支付物业费，但仍然愿意选举其担任业委会成员，则说明团体已在综合考量各种因素的情形下，认为该参选人能够妥善履行职责，有利于全体业主的利益实现。由此，相较于"禁止欠费业主参选业委会成员"的手段，采取保障其他业主知情权的方式，不仅对欠费业主的权益限制更少，也更能体现出对业主团体意思自治的尊重，显然更加符合必要性原则的要求。

综上，地方性法规无论以"业主欠缴物业费"，还是以"业主无正当理由欠缴物业费"，作为剥夺其业委会成员任职资格的条件，均无法通过比例原则的检验。

---

〔30〕 实践中，部分规范性文件已经明确规定了此种做法，如《湖南省物业管理条例》（2022年修正）第18条第3款。当然，在保障其他业主知情权的同时，也需兼顾对业委会成员候选人的个人信息保护。对此，《合肥市业主大会和业主委员会指导规则》（2024年施行）第33条规定："参选业主委员会委员、候补委员，应在物业管理区域显著位置公布候选人姓名、照片、联系电话、工作单位、职业、政治面貌、文化程度、年龄、专有部分坐落楼栋、履行业主义务情况等内容。候选人不同意公布的内容，不予公布，但需向业主说明候选人不同意公布。候选人个人信息受法律保护，任何单位和个人不得非法使用。"

2. 业主欠缴维修资金

与作为物业服务之对价的物业费相比,维修资金明显具有更强的公共性和公益性。根据《住宅专项维修资金管理办法》第 2 条第 2 款,住宅专项维修资金,是指专项用于住宅共用部位、共用设施设备保修期满后的维修和更新、改造的资金。它在购房款、税费、物业费之外,单独筹集、专户存储、单独核算,且属于业主共有(《民法典》第二百八十一条)。《物业管理条例》第七条、第五十四条明确规定,业主有义务按照国家有关规定交纳专项维修资金。虽然缴纳物业费与维修资金均为业主的给付义务,但两种义务的法律性质迥然不同。前者是基于物业服务合同而产生的约定义务;后者则是为建筑物区划内全体业主的共同利益而特别确立的一项"法定义务",这种义务的产生与存在仅取决于义务人是否属于区分所有建筑物范围内的住宅或非住宅所有权人,而并非源于合同关系。最高人民法院指导案例 65 号也明确指出,拒绝缴纳专项维修资金的业主不得主张诉讼时效抗辩;[31]这也是基于维修资金的更强公益性。因此,针对欠缴两类费用的业主,能否剥夺其业委会参选资格,似乎不宜一概而论。

考虑到"欠缴维修资金"比"欠缴物业费"的行为更具公益侵害性,对前者施加更为严格的共同管理权限制,似乎存在更强的正当性。如前所述,"一号指导案例"基于民事法律关系的审查意见虽将二者等同处理,一般性地认为不宜将其作为业委会成员资格的限制条款,但是,更为具体的两项论证理由均主要着眼于"物业服务合同"展开,无法完全涵盖"欠缴维修资金"的情形。本文认为,以欠缴维修资金限制业委会成员的任职资格,或许具有一定的"目的正当性及妥当性",但仍然无法满足"必要性"的审查要求。对此,"一号指导案例"中的概括性观点已有提及,即业主不按时交纳专项维修资金的行为可能涉及"侵害物权的侵权责任","可通过追究其相应……侵权责任,或适用物权保护方式等途径实现权利救济,不宜一概限制或剥夺其所有权"。换言之,现行法已经提供了更为温和且充分的权利救济方式。

具体而言,专户存取的管理、用途的限定使专项维修资金得以特定化,

---

[31] 参见《指导案例 65 号:上海市虹口区久乐大厦小区业主大会诉上海环亚实业总公司业主共有权纠纷案》,《最高人民法院公报》2017 年第 2 期。

解释上可以认为,该资金构成区分建筑物业主共有持分权的客体。[32] 因此,业主不缴纳专项维修资金的行为,可被视为对其他业主共有权益的妨害。根据《民法典》第二百八十六条第二款,针对损害他人合法权益的行为,业主大会或者业主委员会有权依照法律、法规以及管理规约,请求行为人停止侵害、排除妨碍、消除危险、恢复原状、赔偿损失。不过,该款并非独立的请求权基础规范,在适用时需进一步转介其他规范,包括《民法典》第一千一百六十五条第一款以及第二百三十六条。二者分别对应"一号指导案例"审查意见中所指向的两种救济方式,即"侵权责任"和"物权保护方式"。就后者而言,究竟应适用针对未来可能妨害的妨害防止请求权,还是针对现实妨害的妨害排除请求权,存在一定争议。考虑到专项维修资金的预付金性质,更为妥当的解释路径是,认定业主应预交而不预交即构成现实妨害,从业主大会或业主委员会可向其行使妨害排除请求权。[33] 但无论采取何种构成,物权请求权的保护方式均能为业主团体提供充分的权利救济。至于对该类业主履职素养的质疑,同样可以采取相应的信息披露机制,通过保障其他业主知情权的方式予以解决。综上,地方性法规无权以欠缴维修资金为由,限制业主的业委会任职资格。

值得一提的是,除了物业费和维修资金之外,个别地方性法规还将"按时缴纳其他需要业主共同分担的费用"作为参选业委会成员的必要条件,如《北京市物业管理条例》(2020年施行)第三十九条第三款。此类费用往往是因保障业主共有部分的正常运营而产生,同样具有明显的公共性,如公共水电分摊费。《民法典》第二百八十三条亦明确规定,建筑物及其附属设施的费用分摊,有约定的,按照约定;没有约定或者约定不明确的,按照业主专有部分面积所占比例确定。但如前所述,无论是何种类型的公共费用,均存在对业主权益限制更少的救济方式,故此种做法同样不符合比例原则。

---

〔32〕 参见王焜:《解释论视野下追索专项维修资金请求权的规范构造》,《江汉论坛》2020年第12期,第100-101页。

〔33〕 参见王焜:《解释论视野下追索专项维修资金请求权的规范构造》,《江汉论坛》2020年第12期,第101页;采取"妨害防止请求权"的观点,可参见席建林、陆齐、李兵:《〈上海市虹口区久乐大厦小区业主大会诉上海环亚实业总公司业主共有权纠纷案〉的理解与参照——追索物业专项维修资金不适用诉讼时效的规定》,《人民司法(案例)》2018年第2期,第29页。

(三)地方性法规能否因业主不履行义务限制其业委会任职资格?

在地方立法实践中,部分法规并未明确将欠缴相关费用作为业委会成员资格的限制性条件,而是宽泛地要求业委会成员应当满足"依法(或主动、积极、模范)履行业主义务"的要求,或者不得存在"拒不履行业主义务"的情形。伴随着备案审查工作的推进,从各地物业管理条例的规范变迁来看,不同制定机关对此类条款的合法性与适当性认识不一。例如,《内蒙古自治区物业管理条例》(2021 年修正)第三十一条第一款规定,业主委员会委员应当由"能够主动履行业主义务"的业主担任;第三十二条第一款规定,业主委员会委员有"拒不履行业主义务"情形的,其业主委员会委员资格终止。但2024 年修正后的法规将上述要件均予删除。与此不同,《河南省物业管理条例》(2018 年施行)第二十七条第一款规定,业主委员会成员应当满足"积极履行业主义务,按时缴纳物业服务费等相关费用"的条件,但 2021 年修正后的法规仅将删除了该款中的"按时交纳物业服务费等相关费用",仍然保留了"积极履行业主义务"的规定。

根据上文立足比例原则的分析,地方性法规不宜将按时交纳物业服务费、专项维修资金等费用的特定义务作为业委会成员的任职要件。既如此,基于举轻以明重的当然解释,立法更不应将容纳义务范围更广、利益限制强度更高的"履行业主义务"作为必要条件。或有可能的质疑观点认为,地方性法规的消极条件确非妥当,但积极条件与此不同,尤其是在此类条件被施加"积极""主动""模范"等修饰词的情形中,存在着较为弹性的解释空间,未必会使得业主的共同管理权遭受不适当的限制。例如,某业主虽然欠缴物业费,但在日常生活中,积极主动地履行了其他各方面的业主义务,此时在综合考量之下,也不排除能够认定其符合"履行业主义务"之积极要件的可能。但此种解释具有明显的不确定性,容易流于恣意,并且若从文义解释出发,即使在前述假设场景中,仍然更易得出不符合积极要件的结论。总之,在构成要件实质内容相同的情况下,规范技术的差异并不会导致法律效果的明显分歧。无论是积极条件,还是消极条件,均不宜以"履职业主义务"等宽泛性的规范表达,来限制业主的业委会成员资格。

三、引导限制条款的正当性检视

除了上文中讨论的"直接限制条款",各地法规中还存在大量的"引导限制条款",即"一号指导案例"中所称的"业主有拒付物业服务费、公共水电分摊费和不交存物业维修资金等不履行业主义务行为的,业主大会可以在管理规约、业主大会议事规则中对其参加业主大会、行使投票权等共同管理权的行使进行限制"的相关规定。此类规定在很大程度上是对《业主大会和业主委员会指导规则》(建房〔2009〕274号)第二十条的沿袭。在备案审查的意见征询中,有部门提出,该文件"已不符合实践需要,面临修改调整,地方不宜参考借鉴"。该意见被法工委采纳,在其最终出具的审查意见中,地方性法规中引导限制条款的合法性被予否定。但相关意见及论据是否足够妥当,仍有待进一步检视。

(一)业主大会能否限制业主的共同管理权?

从规范文义上来看,引导限制条款中的"业主大会可以……",既可以理解为地方性法规对业主大会的授权,也可以理解为对业主大会已有权限的确认和对其权利行使的倡导。[34]"一号指导案例"明确将其界定为后者,即"引导性限制规定"。在此基础上,该类规定合法性的核心问题便应聚焦到:被引导的主体(业主大会)本身是否有权限制业主的共同管理权?"一号指导案例"对上述问题作出了原则性的否定回应,核心依据在于,《民法典》第二百八十条第一款规定,业主大会或者业主委员会的决定,对业主具有法律约束力。这里的"决定"指的是业主按照法定程序通过业主大会作出的关于《民法典》第二百七十八条规定的业主共同决定事项的决定,其中没有限制和剥夺业主共有管理权的事项。但此种论证似稍显薄弱。

首先,基于文义解释,可以将"限制业主共同管理权"纳入《民法典》第二百七十八条中的共同决定事项。实践中,地方性法规中的引导限制条款存

---

〔34〕 参见李海平、邢涛:《地方性法规限制业主共同管理权的权限与条件——全国首个备案审查指导案例评析》,载胡锦光主编:《备案审查研究》2023年第2辑,中国民主法制出版社2023年版,第36页。

在两种规范模式,一是规定业主大会可以依法决定增加不得担任业委会成员的情形,如《上海市住宅物业管理规定(2022 年修正)》第二十条第二款第3 句,或者针对不履行业主义务的业委会成员,规定业主大会可以决定是否终止其成员资格,如《青海省物业管理条例》(2022 年修正)第三十七条;二是规定业主大会可以"在管理规约、业主大会议事规则中"对其共同管理权的行使进行限制,如《吉林省物业管理条例》第 35 条。上述模式分别呈现出业主大会在限制共同管理权时可以采取的不同路径,而这些举措刚好可以被《民法典》第二百七十八条第一款具体列举的前三项分别涵盖,并形成一一对应的关系,即"选举业主委员会或者更换业主委员会成员(第 3 项)""制定和修改管理规约(第 2 项)""制定和修改业主大会议事规则(第 1 项)"。即使否认此种对应关系,该条第一款第 9 项的兜底条款——"有关共有和共同管理权利的其他重大事项",同样可以将限制共同管理权的各类情形予以容纳。《最高人民法院关于审理建筑物区分所有权纠纷案件适用法律若干问题的解释(2020 年修正)》(以下简称《建筑物区分所有权解释》)第七条可进一步为此观点提供佐证,根据该条规范,"业主大会依法决定或者管理规约依法确定应由业主共同决定的事项,应当认定为民法典第二百七十八条第一款第(九)项规定的有关共有和共同管理权利的'其他重大事项'"。

其次,基于体系解释,应当认可业主大会有权限制特定业主的共同管理权。前述三种限权路径,即业主大会决定、管理规约与议事规则,尽管在适用范围等方面存在形式差异,但在法律性质上并无实质区别,均属决议行为。三者均具有超越业主个体意思的团体意思特点,通过多数决定的民主决策程序对全体业主产生法律约束力。[35] 决议行为为了追求团体利益的最大化实现,不可避免会对个体的某些权利行使施加必要的限制。根据《民法典》第二百七十八、二百八十一条及《建筑物区分所有权解释》第七条等规定,业主大会可以依法限制业主的"共有权",例如,改变共有部分的用途或者利用共有部分从事经营活动,改建、重建建筑物及其附属设施,使用和筹集维修资金,处分共有部分等。此外,业主大会对"专有权"的限制,在理论上也受到承认。有学者指出:"与传统所有权相比,业主专有权具有特殊性,对其施加更多限制并不违背保护业主物权的理念,而业主自治协议则是限

---

〔35〕 参见王雷:《论民法中的决议行为——从农民集体决议、业主管理规约到公司决议》,《中外法学》2015 年第 1 期,第 90 页以下。

制专有权的合理方式。"〔36〕《民法典》第二百七十九条关于"住改商"须遵守管理规约的规定，以及第二百八十六条对业主的义务要求等，均在一定程度上为此提供了规范佐证。比较法上，奥地利、德国、日本等甚至规定了建筑物区分所有权的剥夺规则，即当业主严重违反所负义务而无其他方法排除因违反义务所造成的障碍（或侵害）时，其他业主全体得经由业主大会的多数决决议，提请法院作出拍卖该业主建筑物区分所有权的判决。〔37〕 在业主大会限制"专有权"与"共有权"的做法均已得到承认的情形下，举重以明轻，自然更无理由否定其对"共同管理权"的限制可能。

(二)业主大会可在何种程度上限制业主的共同管理权？

经由制定机关颁布的规范性文件对公民具有普遍的法律约束力，此种覆盖效果要求其必须接受严格的正当性检验，对此，存在合宪性审查、合法性审查和适当性审查等多重审查模式。〔38〕 但与此不同，管理规约等决议行为的实施主体与约束主体基本统一，体现出个体意思与团体意思的妥协与融合，因此，司法审查原则上不宜过多介入，而应体现出对业主自治的充分尊重。但是，经过多数决规则所作出的共同决定，可能会不当损害少数业主的合法权益，从而产生"多数人的暴政"。为协调业主个体权利与共同利益之间的冲突，《民法典》第二百八十条一方面规定业主大会或业主委员会的决定对全体业主具有法律约束力，另一方面又构建起针对特定业主的救济机制，明确当决定"侵害业主合法权益"的，受侵害的业主可以请求法院予以撤销。《建筑物区分所有权解释》第十二条进一步明确了此项撤销权的行使要件，并对业主合法权益的侵害类型作出了更为细化的区分，包括实体权益的侵害和程序权益的侵害。而业主大会通过决议限制业主共同管理权的行为，能否构成撤销权的对象，主要是涉及对实体权益范畴的分析。在以往的理论与实践中，针对该项问题存在诸多争议，存在肯定说、否定说与折衷说

---

〔36〕 尤佳：《业主自治协议中专有权限制条款效力探析》，《法律科学（西北政法大学学报）》2012年第5期，第131页。

〔37〕 参见陈华彬：《论建筑物区分所有权的剥夺——基于对德国法和日本法的分析》，《法商研究》2011年第6期，第140页以下。

〔38〕 参见王锴：《合宪性、合法性、适当性审查的区别与联系》，《中国法学》2019年第11期，第5页以下。

的对立。[39] 但相关讨论往往过于泛化,而未能针对不同决议的限制强度进行区分。更为精细化的追问可能是:针对违反何种义务的业主,业主大会可以施加何种类型的权利限制?

1. 限制何种权利?

业主共同管理权是一种复合型的成员权,包括参会权、表决权、选举权、被选举权、知情权、监督权等一系列权能类型(《物业管理条例》第 6 条)。如果决议的事项是关于选举业委会成员等内容,则表决权就体现为选举权;从这个意义上来说,选举权可以被包含在表决权的概念范畴之中。[40] 在物业管理实践中,针对不履行交纳物业费等义务的业主,业主大会往往通过管理规约等方式,对其参加业主大会会议、行使投票权的权利进行限制,或否定其担任业委会成员的资格。

然而,这两类权利的性质有所不同。参会权、表决权作为实现业主自治的必要方式,是业主基于其建筑物区分所有权人的地位所固有的基本权利。该类权利的享有和行使仅与业主身份相关,并不取决于相关义务的履行状况。现行法中的相关规范也体现出此种立场。例如,《物业管理条例》第八条第一款规定,物业管理区域内"全体业主"组成业主大会;第十四条第一款规定,召开业主大会会议,应当于会议召开 15 日以前通知"全体业主"。这些规范均强调业主大会应由全体业主参与,而并未对参与者施加相应的限制条件。至于表决权的行使规则,根据《民法典》第二百七十八条第二款,业主的共同决议能否有效通过,仅取决于"专有部分面积"和业主人数;这同样可以推导出,享有专有权的业主即当然享有表决权。[41] 此外,若限制业主的参会权或表决权,在极端情形下可能会导致该款要求的参与表决人数无法得到满足,使得业主大会无法就重要事项形成有效决议,从而损害全体业主的利益。尤其是在大量业主因对物业服务不满意而欠缴物业费的情形下,其有权通过业主大会就"选聘和解聘物业服务企业或者其他管理人"(《民法典》第二百七十八条第一款第 4 项)形成决议,但若将按时支付物业

---

〔39〕　参见王超:《业委会对欠费业主的管理权限及依据》,《人民法院报》2018 年 6 月 14 日,第 7 版。

〔40〕　参见李建伟:《公司法学》(第四版),中国人民大学出版社 2018 年版,第 236 页。

〔41〕　参见李海平、邢涛:《地方性法规限制业主共同管理权的权限与条件——全国首个备案审查指导案例评析》,载胡锦光主编:《备案审查研究》2023 年第 2 辑,中国民主法制出版社 2023 年版,第 38-39 页。

费作为行使参会权或表决权的前提,则此种救济便会落空。[42]

相较而言,对业主参选业委会成员的被选举权进行合理限制,具有更强的正当性。相较于普通业主,业委会成员承担更多的共同管理职责,应当更加具备为团体服务的能力和意识。《物业管理条例》第十六条第二款要求业委会成员"应当由热心公益事业、责任心强、具有一定组织能力的业主担任",业主大会作为自我管理机制的权力机关,自然有权对该项要求予以细化解释。如果业主普遍认为,实施某些不当行为的人不适合担任业委会成员,且对此进行了充分讨论并依法经过多数决定的民主程序生成决议,则并无理由否定此项决议的效力。并且,该类决议平等地适用于所有业主,并不违反平等原则。[43]

实际上,针对表决权(包括选举权)与被选举权施加不同的限制强度,在我国诸多规范体系中均有体现。例如,与业主同属成员权人的股东,既享有针对公司决议事项的表决权,也享有被选举为董事、监事的权利。其中,表决权被认为是股东的固有权利,原则上不能被剥夺。即便是无表决权股份持有人,在特定情形下(例如在该优先股种类股东会议上),仍然享有表决权;无表决权股份的表决权在一定情况下还有可能复活。[44] 相较而言,股东的被选举权明显受到更加严格的限制,这主要是基于资格审查和公司治理需求,目的在于确保被选举者具备必要的履职能力和诚信品质。《公司法》第一百七十八条第一款即列举了 5 项不得担任公司董事、监事、高级管理人员的情形,呈现出极为刚性的规范禁止。此外,针对作为基本政治权利的选举权与被选举权,尽管我国宪法及法律历来采取"统一原则",规定凡享有选举权的选民同时也享有被选举权。但理论界仍有不少学者倡导将二者予以分离,建议从年龄起点等方面对被选举权施加更为严格的限制性规定。原因在于,行使选举权只需选民按照自己的意愿行使即可,而被选举权意味

〔42〕 参见谢爱梅、李耕坤:《限制业主共同管理权条款效力评析》,载最高人民法院民事审判第一庭编:《民事审判指导与参考》2022 年第 4 辑,人民法院出版社 2023 年版,第 174 页。司法实践中,也有法院根据《民法典》第 134 条第 2 款的决议行为成立规则,认为业主大会有权对特定业主的表决权进行限制。参见浙江省金华市中级人民法院(2020)浙 07 民终 1494 号民事判决书。

〔43〕 参见徐银波:《论业主团体自治与个体权益保护之边界——〈民法典〉业主撤销权规则适用标准之思考》,《北方法学》2023 年第 1 期,第 98 页。类似观点,另可参见王琦:《地方性法规对业主委员会任职条件限制的正当性界限》,载胡锦光主编:《备案审查研究》2023 年第 2 辑,中国民主法制出版社 2023 年版,第 77 页。

〔44〕 参见施天涛:《公司法论》(第四版),法律出版社 2018 年版,第 262-263 页。

着公民可能成为国家权力机关的组成人员,代表人民意志直接参与行使国家权力,理应要求被选举者具有更高的参政素质与参政能力。[45]

业主的表决权与被选举权尽管与上述情形不尽相同,但相关规范区分权利限制强度的内在逻辑实则具有一定的共通之处。结合业主自治的特殊性,在解释上可以认为,业主大会能够通过管理规约等方式限制业主被选举为业委会成员的权利,但不得限制其参与业主大会及行使表决权的权利。

2. 如何限制权利?

在承认业主大会有权限制业主被选举权的基础上,尚需进一步探讨,施加何种限制条件是适当的。实践中典型的情形是,管理规约将欠缴物业费、住宅专项维修资金或公共水电分摊费等情形,作为否定业委会成员资格的条件。

其中,维修资金专项用于住宅共有建筑物及其附属设施的维修、更新及改造,水电分摊费系为保障公共设施的正常运营,二者均涉及全体业主的共同利益。业主大会当然有权通过民主决策程序,认定不履行此种义务从而损害团体利益的业主,不符合《物业管理条例》第十六条对业委会成员的任职要求。至于业主交纳物业费的义务,尽管系基于物业服务合同而产生,从而具有形式上的相对性,但实践中该合同通常是由业主自治组织与物业服务人签订。此种框架合同的效力之所以能够及于作为第三人的单个业主,其根源既非法律的一般规定,也非该框架合同作为"集体合同"的"法规性效力",而是基于"业主的意思",只不过此种意思系通过业主大会的决议行为得以实现。[46]换言之,物业服务合同并非仅为单个业主与物业服务人之间构建的相对性权利义务关系,而是在很大程度上承载着业主团体的集体意思与公共利益。若业主不履行支付物业费的义务,可能会导致物业服务质量下降,继而影响全体业主的合法权益。因此,业主大会对其被选举权进行适当限制,同样具有合理性。此外,就利益衡量的角度而言,此类决定带来

---

〔45〕　参见浦兴祖:《重新认识"被选举权"》,《探索与争鸣》2016 第 3 期,第 45 页以下;汪全胜、张玉洁:《论我国公民的被选举权及其完善》,《云南师范大学学报(哲学社会科学版)》2013 年第 1 期,第 73 页以下。反对观点则认为,提高被选举资格不符合人民民主的立场。参见屠振宇:《被选举权的规范内涵与实践展开》,《法制与社会发展》2023 第 6 期,第 17 页以下。

〔46〕　参见韩世远:《物业服务合同的解释论——以框架合同为视角》,《中国政法大学学报》2022 年第 3 期,第 95 页;朱虎:《物业服务合同作为集体合同:以民法典规范为中心》,《暨南学报(哲学社会科学版)》2020 年第 11 期,第 48 页。

的收益也会大于给业主造成的负担。一方面，借此督促业主履行义务，有助于促进业主团体自治功能的实现，维护建筑物的经济价值及共同生活秩序；另一方面，不同于《民法典》第九百四十四条第三款所禁止的断电断水等方式，限制业主的被选举权完全不会对其日常生活产生实质影响。[47]

不过，正如前文所述，若一般性地对欠费业主施加限制，将对某些"有正当理由拒绝支付物业费"的业主有所不公。但即使管理规约将此种情形予以排除，仍然会面临业主自治及司法程序的处理困境。首先，实践中业主欠付物业费的原因难以一概而论，业主大会或业委会是否能够判断有无"正当理由"，便值得怀疑。[48] 其次，在业主大会或业委会根据管理规约，作出取消特定业主被选举权的决定时，若该业主以其享有履行抗辩权为由提起撤销之诉，由于物业服务人并非诉讼当事人，举证未必充分，可能导致裁判者难以作出准确判断。[49] 为避免不必要的争议，可以考虑采取更为清晰的司法确认模式。对此，《湖州市物业管理条例》的做法可资借鉴，根据该法第17条，管理规约、业主大会议事规则可以规定，"违反约定拒交物业费，经人民法院、仲裁机构生效法律文书确认，拒不执行的"，不得担任业委会成员。

（三）地方性法规能否规定引导限制条款？

基于上文分析，业主大会有权对业主共同管理权进行限制，但应区分权利类型与业主行为设定不同层次的限制强度，否则可能构成《民法典》第二百八十条的"侵害业主合法权益"，从而得被业主请求撤销。在明确业主大会权限范畴的前提下，地方性法规可以规定相应的引导限制条款，对业主大会的已有权限加以确认。但实践中，多数法规并未恪守审慎立场，而是一般性地规定，业主大会有权通过管理规约等形式限制业主的共同管理权。此类"不适当的引导"可能会导致业主大会滥用权利，损害特定业主的合法权益，由此形成"多数人的暴政"，继而激发更多的矛盾与纠纷，既不利于业主团体共同秩序的维护，也会造成司法资源的浪费。相较而言，前述《湖州市物业管理条例》的引导性规定，既符合业主大会共同决定的程序要求，又考

---

〔47〕 参见徐银波：《论业主团体自治与个体权益保护之边界——〈民法典〉业主撤销权规则适用标准之思考》，《北方法学》2023 年第 1 期，第 98 页。

〔48〕 参见浙江省杭州市余杭区人民法院（2024）浙 0110 民初 1204 号民事判决书。

〔49〕 参见谢爱梅、李耕坤：《限制业主共同管理权条款效力评析》，载最高人民法院民事审判第一庭编：《民事审判指导与参考》2022 年第 4 辑，人民法院出版社 2023 年版，第 173 页。

虑到业主欠缴物业费的不同原因，并以生效裁判文书作为判断业主欠费正当性的依据，显然更为合理。

回观全国人大常委会法工委的审查意见，其虽然对地方性法规引导限制业主共同管理权的做法原则上采取否定态度，但实际上并未完全禁止，而是始终强调审慎的区分立场。例如，《2022 年备案审查报告》针对相关的引导限制条款指出，"不加区分地将业主拒付物业服务费、物业维修资金等不履行业主义务行为同业主行使共同管理权挂钩，进而限制业主的建筑物区分所有权，与民法典有关规定不符合。""一号指导案例"在审查意见的最终结论部分，再次使用了类似措辞："部分地方物业管理条例未加区分地将业主未按时缴纳物业服务费、专项维修资金等不履行业主义务行为与业主共同管理权挂钩，不适当地限制了业主的建筑物区分所有权……应予以纠正。"因此，对于各地的物业管理条例而言，妥当的纠正方式可能并非"一刀切"式的完全删除引导限制条款，而是要避免"未加区分的""不适当的"限制性做法，构建更为精细化的类型区分机制。

四、结语

"建筑物区分所有法律关系的稳定实际上就是在个体权利与团体利益的此消彼长中实现的。从某种角度说，离开了业主个体权利与共同利益的博弈，区分所有法律制度存在的必要性也就变得不可思议和令人费解了。"[50]在各地立法实践中，不同物业管理条例普遍对违反特定义务的业主限制其共同管理权，也是追求个体权利与共同利益之协调的举措。但是，过分恣意的限制模式明显构成了对个体权利的不适当损害，从而引发诸多合法性质疑。对此，全国人大常委会法工委经过严格的备案审查程序，最终颁布"一号指导案例"，对地方性法规的限制性规定作出了原则性的否定立场，并进行了较为细致的说理阐释。但其间论点及论据的正当性，不乏值得进一步加强之处。尤其是其将直接限制条款与引导限制条款作等同处理，在一定程度上导致了论点与论据的彼此错位，有必要对此作类型化的区分澄清。

---

〔50〕 辛正郁：《业主个体权利与业主共同利益的冲突与协调——以业主大会决议对业主的约束力为视角》，《人民司法》2010 年第 21 期，第 39 页。

就直接限制条款而言,首先,业主共同管理权不属于《立法法》第十一条中的"民事基本制度",《民法典》第二百七十七条第一款第2句亦非授权立法条款,基于地方性法规固有的立法权限及《物业管理条例》的上位法依据,应当认为前者有权对业委会成员资格作出规定。其次,基于比例原则,地方性法规无权以业主欠缴物业费或专项维修资金等费用为由,限制其业委会任职资格。最后,基于举轻以明重的当然解释,立法更不应将容纳义务范围更广、利益限制强度更高的"履行业主义务"作为业委会成员的必要条件。就引导限制条款而言,首先,基于文义和体系解释,"限制业主共同管理权"应当属于《民法典》第二百七十八条中的共同决定事项。其次,对业主不同权利的限制具有强度区分,业主大会无权限制其参会权和表决权,但可以对其被选举权进行适当限制。再者,针对被选举权的限制条件应当避免恣意性,可以包括业主欠付维修资金或公共分摊费用,以及经生效法律文书确认仍拒不支付物业费的情形。最后,地方性法规应当纠正"未加区分的"引导限制条款,构建更为精细的类型区分机制。

值得一提的是,无论是《2021年备案审查报告》和《2022年备案审查报告》,还是"一号指导案例",针对的审查对象均为地方性法规(包括单行条例)。但在地方实践中,仍有其他规范性文件对业主的共同管理权进行限制,例如《四川省业主大会和业主委员会指导规则》与《合肥市业主大会和业主委员会指导规则》。虽然这两部文件均已纠正,将相关条款完全删除,但并不排除其他的地方政府规章及规范性文件仍有类似规定。相较于地方性法规,这类文件的规制权限更加受到严格限制,尤其应当避免对业主共同管理权的不当减损。2014年《中共中央关于全面推进依法治国若干重大问题的决定》明确要求"加强备案审查制度和能力建设,把所有规范性文件纳入备案审查范围,依法撤销和纠正违宪违法的规范性文件,禁止地方制发带有立法性质的文件。"《备案审查决定》第十四条第二款更是明确规定:"法规、司法解释被纠正或者撤销后,其他规范性文件存在相同问题的,制定机关应当及时修改或者废止。"在多数地方性法规根据"一号指导案例"已予纠正(尽管未必完全妥当)的背景下,为系统处理其他规范性文件的类似问题,全国人大常委会法工委可以与其他机关备案审查工作机构开展联合调研或者联合审查,推进集中清理工作,以充分发挥备案审查制度保障宪法和法律实施、维护国家法制统一的重要作用,提高备案审查能力和质量。

以良法托举善政

——评《北京市机动车停车条例》之备案审查

王敬文*

内容提要：2021年全国人大常委会法工委应公民提请，对《北京市机动车停车条例》启动了备案审查。在详细调研政策出台背景和条例实施情况后，审查机关肯定了《北京市机动车停车条例》所推行的道路停车收费改革的合法性，并指出条例对欠缴道路停车费即处罚款的规定存在程序设置失当和量罚不合理的问题。北京市人大常委会随后对条例进行修改，优化了程序设置与量罚阶次，实现了政策效果与法律效果相统一。从本案可见，备案审查具有提升立法质量，从而保障改革顺利推进的功能，这对当下以立法推动改革的治理模式尤为重要。本案也表明，备案审查能够对地方性法规进行有效监督，并且深入探及制定法的合理性问题，具有行政诉讼、行政复议所不具备的制度优势。

关键词：备案审查；行政收费；行政处罚；正当程序；过罚相当

一、导 论

交通治理是现代城市治理的重心，体现着一个地区的管理水平和治理能力。作为全国汽车保有量最大的城市之一，北京市长期面临机动车停车

---

  * 王敬文，清华大学法学院博士研究生。

何海波教授向作者提供了本案审查活动的有关资料，并就写作思路进行指导。在何海波教授主持的读书会上，徐芃、王姝、唐彦嘉、张欣政、马颖娜、王永靖、王岑林等同窗提出了修改意见，特此致谢。当然，文责自负。

难和乱收费的问题,因停车引发的社会矛盾时有发生。为此,北京市启动了多轮机动车停车管理改革。2018 年 5 月 1 日实施的《北京市机动车停车条例》规定,停车人逾期未缴纳道路停车费的,"由区停车管理部门进行催缴,并处 200 元罚款。情节严重的,并处 500 元以上 1000 元以下罚款"。据此,市民哪怕只有 1 元的停车费未缴,管理部门在催收时也要处以 200 元罚款。更有一些市民在停车后自始至终都没有收到有关缴费的任何提示,不明就里遭到了处罚。本着优化交通目的实施的道路停车收费改革,反而成为市民之畏途。

2020 年 11 月,清华大学的何海波教授注意到上述不合理现象,致信全国人大常委会,请求对上述条款予以审查。理由是,该条款违反了"无过错、不处罚"的法治原则和比例原则、程序正当原则。全国人大常委会法制工作委员会在调查研究后,向条例制定机关北京市人大常委会发出审查研究意见,要求完善罚款额度和程序。之后,全国人大常委会法工委又与北京市人大常委会反复沟通。2021 年 9 月,北京市人大常委会对《北京市机动车停车条例》作出修改,调整罚款额度并完善停车费收缴程序。[1]至此,北京市民"欠费一元罚两百"、"莫名其妙遭罚款"的问题得以较好解决。该案也作为立法机关积极回应民众诉求,推动法律持续完善的典型事件被广泛宣传报道。[2]

全国人大常委会法工委对《北京市机动车停车条例》的审查具有多方面的意义。首先,本案表明,作为"首善之区"的北京市制定的地方性法规也会存在合法性问题;而相关问题通过备案审查机制得以及时纠正,诠释了"有错必纠"的备案审查工作理念。其次,审查程序上,备案审查机关向当事人回复处理意见并说明理由,意味着备案审查的程序和工作机制取得了重要

---

[1] 修改后的《北京市机动车停车条例》(2021)第四十一条规定:"停车人应当按照收费标准,在驶离停车位之日起 30 日内缴纳道路停车费用。未缴纳的,区停车管理部门应当通知其缴纳费用;30 日期满后,区停车管理部门应当进行催缴。停车人应当在补缴期限内及时补缴欠费。违反前款规定,经两次催缴,停车人逾期未补缴欠费的,由区停车管理部门处 100 元罚款;情节严重的,处 300 元以上 800 元以下罚款。具体办法由市交通主管部门制定。"

[2] 相关报道参见,张维炜、丁子哲:《备案审查:增强纠错刚性积极回应民生关切》,《中国人大》2023 年第 20 期;吴为:《北京修改机动车停车条例,"欠费 1 元"不再"罚款 200"》,《新京报》2021 年 10 月 22 日;刘嫚:《从"停车欠费 1 元罚二百"到"补缴后不罚",改变始自一封信》,《南方都市报》2021 年 12 月 22 日。此外,多家电视台、网络媒体也均有报道。

进步[3];审查机关与制定机关反复沟通并引导其主动修改,展现了审查的协商性与说理性。再次,审查方法上,无论是何海波教授的审查建议,还是全国人大常委会法工委的审查研究意见,都强调相关条款对法律原则的违反,共同指向"原则问题",这促使人们思考法律原则在备案审查中的作用。囿于篇幅,本文主要围绕本案所展现的备案审查之制度功能进行阐发。

一般而言,备案审查具有贯彻落实党中央的重大决策部署、法秩序维护和人权保障三大基本功能。[4] 有学者指出,备案审查还具有制约地方和部门利益、鼓励和支持地方立法创新的功能。[5]《北京市机动车停车条例》的审查展示出备案审查的另一重要功用,即以优化立法保障改革。自 2014 年党的十八届四中全会提出"重大改革于法有据",许多地方和部门积极行使立法权,将立法作为深化改革的重要手段。但是,一些立法过度关注改革的政策效果,而在法律效果上有所阙失。针对这些情形,备案审查机关未局限于就涉案规范是否抵触上位法的效力判断,而是综观立法全貌,在掌握政策背景的基础上提出立法完善意见,帮助制定机关更好实现政策和法律效果。以下通过对本案的评析,使这一功能得以呈现。

二、审查机关对道路停车改革的肯定

北京市推行的道路停车收费改革是本案无法绕过的关隘。假如没有这次改革,就不会有处罚的设置和市民的不满。那么,备案审查机关是否就改革进行了审查,并得出了何种判断? 全国人大常委会法工委给何海波教授的复函称,"我们……进行了研究,认为条例将道路停车电子收费纳入政府

---

[3] 对比 2003 年发生的被称为"中国违宪审查第一案"的"孙志刚事件",三位法学博士向全国人大常委会提出对国务院《城市流浪乞讨人员收容遣送办法》违宪审查的建议,五名法学家向全国人大常委会提请启动特别调查程序,但都未获得有关方面的正式回应,也未引发"违宪审查"机制。事件以国务院迅速废止《城市流浪乞讨人员收容遣送办法》告终。参见吴琰、张伟杰:《孙志刚案的再追问》,《工人日报》2003 年 5 月 24 日;崔丽:《五位法律专家针对收容遣送制度提请全国人大启动特别调查程序》,《中国青年报》2003 年 05 月 28 日。

[4] 朱宁宁:《备案审查落实党中央重大决策部署功能日益凸显》,《法治日报》2022 年 2 月 22 日第 5 版。

[5] 王理万:《备案审查制度的历史性和在场感——简评〈备案审查进行时〉》,载胡锦光主编:《备案审查研究》2023 年第 1 辑,中国民主与法制出版社 2023 年版,第 178-196 页。

非税收入,不存在立法权限问题,但在对停车人违规不缴纳道路停车费行为予以处罚的设定上,没能较好体现法律确定的原则和精神,需要逐步完善。"可见,审查机关不仅对北京市道路停车收费改革进行了审查,并且旗帜鲜明地肯定了改革的合法性。这一结论的得出经过了较为周密的调查和论证——审查机关后来在工作报告中表示,"我们请制定机关说明情况,请执法部门提供有关规定实施情况,向有关部门了解停车收费改革的相关政策"。[6] 囿于视角的差异,我们无法重现审查机关的判断过程,但从学理的角度,未尝不可就相关改革和处罚设置的妥适性加以探讨。

(一)停车收费改革的合理性

1. 现有道路停车管理的主要模式

我国尚无专门规范停车行为的法律和行政法规,停车管理主要依据各地制定的地方性法规、地方政府规章和规范性文件。梳理各地立法实践,发现当前主要存在三种道路停车管理模式。

第一种,道路停车位仅供免费临时停放。例如,《盘锦市机动车停放管理条例》(2021)第二十一条规定,在不影响行人、车辆通行的情况下,沿街商铺、单位可以临时占用道路停车泊位或者其他区域装卸货物;早市、夜市和摊位等经营者,可以临时停放机动车,但应当遵守管理要求并且随时调整。其他未出台专门停车管理规定的城市,实践中也多采取道路停车位由市民无偿暂时使用的方式。

第二种,道路停车位免费与付费使用相结合。例如,《淮安市停车场管理条例》(2021)第二十六条规定,道路停车泊位分为免费和收费泊位;免费和收费的路段、时段,由交通管理部门根据停车需求和交通状况确定。在停车供需矛盾突出的区域,对具备夜间停车条件的道路设置免费临时停车路段,收费道路停车泊位则执行政府定价或者政府指导价。

第三种,道路停车位付费使用。使用人除少数情况下可免除停车费外,一般都需缴纳停车费。道路停车位的运营又分两种模式。一是委托市场主体运营。如《济南市停车条例》(2024)第三十五条规定,政府投资建设或者

---

〔6〕 沈春耀:《全国人民代表大会常务委员会法制工作委员会关于十三届全国人大以来暨2022备案审查工作情况的报告》,《全国人民代表大会常务委员会公报》2023年第1期。

依托公共资源设置的公共停车场、施划的道路停车泊位，应当通过招标、拍卖、政府购买服务等方式公开选择经营者或者管理者。二是由政府部门直接运营。除北京外，深圳也采取该方式。《深圳市停车场规划建设和机动车停放管理条例》(2019)第三十四条第三款规定，道路停车费直接上缴市财政专户，停车位日常维护所需费用由市财政部门从所收费用中支出。但与北京不同的是，深圳未对欠缴停车费的情形设置罚则，只对超时停车的情形设置了罚则。[7]

2. 道路停车收费改革的妥当性检视

如果北京市像其他城市那样，将道路停车位委托市场主体运营，因停车费产生的纠纷可通过民事途径解决，无需以行政手段作为担保。可能面临的质疑是，政府是否有权在道路上规划道路停车位并收费，以及道路停车位为何需由政府管理而非放归市场运营。

第一个问题相对容易。我国《宪法》(2018)第十条规定，城市的土地属于国家所有。本条与宪法第二条相结合，能够得出的规范涵义之一便是，在城市道路等城市公地的日常管理上，各级人大及其常委会有义务对土地用途的确定、规制或变更发挥决定性作用，并将具备法律效力的决定交由地方政府执行。[8]此外，《道路交通安全法》第四条赋予了地方政府对公共道路的宏观管理职责。道路停车位作为政府规划设立的公共设施，依据公物法原理，既可以由政府无偿提供给公众使用，也可以为此收取一定的费用。[9]

第二个问题则相对复杂。在市场化改革的大潮下，将传统由政府承担的公共服务职能交给能有效承接的私人主体运营，被认为会带来创新与效率，是各国的普遍做法。2015 年，发展改革委、住建部、交通运输部下发的《关于进一步完善机动车停放服务收费政策的指导意见》(发改价格〔2015〕2975 号)要求"建立完善主要由市场决定价格的机动车停放服务收费形成机制"。国内许多地市道路停车位的运营采取政府特许经营等方式。北京市将分散各处的道路停车位整合起来由政府统一管理运营，似乎有悖于上

---

〔7〕《深圳市停车场规划建设和机动车停放管理条例》(2019)第五十二条第一款规定："在临时停车位超时停放的，超时一小时以内的，按照两倍的收费标准补足超时所欠的款项；超时一小时以上的，除按照两倍的收费标准补足超时所欠的款项外，并可以按照每超时一小时以内五十元的标准处以罚款。"

〔8〕 张千帆：《城市土地"国家所有"的困惑与消解》，《中国法学》2012 年第 3 期。

〔9〕〔日〕盐野宏：《行政组织法》，杨建顺译，北京大学出版社 2008 年版，第 268 页。

述趋势。不过,观察《北京市机动车停车条例》(2018)实施以来的治理效果和公众感受可知,这一举措有其合理性。

第一,政府统一管理能够避免乱收费现象。根据经济学的界定,道路停车位不具有使用的非排他性和消费的非竞争性,因此不是典型的公共产品。[10] 由于停车位的供给有限,且停车位运营需要准入门槛,在私人运营并由市场主导价格的情况下,会形成不完全竞争市场,使消费者蒙受福利损失。在停车供需矛盾较大的城市,消费者的福利损失会放大。为此,一些地方在采取特许经营的方式将道路停车位交给市场主体经营后,又紧急将其收回。[11] 北京市道路停车收费改革前,乱收费的问题较为突出。改革后,这一问题很大程度上得到了缓解。有关人士指出,北京实施路侧停车收费改革之所以成效明显,根本在于收费性质发生了转变,由经营性收费转向政府非税收入,停车收费不再是一门生意。[12] 事实上,如果公民每次都按时缴纳道路停车费,同等条件下其停车费支出要少于收费改革前。

第二,政府统一管理能够提高停车位的使用率。"互联网＋停车"是盘活停车位资源、解决结构性供需矛盾的关键。但在不同主体分散运营的情况下,数据共享程度不高,这一目标难以实现。规制理论认为,当市场出现信息偏差和协调一致的困境时,就需要政府的积极干预。[13] 在道路停车位由政府统一管理后,数据得以充分汇集,再经过后台处理后,各处的停车位余量在手机上一目了然,方便市民就近停车。交通管理部门也得以全面、准确地掌握全市停车设施动态信息数据,有效对全市停车设施使用情况进行监控、引导和调节,提升交通运行效率。[14] 从改革效果来看,北京市道路停车费改革所带来的社会总体福利增加,远大于原停车位经营者的福利损失,是一次较为成功的制度改进。虽然改革过程引起诸多争议,但长期而言对城市交通的优化具有积极意义,总体上值得肯定。

---

[10] 公共产品具有使用的非排他性和消费的非竞争性,如空气、国防。公共产品的出现被认为与市场失灵有关,一般要由政府提供。参见,[美]保罗·克鲁格曼、罗宾·韦尔斯:《微观经济学》(第4版),赵英军译,中国人民大学出版社2020年版,第369页以下。

[11] 例如,湖北省大冶市泊鑫停车管理有限公司与大冶市城市管理执法局行政协议纠纷案,湖北省大冶市人民法院(2016)鄂0281行初53号行政判决书。

[12] 贺勇:《北京路边停车统一线上收费》,《人民日报》2020年1月16日第13版。

[13] [英]安东尼·奥格斯:《规制:法律形式与经济学理论》,骆梅英译,苏苗罕校,中国人民大学出版社2008年版,第42页。

[14] 贺勇:《车位错时共享停车难题有解》,《人民日报》2017年11月7日第11版。

(二)道路停车费的法律关系

道路停车收费的法律关系是本案的关键。如果收费属于民事法律关系,以行政手段干预收费显然不当。国务院《城市供水条例》(2018)规定,未按规定缴纳水费的,由城市供水行政主管部门或其授权单位责令限期改正,可处以罚款;情节严重的,经县级以上人民政府批准,可以在一定时间内停止供水。全国人大常委会法工委审查认为,虽然该规定符合制定时的城市供水管理体制,但随着城市供水的市场化改革,用水缴费的民事属性更为突出,用户欠费宜通过行政手段外的方式处理。随后,《城市供水条例》修改废除了该项处罚。[15] 相比之下,北京市道路停车收费改革后,道路停车收费由民事法律关系转向行政法律关系。

1. 一般行政收费关系

道路停车费的征收属于行政收费关系,是实践中较为流行的一种观点。行政收费尚无立法定义,在学理上,行政收费是指基于行政法律关系,行政主体向特定公民、法人或者其他组织提供社会公共服务,就支出的成本向其依法收取一定费用的行为。[16] 依据发展改革委和财政部 2018 年制定的部门规范性文件《行政事业性收费标准管理办法》,"行政事业性收费"是指国家机关、事业单位、代行政府职能的社会团体及其他组织根据法律法规等有关规定,在实施社会公共管理以及在向公民、法人和其他组织提供特定公共服务过程中,向特定对象收取的费用。行政收费的特点在于:①因行政机关提供公共服务或实施社会管理而产生;②收费对象特定为公共服务享受者或行政管理相对人;③收费数额一般相当于行政成本。本案中,道路停车位具有公共属性,使用者为了使用道路停车位支付一定的成本,符合行政收费的性质和定义,将道路停车费视作行政收费是成立的。进言之,道路停车费可以归于《行政事业性收费标准管理办法》第十六条的"资源补偿类收费"。

有观点认为,道路停车费属于"城市道路占用费",其上位依据是行政法规《城市道路管理条例》(2019)第三十七条。[17] 不可否认,道路停车和道路

---

〔15〕 全国人大常委会法工委法规备案审查室编:《规范性文件备案审查案例选编》,中国民主法制出版社 2020 年版,第 5-6 页。

〔16〕 胡建淼:《行政法学》(第 5 版),法律出版社 2023 年版,第 636 页。

〔17〕 胡建淼:《行政法学》(第 5 版),法律出版社 2023 年版,第 639 页。

占用确有相似之处，但仔细推敲，这一观点尚可商榷。其一，《城市道路管理条例》第三十条规定，未经市政工程行政主管部门和公安交通管理部门批准，任何单位或者个人不得占用或者挖掘城市道路。道路占用以有关部门批准为前提，与道路停车的实践不符。其二，《城市道路管理条例》规范的是符合特定标准的城市道路，《北京市机动车停车条例》涉及的不止城市道路，在具备停车条件的胡同中也可以设置道路停车泊位。其三，《城市道路管理条例》第三十七条规定，城市道路占用费的收费标准由省、自治区人民政府的建设行政主管部门、直辖市人民政府的市政工程行政主管部门拟订，报同级财政、物价主管部门核定；而北京市道路停车费的价格确定机关是市发展改革部门。实际上，《城市道路管理条例》的上位法《道路交通安全法》只规定了一种道路占用情形，即"因工程建设需要占用、挖掘道路"。可见，道路停车费不同于道路占用费。

2. 行政协议关系

如果道路停车位由私人运营，同样采用电子收费模式，那么停车位的使用构成一种民事合同。在此，停车收费的标识相当于经营者发出的要约，使用者将车辆停放于车位相当于承诺，其原理类似自动售货机。那么，在道路停车位由政府运营的情况下，公民使用停车位是否构成与行政机关间的行政协议呢？

根据《最高人民法院关于审理行政协议案件若干问题的规定》第一条对行政协议所作的定义，行政协议是指行政机关为了实现行政管理或者公共服务目标，与公民、法人或者其他组织协商订立的具有行政法上权利义务内容的协议。在内容上，行政机关和相对人就道路停车位使用达成的合意符合上述定义。但在形式上，由于这种合意不具有书面形式，其能否被认定为行政协议，则因各地公法框架而有所不同。

在采行政契约要式主义的地区，行政协议须以书面形式缔结。例如，《德国联邦行政程序法》第57条规定："除非法律对公法合同的形式另有规定，公法合同应以书面形式订立。"[18]我国台湾地区"行政程序法"（2021）第139条规定："行政契约之缔结，应以书面为之。但法规另有其他方式之规

---

〔18〕《德国联邦行政程序法》，张博琳译，赵宏校，载沈岿主编：《行政法论丛》（第29卷），法律出版社2023年版。

定者,依其规定。"之所以如此,乃系行政协议事项涉及公共利益和公共事务,为防止内容的易变和不确定,也防止因个人因素导致腐败现象,需以书面形式固定要约内容。[19] 行政契约的特点在于契约一方当事人行政主体的组成人员经常变动,故需倚赖书面契约作为证据,以应对日后可能产生的纠纷。[20] 在此情形下,本案中道路停车位的使用因不具有书面形式,无法被认定为行政协议。不过在本文看来,要求行政协议必须具备书面形式的做法,已难适应现代政府所承担的日趋广泛的公共服务职能,限制了行政协议这一治理工具的应用。况且,随着数字技术的发展,将双方的意思表示以数据电文形式实时记录下来,形成书面合同,也是完全可以实现的。

在采行政契约非要式主义的地区,行政协议非必须以书面形式缔结。例如,日本对行政协议的订立不要求必须采用书面形式。现实中,诸如公共体育馆、音乐厅、福利设施的利用,公营住宅的租住,乃至邮局、公交、地铁的使用,都视为行政契约,相对人与行政主体形成"公物的契约使用"关系。[21] 这些契约的细节通常已为法律法规明确规定,当事人合意调整的空间较小。但针对契约的一般性问题,允许适用民法规则进行裁判。[22] 在法国,重要的行政协议必须采用书面形式,次要的行政协议可以采取口头形式。[23] 由于我国行政程序立法的迟滞,目前尚无法律、行政法规对行政协议的缔结形式作明确要求,将道路停车位的使用理解为行政协议在一定程度上也是成立的。本案中道路停车行为倘能被认定为行政协议,那么相对人或可借助有关民法规范主张权利,较之行政收费的定位享有更多的救济空间。

综上,公民因使用道路停车位而产生的停车费,既可理解为因一般行政收费而产生,也可理解为因行政协议而产生,但前一种理解更能获得实践的支持。无论采取哪一种理解,道路停车收费的行政主导性都是毋庸置疑的。

(三)行政处罚设置的必要性

无论道路停车费基于什么法律关系而产生,如何保障义务的有效履行

诚为关键。在北京市以外，广东珠海(2011)、湖北随州(2019)、甘肃庆阳(2021)等地的地方性法规也规定欠缴道路停车费的予以处罚。依据《行政处罚法》，地方性法规有权设定除限制人身自由、吊销营业执照以外的行政处罚。那么，涉案条例对欠缴道路停车费设置罚款是否具有必要性呢？

我国行政法学界常将行政处罚和行政强制执行分开讨论。但实际上，以行政法上的实效性确保手段为考察点进行体系化整理会发现，行政处罚也具有和行政强制执行相同的一面：行政处罚通过对义务人形成心理上的压力，迫使其履行义务。[24] 这一角度是理解本案处罚设置的关键。

在行政收费法律关系下，以行政处罚作为行政收费的担保手段在我国立法中并不鲜见。例如，向海洋倾倒废弃物的，应当依法缴纳倾倒费。《海洋环境保护法》(2023)第一百一十七条规定，未依法缴纳倾倒费的，由有关部门责令限期缴纳；逾期拒不缴纳的，处应缴纳倾倒费数额一倍以上三倍以下的罚款，并可报经有批准权的人民政府批准后责令停业、关闭。《固体废物污染环境防治法》(2020)第一百一十三条规定，危险废物产生者未按规定处置危险废物且拒不改正的，由有关部门组织代为处置，处置费用由危险废物产生者承担；拒不承担代为处置费用的，处代为处置费用一倍以上三倍以下罚款。即使认为道路停车是一种行政协议，行政处罚作为担保手段也是成立的。允许行政机关对违约相对人采取行政上的制裁措施，是我国行政契约立法中较为突出的特色，这种责任的基础不是契约约定责任，而是法律从行政管理的角度为保障契约义务的履行而施加相对人的法定责任。[25]

但是，在执行手段多元化的今日，以罚金的形式督促行为人履行义务并非首选，在立法设置经济负担时应当考虑有关经济负担会带给个人的重大影响、课予经济负担的实质理由、经济负担的程度能否有效改善违法、执行的柔软性以及行政相对人的正当程序权等多方面因素。[26] 为此，以罚款的方式督促义务履行务须审慎，如有其他柔性执行方式，则不宜轻予适用。正如执法金字塔理论所揭示的，对于违反规范的行为，首先应采取教育性或建议性手段处理，只有当柔性的执法方式无法实现合规目的时，方能逐级提升

---

〔24〕　余凌云：《行政法讲义》(第4版)，清华大学出版社2024年版，第405-408页。

〔25〕　余凌云：《行政契约论》(第3版)，清华大学出版社2022年版，第94页。

〔26〕　刘宗德：《行政法上法执行制度之合法性论议》，《月旦法学杂志》第225期(2014年)。

执行措施的严厉性。[27]

就收缴停车费而言,如果在处罚之外尚有其他手段能有效确保义务的履行,那么处罚的必要性便值得审视。如果处罚是为数不多可供选择的实效性确保手段,那么这种设置是可以容许的。在日本,针对公民所负公法上金钱给付义务之不履行,地方公共团体既可依法强制征收,也可以对相对人科以处罚。[28] 我国《行政强制法》对行政强制执行的控制较为严格。该法第十三条规定,行政强制执行由法律设定;法律没有规定行政机关强制执行的,作出行政决定的行政机关应当申请人民法院强制执行。由于目前尚无法律规定停车费的行政强制执行,地方性法规难以设置有效的强制执行手段督促当事人履行义务。道路停车主管部门针对大量的小额欠费申请法院执行,也不符合行政效能原则。因此,若非执着于最小侵害标准,以行政处罚担保义务的履行,其必要性是可以被认可的。

三、审查机关对法律效果缺失的指正

虽然北京市的道路停车收费改革具有内在合理性,但法律效果方面的瑕疵导致了市民的不满和条例的难以执行。据统计,2019 年催缴工作集中开展后,全市电话咨询投诉量激增,峰值达到一天 956 件,各区每天接访 30 至 50 人;2020 年上半年,各区审核通过的欠费车辆共计 160.44 万辆次,应处罚款 3.34 亿元,但由于执法人员不足、当事人反应强烈、上访不断等原因,已实施处罚仅 732 起,罚款 15.58 万元。[29] 全国人大常委会法工委在工作报告中如是评价条例存在的法律问题,即"程序设置失当,规定的罚款额度与行政处罚法确立的过罚相当原则不符"。[30] 这分别对应程序和实体两个方面。以下对其中的审查思路进行展开。

〔27〕 [英]科林·斯科特:《规制、治理与法律:前沿问题研究》,安永康译,宋华琳校,清华大学出版社 2018 年版,第 50 页。

〔28〕 俵静夫『地方自治法』(有斐閣,1965 年)341-344 頁参照。

〔29〕 此处据全国人大常委会法工委、北京市交通委的有关资料。

〔30〕 沈春耀:《全国人民代表大会常务委员会法制工作委员会关于 2021 年备案审查工作情况的报告》,《全国人民代表大会常务委员会公报》2022 年第 1 期。

(一)何为"程序设置失当"

1. 处罚设置违反法定程序吗?

法定程序指法律、法规、规章等成文法源明确规定的行政程序。《行政处罚法》(2017)第三十一条和第三十二条是行政处罚程序的一般规定,在1996年《行政处罚法》制定时即已确立,从此改变了我国行政处罚程序无法可依的局面。[31] 这两条也是我国实定法中首次明文规定行政机关的告知义务和听证程序,对我国行政程序的发展具有里程碑意义。[32]

实践中,欠缴停车费的公民在达到处罚标准后,会收到一条内容为"您的车辆在某年某月累计欠费几次几元,按规定拟处几元罚款,请合理安排时间至某地接受处罚"的短信,未对行政处罚的内容及事实、理由、依据及当事人的程序权利进行告知,有观点认为这构成对法定程序的违反。但是,凭此尚不能断定涉案条例设置的处罚有违法定程序,因为欠费处罚的执行依然有符合《行政处罚法》程序规定的空间。

作为行政处罚领域的基础性法律,《行政处罚法》对行政处罚程序的规定适用于所有行政处罚活动,除非法律、行政法规另有规定。[33] 其他单行法律如《安全生产法》《食品安全法》设置的行政处罚,亦无需规定处罚程序。《北京市机动车停车条例》虽只规定了应予处罚的情形,处罚实施程序仍应依照《行政处罚法》。例如,执法机关可以在短信中或在后续处理过程中告知拟作出处罚的事实、理由及依据和陈述、申辩等程序权利,以满足法律的要求。即使关注到《行政处罚法》2021年修订针对自动化行政处罚增设的第41条规定,执法机关也存在合法化空间。这正是北京市人大常委会在第一次给审查机关的复函中提出涉案规定不存在合法性问题的主要考虑。

2. 边催告,边处罚 v. 先催告,再处罚

对本案而言,正当程序无疑是更有说服力的审查理由。正当程序是我国行政法蓬勃发展的见证,在我国行政法治进程中一次次扮演了超越法定

---

〔31〕 冯军:《行政处罚法新论》,中国检察出版社 2003 年版,第 193 页,210 页。

〔32〕 [德]何意志:《中华人民共和国行政程序上权利的萌芽》,吴信华译,载翁岳生教授祝寿论文编辑委员会:《当代公法新论》(中),元照出版有限公司 2002 年版,第 542 页。

〔33〕 胡建淼:《论"基础性法律"的地位及其适用——以〈行政处罚法〉为例》,《法律适用》2023 年第 9 期。

程序、实现程序正义的角色。[34] 目前,尽管立法机关在立法活动中对行政程序进行规定的意识不断增强,但就现实中广泛存在的行政程序而言,法定程序永远是僵化和局限的,无法照顾到各种具体的现实情形。正当程序的理念不可或缺。

本案行政程序的特点在于行政收费与行政处罚的耦合,而《行政处罚法》于此阙如。这说明,仅以《行政处罚法》的处罚程序应对是不够的,还需从行政程序整体出发进行检讨。在行政过程论的视角下,各个单独的行政行为不能剥离开来进行个别性考察,需要将行政活动作为指向一个目的的过程全体加以考察。[35] 以正当程序审视"收费—处罚"这一过程,关键是要在催告后为欠费当事人预留一定的缴费期限,使其自行纠正违法,逾期不缴的方能动用处罚。预留缴费期限与正常缴费期限不同。正常缴费期限是行政收费的延伸,相对人有权在正常缴费期内的任意时间缴纳停车费而不构成违法。预留缴费期限是行政处罚的前提,只有在预留缴费期内仍不履行缴费义务,才有处罚之适用。这正是以处罚作为义务履行担保手段的本意所在。例如,《行政强制法》第三十五条规定,行政机关作出强制执行决定前应事先催告当事人履行义务,催告应当载明履行义务的期限。《海洋环境保护法》(2023)第一百一十七条规定,未依法缴纳倾倒费的,责令限期缴纳,逾期不缴纳方进行处罚。日本的地方公共团体对于公民公法上的金钱给付义务之不履行,必须事先督促相对人,并作出纳付命令,责令其在一定期限内履行,否则不得采取任何强制手段。[36] 当规制者有能力并且确实会逐级施加更为严厉的执行措施时,严厉程度较低的制裁措施足以使被规制者纠正行为;使用严厉程度高的制裁措施,反而会降低被规制者的责任心与信任度,往往适得其反。[37] 在欠费当事人自始就缺乏纠正违法机会的情况下,其对处罚产生不满也是当然的。

修改后的停车条例与之前相比,变化在于:①明确当事人在驶离停车位之日起 30 日内缴纳停车费;②明确为欠缴停车费的当事人留出一定的补缴

---

〔34〕 何海波:《司法判决中的正当程序原则》,《法学研究》2009 年第 1 期。

〔35〕 [日]藤田宙靖:《行政法总论》(上卷),王贵松译,中国政法大学出版社 2023 年版,第 116 页。

〔36〕 俵静夫『地方自治法』(有斐閣,1965 年)341 页参照。

〔37〕 [英]科林·斯科特:《规制、治理与法律:前沿问题研究》,安永康译,宋华琳校,清华大学出版社 2018 年版,第 50 页。

期限;③明确管理部门在罚款前应至少进行两次催缴。这一修改较好体现了正当程序的理念,收费过程更为清楚明朗,并且赋予当事人在处罚前的最后纠正机会,有效避免了市民在不知情的情况下遭到罚款、催缴和罚款同时到来等问题的产生。

值得一提的是,赋予当事人自行纠正期限,与行政处罚法"无过错不处罚"原则也有一定关联。2021年《行政处罚法》修订,确立了无过错不处罚原则。何海波教授提请审查的第一个理由便是,对欠费当事人不问是非轻重径处罚款,违反行政处罚法的无过错不处罚原则,是"不教而诛"。在本案的审查过程中,由于新法尚未正式施行,这一理由未得到足够的重视。回头吟味这一理由,其中的法理值得思考。如果催告的同时进行处罚,当事人很可能不具有违法性认识。由于收费性质经历了从民事关系到行政关系的转掾,当事人习惯上会认为欠缴停车费不会构成行政违法,而仅为民事违约。此时,当事人的违法性认识错误如果达到不可避免的程度,那么就不能认为其具有主观过错。[38]反之,在催告并赋予当事人自行纠正期限的情况下,当事人逾期仍不缴费,其主观过错便相对明显。

(二)如何判断"过罚相当"

1.过罚相当性的判断因素

《行政处罚法》(2017)第四条第二款规定,设定和实施行政处罚必须以事实为依据,与违法行为的事实、性质、情节以及社会危害程度相当。此为行政处罚法上的"过罚相当原则",也是本案从审查建议到审查研究意见再到工作报告都提及的理由。事后材料显示,审查机关认为涉案规定不具有过罚相当性,主要出于社会危害性以及具体违法情节的考虑。其一,不按规定缴纳停车管理费的行为,其社会危害程度通常低于违法停车行为,但条例对不按规定缴纳停车管理费行为的处罚额度,明显高于其他法律法规对违法停车的处罚额度。其二,根据北京市交通委提供的有关情况,不按规定缴纳停车费涉及的车辆多、数额小、轻微违法、无意识违法的情况普遍存在,条例对轻微违法没有区分违法行为的事实、性质、情节,易造成过罚不相当。

---

〔38〕 王敬文:《论受行政处罚当事人无过错之证明——由〈行政处罚法〉第33条第2款展开》,《证据科学》2022年第2期。

这一判断方式体现了两方面特点。

第一,围绕过罚相当条款列举的考虑因素。《行政处罚法》所列举的"违法行为的事实、性质、情节以及社会危害程度",是过罚相当性判断的必要考虑因素。行政机关在实施处罚时固然要考虑四项因素,备案审查机关在审查行政处罚的设定时,也应沿此展开。本案中,审查机关认为涉案规定所调整的欠缴停车费行为的社会危害性要小于违规停车或在禁停地点停车,但处罚额度比后者更高,[39]所进行的是社会危害性判断;审查机关认为从实践中看,欠缴停车费多为数额小、轻微违法、无意识违法的情形,所进行的是违法行为的事实、性质、情节判断,但这不意味着其他因素必然排除于过罚相当性的判断之外。法律对过罚相当性判断因素的列举并非封闭,与这些因素具有合理关联的其他因素,同样可以纳入考虑。

第二,以实质理由论证过罚不相当。《行政处罚法》虽然提示了过罚相当性的判断要素,但如何评价这些因素是否成立并未更进一步地提示。这些因素属于法律中的不确定性概念,有赖实际适用者面向个案进行具体化,而不确定法律概念的具体化是一个价值补充和经验证明的过程。[40] 本案中,审查机关在社会危害性的判断上,先是从欠缴停车费的危害性低于乱停乱放出发,对不同违法后果的责任设定进行比对;再对违法行为的事实、性质、情节,采取统计数据分析、实际走访等方式,说明违法的情节轻微以及普遍存在。这一过程没有拘泥于法律条款本身,而是参考了法律之外的多重因素,最终基于坚实的理由形成合法性判断的心证。全国人大常委会法工委曾表示:"对可能存在问题的规范性文件,充分听取制定机关的情况说明,通过座谈会、论证会、委托研究、走访调研等方式,听取专门委员会、国家机关、社会团体、企事业单位、人大代表、专家学者以及利益相关方的意见,从法治原则出发分析其中利弊得失。"[41]

---

[39] 《道路交通安全法》(2021)第九十三条规定:"对违反道路交通安全法律、法规关于机动车停放、临时停车规定的,可以指出违法行为,并予以口头警告,令其立即驶离。机动车驾驶人不在现场或者虽在现场但拒绝立即驶离,妨碍其他车辆、行人通行的,处二十元以上二百元以下罚款,并可以将该机动车拖移至不妨碍交通的地点或者公安机关交通管理部门指定的地点停放。"

[40] 王贵松:《行政法上不确定法律概念的具体化》,《政治与法律》2016 年第 1 期。

[41] 沈春耀:《全国人民代表大会常务委员会法制工作委员会关于十三届全国人大以来暨2022 年备案审查工作情况的报告》,《全国人民代表大会常务委员会公报》2023 年第 1 期。

2. 过罚相当性与合比例性

比例原则的提出使世界各地的法官基于同一审查框架、以同样客观的视角审查公权力行使的合法性成为可能。[42] 2023 年《完善和加强备案审查制度的决定》将比例原则明确为审查标准之一,比例原则在备案审查中的应用有望进一步活跃。本案中,何海波教授在审查建议理由中"违反比例原则"部分援引了行政处罚法的过罚相当条款,直指过罚相当性的本质,即合比例性。学界认为,行政处罚法上的过罚相当原则是比例原则的具体化。[43] 不过也有观点指出,比例原则是制约行政裁量的基本原则,过罚相当原则是设定和实施行政处罚的法定原则,二者的缘起和功能各不相同。[44] 但实际上,比例原则同样可以用于行政处罚设定的审查,区分说的意义并不十分明显。

即使采取比例原则作为审查标准,本案也会得出相似的结论。①目的正当性审查。罚款的目的若为催缴欠费,尚属可行,但若出于地方财政增收,则难以通过审查。②适当性审查。北京市交通委出具的有关统计数据表明,条例修改前的 2018 至 2021 年间,停车费和罚款缴纳率并不如人意,审查机关更视之为"执行困难,法律权威受到挑战"。适当性审查难以通过。③必要性审查。以罚款的方式督促义务人履行,未必符合最小侵害原则。④均衡性审查。对欠缴少量停车费的公民课以最低 200 元的罚款,有违比例性,难以通过均衡性审查。

然而,审查机关的审查研究意见和工作报告并未提及比例原则,这一现象该如何看待? 事实上,这并非对比例原则的忽视或摒弃,而是出于更为务实的考虑。首先,在 2023 年《完善和加强备案审查制度的决定》之前,比例原则仍属未成文化原则,在适用上不如过罚相当原则具有权威性。其次,过罚相当原则是刑法上的罪罚相当原则在行政法领域的应用,[45]后在教义学上发展出行政处罚法自身的特点。比例原则适用于所有公权力行为的审

---

〔42〕 David Beatty, *The Ultimate Rule of Law*, Oxford University Press, 2004, p.159.

〔43〕 余凌云:《论行政法上的比例原则》,《法学家》2002 年第 2 期;胡建淼、蒋红珍:《论最小侵害原则在行政强制法中的适用》,《法学家》2006 年第 3 期。

〔44〕 杨登峰、李晴:《行政处罚中比例原则与过罚相当原则的关系之辨》,《交大法学》2017 年第 4 期。

〔45〕 张春生主编:《中华人民共和国行政处罚法释解》,中国社会出版社 1996 年版,第 7 页。

查,甚至有学者主张也可用于私法。[46] 因此,过罚相当原则更有针对性。最后,审查机关如果引用比例原则,需要对每个子原则进行一一检证,论证负担随之加重;引用过罚相当原则,简化了论证过程,便于凝聚问题争点。

在审查机关的指正下,条例的处罚额度最终修改为,"停车人逾期未补缴欠费的,由区停车管理部门处 100 元罚款;情节严重的,处 300 元以上800 元以下罚款"。与之前相比,变化在于:①将最低罚款额度 200 元降至100 元;②将"最低二百、上不封顶"的宽泛裁量区间改为一般情形下罚款100 元的羁束裁量和特殊情形下罚款 300 至 800 元的固定区间内的自由裁量。通过对量罚条件和幅度的优化,罚款数额更能为公民所接受,同时缩减了行政机关的裁量空间,有助于避免裁量的滥用。

(三)唤醒沉睡的法律原则

法律原则在本案法律问题的判断上起了重要作用。从何海波教授的审查建议,到全国人大常委会法工委的审查研究意见,再到备案审查工作报告中的案情描述,都着重强调了有关法律原则,这与其他抵触上位法文义的备案审查案例有所不同。

目前,备案审查对法律原则的运用尚处探索阶段,成熟的方法论远未形成。但其中也涌现出一些典型案例,在这些案例中,法律原则成为左右案件结论的关键。在"水能资源开发利用权规定审查案"中,针对地方性法规能否设置有关行政许可,《民法典》并无相应规定。审查机关认为,地方自行规定的"水能资源开发利用权"具有用益物权性质,不符合民法典确立的物权法定原则。[47] 在"非法行医司法解释审查案"中,司法解释制定机关与备案审查机关就相关条款是否扩大了非法行医罪的入罪标准产生较大的分歧。最终,《刑法》的罪刑法定原则成为合法性判断的关键。[48] 在对《上海市食品安全条例》家畜产品规模化销售许可规定和《深圳经济特区食品安全监督条例》职业打假人规定的审查中,审查机关认为,这些规定属于地方根据具

---

〔46〕 郑晓剑:《比例原则在民法上的适用及展开》,《中国法学》2016 年第 2 期;于柏华:《比例原则的法理属性及其私法适用》,《中国法学》2022 年第 6 期。

〔47〕 沈春耀:《全国人民代表大会常务委员会法制工作委员会关于十三届全国人大以来暨2022 年备案审查工作情况的报告》,《全国人民代表大会常务委员会公报》2023 年第 1 期。

〔48〕 全国人大常委会法工委法规备案审查室编:《规范性文件备案审查案例选编》,中国民主法制出版社 2020 年版,第 108-110 页。

体情况和实际需要而设,没有违反法律原则和精神。[49]"连坐规定审查案"
中,有关通告对涉事人员的配偶、子女、父母和其他近亲属在受教育、就业、
社保等方面的权利进行限制,最直接的就是对罪责自负原则的违反。[50] 在
法律规则缺失的情况下借助法律原则进行审查,已为一些地方性法规所明
确承认。[51]

探索法律原则在备案审查中的运用具有重要意义。拉伦茨指出,制定
法是由不完整法条所组成的,对单个法条的理解必须借助法律的整体意义
脉络,只有当人们追溯到制定法的目的、制定法赖以为基础的决定性的价值
决定以及原则构成的"内部体系"时,才能全面地、完整地理解制定法的意义
脉络。[52] 桑斯坦甚至认为,每一个法律判决的作出,背后都依赖某个原则
的使用。[53] 在法律规则含义不清、出现法律漏洞等情况下,法律原则指引
审查判断的功能便凸显出来。基于法律原则的审查是一种相对宽缓的立法
控制模式,有助于鼓励各级各类立法主体在法律原则的指导下以立法促改
革,在维护法制统一的同时推动创新。

四、本案体现的备案审查之制度优势

放在国家治理的背景下,全国人大常委会法工委对《北京市机动车停车
条例》的审查,实际解决的不过是北京市道路停车如何收费这样一个微不足

---

〔49〕 朱宁宁:《2019 年度备案审查工作报告亮相》,《法治日报》2019 年 12 月 27 日。

〔50〕 沈春耀:《全国人民代表大会常务委员会法制工作委员会关于 2023 年备案审查工作情况的报告》,《中华人民共和国全国人民代表大会常务委员会公报》2024 年第 1 期。有关评析参见,郑磊、张峻通:《以"合宪性、涉宪性"为方法——从"连坐规定案"审查意见的方法逻辑切入》,《人权法学》2024 年第 3 期。

〔51〕 《重庆市各级人民代表大会常务委员会规范性文件备案审查条例》(2024 年修订)第 42 条规定:"对规范性文件没有上位法依据,但是符合法治原则、改革方向的创新性规定,可以予以支持。"《河南省地方立法条例》(2024 年修正)第 75 条规定:"报请批准的地方性法规的规定有下列情形之一的,为抵触:(一)超越立法权限;(二)上位法有明确规定的,违反该规定;(三)上位法没有明确规定的,违反上位法的基本原则和精神。"

〔52〕 [德]卡尔·拉伦茨:《法学方法论》(第 6 版),黄家镇译,商务印书馆 2020 年版,第 409-413 页。

〔53〕 Cass R. Sustain, *Legal Reasoning and Political Conflict*, Oxford University Press, 1996, p.11.

道的"小问题",但本案所体现出备案审查具有的制度优势和治理效能却值得认真对待。

首先,本案意味着,我国的地方性法规获得了有效监督;并且,备案审查对地方立法的监督,将指导和改进寓于其中,促进了地方法治的发展。[54]

北京市道路停车收费改革以来,因欠费遭到处罚的公民未尝没有就此提起诉讼。2021 年 5 月,北京的王旭坤律师就欠缴道路停车费受到的罚款,向北京市西城区法院提起行政诉讼。面对原告就处罚设置的合法性提出的有力质疑,法院也无能为力。在北京市对条例进行修改后,案件以原告撤诉告终。[55]《行政诉讼法》(2017)第六十三条第一款规定,法院审理行政案件,以法律和行政法规、地方性法规为依据;地方性法规适用于本行政区域内发生的行政案件。即使在个案审理中发现地方性法规违反法律,法院也只能低调地选择适用法律而不适用地方性法规。[56] 曾因挑战地方性法规而引起轩然大波的"甘肃酒泉质监处罚案""河南洛阳种子案"已成为中国法官难以忘却的集体记忆。[57] 法院撼动不了地方性法规。

在有的国家,法院对地方立法可以进行审查。但基于横向分权和地方自治的"宪政"安排,这种审查天然带有局限性。例如,英国法院一般依据"越权无效"原则监督地方立法,法院在司法审查中表现得较为克制。[58] 法国 1982 年《关于市镇、省和大区的权利和自由法》明确,国家依托行政法院对地方团体自治立法进行监督,这种监督采取"合法性监督"原则,地方团体的行为是否适当不在监督范围之内。[59] 日本宪法规定,地方公共团体"得在法律范围内制定地方条例"。除全国统一的事项不能染指外,地方自治机

---

〔54〕 关于地方法治的内涵、特点和重要性,参见黄文艺:《认真对待地方法治》,《法学研究》2012 年第 6 期。

〔55〕 王旭坤:《理想的行政诉讼——路侧停车罚款案办案手记》,载微信公众号"明德公法",2023 年 3 月 29 日,https://mp.weixin.qq.com/s/u1cpjk6vnN98aNlKYyC2uQ.

〔56〕 何海波:《行政诉讼法》(第 3 版),法律出版社 2022 年版,第 98-99 页。

〔57〕 有关这两个案件的介绍,详见:王宏:《法院岂可非议地方法规——甘肃高院撤销酒泉中院一起错误判决》,《北京青年报》2000 年 10 月 27 日;田毅、王颖:《一个法官的命运与"法条抵触之辨"》,《二十一世纪经济报道》2003 年 11 月 17 日。

〔58〕 王名扬:《英国行政法 比较行政法》,北京大学出版社 2016 年版,第 77-79 页;程庆栋:《权力下放语境中的合法性审查:英国的实践》,载章剑生主编:《公法研究》第 22 卷,浙江大学出版社 2023 年版,第 247-270 页。

〔59〕 王名扬:《法国行政法》,北京大学出版社 2016 年版,第 94-96 页。

关在地方事务的处理上享有较大的自主立法空间。〔60〕

我国的备案审查制度运行活性化以来,地方性法规得到了有效的监督。并且,根据《宪法》《立法法》《监督法》和《法规、司法解释备案审查工作办法》等规定,备案审查不仅能监督地方性法规的合法性,还可以就其适当性问题展开监督。由于司法和立法在社会治理中的分工不同,以司法方式审查立法的优劣时便面临"立法裁量"或"立法形成空间"的问题,〔61〕司法机关不能轻易断言立法的合理性。我国的备案审查则没有这种限制,审查机关具有对地方立法作出合理性判断的权威性、民主正当性和专业知识,审查研究意见对法规制定机关能够产生实质影响,最终实现对地方法治的推动。如本案所示,假使没有这次审查,要么改革因民众的激烈反对而陷入停滞,要么法规因执行力不佳而徒为具文。本案的改革若被证明是成功的,审查机关同样功不可没。

其次,本案体现出,在对法规范监督的力度和广度上,备案审查具有独特的制度优势。备案审查对法规范的合理性问题尤其是其中所蕴含的政策内容的监督,是诉讼、复议所不具备的。

2014 年《行政诉讼法》确立了规范性文件附带审查。但是,这一制度有明显的短板。其一,法院的审查范围限于作出行政行为所依据的条款及其相关条款;审查标准限于超越职权、抵触上位法、违法增设公民义务或减损公民权利、违反法定程序等情形;对规范性文件中与行政行为无关的条款和相关政策的是非优劣无法触及。其二,尽管法院有义务对规范性文件展开"主动、全面、审慎、适度"的审查,〔62〕但实践效果并不理想,法院不愿审查、回避审查的现象较为普遍。〔63〕

行政复议作为行政自我监督的一种机制,复议机关对其有权处理的规

---

〔60〕 [日]芦部信喜:《宪法》(第 6 版),林来梵、龙绚丽、凌维慈译,清华大学出版社 2018 年版,第 290-293 页。

〔61〕 戸波江二「違憲審査権と立法裁量論」憲法理論研究会編「違憲審査制の研究」(敬文堂,1993 年)137-161 頁参照。李建良:《论立法裁量之宪法基础理论》,《台北大学法学论丛》2000 年第 47 期;黄舒芃:《违宪审查中之立法形成空间》,《月旦法学杂志》2010 年第 185 期。

〔62〕 何海波:《论法院对规范性文件的附带审查》,《中国法学》2021 年第 3 期。

〔63〕 余军、张文:《行政规范性文件司法审查权的实效性考察》,《法学研究》2016 年第 2 期;江国华、易清清:《行政规范性文件附带审查的实证分析——以 947 份裁判文书为样本》,《法治现代化研究》2019 年第 5 期;卢超:《规范性文件附带审查的司法困境及其枢纽功能》,《比较法研究》2020 年第 3 期。

范性文件可以直接处理,本应在规范性文件的监督上发挥更大的作用。然而,这一制度并未发挥应有的功能,实践中呈现出当事人申请意愿低、复议机关抵触情绪大、对规范性文件的监督效果差等诸问题,甚至不及行政诉讼对规范性文件的监督。〔64〕 2023 年《行政复议法》修订,行政复议被赋予"化解行政争议的主渠道"的制度期许。然而,新法依然保留了规范性文件只能申请附带审查的做法,没有发挥行政系统对规范性文件进行监督的特有优势,不利于对实践中存在的各种问题文件进行监督和规范。〔65〕

全国人大常委会法工委对《北京市机动车停车条例》的审查表明,备案审查并非针对个别规范是否抵触上位法进行纯粹法学意义上的效力判断,而是将审查范围扩展到涉案法规整体及其所承载的改革措施,就相关政策的妥当性进行监督。我国的备案审查承担着贯彻落实党中央重大决策部署的职能,审查的内容包含下级立法中的政策安排是题中应有之义。实践中,备案审查机关有力纠正了一批违背中央改革精神的地方立法,如某些省市地方性法规中关于国家工作人员"超生即开除"的规定。〔66〕 但需要指出,备案审查的事项范围不等于审查强度或审查标准,即使审查机关发现立法中的政策安排可能存在问题,也要转化为审查对象的"不适当"程度,依据有关规定进行纠错。同时,备案审查对于一般不适当问题不予纠错,不意味着对相关问题置之不理,而是将法律监督关系转化为工作指导关系,通过提供意见等方式帮助下位主体完善立法。〔67〕

在现代社会,政策的推行往往需要借助于法规、规章和规范性文件等作为载体;将行之有效的改革及时上升为法律,也是我国当前国家治理的重要特征。在浩如烟海的各类立法中,因法律效果的缺失形成所谓"木桶效应",弱化了政策的实施效果和接受程度,乃至使善政演变成弊政的情况并不鲜见。备案审查制度的有效运行为问题的解决带来了曙光。如本案所示,北京市进行的道路停车费改革总体上值得肯定,但因程序不当和量罚不合理引起了市民的反对。这些因素是条例制定时的盲区,难以基于有限理性预

---

〔64〕 王锡锌、俞祺:《行政复议规范性文件审查的困境及功能优化》,《浙江社会科学》2024 年第 2 期。

〔65〕 王万华:《行政复议制度属性与行政复议法完善》,《法学杂志》2023 年第 4 期。

〔66〕 全国人大常委会法工委法规备案审查室编:《规范性文件备案审查案例选编》,中国民主法制出版社 2020 年版,第 17-19 页。

〔67〕 王理万:《备案审查的国家治理功能》,《法学研究》2024 年第 3 期。

先排除。通过备案审查机制的有力调节，问题得到了及时纠正，改革的政策效果和法律效果实现了统一。

五、结 语

"良法善政"是我国传统国家治理的理想境界。[68] 然善政之行实以良法为基。

党的二十届三中全会通过了《中共中央关于进一步全面深化改革 推进中国式现代化的决定》，深刻阐明进一步全面深化改革、推进中国式现代化的重大意义和总体要求。迈向中国式现代化国家新征程，各领域、各地区、各职能部门都肩负着繁重的改革任务。备案审查所蕴含的纠正立法偏差、保障改革推进的功能也愈发关键。这要求备案审查机关广泛体察社情民意，了解社会治理的方方面面；各立法主体在以立法推进改革的过程中，加强与备案审查机关的协调联动。最终实现以社会主义法治体系之良法，托举现代化治理之善政。

---

〔68〕 例如，"国家良法善政，天下以为便者，大臣当为陛下协守之，不可变也。"（宋）刘安世：《论王子韶路昌衡差除不当奏》，曾枣庄、刘琳 主编：《全宋文》（第118册），上海辞书出版社、安徽教育出版社2006年版，第89页。

备案审查中地方自主性法规的合法性判断

——以"地方性法规全面禁售禁燃案"为分析对象

朱可安[*]

内容提要:2023 年全国人大常委会法工委公布的"地方性法规全面禁止销售、燃放烟花爆竹案"备案审查意见体现了针对地方自主性法规的实质合法性判断,审查重点区别于地方执行性立法和先行性立法。以 2021 年修订的《河南省大气污染防治条例》第六十一条规定"禁止生产、销售和燃放烟花爆竹"为例,其属性是地方自主性法规,不存在法的违反情形,未与上位法规则发生直接抵触。然而,该条未实现环境利益、企业经营权和公民财产权的平衡,与上位法规范群的立法目的相抵触,存在间接抵触情形;该条不适应现实情况,实践中较难执行,且措施与目的不符合比例原则,构成过度禁止的明显不当情形,故实质合法性无法证立。

关键词:备案审查;全面禁售禁燃案;地方性法规;自主性立法;间接抵触;实质合法

一、基本事实与问题整理

(一)基本事实

2023 年 12 月 26 日,在第十四届全国人民代表大会常务委员会第七次

---

* 朱可安,浙江大学光华法学院宪法学与行政法学专业博士研究生。本文是在章剑生教授指导下完成的备案审查案例分析成果,刘浩锴对本文提出了宝贵的修改意见,在此谨致谢忱。当然,文责自负。

会议上,全国人大常委会法制工作委员会主任沈春耀报告 2023 年开展备案审查工作的情况,涵盖了"地方性法规全面禁售禁燃案"(以下简称"全面禁售禁燃案")。审查意见指出:"有的地方性法规规定,全面禁止销售、燃放烟花爆竹。有公民和企业对全面禁止性规定提出审查建议。我们经审查认为,大气污染防治法、国务院制定的烟花爆竹安全管理条例等法律、行政法规对于销售、燃放符合质量标准的烟花爆竹未作全面禁止性规定,同时授权县级以上人民政府可以划定限制或者禁止燃放烟花爆竹的时段和区域;有关地方性法规关于全面禁止销售、燃放烟花爆竹的规定,与大气污染防治法和烟花爆竹安全管理条例的有关规定不一致;关于全面禁售、禁燃的问题,认识上有分歧,实践中也较难执行,应当按照上位法规定的精神予以修改。经沟通,制定机关已同意对相关规定尽快作出修改。"[2]

(二)问题整理

经检索得知,省级地方性法规《河南省大气污染防治条例》第六十一条的修订过程,符合审查意见所指"有的地方性法规"的全部特征,故本文将选取该条规定作为分析对象。2017 年 12 月 1 日公布的《河南省大气污染防治条例》第六十一条规定:"城市人民政府应当加强对销售和燃放烟花爆竹的管理,根据实际需要规定烟花爆竹禁售、禁放或者限售、限放的区域和时段,减少烟花爆竹燃放污染。任何单位和个人不得在城市人民政府禁止的区域和时段内燃放烟花爆竹。"然而,2021 年 7 月 30 日,河南省第十三届人民代表大会常务委员会公告第 66 号,对《河南省大气污染防治条例》作出修改,将第六十一条修改为:"禁止生产、销售和燃放烟花爆竹,具体办法由各设区的市人民政府、济源产城融合示范区管委会制定。"此即为"全面禁售、禁燃烟花爆竹"的规范依据(以下统称"案涉地方性法规")。2023 年 11 月,全国人大常委会法工委在备案审查中提出该条文与上位法不一致,发函要

---

〔2〕 沈春耀:《全国人民代表大会常务委员会法制工作委员会关于 2023 年备案审查工作情况的报告》(2023 年 12 月 26 日在第十四届全国人民代表大会常务委员会第七次会议上),《中华人民共和国全国人民代表大会常务委员会公报》2024 年第一号,第 227-233 页。

求《河南省大气污染防治条例》第六十一条应当依照上位法规定予以修改。[3] 2024 年 4 月 1 日,《河南省大气污染防治条例》第六十一条修改为:"城市人民政府应当加强对销售和燃放烟花爆竹的管理,根据实际需要规定烟花爆竹禁售、禁放或者限售、限放的区域、时段和种类,减少烟花爆竹燃放污染。任何单位和个人不得在城市人民政府禁止的区域和时段内燃放烟花爆竹。"

根据备案审查意见和《河南省大气污染防治条例》第六十一条的演变过程,我们至少可以整理出以下三个问题。第一,《立法法》对地方立法的分类采用了多重标准,案涉地方性法规属于先行性立法、自主性立法、执行性立法的何种类别? 这决定了合法性审查路径中侧重点的偏移。第二,审查意见认为,案涉地方性法规与上位法不一致,此"不一致"是指法的违反,还是法的抵触? 如果是指"法的抵触","上位法规定的精神"在抵触认定中又发挥了什么样的作用? 第三,审查意见所述"认识上有分歧,实践中也较难执行"应作何种理解? 围绕以上三个问题,本文将首先判断案涉地方性法规的属性,在与执行性法规的对比中,明确对地方自主性法规进行合法性审查的特殊性。基于该路径所呈现的顺序,依次分析案涉地方性法规是否存在法的违反或法的抵触,并重点关注是否违反上位法精神和地方行使立法自由裁量权的措施是否明显不当这两个审查意见所明确关照的面向。

二、地方自主性法规的合法性审查路径

(一)案涉地方性法规为自主性法规

一般认为,依照《立法法》(2023 年修正)第八十二条的规定,地方性法

---

〔3〕 河南省人大法制委员会副主任委员、河南省人大常委会法制工作委员会主任李哲:关于《〈河南省人民代表大会常务委员会关于修改〈河南省大气污染防治条例〉〈河南省母婴保健条例〉等十四部地方性法规的决定(草案)〉的说明——2024 年 3 月 27 日在河南省第十四届人民代表大会常务委员会第八次会议上,https://www.pkulaw.com/protocol/689170de069a07728e5e615cbb997a81bdfb.html,最后访问日期:2024 年 6 月 29 日。

规可分为执行性立法、自主性立法、先行性立法等三类。[4]《立法法》第八十二条第一款规定："地方性法规可以就下列事项作出规定：（一）为执行法律、行政法规的规定，需要根据本行政区域的实际情况作具体规定的事项；（二）属于地方性事务需要制定地方性法规的事项。"通说认为，该款第 1 项指向地方执行性立法（或称为实施性立法），以执行法律、行政法规的规定为识别标准；该款第 2 项指向地方自主性立法（或称为创设性立法），其特征是地方性事务，不涉及中央专属立法事项。此外，通说认为《立法法》第八十二条第二款指向地方先行性立法，是一种"特殊形式立法"[5]，除《立法法》第 11 条规定的事项外，本应由中央立法但中央立法机关尚未制定法律或者行政法规，地方可以根据具体情况和实际需要先制定地方性法规，当国家制定的法律或者行政法规生效后，地方先行性立法与之相抵触的规定无效，需要被及时修改或废止。由此可见，《立法法》对地方立法的分类采用了多重标准，自主性立法规定地方性事务，先行性立法规定本应由中央立法保留的事项，而执行性立法则是在已制定上位法的前提下进行具体实施，所涉事项由中央和地方共享。

地方性法规的属性，影响合法性判断标准和方法的选择。学者俞祺明确指出，在判断地方性法规对上位法的规定或原则是否抵触时，应首先明确该规则的属性。[6] 学者章剑生在充分观照到地方差异性的前提下指出，国家法制统一原则之下的"不得抵触"应当置于"执行性""创设性"和"先行性"三种不同地方立法的原旨、原则中解释，不宜用一个标准加以判断。[7] 学者王翔批判性地指出，当前的合法性判断标准只能单纯依靠传统的层级结构理论对"抵触"的具体情形进行归纳列举，并未区分执行性立法、自主性立法、先行性立法等三种立法形式，应当根据不同立法形式下权限运行的特点，区分合法性判断路径。[8] 因此，在判断《河南省大气污染防治条例》（2021 年修正）第六十一条的合法性时，有必要首先确定该案涉地方性法规

---

〔4〕 参见程庆栋：《执行性立法"抵触"的判定标准及其应用方法》，《华东政法大学学报》2017年第 5 期；沈广明：《地方立法抵触上位法的判定方法及其价值取向》，《中外法学》2023 年第 1 期；王翔：《备案审查中地方执行性法规的合法性判断》，《法学》2024 年第 7 期。

〔5〕 参见俞祺：《论与上位法相抵触》，《法学家》2021 年第 5 期。

〔6〕 参见俞祺：《论与上位法相抵触》，《法学家》2021 年第 5 期。

〔7〕 参见章剑生：《论地方差异性立法及其限定》，《法学评论》2023 年第 2 期。

〔8〕 参见王翔：《备案审查中地方执行性法规的合法性判断》，《法学》2024 年第 7 期。

的具体属性。

审查意见指出"大气污染防治法、国务院制定的烟花爆竹安全管理条例等法律、行政法规对于销售、燃放符合质量标准的烟花爆竹未作全面禁止性规定"。在上述法律、行政法规中,相关条文如下所示:

《大气污染防治法》(2018 年修正)第八十二条第二款:"禁止生产、销售和燃放不符合质量标准的烟花爆竹。任何单位和个人不得在城市人民政府禁止的时段和区域内燃放烟花爆竹。"

《大气污染防治法》第九十六条:"县级以上地方人民政府应当依据重污染天气的预警等级,及时启动应急预案,根据应急需要可以采取⋯⋯禁止燃放烟花爆竹等⋯⋯应急措施。应急响应结束后,人民政府应当及时开展应急预案实施情况的评估,适时修改完善应急预案。"

《烟花爆竹安全管理条例》(2016 年修正)第二十八条:"燃放烟花爆竹,应当遵守有关法律、法规和规章的规定。县级以上地方人民政府可以根据本行政区域的实际情况,确定限制或者禁止燃放烟花爆竹的时间、地点和种类。"

《烟花爆竹安全管理条例》第三十条:"禁止在下列地点燃放烟花爆竹:(一)文物保护单位;(二)车站、码头、飞机场等交通枢纽以及铁路线路安全保护区内;(三)易燃易爆物品生产、储存单位;(四)输变电设施安全保护区内;(五)医疗机构、幼儿园、中小学校、敬老院;(六)山林、草原等重点防火区;(七)县级以上地方人民政府规定的禁止燃放烟花爆竹的其他地点。"

因为上位法规定已经存在,案涉地方性法规必然不是先行性立法,而其属性究竟是自主性立法还是执行性立法,却存在争议。主流观点支持自主性立法的属性判断,比如,全国人大常委会法工委在其编著的《中华人民共和国立法法释义》中,明确将城市内是否禁放烟花爆竹纳入"地方性事务"范畴。该事项并非某一地方的特色事务,相反,几乎全国所有城市的行政管理工作都会遇到该事务。有些城市认为禁放是必要的,因此需要制定禁放烟花爆竹的地方性法规,而有些城市又认为不应当限制燃放,该事项显然不必要由国家统一立法。[9] 在此基础上,学者丁轶同样认为,自主性立法以"不需要由中央统一立法的事务"为首要标准,至于该立法是否必须具备地方特

---

〔9〕 参见全国人大常委会法制工作委员会主编:《中华人民共和国立法法释义》,法律出版社 2015 年版,第 238 页。

色并不做明确要求。国务院制定的《烟花爆竹安全管理条例》仅是在安全生产、经营安全、运输安全等方面做了详细规定,而将"燃放安全"尤其是城市内是否禁放烟花爆竹的事项授权县级以上地方人民政府自行决定,这就为该类事项的自主性立法夯实了较为坚实的制度事实基础。[10] 然而,部分观点支持执行性法规的属性判断。学者王翔将本案归入"地方执行性法规合法性审查的部分案例"中,认为正是由于各地城市的管理情况、大气污染情况、实际治理需求不同,不宜在全国范围内作出烟花爆竹管理的统一规定,因此法律行政法规才授权县级以上地方人民政府对上位法作出执行性规定。[11]

　　笔者认同主流观点的意见,认为案涉地方性法规的属性为自主性法规,而非执行性法规,两点理由如下:其一,《烟花爆竹安全管理条例》第二十八条的授权对象是县级以上人民政府,而《河南省大气污染防治条例》(2021)第六十一条的制定主体是河南省人民代表大会。由此可见,《河南省大气污染防治条例》(2021)第六十一条的立法依据,并不来自《烟花爆竹安全管理条例》这一行政法规的直接明确的授权,而是来自河南省人大自身的职权。由于自主性法规是职权范围内的立法,而执行性法规是直接根据某项上位法律行政法规而制定,可以逐条逐款核对,[12]因此案涉地方性法规符合自主性法规的权源特征。其二,"地方性事务"概念不具有排他性、独占性,从阐释"地方性事务"入手,并不能有效界定自主法规的概念,也不能阻止国家对地方性事务立法。例如,《立法法》第八十一条第一款明确列举的"城乡建设与管理、生态文明建设、历史文化保护、基层治理"四种事项,虽然可以归于"地方性事务"之列,但针对这些事项,同样存在《城乡规划法》《环境保护法》《文物保护法》等诸多国家立法。在理论上,更应当将"地方性事务"解释为"非国家专属事务",宜根据"法律对某一事项是否有规定"为标准,区分地方执行性法规和地方自主性法规。[13] 由于上位法对各城市在何种程度、何种条件下禁止燃放烟花爆竹,以及禁燃的时间、地点和种类并无明确规定,故案涉地方性法规应归为自主性立法。

---

〔10〕　参见丁轶:《论地方自主性立法中的立法事实查明与论证》,《四川大学学报(哲学社会科学版)》2022 年第 6 期。

〔11〕　参见王翔:《备案审查中地方执行性法规的合法性判断》,《法学》2024 年第 7 期。

〔12〕　参见苗连营:《论地方立法工作中"不抵触"标准的认定》,《法学家》1996 年第 5 期。

〔13〕　参见王贵松:《地方性法规制定权限的界定方式》,《法学》2024 年第 3 期。

（二）地方自主性法规的合法性审查：与执行性法规对比

学者程庆栋在研究执行性立法"抵触"的判定标准时指出，先行性和自主性立法的抵触判定标准和方法难以和执行性立法归于同一模式。先行性立法一般不存在立法抵触问题，只要符合比例原则，具备适当性即可；而自主性立法的抵触判定则不具备独立意义，可以参照其他三种地方立法类型来处理。[14] 笔者认同其"先行性和自主性立法的抵触判定标准和方法难以和执行性立法归于同一模式"的观点，但有分歧地认为，地方性法规的属性不同将影响合法性审查路径的重点偏移，以本案审查意见为例证，可以说明地方自主性立法的抵触判定同样具有独立意义。

1. 同样需要审查是否存在"法的违反"

针对地方性法规的备案审查，应在"合法性审查"过程中先后审查是否存在"法的违反"情形和"法的抵触"情形。[15]《立法法》（2023 年修正）第一百一十条第一款已将"同宪法或者法律相抵触"与"存在合宪性、合法性问题"予以分别表述，这说明过去以"抵触"为核心建立的合法性审查标准已无法适应当前备案审查的需要，地方性法规合法性判断标准不能与上位法"抵触"的情形相等同。[16] 按照学者袁勇的研究，如果将规定立法行为及立法内容的规范称为"高阶规范"，将受前者规定的规范称为"低阶规范"，那么"法的违反"情形就是指低阶法规定不符合作为立法性规定的高阶法规定。《立法法》与全国人大及其常委会制定的其他法律虽不能用上下位法的概念表示，但可以用"高阶法"和"低阶法"进行描述。由于低阶法是高阶法规定的对象，而低阶法规定的则是另外的行为、规范或其他制度事实，所以，两者所规定的内容并不处于同一逻辑层面，不存在竞合的可能性，因此也不可能相抵触。换言之，低阶法规定的是自然领域之物理行为和物理内容，高阶法规定的是法律制度领域之制度行为和既定规范，规范内容分属不同领域的法规定不可能在概念上产生交集，也不会在功能上相互影响。因此，在高阶法和低阶法之间，只有"符合"或"不符合"之说，其中"不符合"情形即"法的

---

〔14〕 参见程庆栋：《执行性立法"抵触"的判定标准及其应用方法》，《华东政法大学学报》2017年第 5 期。

〔15〕 参见王锴：《合宪性、合法性、适当性审查的区别与联系》，《中国法学》2019 年第 1 期。

〔16〕 参见王翔：《备案审查中地方执行性法规的合法性判断》，《法学》2024 年第 7 期。

违反"情形。[17] 该观点是学界主流观点,学者王锴亦指出合法性审查中既有"抵触"问题,也有"违反"问题。如果借用英国法哲学家哈特"初级规则与次级规则"的概念,初级规则规范人们的具体行为,次级规则规定初级规则的产生、变更、消灭等运转规则,那么"违反"是解决初级规则与次级规则之间的冲突问题,而"抵触"是解决初级规则之间的冲突问题。[18] 学者俞祺、沈广明构建地方立法抵触上位法的判定方法时,均事先区分并排除了"法的违反"情形。故而,如地方立法侵入中央专属立法事项、超越制定机关的法定职权、超越授权范围、违反法律保留原则、违反立法程序等情形应被认定为违反上位法,而非抵触上位法。[19] 这也是《立法法》(2023 年修正)第一百零七条将"下位法违反上位法规定"(即下位法与上位法"相抵触"的表达)与"超越权限"和"违背法定程序"进行区分的原因。《最高人民法院关于适用〈中华人民共和国行政诉讼法〉的解释》(2018)第一百四十八条第二款亦采纳了这种分类观点,将规范性文件合法性审查中的超越职权、违反法定程序与"相抵触"情形并列。在规范性文件备案审查中,《监督法》(2023 年修正)第三十条同样区分了"超越法定权限"和"同法律、法规规定相抵触"情形。

因此,无论是地方自主性法规、执行性法规还是先行性法规,在合法性审查中,均需要在审查"法的抵触"之前先审查是否存在"法的违反"情形。本案中,《烟花爆竹安全管理条例》第二十八条对县级以上地方人民政府的授权使"确定限制或者禁止燃放烟花爆竹的时间、地点和种类"成为地方性立法事项,该规定明文授权下位法规定本法未具体规定的事项,此时构成一种"法条授权"的授权立法关系。即使河南省人民代表大会并不是法条授权的对象,但案涉地方性法规并不构成"超越法定职权"之"法的违反"情形。因为,规范上,关于地方性立法事项除了正面界定方式,还存在负面界定方式,正面界定包括法条授权以及一般性规定(如《立法法》对设区的市地方性法规的事项列举),而负面界定主要包括两方面,一是不得规定法律保留事项,二是不得制定中央专属立法事项。[20] 河南省人大为了防治大气污染对

---

〔17〕 参见袁勇:《法的违反情形与抵触情形之界分》,《法制与社会发展》2017 年第 3 期。

〔18〕 参见王锴:《合宪性、合法性、适当性审查的区别与联系》,《中国法学》2019 年第 1 期。

〔19〕 参见俞祺:《论与上位法相抵触》,《法学家》2021 年第 5 期;沈广明:《地方立法抵触上位法的判定方法及其价值取向》,《中外法学》2023 年第 1 期。

〔20〕 参见王翔:《备案审查中地方执行性法规的合法性判断》,《法学》2024 年第 7 期。

燃放烟花爆竹事项进行立法，虽不来自法条授权，却是基于《立法法》第八十二条第一款第 2 项进行自主性立法，这与地方性立法事项的负面界定不相冲突，不存在"法的违反"情形。

2. 自主性法规不会发生直接抵触，但可能发生间接抵触

最高人民法院《关于审理行政案件适用法律规范问题的座谈会纪要》（法〔2004〕第 96 号）曾对法律规范抵触的 11 种类型做过梳理。全国人大常委会于 2019 年制定的《法规、司法解释备案审查工作办法》，列举了 9 种通常认为应当属于"抵触"的情形。然而，有学者指出列举法缺乏标准上的同一性，抵触判定标准在应用时会随个案实际情况的变化而变化，且具有一定的裁量空间，并不存在唯一正确的答案。[21] 根据通说，法律规范抵触可以分为两类：一类是直接抵触，即下位法的规定与上位法的具体条文规定相冲突；另一类是间接抵触，即下位法的规定与上位法的立法目的、精神实质或基本原则相冲突。[22] 违背上位法条文的"直接抵触"，本质上是一种事实判断，也被称为"规则抵触""逻辑抵触""法意抵触"。违背上位法精神的"间接抵触"，本质上是一种价值判断，也被称为"抽象抵触""原则抵触""非逻辑抵触""法理抵触"。[23]《立法法》规定地方性法规的制定不得与宪法、法律、行政法规相抵触，若结合直接抵触和间接抵触双重标准，可解读为地方立法既不得与上位法的具体规定相抵触，也不得与上位法的精神和基本原则相抵触。

地方执行性法规和自主性法规在直接抵触、间接抵触的发生可能性上存在差异。对于执行性立法而言，可能只存在直接抵触问题，即地方立法与上位法的具体规定相抵触，但并不与上位法的基本原则和精神相抵触；也可能同时存在直接抵触和间接抵触问题，即地方立法同时与上位法的具体规

---

〔21〕　参见沈广明：《地方立法抵触上位法的判定方法及其价值取向》，《中外法学》2023 年第 1 期。

〔22〕　参见孙波：《地方立法"不抵触"原则探析——兼论日本"法律先占"理论》，《政治与法律》2013 年第 6 期；刘雁鹏：《地方立法抵触标准的反思与判定》，《北京社会科学》2017 年第 3 期；程庆栋：《执行性立法"抵触"的判定标准及其应用方法》，《华东政法大学学报》2017 年第 5 期。

〔23〕　"规则抵触"与"原则抵触"的区分，参见胡建淼：《法律规范之间抵触标准研究》，《中国法学》2016 年第 3 期；李德旺、叶必丰：《地方变通立法的法律界限与冲突解决》，《社会科学》2022 年第 3 期。"逻辑抵触"与"非逻辑抵触"的区分，参见俞祺：《论与上位法相抵触》，《法学家》2021 年第 5 期。"法意抵触"与"法理抵触"的区分，参见罗培新：《论地方立法与上位法"不抵触"原则》，《法学》2024 年第 6 期。

定和上位法的基本精神相抵触。[24] 然而,对于自主性立法而言,由于地方自主性法规并不存在直接的上位法,所以不存在与上位法规则直接抵触的问题,但仍有可能产生违反上位法律目的之间接抵触的问题。[25] 因此,备案审查机关在地方自主性立法的抵触审查中应重点援引上位法的法律原则、立法目的进行间接抵触审查。

同时,在地方性法规规则可能影响上位法的精神或目的时,地方执行性法规和自主性法规认定间接抵触的宽严标准不应完全相同。间接抵触审查的本质是价值衡量,应当依据地方立法的不同属性,确定不同的抵触认定标准。自主性法规在该项的判断标准应更加宽松,即使调整地方性事务的规则对上位法目的构成阻碍,也不应直接判定其抵触上位法。对于执行性立法而言,因为其功能本身在于实施上位法,自然不能减损上位法目的的完整性,相比于自主性立法而言要受到更严格的限制。当执行性立法针对的是地方性事务时,应当如自主性立法一样,不认定其构成抵触。[26] 在进行目的审查时,应当注意发挥地方自主性立法在处理地方性事务时的主动性和积极性,其若对上位法目的构成阻碍,不宜一概而论地视为抵触。[27]

3. 同样需要审查措施是否明显不当

审查地方性法规的措施适当性并非自始属于合法性审查的范畴。2015年,时任全国人大法律委员会主任委员乔晓阳主编的《〈中华人民共和国立法法〉导读与释义》指出,省、自治区的人民代表大会常务委员会对报请批准的地方性法规,应当对其合法性进行审查,对地方性法规的规定"是否适当"不做审查。[28] 直至2018年的全国人大备审工作年报首次以"合宪性、合法性、适当性"[29]总括了审查的三个范畴,适当性审查对合法性审查和合宪性

---

〔24〕 参见程庆栋:《执行性立法"抵触"的判定标准及其应用方法》,《华东政法大学学报》2017年第5期。

〔25〕 参见王贵松:《地方性法规制定权限的界定方式》,《法学》2024年第3期。

〔26〕 参见俞祺:《论与上位法相抵触》,《法学家》2021年第5期。

〔27〕 参见刘高林:《论设区的市与省级地方性法规的法律位阶及其适用》,《岭南学刊》2023年第2期。

〔28〕 参见乔晓阳主编:《〈中华人民共和国立法法〉导读与释义》,中国民主法制出版社2015年版,第246页。

〔29〕 参见沈春耀:《全国人民代表大会常务委员会法制工作委员会关于2018年备案审查工作情况的报告》(2018年12月24日在第十三届全国人民代表大会常务委员会第七次会议上),《中华人民共和国全国人民代表大会常务委员会公报》2019年第一号,第327-332页。

审查的"补遗"作用得到承认[30]。本文主标题"合法性判断"及一级标题所使用的"合法性审查路径"语词,采"实质合法"立场,由于适当性本身也是在合宪性、合法性审查中得到普遍使用的审查标准,主要是用来审查手段、措施在实质上是否违宪、违法,故将适当性标准纳入实质合法性中一并论述。正如何海波教授在"实质合法的框架下建立统一的合法性叙述","合法,不仅要符合法律、法规的字面要求,它本身包含合理、合宪;它也不光是机械地适用法律,它本身就要考虑社会效果"。[31]

地方自主性法规并不意味着可以自由设置规定,其手段本身应当具有适当性,这不仅是对自主性法规的要求,同样也是对执行性法规、先行性法规的要求。什么是"不适当"?《立法法》并没有明确规定,但以下几种情况可以视为不适当:(1)要求公民、法人和其他组织执行的标准或者遵守的措施明显脱离实际的;(2)要求公民、法人和其他组织履行的义务与其所享有的权利明显不平衡的;(3)赋予国家机关的权力与要求其所承担的义务明显不平衡的;(4)对某种行为的处罚与该行为所应承担的责任明显不平衡,违反比例原则的。概括而言,"合理性也就是适当性,即要符合客观规律。"[32]由此可见,我国备案审查工作实际上在适当性审查上较为克制,不适当的情形必须达到"明显"程度才应被纠正,如果没有达到"明显"的程度,则不应作为应予纠正的情形。[33] 在审查地方性法规时,可以运用比例原则、过罚相当原则,以确定地方性法规的适当性。

三、与上位法规定"不一致"的解读:间接抵触

(一)"不一致"与"抵触"的关联

审查意见指出"有关地方性法规关于全面禁止销售、燃放烟花爆竹的规定,与大气污染防治法和烟花爆竹安全管理条例的有关规定不一致"。何谓

---

〔30〕 参见王锴:《合宪性、合法性、适当性审查的区别与联系》,《中国法学》2019 年第 1 期。

〔31〕 何海波:《实质法治:寻求行政判决的合法性》,法律出版社 2020 年版,第 164 页。

〔32〕 参见郑淑娜主编:《〈中华人民共和国立法法〉释义》,中国民主法制出版社 2015 年版,第 250-254 页。

〔33〕 参见王旭:《论比例原则在备案审查中的展开》,《环球法律评论》2024 年第 4 期。

"不一致"？在学理上，存在两种观点。第一种观点认为，"不一致"等同于"抵触"。在最高人民法院的有关司法解释、批复、答复等文件中，大多用"不一致"来表达纵向法规之间的"冲突"，即"抵触"问题。如 1993 年 3 月 11 日，最高人民法院作出的《关于人民法院审理行政案件对地方性法规的规定与法律和行政法规不一致的应当执行法律和行政法规的规定的复函》（法函〔1993〕16 号）。这一司法《复函》虽然使用了"不一致"一词，但在最高人民法院的学理解释中都将其所列情况定性为"抵触"情形。[34] 时任全国人大法律委员会主任委员乔晓阳言简意赅："什么是抵触，顾名思义，就是两条规定不一致，是相冲突的。"[35]第二种观点认为，"抵触"和"不一致"的关系应采"纵横说"。依据《立法法》确立的标准体系，把纵向的法律冲突称为"抵触"（无效的不一致），把横向的法律冲突称为"不一致"（有效的不一致）。这种观点把《立法法》的"不一致"分为广义和狭义，下位法与上位法"不一致"的就是"抵触"。[36] 第三种观点认为，"抵触"和"不一致"的表述存在冲突程度上的差异。"抵触"必然是"不一致"的，是指不同的法律规范在法律精神或原则问题上存在"质"的方面的矛盾；"不一致"则是指不同的法律规范在法律具体规定的方式、幅度或程度问题上，存在"量"的方面的差别，但并不必然是矛盾的。[37] 通过使用"抵触"和"不一致"这两个法律概念，《立法法》区分了不同程度的法律冲突情形。第四种观点认为，应当将"不一致"和"抵触"分别构建为独立概念，"抵触"为规范性概念，"不一致"为描述性概念。并设置"法律规范冲突"作为"法律规范抵触"和"法律规范不一致"共同的上位概念。[38]

　　上述观点对于"抵触"的认识大体相同，但是对于"不一致"的理解却存在范围大小的差异。本文认为，第一种观点是在中国《立法法》尚不完善的法治环境下产生的，已不合时宜。第二、三、四种观点并无实质冲突，可加以整合："不一致"和"抵触"均是指实质上的不一致，而不是文字表述上的不一

---

〔34〕 参见胡建淼：《法律规范之间抵触标准研究》，《中国法学》2016 年第 3 期。

〔35〕 乔晓阳：《地方立法要守住维护法制统一的底线——在第二十一次全国地方立法研讨会上的讲话》，《中国人大》2015 年 11 月 1 日版，第 11 页。

〔36〕 参见胡建淼：《法律规范之间抵触标准研究》，《中国法学》2016 年第 3 期。

〔37〕 参见董皞：《判定法律冲突之问题研究》，《法律科学（西北政法大学学报）》2014 年第 1 期。

〔38〕 参见周辉：《法律规范抵触的标准》，《国家检察官学院学报》2016 年第 6 期。

致。不同位阶的法律规范之间如果存在冲突,当冲突程度较重时,该冲突应称为"抵触",意指法律上的否定评价,表明下位法与上位法的"不一致"已达到"足以反转、抵消、架空、规避上位法的严重程度"。〔39〕当冲突程度较轻时,"不一致"可用来表示尚不构成"抵触"的情形,以示与"抵触"在冲突程度和法律后果上的区分。对于与上位法"相抵触"的下位法,一般都应当予以撤销或者纠正,以维护法制的统一、尊严和权威。本案中,案涉地方性法规被要求按照上位法的精神予以修改,可见纵向法律冲突的"不一致"已达到较重程度,即使用"抵触"替换"不一致"亦无不妥。

(二)案涉地方性法规与上位法构成间接抵触

1."上位法精神"指上位法规范群的保护法益和立法目的

根据上文构建的合法性审查路径,地方自主性法规不会发生直接抵触,但可能发生间接抵触。具体到本案,审查意见要求案涉地方性法规"应当按照上位法规定的精神予以修改",即认为其与上位法精神相抵触,事实上已作出了间接抵触的判断。然而,备案审查意见本应对"上位法精神"予以释明,但立法监督者在本案中较为主观地作出了否定的合法性判断,并未提出相对客观的立法目的判断依据,这导致本案审查意见公开后,社会公众及地方立法者无法确定地方性法规中烟花爆竹管理的立法目的到底在何种程度上与上位法产生冲突。上位法的规定总是滞后于地方治理需求的动态变化,融合了地方治理需求的地方自主性立法,可能与上位法制定者主观认定的立法目的存在分歧,当分歧达到一定程度时,就构成合法性判断的"间接抵触"。学者王翔将这种分歧概括为"实质合法性判断的主观性与治理需求的地方性间的内在张力",尤其当存在多部上位法时,上位法间的立法目的如果存在不一致,将进一步加剧这种内在张力。〔40〕法律是一个系统,判断地方性法规是否抵触上位法,绝不仅限于该地方性法规所要实施的或依据的某一上位法,而应根据其关联性溯及相关的上位法。〔41〕案涉地方自主性

---

〔39〕 参见全国人大常委会法制工作委员会法规备案审查室:《〈法规、司法解释备案审查工作办法〉导读》2020 年版,第 106-107 页。

〔40〕 参见王翔:《备案审查中地方执行性法规的合法性判断》,《法学》2024 年第 7 期。

〔41〕 参见黄建武:《差异抑或抵触:地方性法规权利义务设置异于上位法规定的合法性分析》,《地方立法研究》2021 年第 6 期。

法规并不存在直接关联的上位法,但上位法是一个规范群,不限于本案审查意见所提及《大气污染防治法》和《烟花爆竹安全管理条例》。审查意见在"法律、行政法规"前的"等"字表明,我们应该以法律关系和法益为基点,上溯至有关联的数部法律、行政法规,判断案涉地方性法规具体是如何违反了上位法规范群的法律原则和立法目的。

2. 未实现环境利益、企业经营权和公民财产权的平衡

判断某规范是否"抵触上位法规则"与判断其是否"抵触上位法精神"的法律方法并不相同,前者是一个逻辑推理问题,而后者则是一个价值权衡问题。在本案中,立法监督者作出间接抵触判定运用的主要是价值权衡方法。案涉地方性法规禁止生产、销售和燃放烟花、爆竹,初衷是为了落实生态文明建设和环境保护工作。河南生态环境形势依然十分严峻,特别是冬季大气环境容量极为有限,燃放烟花爆竹对空气质量的影响越来越凸显,成为制约空气质量改善的一个不容忽视的因素。2022 年上半年,河南省全省公安机关制止燃放行为 14800 余次,排查市场、超市等 6607 个,排查沿街门店商铺 3.3 万余个,排查出租屋 26 万余个,检查原烟花爆竹仓库 483 个,检查过境运输车辆 1.32 万余台,群众主动上缴烟花爆竹 1.5 万余箱,收缴非法烟花爆竹 16.1 万余箱。同时,教育引导人民群众自觉抵制购买、储存和燃放烟花爆竹。[42] 2023 年初至 5 月 6 日,河南省办理涉及烟花爆竹刑事案件 73 起,刑事拘留 99 人,办理涉及烟花爆竹行政案件 1632 起,行政拘留 1349 人。[43] 全面禁止燃放、销售烟花爆竹,固然遵从并强化保护了空气质量,增加了《大气污染防治法》所保护的环境法益,维护了《烟花爆竹安全管理条例》第五章所保护的燃放安全,但与此同时,由于重构法律关系又减损了上位法规范群保护的其他法益,包括但不限于烟花爆竹企业的经营权和公民的财产权。

第一,案涉地方性法规侵犯了烟花爆竹企业的经营权。《烟花爆竹安全管理条例》第三条规定,国家对烟花爆竹的生产、经营、运输和举办焰火晚会

---

〔42〕 参见河南省公安厅对省人大十三届六次会议第 734 号建议的答复,2022 年 5 月 27 日,https://www. pkulaw. com/lar/92e76badc34830693863696162223f81bdfb. html,最后访问日期:2024 年 6 月 29 日。

〔43〕 参见河南省公安厅对省政协十三届一次会议第 1310593 号提案的答复,2023 年 5 月 6 日,https://www. pkulaw. com/lar/e26e0f432ee0aba0ae14e82dcda5258bbdfb. html,最后访问日期:2024 年 6 月 29 日。

以及其他大型焰火燃放活动,实行许可证制度。依据《烟花爆竹安全管理条例》第九、十条,生产烟花爆竹的企业,在通过安全审查后,将被核发《烟花爆竹安全生产许可证》,持该证至工商行政管理部门办理登记手续后,可以从事烟花爆竹的生产活动,生产符合国家标准、行业标准的产品。在案涉地方性法规实施后,此前已获得许可、正在合法经营的企业被一律禁止生产、销售烟花爆竹,这严重影响了企业的正常运行和经济利益。根据《大气污染防治法》第 96 条,责令有关企业停产或限产的情形,仅限于"应急需要",并要求县级以上地方人民政府依据重污染天气的预警等级,启动应急预案方可实施。同时,《中小企业促进法》(2017 年修正)第一条表明,其立法目的包含了保障中小企业公平参与市场竞争,维护中小企业合法权益;第五十二条要求地方各级人民政府应当依法实施行政许可,依法开展管理工作,不得实施没有法律、法规依据的检查。因此,案涉地方性法规违背了《中小企业促进法》的立法目的,干涉了河南省烟花爆竹企业的合法经营。此外,《行政许可法》第四十一条规定,法律、行政法规设定的行政许可,其适用范围没有地域限制的,申请人取得的行政许可在全国范围内有效。如果省外相关企业所获行政许可并无地域限制,则案涉地方性法规实际上限缩了省外企业经营烟花爆竹的地域范围,排除其到河南省地域内进行生产、销售的可能性,也违背了《行政许可法》保护法人合法权益的立法目的。

第二,向群众收缴符合质量标准和数量标准的烟花爆竹,侵犯了公民的财产权。根据《烟花爆竹安全管理条例》及《刑法》的相关规定,非法储存烟花爆竹属于违法行为。对于此类违法行为,执法机关有权依法对非法储存的烟花爆竹进行收缴,收缴的目的在于消除公共安全隐患,防止非法烟花爆竹流入市场,确保人民群众的生命财产安全,但是,这种收缴并非没有限度。《烟花爆竹安全管理条例》第三十六条规定,向个人销售黑火药、烟火药、引火线的,由安全生产监督管理部门责令停止非法生产、经营活动,处 2 万元以上 10 万元以下的罚款,并没收非法生产、经营的物品及违法所得。该条限制了应当收缴的烟花爆竹的种类,仅限于"黑火药、烟火药、引火线",不能扩大解释为所有烟花爆竹种类。《最高人民法院关于审理非法制造、买卖、运输枪支、弹药、爆炸物等刑事案件具体应用法律若干问题的解释》(2009 年修正)第一条规定,个人非法储存爆炸物,如果达到非法储存烟火药 3000 克以上的情形,则可以依照《刑法》第一百二十五条第一款的规定定罪处罚。

该条限制了个人储存烟花爆竹的数量,不能扩大解释为个人不得储存任何符合质量和数量标准的烟花爆竹。

对审查意见所述"法律、行政法规对禁止销售、燃放符合质量标准的烟花爆竹未作全面禁止性规定",可至少作此解读。案涉地方性法规并不违反"保护大气环境"的立法目的,但削弱了上位法规范群保护的其他法益,未实现环境利益、企业经营权和公民财产权的平衡,与上位法规范群的立法目的之间构成间接抵触,故未能通过立法监督者的实质合法性判断。

四、"认识上有分歧、实践中较难执行"的解读:明显不当

基于实质合法的立场,对备案审查对象的合法性判断包含了合理、适当的社会效果要求。即使是在"合宪性、合法性、适当性"审查基准的框架中,合法性审查与适当性审查之间也不是泾渭分明的,如第二章所述,当地方行使立法自由裁量权的措施达到"明显"不当程度时将有必要被纠正,故"不适当"是可以包含违法的,在该语境下,适当性审查对合法性审查发挥了补充作用。由于地方自主性法规的间接抵触判断标准比执行性法规更加宽松,即使对上位法目的构成阻碍,一般也不应直接判定其抵触上位法,故还需要适当性审查作出判断,当其进一步构成"明显不当"时,才能对地方自主性法规作实质不合法的判定。

(一)不适应现实情况

2019 年的全国人大备审工作年报以三个并列标题对备审基准加以阐释,分别是"督促制定机关纠正与宪法法律规定有抵触、不符合的规范性文件""督促制定机关根据上位法变化对法规及时修改完善"以及"推动对不适应现实情况的规定作出废止或调整",其中"不适应现实情况"对应了"适当性"审查基准。[44] 执行性立法必须考虑实际情况的立法事实才能保证上位法在本地、本行业得到执行;自主性立法必须考虑当地的现实情况才能保证

---

[44] 参见沈春耀:《全国人民代表大会常务委员会法制工作委员会关于 2019 年备案审查工作情况的报告》(2019 年 12 月 25 日在第十三届全国人民代表大会常务委员会第十五次会议上),《中华人民共和国全国人民代表大会常务委员会公报》2020 年第一号,第 240-245 页。

其自身具备实施的客观可能性。

《立法法》(2023 年修正)第七条规定"法律规范应当明确、具体,具有针对性和可执行性",蕴含着对手段品质的要求,过于笼统、模糊或强人所难的手段,往往都只有象征性,无法有效实现目的。[45] 例如,《食品安全法》第三十六条对食品生产加工小作坊和食品摊贩并不要求生产经营许可,只是强调"应当符合本法规定的与其生产经营规模、条件相适应的食品安全要求",就是考虑到此类从业人员中大量是中低收入人群,强制要求一律取得许可证不具有期待可能性。不同的人类群体在长期的共同生活中发展出了不同的秩序范式和观念,其中蕴含着不同的规则。在中国的东部、中部、西部之间,在城市和农村之间,如果在同一地方性事务上强行执行相同的法,则所立的法可能难以得到执行,或遭到抵制而难以产生预期的法效果。[46] 从民俗传统来讲,河南人民在烟花爆竹上寄托了辞旧迎新等美好意愿,河南的国家级非物质文化遗产代表性项目——确山打铁花,更有"民间焰火之最"的美誉,在河南尤其是农村,实施全面禁燃烟花爆竹的反对意见多,执法机关的工作压力大,实际上难以全面执行,无法有效实现保护大气环境的目的。因此,案涉地方性法规属于"要求公民、法人和其他组织执行的标准或者遵守的措施明显脱离实际的"情形,构成明显不当,无法证成实质合法性。

(二)措施与目的不符合比例原则

2023 年 12 月 29 日,十四届全国人大常委会第七次会议审议通过了《全国人民代表大会常务委员会关于完善和加强备案审查制度的决定》,根据其第十一条规定,审查的重点内容包括"采取的措施与其目的是否符合比例原则"。行政法规《烟花爆竹安全管理条例》第二十八条授权县级以上地方人民政府可以根据实际情况,对限制或禁止燃放烟花爆竹的时间、地点和种类制定具体的实施办法,而河南省人大于 2021 年制定"禁止销售、燃放烟花爆竹"的地方性法规,该自主性立法无异于将河南省县级以上人民政府的立法裁量空间压缩为零。在实质合法性审查中,需要在上位法的框架内针对下位法的立法裁量是否适当进行审查,比例原则就是立法裁量权行使的上限,主要用于判断侵益性立法是否存在过度禁止的情形,包括目的的正当

---

〔45〕 参见王旭:《论比例原则在备案审查中的展开》,《环球法律评论》2024 年第 4 期。

〔46〕 参见章剑生:《论地方差异性立法及其限定》,《法学评论》2023 年第 2 期。

性、措施的妥当性、必要性和手段与措施之间的均衡性,综合评价立法的适当性。[47]

地方性法规只有在得到上位法明确授权的情况下,才可以变更规定法律后果。例如,在环境保护领域,地方根据《环境保护法》第十五条授权,可以制定严于国家环境质量标准的地方环境质量标准;根据第十六条授权,可以制定严于国家污染物排放标准的地方污染物排放标准;根据第五十九条第三款授权,地方性法规可以根据环境保护的实际需要,增加第五十九条第一款规定的按日连续处罚的违法行为的种类。又如,为了保护公民的人身健康和生命财产安全,有关食品卫生方面的地方性法规,在食品卫生管理、食品卫生监督等方面,作出严于国家食品卫生法的禁止性规定的;有关药品管理方面的地方性法规,在药品生产企业管理、医疗机构的药剂管理和药品管理等方面,作出严于国家药品管理法的禁止性规定的,都不构成对上位法的抵触。[48] 因此,即便是自主性立法,也不可以在未得到上位法授权的情况下,制定侵犯公民、法人或者其他组织合法权益的禁止性规定。据公安部统计,截至 2017 年 2 月 1 日,全国共有 444 个城市禁止燃放烟花爆竹,764 个城市限制燃放烟花爆竹。[49] 上位法明确授权县级以上人民政府就烟花爆竹的禁限事项行使裁量权,裁量权行使的边界为"应急需要"和"本行政区域的实际情况"。因此,地方自主性法规虽可以在烟花爆竹的管理事项上从严规定,但不应全面禁止,在禁售、禁放或者限售、限放的区域、时段和种类上,应结合各地实际情况进行有区别地限制。案涉地方性法规不符合比例原则所要求的"措施的必要性"以及"手段与措施之间的均衡性",无法证成实质合法性。

五、结语

在中央与地方的关系中,地方自主性立法可以有效应对地区差异性和

---

〔47〕 参见王锴:《合宪性、合法性、适当性审查的区别与联系》,《中国法学》2019 年第 1 期。

〔48〕 孙波:《地方立法"不抵触"原则探析——兼论日本"法律先占"理论》,《政治与法律》2013 年第 6 期。

〔49〕 参见公安部:《从严从细狠抓烟花爆竹安全监管》,中华人民共和国公安部网,https://www.gov.cn/xinwen/2017-02/01/content_5164030.htm,最后访问日期:2024 年 6 月 29 日。

地方性事务的复杂性,案涉地方性法规亦属于地方自主性法规,其存在不是为了执行上位法,故不会与上位法发生规则层面的直接抵触。本文认同"全面禁售禁燃案"审查意见的结论,但由于审查意见过简,唯学理分析可以解读该意见。案涉地方性法规的实质合法性无法证立,一方面是其与上位法规范群的立法目的存在冲突,即审查意见所指"不符合上位法精神",未实现环境利益、企业经营权和公民财产权的平衡,与上位法构成间接抵触;另一方面是全面禁售、禁燃烟花爆竹的措施难以执行,不适应现实情况,措施与目的不符合比例原则,构成明显不当应被纠正。除了针对"全面禁售禁燃案"的个案分析,本文还试图构建地方自主性法规的实质合法性判断路径,但囿于个案视角,该路径在普适性上有待更多案例检验;在地方执行性法规、先行性法规、自主性法规的实质合法性判断路径的异同方面,仍有待进一步研究。

"地方性法规全面禁售禁燃案"中的国家治理法治化双维视角思考

王雁雄　刘浩锴　郑　磊[*]

内容提要:备案审查制度,可为诸多国家治理难题提供软着陆点,2023年披露的地方性法规全面禁售禁燃案,即属其例。首先,关于烟花爆竹"禁""限""放"之间长期以来众说纷纭的管理模式分歧、经济政策分歧和地方立法分歧中,所蕴含的安全、环保、文化、经济等复杂因素,在该案中可沿着审查建议主张所涉及的文化活动自由、劳动和经济活动权利展开基本权利规范构成分析。其次,对案例披露后审查意见的实现情况,可从归责要素变迁和归责缓和台阶方面展开归责视角分析。如是流转往返于规范原理分析与治理逻辑分析之间,不仅是备案审查案例分析中的国家治理双维结构分析方法运用,而且呈现出了备案审查作为国家治理法治化方式选项的双维结构特点和优点。

关键词:备案审查;全面禁售禁燃案;基本权利;比例原则;归责;合宪性审查;国家治理

---

　*　王雁雄,浙江大学光华法学院 2023 级宪法学与行政法学博士生;刘浩锴,浙江大学光华法学院 2023 级宪法学与行政法学博士生;郑磊,浙江大学光华法学院教授、博士生导师。

　本文是在郑磊教授合作式指导下完成的备案审查案例分析成果。王雁雄选定案例、确定重点视角、收集重点素材材料、撰写初稿、修改定稿等;刘浩锴负责论证优化、通篇修订、合作定稿;郑磊教授勾勒结构,展开结构指导、论证指导,并且对引言等部分文字进行重写式修订,对余论进行了主旨提升和方法论提升写作。

一、引言:"全面禁售禁燃案"的备案审查着陆点

2023 年 12 月,十四届全国人大常委会第七次会议听取并审议了《全国人大常委会法制工作委员会关于 2023 年备案审查工作情况的报告》,这份备审年报披露了 17 件不同议题不同形式的备案审查典型案例,"地方性法规全面禁止销售、燃放烟花爆竹案"(以下简称"全面禁售禁燃案")是其中的焦点案例之一。年报披露后,伴随 2024 年春节到来之际,该案例引起了社会的广泛关注,不仅迅速登上各大热搜榜榜首,在新浪微博中短短 14 小时的阅读量便达 3.7 亿,甚至引发了 ST 熊猫等有关上市企业的股价波动。[1]

备审年报对"全面禁售禁燃案"进行了文字简约但要素齐备的介绍,该案聚焦的系争规定是"有的地方性法规规定,全面禁止销售、燃放烟花爆竹",对此,"有公民和企业对全面禁止性规定提出审查建议",此备案审查案例于是启动。报告以 203 字重点介绍了法工委审查意见中的上位法依据以及审查基准论证情况等核心要素:"我们经审查认为,大气污染防治法、国务院制定的烟花爆竹安全管理条例等法律、行政法规对于销售、燃放符合质量标准的烟花爆竹未作全面禁止性规定,同时授权县级以上人民政府可以划定限制或者禁止燃放烟花爆竹的时段和区域;有关地方性法规关于全面禁止销售、燃放烟花爆竹的规定,与大气污染防治法和烟花爆竹安全管理条例的有关规定不一致;关于全面禁售、禁燃的问题,认识上有分歧,实践中也较难执行,应当按照上位法规定的精神予以修改",同时介绍了当时掌握的审查意见反馈情况:"经沟通,制定机关已同意对相关规定尽快作出修改。"[2]

经由此年报案例,长期以来关于烟花爆竹"禁""限""放"之间众说纷纭的管理模式分歧、经济政策分歧和地方立法分歧,在国家治理的多元制度工

---

〔1〕 王玮、赵唯佳:《"禁燃令"有望全面松绑 烟花概念股"先涨为敬"》,《南方都市报》2024 年 1 月 1 日,第 GA09 版。

〔2〕 沈春耀:《全国人民代表大会常务委员会法制工作委员会关于 2023 年备案审查工作情况的报告》(2023 年 12 月 26 日在第十四届全国人民代表大会常务委员会第七次会议上),《中华人民共和国全国人民代表大会常务委员会公报》2024 年第一号,第 230 页。

具中,连接上了备案审查渠道的着陆点。但这一连接,并非一蹴而就地实现了定分止争,相关纷争仍在继续,这典型体现在两个方面:

一者,多元社会诉求分歧和利益冲突突出,而且相互交织形成了复杂的政策结构和法律关系。报告所言“关于全面禁售、禁燃的问题,认识上有分歧,实践中也较难执行”,也不同程度适用于“禁”之外的“限”“放”模式。广州市人大常委会法工委对全市有关烟花爆竹燃放管理的规范性文件开展专门集中审查,认为有三个区实行“一刀切”全域“禁放”,虽然有利于安全和环境保护,但不符合行政法规和地方性法规的有关规定,也不符合行政管理手段和措施与目的相匹配、相符合的比例原则。[3] 同样具有代表性的观点有,“在保障公共利益的前提下,综合平衡控制环境污染、安全隐患与尊重传统文化,适度放开燃放烟花爆竹。”[4] 这一论说广泛涉及多元的社会诉求,而且各自背后具有支撑性的基本权利主张,诸如文化活动权利、劳动、经济活动权利等。

二者,与“全面禁售禁燃案”之后舆论热议同时存在的,是全面禁止销售、燃放烟花爆竹的规定在一些地方依然未有松动。案件披露后的2024年春节假期中,有的地方在执行中放宽了执法尺度;以深圳为代表的一些地区依然坚持全面禁止;以北京为代表的一些地区,依然沿用将禁放区扩展至全市行政区域范围的事实禁止。截至2024年8月,深圳、北京两地尚未披露对相关禁售禁燃规定进行修改的消息,同时值得关注的是,广州市通过地方人大备案审查的方式,对花都、番禺、南沙三区“禁燃”烟花爆竹的文件进行审查,纠正全面禁燃规定,成为地方人大响应全国人大常委会法工委意见,主动通过备案审查纠正禁售禁燃烟花爆竹“一刀切”禁令最为典型的案例。

此类既易引起社会广泛关注又因诉求多元、差异巨大而难以达成共识,又在法律和执行层面都存在不小“灰色”回旋空间的案件及其解决之道,是国家治理法治化过程中不断出现的重点难点问题,也是值得重视和关注的议题。“全面禁售禁燃案”,将这一国家治理疑难案件介入了备案审查平台,为在此议题展开国家治理法治化连接了备案审查着陆点,是值得重视和关

---

〔3〕 金歆:《地方各级人大常委会加强规范性文件备案审查制度和能力建设——努力实现“有件必备、有备必审、有错必纠”》,《人民日报》2024年4月11日,第18版。

〔4〕 金歆:《地方各级人大常委会加强规范性文件备案审查制度和能力建设——努力实现“有件必备、有备必审、有错必纠”》,《人民日报》2024年4月11日,第18版。

注的制度途径和方法。全国人大常委会审议通过的备审年报虽未直接点名接受审查的具体法规,但经过比照可知,《河南省大气污染防治条例(2021修正)》比较接近备审年报所披露的系争规定、修改情况等特征。河南省人大常委会法工委主任李哲在关于修改《河南省大气污染防治条例》第六十一条的说明中披露,"全国人大常委会法工委在备案审查中提出该条文与上位法不一致"。〔5〕但是,全面禁售禁燃现象并未局限于河南一地,而是在不同地区均有体现,并展现出复杂的政策考量和后续影响。基于此,本文不局限于审视某具体法规的具体条款,而是以全面禁售禁燃相关条款为分析对象,首先依据基本权利规范原理结构化考察全面禁售禁燃案多元复杂的诉求主张;其次围绕审查意见效力问题展开突出治理归责关键因素的实践因素综合考量。以此两个方面为例,在全面禁售禁燃案上展开方法尝试,探究如何综合考量政策智慧、法治精神与立法和审查技术,如何找到通过备案审查工具处理和研究国家治理难题的合适的破题切入点。

二、"全面禁售禁燃案"的基本权利规范分析

目前,关于禁售禁燃的规定散落于《大气污染防治法》《治安管理处罚法》《烟花爆竹安全管理条例》等法律、行政法规中,以《国务院办公厅转发安全监管总局等部门关于进一步加强烟花爆竹安全监督管理工作意见的通知》(国办发〔2010〕53 号)等为代表的各级规范性文件则发挥了事实上的行政规范作用。有关案例中的系争规定,主要是与《大气污染防治法》第八十二条第二款、第九十六条及其相关法规、规范性文件中有关禁止燃放烟花爆竹的规定相冲突。

全国人大常委会法工委的审查意见是通过上下位阶法律法规条文的冲突作为切入点解决争议,但如果进一步深入探究公民燃放烟花爆竹的行为意义,与国家机关对其进行规制目的之间的关系,就可以发现,燃放烟花爆竹行为并不能认为是一种简单的娱乐行为,它实质上是千年来传承有序的

---

〔5〕 李哲:《关于〈河南省人民代表大会常务委员会关于修改《河南省大气污染防治条例》《河南省母婴保健条例》等十四部地方性法规的决定(草案)〉的说明》,《河南日报》2024 年 4 月 14 日,第 4 版。

文化活动,有可能涉及公民从事文化活动自由这一基本权利;而销售烟花爆竹行为,同样可能涉及公民的劳动和经济活动权利等。因此,"禁售""禁燃"等相关规定,就有可能对公民在宪法上的基本权利进行限制。

当然,仅仅是基本权利客观上受限,并非一定能启动合宪性审查。但是,如果"穷尽法律问题仍未能实现有效审查,则进而展开合宪性审查"。[6]在"全面禁售禁燃案"中,法工委审查认为"有关地方性法规关于全面禁止销售、燃放烟花爆竹的规定,与大气污染防治法和烟花爆竹安全管理条例的有关规定不一致",进而提出"应当按照上位法规定的精神予以修改",是在合法性层面完成审查工作,并未触及公民的文化活动自由、劳动等权利。全面禁售禁燃的规定,不仅仅涉及法律规范体系内部的融洽一致,更为重要的是直接关涉到公民在宪法上的基本权利。申言之,审查意见并未充分回应公民基本权利的保障问题,这便需要进一步诉诸宪法。根据与2023年备审年报同步审议通过的《全国人民代表大会常务委员会关于完善和加强备案审查制度的决定》(以下简称"《备案审查决定》")第五条,"在备案审查工作中注重审查法规、司法解释等规范性文件是否存在不符合宪法规定、宪法原则、宪法精神的内容,认真研究涉宪性问题,及时督促纠正与宪法相抵触或者存在合宪性问题的规范性文件",为在备案审查工作中开展合宪性审查提供了规范依据。[7]

再者,以上下位法律法规条文冲突的切入点解决争议固然快捷,但回避对其背后涉及的基本权利等更高价值层面的审查,不仅是对动用国家层面资源进行审查的一种遗憾,也可能成为阻碍审查结果得到广泛迅速推行的深层原因。因此,将"全面禁售禁燃案"中的系争规定上升到基本权利位阶进行合宪性检视既有必要,又切实可行。这既是保护公民基本权利、推动完善相关法律法规的重要方式,更是国家治理多元制度工具的始发点和价值依归。

(一)不同审查建议主张涉及的基本权利基础

"全面禁售禁燃案"的系争规定,是全面禁止销售、燃放烟花爆竹的相关

〔6〕 郑磊、张峻通:《以"合宪性、涉宪性为方法"——从"连坐规定案"审查意见的方法逻辑切入》,《人权法学》2024年第3期,第38页

〔7〕 参见郑磊、刘浩错:《宪法的"天衣"在于实施:基于"五四宪法"的宪法监督之"缝"的思考》,《法治现代化研究》2024年第3期,第85-86页。

规定,主要涉及"禁产""禁售""禁燃"等禁止性行为,大致对应着两类审查建议主张,一者为"禁燃"所涉及的文化活动自由,一者为"禁产""禁售"等所涉及的劳动和经济活动等权利。

1. "禁燃"涉及文化活动自由

"禁燃"的规定直接关涉到公民燃放烟花爆竹的行为,与之最为贴近的是宪法上的文化活动自由。根据《宪法》第四十七条、第五十一条、第五十三条等,"公民有进行科学研究、文学艺术创作和其他文化活动的自由",行使这一权利仅需要遵守"不得损害国家的、社会的、集体的利益和其他公民的合法的自由和权利""遵守公共秩序,尊重社会公德"等消极限制即可,而不存在何种积极的限制。

燃放烟花爆竹在我国具有久远的民俗文化根基,无论是至迟一千五百年前在南朝梁代就有的"正月一日……鸡鸣而起,先于庭前爆竹,以避山臊恶鬼"[8]民俗,还是"爆竹声中一岁除,春风送暖入屠苏"的文化记忆,虽然具体形式多有变化,但其蕴含的民俗文化根基、文化底蕴等是不可否认的。在这一具有高度文化象征意义的活动中,个体行为和集体行为是否能直接代入文化活动的范畴,实际上并没有非常明确的界限。无论是艺术家利用燃放烟花创作的个体艺术作品,还是政府部门组织的焰火晚会,属于文化活动本身没有争议,个体的燃放活动同样可以归属于文化活动。由是,将公民燃放烟花爆竹的行为涵摄在《宪法》第四十七条,并不存在规范上或学理上的阻碍,这也可在地方"禁燃"相关案例中的审查意见得到佐证。

2023 年 3 月 1 日,广州市人大常委会法工委审查认为,花都、番禺、南沙三区的规范性文件"没有为群众在春节等传统节日燃放烟花爆竹的诉求提供分类处置方案,没有考虑社会公共利益与历史传承和个人权益间的平衡",因此应当在"综合平衡控制环境污染、安全隐患与尊重传统文化""通过政策优化与调整",适度放开燃放烟花爆竹。[9]审查意见将尊重传统文化与控制环境污染、安全隐患作为并列考量因素,显然认可了燃放烟花爆竹行为具有应获得尊重的传统文化价值。尊重传统文化实质上是对公民文化活

---

〔8〕 宗懔:《荆楚岁时记》,中华书局 2018 年版,第 1 页。

〔9〕 《广州:备案审查纠正烟花爆竹全禁规定,让烟火"年味"重回百姓生活》,来源:"中国人大网",http://www.npc.gov.cn/npc/c2/c30834/202404/t20240410_436382.html,访问时间:2024 年 9 月 18 日。

动自由权利的尊重,公民在合法适度的前提下燃放烟花爆竹的行为,应可以投射到传统文化活动范围内,从而进入我国《宪法》第四十七条文化活动自由的保护范围。

国务院相关规定同样将烟花爆竹认定为文化产品。2016 年,国务院办公厅印发《关于印发消费品标准和质量提升规划(2016—2020 年)的通知》(国办发〔2016〕68 号),明确将烟花爆竹与文房四宝、丝绸、瓷器等一并列入传统文化产品。既然烟花爆竹是传统文化产品,公民合法购买和燃放烟花爆竹产品就是消费传统文化产品,列入《宪法》第四十七条的进行"其他文化活动"范畴也就有了相当的合理性。

综上所述,无论燃放烟花爆竹是个体的娱乐消遣,还是有目的的艺术创作,都应有机会进入《宪法》第四十七条所规定的文化活动自由范围中,从而上升到公民基本权利保障的层面。

2."禁产""禁售"涉及劳动和经济活动权利

从事烟花爆竹生产销售的公民和企业等作为申请方提出审查请求,说明其依法进行经营活动的权利受到了限制。目前,生产、销售烟花爆竹未被禁止,也未列入国家专营范围,只是作为危化品在安全生产方面有相关的许可和限制。可见,生产、销售烟花爆竹的行为应当与其他合法经营行为处在同等的权利保障范围中,公民、企业有权在遵守相关限制并获得行政许可的前提下,合法从事这一行业。

然而,我国大多数地区已在事实上禁止生产烟花。2015 年 2 月,原国家安监总局宣布北京等 16 个省(区、市)完全退出了烟花爆竹生产,241 个设区的市、2561 个县(市区)退出烟花爆竹生产,退出烟花爆竹生产的省、市、县分别占全国总数的 51.6％、72.4％、89.8％。[10] 2021 年 8 月,应急管理部正式批复同意江西省上栗县、万载县和湖南省浏阳市、醴陵市建设全国烟花爆竹转型升级集中区。目前,四大主产区烟花爆竹生产企业共 968 家,2023 年产值突破了 1000 亿元,占全国市场份额的 95％。[11] 不难看出,我

---

〔10〕 新华社:《全国 16 省份完全退出烟花爆竹生产》,《花炮科技与市场》2015 年第 1 期,第 5 页。

〔11〕 邓伟勇:《黄小玲代表:支持烟花爆竹产业转型升级》,来源:"株洲市发展和改革委员会"官网,http://fgw.zhuzhou.gov.cn/c14782/20240306/i2170257.html,访问时间:2024 年 9 月 24 日。

国绝大部分地区已经事实上禁止了烟花爆竹的生产。

在国家并未从全国层面上禁止烟花爆竹生产销售的前提下，在本行政区域范围内不区分条件地全面禁止生产和销售烟花爆竹，实际上等于禁止公民在该行业劳动的权利。与此同时，其他未禁止地区的公民、企业仍可从事这一行业，这便可能触及地域因素的劳动和经济活动权利歧视。总结而言，禁止生产和销售烟花爆竹行为触及公民和企业的劳动和经济活动权利，在宪法中呈现为第四十二条"公民有劳动的权利和义务"。更进一步而言，如果公民或企业在获得有关行政许可后，对烟花爆竹生产进行投资，而一刀切的全面禁止则会直接减损公民合法财产的经济价值，便可能触及《宪法》第十一条"国家保护个体经济、私营经济等非公有制经济的合法的权利和利益"。

（二）有关禁燃、禁售、禁产限制性规定对基本权利的限制

1. 系争规定及其政策考量和变迁

法工委在审查意见中指出，"有关地方性法规关于全面禁止销售、燃放烟花爆竹的规定，与大气污染防治法和烟花爆竹安全管理条例的有关规定不一致。"可见，系争规定主要是有关地方性法规中关于全面禁止销售、燃放烟花爆竹的规定。根据有关法规数据库的统计，1986 年 11 月《北京市烟花爆竹安全管理暂行规定》出台以来，我国已出台有关烟花燃放管理的各类法律法规 470 余件。在这些涉及禁燃、禁售、禁产限制性规定的法律规范中，大致以 2012 年为界呈现出两种面相：

在 2012 年之前出台的有关规定大多强调"给人民群众生命财产造成严重损失"的后果，新闻宣传也多强调烟花燃放造成的火灾和人身损害，尤其是眼部伤害（甚至在一段时间的新闻里，各地多有统计当年春节期间因放烟花造成摘除眼球多少人）。1993 年 12 月《北京市关于禁止燃放烟花爆竹的规定》颁布实施后，当地媒体在关于 1994 年春节报道中特意强调禁放后，当年春节无人因放鞭炮致伤，[12]间或有关于噪音扰民的报道。

在 2012 年以后，随着环保理念尤其是大气污染防治成为全民关注热点

---

〔12〕 毛颖颖：《爆竹声声话"禁""限"：从 1987 年起》，来源："中国首都网"2017 年 2 月 10 日，https://beijing. qianlong. com/2017/0210/1390266. shtml，访问时间：2024 年 9 月 24 日。

和环保治理重点,禁燃背后的空气污染治理诉求获得越来越大的比重。有研究者统计,由于大气污染严重,加强生态环境保护成为顶层设计和社会共识,2015 年,我国实行烟花爆竹禁放的城市有 138 个,限放的城市 536 个;2017 年时这两个数字就分别增加到 444 个和 764 个;2018 年时增加到 803 个县级以上城市禁止燃放烟花爆竹。[13] 以杭州市为例,1994 年公布实施的《杭州市禁止销售燃放烟花爆竹条例》第一条规定"为了防止环境污染和火灾、人身伤害事故,保障人民生命财产的安全……制定本条例",并规定在杭州市区范围内禁燃烟花爆竹。几年后,在当时全国上下关于"年味淡了"的舆论争议中,1998 年春节开始,杭州又开始在重大节假日有限制燃放烟花,并于同年 10 月举办首届烟花大会。2012 年后,面对雾霾侵袭和空气质量考核的压力,杭州市于 2016 年制定《杭州市禁止销售燃放烟花爆竹管理规定》,第一条开宗明义"为了加强烟花爆竹管理,防治大气污染……制定本规定",再次转向全面禁售禁燃。

2. 不同禁止性方案的程度情形

涉及禁燃、禁售、禁产限制性规定的法律规范,又可根据禁止的情况大致划分为全面禁止、事实上禁止、部分禁止三种情形。

全面禁止的代表是深圳市。2023 年 12 月,深圳市应急管理局等多部门联合下发《关于在深圳市范围内禁止销售燃放烟花爆竹的通告》,强调根据《烟花爆竹安全管理条例》《深圳经济特区禁止销售燃放烟花爆竹管理规定》(1990 年发布,2013 年修订),全市范围内,任何单位和个人未经批准不得燃放烟花爆竹。2023 年 12 月"全面禁售禁燃案"公布后,深圳市依然未对有关规定进行修改或调整,经检索,尚未有放宽执法力度的相关报道。

事实上禁止的代表是北京市。2017 年 12 月施行的《北京市烟花爆竹安全管理规定》,将五环路以内(含五环路)区域规定为禁止燃放烟花爆竹区域,五环路外,由各区根据维护公共安全和公共利益的需要划定的禁放区域为全面禁放区,其余则为限放区域。从字面上看,北京市的规定并未"一刀切"全面禁售禁燃烟花爆竹。但事实上,从 2022 年 1 月 1 日起,北京市各区均将各自行政区域全部设定为全面禁放区,北京全域范围内事实上全面禁

---

〔13〕 杨绎霈:《全面禁放烟花爆竹不合法!法学专家呼吁将更多选择权交给民众》,来源:"央视网"2023 年 12 月 28 日,https://news.cctv.cn/2023/12/28/ARTItXw1OdbC5f1Sd1sbp0nn231228.shtml,访问时间:2024 年 9 月 24 日。

售禁燃烟花爆竹。例如,2023 年和 2024 年春节期间,北京市五环路外的昌平、怀柔、延庆、平谷、大兴等区均以区政府名义发布通告,将本区行政区域划定为全面禁放区。截至目前,尚无北京市对有关规定或区域进行调整的报道。

部分禁止的代表是广州市。2023 年广州市人大常委会法工委依据《广州市烟花爆竹安全管理规定》对花都、番禺、南沙三区"禁燃"烟花爆竹的文件进行审查,经过一年的努力,"广州番禺、花都、南沙等区全部划定禁止和限制燃放区域,明确燃放时间、地点和种类,实现分级分类管理,'一禁了之'得到彻底纠正,确保了公共安全和民俗民情的需要得到充分满足,彰显了广州市规范性文件备案审查工作的刚性和力度。"〔14〕在"全面禁售禁燃案"公布后,广州市人大常委会法工委随即进一步要求相关各区尽快修改"一刀切"禁止燃放烟花爆竹的规定。这也是目前为止,地方人大响应全国人大常委会法工委意见,主动通过备案审查纠正禁售禁燃烟花爆竹"一刀切"禁令最为典型的案例。《人民日报》对广州这一改变的正面宣传和报道,无疑代表着官方舆论的肯定和赞许。〔15〕值得一提的是,2024 年《河南省大气污染防治条例》修改,第六十一条"禁止生产、销售和燃放烟花爆竹,具体办法由设区的市人民政府、济源产城融合示范区管委会制定"被修改为"城市人民政府……根据实际需要规定烟花爆竹禁售、禁放或者限售、限放的区域、时段和种类,减少烟花爆竹燃放污染。任何单位和个人不得在城市人民政府禁止的区域和时段内燃放烟花爆竹。"郑州市随即对烟花爆竹燃放进行部分解禁。虽然尚不能证明《河南省大气污染防治条例》规定的修改是落实全国人大常委会法工委备案审查的直接结果,但该次修改无疑是符合审查意见的要求与精神的。

需要说明的是,以上四地在禁燃的同时,均明确禁止在本行政区域内生产烟花爆竹。正如前文所述,全国烟花爆竹行业集中在湖南、江西两省四地的现状,并不完全是市场自我调节的力量,更多是通过行政手段达致要求从

---

〔14〕《广州:备案审查纠正烟花爆竹全禁规定,让烟火"年味"重回百姓生活》,来源:"中国人大网",http://www.npc.gov.cn/npc/c2/c30834/202404/t20240410_436382.html,访问时间:2024年 9 月 24 日。

〔15〕《人民日报报道广州市人大常委会对禁燃烟花爆竹规定进行备案审查,维护国家法制统一》,来源:"广州人大网",https://www.rd.gz.cn/rdlz/mtjj/content/post_251067.html,访问时间:2024 年 9 月 24 日。

业者退出烟花爆竹生产行业的结果。由此可见,虽然不同禁限方案的限制程度可能存在差异,但都对烟花爆竹生产、销售等行业就业和劳动的权利进行了直接限制。

(三)对禁止性方案的比例原则审视

根据《备案审查决定》第六条,"采取的措施与其目的是否符合比例原则"是审查的重点内容之一。因此,在合宪性审查中可应用比例原则对有关法规进行全面审视。[16]

1. 有关禁止性方案的适当性审视

通常认为,比例原则由三个子原则组成:适当性、必要性和狭义比例原则即权衡原则。"适当性意味着通过限制的法律所利用的措施与所要达到的目的具有合理的因果联系,该措施能够实现或促进法律的根本目的,或者说这种措施的使用合理地导致法律目的的实现。"[17]"全面禁售禁燃案"相关系争规定的法律目的,主要是防止因烟花爆竹燃放造成的大气污染、噪声污染、火灾、人身财产损害等后果。应当承认,国家基于保护公民生命健康权等义务为出发点采取的禁售禁燃措施,使公民无法接触到烟花爆竹产品,确实能够实现有关法律目的。但不考虑具体环保风险、安全风险而一刀切禁售禁燃,实质上是将烟花爆竹产品视为造成环境污染和人身、财产安全的根本原因,将燃放行为和生产、制造、销售等行为一律当作破坏环境、伤害人身、财产安全的必然结果,这不仅与客观实际不符,也与社会的普遍认知不相一致。2015 年春节期间,民间舆论对部分地区全面禁燃后依旧未能避免重污染天气的质疑可见一斑。[18] 因此,全面禁售禁燃的政策考量很大程度上已经超越了合理实现法律目的的界限,有因噎废食之嫌。相较而言,有针对性的限放限售显然更符合有关法律目的的合理实现。

2. 有关禁止性方案的必要性审视

必要性原则,是指立法者应当在数种限制宪法权利的措施中选择限制

---

〔16〕 陈景辉:《比例原则的普遍化与基本权利的性质》,《中国法学》2017 年第 3 期,第 283 页。

〔17〕 范进学:《论宪法比例原则》,《比较法研究》2018 年第 5 期,第 109 页。

〔18〕 刘敏、杨毅沉、倪元锦:《都是鞭炮惹的祸?——"春节霾"引发的思考》,来源:"新华网"2015 年 2 月 19 日,http://www.xinhuanet.com/politics/2015-02/19/c_1114407872.htm,访问时间:2024 年 9 月 24 日。

程度最小的。[19] 公民燃放烟花爆竹的行为属于文化活动自由,生产、经营、销售烟花爆竹的行为则涉及劳动权利、经济权利问题。因此,对其的限制无论是立法的出发点、形式,还是限制的手段,都应进行充分的论证,选择限制程度最小的措施。

上文所述的三种禁止方案中,全域全面禁止无疑是限制程度最大的措施。例如,深圳作为经济特区虽然具有灵活性更大的立法权限,但对公民个人文化活动自由直接进行最高程度的限制,理应给出与限制程度相符的强有力的论证理由。然而,相关规定和说明中对此却并无充分呈现。

全域事实上禁止的方案,限制程度与全域全面禁止基本等同。例如,北京市的相关规定并未直接排除市民燃放、销售烟花爆竹的可能性,同时,各区自行划定全面禁放区的做法,也为后期的调整预留了空间。但是,自2022 年 1 月起北京市各区均将各自行政区域全部设定为全面禁放区,北京全域范围内事实上已经全面禁售禁燃烟花爆竹。该类禁止方案与全域全面禁止方案在事实上的效果基本无异,限制程度也基本等同。

部分禁止的方案,限制程度则低于其他方案。例如,广州市既坚持了主城区的禁售禁燃,又对部分远郊区适当开放,且留下了后续进一步调整的空间。该类方案比较符合必要性原则的要求。

在三类禁止性行为中,与禁售、禁燃相比,禁产的限制程度更高。正如前文所述,我国大部分地区均已禁止烟花爆竹生产。禁止生产烟花爆竹的方式,一般是行政机关进行发文。例如,山东省人民政府办公厅出台的《关于推进烟花爆竹生产企业加快退出的通知》(鲁政办字〔2015〕50 号)。该通知只是"地方工作文件",严格意义上对山东省内的烟花爆竹生产企业并无法律效力。但是,该通知以"近年来,全省烟花爆竹行业生产安全事故时有发生"为理由,明确要求"从 2015 年开始,全面启动烟花爆竹生产企业退出工作。2016 年年底前,全省烟花爆竹生产企业实现有序退出"。这一通知得到了有效的执行,山东省内的烟花爆竹生产企业按时全面停产退出。虽然这一通知在完成其自身使命后已被宣布失效,但以地方工作文件来要求全省的相关市场主体直接退出市场,对涉及的劳动权利、经济活动等基本权利直接施加最高程度的限制,无法通过必要性审视。再者,无论是从保护经

---

[19] 参见刘权:《社会治理中惩戒不当联结的法治约束》,《法律科学(西北政法大学学报)》2024 年第 3 期,第 65-67 页。

营主体、创造更优质营商环境的角度,还是从进一步夯实保护民营企业法治基础的角度,对于是否采取以及如何采取限制公民劳动、经济等权利的措施,都应该更加慎重、务实。例如,限制方案可以保护公民生命健康权为出发点,由此直接关涉到不特定多数行为主体的个人切身利益,较环境保护、安全生产等集体性公共权益更容易使公民个人接受。

3. 有关禁止性方案的权衡性审视

权衡原则是"以宪法对人权的关涉分量来决定一个措施的合法含义与否之标准",强调"以宪法内的价值秩序来判断"。[20] 禁止性方案所涉及价值之两端,一端为公民安全或环境保护,一端为文化活动自由或劳动、经济权利。自 2012 年以后,环境保护诉求在禁止性方案中得到更为充分的展现。因此,问题的关键在于环境保护与文化活动自由或劳动、经济权利之间的权衡。环境保护,实质上并非公民基本权利而是公共利益,公民只在达致环境保护的公共利益之下间接获得个人私益。在位阶上,权利较利益(公共利益)更具优先性。"如果在比例原则框架内对权利和公共利益进行权衡,权利就丧失了道德优先性和神圣性,降格为有待优化的利益"[21]。因此,"不得因公共福祉限制基本权利"[22]。故而,目前的禁止性方案均无法通过权衡原则的审视。

三、"全面禁售禁燃案"审查意见效力治理归责视角分析

"归责,又称为法律责任的归结",有利于厘清职责边界、纠正偏差行为等,是治理中的重要组成要素。[23] 可归责性(Accountability),既是每个主体健康发展的需要,也是国家治理的核心要素。烟花爆竹的禁与放,承载着多种价值取向间的冲突、多项公民权利与公权力的边际划分,是国家治理中

---

〔20〕 陈新民:《法治国公法学原理与实践》(上),中国政法大学出版社 2005 年版,第 151 页。

〔21〕 谢立斌:《基本权利审查中的法益权衡:困境与出路》,《清华法学》2022 年第 5 期,第 32 页。

〔22〕 Ronald Dworkin. "Rights as Trumps", in Jeremy Waldron eds. , Theories of Rights, Oxford: Oxford University Press, 1984 , pp.153-167.

〔23〕 参见张志红:《数字归责:基层网格化治理运行机制与优化路径研究》,《南开学报(哲学社会科学版)》2023 年第 6 期,第 121-126 页。

多重矛盾交织的聚集点。其中,可归责性既是该案出现的原因,也是审查意见兑现的原因。由是,可从国家治理法治化的视角来观察,以可归责性为切入点,自个案中探求通过备案审查方式实现国家治理的制度空间与具体路径。

(一)归责要素变迁:从 GDP 本位转向法治化本位

禁止性方案,是 GDP 本位治理观下的地方政府的行为逻辑趋向。在面对烟花燃放管理这一公共管理属性突出、意识形态属性相对较少的问题时,地方政府自然倾向于以权衡利弊得失的方式进行政策考量,而非"算政治账、算大账"的思维方式。因此,从归责要素的角度回顾烟花爆竹禁放限放的变迁历史,可以比较清晰地展现出地方政府如何"趋利避害"。

一方面,允许生产、燃放烟花爆竹可能带来诸多压力或负面影响:其一,问责与舆论压力。烟花燃放一旦出现意外事件,可能会被定性为安全生产责任事故或影响社会稳定事件。伴随而来的消防安全、社会稳定、环保考核、舆论压力,都可能直接影响或者改变地方主政官员的命运。重大事故可能带来的"全国文明城市"称号摘牌、相关领域的专项整治,甚至有可能影响当地一段时间内的总体发展,这对当地政府和主要官员来说都是不可承受之重。其二,行政管理压力。春节假期是全年烟花爆竹燃放最集中的时段,也是大部分地方政府机关的休息日。面对本已繁重的改革发展压力,如果既要充分满足部分人民群众燃放烟花爆竹的文化娱乐需要,又必须坚决守住安全稳定底线,这对地方政府的行政管理能力和资源调配动员能力等都将是一个很大的考验,压力之大不言而喻。其三,环境污染防治压力。由于春节期间全国开工率的大幅下降和人流返乡潮的影响,叠加冬春之际的不利气候条件的影响,大城市工业污染和交通污染日常基础数值可能大幅下降,从而格外凸显燃放烟花爆竹对以 PM2.5 为代表的污染物数据大幅上升的"贡献"。与此同时,由于民俗影响,除夕至元宵期间可能会大量燃放烟花爆竹,进而导致大气污染物数据上升,将会给部分地区全年的大气污染防控工作带来不小压力。以河南为例,2023 年元宵节期间,河南 PM2.5 浓度达史上第二高,重度及以上污染天数达历史最高值,仅仅正月十五、十六两天的烟花燃放,就导致河南省 2023 年 PM2.5 年均质量浓度上升 0.26 微克/立方米，〔24〕影响不可谓不明显。

另一方面，大多数地方政府无法从放开生产、燃放烟花爆竹中获利。从数据上看，2023年烟花爆竹产业总产值约1050亿元，占全国GDP比重约万分之八，但是，湖南、江西两省的浏阳市、醴陵市、上栗县、万载县等四县占行业总产值超过95%。〔25〕在目前的财税体制下，这意味着除了批发、零售环节带来的较为微薄的税收外，全国绝大部分地方政府并不能享受到烟花爆竹产业带来的经济收益和就业增量，对拉动当地GDP增长几乎没有助力。极端一点看的话，除了部分旅游城市可能存在吸引游客拉动春节期间旅游市场的考量外，地方政府对开放烟花爆竹的销售燃放几乎没有相应的经济动力。

由是可见，原有的全面禁售禁燃模式符合GDP本位治理观下的地方政府行为逻辑。但正因如此，当有公民和企业等提出审查建议，或备案审查工作机构主动进行审查时，作为“保障宪法和法律实施，保护公民、法人和其他组织的合法权益”的备案审查机构，可遵循以法治化为本位的治理逻辑而展开审查：

一是，形式合法化要素的考量。“全面禁售禁燃案”中，全国人大常委会法工委审查认为，“有关地方性法规关于全面禁止销售、燃放烟花爆竹的规定，与大气污染防治法和烟花爆竹安全管理条例的有关规定不一致”。于是，建议其“应当按照上位法规定的精神予以修改”。〔26〕根据《备案审查决定》第十一条第4项，审查工作应当重点审查“是否违反上位法规定”。全面禁止规定，虽然并未与上位法的具体规定相抵触，但是与上位法的立法目的、精神、原则相违背，〔27〕正如广州市人大常委会法工委审查认为“花都、番

---

〔24〕 陈慕白、刀谓、叶春霞等：《烟花爆竹燃放对河南省空气质量影响的研究》，《中国环境监测》2023年第5期，第35-37页。

〔25〕《全国人大代表谈烟花爆竹：建议给予税收倾斜，让行业在安全环保上轻装前行》，来源：“九派新闻”，https://baijiahao.baidu.com/s? id=1792853834669985530&wfr=spider&for=pc，访问时间：2024年9月24日。

〔26〕 沈春耀：《全国人民代表大会常务委员会法制工作委员会关于2023年备案审查工作情况的报告》（2023年12月26日在第十四届全国人民代表大会常务委员会第七次会议上），载《中华人民共和国全国人民代表大会常务委员会公报》2024年第一号，第230页。

〔27〕 全国人大常委会法制工作委员会法规备案审查室著：《规范性文件备案审查理论与实务》，中国民主法制出版社2020年版，第121页。

禺、南沙三区的规范性文件没有考虑立法原意"。[28] 由是,在法治的框架下检视其形式合法性。

二是,实质合法化要素的考量。在"不符合上位法规定、精神和原则"之外,广州市人大常委会法工委还认为全面禁止性规定"没有为群众在春节等传统节日燃放烟花爆竹的诉求提供分类处置方案",因此"也不符合行政管理手段、措施与目的相匹配的比例原则"。[29] 根据《备案审查决定》第十一条第6项,"采取的措施与其目的是否符合比例原则"是审查的重点内容之一,是实质合法的重要因素。[30] 为了保护生态环境等而采取"一刀切"的全面禁止性规定,显然刻意忽略了"分类处置方案"等其他更加柔和、适当的方式,手段与目的明显不匹配。[31]

(二)归责缓和台阶:柔性审查意见的多重功用

以审查意见作为审查之后的归责方式,兼具柔性和刚性,是归责的缓和台阶。从国家机关的层级关系和科层制上下级关系来看,以柔性审查意见为纠偏方式的备案审查,可以有效达成自我纠错、降低压力的效果。备案审查以上级审查下级,既能及时回应社会诉求,解决同级监督和下级监督难以解决的死角和动力不足问题,又能充分把握尺度力度,为下一步更好开展工作打下基础。这就类似于"减压阀",既及时回应和疏导压力,避免压力的不断过涨导致向不可收拾的局面发展,又能作为体系的一部分而不对体系本身构造形成过大冲击。实际上,无论是全国人大常委会法工委未点名的审查意见,还是广州市人大常委会法工委点名的审查意见,都未出现可能会对具体单位或个人产生追责压力的表述,也未产生可能导致利益受损方经济索赔等行动的法律后果,对于被纠错方可谓给足了"台阶",双方都可以说既得到了"里子",又保住了"面子"。

---

〔28〕《广州:备案审查纠正烟花爆竹全禁规定,让烟火"年味"重回百姓生活》,来源:"中国人大网",http://www.npc.gov.cn/npc/c2/c30834/202404/t20240410_436382.html,访问时间:2024年9月18日。

〔29〕《广州:备案审查纠正烟花爆竹全禁规定,让烟火"年味"重回百姓生活》,来源:"中国人大网",http://www.npc.gov.cn/npc/c2/c30834/202404/t20240410_436382.html,访问时间:2024年9月18日。

〔30〕 参见何海波:《实质法治:寻求行政判决的合法性》,法律出版社2020年版,第164页。

〔31〕 全国人大常委会法制工作委员会法规备案审查室著:《规范性文件备案审查理论与实务》,中国民主法制出版社2020年版,第127页。

对于制定主体而言,审查意见具有解压与卸责之功用,具体表现在:其一,全国人大常委会法工委对"全面禁售禁燃案"的审查,一方面并未在根本上否定地方政府对禁售禁燃烟花爆竹的立法考量和采取的方式,只是从程度上予以适当纠偏,另一方面则是通过相对柔性的审查意见来提出修改建议,有利于避免"被纠正者"承受过大压力。而且,审查意见中较为明确的修改方向,也能够在一定程度上节约地方政府的立法资源。其二,按照全国人大常委会法工委的审查意见进行修法修规,既可以彰显依法行政的决心与力度,事实上也相当于通过了一次重要的立法"体检",某种意义上还可以避免可能产生的问责压力和体系内得罪领导或同僚的风险。因此,有关地方和领导把握好这一立法"体检"机会,有助于减轻可能的问责压力,更好推进立法工作。

对于社会整体而言,以柔性审查意见为纠偏方式的备案审查,能够有效协调立法机关、行政机关与公民之间的关系,倡导行政法治中的合作管理精神,降低社会管理成本。以烟花爆竹为例,一刀切似的管理看似强硬有效,但保障其实际贯彻落实的行政成本和社会成本并不低,某种程度上说,与其可能带来的收益并不匹配。而通过强调管理者与被管理者的合作管理精神,往往可以收到事半功倍的效果。再者,随着社会生活的快速变迁,燃放烟花爆竹等的环境氛围已经在逐渐降低,青年一代对此的体验和需求可能并不如其父辈般强烈。因此,通过审查意见间接达成立法机关、行政机关与公民间的对话交流,其管理配合程度的不断提高是可以期待的。

总体上看,虽然有关审查意见的实际推动力和效果还有待考察,但备案审查意见的作出,至少为地方政府推动调整利益格局,从而进行政策调整提供了法律意义上比较充分的依据和可行的台阶与路径。这对于进一步推动依法治国进程的正面效果应予以肯定。

四、余论:备案审查作为国家治理法治化方式选项的双维结构

至此,本文对"全面禁售禁燃案"进行了双维结构的分析:以基本权利为主要内容的规范原理分析,治理归责为主要内容的国家治理政策考量因素

治理逻辑分析。流转往返于规范原理分析与治理逻辑分析之间,不仅是备案审查案例分析中的国家治理双维结构分析方法运用,而且是备案审查作为国家治理法治化方式选项的双维结构特点和优点。

在分析方法结构基础上,基本权利的规范分析以及治理归责的逻辑分析,都只是就各自结构中的列举式要点,尚未穷尽双维结构仍可蕴含的丰富论证要点。考量因素和论证内容的充分和饱满,支撑着备案审查制度所能实现的国家治理效果的充分和饱满,限于篇幅,初列两项如下,且以此收笔:

"拔掉引线"——规范源头治理功能。源头治理作为社会治理中"治未病""治本"的重要内容,可以成为法治社会中备案审查运行机制的独特优势。一方面,不同于需要即时反应的紧急事态处理,藏在法律法规中的隐患或许平时难为人所注意,却可能在日积月累中展示更大的破坏性;另一方面,与重在宏观顶层设计的法律不同,在备案审查的对象中,大量的法规规章等规范性文件是规范社会治理矛盾和行政管理运行逻辑的主要抓手,更加贴近社会各类主体的日常生活与切身利益,更容易积累矛盾或成为矛盾的集中投射,甚至成为特定条件下点燃社会矛盾的引线。受限于科层制下的同级、下级监督的天然弱点,以及司法等手段发挥主观能动性的局限性,上级强力纠错带来的刚性问责压力等,有关单位在面对暴露出的问题时可能具有共同选择"捂盖子"的倾向。对此,上级机关应当及时出手"治之于未乱",通过备案审查制度重点审查影响社会稳定的隐患,对可能成为"引线"的争议规定,从源头治理的角度找准其突破口和入手点,抓住主要矛盾拔掉点燃社会矛盾的引线,避免星火焚林。

解压阀和播种机——以公开增功效。阳光不仅是防腐剂,还是社会矛盾的减压阀,法治精神的播种机。《备案审查决定》第十四条第二款规定,"法规、司法解释被纠正或者撤销后,其他规范性文件存在相同问题的,制定机关应当及时修改或者废止。"通过备案审查案例的披露公开,具体的问题被纠正,同类型问题同样获得了纠正的推动力,有关的社会矛盾压力获得释放;同时,蕴含在备案审查个案中的法治理念获得了具体而生动的传播。因此,对于备案审查尤其是个案审查,可以探索形成规范的制式文书形式并及时公开。即使出于各方面因素考虑在公开内容的把握上需要内外有别,也足以在推动体制内纠错的同时,成为避免问责过度泛化的重要抓手,由此在监督实效和社会传播双重意义上实现审查一件、治理一片、教育一方的效果。

回看全案本身,"全面禁售禁燃案"展现出既引起社会广泛关注又因巨大差异而难以达成共识,同时在法律和执行层面都存在不小"灰色"空间的矛盾。在应对此类问题的过程中,备案审查作为国家治理法治化方式选项的双维结构显现无遗:一方面,将复杂的利益冲突溯源至基本权利诉求的源头,从合宪性审查的角度探索问题解决的本源所在,凸显出对公民文化活动自由、劳动和经济活动权利等基本权利保护的重要意义和法治精神;另一方面,从审查意见效力归责性的角度出发,借助全面、综合、融贯的政策考量,突出其中关键性现实因素及其变迁,来评述其审查意见效力和影响,可从实践意义、方法论等多重维度发现其归责缓和台阶的多重功用。这是以备案审查为着陆点,在更为广泛国家治理视野中,尝试着在法治轨道和法治原理上展开国家治理复杂议题的处理和研究,即一种往返流转于规范原理方案和关键性政策实践因素的双维结构思考方式。循此尝试,以此案为例可见,通过备案审查制度回应一些国家治理难题,或许可以成为国家治理法治化的一个重要选项和稳妥着陆点。

新时代涉外法治智库之东法西渐

——基于日本亚洲网络构建策略的观察与思考

李龙贤*

内容提要:我国国内法治智库经过数十年的建设与完善,在提升各级政府机构决策、保持社会大局稳定等方面都有了较大提升。但涉外法治智库在国际影响力,特别是涉外法治智库与亚洲各国的交流与合作方面,尚存在明显短板。相比我国,日本作为亚洲涉外法治智库的先行者,通过与亚洲各国政府机构、智库以及国际组织之间开展多种形式的合作与交流,提升、发挥涉外法治智库国际影响力的同时,积极配合政府输出本国模式法治,影响亚洲各国,为营造本国发展的良好环境发挥着重要作用。上述日本法治智库的构建策略,可为新时代中国模式涉外法治智库建设提供良好的启示。

关键词:新时代;东法西渐;涉外法治智库;中国模式;国别法研究

序　言

我国法律制度在东法西渐历史浪涛中具有更为丰富的内容和重要的作用。从古至今,中国法律制度对亚洲各国法律制度具有举足轻重的引领作用,逐渐构筑了亚洲各国法律交流的应有范式。二战后,伴随社会主义革命和民族解放运动的兴起,亚洲各国法律制度曾一度受到西法东渐的影响,将西方近代法学植入本国的法律制度。但是不可否认,中国法律制度不仅在

---

* 李龙贤,西北政法大学行政法学院(纪检监察学院)副教授、名古屋大学法学博士。

古代而且包括近现代,面向东亚乃至整个亚洲连绵不断传播儒家文化以及新时代中国模式法律范式,上述意义上也可以视为东法西渐。

2020 年,习近平总书记在中央全面依法治国会议上,系统指出涉外法治理念,"坚持统筹推进国内法治和涉外法治。要加快涉外法治工作战略布局,协调推进国内治理和国际治理,更好维护国家主权、安全、发展利益。"[1]习近平总书记和党中央所要求的"涉外法治工作战略布局",明确了涉外法治智库的战略理念。在党和国家涉外法治智库的战略理念指引下,我们可以积极借鉴日本涉外法治智库在亚洲的经验及策略,以便更有效构筑新时代中国模式涉外法治智库。

一、日本涉外法治智库的亚洲网络构建策略

日本涉外法治智库,专指日本针对发展中国家和推行市场经济国家,所进行法律制度整备的专门性智库。[2] 日本涉外法治智库兴起于 20 世纪 90 年代,经过 30 余年的发展,日本的涉外法治智库已成为国际交流与合作的重要途径和手段。

跨入 21 世纪,日本涉外法治智库呈现出重视与亚洲各国政府和智库合作交流倾向,积极探索与亚洲各国之间的法律制度整备支援。其中法律制度整备支援,是指针对发展中国家或者市场经济转型国家,支援该国法律制度整备的活动。日本法律制度整备支援主要内容包括以下三个方面:一是,基本法律的起草支援;二是,整备支援适用法律的司法机关;三是,支援法官、律师等法律工作人员的人才培养。[3] 近年,特别是一些从事对外法律制度整备支援的政府直属智库以及跨国企业下设的智库,纷纷在海外设立分支机构,开展现地合作交流活动,收集当地立法和司法制度信息的同时,不遗余力地宣传、解读日本政府政策,传播日本司法和法律制度,与当地政

---

〔1〕 习近平:《论坚持全面依法治国》,中央文献出版社 2020 年版,第 5 页。

〔2〕 日本法务省官方网站,https://www.moj.go.jp/housouken/houso_lta_lta.html,2023 年 1 月 5 日访问。

〔3〕 日本法务省官方网站,https://www.moj.go.jp/housouken/houso_lta_lta.html,2023 年 1 月 10 日访问。

府、社会组织、智库机构开展建设性合作,推进双盈共建。

(一)日本律师协会依托政府开展对口支援

20 世纪 90 年代初始,最典型的是依托日本法务省的日本律师协会。伴随 20 世纪 90 年冷战结束,日本律师协会依托亚太法律协会(LAWASIA)[4]和亚洲律师协会会长会议(POLA)[5]平台,收集亚洲各国法律制度并促进法律专业人员交流。自 1996 年日本律师协会正式加入涉外法治智库建设,其特点表现在以下几个方面:一是,积极宣扬"保障基本人权"。积极适用《联合国宪章》序言"重申基本人权,人格尊严与价值"和《日本国宪法》序言《我们希望在努力维护和平,从地球上永远消灭专制与隶属、压迫与偏见的国际社会中,占有光荣的地位》,以"尊重基本人权"、"和平生存权"、《联合国宪章》、《联合国人权宣言》为宗旨开展涉外法治工作。二是,协助 ODA(全称为 Official Development Assistance,官方为主导的发展援助)组织开展涉外法治智库建设。例如,1995 年开始,日本律师协会已开始积极协助 JICA(日本国际协力事业团),参与培养柬埔寨律师及学者在日本的法律研修工作。三是,通过 ODA 项目积极支援律师和律师协会涉外法治智库建设。通过 ODA 项目先后协助柬埔寨、老挝、越南等国家构建律师制度。四是,积极开展国际性律师组织协助和合作。在和平解决地域冲突、提供援助等方面积极与 IBA(Iternationnal Bar Association)、ILAC(Iternationnal Legal Assistance Consortium)等国际性组织,开展各种协助合作。[6]

(二)法科类知名大学等各种主体参与涉外法治智库建设

1996 年,日本政府正式利用 ODA 项目,以越南法律制度整备对口支援为契机,将其影响力逐渐扩展到其他亚洲国家。其中包括柬埔寨、老挝、印

---

〔4〕 亚太法律协会成立于 1966 年,是以促进亚太地区法学家交流、改善法学教育为目的的非营利性 NGO 组织。详情参见落美都里「我が国の法整備支援の現状と問題点—法分野からの平和構築」レファレンス 3 月号、(2007 年)第 100 頁参照。

〔5〕 亚洲律师协会会长会议成立于 1990 年日本东京,是以增进亚洲各国律师协会会长之间的国际交流与协力为目的的非政治性会议。详情参见日本律师协会官网, https://www.nichibenren. or. jp) activity) interchange,2023 年 1 月 5 日访问。

〔6〕 矢吹公敏「日弁連における法整備支援」慶应法学 5 号、(2006 年)第 374~376 頁参照。

度尼西亚、乌兹别克斯坦、蒙古国、韩国和中国(参见表1)。随后涉外法治智库参与主体也发生了变化,不再以日本律师协会为唯一的主体,法务省、总务省、著名高校以及其他NPO组织也陆续参与到了涉外法治智库的行列之中(参见表2)。

表1　近年日本各种涉外法治智库参与事项[7]

对口支援(国别)	涉外法治智库主体、时期及支援内容
越南	**智库主体:法务省** 第一阶段时期:1996—1999年 支援内容:提升越南司法部的立法能力 第二阶段时期:1999—2003年 支援内容:立法工作支援、民法修订研究支援、培养法律人才 第三阶段时期:2003—2006年 支援内容:起草民法(修订稿)、民事诉讼法、企业破产法等立法支援,培养法律人才 **智库主体:笹川和平财团(NPO组织)** 时期:2005—2007年 支援内容:起草NPO法
柬埔寨	**智库主体:法务省** 第一阶段时期:1999—2003年 支援内容:民法、民事诉讼法起草工作 第二阶段时期:2004—2006年 支援内容:民法、民事诉讼法立法工作 时期:2006—2007年 支援内容:成立柬埔寨王立司法官养成校 **智库主体:日本律师协会、JICA[8]** 时期:2002—2005年 支援内容:向柬埔寨律师协会援助项目
老挝	**智库主体:法务省** 时期:2003—2006年 支援内容:法律搜索引擎的制作;法律、法规、裁判集的制作;法律教材以及词典的编纂;培养民商法学教师

---

〔7〕 部分内容参见[日]落美都里「我が国の法整備支援の現状と問題点—法分野からの平和構築」レファレンス3月号、(2007年)第101頁参照。

〔8〕 JICA(Japan International Cooperation Agency)全称为独立行政法人国际协力机构。作为集中进行日本政府开发援助(ODA)的实施机构,是以日本对发展中国家进行国际合作为目的的政府机构。参见日本JICA官方网站,https://www.jica.go.jp/index.html,2022年1月9日访问。

续表

对口支援(国别)	涉外法治智库主体、时期及支援内容
印度尼西亚	**智库主体:日本律师协会、JICA** 时期:2007—2009 年 支援内容:强化调解、和解制度项目
乌兹比克斯坦	**智库主体:法务省、总务省等政府机关** 时期:2005 年—现今 支援内容:编纂破产法释译书籍项目;担保法律制度的改革; 起草行政程序法;完善法律搜索引擎 **智库主体:名古屋大学** 时期:2005 年—现今 支援内容:成立日本法教育中心
蒙古国	**智库主体:日本司法书士协会** 时期:1996 年—至今 支援内容:有关登记制度 **智库主体:JICA** 时期:2004—2005 年 支援内容:裁判文书公开制度、制作判例集 **智库主体:名古屋大学** 时期:2006 年—现今 支援内容:成立日本法教育中心
韩国	**智库主体:法务省、国际民商法中心** 时期:1999—2000 年[9] 支援内容:日韩伙伴关系研修(成立登记制度比较研究中心)
中国	**智库主体:法务省、经济产业省、公正交易委员会** 时期:2004—2007 年 支援内容:中日经济法、企业法整备项目 **智库主体:法务省、国际民商法中心** 时期:1999 年—至今 支援内容:中日民商法论坛

---

〔9〕 从 2000 年开始,日本取消针对韩国的 ODA 支援。

表 2　日本涉外法治智库主体分类

性质	组织分类	智库主体
政府机关	行政机关	外务省 法务省 经济产业省 财务省 文部科学省 内阁府 公正交易委员会 总务省
	独立行政法人	**JICA** 国际协力银行**（JBIC）** 日本贸易振兴机构**（JETRO）**
	司法机关	最高裁判所
非政府组织和法人	法律家社团	日本律师协会 日本司法书士协会 日本公证人协会 日本法律家协会 亚太法律协会 中日法律家交流协会
	公益法人・NGO	国际民商事法中心 日本柬埔寨法律家友好会 **Peace Boat**〔10〕 **笹**川平和财团
	教育机关	名古屋大学、横滨国立大学、大阪大学、 神户大学等

〔10〕　Peace Boat（日语名称为，ピースボート），是以国际交流为目的的非政府组织，时常以大型游艇亚洲或世界一游为形式，加强与亚洲乃至世界各国的国际人道支援纽带为目的。详情参见 Peace Boat 日本官方网站，https://peaceboat.org，2023 年 1 月 9 日访问。

二、日本的支援形式:法律的起草、修订

(一)支援法律起草工作类型

支援法律起草工作,是日本涉外法治智库的最为基础性的工作。智库根据亚洲各国的要求[11],有时为支援对象国提供起草体系化的法律服务,或有时则直接参与支援对象国起草某个部门法工作,起草阶段支援可分为以下 3 种类型。

第一,直接支援型。即直接参与对象国起草法律,这种类型主要为支援对象国提供法律草案的全部或部分内容为目的的形式。例如,2003 年日本政府向柬埔寨政府直接参与《民法》和《民事诉讼法》草案的起草,历时 4 年启用 JICA 法整备支援项目,动员本国的法学者、法官及律师等群体积极参与柬埔寨法律草案的起草工作。[12]

第二,建言建议型。即支援对象国起草和修正法律时提出建言建议的形式。申言之,帮助对象国起草和修正法律为主要目的,在起草和修正法律过程中向支援国提供建言、建议的形式。例如,日本对越南就曾采用过建言建议型,越南在起草《民法》《民事诉讼法》《破产法》等法律草案后,曾向日本政府谋求检讨意见,日本政府积极动员法学会以及实务部门进行了积极检讨。[13]

第三,前期间接支援型。即支援对象国起草、修改法律时,做好前期准备工作。支援立法(包括修改法律)前期工作,是最为间接的支援形式。日本针对老挝的支援就属于此种类型。其主要工作内容包括老挝民商法学教材、法律词典、法律数据库以及司法判例集等的编撰支援工作,此外还包括

---

〔11〕 矢吹公敏「日弁連における法整備支援」『慶應法学』5 号(2006 年)第 374 頁参照。

〔12〕 三澤あずみ「特集 各国法整備支援の状況 カンボジア」『ICD NEWS』16 号(2004 年)第 7~10 頁参照。

〔13〕 丸山毅「特集 各国法整備支援の状況 ベトナム」『ICD NEWS』16 号(2004 年)第 4~6 頁参照。

培养支援对象国培养宪法及各部门法学专业教师等工作。[14]

(二)支援法律起草工作各类型的利弊

1. 直接支援型的利弊

直接支援型在支援对象国而言,可能是最具有直接性、整体性的支援形式。但是如果在支援前期阶段未与对象支援国进行充分且有效地协商和沟通,也会导致支援对象国所制定的法律不符合支援对象国政治、人文、习惯,更有甚者会留有"殖民统治立法"标签,带来负面影响。[15]

2. 建言建议型的利弊

建言建议型更多关注支援对象国的"自主立法",以便制定法律后,法律适应当地人文风土以及法治主义观念的普及。然而建言建议型也存在一些问题,例如日本涉外法治智库在越南的立法起草或修改阶段,对越南进行了诸多建言建议,但并没有充分体现在该国的立法文本。[16]

3. 前期间接支援型的利弊

相比直接支援型和建言建议型,前期间接支援型更重视前期阶段的法律人才(包括立法人才、高校法律学者以及实务律师)的培养,因此也在一定程度上保障支援对象国的"自主性立法"。问题点在于需要漫长的周期,需要支援国(日本)与支援对象国长期的法学理论界和实务部门合作与人才交流。

三、日本涉外法律智库存在的问题

(一)充分考虑与支援对象国已有法律体系的契合度

近代亚洲各国长期受到西方资本主义殖民统治法律及苏维埃法体系的

---

〔14〕 小宫由美「特集 各国法整備支援の状況 ラオス」「ICD NEWS」16 号(2004 年)第 11~16 頁参照。

〔15〕 三澤あずみ「「特集 各国法整備支援の状況 カンボジア」「ICD NEWS」16 号(2004 年)第 7~10 頁参照。

〔16〕 这也体现出,越南近年正在积极谋求凭借自己的力量推进立法的一面。〔日〕香川孝三「在ベトナム日本大使館公使として触れたベトナムの法と社会(3)」「法学教室」315 号(2006 年)第 6~7 頁参照。

影响,使得各国与殖民旧宗主国和苏联法律体系或多或少存在一定的关联性:一是,越南、老挝、柬埔寨等国家尚残留着部分法国法律体系;二是,印度尼西亚深受荷兰法律体系(主要是德国法系)的影响;中亚五国、越南、蒙古国等国家则不同程度地保留着苏联法律体系(苏维埃法系)的身影;[17]三是,除中亚五国以外,二战期间其他亚洲国家也不同程度受到了"日本要素的影响"[18]。

亚洲各国普遍存在的上述问题,在进行涉外法治整备支援时不容忽视。针对日本的法律框架而言,在明治时期深受法国法律体系和德国法律体系(大陆法)的影响,而在二战后则不同程度受到了英美法律体系(英美法)的影响。因此,无论是大陆法还是英美法的法律体系,具备相关专长的国别法研究人员,这是日本涉外法治智库的特色。但日本国内熟悉苏维埃法律体系领域的研究人员,相较在英美法体系匮乏(日本涉外法治智库的短板),这也是日本今后亟待解决的问题。

(二)协调涉外法治整备支援国与国际组织的沟通和交流

日本的涉外法治整备支援,不仅涉及支援国与对象国二者之间,特别是在经济法领域还会包括与世界银行、亚洲开发银行等国际组织之间的协调。此时作为支援对象国需要与多个国家和国际组织进行沟通和交流,就容易导致不同法体系、不同法整备政策之间产生相互矛盾。例如,柬埔寨起草《民法》《民事诉讼法》时积极引入了日本的涉外法整备支援,而《刑法》《刑事诉讼法》的起草则接受了法国的涉外法整备支援,在《土地法》(2001年起草)领域的是接受了世界银行和亚洲开发银行的涉外法治整备支援(其中包括加拿大的涉外法治整备支援)。结果导致起草的《土地法(草案)》,因未与《民法典》条文(物权法编)进行任何协调和调整,从而引发相关权利种类、登记要件以及法律效力等方面存在法律制度的缺陷。此外在商事法领域,加拿大涉外法治智库设想的商事法院制度(具有宽泛的专属管辖权[19])与日

---

〔17〕 三日月章「司法評論 3 法整備協力支援」(有斐閣,2005 年)第 12-18 頁参照。

〔18〕 "日本要素的影响"是指,饱受日本殖民统治的影响,不仅在政治和意识形态上,而且在法律制度中所保留的影响。参见李龙贤:《公法的植入与学术传承—基于日本公法学者研究动态以及公法研究和法学教育的考察》,《法学教育研究》第 29 卷,法律出版社 2020 年版,第 287-288 页。

〔19〕 专属管辖权范围包括,所有的商事交易案件、有价证券类案件、公司法案件、破产类案件、外汇交易类案件以及制造物责任相关案件。

本所起草的《民事诉讼法（草案）》，也存在不同法律制度设计上的矛盾。[20]

（三）构建涉外法治整备支援各主体之间的合作框架

如表 2 日本涉外法治智库主体分类所示，日本的涉外法治智库不仅包括政府行政机关，也会包括司法机关、独立行政法人（JICA 等）、日本律师协会以及著名大学法学院。其中 ODA 涉外法治智库的实施主体是 JICA，在推进具体工作中与日本法务省法务综合研究所、日本最高法院、日本律师协会等保持密切的合作框架。此外日本法务省综合研究所将其下属机构国际协力部（主管民事法领域的涉外法治整备支援）设置在大阪市中之岛区，定期举办各类研讨会和培训班。为更好地协调各政府机关的涉外法整备支援，日本政府于 2000 年筹备了法整备支援联络会。然而涉外法整备实务中往往出现"在现行体制之下，无法持久、有效地培养涉外法治人才"的状况。[21]

（四）确保涉外法治人才、培养支援对象国的法律人才

在日本，因欠缺涉外法治人才的有效机制，往往会导致涉外法治智库的人才不足。法律实务界涉外法治人才，其中确保本国大量且高素质律师群体应首当其冲。律师群体规模又与司法考试合格率环环相扣，但近年日本的司法考试制度改革往往不尽如人意。2006 年举行的首次"新司法考试"的通过率是该制度实施以来最高的，但在司法改革制度审议会所提出的法科大学院构想中，新司法考试的录取率要达到七成到八成，将近一半的通过率仍然低于当初的设想，并且法科大学院的高额费用也给考生家庭带来不

---

〔20〕　金子由芳「法整備支援における法制モデル選択のありかた」『国際開発研究』15 巻 1 号（2006 年）第 92～93 頁参照。

〔21〕　例えば，据日本经济新闻披露，针对涉外法治智库支援的副部长级别检讨会以及新政策等事宜，并未体现在 2007 年日本政府预算案。参见「対アジア・中東，民法・商法の整備支援—5 省で副大臣級会議 運営を一体化」『日本経済新聞』2006.5.23，夕刊。

少的经济负担。[22] 上述现状导致,日本在确保涉外法治人才量和质的问题上尚存在现行机制与需求之间的一定的反差。

此外,支援对象国欠缺熟知日本法的法律人才的现状,也是日本涉外法治智库发展的瓶颈。支援对象国司法部门人员普遍熟悉母语以外的外语包括,英语、法语、德语、俄语,而熟知日语或日本法律制度的法治人才寥寥无几,因此与支援对象国司法部门人员进行立法、修法沟通时往往使用的主要语言为英语。因支援对象国本国语言与英语之间本就存在语义、语感的隔阂,加之,英语和日语之间也会存在问题,容易导致相互之间缺乏深层次沟通,甚者也会发生南辕北辙、浪费时间和成本。[23]

四、思考与建议

泱泱大国,琉台不守,三韩为墟。新时代中国模式涉外法治智库要走向世界,必先要重视亚洲,重塑亚洲形象,才能提升我国在亚洲的影响力和话语权。在借鉴日本涉外法治智库经验的基础上,今后我们可从以下几方面着力推进涉外法治智库建设。

(一)助力"一带一路"建设:弘扬中华法系之一衣带水

党的十八届四中全会通过《中共中央关于全面推进依法治国若干重大问题的决定》(以下简称为《决定》)。《决定》中提出"积极参与国际规则制定,推动依法处理涉外经济、社会事务,增强我国在国际法律事务中的话语

---

〔22〕 2006 年的新司法考试对报考资格进行了限制。根据日本现行《司法考试法》的规定,获得司法考试应试资格的途径有两种,一种是从法科大学院成功毕业,另一种是通过司法考试的预备考试(2011 年新设)。从法科大学院毕业后或者通过司法考试预备考试后的 5 年内,考试次数不受限制(最多参加五次)。参见木下富夫「司法試験予備試験の理念とその課題」『武蔵大学論集』60 卷第 34 号(2013 年)第 51〜57 頁参照。相关中文论文参见陈怡玮:《令和元年(2019 年)第 44 号法律评述—日本司法考试与法科大学院的最新改革》,《法学教育研究》第 33 卷法律出版社 2021 年版,第 264 页。

〔23〕 丸山毅「法務省法務総合研究所による法整備支援への取組み」『慶應法学』5 号(2006 年)第 360 頁参照。

权和影响力"〔24〕,要建设通晓国际法律规则、善于处理涉外法治事务的涉外法治人才队伍。2020 年 2 月 5 日,习近平总书记在中央全面依法治国委员会第三次会议上进一步强调:"要加强国际法治领域合作,加快我国法域外适用的法律体系建设,加快国际法研究和运用,提高涉外法治化工作水平。"〔25〕2017 年司法部、外交部、商务部等联合印发《关于发展涉外法律服务业的意见》,同时提出要"建立一支通晓国际规则、具有世界眼光和国际视野的高素质涉外法治服务队伍"〔26〕,为"一带一路"倡议提供法律服务。正确理解"通晓国际规则"的"法治服务队伍"就显得尤为重要。

因长期受历史、文化和地理位置的影响,其实越南、老挝、柬埔寨、印度尼西亚等国家自古以来法律、经济、文化、政治制度方面保留着不少"中国要素的影响"。〔27〕此外,因受历史和地缘政治的影响,中亚五国、越南、蒙古国等国家则不同程度地保留着苏维埃法系,这与我国社会主义法律体系具有"天然亲近性"。我国面向亚洲各国的涉外法治智库,必然涉及"通晓国际规则"的"法治服务队伍",上述"天然亲近性"正好契合,助力"一带一路"建设的成功。

(二)培养研究型人才:涉外法治智库人才之教育实践

在法学研究实践中,由于混同涉外法治人才和国际法人才的培养、国别法人才培养方案不系统、法学与语言结合度低等原因,涉外法律人才无论在数量还是质量上都仍待进一步提升,难以满足当前涉外法治实践的需求。早在 2011 年 12 月,教育部、中央政法委员会就出台《关于实施卓越法律人才教育培养计划的若干意见》,明确培养一批"具有国际视野,通晓国际规则"的涉外法律人才。2016 年 12 月,司法部、外交部、商务部、国务院法制

---

〔24〕 中华人民共和国政府网,https://www.gov.cn/zhengce/2014-10/28/content_2771946.htm? eqid=f96385f1000d6aa4000000066476b6ee.2023 年 5 月 25 日访问。

〔25〕《习近平主持召开中央全面依法治国委员会第三次会议并发表重要讲话》,中华人民共和国中央人民政府网,https://www.gov.cn/xinwen/2020-02/05/content_5474867.htm? ivk_sa=1023197a.,2023 年 12 月 11 日访问。

〔26〕 中华人民共和国政府网,https://www.gov.cn/xinwen/2017-01/09/content_5158080.htm.2023 年 5 月 26 日访问。

〔27〕 以越南为例,2005 年制定的越南《民法典》既吸收近年来世界各国民法最新成果,又受到中华法系的传统保全了本国特色。参见米良:《越南民法典的历史沿革及其特点》,《学术探索》2008 年第 5 期。

办公室联合出台《关于发展涉外法律服务的意见》;2018 年教育部、中央政法委员会再次出台《关于坚持德法兼修实施卓越法治人才教育培养计划 2.0 的意见》等部门规范性文件和党内法规再次重申建议和培养"通晓国际规则"的涉外法治人才。为积极响应党和国家的号召,自 2011 年开始,作为涉外法治人才教育培养基地的政法院校、外语外贸外交院校及综合性大学,开始转变涉外法治人才培养方向,注重"从'法学'向'法学+'转变"、"从境内法律实践向境外法律实践的转变",其成效显著。

遗憾的是,作为涉外法治人才教育培养基地的大多数高等院校方案,与党和国家所要求的"培养通晓国际规则"仍有一定的差距。目前除少数高等院校以外,[28]大多数高等院校涉外法治人才教育培养基地,依然将人才培养方向重点放在英语、欧美和非洲等特定国家和国际法和经贸类专业。显现出语种集中、国别集中、专业集中的趋势:首先,除北京外语外贸大学法学院以外,外语外贸外交院校涉外法治人才教育培养基地开设讲座仍然以英语为主;其次,大多数高等院校的法治人才培养法案中很难看到亚洲语言相关培训内容;最后,作为法律人才培养重要阵地的"五院四系",大多数政法院校则把专业集中到国际法学和经济法学,而忽视亚洲各国宪法及部门法学研究涉外法治人才培养。值得我们关注的是,我国以往的法学体系认知中,似乎把涉外法治,"简单地与国际法知识联系在一起"[29],或便于掌握"一带一路"共建国家国情强调国别法研究,[30]而研究亚洲各国部门法学者甚少,尚未形成对亚洲各国宪法及部门法全面且系统的把握。如前日本经验部分所述,亚洲各国因长期饱受西方资本主义殖民统治及苏维埃法体系的影响,使得亚洲各国与旧宗主国和苏联的法律体系具有一定的关联性:越南、老挝、柬埔寨等国家尚残留着部分法国法和日本法的影响;印度尼西亚深受荷兰受德国法系的影响;中亚五国、朝鲜、越南、蒙古国等国家则不同程度地残留着苏联法律体系的身影;韩国、菲律宾等国家也不同程度受到了英

---

〔28〕 专设亚洲语言及法律的院校有西南政法大学和北京外国语大学。参见何燕华:《承继与转型:"德法兼修"涉外法治人才培养的目标与实践——从首批 22 家涉外法律人才教育培养基地切入》,《国际法与比较法论丛》第 28 辑,武汉大学出版社 2022 年版。

〔29〕 叶青、莫纪宏:《习近平法治思想与国家治理体系现代化研究(笔谈)》,《探索与争鸣》2020 年第 12 期,第 34 页。

〔30〕 在此领域西南政法大学创办"一带一路班"强调,思政、法学、国情及语言的"四位一体",具有一定的特色。详情参见郭玲:《涉外法治人才如何养成》,《小康》2021 年第 16 期,第 30 页。

美法和日本法的影响。针对上述问题,我国在制定涉外法治人才培养方案时应予以高度重视。

新中国的法律框架,不同程度受到了苏维埃法体系的影响,也具有中华法系固有的特色。因此,针对近代深受苏维埃法、英美法、日本法、法国法、德国法等法律体系亚洲各国,其实我们缺乏既懂相关语言,又懂国别法(包括部门法)的研究人员。然而值得欣喜的是,由于受历史和法律体系影响,我们在俄语和苏维埃法律体系研究方面尚存一定的优势,目前在研究中亚五国、朝鲜、越南、蒙古国等国家涉外法治智库具有一定的潜能和希望。相较苏维埃法研究,我们匮乏的是,熟懂法国、德国、日本以及亚洲各国的法律体系及部门法的人才,这也是我国涉外法治智库今后亟待解决的问题。

(三)培养实务型法律人才

会外语,不等于会交流;懂语言,不等于懂法律。我们不仅缺乏研究型人才,而且在培养在实务型人才的培养方面也应关注和提升。由于实务部门的涉外法治工作会涉及国别法、宪法及各部门法,涉外法律实务型人才所要掌握的知识体系不仅包括熟懂我国法律和国际法,还要包括熟懂亚洲各国国别法,甚者包括亚洲各国宪法及部门法的知识。因此对实务型涉外法律人才的知识水平、外语能力等有着非常高的要求。截至 2021 年,中国律师队伍已经有 52 多万人,但是涉外律师仅有 12000 多名,这与党和国家战略需求之间仍然有较大缺口。[31][32] 从实践来看,中国对于善于维护国家利益,在涉外立法、司法、执法、法律服务各环节的高层次涉外法治人才均较为缺乏。

(四)加强国际交流和国别交流

新时代中国模式涉外法治智库应更加关注并招揽具有海外学习与工作经验、具有国际视野与思维模式的实务型智库型人才,同时积极且合理地聘

<hr>

〔31〕《国务院新闻办就"深入贯彻落实习近平法治思想 为'十四五'良好开局贡献法治力量"举行发布会》,中华人民共和国中央人民政府网,http://www.gov.cn/xinwen/2021-03/29/content_5596567.htm,2024 年 1 月 15 日访问。

〔32〕 郭一达:《新时代涉外法治专业人才队伍培养路径探析》,《中国司法》2021 年第 3 期,第 107 页。

请亚洲各国以及美国、英国、俄罗斯、法国、德国、日本等国外的实务专家与我国涉外法治智库开展交流、访学,或聘用外籍研究人员开展合作研究等工作。此外中国模式涉外法治智库应不断吸收和储备熟懂亚洲法人才的同时,还应积极培养新生研究力量,特别是借助这些具有海外经历的我国人才与外籍人员形成互补,营造国际化的工作环境,培养并组建智库的国际研究团队,定期派往亚洲各国进行交流和访学,出席国际会议、学术研讨会,积极参与亚洲各国举办的国际议题讨论,并在亚洲舞台积极发出中国声音、弘扬中国模式、推广中国法律制度的优越性。

算法决策的行政法反思

Rebecca Williams 著* 徐崇凯**译 蒋红珍***校

内容提要：行政机关日益普遍的算法决策给行政法带来了一些挑战。这些挑战有多种存在形式，包括如何技术化地确定评估此类系统的必要度量、系统本身的不透明性、错误的可扩展性，以及系统如何使用与因果性相对的相关性考量。如果行政法要提供必要的指导，以实现对算法决策系统的最佳使用，它将需要在许多方面变得更加先进与细致。如果行政法实现这种进步，它不仅有潜力在控制算法决策方面提供有益帮助，也可以支持信息专员办公室(Information Commissioner's Office)的工作，并为《一般数据保护条例》中对"有意义的信息"和"合比例"等概念解释提供参考。

关键词：算法决策；司法审查；人工智能；机器学习

引　言

A-level 成绩算法评估引发的争议，[1][2]使我们注意到算法在公共决

---

　*　作者系牛津大学彭布罗克学院公法学与刑法学教授(Pembroke College，Oxford)。本文原载于《牛津法律研究杂志》第 42 卷第 2 期。感谢作者对于本文翻译的授权。

　**　中国人民大学法学院博士研究生。

　***　上海交通大学凯原法学院教授、博士生导师。

　〔1〕　参见 B Staton and L Hughes，'A-level and GCSE students to have downgraded results restored' Financial Times (London，17 August 2020)，www. ft. com/content/273ff590-9651-4e25-aaa4-157d5b2948e1，2021 年 5 月 17 日访问。译者注：A-level 是英国提供给中学或大学预科教育学生的离校资格证书。

　〔2〕　译者按：在英国，由于新冠疫情影响，许多考试遭到取消，因此老师通过赋予学生排名以及运用算法来综合评估学生的成绩，这导致了大规模成绩降级事件，引发争议。

策中愈发重要的作用。[3] 从凯茜·奥尼尔(Cathy O'Neill)将算法表述为"数学破坏性武器"[4],到弗兰克·帕斯夸尔(Frank Pasquale)对"算法黑箱"的担忧,[5]无不提醒着我们算法决策的危险性。不论是在 **A-level** 算法成绩评估还是其他语境中,[6]即使有证据表明政府机关可能会限制自动化决策系统的使用,但伴随公共财政负担越发沉重,自动化决策系统相较于人类更廉价的决策能力,使其不可能因为 **A-level** 算法的失败而消失。[7]虽然政府通过 **A-level** 成绩算法评估来应对新冠疫情下的教育问题成为失败的案例,[8]但是机器学习(**Machine Learning**)在医学等学科下却一直处

---

〔3〕 也可参见 L Dencik, A Hintz, J Redden and H Warne, 'Data Scores as Governance: Investigating Uses of Citizen Scoring in Public Services. Project Report' (Data Justice Lab, Cardiff University, December 2018),2021 年 5 月 17 日访问; M Oswald, 'Algorithm-Assisted Decision-Making in the Public Sector: Framing the Issues Using Administrative Law Rules Governing Discretionary Power' (2018) 376 Philosophical Transactions of the Royal Society 2128, especially fn 7. 也可参见 J Maxwell and J Tomlinson, 'Public Law and Technology: Mapping and Analysing Legal Responses in UK Civil Society' [2020] PL 28,[24]. 在美国的视角下,可参见 D Freeman Engstrom and others, 'Government by Algorithm: Artificial Intelligence in Federal Administrative Agencies' (report submitted to the Administrative Conference of the United States, February 2020) accessed 17 May 2021. An investigation in The Guardian in 2019 found them in use in 140 of 408 councils in the UK: S Marsh 'One in Three Councils Using Algorithms to Make Welfare Decisions' The Guardian (London, 15 October 2019)＜www. theguardian. com/society/2019/oct/15/councils-using-algorithmsmake-welfare-decisions-benefits＞,2021 年 5 月 17 日访问。

〔4〕 C O'Neill, *Weapons of Math Destruction* (Penguin Random House USA 2016).

〔5〕 F Pasquale, *The Black Box Society: The Secret Algorithms that Control Money and Information* (Harvard UP 2015).

〔6〕 S Marsh, 'Councils Scrapping Use of Algorithms in Benefit and Welfare Decisions' The Guardian (London, 24 August 2020),＜www. theguardian. com/society/2020/aug/21/councils-scrapping-algorithms-benefit-welfare-decisions-concerns-bias＞,2021 年 5 月 17 日访问。

〔7〕 J Naughton, 'From Viral Conspiracies to Exam Fiascos, Algorithms Come with Serious Side-Effects' The Guardian (London, 6 September 2020)＜www. theguardian. com/technology/2020/sep/06/from-viral-conspiraciesto-exam-fiascos-algorithms-come-with-serious-side-effects＞,2021 年 5 月 17 日访问。也可参见 *Patullo v HMRC*[2016] UKUT 270, [2016] BTC 510; R (*Barking and Dagenham College*) v The Office for Students [2019];EWHC 2667, [2020] ELR 152; *R (W) v Birmingham*[2011] EWHC 1147, [2011] Eq LR 721.

〔8〕 A Hern, 'Ofqual's A-Level Algorithm: Why Did It Fail to Make the Grade?' The Guardian (London, 21 August 2020)＜www. theguardian. com/education/2020/aug/21/ofqual-algorithm-why-did-it-fail-make-grade-a-levels＞,2021 年 5 月 17 日访问。

于研究和发展的前沿。[9] 因此本文的目标是研究公法如何应对政府机关自动化决策(ADM)的挑战,以优化其使用,从而使得政府能够利用其优势的同时,避免可能导致的风险。[10]

一、算法的类型及其评估方法[11]

(一)什么是算法?

在我们聚焦公法领域开展讨论之前,需要提醒的一点是算法决策本身并非新鲜事物。希尔(Hill)认为:算法是一种"数学设计",其通过"有限、抽象、有效和合成的控制结构,在既定程式下实现既定目的"。[12] 在一份刑事司法系统的算法审查报告,英格兰与威尔士律师协会(the Law Society of England and Wales)引用了计算机科学领域的"经典"定义,即算法是"任何明确以某些或一组值作为输入,并产生对应值作为输出的计算机程序。"[13] 因此,即使是手绘在纸上的简单决策树也可能构成算法决策,[14]并经常为

〔9〕　例如可参见 Kadioglu O, Saeed M, Johannes Greten H & Efferth T. Identification of novel compounds against three targets of SARS CoV-2 coronavirus by combined virtual screening and supervised machine learning. [Preprint]. Bull World Health Organ. E-pub: 21 March 2020. doi: http://dx. doi. org/10. 2471/BLT. 20, 25594; S Whitelaw and others, 'Applications of Digital Technology in COVID-19 Pandemic Planning and Response' (2020) 2 The Lancet Digital Health 435.

〔10〕　关于这一点,请进一步参阅 T Melham 和 R Williams 的著述 *Practical Law Public Sector* 8 December 2020。

〔11〕　译者注:为简明起见,此部分集合了原文的三个部分,但未改变原文内容和具体标题。

〔12〕　RK Hill, 'What an Algorithm Is' (2015) 29 Philosophy & Technology 35.

〔13〕　S Bhatti and others, 'Algorithms in the Criminal Justice System: A Report by the Law Society Commission on the Use of Algorithms in the Justice System' (The Law Society of England and Wales, June 2019) 10.

〔14〕　*Sharman v HM Coroner for Inner North London* [2005] EWCA Civ 967, [2005] Inquest LR 168. 也可参见 V Mayer-Scho¨nberger and K Cukier, Big Data (John Murray 2013) 73 - 6. 也可参见 M Veale and I Brass, 'Administration by Algorithm? Public Management Meets Public Sector Machine Learning' in K Yeung and M Lodge (eds), *Algorithmic Regulation* (OUP 2019); C Coglianese and D Lehr, 'Regulating by Robot: Administrative Decision Making in the Machine-Learning Era' (2017) 105 Geo LJ 1147.

政府机关所用。[15] 这些明确了输入与输出的算法被用于人工智能"专家型系统",也被统称为"规则遵循型系统"(rules-based systems)。它们固然复杂,却具有透明性,因为其编程者完全可以通过一系列"如果—那么"(if-then)的规则来操控系统。

不同于"规则遵循型系统"自上而下构建所有相关规则,人工智能的另一子集被称为"机器学习",指由数据自下而上建立的数学模型算法。机器学习有多种形式,其中包括由大量连接层组成的"深度学习"模式。在这些连接层中,输入层囊括初始数据,输出层基于给定的输入产生结果,中间的隐藏层由一系列相互关联的"节点"组成。节点间的相互连接形似生物神经网络(虽然完全不同),使得"深度学习"模式被称为"人工神经网络"。[16] 这种系统的透明度远不如规则遵循型系统,[17] 但仍然有路径可以评估其性能。

(二)评估机器学习的性能

假设一个机器学习型系统通过学习(无论是否采取监督的方式)来发现太阳形状,同时排除闪电形状的情境。在此情境下,系统将被赋予一系列可供识别的图形,识别后的结果如图 1 所示。

如图,系统在区域 1、2、3 和 4 区域中识别图形,并将较小矩形区域(矩形 3+4)内的图形全部识别为太阳。因此,区域 1 中是被系统遗漏的太阳(假阴性值,FN)。区域 2 中是被系统正确排除的闪电(真阴性值,TN)。区域 3 中是被系统正确识别的太阳(真阳性值,TP)。区域 4 中是被系统错误识别为太阳的闪电(假阳性值,FP)。这种体系下,存在多种指标来衡量这个系统的有效性。

---

〔15〕 例如,可参见 R (*Guittard*) *v Secretary of State for Justice* [2009] EWHC 2951 一案中提到的囚犯分类 ICA1 表格算法;以及 R (*Lewis*) *v HM Coroner* [2009] EWHC 661,(2009) 108 BMLR 87 一案中提到的 PSI-17-2006 算法。

〔16〕 例如,可参见 J Schmidhuber, 'Deep Learning in Neural Networks: An Overview' (2016) 61 Science Direct 85.

〔17〕 对于具有不同透明度的算法技术概述,可参见 ICO 和阿兰-图灵研究所, 'Explaining Decisions Made with AI' (20 May 2020) Annexe 2＜https://ico. org. uk/for-organisations/guide-to -data-protection/key-data-protection-themes/explaining-decisions-made-with-ai/＞,2021 年 5 月 17 日访问。

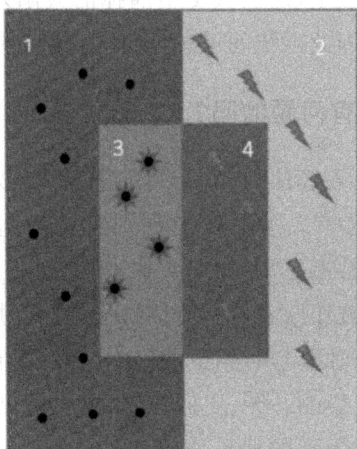

图 1　形状识别系统的示例说明

第一个指标是系统的"敏感性"(或"真正类率")〔18〕,指目标被正确识别的比例。系统在总共 14 个太阳(区域 1+3)中正确识别了 4 个(区域 3),因此该系统的敏感度是 4/14。敏感性也可被称作发现概率。

第二个指标是系统的"特异性",也被称为"真负类率",指对象被正确排除的比例。上述系统正确地排除了 9 个闪电(区域 2+4)中的 6 个(区域 2),因此其特异性为 2/3。

第三个指标为"精确性",与假阳性值相对,指系统发现对象的正确率。该系统发现了 7 个形状(区域 3+4),其中只有 4 个是真正的太阳,因此这个系统的精确性为 4/7。

第四个指标,称为"阴性预测值",与假阴性值相对,指系统排除对象的正确率。因此对于这个系统来说,该值为 6/16。〔19〕

另一方面,"准确性"则是用来衡量整个系统性能的指标。在上述情况中,准确性是区域 2+3 中正确分类的形状数量(10 个)占总形状数量(23 个)的比例,即 10/23。可能有人认为,准确度总是评估系统的最佳指标,但实际上这取决于不同错误的严重程度。例如,如果上述模型用于发现病人

---

〔18〕　有时也被称为"召回"(recall)。

〔19〕　译者注:该系统一共排除了 16 个形状(区域 1+2),包括 10 个是被错误排除的太阳,6 个被正确排除的闪电,因此该值为 6/16。

的癌细胞,那么假阴性数量(即区域 1 中漏掉的太阳)可能比区域 4 中错误识别的闪电数更严重,因此系统的敏感性可能比整体的准确性来得更重要。

(三)算法决策是有问题的吗?

上述评估并不意味着算法决策是有问题的。情况有时恰恰相反,比如算法可以学习如何较之于人类更快地识别癌变细胞,同时排除非癌变细胞。[20] 即使是声称自己不是"大数据吹捧者"的奥尼尔(O'Neill),[21]主要著述"着力于研究数字破坏性武器所造成的伤害和其持续的不公正",[22]也建议使用数据来发现单独监禁对累犯的影响,[23]并指出数据驱动的决策可以对棒球选择产生积极影响。[24] 更何况,人类决策也并非完全准确。人类决定根据直觉或者有意无意的偏见作出,[25]也会受到经验和情绪的影响,比如他们最偏爱的足球队表现,[26]因此不具有一致性。[27] 简言之,自动化决策的使用不可谓朝着错误方向迈出的一步,[28]毕竟较之人类决策,它更理智,更有体系性及一致性。但为了实现对自动化决策的最佳控制,公法仍需要在各种纬度上进行调整。

---

〔20〕 S M McKinney and others,'International Evaluation of an AI System for Breast Cancer Screening' (2020) 577 Nature 89.

〔21〕 见前注[1],第 13 页。

〔22〕 同上注。

〔23〕 见前注[4],第 98 页。

〔24〕 见前注[4],第 27 页。

〔25〕 R Brauneis and E Goodman,'Algorithmic Transparency for the Smart City' (2018) 20 Yale Journal of Law & Technology,103,112.

〔26〕 O Eren and N Mocan,'Emotional Judges and Unlucky Juveniles' (2018) 10(3) American Economic Journal:Applied Economics 171.

〔27〕 参见行政法中的合理预期理论,尤其是在 Mandalia v Secretary of State for the Home Department [2015] UKSC 59,[2015] 1 WLR 4546 一案中的讨论。

〔28〕 进一步参见 Kriti Sharma 的证据,由上议院人工智能特别委员会引用,*AI in the UK:Ready,Willing and Able?* (HL 2017-19,100-I)[118],2021 年 5 月 17 日访问。See also J Cobbe,'Administrative Law and the Machines of Government:Judicial Review of Automated Public-Sector Decision-Making' (2019) 39 LS 636.

二、制定法

（一）制定法首先许可自动化决策

第一个问题，在制定法规范下，政府机关是否可以使用自动化决策。[29]《一般数据保护条例》（GDPR）第 22 条规定，除非有法律依据，数据主体有权不接受包括数据画像在内的完全基于自动化处理的决定，如果该决定产生与他们有关的法律效力或与之类似的重大影响。一般来说，数据主体的明示同意可以作为（第 22(2)(c)条）政府实施自动化决策的法律依据，但这不太可能成为政府机关的依据，因为正如 GDPR 序言条款第 43 条指出的那样：

"在数据主体和控制者之间存在明显不平衡的情况下，特别是在控制者是一个政府机关的情况下，数据主体不可能在所有情况下都自愿作出同意，因此在此情况下同意不应作为处理个人数据的有效法律依据。"

序言条款没有当然的法律约束力，但这并不减损其重要性。欧洲法院曾指出："虽然条例序言中的叙述不构成法律规则，但它们可以增进人们对某条法律规则解释的了解。"[30]

因此，政府机关宁可假定自动化决策需要欧盟及其成员国的法律授权，在立法中"同时规定适当措施以保障数据主体的权利、自由和合法利益"（第 22(2)(b)条）。如果自动化决策涉及 GDPR 第 9 条有关敏感数据的处理（指揭示种族或民族出身、政治观点、宗教或哲学信仰和工会会员资格，或识别基因、生物学、有关健康或性别性向的数据），那么该处理需依据欧盟或者成员国法律，为实现重大公共利益所必须，同时这些法律应当与其所欲实现的目标成比例，并且需要提供适当和具体的措施来保障数据主体的基本权利和利益（GDPR 第 22(4)条）。

---

〔29〕 Regulation (EU) 2016/679 of the European Parliament and Council [2016] OJ L119/1 (GDPR).

〔30〕 Case 215/88 *Casa Fleischhandels* [1989] ECR 2789 [31].

自 2021 年 1 月起,GDPR 被英国版的通用数据保护条例所吸收。[31]
在现有的英国国内法中,2018 年的《数据保护法》(DPA)第 14 条吸收了
GDPR 第 22(2)(b)条的规定[32]。同时,DPA 第 49 条规定,除非法律规定
或授权,执法控制人不得仅根据自动化处理作出重大决定。所谓"重大决
定",指的是该决定产生了对数据主体不利的法律效果或重大影响。DPA
第 96 条对情报机构使用自动化决策也作出了类似规定。

由此可以得出的结论是,如果政府机关想要完全依赖自动化进行决策,
那么他们就需要有特别的法律依据,这些法律依据已经为数据主体提供了
保护。

(二)自动化决策下的数据主体权利

数据主体会因为政府机关使用自动化决策而产生进一步权利。首先,
当政府机关从数据主体处获取数据时,GDPR 第 13(2)(f)条赋予了数据主
体知晓包括数据画像在内的自动化决策存在的权利;有权获得"数据画像过
程中有意义的逻辑信息";以及有权知道这种处理对数据主体的意义及其可
能后果。这些权利是被动性权利,数据控制者必须主动给予数据主体这些
信息。如果数据易手后被用于自动化决策,数据主体有权以两个规定时点
中在先的一个为准(第 14(2)(g)条),获得上述三种信息。第一个时点是新
的数据控制者获得数据后一个月内(第 14(3)(a)条),第二个时点是新的数
据控制者首次与数据主体交流之时(第 14(3)(b)条)。这也是一项被动性
权利,数据控制者必须主动履行义务。此外,GDPR 赋予了数据主体在任何
时候主动获取这些信息的权利。欧盟 29 条数据保护工作小组(即欧洲数据
保护委员会(EDPB))指出,第 15(1)(h)条是"双保险"规范,因为数据主体
通过第 13 条或 14 条的被动性权利,已经得到了这种信息。[33] GDPR 第
22 条还赋予了个人"有权获得控制者人工干预",从而表达其观点,并对决
定提出异议。

进一步产生的疑问是:"数据画像过程中有意义的逻辑信息"的确切含

〔31〕 The Keeling Schedule for which can be found at < www. gov. uk/government/
publications/data-protection-law-eu-exit>.2021 年 5 月 17 日访问。

〔32〕 本章主要参考 GDPR 第 22 条,因为 DPA 修正案还在进行。

〔33〕 Article 29 EC Data Protection Working Party, 'Guidelines on Automated Individual
Decision-Making and Profiling for the Purposes of Regulation 2016/679' COM (2018) 26.

义是什么? 围绕这一点引发的学术辩论广为人知。古德曼和弗拉克斯曼(Goodman and Flaxman)最开始认为该条款赋予了数据主体获得自动化决策的"全面解释"权,从而限制以更不透明方式进行的机器学习使用。[34] 瓦克泰(Wachter)等人对此反驳道,"查询权……仅仅赋予个人算法系统决策的事前解释权……而不是赋予个人对已决具体事项的事后解释权。"[35]第三种观点由塞尔布斯特和鲍尔斯(Selbst and Powles)提出,他们认为对该权利的解释应当符合功能性和动态性,至少让数据主体能够行使他们的一般性数据保护权利和人权。[36] 卡明斯基(Kaminski)给出了与 EDPB 相一致的观点,[37]即"提供给数据主体的信息应该……足够全面,使数据主体能够理解决定的原因",比如"做出决定时考虑的主要特征细节、信息的来源与相关性。"[38]信息专员办公室(ICO)和阿兰-图灵研究所(Alan Turing Institute)的报告[39]也强调了解释算法决定的灵活性和背景的特异性,该报告指出了六种解释种类:基本原理(做出决定的原因);责任(涉及谁的责任和联系到谁的责任);哪些数据被使用以及如何使用;如何确保平等和公平待遇;系统的可靠性、安全性和稳健性;对个人和社会的潜在影响。[40] 他们的解释是:

"我们的研究指出,使用场景是解释涉及人工智能的决策的关键方面……因此,当我们论述如何解释算法决定时……并不是指只有一个方法……或只能提供单一类型的信息……相反,使用场景会影响你使用哪种类型的解释,从而来使人工智能辅助决策对个人是清晰且易于理解的。"[41]

EDPB 指出,GDPR 第 22 条规定的范围是排除了人工干预、完全基于

〔34〕 B Goodman and S Flaxman, 'EU regulations on Algorithmic Decision-Making and a "Right to Explanation"' (2017) 38(3) AI Magazine 50.

〔35〕 S Wachter, B Mittelstadt and L Floridi, 'Why a Right to Explanation of Automated Decision-Making Does Not Exist in the General Data Protection Regulation' (2017) 7 IDPL 76, 83; 也可参见第 84 页。

〔36〕 A Selbst and J Powles, 'Meaningful Information and the Right to Explanation' (2017) 7 IDPL 233.

〔37〕 M Kaminski, 'The Right to Explanation, Explained' (2019) 34 Berkeley Technology Law Journal 189.

〔38〕 见前注〔33〕,第 25-26 页。

〔39〕 见前注〔16〕。

〔40〕 同上注,第 20 页。

〔41〕 同上注,第 21 页。

自动化处理的决定。但即便有人工干预,也不应该使自动化决策脱离数据画像的定义范围。GDPR 第 4(4)条将数据画像定义为:

评估与自然人相关的某些个人情况,特别是为了分析或预测该自然人的工作表现、经济状况、健康状况、个人偏好、兴趣、信用、行为、位置或行踪,而对个人数据进行的任何形式的自动化处理和利用。

由此观之,无论是否完全(若完全基于自动化处理,则触发 GDPR 第 22 条)基于自动化处理,只要决定中存在这种处理,数据主体就可以主张 GDPR 第 13 条至第 15 条的权利。[42] 在完全自动化处理的场合,GDPR 第 22 条第 3 款赋予个人"至少有权获得控制者的人工干预,以表达其观点,并对该决定提出异议。"该款仅适用于基于合同或者明示同意所作出的自动化决策,而不适用于基于法律授权的自动化决策,从而成为政府机关排除人工干预的正当化理由。然而 GDPR 之所以如此设定,恰恰是因为立法者期望人工干预被包含在"保障数据主体的权利、自由和合法利益的适当措施"(第 22(2)(b)条)中。EDPB 也证实道,"适当措施至少应包括让数据主体获得人工干预、表达他们的观点并对决定提出异议的方式。"[43]

英国的国内立法也呼应了这一观点。DPA 2018 第 14 条规定,如果法律规定或授权以自动化形式做出重大决定,那么控制者必须在实际合理的范围内尽快以书面形式通知数据主体,该决定已经做出。这之后,数据主体有一个月时间申请复议,或申请控制者采取不完全基于自动化过程的新决定,控制者则有一个月时间来斟酌、遵从或通知数据主体。英国国务大臣也有权制定进一步的规定来提供额外的措施保障数据主体的权利、自由和合法利益。DPA 对于执法和情报工作也在第 50 条和第 97 条分别设置了类似规定。

(三)《公共部门平等义务法案》和 1998 年《人权法案》

除此之外,2010 年《公共部门平等义务法案》(The Public Sector Equality Duty)(PSED)第 149(1)条规定,政府机关在行使其职能时,必须适当考虑消除歧视、骚扰、伤害和法所禁止的其他行为,必须促进机会平等,促进具有相关受保护特征的人与不具有此类特征的人之间的良好关系。第

---

〔42〕 见前注〔33〕,第 17 页。
〔43〕 同上注,第 27 页。

1(3)条进一步规定,适当考虑促进机会平等的需要,特别是要适当考虑消除或减少具有相关受保护特征的人所遭受与该特征有关的不利条件,采取措施满足这些人的不同需求,并鼓励这些人参与公共活动和其他活动,因为这些人的参与程度与其他人不成比例。相关的受保护特征包括年龄、残疾、变性、怀孕和生育、种族、宗教或信仰、性别和性取向。当然,1998年《人权法案》也提供了保护。这两种形式的保护都在 Bridges 案中发挥作用,[44]该案是处理自动化决策部分问题的首批司法审查案例之一。[45] 在该案中,Bridges 先生辩称,南威尔士警方使用自动化面部识别的技术是非法的。上诉法院同意,认为就《欧洲人权公约》第8(2)条而言,[46]该技术的使用并不"符合法律规定,"因为在何处可以使用该技术,以及谁可以被列入观察名单这些问题上,法律未提供明确指引。法院还认为,警察没有尽到合理义务来履行 PSED 下的职责。具体而言,在一审中,法院听取了一名警官关于在欧洲冠军杯后部署自动化面部识别定位系统的证据。从 2017 年的联赛决赛到 2018 年 6 月,系统产生了 290 个警报,包括 82 个正确识别以及 208 个错误识别。[47] 这些统计数据只适用于那些产生警报的人,而穿过摄像头没有产生警报的人的身份则不得而知。法院进一步听证得知:

188 个警报是男性(65%)。在这 188 个男性警报中,有 64 个(34%)正确识别个体,124 个(66%)错误识别个体。就女性的 102 个警报而言,有 18 个(18%)正确识别个体,有 84 个(82%)错误识别个体。一些女性假警报与被自动化面部识别软件供应商称为"羔羊"的两个人相匹配。"羔羊"具有通用脸部特征,可能会更频繁地参与匹配。

这名警官还审查了那些警报对象者的族裔情况。在正确识别个体中

---

〔44〕　*R (Bridges) v Chief Constable of South Wales Police* [2020] EWCA Civ 1058, [2020] 1 WLR 5037。

〔45〕　此前,针对 A-level 考试决定,(2021 年 9 月 14 日访问)和签证流工具(/www. foxglove. org. uk/2020/08/04/home-office-says-it-willabandon-its-racist-visa-algorithm-after-we-sued-them/ > 2021 年 9 月 14 日访问; H McDonald, 'AI System for Granting UK Visas Is Biased, Rights Groups Claim' *The Guardian* (London, 29 October 2019)2021 年 5 月 18 日访问). 这两个案件都没有被审理,因为在此期间,这些系统已经被放弃了。

〔46〕　另见荷兰案例 ECLI:NL:RBDHA:2020:1878,海牙地区法院的一项裁决,即荷兰政府用来检测各种形式的欺诈,包括社会福利、津贴和税务欺诈的名为 SyRI 的系统违反了《欧洲人权公约》第 8 条。

〔47〕　关于这些术语的定义,请进一步参阅前注〔18〕和周围的文本。

(82个),98％是"北欧白人"。在错误识别个体(208人)中,98.5％是"北欧白人"。因此,警官得出结论,根据他的经验和既有信息,没有发现基于性别或者种族的偏见。

然而,一审法院也听取了美国计算机科学教授然(Jain)博士的专家证据,它指出系统准确性的一个关键因素是其训练数据的准确性(accuracy of its training data)[48](训练数据是如何代表世界上例子的真实分布,真实性是否以某种形式偏移)。由于南威尔士警方并不清楚训练系统的数据,这意味着他们没有办法确定是否存在偏见。相反,提供自动化面部识别技术公司提供的证据显示,该系统是在数量大致相同的男性和女性面孔和广泛的种族数据上进行训练的,不过出于商业敏感的原因,其没有提供更多的数据细节。然博士对此的回应是,如果没有能力对算法训练数据集的人口组成进行彻底的评估,南威尔士警方将无法评估训练数据是否或者可能存在偏差。

在上诉中,上诉法院就这一证据提出了两个观点。其一,警官可能在数字科学方面不是相关软件的技术专家。虽然上诉法院认为,"本法院的作用不是对(两对证人)所表达的不同观点进行评判。这对于司法审查的要求不合适,更不必说是在上诉中,"[49]但它仍然进行了类似的工作。事实上,这也难以避免。如果法院简单地指出南威尔士警方的不足,而不为未来的政府行为提供任何指示,就没有任何意义。为了提供这种指示,如在Bridges案中,法院不可避免地要对技术性证据进行详尽研究,这一点毫无疑问也是法院在今后类似司法审查案件中会出现的情况。

其二,虽然上诉法院认为立即删除那些未产生警报的人的数据是一种完整的数据保护措施,但这并不意味着该软件没有需要被评估的内在偏见,而这只有通过访问这些数据才能做到。法院进而认为,南威尔士警方并没有直接或通过独立的核查来满足自己的要求,即本案中的软件程序不存在基于种族或性别的不可接受的偏见。虽然法院理解对于商业机密的担忧,但由此导致的信息缺失(也包括训练数据集)"并不能使政府机关履行149条规定的自身的、不可委托的责任。"[50]事实上,法院已经确认"作为自动化

---

〔48〕 译者注:训练数据(或训练数据集)是用于训练机器学习模型的初始数据。

〔49〕 见前注〔44〕,第199段。

〔50〕 同上注。

面部识别系统是否有偏见的最低限度在于需要了解数据库的统计数据,如男性和女性的数量,以及考虑到的不同种族等。"[51]

因此,有观点可能会认为,作为政府与该系统私人供应商合同的一部分,如果政府机关希望使用算法,它首先必须获得这些数据。但是,由于这在商业上是不现实的,所以似乎迫切地需要提供一种新方法来遵循 PSED。正如然博士的证据所示,只要"对算法训练数据集的人口组成进行某种彻底的评估",就没有必要获取实际数据。但这样做的危险在于,政府机关必须相信数据的所有者能够准确地提供这些信息,反之,数据集所有者可能会担心泄露太多的信息会近乎泄露实际数据。因此,最好有可以接触到商业敏感数据的核查主体(比如专利局)来进行必要的监管核查,政府再使用从核查主体获得"风筝标记"的系统,从而符合 PSED 的规定。[52] 然而,目前还没有这样的系统,事实上,Bridges 案也只处理了一系列审查中的其中一种情况。

三、普通法

如上所示,迄今为止,制定法在政府机关使用自动化决策中扮演双重角色,一是提供依据,二是实现规制,但在未来,普通法的司法审查规则也将发挥作用。[53]

众所周知,司法审查作为裁判机制,不会在法院不同意"比赛结果"时介入,只有在政府机关违反了特定的法律规则时才会介入。[54] 这些特定规则包括:政府机关必须具备作出决定的管辖权;[55]不得拘束或转授其自由裁

---

〔51〕　同前注〔44〕,第 193 段。

〔52〕　译者注:风筝标记,是指英国标准协会的产品优质安全标记。

〔53〕　可进一步参见 R Binns, 'Algorithmic Decision-Making: A Guide for Lawyers' (2020) 25 JR 2.

〔54〕　*R v Secretary of State for the Environment ex p Hammersmith and Fulham LBC* [1991] 1 AC 521, 561 (Lord Donaldson).

〔55〕　例如可参见 *Moyna v Secretary of State for Work and Pensions* [2003] UKHL 44, [2003] 1 WLR 1929; *Pendragon Plc v Revenue and Customs Commissioners* [2015] UKSC 37, [2015] 1 WLR 2838, 〔49〕-〔51〕; *R v Monopolies and Mergers Commission ex p South Yorkshire Transport* [1993] 1 WLR 23 (HL).

量权；[56]必须遵循正当程序，这意味着不得有偏见；必须针对相对人举行听证，并有义务就其决定提供理由；[57]作出决定时必须且只能考虑所有正确的因素；[58]最终决定必须是合理或合比例的。[59] 然而，虽然这些审查由被用来反对政府行为，但是司法审查不应该也不必完全与政府机关的利益对立。司法审查作为"肩上的法官"，[60]目的是为政府积极提供事前指导和挑战事后行为。增强政府决定的合法性，可以提高公众对政府机关的信心和信任，从而使政府机关更容易获得公众的协作和遵守，在自动化决策方面尤其如此，正如 ICO 和阿兰-图灵研究所的指导意见解释的那样："个人对做出与之相关决定的人工智能模型了解越深，就越有信心与这些系统进行互动，并信任其使用。"[61]

四、连接两套规范

普通法规则不仅本身互相关联，而且还可以通过两种方式与制定法联

---

〔56〕 例如可参见 *Carltona v Commissioners of Works* [1943] 2 All ER 560；*R (CCWMP) v Birmingham Justices* [2002] EWHC 1087，[2002] *Crim LR* 37；*R v Inhabitants of Leake* (1833) 5 B & Ad 469；British Oxygen v Minister of Technology [1971] AC 610

〔57〕 例如可参见 *Dimes v Grand Junction Canal Co* (1852) 3 HLC 759；*R v Amber Valley DC，ex p Jackson* [1985] 1 WLR 298；Ex p Kirkstall Valley [1996] 3 All ER 304；*R v UFC，ex p Institute of Dental Surgery* [1994] 1 WLR 242；M Elliott, 'Has the Common Law Duty to Give Reasons Come of Age Yet? ' [2011] PL 56；*Secretary of State for the Home Department v AF* (No 3) [2009] UKHL 28，[2010] 2 AC 269，following *A v United Kingdom* (2009) 49 EHRR 625 (GC) and *R (Bourgass) v Secretary of State for Justice* [2015] UKSC 54，[2016] AC 384.

〔58〕 *R v Governor of Brixton Prison ex p Soblen* [1963] 2 QB 243，302；Bancoult [2013] EWHC 1502，[2014] Env LR 2；*R v Rochdale MBC ex p Cromer Ring Mill* [1982] 3 All RR 761；*R v Westminster Corporation v LNWR* [1905] AC 426；*Tesco Stores v Secretary of State for the Environment* [1995] 1 WLR 759.

〔59〕 *Associated Provincial Picture Houses v Wednesbury* Corporation [1948] 1 KB 223 (CA)；Ex p Barry [1997] AC 584；Tandy [1998] AC 714；*R (Quila) v Home Sec* [2011] UKSC 45，[2012] 1 AC 621；R *(Wandsworth v Schools Adjudicator)* [2003] EWHC 2969，[2004] ELR 274；R *(Law Society v Legal Services Commission)* [2010] EWHC 2550，[2011] ACD 16；*A v Home Secretary* [2004] UKHL 56，[2005] 2 AC 68.

〔60〕 译者注：肩上的法官(The Judge Over Your Shoulder)，指英国政府法制部门给政府官员编写的一本司法审查指南。

〔61〕 见前注[17]，第 57 页。

系。首先,发展行政法是为了使之成为规制决策过程的理想工具,在其中我们可以寻找到一些表达式定义,诸如"保障数据主体的权利、自由和合法利益的适当措施"(GDPR 第 22(2)(b)条)和"数据画像中有意义的逻辑信息"(GDPR 第 13(2)(f)条等等。当然,有时这一作用由立法规范明确规定。例如,GDPR 经常提到行政法中闻名遐迩的"合比例"概念,指敏感数据处理行为为重大公共利益、存档、科学或历史研究目的,必须与"追求的目标相称"。[62] 其次,与政府机关自动化决策有关的人会首先将问题提交给 ICO,然后可以通过初审裁判所的一般监管庭对 ICO 作出的决定提出质疑,最终再通过司法审查。[63]

因此,无论是 ICO 的告知审查、对其决定上诉,还是直接对自动化决策的公法适用进行审查,普通法规范都可以通过补充制定法来发挥重要作用。问题在于这些审查理由应当如何调整,才能最适于政府机关发展对自动化决策使用。

五、司法审查标准在自动化决策中的适用

(一)遵循正当程序

尽管关于自动化决策的非法律讨论经常提到"偏见"这一概念,但对于公法律师来说,这一抗辩事由对既得利益的关注过于特别,因此它在行政法技术意义上没有帮助性。[64] 然而在过去,行政法往往不仅试图控制政府机关选择个别制度的公正性,也首先控制对特定决策制度的选择本身。[65] 如果这种情况得以维持,未来的法院将很有可能被请求审查自动化决策的选

---

〔62〕　参见 GDPR 第 9(2)(g) 和 (j)条;也可以参见第 14(5)(b)条以及第 19 条。

〔63〕　对 ICO 的最初追诉权是向第一级法庭(一般监管庭)提出的,但 DPA 2018,第 163(3)条表明,司法审查的理由将作为允许上诉的潜在理由。然后通过上级法庭进行上诉,最终(尽管很少)导致司法审查。Information Commissioner's Office, 'ICO Disclosure Log—Response IRQ0686975' (2017)＜https://ico. org. uk/media/about-the-ico/disclosure-log/2172601/irq0686975-response. pdf＞,2021 年 7 月 11 日访问。

〔64〕　Dimes 案,见前注〔57〕。

〔65〕　例如,见第 6 条规定,法庭必须是独立和公正的,而不是仅仅作为一种政治决策方法本身是合理的。Amber Valley 案,见前注〔57〕;*Kirkstall Valley*,见前注〔57〕。

择以及其实施的程度,特别是选择一种自动化决策而非另一种的原因。ICO 列出了一系列不同形式的自动化决策,以及它们各自的可解释性程度,[66]并补充建议:"所选用的模型对于使用情形和它对决策接受者的影响来说,都应具备正确的可解释性程度。"[67]因此,未来法院可预见地将被请求审查这种选择,以确定其是不是公平的程序。在这方面值得注意的是,下文讨论的 Ivory Coast 案[68]在确定政策可以严格适用之时,将公平原则作为补偿性考量。同理,法院也必须发展技术专长来理解不同系统之间的差异,并制定一套合理原则来确定特定系统在不同情况中适用的适当性。对于正当程序,行政法的历史不可避免倾向于认为一个程序表面上越近似法庭,它就越被认为是公平的(特别是《欧洲人权条例》第 6 条提到了"独立和公正"的法庭),但若依这种评判方法,那么除了将自动化决策简单地拒之门外,别无他用。如果政府机关要利用自动化系统潜在利好的同时,确保其公平地被选择和运作,公法将不得不创制出一种更为先进的方法,使合适的系统与适用情境相匹配。与程序公正性密切相关的审查理由将使法院能够做到这一点,即关于透明度和给出理由的法律。这类法律既可以为法院解释"数据画像中的有意义逻辑信息"提供参考,其本身也可以直接作为审查理由。

有两套处理透明性等问题的司法规则:(如果存在)关于在决定后给出理由的责任,[69]以及指明原告有权获得针对他们个案的通知,以便公平聆讯。[70] 两者通常有联系,决定后给出的理由往往与随后的任何上诉都是相关的,因此其变得更类似于通知。ICO 指南强化了通知和给出理由的处理,该指南指出:

"至关重要的是,相对人应当了解自动化决策或人工智能辅助人类决策的结果所依据的理由。如果这个决定不符合预期,可以让他们评估决定的理由是否有瑕疵。如果他们想质疑这个决定,了解决定的理由可以帮助他们形成一个连贯的论点,说明他们为什么如此认为。"[71]

---

〔66〕　见前注〔16〕。

〔67〕　同前注〔16〕,第 48 页。

〔68〕　EK (*Ivory Coast*) [2014] EWCA Civ 1517, [2015] Imm AR 367.

〔69〕　例如可参见 UFC 案和 Elliott 文,见前注〔57〕。

〔70〕　例如可参见 AF(No 3)案和后续的 A 案,见前注〔57〕。

〔71〕　见前注〔16〕,第 23 页。

给出通知的责任在普通法中有坚实的基础,甚至在非公开材料程序(CMPs)中,被告知也必须知晓针对他们案件的"诉讼要点"。[72] 在Bourgass案中,[73]里德(Reed)勋爵认为:

"除非囚犯知道所推进案件的实体内容,否则他的陈述权基本上没有任何价值……这通常不要求披露主要证据……(但)需要的是真正有意义地披露[做出决定]的原因。"[74]

"因此,针对囚犯风险或行为的一般性陈述是不够的。在法律通常要求'给出要点'的情况下(例如,原告的自由受到威胁的情况下),政府机关不允许使用太过'黑箱'的自动化决策系统。"[75]

Houston Federation of Teachers v Houston Independent School District(HISD)一案[76]的裁决证明了这一点,在该案中,休斯敦独立学区通过私主体开发的教育增值评估系统(EVAAS)来计算教师分数。教师们争辩说,这些分数会成为其表现不佳的理由,进而被用来终止合同,而他们也没有效的办法来确保其分数被正确计算。作为回应,休斯敦独立学区要求对教师进行即决审判,但这一要求遭到拒绝,理由是"休斯敦独立学区的教师没有任何有意义的方法来确保他们的EVAAS分数被正确计算,因此,他们工作中受宪法保护的财产利益被错误地剥夺了。"[77]于是案件最终以允许原告进入法院审判程序的方式解决,休斯敦独立学区也停止了使用EVAAS的分数。[78]

在法国,立法甚至走得更远,自动化决策的使用者被要求公布其源代码。此外,《数字共和国法》(Digital Public Law)也要求政府公布其使用的

---

〔72〕　同前注〔16〕。

〔73〕　*Bourgass*案,见前注〔57〕。

〔74〕　同前注〔57〕,第100段。

〔75〕　另见Oswald文前注〔3〕到〔8〕。诚然,在美国 *State of Wisconsin v Loomis* 案中,2016 WI 68,371 Wis 2d 235,881 NW 2d 749 这一理由不太成功。但在Loomis案中,这并不是一个必要的判决理由,因为法院在任何情况下都是以其他理由为原告辩护的(详见下注〔114〕的文本)。

〔76〕　*Houston Federation of Teachers v Houston Independent School District* 251 F Supp 3d 1168(SD Tex 2017).

〔77〕　同前注〔76〕。

〔78〕　M Cummings, 'Federal Lawsuit Settled between Houston's Teacher Union and HISD' Houston Public Media (Houston, 10 October 2017) < www. houstonpublicmedia. org/articles/ news/2017/10/10/241724/federal-law-suit-settled-between-houstons-teacher-union-and-hisd/> 2021 年 5 月 19 日访问。

任何源代码。如此规定对一个规则遵循型系统非常有效,但对机器学习来说则效果有限。[79]

总而言之,在未来,特定自动化决策系统的透明度水平会受到质疑,同时另一个密切相关问题也会引发质疑:为什么选择该系统,而不是另一个更透明的系统。因此,法院将不得不继续他们在非公开材料程序方面已经开始的工作,[80]即准确地确定在不同情境下自动化决策需要多强的透明度,以及何时需要这些透明度,正如休斯敦法院所述,应该允许对"成本"的衡量大过对"准确性"的衡量(或补充上面详述的任何其他衡量标准)。

(二)管辖权规则

众所周知,在管辖权规则下,政府机关应正确解释行使其权力的任何先决条件。因此,如果法规规定"若[X 事件发生],政府机关可以或者应当做[Y 事情]",政府机关必须首先评估 X 事件是否实际发生。但是,如果先决条件 X 的存在是由自动化决策而不是由人类决策者决定的,这一点是否仍然成立?

答案取决于系统的性质。虽然机器学习型的自动化决策可能作为一个"黑箱"运行,[81]但是规则遵循型系统并非如此,[82]对于后者,有必要给系统提供一套用于决定 X 条件是否得到满足的参考标准。这个过程仍然需要人的判断,而人的判断可能会继续以正统的方式得到司法尊让。但是,尽管自动化决策可能会使得决策本身的透明性缺失,通过规则遵循型系统向机器指定参考标准的过程,却可能反过来弥补决策的透明性与意识性。因此,这个指定标准的过程意味着,相较于人类决策者,法院可能有更多的材料需要审查。这也适用于回归模型中输入变量的透明度。事实上,即使是机器学习,如果它被赋予有标签的数据来进行识别工作,那么这些标签的选

---

〔79〕 关于透明度的局限性,请进一步参见 L Edwards and M Veale, 'Slave to the Algorithm? Why a "Right to an Explanation" Is Probably Not the Remedy You Are Looking For' (2016) Duke Law & Technology Review 18.

〔80〕 例如可对比前注〔57〕AF(No 3)案与 *Home Office v Tariq* [2011] UKSC 35, [2012] 1 AC 452 一案。

〔81〕 见前注〔5〕。

〔82〕 见前注〔17〕。

择也会更加透明,从而促进公开审查,这种模式被称为"监督学习"。[83]

　　不过整体而言,政府机关使用自动化决策将减少司法的尊让。因为人类在自由裁量权范围内可以做出广泛、模糊甚至无意识的决定,被替换为了一系列详细且明确的技术决定,由于透明度缺失,更易受到司法审查。即便如此,这也是自动化进程中不可避免的一部分,也是必须付出的代价。如果自动化决策使用了机器学习,还会产生一系列额外的问题。

　　South Yorkshire Transport 案[84]中的决定表明,确保在司法审查中维持上诉/审查区别的一种方法是,法院将 X 条件限定在一个可接受范围内,而后政府机关在这个范围内自行决定。但是,在评估系统的性能时,上述不同的指标中哪一个应该被优先考虑,以决定它在 South Yorkshire 案中是否"合理"? 是由一个敏感性高的系统来决定? 还是准确性? 抑或是精确度? 什么因素会导致选择这些指标中的一个而非另一个? 况且这些仅仅是部分潜在相关指标。[85] 在 Bridges 案中,[86]上诉法院明确认为南威尔士警方对于是否存在偏见的准确性评估不充分(对各子群体准确性的评估不均衡),不符合 PSED。因此可以预见,为了建立政府机关的管辖权,自动化决策系统需要为 X 条件的满足做出正确的决定,而用以评估决定是否正确的指标,也将在一定时间内受到司法审查的挑战。

　　这些都是法律迄今为止尚未解决的新问题,但如果政府机关继续使用自动化决策,这些问题迟早会不可避免地出现在司法审查中。当这些问题出现时,正如 Bridges 案所表明的那样,法院必须详细掌握技术问题和法学理论,以便在回答这些问题时,为系统操作者提供有益的指导,同时为受其影响的人提供必要的保护。

　　相反,没有任何固有的理由说明机器学习型的自动化决策应该比它所增补或取代的人类决策更加准确。[87] 然而,有两个问题,使得我们应该对这样一个系统可能出现的任何错误更加警惕。

　　第一个问题来自创建此类系统的方式,正如 Bridges 案所指出的一样。

---

　　〔83〕　与无监督学习相反,在无监督学习中,系统得到的是没有标签的数据,它通过自己提取特征和模式进行识别工作。

　　〔84〕　见前注〔55〕。

　　〔85〕　也可参见 F-score: the harmonic mean of precision and recall。

　　〔86〕　见前注〔44〕。

　　〔87〕　见前注,如〔26〕。

显然,人类决策者很可能有隐性偏见,导致恶性循环的产生。但重要的是,这是无意识的。人类决策者原则上经过训练,本应作出客观判断,而偏见是意外产生的障碍。这些左右着人类决策的不平等与偏见,也被明确地植入了基于现有训练数据创造的自动化决策系统中,成为使用这些系统的难题。也正是数据中主观的偏见,而非客观的原则,引导着自动化决策系统的不断复制。虽然较之人类决策,这并不表明自动化决策更具"偏见",但它确实意味着(1)自动化决策系统产生歧视性决定的确定性比人类决策者更高;(2)虽然我们可以且应当让人类决策者强制接受培训以摆脱其偏见,但我们对人类偏见的深度,以及可能成功消除偏见的方法了解甚少。反过来说,对于自动化决策系统而言,我们至少可以准确地衡量偏见,并直接评估为避免这种偏见所做的尝试是否成功,[88]我们责无旁贷地需要这么做。

第二,自动化决策系统的缺陷带来的影响面过宽。正如纽约大学 AI Now 研究所解释的那样,一个有缺陷的自动化决策系统的使用规模大于任何人类个体决定。即使自动化决策系统产生错误决定的比例较低,但决定的数量庞大,仍然会使很多人受到影响。[89]况且,自动化决策系统中的错误虽然很少,但大多恶劣,这意味着识别和纠错的负担更重。

此外,机器学习只能根据自己的标准来确定法规中特定 X 条件的满足情形,尤其是在无监督学习模式下。这引发一个问题,即机器学习在作出决定时如何考虑到正确的因素,将在下文具体论述。

(三)将正确的因素纳入考量

从上面关于"给出理由"一节中的引注中不难发现,理由透明性重要在

---

〔88〕 例如参见 N Mehrabi and others,'A Survey on Bias and Fairness in Machine Learning' ArXiv Research Paper (arXiv:1908. 09635v2 [cs. LG] 2019) 2021 年 5 月 19 日访问; D Pedreshi, S Ruggieri and F Turini, 'Discrimination-Aware Data Mining' (Proceedings of the 14th Association for Computer Machinery SIGKDD International Conference on Knowledge Discovery and Data Mining, August 2008); C Dwork and others, 'Fairness through Awareness' (Proceedings of the 3rd Innovations in Theoretical Computer Science Conference, January 2012); M Hardt, E Price and N Srebro, 'Equality of Opportunity in Supervised Learning' (Proceedings of the 30th International Conference on Neural Information Processing Systems, December 2016)

〔89〕 M Whittaker and others, 'AI Now Report 2018' (AI Now Institute 2018) 18 < https://ainowinstitute. org/AI_Now_2018_Report. pdf>,2021 年 5 月 19 日访问。

于,法院或其他相对人可以凭此对决策者决定时的考量因素提出质疑。[90]这将确保决策者在做出决定时不是出于不正当的目的,[91]或基于不相关的考虑,[92]同时确保所有相关因素已经被纳入考量。至于赋予指标的权重,则由决策者来选择。[93]很明显,这种审查理由与自动化决策的审查非常相关,尤其是潜在的"偏见",即系统中的歧视。典型例证如,Wednesbury案中依靠不允许的歧视性特征(红头发)来作为禁入事项的做法。[94]

相关性问题可能会出现在两个阶段,第一,人类决策者必须确定考量的指标与自动化决策系统的决定结果有多大相关性,第二,自动化决策系统在作出决定前必须考虑各种因素,确定最后要么交由人类决策,要么由系统来执行。这表明,法律需要一个成功、清晰并且确定的计算方法,以衡量不同情况下的相关性问题。然而,我们距离做到这一点还很远。举例而言,有时可以将经济成本作出决定时的相关因素来考虑,[95]有时则不可以,[96]但何时或者为何如此,并不明晰。就像经济成本一样,如果法律无法确立相对普遍的相关因素,那么它在处理自动化决策时将面临更多挑战。

例如,如果人类决策者考虑自动化决策系统的输出,那么该输出是否确定具有相关性,就取决于输出的质量,对机器学习来说尤其如此。但正如上文所述,不同指标有不同侧重,决策质量也可以通过各种不同的指标来衡量。在此处我们面临与之前相同的挑战:在满足什么衡量指标的情况下,可以认为自动化决策具备了相关性呢?到底是满足准确性、精确性、灵敏度还是其他的一些指标呢?同理,不同的衡量标准在不同情境中都可以赋予系统适当性,只是适当性程度不同。[97]因此,公法的工作是确定这些衡量标准中哪个更应适用于个案。

目前的情况恰恰相反,一旦一个因素被认为是具有相关性的,最终是由人类决策者来确定赋予该因素的权重。[98]然而,在PSED的背景下,特定

---

〔90〕　例如可参见前注〔58〕,*Governor of Brixton Prison* 案与 *Bancoult* 案。
〔91〕　见前注〔58〕,*R v Westminster Corporation v LNWR* 案。
〔92〕　见前注〔58〕,*Rochdale MBC* 案。
〔93〕　见前注〔58〕,*Tesco* 案。
〔94〕　见前注〔58〕,*Associated Provincial* Picture Houses 案。
〔95〕　见前注〔59〕,*Barry* 案。
〔96〕　见前注〔84〕,*Tandy* 案。
〔97〕　见上,注〔81〕到〔84〕之间的文本。
〔98〕　见前注〔58〕,*Tesco* 案。

受保护群体的平等性考量并不能被充分考虑,因此普通法需要超越这个范畴。例如,如果一个自动化决策系统对某些人有显著不利影响,那么即使他们不受到 PSED 的保护,决策者也应该将此作为相关因素,以评估自动化决策系统的表现和相关性。在此情况下,决策者获得的司法尊让程度应该低于 Tesco 案[99]所确立的标准。

如果让自动化决策系统自身来确定相关因素,那么该系统的类型就很重要。正如上文提到与管辖权基础相关的内容,[100]相较于人类决策,某些系统的自动化决策会赋予相关因素更高的透明度。通过训练系统、回归数据标记以及建立规则遵循系统等方式,系统对相关因素的选择成为一种有意识的结果。

相反,由于机器学习依靠统计推断而非逻辑推理,所以机器学习型系统在使用一个特定因素时,它不会像人类那样直接识别出该因素与决策的相关性,而只是通过统计来推断可能相关的概率。例如,一家营销公司能够使用 YouGov 个人资料数据来确定 2016 年脱欧公投中"脱欧派"和"留欧派"所青睐的前 10 个品牌。[101]假设人们所站持方是公法决策的相关考虑因素。如果要创建一个自动化决策系统来做出决定并进行计算,即由于 HP Sauce 是脱欧者的头号品牌,因此购买该品牌与脱欧投票高度相关,那么自动化决策系统是否允许将购买 HP Sauce 作为其本身考虑的相关因素? 从人类的角度来看这种方法是不被允许的,因为考虑因素的相关性主要着眼于该因素与预期结果的关系。但自动化决策系统却可以且能够这么做,因为仅从准确性出发,它远超人类决策者。因此,针对"相关性"这一问题的法律需要变得更精细。

第二点,不论确切的系统类型是什么,需要有正确的人来为相关因素的选择负责。正如 COMPAS、EVAAC 和 AFR Locate 这些算法系统一样,私人公司通常是选择和做出"技术"决定的主体。然而一方面,对于这些私人公司而言,只要系统的输出与上述相关指标的关联成功,创造系统时做出的纯粹技术性选择就是适当的。另一方面,对于政府的义务而言,Bridges 案

---

〔99〕 同上注。

〔100〕 见上,前注〔81〕的文本。

〔101〕 E James, 'The Top 10 Brands Favoured by Remainers and Brexiters' Campaign (1 August 2016)<www. campaignlive. co. uk/article/top-10-brands-favoured-remainers-brexiters/1403991>,2021 年 5 月 19 日访问。

的判决指出，[102]政府机关的职责不仅延伸到这些系统的输出，也延伸到输入。因此，政府机关应该是决定相关因素选择政策的真正主体，传统的问责制仍然适用。就像 Bridges 案中一样，政府机关需要进一步地进行"上游"调查，甚至需要在购买系统前，审查系统的设计。法院因此将减少对政府机关的司法尊让，但这也是使用自动化决策系统的必要代价，否则问责制就可能被架空。这进一步引申到下一个相关的审查理由。

（四）禁止拘束裁量权与禁止授权原则

原则上，政府机关不能转授法律授予它的权力。但政府机关及其高级官员面临诸多且不同的社会负担使这项原则的适用变得不现实。[103] 同理，法院在 Ivory Coast 案中也希望政府在牺牲自由裁量权和追求效率和一致性上达到平衡。[104] 具体而言，法院认为政府机关不得"限制其自由裁量权"，不得通过合同[105]或严苛的政策[106]过度约束自己。法院对此有一系列判决，其中最为正统的立场来自 British Oxygen 案[107]：在适用政策时，决策者不能对其他考虑因素"充耳不闻"。在一些案件中，法院更加限制政策发挥作用。[108] 而在一些相反的判决中，即使是决策完全由人类做出，法院也允许相当自动地适用政策。[109]

无论系统使用哪种技术，这些审查理由对政府机关适用自动化决策有一定影响。首先，正如 Bridges 案指出的那样，即使自动化决策系统是由私人公司提供的，政府机关的义务不会因此被消除或取代。[110] 其次，上述案件的审查理由表明，决策者很难证明完全依赖算法是合理的，因为人类决策者基本上会不加考虑地遵循机器建议的结果。[111] 当然，根据 2018 年 DPA

---

〔102〕　见前注〔44〕；也可参见前注〔3〕，Oswald 文。

〔103〕　例如可参见前注〔56〕，*Carltona* 案与 CCWMP 案。

〔104〕　例如，见前注〔68〕，*Sales LJ* 和 *Floyd LJ* 在 *Ivory Coast* 案中的对比，并注意到 Sales LJ 在第 40 段中明确提出要取得平衡。我很感谢 Jack Beatson 对这一点的讨论。

〔105〕　见前注〔56〕，*Inhabitants of Leake* 案。

〔106〕　见前注〔56〕，*British Oxygen* 案。

〔107〕　同上注。

〔108〕　*Stringer*［1970］1 WLR 1281.

〔109〕　例如可参见前注〔68〕*Ivory Coast* 案。

〔110〕　见前注〔44〕。

〔111〕　在一些已判决的案件中似乎也是如此，下文将进一步详细讨论，例如 *Loomis* 案，见前注〔75〕。另见 *Houston* 案，前注〔76〕。

第 49 条或 GDPR 第 22(b)条,如果政府机关完全依赖自动化处理进行决策,需要通过立法来规定"保护数据主体的权利、自由和合法利益的措施。"这反过来说明,应当适用禁止拘束裁量权与禁止授权原则。

第一,人工干预不足以使自动化决策通过禁止拘束裁量权与禁止授权原则的审查。在 Bridges 案中,[112]上诉法院不认为人工干预会带来任何影响,给系统配备"人类故障保险"不能成为一种最低的合法要求。上诉法院特别注意到的事实是,至少要有两个人决定对自动化面部识别系统的匹配采取行动,其中包括至少一名警察,政府才会最终干预系统的决策。上诉法院就其截然不同的观点给出了三个理由:首先,PSED 是关于需要遵循的程序义务,而不是在特定案件中是否达到了正确的结果;其次,上诉法院认为"人类也会犯错误,尤其是在辨认对象的时候";再次,在任何情况下,相关问题是"南威尔士警方没有获取相关软件可能存在偏见的信息。"换句话说,南威尔士警方在这个特殊情况下的平等保护义务使其需要确定自动化面部识别系统的训练数据是否存在偏见。因此,由于人本身可能出错,这种程序性义务不能通过人类的检查来履行或避免。

第二,禁止拘束裁量权与禁止授权原则的内涵表明,即使自动化决策有人类参与,相关人员也应审慎,不得过度依赖技术。其他学科领域的文献充分显示,[113]人类在使用自动化系统时普遍有两种倾向:其一,自动化偏好(automation bias),指即使信息来源不尽相同,非计算机科学家也有更信任自动化系统,更依赖技术提供信息的倾向;其二,自动化自满(automation complacency),指人类对于系统错误的怀疑程度较低,对其准确性的信任较强,因此对技术监控不警惕的倾向。禁止拘束裁量权与禁止授权原则是使公法能够防范这种情况的有效工具。

---

〔112〕 见前注〔44〕。

〔113〕 ISMP Canada, 'Understanding Human Over-reliance on Technology' (2016) 16(5) ISMP Canada Safety Bulletin 1; K Goddard, A Roudsari and JC Wyatt, 'Automation Bias: A Systematic Review of Frequency, Effect Mediators, and Mitigators' (2012) 19 Journal of the American Medical Informatics Association 121; R Parasuraman and DH Manzey, 'Complacency and Bias in Human Use of Automation: An Attentional Integration' (2010) 52 Human Factors 381. 也可参见 C Knight, 'Automated Decision-Making and Judicial Review' (2020) 25 JR 21; Claimant's statement of facts and grounds in Foxglove, 'How We Got the Government to Scrap the Visa Streaming Algorithm——Some Key Legal Documents' (4 August 2020) pars 53–8<www.foxglove.org.uk/news/c6tv7i7om2jze5pxs409k3oo3dyel0>,2021 年 5 月 18 日访问。

威斯康星州最高法院 Loomis 案的判决佐证了过度依赖决策系统的违法性。[114] 该判决中的被告是根据 COMPAS 生成的风险评分来判刑的。COMPAS 是一个旨在评估罪犯犯罪状况和再犯风险的算法工具,由私人公司 Northpointe 创建,[115]广泛运用于美国各地的执法机构。威斯康星州最高法院认为,"[由 COMPAS 生成的]风险评分不能用作决定罪犯在社区中是否能得到安全有效监督的决定性因素",[116] 也不能用来决定罪犯是否应该被监禁或决定判刑的严重程度。相反,它认为,"巡回法院必须解释除 COMPAS 风险评估之外,能够独立支持判刑的因素。COMPAS 风险评估只是在判刑时可能考虑和权衡的众多因素之一。"[117]

同理,在英格兰的判决中,地方议会论证了其在作出决策时不仅考虑了残疾人福利资源分配系统的评估,但法院认为这[118]"只是评估的起点"。系统是否"足够灵活"以满足个体预算的需求,才是确立合法性的一个关键因素。[119]

自动化决策带来更普遍的危险是,激发去个性化并使得政策僵化。这是反直觉的,毕竟"大数据"的关键目标之一是开发更多精确且量身定制的解决方案。[120] 例如,个性化的微靶营销[121]和精准医疗[122]概念为人们所熟知,因此有观点认为法律应该朝着类似的方向发展,使诸如过失标准之类的

---

[114]　见前注[75]。

[115]　Northpointe, 'Practitioners Guide to COMPAS' (17 August 2012) < www. northpointeinc. com/files/technical_documents/FieldGuide2_081412. pdf>,2021 年 5 月 19 日访问。

[116]　见前注[75],第 44 和 99 段。

[117]　这与前注[108]Stringer 案中适用于一项政策的审查相同。

[118]　其中至少在某些情况下涉及 Quickheart 软件,见前注[7],W 案。

[119]　*R (Savva) v Royal Borough of Kensington and Chelsea* [2010] EWCA Civ 1209, [2011] PTSR 761; *KM v Cambridge* [2012] UKSC 23, [2012] 3 All ER 1218.

[120]　例如可参见 Lord Sales, 'Algorithms, Artificial Intelligence and the Law' (2020) 25 JR 46, [15].

[121]　参见 Q Andre' and others, 'Consumer Choice and Autonomy in the Age of Artificial Intelligence and Big Data' (2018) 5 Customer Needs and Solutions 28.

[122]　例如可参见 M Panahiazar and others, 'Empowering Personalized Medicine with Big Data and Semantic Web Technology: Promises, Challenges and Use Cases' (Proceedings of the 14th Association for Computer Machinery SIGKDD International Conference on Knowledge Discovery and Data Mining, August 2008)<www. ncbi. nlm. nih. gov/pmc/articles/PMC4333680/>,2021 年 5 月 19 日访问; V Gligorijevi, N Malod-Dognin and N Pržuli, 'Integrative Methods for Analyzing Big Data in Precision Medicine' (2016) 16 Proteomics 741.

规则个性化。[123] 然而,这些例子间存在本质区别。在医学领域,虽然数据可以用来确定一种可能的治疗方案,但如果不进行额外检查,就不能确定患者或其疾病具有相关遗传密码,因此这种治疗方法应用于特定患者的可能性就会变小。举例来说,相关研究已经确定维拉菲尼(vemurafenib)仅对癌症检测为 V600E BRAF 突变阳性的患者有效,但在给病人开一个疗程的药物之前,要对个别病人进行检查,看他们是否发生有这种突变。[124] 相比之下,在针对营销,或者"量身定制"的法律制度中,没有这种针对具体案例的个性化测试阶段。系统预测到个人将满足特定标准后,不存在进一步的测试,甚至可能无法验证这个人是否真的属于特定类别。即使"量身定制"的体制听起来很诱人,但在医学之外其个性化程度却十分有限。在宏观层面,尽管自动化决策系统[125]的执行可以实现有限的个性化,但在微观层面其仍然不如人类决策。固然人类决策有默认的一般性规则,但必要时人类仍然可以选择不遵守这些规则以满足个性化需求。一个有趣的例证就是在 A-level 成绩算法评估的案例中,基于汇总数据的自动化系统最终被政府放弃,取而代之的是教师的个性化评估。[126] 医学中的微靶向(和微靶向广告)与政府使用数据进行决策的另一个区别在于,病人和相对人的同意能力不同。在医学中,即使科学的运作方式更宏观,由于患者不一定能从治疗中获益,其仍然可以自由选择是否抓住成功治疗的微小机会,而不接受更可能出现的有害或无效治疗结果。[127] 相反,相对人同意在政府机关自动化决策中不能真正起作用。[128]

　　因此,除非微靶变得与个案决策一样准确,否则它仍然区别于真正的个

[123] O Ben-Shahar and A Porat,'Personalizing Negligence Law'(2016) 91 NYU L Rev 628.

[124] Cancer Research UK,'Vemurafenib(Zelboraf)'＜www. cancerresearchuk. org/about-cancer/cancer-in-general/treatment/cancer-drugs/drugs/vemurafenib＞,2021 年 5 月 19 日访问。

[125] 在非医疗决策的情况下,由官员以政府机关决策者的身份行事,而不是由医生以其专业身份行事。进一步参见 S Palmer,'Public,Private and the Human Rights Act 1998:An Ideological Divide'(2007) 66 CLJ 559.

[126] S Weale and H Stewart,'A-Level and GCSE Results in England to Be Based on Teacher Assessments in U-Turn' The Guardian (London,17 August 2020)＜www. theguardian. com/education/2020/aug/17/a-levels-gcse-results-england-based-teacher-assessments-government-u-turn＞,2021 年 5 月 19 日访问。

[127] 正如在某些情况下,肾癌药物如阿瓦斯丁的情况一样。

[128] 见上文,至前注[30]的文本。

性化。这种区别必须由禁止拘束裁量权原则来保护。如果这种区别消失，一旦自动化决策系统建立起来，它将不可避免地把决策者拉向 Ivory Coast 案确立的审查范围一端，即优先考虑自动化系统的效率和速度，即使它们导致个案的不公平正义。[129] 如果这一点与上文观点结合起来，那些最有可能遭受这种不公正的人也是已经处于劣势地位的人。这恰恰是因为，系统在政府机关使用个人数据时被植入了现有的不利因素。

(五)实质性审查:合理性和合比例性

自动化决策也有可能受到 Wednesbury 案确立[130] 的重叠审查挑战——即不合理性和合比例性。[131] 合比例性在某些情境中是特别规定的，例如 GDPR 第 9 条关于(敏感)数据的处理。这些审查理由与自动化决策的两个不同阶段有关:第一，审查政府使用特定自动化决策系统的决定;第二，审查该系统的输出。

众所周知，比例原则的"必要性"审查本质上是问是否应该使用大锤来敲开坚果。因此，政府机关在首选自动化决策时，应明确自动化决策是不是一把大锤，例如，增强决策(augmented decision making)可能并不比完全自动化决策更好。[132] 此外，比例原则的最后一个要求涉及"公正平衡"问题，这就需要对自动化决策的优势以及它的潜在影响和缺陷进行审查，例如可能缺乏透明度或它对少数群体的潜在不利影响(即使该影响可能不在 PSED 保护框架以内)。ICO 指南特别指出，当政府计划用人工智能来协助作出关于相对人的决定时，应该考虑:

(1) 做这件事的背景;

(2) 所做决定的潜在影响;

(3) 相对人应该了解决策，因此可以选择一个适当的可解释的 AI 模型;以及

---

[129]　见前注[68]，也可参见前注[76]*Houston* 案中的经验，见前注[80]后的文本。

[130]　见前注[94]。

[131]　例如可参见，*Bank Mellat v Her Majesty's Treasury* [2013] UKSC 39，[2014] AC 700。

[132]　增强决策是指结合了算法和人工智能关键技术的决策，包括机器学习、自然语言处理等。

（4）优先提供相关的解释类型。[133]

在自动化决策的输出上，比例原则适当性审查适用的强度相对较轻——只要政府所寻求的手段与目的之间"并非没有"联系，就可以通过审查。[134] 但是，合理性原则下的适当性审查强度却更高。比如在 Wandsworth 案中，[135] 法院认为政府措施的手段和目的联系是"高度揣测的"，因此其"不具有合理的能力"来实现相关目标，最终法院驳回了该措施。同理，在 Law Society 案中，[136] 案涉措施也因为弊大于利而被驳回。因此，合理性原则下的适当性审查可以有效挑战自动化决策的恶性反馈循环。[137] 举例来说，一个系统会在预测累犯概率时，判定应当对犯罪人采取监禁而不是社区惩罚，但根据常识，事实上却是监禁增加了累犯的概率。由此可见，在这样恶性循环中，系统"并不在理性上具有帮助性"，并将"事物变得更糟，"创设了原本应该得到验证的东西。同理，如果公法要对此问题上行使必要的控制，司法审查就不必给予系统的输出过多尊让。

同样值得注意的是，如果自动化决策是歧视性的，那么它也不是为达合比例目的所必要的措施。司法审查案例也表明，"如果没有必要以如此不利的方式对待一个群体，又如何有必要对另一个群体呢？"[138]

因此行政法不仅需要阐明为特定目的所进行的实质审查架构，[139] 而且为了指导自动化决策的最佳使用，各种审查理由也需要变得更精细化和明确化。

结　论

毫无疑问，以数据而不是个人判断为基础的公共自动化决策在准确性和客观性方面具有巨大潜力。自动化的过程增强了决策的一致性、可预测

---

〔133〕 见前注〔44〕，第 41 页。

〔134〕 见前注〔59〕，*Quila* 案。也可参见 R Williams，"Structuring Substantive Review" [2017] PL 99。

〔135〕 见前注〔59〕，*Wandsworth v Schools Adjudicator* 案。

〔136〕 见前注〔59〕，*Law Society v Legal Services Commission* 案。

〔137〕 关于这一点，请进一步参阅前注〔10〕，Melham 和 Williams 文。

〔138〕 例如可参见 *A v Home Secretary* [2004] UKHL 56，[2005] 2 AC 68。

〔139〕 进一步参见前注〔135〕，Williams 文。

性和高效性。然而,正如本文所概述的,自动化决策也受到许多挑战,这些挑战有多种存在形式,包括如何技术化地确定评估此类系统的必要度量、系统本身的不透明性、错误的可扩展性,以及系统如何使用与因果性相对的相关性考量。如果行政法要提供必要的指导,使这些系统得到最佳利用,它需要在许多方面变得更加细致和先进。如果行政法实现这种进步,它不仅有潜力在控制算法决策方面提供有益帮助,也可以支持 ICO 的工作,并为 GDPR 中对"有意义的信息"和"合比例"等概念解释提供参考。公法适用的关键决定因素之一是决策者和私人之间的权力不平衡,[140]其向传统边界之外"渗透"的可能性,[141]将更广泛地作用于自动化决策的控制上。

---

〔140〕　R v Panel on Takeovers and Mergers, ex p Datafin [1987] QB 815.

〔141〕　Braganza v BP Shipping Ltd and another [2015] UKSC 17, [2015] 1 WLR 1661.

论警察权的界限

[日]美浓部达吉[*]著　苏笑梦^{**}译　王天华^{***}校

译者提要:《论警察权的界限》一文是日本著名公法学家美浓部达吉对与民众日常生活最密切相关的警察权的界限论题进行的系统性论述。这篇文章距今已有 100 余年,夹杂着古日语的表述,颇有年代感,但其内容之价值并未因时间的推移而减损。这是因为美浓部达吉所建构的"警察权界限论",并不依托于日本警察制度内容本身,毋宁说,是他怀着对当时警察权滥用现实的不满,在充分吸收消化德国的学说、判例后所进行的理论抗议。其文字闪耀着正义的光芒,有着超越时代的生命力。二战后,这些理论上的内容均已实定化,并且在日本司法实践中得以运用;而在日本理论界,毫不夸张地说,凡是关于警察权界限的阐述,从中都能看到这篇文章的影子。划定警察权的界限是法学的永恒课题,也是我国当下的时代课题。美浓部达吉在 100 余年前为反抗权力滥用而精密构筑的"警察权界限论",作为先驱性思想资源,十分珍贵,值得细细品味。

内容摘要:所谓警察,是指为了一般社会利益,以命令强制手段限制人民的自然自由的作用。警察目的具体为何,并不影响警察行为的法律性质。但必须区分警察的概念问题与警察权的界限问题。前者是国家行为的性质

---

　　* 美浓部达吉(美濃部達吉)(1873.5—1948.5),日本著名公法学家,1899 年至 1902 留学欧洲,1902 年归来的同时,晋升日本东京帝国大学教授。本文「警察権ノ限界ヲ論ス(併セテ警察ノ観念ニ関スル佐々法学士ノ質疑ニ答フ)」原载「法学協会雑誌」31 卷 3 号(1913 年)。内容提要、摘要与关键词为译者所加。美浓部达吉的公法学思想博大精深,在中国产生了持久的影响,详细介绍可参见王贵松:《美浓部达吉与中国的公法学》,《比较法研究》2010 年第 5 期。

　　** 苏笑梦,北京航空航天大学法学院博士研究生,译文受北京航空航天大学"博士研究生卓越学术基金"的资助。

　　*** 王天华,北京航空航天大学法学院教授,博士生导师。

问题,后者关注的则是被委任警察权的国家机关,能在何种限度内为一般社会利益而限制人民的自然自由。警察权的界限问题不能仅通过列举个别的法令来回答,还有必要讨论所有警察权所共通的、在警察本来之目的或者构成国家法之基础的正义思想上必然遵守的界限。这对于解释法令、划定命令权界限以及考量法政策等具有重要的价值。关于警察权的界限,可求得六个法律上的一般原则。即,①警察消极目的原则:警察权只有为排除妨害而行使才是正当的;②警察公共原则:警察权只能干涉有直接妨害公共利益之虞的行为;③警察比例原则:警察限制人民的自由,应当仅限于公益上必要的程度;④警察平等原则:警察权在同等情况下应同等对待人民,不同情况则应作差别化处理;⑤警察责任原则:警察权只能对造成社会上的妨害之人行使;⑥警察上的紧急状态权原则:在为了排除对社会生活的紧迫危害而不得已的情况下,警察权不必受上述原则之拘束,可以采取旨在消除这种紧迫危害的必要手段。

关键词:警察的概念;警察权的界限;一般社会利益;自然自由;命令强制

一

去年八月份,我在本刊发表了《警察的概念》一文,[1]指出:法律上的警察概念与警察的目的如何无关,其核心要素在于:以命令强制手段限制人民[2]的自然自由。警察的目的也可能是增进人民的福利,但这并不妨碍它在法律性质上是警察行为。

拙见与多数学者以往所持观点正好相反。他们认为,为防止对社会的危害而采取的命令强制作用,才是警察。而我的观点是,以命令强制的手段限制人民的自然自由的作用,都属于警察行为。因为,警察行为的目的在于一般社会利益,而非国家的特殊目的(如财政、军事、公企业等);既然如此,防止危害抑或增进福祉并不影响其法律性质。

〔1〕 译者注:原文为「警察ノ観念」『法学協会雑誌』30卷8号(1912年)。
〔2〕 译者注:原文使用的是"臣民"一词,指的是君主制度下受国家君主支配的人,在明治宪法(1889～1947)下,是指天皇、皇室公族以外的国民。在现代社会,这个语词已经相当罕见。考虑到中日两国政治体制的不同,译文特将"臣民"替换成"人民",以方便读者理解。

但是,必须区分警察的概念问题与警察权的界限问题。警察的概念问题,是将何种性质的国家行为称为"警察"的问题。决定警察概念的标准,只能是国家行为的法律性质。法律性质相同的国家行为,(只要具备警察的概念要素就——译者所加)都属于警察行为。因为,法律上的概念,只能根据法律上的特性来规定。将与法律无关的政策上、经济上的特性作为界定法律概念的标准,会导致法律上的概念全然丧失其存在基础。警察权的界限问题则不然。警察权的界限问题是国家机关的权限问题,而非国家行为的性质问题。即,被委任警察权的国家机关可以将人民的自由限制到何种程度?——法律上的特性是决定法律上的概念的唯一标准,而决定国家机关之权限的主要标准则是政策上的理由。警察作为法律上的概念,与其目的是防止危害还是增进福祉无关。被委任警察权的国家机关是否有命令强制的权限,也无法从其目的即防止危害或者增进福祉而当然地得出结论。警察权的界限问题,必须与警察的概念问题清晰地区分开来。

我怀疑,以往多数学者在定义警察时陷入了误区,混淆了这两个问题,所以才会把危害防止目的作为警察概念的要素。(警察权——译者所加)究竟是为了防止危害还是为了增进福利?这作为警察权的界限问题,是极为重要的。正如后文所详细论述的那样,我坚信:警察权原则上应当只为防止危害而发动,除非有相反的特别规定。然而,在定义作为法律概念的警察时,情况则完全不同。如果说危害防止目的是警察概念的要素,就必须证明:特定国家行为的法律性质因其目的是危害防止还是福利增进而产生区别。而这正是我所否定的。

不过,国家行为的目的如何,不一定总是与该行为的法律性质无关。所有的权利都是为了权利人的特殊利益而被认可的,而利益不外乎是目的的达成。所以所有的权利都是以特定目的为要素的。不同的权利对应着不同的目的,而基于不同权利的行为,即是法律性质不同的行为。因此,在讨论法律上的概念时,当然也不能无视行为的目的。如,同样是以命令强制来限制自然自由的作用,为了收入,是财政权的作用;为了军队经营,则是军队权的作用,都不是警察行为。无论哪一个,行为在法律性质上的差异,都是其目的上的差异所致。但目的对法律性质的影响,不过是立法者认识到特定目的本身在法律上有特殊性质,从而为了那个目的而认可了特别的权利或者其他特别的法律上的效果。被立法者认可有特别法律效果的目的,只是民法学者所谓的"缘由"（Motiv），与法律本身无关。用这种与法律无关的目的（缘由）作为法律概念的要素，明显是错误的。

我确信，警察行为是出于危害防止目的还是为了增进福利，在性质上属于上述之缘由范畴，而非在法律上有特别效果的目的上的差异。当然，为了增进福利（为公企业的利益者除外）而以强制手段限制人民的自然自由，在今天是罕见的，属于例外情况。但如果根据特别的法令规定，（行政机关——译者所加）获得了为增进福利而命令强制的权力，那么我们也找不出在法律性质上将之与警察行为区别开来的理由。例如，为了推动产业发展，命令对牲畜进行绝育，或者禁用肥料；为了美化景观，对建筑进行限制等等，不论目的为何，只要是为一般公共利益而限制自由，就可直接断定为警察行为。是为了保护一般社会利益，这就够了。至于在此前提下，具体是为了何种目的，只是行为的缘由问题，并不影响行为的法律性质。

关于警察概念的我的观点，大致基于上述理由。[3] 最近，法学士保保隆氏在《警察协会杂志》（1912 年 12 月号）上以《关于警察的新定义》为题，[4]对我在本刊八月号上论述的观点，提出了如下三点疑问。

（一）关于警察权的界限，（美浓部——译者所加，下同）认为警察权原则上只限于危险防止目的；关于警察的概念，（美浓部）又主张不追究其目的是积极抑或消极。自相矛盾。

（二）自然自由与法律上的力量之间的区别是模糊的。

（三）（美浓部）的警察概念是从明治宪法第 9 条[5]的解释附会而来。

上述三点疑问中，第一点和第三点如上所述，本人已经回应。关于第二点，在我看来，明治宪法第 9 条所规定的命令大权，除了执行命令和行政规则（非法规命令），就只有警察命令的大权。但我并不由此认为，该条还规定了警察的概念。那样太牵强附会了。警察的概念和警察权的界限当然并非完全无关，问题是要将两者区别开来。我坚信两者之间存在着不能一致的东西。以下详细论述警察权的界限，进一步解开这个疑问。

什么是"自然自由"？在本文的论题——警察权的界限——下，对此加

─────────────

〔3〕 详细论述参见法学协会杂志 1912 年 12 月 8 月号。

〔4〕 译者注：保々隆矣「警察ノ新定義ニ就テ」「警察協會雜誌」151 卷（1912 年）。

〔5〕 译者注：明治宪法第 9 条规定，"天皇为执行法律或者维持公共的安宁秩序、增进臣民的幸福，可自行发布或令政府发布必要之命令，但不得以命令变更法律"。

以详细论述并不妥当。但应当指出的是,学士谓之"奇特"的"新熟语"的自然自由,并非我的生造词,而是德语"Natürliche Freiheit"的翻译。警察是专门限制"Natürliche Freiheit"的作用,这是多数学者的共识。在上一篇论文(即《警察的概念》)中,我引用了诸学者之说,也可以印证这一点。自然自由和法律上的力量之间的区别,不仅对于警察的概念,在各种关系上也都有重要的法学价值。法律上的力量是依据法律的规定才被认可的;与之相反,自然自由是人们不依据法律而天然享有的。G·耶利内克在其著作《公权论》中区分法律上的可为(Dürfen)和能为(Können),也完全基于同一思想。[6] 所谓可为(Dürfen),是指被允许的力量;所谓能为(Können)则是被给予的力量。被允许的力量是人们天然享有的,法律只是允许之,或者可以禁止之。不予禁止、承认其为人所天然享有,即法律上的可为(Dürfen)。所谓自然自由指的就是这个。被给予的力量则与之相反,它是根据法律才被赋予的,不是人们天然享有的力量。所谓法律上的力量指的就是这个。事实行为和法律行为的区别,亦与此相关。基于自然自由的行为常常是事实行为,基于法律上的力量的行为往往是法律行为。因为,人们天然所享有的只是做出事实行为的能力,作出法律行为的力量只有根据法律才能获得。警察是限制自然自由的作用,意味着警察仅仅是命令、禁止或者许可事实行为,不包括对法律行为的命令、禁止、许可或者强制。限制合同自由、婚姻自由以及其他所有法律行为的自由的作用,都不是警察行为。同样地,在为了遏制病毒蔓延而焚毁被污染房屋的情形下,如果先征收房屋而后焚毁之,那么它是收用行为而不是警察行为,即公用征收。权利的征收征用,不论其目的为何,都不是限制自然自由,而是对法律上的力量的限制。反之,如果不先征收权利,而是直接在事实上焚毁房屋,那么它就是警察行为。因为,这不是限制法律上的力量,而是对事实上享有(的自由)的限制。自然自由这一观念在法律上所具有的重要价值,由此而明了。

以上是对保保学士质疑的回应,接下来,进一步就警察权的界限展开论述。

---

〔6〕 译者注:此书已被翻译成中文并出版,参见[德]格奥尔格·耶利内克(Georg Jellinek)著:《主观公法权利体系(修订译本)》,曾晰、赵天书译,商务印书馆2022年版,第51页以下。

二

前文已述,警察权的界限问题必须与警察的概念问题区别开来。所谓警察权的界限,是指国家机关能在何种限度内行使警察权,即能在何种限度内为一般社会利益而限制人民的自然自由。

对于这个问题的回答,乍看之下极为容易。一言以蔽之,警察权的界限由法令规定,通过列举各种法令就能明确其界限。一方面,若无法令上的根据,就不得限制人民的自由,这是日本国所承认的原则,毋庸置疑;另一方面,在法令所允许的范围内,各国家机关享有权限,可以合法地限制人民的自由。所以,在讨论警察作用是否合法时,只要考察其是否符合法令的规定即可,没有必要再谈论警察权的界限。

然而,仅凭解释法令表面所见之文字,是不能获知其真意的。法令的背后有国家的目的,有正义的思想,共同构成法令的精神。如果不能理解法令的精神,就不能说已经理解了法令。关于警察权的界限,也不能仅仅满足于列举法令的明文规定。列举法令的明文,无需等待学者研究,任何人都能为之。困难的恰恰是理解构成法令之基础的精神。可以说,只有理解法令的精神,才能明确警察权的界限。

规定警察权界限的法令,数量极多,逐一探求其背后的精神,并非本文之目的。本文的目的在于综合各种法令,去讨论法令整体上所共通的国家法上的一般原则。当然,各个法令的适用问题,应当就各个法令进行个别的考察。本文所要讨论的,是所有警察权所共通的、在警察本来之目的或者构成国家法之基础的正义思想上应当遵守的界限。

在上述意义上对警察权界限的一般原则进行探讨,有以下几个方面的价值。

第一,作为法律解释的原则。

法令虽然规定了警察权的界限,但很多情况下仅授予警察机关以概括性权限,由警察机关在此范围之内根据其自由裁量,进行适宜的活动。警察作用之所以有如此宽泛的自由裁量空间,是由于它在事物的性质上有临机处断的必要。但是,自由裁量的范围越广,警察权滥用的危险就越大。"为维持安宁秩序而必要时"、"有危害公安之虞时"、"风俗上有取缔之必要时"、"认为有卫生上之必要时"，警察机关可以采取适当的措施，这样的法律规定不胜枚举。在此等情形下，究竟是否属于必要的措施，取决于警察机关自身的判断；一旦判断错误，不必要地限制国民的自由，就构成警察权滥用。这种违法与完全没有法律依据就采取行动，并无分别。而究竟什么样的情况构成警察权的滥用，唯有根据警察权界限的一般原则才能判定。

第二，划定一般命令权的界限。[7]

在明治宪法下，警察法规的定立未必都有法律依据。因为明治宪法容许以命令定立警察法规。但是，这绝不意味着可以以命令无限制地定立任何警察法规。命令只能在警察所必要的范围内发布。而什么样的限度是警察所必要的范围，只能根据警察权界限的一般原则才能知晓。特别是在当下，以府县知事及其他地方行政官厅的命令定立重要警察法规的情况，不在少数，有必要进一步明确其界限。

第三，立法政策上的价值。

法律不同于命令，它在规定事项上并无特别限制，可以定立任何法规。所以，就警察法规的创设而言，法律不同于一般命令，不受那种严格限制。如有特别之必要，（法律）甚至可以超越一般原则地创设规定。但是，如无特别例外之必要，法律创设警察法规也应当恪守警察权界限的一般原则。此为立法之正道。也就是说，立法活动也不能无视警察权界限的一般原则。

至于警察权的界限到底有哪些一般原则，[8]我认为有六个。以下尽可能简明地顺次阐述。

---

〔7〕　译者注：原文为"命令权"，指涉的是"警察法规的制定权"，即创设警察上的一般命令的行政立法权。

〔8〕　关于这个问题，可参考的书籍有：K. Woltzendorff，Die Grenzen der Polizeigewalt im französischen Recht. Archiv 1. öff. R. XXIV. S. 342ff；F. Fleiner，Institutionen des dentschen Verwaltungsrechts S. 321ff；オ・マイヤー『獨逸行政法』拙訳第二卷第二六頁以下；Schultzenstein，Die Grenzen der Polizeigewalt beim Schutze gegensich selbst，Deutsche Juristen Zeitung 1904，S8ff.

三

第一警察消极目的原则

警察以保护社会利益为目的,以命令强制为手段,这一点在前稿《警察的概念》中已经论述过。社会利益的保护,具体而言,或者是为了积极地增进社会利益,或者是为了消极地防止对社会利益的妨害。不论何种情形,只要是以权力限制人民的自然自由,在性质上都属于警察行为。这一点前文也已论述。当然,以福利增进为目的的权力作用同样属于警察作用,这样说只表明如果法律容许这种权力作用,就没有理由在法律性质上将之与旨在防止妨害的权力作用区别开来。法律究竟是否容许这类权力作用,与法律容许此类权力作用在立法上究竟是否正当,完全是两个问题。

作为立法问题,唯有为了排除对社会生活的妨害,以权力限制人民的自然自由才是正当的。这一点不容置疑。因为,国民是社会的成员;不妨害社会公共秩序,是国民当然的义务。国家是公益保护者;如果国民对社会造成妨害,国家就有义务以权力制止之。每个人的自由只在不危害社会的限度内被容许。如果不承认这种限制,每个人在生活行动上都拥有绝对的自由,社会将陷入"丛林状态"。反言之,不能说国家有义务以权力强制全体国民为社会进步作贡献、增进一般福利。社会的进步固然只有依靠社会各成员的努力才能达成,每个人也负有发挥其天赋以促进社会进步的伦理义务。但每个人所拥有的天赋并不相同,以法律均等地命令强制全体国民,并非适当之手段。唯有把它作为道义上的要求,才是正当的。我们说警察权不能为增进福利而行使,只能为排除妨害而行使,理由即在于此。

以上所说的第一个界限,尽管是立法政策论,但属于立法上的当为(立法者应当认真对待它——译者所加),除非法律有明确的相反规定,否则就应当认为警察消极目的原则是现行法所承认的原则。换言之,警察权行使的目的原则上仅在于排除妨害,这不仅是立法原则,实际上也是国家法上的原则。[9] 法律虽然有时候会因特别之必要而超越此原则,规定警察权可以为了增进福利而行使,但这属于特别情况下的例外。除非有这种例外规定,否则就应当认为警察权只能为排除妨害而行使。这是关于警察权界限的第一个原则。

许多学者将排除妨害作为警察概念的一个要素,其实也是出于上述思想。不过,正如前文所指出的,这种将目的作为警察概念之要素的做法,并不妥当。但在讨论警察权的存在目的时,这一思想无疑是妥当的。

四

第二警察公共原则

警察以保护社会公共利益为目的,因此原则上仅干涉对公共产生影响的行为。行为在有直接妨害公共利益之虞时,才服从警察权的干涉;在此之外,人民享有自然自由。这就是警察公共原则(Prinzip der Oeffentlichkeit)。

从警察公共原则中产生的第一个结果,是私住所的自由(Freiheit der Privatwohnung)。警察原则上只干涉在公共场所做出的行为,私住所内的行为通常不直接影响公共秩序,所以原则上不受警察干涉。行为在公共场所做出,不能免于警察上的禁止或者限制;在与公众无接触的私住所内做出,原则上属于每个人的自由。

私住所的自由当然不是绝对的原则。如果有直接妨碍公共秩序之虞,即便是私住所内的行为,当然也应当予以干涉。为了公共卫生(卫生警察)而命令每个人对私宅内进行清洁,为了防火(防火警察)而限制私人住宅的建造,为了保持静谧而禁止在夜间高音量播放音乐,诸如此类皆属于警察的

---

〔9〕 法国 1795 年《刑法》第 16 条规定:"警察负有维持公共秩序,保护自由、财产及个人之安全的任务";普鲁士《一般邦法》规定:"警察的任务在于为了维护公共的静谧、安宁、秩序以及排除对公共或个人之危害,而采取必要的措施";日本国《行政警察规则》第 1 条规定:"行政警察的宗旨在于预防凶害、保持安宁"。以上法律规定都明确规定警察本来之目的在于排除妨害。奥拓·迈耶《德国行政法》第二卷第 12 页)认为,人民有不妨害公共秩序的一般义务,此一般义务不是道德上的义务,而是法律上的自然义务。弗莱纳也说,"人民的一般警察义务,仅停留在不造成妨害;为警察上的利益而积极行动的义务,只存在于法规有特别设定该义务的场合。"

当然范围。因为这些行为的影响不止于一身一家,而是有直接及于社会公共之虞。但除了这些特殊情况,私住所内的行为原则上应置于警察的干涉之外。

剧场、澡堂、旅馆、料理店等经常有不特定多数人出入的场所,不属于前述意义上的私住所。它们都与公众有所接触,与公共场所一样,应当服从警察的监督。虽在私住所内但面向公共道路,公众可以从外部望见,或者其他直接与公众接触的场所,亦同。

从警察公共原则中产生的第二个结果,是私生活的自由(Freiheit des Privatlebens)。所谓私生活的自由,是指个人的生活行为不直接影响公共,而仅仅止于其自身或者其家族之范围的,原则上不受警察干涉。广义上的私生活的自由也包括前述私住所的自由,私住所的自由不外乎是私生活自由的一个适用。但是,私住所自由的重点在于场所,之所以排除警察权的干涉,是因为行为的场所与公共无接触。此处的私生活自由则有所不同,即便是在私住所外做出的行为,只要对公共没有直接影响,同样不受警察干涉。

个人是社会的一员,每个人的生活都与社会公共利害有关。个人遭受妨害,社会亦有受妨害。但个人自身的安全,宜交由其自行保护。(国家——译者所加)通过警察权进一步保护个人之安全,仅限于个人有可能受到他人侵害的情形。个人因自身行为而受伤害的,由个人自己负责,警察原则上不干涉之。

警察干涉个人生活,仅限于个人所受伤害特别重大,导致社会所受妨害亦随之而增大的情形。除非法律另有特别规定,例如禁止未成年人吸烟或者禁止吸食毒品,否则每个人都享有私生活的自由。

从警察公共原则中产生的另一个结果,是私交往的自由(Freiheit des privatver kehrs)。个人相互间的私经济关系,原则上应当依当事人的自由合意而定。因特别的公益必要性而以法律限制私经济关系时,也只限制法律行为,而不命令强制事实上的行为。通常情况下,私经济关系与公共利益的关联,达不到必须以警察加以干涉或者限制的程度。如果私经济行为与公众有直接接触,特别是各种营业,那么当然应置于警察的监督之下。营业警察是警察的重要领域之一,营业受到警察上的限制,仅限于营业直接影响到社会之卫生、风俗或者其他社会利益时。除了特别例外的情形,警察不得干涉每个人私经济的利益。因此,像劳动者的报酬、商品的价格、贷款的利息以及其他各种交易价格，即使法律加以限制，也只是限制合同的法律效力，不属于警察的范畴。一般认为，交易价格的高低只与私经济利益相关。

对于民事上的不法行为，警察原则上也不应干涉。因为民事上的不法行为仅影响个人的私经济利益。

五

第三警察比例原则

关于警察权界限的第三个原则是警察比例原则（Grundsätz der Verhältnismässigkeit）。它是指警察限制人民的自由，应当仅限于公益上必要的程度。超出必要程度限制人民的自由，就超越了警察的正当界限。

警察比例原则有两方面的效果。

第一，警察限制人民自由的程度与通过这种限制所欲排除的妨害的程度，要成比例。妨害的程度大，对自由的限制就必须大；妨害的程度小，对自由的限制也必须小。以营业警察为例，绝对地禁止营业是最严苛的限制。如此之限制，只在不禁止营业就无法排除妨害的极端场合才能作出。如果妨害尚未达到如此程度，则应当在排除妨害所必要的限度内采取更加宽缓的手段。比如，要求经营者改良其设备，或者禁止经营者销售特定商品，或者责令在一定期间内停止营业以促使经营者做出改正等。如果妨害发生的概率极低，或者看起来要发生但是否会发生还难以预见，那么警察权尚不能发动。唯有在通常情况下有妨害之危险时，警察权才能限制人民的自由。

第二，警察限制人民的自由，应当仅限于（对社会的——译者所加，下同）妨害大于因排除妨害（警察手段）而产生的（对社会的）不利的情形。如果对社会有负面影响的行为，同时也是增进社会福利所必要，警察排除其妨害反而会给社会带来更大的不利，那么警察原则上不得干涉。社会中存在着数量众多的人类生活活动，这些活动可能有益于社会，同时也可能在某种程度上不可避免地造成负面影响。在这些情形下，警察固然承担着排除社会妨害的任务，但如果排除妨害的代价是牺牲更大的社会利益的话，那么就应当认为，这种妨害是社会上的必要妨害，吾人有忍受的社会义务。

什么样的妨害应当被认定为社会上的必要妨害，因时间、场所而有所不同。例如,工厂排放的烟、机械运行的声音,是工业进步所伴有的不可避免的结果。如果是在郊外,社会必须忍受其妨害;如果是在繁华的市街中央,就是不能容许的妨害。市街铁路给市内交通带来了极大便利,但同时也会对安宁的环境、公共卫生及风俗产生不良影响。这种影响,当下一般认为属于社会上的必要妨害。但随着城市的进一步发展和其妨害程度的加剧,就会被视为不可忍受的妨害。或许,将来会有一天不再允许铺设除高架铁路、地铁之外的其他轨道。

六

第四警察平等原则

近代各国的国家法一般承认,所有的人民原则上享有法律上的平等地位,同等情况同等对待,阶级上的特权[10]只有在特别例外的情况下才被认可。该原则同样适用于警察权的作用,这就是警察平等原则(Prinzip der Gleichheit)。

当然,警察平等原则以情况相同为前提。若情况有异,警察权的作用也应当不同。警察作用产生异同,仅限于有公益上的理由使之成为必要的情形。不得在没有此等理由的情况下任意地差别化处理。特别是在同等情况下,不限制所有人民的自由,而只对某些人施加限制,就构成警察权的滥用。

七

第五警察责任原则

警察以排除社会妨害为任务,因而警察权只能对造成社会妨害之人行使。换言之,警察上的责任仅由造成或者将造成社会妨害者负担,对正当地行使自己权利的人发动警察权,违反警察责任原则。

---

〔10〕 译者注:在日本国,尤其是战前日本皇族、华族等享有日本其他阶层没有的特权,比如世袭财产受到特别保护,以其为标的的转让和抵押行为无效。

但是,警察上的责任与刑事责任不同,不以严格意义上的故意或过失的存在为必要。如果妨害起因于某人的生活范围,那么即使无故意或者过失可言,他也必须承担警察责任。详言之,不仅要对自己实施或者将实施的行为负责,对负有保护或者监督责任的人或物(如家族成员、雇工、饲养的家畜、保有的物品及营业等)所造成或者将造成的妨害,也要承担警察上的责任。

八

第六警察上的紧急状态权原则

对于以上各种原则,要承认一个重要的例外:为了排除对社会生活的紧迫危害,警察权在迫不得已的情况下,不受上述原则的拘束,可以采取旨在消除这种紧迫危害的必要手段。这就是警察上的紧急状态权(Polizinotstandrecht)。

警察上的紧急状态权以民法上、刑法上的正当防卫、紧急避险为范本。正当防卫与紧急避险都是为了防御针对自己或者第三人的紧迫危害,而不得已地侵害他人正当法益的权利。为防御不法行为所带来的紧迫危害,而对行为人的法益实施侵害,属于正当防卫权;不问危害基于何种原因产生,而对第三人而非不法行为人的正当法益施加侵害,属于紧急避险权。警察权的作用同理。当社会上的妨害迫在眉睫,为消除之而不得已时,作为应急的手段,警察可以对个人的身体或财产施加必要的拘束。在个人违反警察法或警察命令而造成妨害的情况下,警察对他本人进行束缚,相当于正当防卫;对其他人的自由加以约束,则属于紧急避险。这两种情形都包括在警察上的紧急状态权之内。

在民法和刑法上,无论是正当防卫还是紧急避险,都要求意图保护的法益与所欲侵害的他人的法益成比例。为了保护微小的法益而侵害他人更重大的法益,即便是为了防止紧迫危害,也是不容许的。警察上的紧急状态权同理。警察根据紧急状态权而施加的侵害程度,与其意图排除的妨害的程度,应当成比例。警察比例原则也同样适用于紧急状态权的场合。

警察紧急状态权的发动,限于为了防止紧迫危害而来不及采取其他手段的情形。最典型的就是火灾、洪水以及其他天灾事故。其他对个人生命、身体、财产,或者对公物、公共设施的紧迫危险,也都构成警察紧急状态权行使的条件。关于警察权界限的一般原则不必严格适用于这些场合。通常情况下,警察责任原则上仅由造成社会妨害者承担;但在紧急情况下,警察权则可能侵害并未造成社会妨害的第三人的法益。例如,为了防御火灾而毁坏邻人的房屋,为了防御洪水而从近邻的住宅内取出榻榻米。在此类情形中,侵害没有造成妨害的第三人,也是正当的。在通常情况下,个人的私住所、私生活原则上属于个人的自由;当生命、身体、财产面临紧迫之危险时,警察则可以在必要的限度内对私生活、私住所加以干涉。当有人在家宅内向外呼救时,即使是在夜间,警察也可以进入私住所内,必要时破门而入。对企图自杀者、持凶器斗殴者、泥醉而需要保护者,警察可以暂时将其留置于警察局,也是基于此等理由。

学校疫苗接种要求：历史、社会和法律视角

[美]小詹姆斯·G. 霍祺　劳伦斯·O. 戈斯廷 著[*]　李文军 译[**]

　　内容提要：围绕疫苗接种的这些历史和现代法律、政治、哲学和社会斗争，生动地反映在关于政府强制学校疫苗接种政策的权力或限制的立法和司法辩论中。公众争论的关键是对美国数百万学龄儿童系统接种疫苗所带来的公共卫生利益与对个人和家长自由的侵犯之间权衡的核心关切。作为美国公共卫生实践的核心组成部分，疫苗接种计划得到了州法律要求及联邦资金和监管的支持。每个州都有学校疫苗接种法，要求适当年龄的儿童接种多种传染病疫苗。除了基于个体化医疗、宗教和哲学的异议等例外情况，当代的州学校疫苗接种法规定儿童在被允许进入公立或私立学校之前必须接种疫苗。不给儿童接种疫苗可能导致儿童被拒绝入学，对其父母或监护人处以民事罚款和刑事处罚以及采取其他措施。人们普遍认为公立学校的疫苗接种要求有助于实现重要的公共卫生目的。自从实施和常规执行学校疫苗接种法以来，儿童传染病的发病率显著下降。尽管疫苗接种很有用，但从一开始就引起了公众的抵制。历史上和现在关于疫苗接种真实、意识到和潜在危害的案例，广泛实施疫苗接种背后的政府滥权行为，以及强烈的宗教信仰，都导致了公众对接种疫苗的强烈反对。

---

　　*　小詹姆斯·G. 霍祺（James G. Hodge，Jr.），现任亚利桑那州立大学桑德拉·戴·奥康纳法学院彼得·基威特基金会法学教授和公共健康法律与政策中心主任。劳伦斯·O. 戈斯廷（Lawrence O. Gostin），现任乔治城大学法律中心教授，奥尼尔全球卫生法创始主席，奥尼尔国家和全球卫生法研究所主任，世界卫生组织国家和全球卫生法合作中心主任。

　　**　李文军，西南政法大学人权研究院副教授，西南政法大学刑事检察研究中心研究员，主要从事人权法学、刑事法学、司法制度研究。译者注：本文译自原载于《Kentucky Law Journal》（2002年）的论文"School Vaccination Requirements: Historical, Social, and Legal Perspectives"，已获得翻译和发表授权。本文的摘要和关键词为译者所添加。

关键词：传染病；学校；公共卫生；疫苗接种；争论

一、引言

疫苗接种，或施用疫苗或类毒素来预防或减轻传染病，在美国和国外有着丰富、有趣和有争议的历史。[1] 固然疫苗接种的基本原则可以追溯到 2 世纪，但疫苗接种作为一种现代公共卫生实践起源于爱德华·詹纳（Edward Jenner）医生（以及其他人）的工作，他在 18 世纪末开发了一种针对天花病毒的疫苗。[2] 自从这一发明和其他免疫疫苗发明以来，疫苗接种已成为公共卫生实践的重要组成部分。美国疾病控制与预防中心（Centers for Disease Control and Prevention）将疫苗接种列为 20 世纪十大公共卫生成就之一。[3] 疫苗接种计划是最具成本效益和广泛使用的公共卫生干预措施之一，并有助于控制流行病的传播，包括天花、麻疹、腮腺炎、风疹、白喉和脊髓灰质炎。[4]

作为美国公共卫生实践的核心组成部分，疫苗接种计划得到了州法律要求及联邦资金和监管的支持。每个州都有学校疫苗接种法，要求适当年

---

〔1〕 关于使用接种疫苗作为治疗。参见 Donald S. Burke, *Vaccine Therapy for HIV: A Historical Review of the Treatment of Infectious Diseases by Active Specific Immunization with Microbe-Derived Antigens*, Vaccine, Vol. 11, 1993, p. 883.

〔2〕 The editorial staff of the publishers, *The New Encyclopaedia Britannica*, London: Encyclopedia Britannica, Incorporated, 1987, p. 530.

〔3〕 Centers for Disease Control & Prevention, U. S. Department of Health & Human Services, *Impact of Vaccines Universally Recommended for Children—United States, 1900—1998*, Journal of the American Medical Association, Vol. 281, 1999, pp. 1482-1483.

〔4〕 Centers for Disease Control & Prevention, U. S. Department of Health & Human Services, *Ten Great Public Health Achievements—United States, 1900—1999*, Morbidity and Mortality Weekly Report, Vol. 48, 1999, p. 241; *Impact of Vaccines*, 同前注〔3〕, pp. 1482-1483.

龄的儿童接种多种传染病疫苗。[5] 除了基于个体化医疗[6]、宗教[7]和哲学[8]的异议等例外情况,当代的州学校疫苗接种法规定儿童在被允许进入公立或私立学校之前必须接种疫苗。不给儿童接种疫苗可能导致儿童被拒绝入学,对其父母或监护人处以民事罚款和刑事处罚(尽管很少使用),[9]以及采取其他措施(例如关闭学校)。

人们普遍认为公立学校的疫苗接种要求有助于实现重要的公共卫生目的。自从实施和常规执行学校疫苗接种法以来,儿童传染病(有疫苗的)发病率显著下降。[10] 尽管疫苗接种很有用,但从一开始就引起了公众的抵制。历史上和现在关于疫苗接种真实、意识到和潜在危害的案例,广泛实施疫苗接种背后的政府滥权行为,以及强烈的宗教信仰,都导致了强烈的反对。尤其是学校疫苗接种法,受到了家长和其他"反疫苗接种主义者"(一般指那些反对以人口为基础的疫苗接种要求的人)基于法律、道德、社会和流行病学理由的强烈挑战。一些反对者对大规模疫苗接种的有效性或必要性表达了合理的科学异议;有些人担心异体物质进入人体会产生有害影响;还有人担心疫苗接种实际上是传播疾病而不是预防疾病,或担心会削弱免疫系统。疫苗接种计划在法律上受到挑战,因为(1)不符合联邦宪法关于个人自由和正当程序的原则;[11](2)政府对个人自治的无理干涉;[12](3)侵犯第

---

〔5〕　参见下文的表 2。

〔6〕　参见 The editorial staff of the publishers, *American Jurisprudence*(2d)—*Health*, New York: Lawyers Cooperative Publishing, 1998, p. 68.

〔7〕　参见 Timothy J. Aspinwall, *Religious Exemptions to Childhood Immunization Statutes: Reaching for a More Optimal Balance Between Religious Freedom and Public Health*, Loyola University of Chicago Law Journal, Vol. 29, 1997, p. 109.

〔8〕　参见 Todd E. Gordon et al., *Consent for Adolescent Vaccination: Issues and Current Practices*, Journal of School Health, Vol. 67, 1997, p. 259; Walter A. Orenstein & Alan R. Hinman, *The Immunization System in the United States—The Role of School Immunization Laws*, Vaccine, Vol. 17, 1999, p. S19.

〔9〕　参见 *Go To Jail To Test Vaccination Law*, The New York Times, May 13, 1924, at 24(报道称纽约市有名望的父母选择入狱,而不是根据学校疫苗接种法为孩子接种疫苗); *Lose Vaccination Appeal*, The New York Times, Nov. 11, 1922, at 6(报道称儿名父亲因未将子女接种疫苗作为上学的条件而被处以民事罚款和监禁)。

〔10〕　参见本文第四部分"(一)学校疫苗接种要求的公共卫生利益"。

〔11〕　参见 Jacobson v. Massachusetts, 197 U. S. 11 (1905); George Rosen, *A History of Public Health*, Baltimore: Johns Hopkins University Press, 1993, pp. 165-166.

〔12〕　参见 George Rosen, *A History of Public Health*, Baltimore: Johns Hopkins University Press, 1993, pp. 165-166.

一修正案规定的个人宗教信仰自由权利。[13]

　　围绕疫苗接种的这些历史和现代法律、政治、哲学和社会斗争,生动地反映在关于政府强制学校疫苗接种政策的权力或限制的立法和司法辩论中。它们还表现在私人团体有组织地努力影响现代疫苗接种要求。公众争论的关键是对美国数百万学龄儿童系统接种疫苗所带来的公共卫生利益与对个人和家长自由的侵犯之间权衡的核心关切。公共卫生当局认为学校接种疫苗的要求使曾经常见的儿童疾病发病率急剧下降。这些下降大大减少了普通人群的发病率和死亡率。在不质疑这些公共健康益处的情况下,反疫苗接种主义者从个人主义的角度看待大规模疫苗接种的后果。他们对学校疫苗接种计划提出异议,因为他们对其认为的家长式、强迫性用药感到不满。在现实中,政府并不强迫任何人接种疫苗,而是提供强有力的激励(即上学)来试图让儿童接种疫苗。反疫苗接种主义者声称,疫苗接种确实会对儿童造成伤害,政府的疫苗接种要求是错误的。父母和其他人倾向于认为疫苗接种对儿童个体造成的风险大于未接种疫苗对人群造成的集体风险。对于这些人来说,大规模疫苗接种计划的权衡是允许父母因经证实的医学、宗教、哲学或其他原因而免除其子女的疫苗接种要求。公共卫生当局可能无法接受这种在人群范围内进行的权衡,因为它可能破坏人口的集体免疫力,从而导致在接种疫苗和未接种疫苗的儿童中暴发疾病。

　　在本文中,我们通过考察对免疫要求作为入学条件的历史和当代概况来解释以前和现在的争论。第二部分以天花疾病作为主要案例研究,简要介绍了疫苗接种作为医疗和公共卫生实践的历史,随后讨论了社会和个人对疫苗接种计划扩散的相应反对意见。我们通过对学校疫苗接种法律和要求背后的法律和社会因素的历史描述,讨论形成这些政策的年代和社会环境。第三部分回顾了随后立法和司法对这些政策的反应。州和地方立法者是否重新考虑了学校疫苗接种法的必要性,如果有的话,原因是什么?法院是如何解释这些法律的?我们的司法审查包括审查对学校疫苗接种政策的各种法律和宪法异议,包括基于第一修正案下的宗教信仰自由权利、平等保护理论和正当程序问题。

　　历史和现代法律及社会背景支撑了在第四部分中关于学校疫苗接种要

---

〔13〕　同上注。

求观点的当代探讨。我们通过对学校疫苗接种计划的公共卫生有效性的现有证据的学术讨论来审视现代争论。我们比较了(1)儿童免疫接种率和(2)引入学校疫苗接种要求前后疫苗可预防的儿童疾病的发病率。在不贬低每个人健康和安全重要性的情况下,这些数据表明学校疫苗接种要求成功地提高了疫苗接种率,减少了儿童疾病的发病率。随后我们讨论了现代反疫苗接种的论点。就像过去的争论一样,反疫苗接种看法是由对政府计划的普遍不信任、个人主义的强烈意识以及对疫苗有效性和安全性的担忧所推动的。尽管后一种观点往往建立在疫苗需求与儿童疾病(如孤独症)或其他危险增加之间存在关联的神话之上,但从统计数据来看,一些疫苗可能会伤害少数儿童,并使恐惧持续存在。在这些情况下,要权衡控制传染病在人群中传播的公共卫生目标与对儿童的潜在危害。特别是对于像天花病毒这样不再感染人群的疾病,使用任何可能伤害个人的疫苗都被认为是不可接受的风险(除非天花病毒通过生物恐怖主义或其他手段重新引入普通人群)。最后一部分是一个简短的结论。

二、有关入学疫苗接种要求的历史、法律和社会问题

(一)疫苗接种的起源

1. 天花接种:疫苗接种的先导

疫苗接种的历史与传染病尤其是天花的历史有着千丝万缕的联系。天花或痘疮一直是我们一些最早文明的祸患。在埃及法老木乃伊的脸上可以发现天花疤痕。[14] 然而,这是第一种通过大规模接种疫苗来预防的流行病,后来由于长期和大量投入的公共卫生运动而在普通人群中被彻底根除。[15]

要了解天花疫苗接种的历史,必须首先介绍以前的一种做法,即天花接

---

〔14〕 Laura Gregario, *The Smallpox Legacy: A History of Pediatric Immunizations*, Alexandria: Pharos, 1996, P. 7. 美国疾病控制与预防中心的唐纳德·R. 霍普金斯在 1979 年描述道:"公元前 1157 年去世的拉美西斯五世的木乃伊头部显示出可能是天花引起的脓疱疹"。这可能是第一例记录在案的这种疾病。

〔15〕 同上注, pp.7-13.

种。天花接种是指真正的天花病毒直接从阳性的感染患者转移到非免疫的人身上。[16] 对于没有对天花病毒免疫的人来说,天花接种带来了实际感染和传播天花疾病的重大风险。[17] 相比之下,"疫苗接种"是将类似病原体(如牛痘病毒)转移给未感染该病毒的个体,从而使其对该疾病具有免疫力的过程。[18] 疫苗是减毒或灭活的微生物(细菌、病毒或立克次氏体)或衍生抗原(如蛋白质或多肽)的悬浮液。[19]

虽然不知道天花接种的确切起源,但据信它起源于 2 世纪早期的亚洲。[20] 古代的医生们认识到,初次感染天花后,就会产生对天花的免疫力。中国人通过在未感染的儿童身上"种植"天花痂的"花朵"来实施天花接种,从而产生一种较温和的病毒。[21] 一名佛教尼姑将一个不严重的天花感染者的脓包结痂吹进孩子的右鼻孔,救下了宋朝时期宰相王旦最后一个幸存的儿子。[22] 1742 年的中医文献《医宗金鉴》列出了三种预防天花感染的接种方法:(1)在药棉上涂上结痂粉塞住鼻子;(2)将结痂粉吹入鼻腔;(3)将被感染儿童的内衣穿在健康儿童身上。[23]

服用药物或炼金药来预防疾病的过程可以追溯到 7 世纪,当时印度佛教徒喝蛇毒来催生对蛇咬的类毒素引起免疫。[24] 印度教医生丹万塔里

---

[16] Susan L. Plotkin & Stanley A. Plotkin, *A Short History of Vaccination*, in Vaccines 1 (Stanley A. Plotkin & Walter A. Orenstein eds., 3d ed. 1999).

[17] Laura Gregario, *The Smallpox Legacy: A History of Pediatric Immunizations*, Alexandria: Pharos, 1996, pp. 7-8.

[18] 同上注,p. 8.

[19] W. A. Newman Dorland, *Dorland's Illustrated Medical Dictionary*, Philadelphia: W. B. Saunders Company,1994, p. 1787. "疫苗接种"(vaccination)和"免疫接种"(immunization)这两个术语经常互换使用。免疫接种是一个更广泛的术语,表示通过施用免疫生物制剂人工诱导或提供免疫的过程。免疫可以是被动的也可以是主动的。被动免疫是指让具有免疫力的动物或人产生抗体以获得短期的抗感染保护。在主动免疫(疫苗接种)中,疫苗诱导宿主自身的免疫系统提供对抗病原体的保护。W. Michael McDonnell & Frederick K. Askari, *Immunization*, Journal of the American Medical Association,Vol. 278, 1997, p. 2000.

[20] 参见 Louis H. Roddis, *Edward Jenner and the Discovery of Smallpox Vaccination*, Menasha: George Banta publishing company, 1930, p. 5.

[21] 同上注,p. 10.

[22] Laura Gregario, *The Smallpox Legacy: A History of Pediatric Immunizations*, Alexandria: Pharos, 1996, p. 8.

[23] Susan L. Plotkin & Stanley A. Plotkin, *A Short History of Vaccination*, in Vaccines 1 (Stanley A. Plotkin & Walter A. Orenstein eds., 3d ed. 1999), pp. 1-2.

[24] 同上注,p. 1.

(Dhanwantari)在 7 世纪记录了印度最早的天花"疫苗接种"情况。他的记录揭示了一个过程,他从奶牛的乳房中取出液体,切开一个人的手臂,将液体和血液混合,然后观察由天花病毒引起的发烧。[25] 不清楚这些受试者是否能从这些考验中幸存下来。纵然这些发现具有可能,但丹万塔里的工作似乎是一项孤立的努力,当时在亚洲并没有被广泛采用。

2. 疫苗接种的出现

15 世纪天花在欧洲的流行传播[26]与人们涌入城市的快速城市化有关。[27] 墓地里到处都是反复出现流行病的受害者。满脸麻子的幸存者走在街上。虽然在欧洲已经知道并使用了天花疫苗,但它并没有得到很好的接受。欧洲各国政府试图禁止早期形式的天花接种,以回应公众对个体在接种过程中感染天花病毒特殊情况的恐惧。随着天花接种在公众中失去欢迎度和信任,科学家们寻找更有效的解决方案来防止疾病的传播。

殖民时期的美国人也用天花接种来对付天花病毒。波士顿的扎布迪尔·博伊尔斯顿(Zabdiel Boylston)医生可能于 1721 年在美国海岸进行了第一次接种。[28] 十年后,费城的老约翰·基尔斯利(John Kearsley)医生和他的医学生们接受了疫苗接种。医生自豪地说他是"这个地方第一个接种疫苗的人"。[29] 著名的本杰明·拉什(Benjamin Rush)医生使用了最先进的萨顿(Suttonian)接种方法。[30] 这种方法使用的是在充满脓液之前提取正在病变中的透明血清,而不是从另一个病人身上提取的脓疱物质。[31] 这种方法和其他的疫苗接种方法在科学上未经证实并对个体很危险。

直到常被提及称为"接种疫苗之父"的医生爱德华·詹纳,试图根据科学原理并通过系统、深思熟虑地接种来控制天花感染,这样疫苗接种才得以

---

〔25〕 同上注。

〔26〕 Laura Gregario, *The Smallpox Legacy: A History of Pediatric Immunizations*, Alexandria: Pharos, 1996, p. 8.

〔27〕 同上注,p. 11.

〔28〕 参见 Ira M. Rutkow, *Zabdiel Boylston and Smallpox Innoculation*, Archives of Surgery, Vol. 136, 2001, p. 1213.

〔29〕 Carl Binger, *Revolutionary Doctor: Benjamin Rush*, 1746－1813, New York: W. W. Norton & Company, 1966, p. 1873.

〔30〕 同上注,p. 77.

〔31〕 同上注。

发展。[32] 詹纳对天花接种的局限性有切身的了解。18 世纪 50 年代,詹纳在一所享有特权的寄宿学校(沃顿安德埃奇文法学校)上学时,就通过禁食、服药、和其他患有不同程度天花传染病的人一起留院治疗,为天花接种做好了严格的准备。在天花接种前先进行一定程度出血、清洗和饥饿,以净化血液以便接种天花病毒。这通常是在已经患有其他疾病的人身上进行的,如肺结核、梅毒和肝炎。不出所料,詹纳目睹了许多人因天花接种而患上各种疾病。[33]

　　经过多年的科学教育、研究和观察,在 18 世纪末詹纳医生采用了利用牛痘的脓疱来预防天花的方法,牛痘是一种很少有人感染的动物疾病。[34] 他的发现得益于英国乡村的生活经验。农民和奶牛饲养者注意到,感染牛痘病毒的挤奶女工很少成为暴发传染病毒天花的受害者。[35] 牛痘病毒感染奶牛的乳房后,[36]它向人类的传播表现为那些挤牛奶的人手上的水疱病变。[37] 1765 年在伦敦医学会(Medical Society of London)发表的一篇题为《牛痘及其预防天花的功能》的论文得出结论,牛痘的自然历史与天花病毒相似,因为一个人只感染一次牛痘。[38] 此外,那些接种天花疫苗的牛痘患者表现出过敏型性反应,但没有出现水泡状皮疹。[39] 1774 年,农民斯科特·杰斯蒂(Scott Jesty)用从一头受感染的牛身上取下的物质,用袜子针给他的妻子和儿子接种了牛痘。[40] 然而,当杰斯蒂的妻子出现不良反应时,他受到了公开指责。[41]

----

〔32〕 参见 Derrick Baxby, *Jenner's Smallpox Vaccine*: *The Riddle of Vaccinia Virus and Its Origin*, London: Heinemann Educational Books, 1981.

〔33〕 C. W. Dixon, *Smallpox*, London: J. & A. Churchill Ltd. , 1962, p. 216; Susan L. Plotkin & Stanley A. Plotkin, *A Short History of Vaccination*, in Vaccines 1 (Stanley A. Plotkin & Walter A. Orenstein eds. , 3d ed. 1999).

〔34〕 Susan L. Plotkin & Stanley A. Plotkin, *A Short History of Vaccination*, in Vaccines 1 (Stanley A. Plotkin & Walter A. Orenstein eds. , 3d ed. 1999), p. 2.

〔35〕 同上注。

〔36〕 同上注。

〔37〕 C. W. Dixon, *Smallpox*, London: J. & A. Churchill Ltd. , 1962, p. 216.

〔38〕 同上注,p. 250.

〔39〕 同上.

〔40〕 Susan L. Plotkin & Stanley A. Plotkin, *A Short History of Vaccination*, in Vaccines 1 (Stanley A. Plotkin & Walter A. Orenstein eds. , 3d ed. 1999), p. 2.

〔41〕 Sheldon Watts, *Epidemics and History*: *Disease, Power and Imperialism*, New Haven: Yale University Press, 1997, pp. 116-117.

尽管杰斯蒂失败了,詹纳医生还是在 1796 年 5 月从挤奶女工萨拉·尼尔姆斯(Sarah Nelmes)手上的牛痘疮中取出了一些物质,并将其置于 8 岁男孩詹姆斯·菲普斯(James Phipps)的皮肤下。[42] 和杰斯蒂的妻子一样,这个男孩在接种牛痘后出现发烧和轻度病变。[43] 七周后,詹纳用天花患者脓疱中的物质给男孩接种。[44] 当男孩没有感染天花时,詹纳宣布他的实验成功了。[45] 詹纳将他的发现以一篇论文的形式提交给了英国最古老、最负盛名的科学学会——皇家学会(Royal Society)(但该学会立即拒绝了他的手稿),[46]后来又在 1798 年提交了一份综合文本。[47] 他的牛痘接种后来被称为"疫苗"(vaccine),该词源于拉丁语中与奶牛有关的词汇 vaccinus(牛的或来自牛的)。[48] 为了纪念詹纳的工作,路易斯·巴斯德(Louis Pasteur)后来将疫苗的含义扩展到包括所有预防性接种。[49]

詹纳的努力被认为创造了免疫学科学,更重要的是他将天花病毒从一种无法控制的流行病转变为一种可控制、可避免的疾病,并于 1977 年从全球普通人群中有效消灭了天花病毒。[50] 巴斯德和其他著名的科学人物将继续改进免疫学科学,并发现许多其他疾病的更多疫苗,包括霍乱、狂犬病、伤寒、黄热病、鼠疫、麻疹、某些形式的流感、水痘和脊髓灰质炎。[51] 研制一

---

〔42〕 参见 The editorial staff of the publishers, *The New Encyclopaedia Britannica*, London: Encyclopedia Britannica, Incorporated, 1987, p. 530.

〔43〕 同上注。

〔44〕 同上注。

〔45〕 同上注。

〔46〕 同上注。

〔47〕 Edward Jenner, An Inquiry into the Causes and Effects of Variolae Vaccinae, A Disease, Discovered in the Western Counties of England, Particularly Gloucestershire and Known by the Name of Cow Pox (Classics of Medicine Library, 1978) (1798).

〔48〕 参见 The editorial staff of the publishers, *The New Encyclopaedia Britannica*, London: Encyclopedia Britannica, Incorporated, 1987, p. 530.

〔49〕 Susan L. Plotkin & Stanley A. Plotkin, *A Short History of Vaccination*, in Vaccines 1 (Stanley A. Plotkin & Walter A. Orenstein eds., 3d ed. 1999), pp. 2-3.

〔50〕 参见 The editorial staff of the publishers, *The New Encyclopaedia Britannica*, London: Encyclopedia Britannica, Incorporated, 1987, p. 887.

〔51〕 参见 Susan L. Plotkin & Stanley A. Plotkin, *A Short History of Vaccination*, in Vaccines 1 (Stanley A. Plotkin & Walter A. Orenstein eds., 3d ed. 1999), pp. 1-8.

种难以捉摸的人体免疫缺损病毒/艾滋病疫苗的进一步工作仍在继续,[52]研制基因生产的疫苗(如阿尔茨海默病疫苗)也在继续。[53]

(二)公共疫苗接种的兴起

詹纳医生发现的天花疫苗并没有立即在欧洲引起政府主导的免疫工作。[54]一段时间以来,公众的不信任和政府行动的普遍缺乏阻碍了强制性疫苗接种法的实施。[55]天花疫苗并不总是以现成数量或合适的质量可用,[56]而且接种人员的技能也不一致。[57]不恰当的疫苗接种导致了广为人知的并发症。[58]在此期间,疫苗接种主要是为特权阶级专有。然而,到19世纪初,一些欧洲国家开始了强制性的疫苗接种计划。[59]1803年,在德国进行了17000次疫苗接种,其中几乎一半的人后来进行了疫苗接种。[60]拿破仑在1805年下令对以前没有患过天花的军队大规模接种疫苗。[61]巴伐利亚于1807年、丹麦于1810年、俄罗斯于1812年、瑞典于1816年实施了强制性疫苗接种。[62]1818年,维滕贝格国王颁布了以下法令(证明了最

---

[52] Centers for Disease Control & Prevention, U. S. Department of Health & Human Services, *Impact of Vaccines Universally Recommended for Children—United States, 1900－1998*, Journal of the American Medical Association, Vol. 281, 1999, p. 1483; *New Approach to Vaccine Offers Promise*, Vaccine Weekly, May 10, 1999, available at 1999 WL 10299959.

[53] 参见 Robert A. Seder & Sanjay Gurunathan, *DNA Vaccines—Designer Vaccines for the 21st Century*, 341 New England Journal of Medicine, Vol. 341, 1999, p. 277.

[54] Sheldon Watts, *Epidemics and History: Disease, Power and Imperialism*, New Haven: Yale University Press, 1997, pp. 114-115.

[55] 同上注。

[56] 参见 J. N. Hays, *The Burdens of Disease: Epidemics and Human Response in Western History*, New Brunswick: Rutgers University Press, 1998, p. 279.

[57] 同上注。

[58] 同上注;Sheldon Watts, *Epidemics and History: Disease, Power and Imperialism*, New Haven: Yale University Press, 1997, pp. 114-115; The editorial staff of the publishers, *The New Encyclopaedia Britannica*, London: Encyclopedia Britannica, Incorporated, 1987, p. 530.

[59] J. N. Hays, *The Burdens of Disease: Epidemics and Human Response in Western History*, New Brunswick: Rutgers University Press, 1998, p. 279.

[60] 参见 U. S. General Accounting Office, Preventive Healthcare for Children, Experience from Selected Foreign Countries (Aug. 1993).

[61] 同上注。

[62] J. N. Hays, *The Burdens of Disease: Epidemics and Human Response in Western History*, New Brunswick: Rutgers University Press, 1998, p. 279.

早的学校疫苗接种要求之一):

"每个孩子都必须在三岁之前接种疫苗,如果不接种疫苗则其父母每年都会受到处罚;如果处罚不奏效则必须重复进行处罚……没有接种疫苗的人,不得接纳进入任何学校、学院或慈善机构;不得成为任何行业的学徒;或不得担任任何公职。当天花病毒出现时,所有可能感染天花病毒的人必须立即接种疫苗……"[63]

19 世纪中期,英国议会颁布了一系列要求和规范接种疫苗的立法。[64] 1840 年 7 月 23 日通过一项立法,要求通过政府与医师签订合同,在英格兰和威尔士免费提供医疗疫苗接种。[65] 1853 年,议会通过《扩大并强制实施疫苗接种法》(An Act to Extend and Make Compulsory the Practice of Vaccination),要求父母为婴儿接种疫苗,除非"不适合接种疫苗",并向出生和死亡登记员提交一份证明。[66]

这些和其他疫苗接种要求大大降低了欧洲的天花死亡率。约翰·西蒙(John Simon)医生受英国女王委托于 1857 年发表的一份公共卫生报告,得出结论是在许多欧洲国家采用疫苗接种政策后的几十年里,天花死亡率下降了 88% 以上。[67]

在美国,疫苗接种运动以哈佛大学的本杰明·沃特豪斯(Benjamin Waterhouse)医生为中心。[68] 沃特豪斯医生在了解詹纳医生的发现后,在美国进行了自己的疫苗接种实验。他强烈而热情地提倡广泛使用疫苗来消灭天花。[69] 在 1816 年的一篇期刊评论中,沃特豪斯以一种未来主义的眼光写道:

"当我们反思天花这种单一疾病对我们物种的巨大破坏时……我们感

---

[63] C. W. Dixon, *Smallpox*, London: J. & A. Churchill Ltd., 1962, p. 278.

[64] 同上注。

[65] 同上注。

[66] 同上注, pp. 278-279.

[67] 刘易斯·A. 塞尔(Lewis A. Sayre)致纽约市市长、卫生专员委员会主席乔治·奥普戴克(George Opdyke)的信(1862 年 2 月 27 日)。

[68] 参见 Bernard I. Cohen, *The Life and scientific and medical career of Benjamin Waterhouse: With some account of the introduction of vaccination in America*, New York: Arno Press, 1980; Donald R. Hopkins, *Benjamin Waterhouse (1754 − 1846)—The "Jenner of America"*, American Journal of Tropical Medicine and Hygiene, Vol. 26, 1977, p. 1060.

[69] Hopkins, 同前注 68, p. 1060.

到震惊……回顾过去的恐怖,人们对它所展现的人类苦难的广阔场景引发哀悼。但对我们人类来说,幸运的是这种普遍的死亡和痛苦将不再被感受到和看到。人类医学史开始了一个新时代;而最具破坏性的疾病即将从人类邪恶的名单中剔除……"[70]

沃特豪斯对疫苗接种的贡献是如此之大,在1800年他给他的四个孩子和一些仆人接种了疫苗。[71] 沃特豪斯的影响力延伸到了早期来自共和党的美国总统,包括托马斯·杰弗逊。[72] 杰弗逊通常被称为美国最伟大的疫苗接种赞助人,他在1801年为他的数百名家人、雇员和朋友接种了疫苗,并高度赞扬了沃特豪斯医生的工作。[73] 杰弗逊总统指导了南方各州的疫苗接种计划,并进一步开发了一种更安全的方法来运输疫苗,并通过冷藏疫苗来保持其效力。[74] 尽管杰弗逊在美国和当时的英国都做出了努力,但疫苗接种通常是为能够负担得起费用的上层阶级专有的。由于缺乏资源和信息,较贫穷的民众要么无法获得天花疫苗,要么不充分相信其安全性。[75]

与任何创新一样,疫苗接种也出现了滥用现象。有些人把据说是患牛痘的人的衬衫布料卖给不警惕的人。顾客误以为接触这种织物可以接种天花疫苗。在波士顿附近"村长"(Villagehead)这个地方,一个自称感染了牛痘的水手卖掉了他的衬衫碎片。事实上,这名水手患了天花病毒,并造成了一场天花爆发,导致58人死亡。[76]

沃特豪斯试图垄断疫苗,以700美元以上的价格卖给他的同行医

---

〔70〕 Benjamin Waterhouse, *A Plea for Vaccination*, Columbian Centinal, Apr. 6, 1816.

〔71〕 Hervé Bazin, *The Eradication of Smallpox: Edward Jenner and the First and Only Eradication of a Human Infectious Disease*, Cambridge: Academic Press, 2000, p. 98.

〔72〕 参见 Robert H. Halsey, *How the President, Thomas Jefferson, and Doctor Benjamin Waterhouse Established Vaccination as a Public Health Procedure*, New York: Author, 1936, p. 1.

〔73〕 参见 Louis H. Roddis, *Edward Jenner and the Discovery of Smallpox Vaccination*, Menasha: George Banta publishing company, 1930, p. 99.

〔74〕 参见 David Abbey, Jefferson's Legacy Includes a Critical Role in the Eradication of Smallpox, The Jefferson Legacy Foundation, at http://www. jeffersonlegacy. org/summer00. htm # smallpox.

〔75〕 Hervé Bazin, *The Eradication of Smallpox: Edward Jenner and the First and Only Eradication of a Human Infectious Disease*, Cambridge: Academic Press, 2000, p. 98; Robert H. Halsey, *How the President, Thomas Jefferson, and Doctor Benjamin Waterhouse Established Vaccination as a Public Health Procedure*, New York: Author, 1936, p. 1.

〔76〕 Bazin, 同上注。

生。[77] 然而，他很快意识到他不能垄断这样一个具有分水岭意义的发现，并帮助将疫苗公之于众。[78] 虽然沃特豪斯和杰弗逊试图说服个别医生推广天花疫苗最初没有成功，但州和地方政府领导人开始采取行动。[79] 马里兰州议会试图筹集 30000 美元的彩票来资助一个州疫苗接种机构，但经其努力筹集仅获得了 12797.20 美元。[80] 1802 年新奥尔良暴发天花疫情时，最初反对接种疫苗的州长克莱尔伯恩（Clairborne）颁布了一项强制性疫苗接种法。[81] 同年，马里兰州巴尔的摩的詹姆斯·史密斯（James Smith）医生在他的住所建立了一个疫苗所为穷人免费接种疫苗。[82]

当史密斯游说美国国会让他负责维持整个国家的疫苗供应时，他进一步推动了疫苗接种事业。[83] 1813 年，国会于 2 月 27 日颁布了一项法案让史密斯获得了这项任务，授权詹姆斯·麦迪逊总统"任命一名代理商贮存有效的疫苗，并向任何美国公民提供同样的疫苗……"[84] 该法律确保通过美国邮政服务免费运送疫苗。[85] 然而，由于缺乏协调的州和地方卫生系统以及高效的交通工具，该法律的影响相对较小。[86] 1822 年，向北卡罗来纳州一位医生寄送天花材质过程中发生邮寄事故，导致天花病毒暴发，并迫使国会废除该项法律。[87]

（三）反对疫苗接种的看法

接种疫苗被广泛视为最具成本效益和最广泛使用的公共卫生干预措施

---

〔77〕 同上注，p. 99.

〔78〕 Donald R. Hopkins, *Benjamin Waterhouse (1754—1846)—The "Jenner of America"*, American Journal of Tropical Medicine and Hygiene, Vol. 26, 1977, p. 1061.

〔79〕 Whitfield J. Bell, Jr., *The Colonial Physician & Other Essays*, Cambridge: Science History Publications, 1975, p. 134.

〔80〕 同上注。

〔81〕 同上注。

〔82〕 同上注，p. 133.

〔83〕 同上注，p. 135.

〔84〕 同上注。

〔85〕 同上注，p. 135.

〔86〕 同上注，p. 140-143.

〔87〕 同上注。

之一。[88] 然而,自詹纳医生所处的时代以来,疫苗接种引发了民众的强烈抵制。[89] 固然接种疫苗被殖民时期的美国人普遍接受,但在许多地方出现了少数人的反对。[90] 一些反对者对有效性表达了合理的科学异议;一些人担心接种疫苗会传播其他疾病(如梅毒)[91]或造成有害影响;还有一些人基于宗教或哲学信条反对。[92] 一些人认为强制接种疫苗是政府对人类自主和自由的无理干涉。[93] 后一种观点部分可归因于过于激进的公共卫生做法和公众对公共卫生目标的普遍不信任。[94]

在像天花这样的流行病肆虐期间,公共卫生倡导者强烈主张全面接种疫苗的必要性,并拥有足够的政府权力和资源,迫使个人在征得或未经同意的情况下接种疫苗。虽然许多人认为公共卫生疫苗接种工作是一项公民义务,但无数人对其提出了挑战,他们抵制公共卫生当局强行向其注射异物的行动。公共卫生当局偶尔不得不采取激烈行动,特别是在天花病毒暴发时。例如,《纽约时报》在 1895 年报道了纽约布鲁克林的埃米尔·谢弗(Emil Schaefer)对一名强行给他接种天花疫苗的当地公共卫生官员提起诉讼并

---

[88] Centers for Disease Control & Prevention, U. S. Department of Health & Human Services, *Impact of Vaccines Universally Recommended for Children—United States, 1900—1998*, Journal of the American Medical Association, Vol. 281, 1999, p. 247. 然而,并非所有疫苗都是最具成本效益的公共卫生干预措施。一些最近获得许可的疫苗可能具有边际效益成本比。尼尔·A. 哈尔西(Neal A. Halsey)医生的来信,2000 年 4 月 3 日。

[89] George Rosen, *A History of Public Health*, Baltimore: Johns Hopkins University Press, 1993, p. 165.

[90] 同上注。

[91] J. N. Hays, *The Burdens of Disease: Epidemics and Human Response in Western History*, New Brunswick: Rutgers University Press, 1998, p. 280.

[92] George Rosen, *A History of Public Health*, Baltimore: Johns Hopkins University Press, 1993, p. 165.

[93] Jacobson v. Massachusetts, 197 U. S. 11 (1905). 联邦最高法院在雅各布森诉马萨诸塞州案中努力解决疫苗接种问题时指出"一些技术高超、名声显赫的医生不相信接种疫苗能预防天花"。同前注,at 34. quoting Viemester v. White, 72 N. E. 97 (N. Y. 1904). 联邦最高法院还审议了关于"疫苗接种经常对接种者的健康造成严重和永久性伤害的主张"。同前注,at 36. 然而,尽管雅各布森诉马萨诸塞州案的被告坚持认为,强制接种疫苗"有悖于每个自由人照顾自己身体和健康的固有权利",但法院最终认为强制接种疫苗是对州保护公众健康和安全权力的有效行使。同前注,at 38-39. 也请参见 George Rosen, *A History of Public Health*, Baltimore: Johns Hopkins University Press, 1993, pp. 165-166; Wilson G. Smillie, *Public Health Administration in the United States*, New York: Macmillan, 1947, p. 133.

[94] Frank P. Grad, *Public Health Law Manual*, Washington, D. C.: American Public Health Association, 1997, pp. 72-73.

胜诉的案件:

警察经常被要求保护疫苗接种人员,接种人员和警察会在午夜进行突袭,人们无论是否同意都要接种疫苗……1894 年 4 月 27 日,亨利·L. 谢林(Henry L. Schelling)医生拜访了谢弗的家,说他是来给这家人接种疫苗。谢弗表示反对,他说自己脑部长了肿瘤,认为接种疫苗很危险。根据谢弗的陈述,谢林医生抓住他的手臂,大声说:"即使我为此而死,你也要接种疫苗"。[95]

医生和科学家也以医学理由反对接种疫苗,他们还基于财务和私事的原因攻击个别人。[96] 反疫苗接种运动的英国领导人本杰明·莫斯利(Benjamin Moseley)医生提出证据批驳詹纳医生最初的科学发现,并在同行中普遍诋毁他。[97] 伦敦的内科医生西姆斯(Sims)敦促詹纳医生缓慢行动,因为他接种的疫苗实际上有可能使病人的病情恶化。[98] 一些医生认为接种疫苗只能提供暂时的免疫力。其他人则担心给人注射来自动物身上的物质会对身体产生影响。[99] 在美国,沃特豪斯医生因为先前缺乏学历和政治观点而受到质疑。

尽管证明了广泛接种疫苗的价值,但这种反疫苗接种的看法仍在继续。反疫苗接种者主张其他公共卫生措施包括检疫和隔离与接种疫苗一样有效地防止疾病的传播。然而,在人口众多或人口较少的国家实施全面疫苗接种政策,很快开始观察到天花死亡率的显著下降,[100]即使在仅靠隔离无法预防的情况下。[101] 1870 年普法战争期间暴发的天花传染病,是强制接种疫苗效果最显著的例子之一。在战争开始时,法国和普鲁士士兵得到保证,除非按照强制疫苗接种法接种天花疫苗,否则双方军队都不会出动。事实

---

〔95〕 "$ 1500 *For Forced Vaccination*",The New York Times,1895.

〔96〕 Sheldon Watts, *Epidemics and History*:*Disease*,*Power and Imperialism*, New Haven:Yale University Press,1997,p. 114.

〔97〕 Derrick Baxby, *Jenner's Smallpox Vaccine*:*The Riddle of Vaccinia Virus and Its Origin*, London:Heinemann Educational Books,1981,p. 85.

〔98〕 同上注,p. 82.

〔99〕 参见 Benjamin Waterhouse, *A Plea for Vaccination*, Columbian Centinal, Apr. 6,1816.

〔100〕 参见前注〔67〕。

〔101〕 参见 *Committed 441 Murders*, The New York Times, Oct. 1, 1896, at 1(注意到在英格兰格洛斯特爆发的疫情中接种疫苗以及在县庇护所和邮局雇员中其他病例接种疫苗的益处)。

上,只有普鲁士人坚持强制接种疫苗。在 1870 年至 1875 年天花大流行期间的战斗中,普鲁士士兵感染天花病毒 8630 例,297 人死亡。[102] 没有严格执行疫苗接种要求的法国感染天花病毒 280470 例,23470 人死亡。[103] 这些和许多其他例子使公共卫生专家对天花疫苗接种的价值充满信心。[104] 1862 年,纽约的医生刘易斯·A.塞尔向最新成立的纽约市卫生专员委员会(New York City Board of Commissioners of Health)保证,"接种疫苗,如果实施得当,是一种可靠而完美的预防天花方法"。[105]

一些反疫苗接种主义者反对广泛的强制性接种疫苗,因为他们对疾病的性质和原因持不同意见。[106] 在高度拥挤的城市环境中,穷人和难民中天花发病率的上升可以通过两种主要的社会学理论来解释。一种理论认为,这种传染是由于恶劣的环境条件造成的。[107] 据此,天花在起源和解决方案上被视为是社会的。另一种理论认为,贫富差距的扩大是上帝的旨意,疾病是控制受祝福者和受诅咒者之间平衡的机制。[108] 根据这一理论,天花和其他疾病不被视为社会起源的疾病,而是对较贫困人口规模和范围的自然控制。这种马尔萨斯式的分析是早期反疫苗接种主义者最广泛引用的理论之一。[109]

天花的反复暴发为公共卫生官员和反疫苗接种主义者争论各自的立场提供了充足的机会。1890 年英格兰格洛斯特短暂爆发的天花历史记载就是一个例证。[110] 固然当时学校有接种疫苗的政策,但疫情的暴发可追溯到几名在公立小学上学时被感染天花的儿童。近 2000 人被感染,其中包括

---

[102] Sheldon Watts, *Epidemics and History: Disease, Power and Imperialism*, New Haven: Yale University Press, 1997, pp. 114-117.

[103] 同上注。

[104] 同上注。

[105] 参见前注[67],p. 4.

[106] J. N. Hays, *The Burdens of Disease: Epidemics and Human Response in Western History*, New Brunswick: Rutgers University Press, 1998, pp. 279-282.

[107] 同上注,p. 280.

[108] 参见 Sheldon Watts, *Epidemics and History: Disease, Power and Imperialism*, New Haven: Yale University Press, 1997, pp. 85-95.

[109] 参见 J. N. Hays, *The Burdens of Disease: Epidemics and Human Response in Western History*, New Brunswick: Rutgers University Press, 1998, p. 284.

[110] Editorial, *Topics of the Times*, The New York Times, Nov. 26, 1891, at 5-6.

706 名儿童,484 人死亡。[111] 反疫苗接种主义者认为学校的疫苗接种政策完全未能阻止疫情的暴发。公共卫生官员表示,尽管有接种疫苗政策,但大多数被感染的儿童从未接种过疫苗。[112] 一份提交给英国议会的公共卫生报告得出的结论是,"不可避免的结论是,这种流行病的死亡率和严重性的上升,在很大程度上是由于如此大比例的未接种疫苗的儿童受到天花病毒攻击"。[113] 因此,《纽约时报》的一位编辑在 1891 年总结道,"反对接种疫苗的人可能会大喊'看,你的毒药并不像它被宣称的那样具有预防作用!'也许有人会这样回答……少数明显失败的例子可能只是疫苗接种不完善或接种时间过于久远。"[114]

在英国的莱斯特,一个强大的反疫苗接种联盟反对 1867 年的一项强制接种疫苗的立法,该立法规定惩罚未能确保子女适当接种疫苗的父母。违反法律的父母将面临罚款或监禁。基于医疗方面的担忧和个人自由,反对疫苗接种要求的声音稳步增长。结果,莱斯特的儿童疫苗接种率从 1872 年的 90%以上下降到 1892 年的 3%。在 1892 年,共处以 3000 笔罚款和 60 次监禁。[115]

虽然进行了热切和激进的反对接种疫苗运动,但大多数公众还是选择在可获取疫苗时接种疫苗,特别是在天花暴发时。对感染天花的恐惧和公共卫生当局对接种疫苗可以预防天花的保证,足以说服大多数人接种疫苗。[116] 而面对令人信服的天花疫苗有效性的医学和公共卫生证据,许多人放弃了他们的反疫苗接种主义观点。1915 年《泰晤士报》的一篇社论指出:"现在只有最疯狂的反疫苗接种主义者才否认詹纳医生发明的疫苗对预防天花的功效"。[117] 到 1942 年,美国出现了不到 1000 例新的天花病例。[118]

反对接种疫苗的看法在很大程度上仍然是少数人的观点,即使表达这

---

[111] 同上注。

[112] 同上注。

[113] 同上注。

[114] 同上注。

[115] Hervé Bazin, *The Eradication of Smallpox: Edward Jenner and the First and Only Eradication of a Human Infectious Disease*, Cambridge: Academic Press, 2000, p. 130.

[116] 参见 *The Smallpox Danger*, The New York Times, Dec. 11, 1900, at 10.

[117] *Vaccination Does Have Perils*, The New York Times, Mar. 1915.

[118] Wilson G. Smillie, *Public Health Administration in the United States*, New York: Macmillan, 1947, p. 134.

种看法的激情仍然有影响力。反疫苗接种主义者用理性和非理性的事实和观点来吸引与个人关系密切的利益。他们把疫苗描述成异体物质或毒药,且认为接种疫苗弊大于利。[119] 疫苗接种被描述为"外科手术",[120] 而不是常规的医疗护理。疫苗本身的有效性引发了一场渐进但冷漠的争论:既然疫苗有效,为什么人们在接种疫苗后还会继续受到伤害,除非社区中存在实际的疾病威胁? 公共卫生当局被描述为滥用职权、不值得信任和家长式作风。[121] 反对公共卫生的努力等同于反对政府的压迫。反疫苗接种主义者声称疫苗接种(甚至对天花的医学治疗)[122] 违背了他们神圣的宗教信仰。[123] 正如本文第四部分第二个论点所讨论的,这些和其他反对接种疫苗的看法今天仍继续存在。[124]

三、对疫苗接种政策的立法和司法回应

围绕疫苗接种的政治、哲学和社会斗争生动地反映在关于政府强制接种疫苗的权力和限制的立法和司法辩论中。正如公共卫生历史学家乔治·罗森(George Rosen)所观察到的,早在詹纳博士的历史性发现之前,美国殖

---

〔119〕 参见 Cram v. School Board,136 A. 263,263 (N. H. 1927).评估一名未接种疫苗儿童父亲的申诉,他以"疫苗接种是通过向其女儿的血液中注射一种成分未知的毒药进行外科手术,这将危及她的健康和生命,他不会允许这样做……"为由,寻求从州学校疫苗接种法中获得救济。

〔120〕 同上注。

〔121〕 参见 J. N. Hays, *The Burdens of Disease*:*Epidemics and Human Response in Western History*, New Brunswick:Rutgers University Press,1998, p. 280.

〔122〕 参见 *Removed Smallpox Patient*:*Health Board Refused to Permit Christian Scientist to Heal Him—Vaccinated Every One in the House*, The New York Times, Aug. 11,1901, at 6; *Would not Have a Doctor for Smallpox*, The New York Times,1909.

〔123〕 参见 Brown v. Stone, 378 So. 2d 218 (Miss. 1979).

〔124〕 参见 Timothy J. Aspinwall, *Religious Exemptions to Childhood Immunization Statutes*: *Reaching for a More Optimal Balance Between Religious Freedom and Public Health*, Loyola University of Chicago Law Journal,Vol. 29,1997, pp. 109-113.

民地的地方政府就已经对医生疫苗接种行为进行了规范。[125] 强制免疫接种法律最早出现在 19 世纪早期。[126] 1905 年,美国联邦最高法院在雅各布森诉美国案(肯定州政府强制接种疫苗的权力)中作出具有里程碑意义的裁决时,许多州已经要求公民接种天花疫苗以及预防其他疾病的疫苗。[127] 在本部分中,我们将解释州的疫苗接种法,主要是州的学校疫苗接种法,以及强制疫苗接种的政治合宪性。

(一)美国早期的学校疫苗接种法律和政策

19 世纪 30 年代,随着英美两国努力制定和实施强制性疫苗接种政策,另一项强制性教育政策也在兴起。[128] 尽管这两项政策直到 19 世纪 60 年代才统一结合(以学校疫苗接种要求的形式),但美国学龄儿童的免疫接种很早就开始了。正如约翰·达菲(John Duffy)所指出的:

天花的兴起与强制性入学法的颁布以及随后公立学校数量的快速增长相吻合。由于大量儿童聚集在一起明显加速了天花病毒的传播,而接种疫

---

〔125〕 George Rosen, *A History of Public Health*, Baltimore: Johns Hopkins University Press, 1993, pp. 162-165. 1721 年 4 月,来自西印度群岛的船只将天花带到波士顿。科顿·马瑟(Cotton Mather)牧师向波士顿的医生建议他们进行种接疫苗。只有扎布迪尔·博伊尔斯顿医生回应了……早在 1722 年,波士顿的市政委员们就坚持认为,博伊尔斯顿不应该在没有当局许可和同意的情况下接种疫苗。到 1760 年,已经建立了规范接种疫苗条件的法律保障。同上注,pp. 162-163.

〔126〕 Frank P. Grad, *Public Health Law Manual*, Washington, D. C.: American Public Health Association, 1997, p. 72; William P. Prentice, *Police Powers Arising under the Law of Overruling Necessity*, New York: Albany, Banks & Brothers, 1894, p. 132(一些州的法律对未成年人……实施了强制性疫苗接种。城市条例对此进行了规定,但是将未接种疫苗的儿童排除在学校和工厂之外的间接方法,或如果是移民则坚持隔离,并提供收费的疫苗接种……更有效);Charles L. Jackson, *State Laws on Compulsory Immunization in the United States*, Public Health Reports, Vol. 84, 1969, p. 787(记录了马萨诸塞州在 1809 年颁布第一部强制性疫苗接种法)。

〔127〕 参见 Jacobson v. Massachusetts, 197 U. S. 11 (1905); Viemester v. White, 72 N. E. 97 (N. Y. 1904)(支持纽约州的法规将所有未接种疫苗的儿童排除在公立学校之外);William Fowler, *Principal Provisions of Smallpox Vaccination Laws and Regulations in the United States*, Public Health Reports, Vol. 56, 1941, p. 167. (注意到仅有六个州没有天花疫苗接种法规);William Fowler, *State Diphtheria Immunization Requirements*, Public Health Reports, Vol. 57, 1942, p. 325. (注意直到 20 世纪 30 年代末才颁布与其他疾病有关的强制免疫法)。

〔128〕 参见 Harvey Cortlandt Voorhees, *The Law of the Public School System*, New York: Little, Brown, and Company, 1916, pp. 15-19; John Duffy, *School Vaccination: The Precursor to School Medical Inspection*, Journal of the History of Medicine and Allied Sciences, Vol. 33, 1978, p. 344.

苗提供了一种相对安全的预防措施,因此强制性入学法自然会导致强制接种疫苗的运动。[129]

毫不奇怪,学校疫苗接种要求和强制疫苗接种法律背后的驱动力是天花病毒的暴发。[130] 周期性的天花流行病为制定强制性疫苗接种法律提供了政治动力,并使科学家能够研究疫苗接种对疾病传播的影响。学校疫苗接种要求通常是促进全面公共疫苗接种的更大法案的一部分。纽约市市长向纽约州议会提出的一项法案要求所有公民接种天花疫苗,但须由医生出具合法签发的证明。[131] 该法案特别要求为移民、医院和惩教机构的人员以及申请进入公立学校的儿童接种疫苗。[132]

当地市政当局包括县、市和教育委员会是最早尝试强制实施学校疫苗接种法律和政策的机构之一。1827 年,波士顿成为第一个要求所有进入公立学校的儿童提供疫苗接种证明的城市。[133] 最近成立的州卫生委员会也大力提倡并试图在全州范围内执行学校疫苗接种要求。马萨诸塞州联邦于1855 年制定了自己的学校疫苗接种法,纽约州于 1862 年、康涅狄格州于1872 年、宾夕法尼亚州于 1895 年也制定了学校疫苗接种法。[134] 其他东北各州很快也通过了自己的学校疫苗接种立法要求。强制儿童接种疫苗作为入学条件的趋势最终蔓延到美国中西部各州如印第安纳州(1881 年)、伊利诺伊州和威斯康星州(1882 年)、艾奥瓦州(1889 年),南部各州如阿肯色州和弗吉尼亚州(1882 年),以及西部各州如加利福尼亚州(1888 年),尽管并非没有相当大的政治争论。[135]

反疫苗接种主义者强烈反对最初通过的学校疫苗接种要求,原因与上文讨论的许多相同,[136]并试图通过政治途径、司法挑战[137]和直接拒绝遵守

---

[129]　Duffy,同上注,p. 345.

[130]　虽然有其他疾病的暴发,但巴斯德尚未研制出霍乱疫苗,而下一个重大疫苗发明,索尔克研制的脊髓灰质炎疫苗和史密斯研制的白喉毒素,直到 20 世纪早期和中期才出现。

[131]　Letter from Lewis A. Sayre,同前注[67],at 5.

[132]　同上注。

[133]　John Duffy,*School Vaccination: The Precursor to School Medical Inspection*,Journal of the History of Medicine and Allied Sciences,Vol. 33,1978,p. 345.

[134]　同上注,pp. 345-346.

[135]　同上注,pp. 349-351.

[136]　参见本文第二部分"(三)反对疫苗接种的看法"。

[137]　参见本文第三部分"(二)强制疫苗接种的合宪性"。

来废除或阻挠这些法律。1894 年,罗得岛州的反疫苗接种主义者以一票之差废除了现有的州学校疫苗接种法。[138] 宾夕法尼亚州的反疫苗接种联盟和其他组织以微弱差距未能废除宾夕法尼亚州已有两年历史的学校疫苗接种法。[139] 1894 年,当威斯康星州密尔沃基市的卫生官员试图检疫隔离天花患者时,反疫苗接种主义者和其他人包括政治家、医生和部长与他进行了斗争。[140] 这些努力后来促成了对市卫生委员会权力的改革。[141] 在路易斯安那州,一位来自城市的医生给高中女生看了一张照片,照片上的男孩因为接种天花疫苗而染上了丹毒,这是一种痛苦的皮肤病。女孩们自然拒绝接种疫苗,尽管州卫生委员会有强制性政策。[142] 1924 年,新泽西州哈雷登的家长们说服当地学校董事会推翻了一项要求儿童接种疫苗的规定。[143]

即使在通过了学校疫苗接种法律或政策的地方,反疫苗接种者的积极抵制和对接种疫苗的冷漠使执法工作变得复杂。[144] 在疫情暴发时期,疫苗接种率通常很高,但当传染病过去时,疫苗接种率就会大幅下降。在芝加哥,这种对疫苗接种的冷漠造成 1893 年到 1894 年间天花的反复爆发,当时只有不到 10% 的学生接种了疫苗,虽然已有 12 年历史的州法律禁止儿童在没有"适当和成功的疫苗接种证据"的情况下进入学校。[145] 当地学校董事会和管理者经常反对州疫苗接种法,该法授权新成立的州卫生检查员委员会检查他们学校的疫苗接种政策和做法。[146] 当地的学校系统认为这种监督是侵入性的,破坏了学校的日常秩序,违背了教育委员会对学校健康项

---

[138] John Duffy, *School Vaccination: The Precursor to School Medical Inspection*, Journal of the History of Medicine and Allied Sciences, Vol. 33, 1978, p. 346.

[139] 同上注,pp. 350-351.

[140] 参见 Judith W. Leavitt, *Politics and Public Health: Smallpox in Milwaukee*, Bulletin of the History of Medicine, Vol. 50, 1976, p. 553.

[141] John Duffy, *School Vaccination: The Precursor to School Medical Inspection*, Journal of the History of Medicine and Allied Sciences, Vol. 33, 1978, p. 351.

[142] 同上注。

[143] *To Admit Unvaccinated Pupils*, The New York Times, 1924 (on file with the authors).

[144] 参见 John Duffy, *School Vaccination: The Precursor to School Medical Inspection*, Journal of the History of Medicine and Allied Sciences, Vol. 33, 1978, p. 346.

[145] 同上注,p. 349.

[146] 参见 James A. Tobey, *Public Health Law: A Manual of Law for Sanitarians*, Philadelphia: Williams & Wilkins, 1926, pp. 85-86.

目各个阶段的法定和传统责任。[147] 例如,纽约的学校董事会明确挑战州政府官员干预当地学校政策的权力。没有按照纽约州法律的要求定期收集疫苗接种的书面报告。相反,当地学校依靠家长或孩子们自己的口头声明来证明学生们已经接种了疫苗。[148] 随着学校成功实施天花免疫接种和后来的脊髓灰质炎免疫接种,[149]这些早期抵制学校疫苗接种法的例子最终逐渐减少,在各自社区的儿童中发现这些疾病显著减少。

(二)强制疫苗接种的合宪性

除了天花免疫法律面临的政治和社会挑战外,疫苗接种政策还受到宪法和其他法律依据的司法质疑。[150] 也许美国第一个讨论公民反对疫苗接种要求的案例是哈森诉斯特朗案(Hazen v. Strong),[151] 1830 年佛蒙特州最高法院支持当地议会有权为接触过天花的人支付疫苗接种费用,即使社区中没有天花病例。[152] 与哈森诉斯特朗案一样,司法机构传统上与州立法者、学校董事会官员和公共卫生专家的观点保持一致,他们支持有必要接种疫苗以维护社区福祉。[153]

许多法院遵循分权原则和证据规则,在审查对学校疫苗接种政策的法律挑战方面发挥了有限的作用。正如宾夕法尼亚州最高法院在达菲尔德诉学区案[154](Duffield v. School District)中所说明的那样(支持学校疫苗接种法):

我们不需要从司法上确定公众对疫苗接种功效的信念是否绝对正确。

---

[147] 同上注;参见 Wilson G. Smillie, *Public Health Administration in the United States*, New York : Macmillan, 1947, p. 285.

[148] John Duffy, *School Vaccination : The Precursor to School Medical Inspection*, Journal of the History of Medicine and Allied Sciences, Vol. 33, 1978, p. 347.

[149] 参见 Edith Evans Asbury, *City Will Provide Free Polio Shots For All Under* 20, The New York Times, Apr. 17, 1955, at A1.

[150] 关于 1926 年早期州学校疫苗接种病例的详细列表。参见 James A. Tobey, *Public Health Law : A Manual of Law for Sanitarians*, Philadelphia : Williams & Wilkins, 1926, pp. 85-91.

[151] Hazen v. Strong, 2 Vt. 427 (1830).

[152] 同上注;参见 James A. Tobey, *Public Health Law : A Manual of Law for Sanitarians*, Philadelphia : Williams & Wilkins, 1926, p. 90.

[153] Tobey, 同上注,pp. 89-98.

[154] Duffield v. School District, 29 A. 742 (Pa. 1894).

鉴于医学知识的现状,以及负责公共卫生的各个委员会和官员的一致意见,我们将考虑什么是合理的……这不是一个判断上的错误,也不是在某些深奥的医学问题上的错误,而是滥用自由裁量权,使法院有理由干涉学校董事会的行为或搁置其行动。[155]

虽然大多数法院不愿用立法者和公共卫生官员的意见取代自己的意见,但一些法院对学校疫苗接种法持否定态度。人们主张对根据这些权力通过的法规进行狭隘的解释,或声称地方政府实体缺乏类似的权力。伊利诺伊州(1897 年)、威斯康星州(1897 年)、犹他州(1900 年)和北达科他州(1919 年)的学校疫苗接种法被各自的州法院解释为只有在天花出现或威胁到社区时才适用。[156] 其他法院裁定,在没有明确法定授权的情况下,地方学校董事会缺乏实施学校疫苗接种政策的能力。[157] 法官们认为,地方卫生和教育委员会仅作为州政府的附属机构,只拥有明示或默示授予的那些权力。[158]

这些案件和其他案件都集中于寻求强制实施学校疫苗接种要求的特定政府实体的权力授权。较少的法律挑战集中在州强制接种疫苗的固有权力上。[159] 州主权权力被认为足以授权接种疫苗。[160] 然而,固然许多人认为各州完全有权强制接种疫苗,但早期的法院也仔细听取并起草了针对疫苗接种要求的个人宪法异议。在 1905 年美国联邦最高法院在雅各布森诉马萨诸塞州案(Jacobson v. Massachusetts)的法庭裁决中,这些多少存在分

---

〔155〕 同上注,at 743.

〔156〕 参见 Lawbaugh v. Board of Education,52 N. E. 850 (Ill. 1899);Potts v. Breen,47 N. E. 81 (Ill. 1897);Rhea v. Board of Education,171 N. W. 103 (N. D. 1919);State ex rel. Cox v. Board of Education,60 P. 1013 (Utah 1900);State ex rel. Adams v. Burdge,70 N. W. 347 (Wis. 1897).

〔157〕 参见 Matthews v. Kalamazoo Board of Education,86 N. W. 1036 (Mich. 1901);Newton Edwards,*The Courts and the Public Schools*,Chicago:University of Chicago Press,1955,p. 577.

〔158〕 参见 Edwards,同上注。

〔159〕 参见 James A. Tobey,*Public Health Law:A Manual of Law for Sanitarians*,Philadelphia:Williams & Wilkins,1926,pp. 91-92.

〔160〕 同上注,pp. 90-91;Norton T. Horr & Alton A. Bemis,*A Treatise on the Power to Enact*,*Passage*,*Validity and Enforcement of Municipal Police Ordinances*,Cincinnati:Robert Clarke,1887,p. 202.

歧的观点清晰可见。[161]

1. 治安权及其限制:雅各布森诉马萨诸塞州案

在雅各布森案中,联邦最高法院认为这是对天花疫苗接种要求的宪法挑战。马萨诸塞州在 20 世纪之交颁布了一项法律,授权市政卫生委员会在公共健康或安全需要的情况下要求居民接种疫苗。[162] 坎布里奇卫生委员会根据这项法律的授权,通过了以下规定:"鉴于天花在坎布里奇市已在一定程度上流行,并仍在继续增加;为了迅速消灭这种疾病,有必要……命令该市所有居民……接种疫苗……"[163],像一些反疫苗接种主义者一样,[164]亨宁·雅各布森(Henning Jacobson)拒绝接种疫苗,因而被初审法院定罪,并被判处罚款 5 美元。[165] 马萨诸塞州最高法院维持了这一裁决,[166]该案于 1905 年被上诉到美国联邦最高法院。被告人雅各布森辩称,"强制性疫苗接种法是不合理的、武断的和压迫性的立法,这与每个自由人以自己认为最好的方式照顾自己身体和健康的固有权利相敌对"。[167] 他的主张以宪法自由利益为基础,并声称宪法自由利益支持个人身体完整和决定隐私的自然权利。[168]

联邦最高法院驳回了雅各布森的上诉,对个人自由采取了更狭隘的观点,同时强调了一种更以社区为导向的哲学,在这种哲学中公民对彼此以及对整个社会都负有责任。[169] 哈兰大法官在为联邦最高法院撰写的文书中写道:

美国宪法所保障的自由……并不意味着每个人都有在任何时候和任何情况下完全不受约束的绝对权利。为了共同的利益,每个人都必须受到各种各样的限制。在任何其他基础上,有组织的社会都应对其成员的安全负责。建立在每个人都有自己的法律这一规则之上的社会,很快就会面临混乱和无政府状态。如果执行一项原则,即承认每个人无论在人身或财产方

---

〔161〕　Jacobson v. Massachusetts, 197 U. S. 11 (1905).

〔162〕　同上注,p. 12.

〔163〕　同上注。

〔164〕　参见 *Vaccination Before Prison*, The New York Times, Dec. 18, 1897, at 4(报道了佐治亚州亚特兰大市的一名妇女拒绝接种疫苗的案例,她被要求支付 25.75 美元的罚款,并在市监狱服刑 25 天。她在服刑三个小时后被释放,因为她同意自己接种疫苗)。

〔165〕　Jacobson, 197 U. S. at 14.

〔166〕　Commonwealth v. Pear, 66 N. E. 719 (Mass. 1903), affirmed, 197 U. S. 11 (1905).

〔167〕　Jacobson, 197 U. S. at 26.

〔168〕　同上注。

〔169〕　同上注。

面,不论可能对他人造成何种伤害,都有权使用自己的自由,那么所有人的真正自由就不可能存在。[170]

根据社会契约理论,"社区有权保护自己成员免受传染病的威胁",这与州的传统治安权相一致。[171] 治安权是指有主权的州对影响公众健康、安全和一般福利的事务进行监管的广泛权力。[172] 除其他优先事项外,治安权授权采取一系列有利于公共卫生的政府行动。[173] 雅各布森案的遗产无疑是它对社会福利哲学的捍卫和对治安权监管的全力支持。

然而,法院也承认这些广泛权力的局限性。只有在符合以下原则的情况下,宪法才允许利用州的治安权支持疫苗接种要求或其他公共卫生举措:

(1)公共健康的必要性。哈兰法官在雅各布森案中坚持认为治安权必须基于"案件的必要性",不能以"武断、不合理的方式"或"远远超出公众安全的合理要求"来行使;[174]

(2)合理手段。在雅各布森案中,联邦最高法院提出了一项手段/目的测试,要求在公共卫生干预与实现合法的公共卫生目标之间建立合理的关系。[175] 纵然立法机关的目标可能是有效和有益的,但所采用的方法必须与保护公众健康有"真实或实质的关系",不能是"对权利的明显侵犯";[176]

(3)比例原则。哈兰大法官在雅各布森案的裁决中写道,"一个州的治安权可以在这种情况下或在特殊情况下通过武断和压迫性的规定来行使,法院为防止错误和压迫而进行干预具有正当性"。[177] 所以,如果干预是不

---

〔170〕 同上注。

〔171〕 同上注,at 27. 译者注:治安权(police power)是指根据美国宪法第十条修正案授予州的权力,依此权,州有权制定和实施保障公共卫生、公共安全和社会福利的法律,或将此权委托给地方政府。不过州行使此项权力应受正当程序和其他规定的限制。参见薛波主编,潘汉典总审订:《元照英美法词典》,法律出版社2003年版,第1063页。

〔172〕 参见 Ernst Freund, *The Police Power: Public Policy and Constitutional Rights*, Chicago: Callaghan, 1904, pp. 3-4; James G. Hodge, Jr., *The Role of New Federalism and Public Health Law*, Journal of Law and Health, Vol. 12, 1998, pp. 309-320.

〔173〕 Hodge,同上注,pp. 323-325.

〔174〕 Jacobson, 197 U.S. at 28.

〔175〕 同上注,at 26. 参见 James A. Tobey, *Public Health Law: A Manual of Law for Sanitarians*, Philadelphia: Williams & Wilkins, 1926, p. 90.

〔176〕 Jacobson, 197 U.S. at 31. 参见 Nebbia v. New York, 291 U.S. 502, 525 (1933)(确定公共福利监管不得"不合理、武断或反复无常,所选择的手段必须与寻求获得的目标有真实和实质的关系")。

〔177〕 Jacobson, 197 U.S. at 38-39.

必要的或不公平的,则公共卫生法规可能违宪;

(4)避免伤害。虽然为了公共利益可以要求对社会构成威胁的人采取强制措施包括接种疫苗,但措施本身不应对其身体造成健康危害。雅各布森没有提出任何医学证据证明他不是接种天花疫苗的"合适人选"。[178] 然而,要求一个人在知道伤害的情况下接种疫苗是"非常残忍和不人道的"。[179]

故此,虽然雅各布森案的裁决坚定地支持通过治安权授权各州为公共利益强制接种疫苗,但政府权力必须合理行使,以避免宪法审查。卫生委员会的执法仅限于对保护公众健康至关重要的情形。[180] 例如,各州不能对极易受到不良影响如严重过敏反应的人强制接种疫苗。[181]

然而,各州可根据个人是否接种疫苗对其提供某些福利。州学校疫苗接种法规定儿童必须接种各种疾病的疫苗才能接受义务教育,这是强制性的公共卫生举措吗?虽然学校疫苗接种可能被认为是"有条件的"而不是强制性的,因为父母可以选择家庭教育,[182]但大多数法院认为,对许多父母来说,学校疫苗接种是强制性的。正如内华达州最高法院在艾利森诉默克公司案(Allison v. Merck)中所述:[183]

"艾莉森女士对于她的儿子是否接受疫苗从未有任何真正的选择……我们可以说,她不仅受到'强烈鼓励'做出这个决定……她面临着霍布森选择效应,要么接种疫苗,要么没有将儿子送到私立或公立学校的优待……选择不让她的儿子上学当然会使其受到刑事处罚。"[184]

尽管强制性学校疫苗接种法具有强制的性质,但州要求儿童接种疫苗作为入学条件的权力已被广泛接受并得到司法认可。[185] 在祖赫特诉金案

---

〔178〕　同上注,at 36-37.

〔179〕　同上注,at 39-40.

〔180〕　State v. Speyer, 32 A. 476 (Vt. 1895).

〔181〕　Jacobson, 197 U. S. at 39.

〔182〕　Harvey Cortlandt Voorhees, *The Law of the Public School System*, New York: Little, Brown, and Company, 1916, p. 20.

〔183〕　Allison v. Merck, 878 P. 2d 948 (Nev. 1994)(处理针对制造商的疫苗引起伤害的侵权诉讼);参见 In re Christine M, 595 N. Y. S. 2d 606 (1992)(处理父母拒绝为儿童接种麻疹疫苗导致儿童被忽视的裁决)。

〔184〕　Allison, 878 P. 2d at 954-955 n. 9.

〔185〕　参见 Maricopa County Health Department v. Harmon, 750 P. 2d 1364 (Arizona Court of Appeals 1987); Cude v. State, 377 S. W. 2d 816 (Ark. 1964)(引用了许多先例); Brown v. Stone, 378 So. 2d 218 (Miss. 1979); Edwards, 同前注〔157〕, at 574 n.29(引用大量其他案例)。

(Zucht vs. King)中,美国联邦最高法院明确支持地方政府将接种疫苗作为进入公立学校的先决条件。[186] 布兰代斯法官认为,各州可以根据宪法和法院先前的裁决,将命令接种疫苗的权力委托给市政当局,[187]反过来市政当局可以赋予卫生委员会广泛的自由裁量权以适用和执行法律。[188] 因此,地方市政当局可决定接种疫苗的方式和类型,并制定与其权限一致的其他法规。[189] 执法机制可能包括拒绝未接种疫苗的儿童入学(通常采用这种做法),[190]对未接种疫苗儿童的父母进行刑事惩罚(现在很少采用这种做法),[191]或下令关闭学校(也很少采用这种极端措施)。[192]

2. 公共卫生与宗教:第一修正案带来的挑战

反对接种疫苗的人根据联邦宪法第一修正案的宗教条款提出了更多的宪法异议:"国会不得制定关于下列事项的法律:确立国教或禁止信教自由……"[193] 此项宗教条款包含两项规定:一是禁止确立国教条款;[194]二是自由行使宗教权利条款。[195] 如果州要求个人遵守与宗教习俗不一致的公共

----

〔186〕 Zucht v. King,260 U. S. 174 (1922). 州最高法院也例行支持学校接种疫苗的要求。参见 People ex rel. Hill v. Board of Education,195 N. W. 95 (Mich. 1923).

〔187〕 参见 Zucht,260 U. S. at 176. 引自 Laurel Hill Cemetery v. San Francisco,216 U. S. 358 (1910). 参见 Lieberman v. Van De Carr,199 U. S. 552 (1905).

〔188〕 Zucht,260 U. S. at 176;参见 Newton Edwards,*The Courts and the Public Schools*,Chicago:University of Chicago Press,1955,pp. 578-579.

〔189〕 Edwards,同上注,pp. 578-584.

〔190〕 参见 State v. Zimmerman,90 N. W. 783 (Minn. 1902);State v. Board of Education,60 P. 1013 (Utah 1900);Edwards,同上注,p. 580(引用其他案例).

〔191〕 参见 People v. Ekerold,105 N. E. 670 (N. Y. 1914);State v. Cole,119 S. W. 424 (Mo. 1909);Edwards,同上注,pp. 584-585.

〔192〕 参见 Globe School District No. 1 v. Board of Health,179 P. 55 (Ariz. 1919);Crane v. School District No. 14,188 P. 712 (Ore. 1920)(认为州法律必须明确授权卫生委员会关闭学校).

〔193〕 U. S. Constitution Amendment I. 宪法第一修正案通过纳入第十四修正案而适用于各州。Cantwell v. Connecticut,310 U. S. 296,303 (1940). 参见 Arlin M. Adams & Charles J. Emmerich,*A Heritage of Religious Liberty*,University of Pennsylvania Law Review,Vol. 137,1989,p. 1559;Timothy J. Aspinwall,*Religious Exemptions to Childhood Immunization Statutes:Reaching for a More Optimal Balance Between Religious Freedom and Public Health*,Loyola University of Chicago Law Journal,Vol. 29,1997,p. 109;Sherry E. Michaelson,*Note,Religion and Morality Legislation:A Reexamination of Establishment Clause Analysis*,New York University Law Review,Vol. 59,1984,p. 301.

〔194〕 参见 Michaelson,同上注,p. 301.

〔195〕 参见 Erwin Chemerinsky,*Constitutional Law*,New York:Aspen Law & Business,1997,pp. 967-968.

卫生标准(例如,接受免疫接种或治疗),这种要求被认为违反了自由行使宗教权利条款。虽然目前几乎所有州都对学校疫苗接种要求给予宗教豁免,但要求一个人违背其宗教信仰接受疫苗接种通常被认为符合宪法规定。[196]

联邦最高法院的判例阐明,自由行使的权利并不能免除个人遵守"普遍适用的有效和中立法律"的义务。[197] 例如,在普林斯诉马萨诸塞州案(Prince v. Massachusetts)中,联邦最高法院认为,根据童工法母亲可能因利用子女分发宗教资料而受到起诉:"自由从事宗教活动的权利不包括使社区或儿童感染传染病或使儿童健康不佳或死亡的自由"。[198] 1965 年,阿肯色州最高法院明确支持一项强制接种疫苗法律,该法没有豁免有宗教信仰的人:"根据宗教信仰行事的自由,必须受到有利于整个社会的合理监管"。[199] 纽约一家法院的裁决更具争议性:在民主国家,制定法律不是为了满足个人的偏好,也不是当为了维护个人可能持有的对所有人有害的错误观点。法律是为了保护所有人而制定的规则,即使这些法律对某些人来说令人厌恶或可恨,也要强制执行。[200]

虽然各州在宪法上没有义务给予宗教豁免,但禁止确立国教条款表明它们可能不被允许这样做。在某种程度上,禁止确立国教条款禁止政府通过有利于宗教偏好的法律,各州不能免除宗教反对者对学校疫苗接种的要求似乎有争议。通过宗教豁免来偏袒这些人似乎违反了禁止"确立国教"的规定,尽管自由行使宗教权利条款可以说保护了声称接种疫苗违反其宗教信仰的个人。第一修正案宗教条款之间的紧张关系已在司法上得到解决,

---

[196] 例可参见 Brown v. Stone, 378 So. 2d 218, 223 (Miss. 1979).

保护学生的重要身体……为了防止疫苗可预防的疾病造成致残和死亡的恐怖,要求将未接种疫苗的儿童排除在学校社区之外……在某种程度上,它可能与父母的宗教信仰相冲突,无论多么虔诚地接受,都必须以学生的利益为准。

参见 Cude v. State, 377 S. W. 2d 816-819 (Ark. 1964)(要求学童接种疫苗是在州治安权的范围……而且……这不会侵犯任何人的宪法权利,无论是出于宗教原因还是其他原因);C. S. Patrinelis, Annotation, *Religious Beliefs of Parents as Defense to Prosecution for Failure to Comply with Compulsory Education Law*, 3 A. L. R. 2d 1401 (1949).

[197] Employment Div. v. Smith, 494 U. S. 872, 879 (1990)(认为自由行使宗教权利条款允许一个州禁止在圣礼中使用佩奥特碱),引自 United States v. Lee, 455 U. S. 252, 263 n. 3 (1982) (Stevens, J., concurring).

[198] Prince v. Massachusetts, 321 U. S. 158, 166-167 (1944).

[199] Wright v. Dewitt School District, 385 S. W. 2d 644, 648 (Ark. 1965).

[200] In re Whitmore, 47 N. Y. S. 2d 143-145 (1944).

允许拥有宪法权力的立法机关在不违反禁止确立国教条款的情况下为宗教信仰设立豁免。[201] 即便如此,法院有时也会严格解释宗教豁免,坚持认为反对强制接种疫苗的信仰必须是"真实的""真诚的",并且是宗教教义的组成部分。[202] 此外,对非基于宗教信仰的疫苗接种持道德或哲学上反对意见的人不受豁免,[203]除非成文法有此规定。

当州的立法机关限制宗教豁免的范围,只将其适用于"被承认的"和"已确立的"教会或宗教派别时,那些持有未被承认或已确立真诚宗教信仰的个人基于两个理由对这些法律规定提出质疑。首先,因为这些法律对特定的宗教教义提供了优待,所以他们认为这些条款违反了禁止确立国教条款。在谢尔诉北港-东北港联合免费学区案(Sherr v. Northport-East Northport Union Free School District)中,[204]联邦地区法院支持了对父母有"真诚宗教信仰"的子女豁免接种疫苗,[205]并裁决一项要求他们是"被认可的宗教组织的真正成员"的条款违反了联邦宪法第一修正案禁止确立国教条款。[206]但其他的法院认为这一裁决不恰当。例如,肯塔基州的一家联邦地区法院认为,对"全国认可和确立的教会或宗教派别"的豁免并不违反禁止确立国教条款。[207]

3. 其他的宪法性争论

在某种程度上,学校疫苗接种法的法定宗教豁免歧视具有非既定宗教

---

〔201〕 Mason v. General Brown Central School District, 851 F. 2d 47 (2d Cir. 1988); Berg v. Glen Cove City School District, 853 F. Supp. 651 (E. D. N. Y. 1994).

〔202〕 Brown v. City School District, 429 N. Y. S. 2d 355 (Sup. Ct. 1980)(认为鉴于父母宗教信仰的真实性和真诚性以及对公众不存在风险,父母有权获得宗教豁免);McCartney v. Austin, 293 N. Y. S. 2d 188 (Sup. Ct. 1968)(认为疫苗接种法规并不干涉罗马天主教的信仰自由,因为罗马天主教并不禁止疫苗接种);In re Elwell, 284 N. Y. S. 2d 924, 932 (Fam. Ct. 1967)(虽然父母都是公认的宗教成员,但他们对脊髓灰质炎疫苗的反对并非基于他们的宗教信条);同时参见 Berg v. Glen Cove City School District, 853 F. Supp. 651, 655 (E. D. N. Y. 1994)(裁定即使犹太宗教中没有禁止接种疫苗,但父母仍然有真诚的宗教信仰)。

〔203〕 Mason, 851 F. 2d at 47(认为父母真诚地相信免疫接种违背"基因蓝图"是一种世俗信仰,而不是宗教信仰);Hanzel v. Arter, 625 F. Supp. 1259 (S. D. Ohio 1985)(裁定基于"脊骨神经医学伦理"反对接种疫苗的父母不能获得豁免)。

〔204〕 Sherr v. Northport-East Northport Union Free School District, 672 F. Supp. 81 (E. D. N. Y. 1987)

〔205〕 同上注,at 90-91

〔206〕 同上注,at 91.

〔207〕 Kleid v. Board of Education, 406 F. Supp. 902 (W. D. Ky. 1976).

信仰的人,有人认为这些条款违反了联邦宪法第十四修正案规定的法律平等保护。[208] 平等保护条款禁止政府故意歧视可能有危险的个人分类(例如,基于种族、宗教、民族血统或性别的分类)。在达利诉教育委员会案(Dalli v. Board of Education)中,[209]马萨诸塞州的一家法院裁决对信奉"公认教会或宗教教派的信条和惯例"反对接种疫苗者的州豁免违反了平等保护,因为它将优待扩大到这些群体,而拒绝给予其他真诚但未被承认的宗教反对者。[210] 在布朗诉斯通案(Brown v. Stone)中,密西西比州最高法院认为宗教豁免违反了法律的平等保护,因为它"歧视了绝大多数父母没有这种宗教信仰的孩子"。[211]

在联邦宪法第一修正案的范围之外,美国联邦最高法院对亚当斯诉密尔沃基案(Adams v. Milwaukee)的意见中所述的原则,驳回了学校疫苗接种法歧视学龄儿童而排斥其他人的平等保护论点。[212] 立法者可以选择将法律适用于部分群体如学龄儿童,而不违反平等保护条款的前提是这种适用不歧视受保护的群体(即要求男孩而不是女孩接种疫苗的州法律)。

其他关于宪法的争论几乎没有成功。在维梅斯特诉怀特案(Viemester v. White)中,[213]一位纽约家长对学校接种疫苗的要求提出质疑,认为这侵犯了他孩子受教育的宪法权利。然而,法院认为纽约州宪法没有规定受教育的宪法权利,因此州立法机构选择对公共教育特权施加的合理规定没有限制。[214] 1951年,阿肯色州有三个孩子的家长对该州所有孩子在上学前都要接种疫苗的行政要求提出了质疑,理由是这一要求"如此武断、反复无常和不合理,以至于其执行……将会在没有正当法律程序的情况下剥夺他们的自由和财产……"[215],法院驳回了他们与雅各布森相同的要求,并认为

---

[208] 参见 James G. Dwyer, *The Children We Abandon: Religious Exemption to Child Welfare and Education Laws as Denials of Equal Protection to Children of Religious Objectors*, North Carolina Law Review, Vol. 74, 1996, p. 1321.

[209] Dalli v. Board of Education, 267 N. E. 2d 219 (Mass. 1971).

[210] 同上注,at 221-222.

[211] Brown v. Stone, 378 So. 2d 218, 223 (Miss. 1979).

[212] Adams v. Milwaukee, 228 U. S. 572 (1913). 参见 Newton Edwards, *The Courts and the Public Schools*, Chicago: University of Chicago Press, 1955, p. 574. 引自 French v. Davidson, 77 P. 663 (Cal. 1904).

[213] Viemester v. White, 84 N. Y. S. 712 (1903), affirmed, 72 N. E. 97 (1904).

[214] 参见 Sadlock v. Board of Education, 58 A. 2d 218 (N. J. 1948).

[215] Seubold v. Fort Smith Special School District, 237 S. W. 2d 884, 885 (Ark. 1951).

家长们"误解了情况"。[216] 最后,至少有一家法院认为学校疫苗接种法不构成违反联邦宪法第四修正案的非法搜查和扣押。[217]

表 1 按时间顺序总结了美国联邦最高法院以及联邦和州法院就政府疫苗接种政策作出的一些重要裁决(其中许多已在上文讨论或提及):

表 1 部分联邦和州法院关于疫苗接种法律和政策的裁决

年份	案件裁决及引证	裁判要旨
1830	Hazen v. Strong(哈森诉斯特朗案),2 Vt. 427	即使社区中没有天花病例,但当地议会有权为接触天花的人支付疫苗接种费用。
1894	Duffield v. School District(达菲尔德诉学区案),29 A. 742(Pa.)	根据目前的疫情和专家对疫苗接种效果的意见,学校董事会禁止未接种天花疫苗的儿童上学的规定具有合理性。
1904	Viemester v. White(维梅斯特诉怀特案),84 N. Y. S. 712,aff'd,72 N. E. 97	纽约宪法中不存在受教育的宪法权利,因而立法机关可以对公共教育施加合理监管(包括疫苗接种要求)的类型没有限制。
1905	Jacobson v. Massachusetts(雅各布森诉马萨诸塞州案),197 U. S. 11	坎布里奇市可以要求其公民接种天花疫苗,前提是对个人的某些保护符合正当程序条款下的自由原则。
1910	McSween v. Board of School Trustees(麦克斯温诉学校董事会),129 S. W. 206 (Tex. Civ. App.)	学校疫苗接种法不构成违反第四修正案的非法搜查和扣押。
1913	Adams v. Milwaukee(亚当斯诉密尔沃基案),228 U. S. 572	疫苗接种法不构成因违反第十四修正案的平等保护条款而歧视学龄儿童和排斥其他人。
1922	Zucht v. King(祖赫特诉金案),260 U. S. 174	各州可将命令接种疫苗的权力委托给市政当局,然后市政当局可给予卫生委员会广泛的自由裁量权,以适用和执行该法规。
1927	Cram v. School Board(克拉姆诉学校董事会案),136 A. 263 (N. H.)	根据雅各布森案的裁决先例,驳回了一位父亲的诉讼请求:声称不应该要求其女儿接种疫苗,因为这会"通过向她血液中……注射毒药来进行外科手术",从而"危及她的健康和生命"。
1944	Prince v. Massachusetts(普林斯诉马萨诸塞州案),321 U. S. 158	根据童工法,利用子女分发宗教资料的母亲可能会受到起诉。联邦宪法第一修正案的自由行使宗教权利条款不允许让社区或自己的子女受到疾病伤害的权利。

---

[216] 同上注,at 887;参见 New Braunfels v. Waldschmidt, 207 S. W. 303 (Tex. 1918).

[217] McSween v. Board of Education,129 S. W. 206 (Tex. Civ. App. 1910).

续表

年份	案件裁决及引证	裁判要旨
1951	Seubold v. Fort Smith Special School District(索伊博尔德诉史密斯堡特殊学区案),237 S. W. 2d 884(Ark.)	如果没有适当的法律程序,则学校疫苗接种要求不能剥夺个人自由和财产利益。
1963	State ex rel. Mack v. Board of Education(州根据麦克的告发诉教育委员会案),204 N. E. 2d 86(Ohio Ct. App. 1963)	在父母反对儿童接种脊髓灰质炎、天花、百日咳和破伤风疫苗的情况下,儿童没有进入学校学习的绝对权利。学校董事会有权制定和执行规章制度以确保免疫接种。
1964	Archie Cude et ux v. The State of Arkansas et al.(阿奇·库德及其妻子诉阿肯色州等案),377 S. W. 2d 816(Ark.)	根据普林斯案的裁决先例,父母没有法律权利阻止需要入学的儿童接种疫苗,即使他们的反对是基于真诚的宗教信仰。
1965	Wright V. Dewitt School District(赖特诉德威特学区案),385 S. W. 2d 644(Ark.)	没有宗教豁免的强制性疫苗接种法符合宪法,因为为了整个社区的利益,自由行使宗教权利必须受到合理的监管。
1968	McCartney v. Austin(麦卡特尼诉奥斯汀案),293 N. Y. S. 2d 188	纽约的疫苗接种法规没有干涉罗马天主教信仰做礼拜自由,因为该宗教没有禁止接种疫苗。
1971	Dalli v. Board of Education(达利诉教育委员会案),267 N. E. 2d 219(Mass.)	对信奉"公认教会或宗教教派的信条和惯例"反对者的州豁免违反了平等保护,因为它将优待扩大到这些群体,而拒绝给予其他真诚但未被承认的宗教反对者。
1976	Kleid v. Board of Education(克莱德诉教育委员会案),406 F. Supp. 902(W. D. Ky.)	要求父母是"国家认可和确立的教会或宗教派别"的成员,以符合宗教豁免接种疫苗的要求并不违反禁止确立国教条款。
1979	Brown v. Stone(布朗诉斯通案),378 So. 2d 218(Miss.)	宗教豁免违反了平等保护条款,因为它"歧视了父母没有这种宗教信仰的绝大多数儿童"。
1985	Hanzel v. Arter(汉泽尔诉阿特案),625 F. Supp. 1259 S. D. Ohio)	父母基于"脊椎治疗伦理"对疫苗接种的反对意见不属于禁止确立国教条款的保护范围,所以他们的孩子不能免于法定接种疫苗的要求。
1987	Sherr v. Northport - East Northport Union Free School District(谢尔诉北港-东北港联合免费学区案),672 F. Supp. 81(E. D. N. Y.)	要求父母是"被认可的宗教组织的真正成员"而以宗教理由豁免学校接种疫苗的要求,违反了联邦宪法第一修正案禁止确立国教条款。

续表

年份	案件裁决及引证	裁判要旨
1987	Maricopa County Health Department v. Harmon(马里科帕县卫生部门诉哈蒙案),750 P. 2d 1364(Ariz.)	卫生部门有权不让未接种疫苗的儿童上学,即使没有报告有关传染性疾病的病例,而且这样做没有侵犯亚利桑那州宪法规定的公共教育权。
1988	Mason v. General Brown Central School District(梅森诉布朗将军中央学区案),851 F. 2d 47(2d Cir.)	父母真诚地相信免疫接种与"基因蓝图"相悖,这是一种世俗而非宗教的信仰,因而他们的孩子被要求接种疫苗并不违反禁止确立国教条款。
1994	Berg v. Glen Cove City School District(伯格诉格伦科夫市学区案),853 F. Supp. 651(E. D. N. Y.)	犹太教父母对疫苗接种有真诚的宗教信仰,尽管他们的宗教中没有禁止接种疫苗的规定。
2000	Farina v. Board of Education(法里纳诉教育委员会案),116 F. Supp. 2d 503(S. D. N. Y.)	天主教父母关于接种疫苗的信仰是个人的和医疗的,因此不足以根据教育委员会拒绝接受他们的宗教豁免向其索取损害赔偿。
2001	Jones v. State Department of Health(琼斯诉州卫生部门案),18 P. 3d 1189(Wyo.)	卫生部门无权要求学生接受乙型肝炎免疫接种,也无权要求学生提供医疗禁忌证的理由申请豁免免疫接种要求。
2001	Bowden v. Iona Grammar School(鲍登诉爱奥纳文法学校案),726 N. Y. S. 2d 685(App. Div.)	遵循治愈之灵圣殿做法的父母有权获得对其子女疫苗接种要求的宗教豁免,因为州法规没有规定哪些宗教有资格。

(三)当代的州学校疫苗接种法

学校疫苗接种法早期成功地应对了大多数政治、法律和社会挑战,为现代免疫法规奠定了基础。自 19 世纪中后期引入天花疫苗接种政策以来,随着新疫苗的出现,各州对其进行的修订已纳入更多疾病。[218] 许多现有的学校疫苗接种法是针对 20 世纪 60 年代和 70 年代麻疹在学校传播而制定

---

[218] Charles L. Jackson, *State Laws on Compulsory Immunization in the United States*, Public Health Reports, Vol. 84, 1969, p. 788.

的。[219] 在实行全面免疫法的州，学龄儿童的麻疹发病率明显较低，这对当时的州立法机关产生了影响。[220] 他们还受到一些州的经验的影响，这些州在疫情暴发时严格执行疫苗接种要求和学校入学规定，而没有受到社区的强烈反对。[221] 立法机构没有让卫生部门要求在紧急情况下进行免疫接种，而是通过强制免疫接种作为入学或进入学校或有执照的日托场所的条件来预防疾病。[222]

美国疾病控制与预防中心（Centers for Disease Control and Prevention，CDC）根据免疫实践咨询委员会（Advisory Committee on Immunization Practices，ACIP）、美国儿科学会传染病委员会（American Academy of Pediatrics' Committee on Infectious Diseases）和美国家庭医生学会（American Academy of Family Physicians）[223] 的建议发布了免疫接种计划。[224] 作为入学条件，所有州现在都要求提供针对免疫接种计划中的一些疾病（如白喉、麻疹、风疹和脊髓灰质炎）的疫苗接种证明，但须经州一级公共卫生当局或某些州的正式咨询机构批准。[225] 这些法规通常要求学校

---

[219]　Walter A. Orenstein & Alan R. Hinman, *The Immunization System in the United States—The Role of School Immunization Laws*, Vaccine, Vol. 17, 1999, p. S20.

[220]　Centers for Disease Control & Prevention, U. S. Department of Health & Human Services, *Measles and School Immunization Requirements—United States, 1978*, Morbidity and Mortality Weekly Report, Vol. 27, 1978, p. 303(记录显示严格执行疫苗接种法的州麻疹发病率比其他州低 50% 以上)；参见 K. B. Robbins et al. , *Low Measles Incidence: Association with Enforcement of School Immunization Laws*, American Journal of Public Health, Vol. 71, 1981, p. 270(注意到发病率低的州更有可能制定并执行要求所有在校学生接种疫苗的法律)。

[221]　John P. Middaugh & Lawrence D. Zyla, *Enforcement of School Immunization Law in Alaska*, Journal of the American Medical Association, Vol. 239, 1978, p. 2128.

[222]　Walter A. Orenstein & Alan R. Hinman, *The Immunization System in the United States—The Role of School Immunization Laws*, Vaccine, Vol. 17, 1999, p. S19.

[223]　Advisory Committee on Immunization Practices, *General Recommendations on Immunization*, Morbidity and Mortality Weekly Report, Vol. 38, 1989, p. 205. Updating Advisory Committee on Immunization Practices, *General Recommendations on Immunization*, Morbidity and Mortality Weekly Report, Vol. 32, 1983, p. 1. 关于批准新疫苗的程序和考虑因素的详细讨论，参见 Walter A. Orenstein et al. , *Public Health Considerations—United States*, in Vaccines (Stanley A. Plotkin & Walter A. Orenstein eds. , 3d ed. 1999), pp. 1006-1010.

[224]　Advisory Committee on Immunization Practices, *Combination Vaccines for Childhood Immunization*, Morbidity and Mortality Weekly Report, Vol. 48, 1999, p. 1.

[225]　参见 Edmund W. Kitch et al. , *U. S. Law*, in Vaccines (Stanley A. Plotkin & Walter A. Orenstein eds. , 3d ed. 1999), p. 1168.

保存免疫接种记录,并向公共卫生当局报告信息。[226] 这些法律与联邦资助的免疫接种计划相一致,该计划将一个州对学校疫苗接种法规的实施和执行作为获得联邦资金的条件。[227]

表 2 总结了截至 2002 年 1 月美国当代的学校疫苗接种法律和要求:[228]

表 2 有关学校疫苗接种的州法规

州名	有关学校疫苗接种的州法规	白喉/百日咳/破伤风疫苗	麻疹/腮腺炎/风疹疫苗	脊髓灰质炎(口服或灭活)疫苗	流感嗜血杆菌疫苗	乙型肝炎疫苗	水痘疫苗	宗教豁免*	哲学豁免**
阿拉巴马州	《亚拉巴马州法典》§ 16 30 1	√	√	√			√	§ 16-30-3	N
阿拉斯加州	《阿拉斯加州法规》§ 14.30.125	√	√	√	√		√	§ 14.07.125	N
亚利桑那州	《亚利桑那州修订法规(年鉴)》§ 15-872	√	√	√	√	√		§ 15-873	Y
阿肯色州	《阿肯色州法典(年鉴)》§ 6-18-702	√	√	√			√	§ 6-18-702	N
加利福尼亚州	《加利福尼亚州健康与安全法典》§ 120325	√	√	√		√	√	§ 120365	Y
科罗拉多州	《科罗拉多州修订法规》§ 25-4-902	√	√	√		√	√	§ 25-4-903	N

[226] Lawrence O. Gostin & Zita Lazzarini, *Childhood Immunization Registries: A National Review of Public Health Information Systems and the Protection of Privacy*, Journal of the American Medical Association, Vol. 274, 1995, pp. 1793-1796.

[227] 参见 Edmund W. Kitch et al., *U. S. Law*, in Vaccines (Stanley A. Plotkin & Walter A. Orenstein eds., 3d ed. 1999), p. 1168. 引自 Public Health Service Act, 42 U. S. C. § 262 (1994); 42 C. F. R. § 51b. 204.

[228] 有关学校疫苗接种法律和政策的更多信息表,参见 Todd E. Gordon et al., *Consent for Adolescent Vaccination: Issues and Current Practices*, Journal of School Health, Vol. 67, 1997, p. 260; Charles L. Jackson, *State Laws on Compulsory Immunization in the United States*, Public Health Reports, Vol. 84, 1969, pp. 792-794.

州名	有关学校疫苗接种的州法规	白喉/百日咳/破伤风疫苗	麻疹/腮腺炎/风疹疫苗	脊髓灰质炎(口服或灭活)疫苗	流感嗜血杆菌疫苗	乙型肝炎疫苗	水痘疫苗	宗教豁免*	哲学豁免**
康涅狄格州	《康涅狄格州一般制定法》§10-204a	√	√	√		√	√	§10-204a	N
特拉华州	《特拉华州法典(年鉴)》第14编,§131	√	√	√		√	√	§14-131	N
哥伦比亚特区	《哥伦比亚特区法典(年鉴)》§31-501	√	√	√	√	√	√	§31-506	N
佛罗里达州	《佛罗里达州法规(年鉴)》§232.032	√	√	√		√	√	§232.032	N
佐治亚州	《佐治亚州法典(年鉴)》§20-2-771	√	√	√	√		√	§20-2-771	N
夏威夷州	《夏威夷州修订法规》§302A-1154	√	√	√		√	√	§302A-1156	N
爱达荷州	《爱达荷州法典》§39-4801	√	√	√		√		§39-4802	Y
伊利诺伊州	《伊利诺伊州法规汇编》§5/27-8.1	√	√	√			√	410 ILCS §315/2	N
印第安纳州	《印第安纳州法典(年鉴)》§20-8.1-7-9.5	√	√	√		√		§20-8.1-7-2	Y
艾奥瓦州	《艾奥瓦州法典(年鉴)》§139.9	√	√MR	√				§139.9	N
堪萨斯州	《堪萨斯州法规(年鉴)》§72-5209	√	√	√			√	§72-5209	N
肯塔基州	《肯塔基州修订法规(年鉴)》§214.034	√	√	√		√	√	§214.036	N
路易斯安那州	《路易斯安那州修订法规(年鉴)》§17:170(A)	√	√	√			√	§17:170(E)	Y
缅因州	《缅因州修订法规(年鉴)》第20-A编,§6355	√	√	√			√	tit.20-A §6355	Y

续表

州名	有关学校疫苗接种的州法规	白喉/百日咳/破伤风疫苗	麻疹/腮腺炎/风疹疫苗	脊髓灰质炎(口服或灭活)疫苗	流感嗜血杆菌疫苗	乙型肝炎疫苗	水痘疫苗	宗教豁免*	哲学豁免**
马里兰州	《马里兰州法典(年鉴)》教育§7-403	√	√	√		√	√	§7-403	N
马萨诸塞州	《马萨诸塞州一般制定法》第76章,§15	√	√	√		√	√	ch.76,§15	N
密歇根州	《密歇根州法律汇编(年鉴)》§333.9208	√	√	√		√	√	§333.9215	Y
明尼苏达州	《明尼苏达州法规(年鉴)》§121A.15	√	√	√		√		§121A.15	Y
密西西比州	《密西西比州法典(年鉴)》§41-23-37	√	√	√		√		N	N
密苏里州	《密苏里州修订法规》§167.181	√	√	√		√		§167.181	N
蒙大拿州	《蒙大拿州法典(年鉴)》§20-5-403	√	√	√				§20-5-405	N
内布拉斯加州	《内布拉斯加州修订法规(年鉴)》§79-217	√	√	√				§79-220	Y
内华达州	《内华达州修订法规》§392.435	√	√	√				§392.437	N
新罕布什尔州	《新罕布什尔州修订法规(年鉴)》§141-C:20-a	√	√	√		√		§141-C:20-c	N
新泽西州	《新泽西州法规(年鉴)》§26:1A-9	√	√	√				§26:1A-9	N
新墨西哥州	《新墨西哥州法规(年鉴)》§24-5-1	√	√	√				§24-5-2dd	N
纽约州	《纽约州公共卫生法》§2164	√	√	√		√		§2164	N
北卡罗来纳州	《北卡罗来纳州一般制定法》§130A-155	√	√	√		√		§130A-157	N

续表

州名	有关学校疫苗接种的州法规	白喉/百日咳/破伤风疫苗	麻疹/腮腺炎/风疹疫苗	脊髓灰质炎(口服或灭活)疫苗	流感嗜血杆菌疫苗	乙型肝炎疫苗	水痘疫苗	宗教豁免*	哲学豁免**
北达科他州	《北达科他州世纪法典》§23-07-17.1	√	√	√				§23-07-17.1	Y
俄亥俄州	《俄亥俄州修订法典(年鉴)》§3313.671	√	√	√		√		§3313.671	Y
俄克拉荷马州	《俄克拉何马州法典(年鉴)》第70编,§1210.191[229]	√	√			√	√	§1210.192	Y
俄勒冈州	《俄勒冈州修订法规》§433.267	√DT	√	√	√		√	§433.267	N
宾夕法尼亚州	《宾夕法尼亚州综合法规(年鉴)》§13-1303a	√DT	√	√		√		§13-1303a	N
罗得岛州	《罗得岛州一般制定法》§16-38-2	√	√	√	√		√	§16-38-2	N
南卡罗来纳州	《南卡罗来纳州法典(年鉴)》§44-29-180	√	√	√		√	√	§44-29-180	N
南达科他州	《南达科他州法律编纂》§13-28-7.1	√	√				√	§13-28-7.1	N
田纳西州	《田纳西州法典(年鉴)》§49-6-5001	√	√	√			√	§49-6-5001	N
得克萨斯州	《得克萨斯州法典(年鉴)》§38.001	√	√	√	√	√	√	§38.001	N
犹他州	《犹他州法典(年鉴)》§53A-11-301	√	√	√		√	√	§53A-11-302	N
佛蒙特州	《佛蒙特州法规(年鉴)》第18编,§1121	√DT	√	√				§1122	Y
弗吉尼亚州	《弗吉尼亚州法典(年鉴)》§22.1-271.2	√	√	√			√	§22.1-271.2	N

[229]　俄克拉何马州也要求接种甲型肝炎疫苗。

续表

州名	有关学校疫苗接种的州法规	白喉/百日咳/破伤风疫苗	麻疹/腮腺炎/风疹疫苗	脊髓灰质炎(口服或灭活)疫苗	流感嗜血杆菌疫苗	乙型肝炎疫苗	水痘疫苗	宗教豁免*	哲学豁免**
华盛顿州	《华盛顿州修订法典(年鉴)》§ 28A.210.080	√	√	√		√		§ 28A.210.080	Y
西弗吉尼亚州	《西弗吉尼亚州法典》§ 16-3-4	√	√MR	√				N	N
威斯康星州	《威斯康星星州法规(年鉴)》§ 252.04	√	√	√		√	√	§ 252.04	Y
怀俄明州	《怀俄明州法规(年鉴)》§ 21-4-309	√	√	√				§ 21-4-309	N

DPT 是指白喉/百日咳/破伤风疫苗(Diphtheria/Pertussis/Tetanus vaccine)。

MMR 是指麻疹/腮腺炎/风疹疫苗(Measles/Mumps/Rubella vaccine)。

POLIO 是指脊髓灰质炎(口服或灭活)疫苗(Poliomyelitis [OPV or IPV] vaccine)。

HIB 是指流感嗜血杆菌疫苗(Haemophilus influenzae vaccine)。

HEP B 是指乙型肝炎疫苗(Hepatitis B vaccine)。

VAR 是指水痘疫苗("chicken pox" vaccine)。

DT——如果儿童接受了必要剂量的白喉—破伤风类毒素,这些州允许他们入学或上学。[230]

MR——这些州需要麻疹和风疹疫苗,但不需要腮腺炎疫苗。[231]

*"宗教豁免"(Religious Exemption)表明,法规中有一项规定,如果疫苗接种与父母真诚的宗教信仰相抵触,则允许豁免其子女的疫苗接种。

**"哲学信仰"(Philosophic Beliefs)表明法定用语并未将豁免限制为纯粹的宗教或精神信仰。例如,缅因州允许基于"道德、哲学或其他个人信仰"的限制,而加利福尼亚州允许仅仅基于"他或她(指父母)的信仰"的反对。这些信念在法规中经常被限定为真诚或善意。

如表 2 所示,当代的学校疫苗接种法反映了许多因天花疫苗接种法而

---

[230] 一般来说,七岁以上的儿童不接种百日咳疫苗。美国儿科学会强烈建议所有七岁以下的儿童接种白喉/百日咳/破伤风疫苗或白喉—破伤风类毒素加无细胞百日咳疫苗。参见 American Academy of Pediatrics, *Immunization Protects Children: 2002 Immunization Schedule*, available at http://www.aap.org/family/parents/immunize.htm.

[231] 美国儿科学会强烈建议所有儿童接种三剂麻疹、腮腺炎、风疹组合疫苗。同上注。

引起的政治和司法冲突的解决办法。强制性学校疫苗接种要求加上基于医疗、宗教和哲学原因的豁免,是对疫苗接种政策政治异议和法律挑战的司法解决的产物。虽然各州的法律规定各不相同,但所有学校免疫法都对有免疫医学禁忌证的儿童给予豁免,这符合联邦最高法院在雅各布森诉马萨诸塞州案中提出的避免伤害的司法和伦理原则。[232] 因此,如果医生证明儿童容易受到疫苗的不良影响,则儿童可以被豁免接种疫苗。

　几乎所有州也对有真诚宗教信仰而反对免疫接种的人给予宗教豁免。[233] 一些法规要求父母公开自己的宗教信仰,而另一些法规的规定则更为宽松。少数州也对那些公开表示反对免疫接种的哲学信念的父母给予豁免。[234] 这些法规允许父母因为"个人""道德"或"其他"信仰而反对接种疫苗。获得豁免的程序因具体的州法律而异。实际上,豁免的学生只占入学总人数的一小部分,[235]但在没有接种疫苗的宗教和其他社区确实会爆发传

　〔232〕 参见本文第三部分"(二)强制疫苗接种的合宪性""2. 公共卫生与宗教:第一修正案带来的挑战"。

　〔233〕 宗教豁免的措辞各不相同,有严格的标准("免疫接种与父母所信奉的公认教会或宗教派别的宗教信条和习俗相冲突,而父母……是其信徒或成员"),Arkansas Code Annals § 6-18-702 (Michie 1999);有更模糊的标准("与无上的天主有关的信仰"),Delaware Code Annals tit. 14, § 131 (2000). 截至 1999/2000 学年,只有两个州(西弗吉尼亚州和密西西比州)没有宗教豁免。Mississippi Code Annals § 41-23-37 (Supp. 1994);

　州最高法院认为宗教豁免违宪,Brown v. Stone, 378 So. 2d 218 (Miss. 1979); West Virginia Code § 16-3-4 (1999). 两项宗教豁免法案在州参众两院均未通过。参见 1999 West Virginia Senate Bill 442; 1999 West Virginia House 2302.

　〔234〕 截至 1999/2000 学年,十多个州对非宗教异议(如道德、哲学或个人信仰)给予豁免。Arizona Revised Statutes Annals § 15-873 (1998); California Health and Safety Code § 120365 (Deering 1999); Idaho Code § 39-4802 (1998); Louisiana Revised Statutes Annals § 17:170(E) (West 1999); Maine Revised Statutes Annals tit. 20-A, § 6355 (West 1999); Michigan Compiled Laws Annals § 333.9215 (West 1998); Minnesota Statutes § 121A. 15 (1998); Nebraska Revised Statutes § 79-221 (2000); North Dakota Century Code § 23-07-17. 1 (1999); Ohio Revised Code Annals § 3313.67. 1 (Anderson 1998); Oklahoma Statutes tit. 70, § 1210. 192 (1998); Vermont Statutes Annals tit. 18, § 1122 (1999); Washington Revised Code § 28A. 210. 090 (1998); Wisconsin Statutes Annals § 252.04 (1998).

　〔235〕 National Vaccine Advisory Committee, Centers for Disease Control & Prevention, Report of the NVAC Working Group on Philosophical Exemptions(1998)(记录显示 1994-1995 学年的豁免总数不到入学人数的百分之一)。

染疾病。[236]

四、当代关于学校疫苗接种要求的争论

虽然现在各州立法机构一致确定了学校疫苗接种要求的必要性,以确保儿童免疫接种率,但疫苗接种支持者和反对者之间的实质性辩论仍在继续。这种辩论让人想起早期关于疫苗政策的争论,发生在熟悉的对手之间并围绕着熟悉的论点。那些支持学校疫苗接种政策的人,包括州议员和公共卫生官员,列举了系统化、全面的儿童疫苗接种对公共卫生和个人的重大好处。从公共卫生的角度来看,州的学校疫苗接种法非常成功。美国学龄儿童完全免疫的比例(超过 95%)与大多数其他发达国家一样高,甚至更高。[237] 儿童常见疾病(如麻疹[238]、百日咳[239]、腮腺炎、风疹、白喉、破伤风[240]和脊髓灰质炎[241])的发病率曾占儿童发病率和死亡率的很大比例,[242]但自疫苗问世和使用以来,这些疾病的发病率已显著下降。[243]

---

[236] Wilson G. Smillie, *Public Health Administration in the United States*, New York : Macmillan, 1947, p. 108(讨论偶尔爆发的天花);Thomas Novotny et al., *Measles Outbreaks in Religious Groups Exempt from Immunization Laws*, Public Health Reports, Vol. 103, 1988, p. 19; Daniel E. Salmon et al., *Health Consequences of Religious and Philosophical Exemptions From Immunization Laws*, Journal of the American Medical Association, Vol. 282, 1999, p. 47.

[237] U. S. General Accounting Office, Preventive Health Care for Children: Experience From Selected Foreign Countries(1993).

[238] 参见 John Furesz, *Elimination of Measles in the Americas*, 155 Canadian Medical Association Journal, Vol. 155, 1996, p. 1423; Samuel L. Katz & Bruce G. Gellin, *Measles Vaccine: Do We Need New Vaccines or New Programs*, Science, Vol. 265, 1994, p. 1391.

[239] Donato Greco et al., *A Controlled Trial of Two Accellular Vaccines and One Whole-Cell Vaccine Against Pertussis*, New England Journal of Medicine, Vol. 334, 1996, p. 341.

[240] Georges Peter, *Current Concepts: Childhood Immunizations*, New England Journal of Medicine, Vol. 327, 1992, p. 1794.

[241] 参见 Alan R. Hinman, *Eradication of Vaccine-Preventable Diseases*, Annual Review of Public Health, Vol. 20, 1999, p. 211.

[242] 参见 Michael Specter, *Comment: Shots in the Dark*, The New Yorker, Oct. 11, 1999, at 39.

[243] Centers for Disease Control & Prevention, U. S. Department of Health and Human Services, *Update: Childhood Vaccine-Preventable Diseases—United States*, 1994, Morbidity and Mortality Weekly Report, Vol. 43, 1994, p. 718.

反对学校疫苗接种政策的人主张疫苗接种的潜在风险和危险,认为不需要对某些疾病进行大规模免疫接种,并反对可能与其政治或宗教信仰不同的政府政策。有组织的家长团体和消费者权益倡导者积极游说州立法机构给予自由豁免,[244]并就据称因接种疫苗而对儿童造成的伤害寻求司法或行政救济。一些人认为政府不应该在没有知情同意的情况下强制接种疫苗,因为疫苗会带来伤害和疾病的风险。[245]

至少在一定程度上,这些争论与争辩各方对风险的不同看法形成鲜明对比。当然,社会对疫苗接种相关风险的接受程度部分取决于对公共利益与个人权利的重视程度。但在风险感知上的差异要深刻得多。流行病学家和其他科学家冷静地衡量人口利益和经济成本。[246]"有效的儿童疫苗非常经济,这是对社会资源的有效利用。"[247]普通大众可能不相信专家关于安全性和有效性的声明。[248]尤其是父母,他们可能更关心孩子的健康,并且可能强烈认为疫苗引起的灾难性伤害的风险无论多么小都不应该由政府强制规定接种。

根据从个人角度还是从社会角度看待疫苗接种的风险,人们的看法会有很大的不同。从一个孩子的角度来看,如果她接种了疫苗,可能比她不接种疫苗的风险更大。例如,在过去二十年中,美国报告的唯一脊髓灰质炎病

[244] Charles L. Jackson, *State Laws on Compulsory Immunization in the United States*, Public Health Reports, Vol. 84, 1969, pp. 792-794(注意到反对强制接种疫苗的反对意见包括宗教、不信任科学、侵犯人身自由和执法问题);Kristine M. Severyn, *Jacobson v. Massachusetts: Impact on Informed Consent and Vaccine Policy*, The Journal of pharmacy & law, Vol. 5, 1996, pp. 249-261(讨论有组织的公民反对挫败州立法机构废除哲学豁免的立法尝试)。

[245] Institute of Medicine, *Risk Communication and Vaccination* 11 (Geoffrey Evans et al., eds., 1997).

[246] Institute of Medicine, *Vaccines for the 21st Century: A Tool for Decisionmaking* (Kathleen R. Stratton et al., eds., 1999)(建议使用定量评估来评定候选疫苗的效益和成本);Murray Krahn et al., *Costs and Cost-Effectiveness of a Universal, School-Based Hepatitis B Vaccination Program*, American Journal of Public Health, Vol. 88, 1998, p. 1638; Tracy A. Lieu et al., *Cost-Effectiveness of Varicella Serotesting Versus Presumptive Vaccination of School-Age Children and Adolescents*, Pediatrics, Vol. 95, 1995, p. 632; Tracy A. Lieu et al., Cost-effectiveness of a Routine Varicella Vaccination Program for US Children, Journal of the American Medical Association, Vol. 271, 1994, p. 375.

[247] Georges Peter, *Current Concepts: Childhood Immunizations*, New England Journal of Medicine, Vol. 327, 1992, p. 1794.

[248] 参见 Stephen Breyer, *Breaking the Vicious Circle: Toward Effective Risk Regulation*, Cambridge: Harvard University Press, 1993, pp. 35-43.

例是由疫苗引起的;未接种疫苗的儿童感染在自然环境下的脊髓灰质炎病毒的风险非常小。[249] 应该从这个角度来理解州规定的疫苗接种。州明确要求父母放弃他们决定孩子福利的权利,不一定是为了孩子的利益,而是为了更广泛的公共利益。从社会的角度来看,如果存在群体免疫,选择不接种对个人来说可能是最优的,但总的来说,这种选择可能导致群体免疫的失败。[250] 可见,赋予个人知情同意接种疫苗的权利,可能并不符合社会的最大利益。相反,如果太多人决定不接种疫苗,知情同意可能会导致"公地悲剧"。[251]

在本部分,我们试图通过首先分析学校疫苗接种要求的公共卫生利益来阐明正在进行的关于学校疫苗接种政策的辩论。这些法律和政策是否产生了流行病学家和其他人所建议的预期公共卫生利益?我们试图比较引入入学要求前后的儿童免疫接种率和疫苗可预防的儿童疾病的发病率。这些数据可能有助于衡量入学要求在提高疫苗接种率和降低儿童疾病发病率方面的重要性。然后,我们从法律、伦理和科学的角度解释和分析了那些反对当代学校疫苗接种要求的人的现有论点。

(一)学校疫苗接种要求的公共卫生利益

自开始实施以来,学校接种疫苗的要求主要是由授权要求儿童接种疫苗所带来的公共卫生利益以及社会保护儿童免受疾病侵害所固有的利他原则所证明的合理性。[252] 很少有公共卫生官员会不赞同学校疫苗接种政策对提高儿童免疫接种率产生了重大和积极的影响。更少的人会不赞同儿童免疫接种率的提高导致曾经常见的儿童疾病的大幅下降。美国疾病控制与

---

[249] Paul A. Offit & Louis M. Bell, *Vaccines: What Every Parent Should Know*, Hoboken: Wiley, 1999, p.55. 自 2000 年 1 月起,口服脊髓灰质炎疫苗不再作为常规儿童疫苗接种计划的一部分。参见 Denise Grady, *As Polio Fades, Dr. Salk's Vaccine Re-emerges*, The New York Times, Dec. 14, 1999, at F1.

[250] 根据群体免疫原理,如果一个群体的大部分成员都具有免疫力,那么这个群体就能抵御疾病的侵袭。这一概念解释了为什么群体中的一些成员可以不接种疫苗,而群体仍然可以抵御疾病。参见 Leon Gordis, *Epidemiology*, Philadelphia: W. B. Saunders Company, 2000.

[251] G. Hardin, *The Tragedy of the Commons*, Science, Vol. 162, 1968, p.1243.

[252] Charles L. Jackson, *State Laws on Compulsory Immunization in the United States*, Public Health Reports, Vol. 84, 1969, p.792.

预防中心宣称"疫苗是生物医学科学和公共卫生领域最伟大的成就之一"。[253] 另一位评论者认为"儿童接种疫苗是美国历史上最有效的公共卫生措施"。[254] 许多公共卫生研究得出的结论是全面的疫苗接种政策对许多儿童疾病的显著减少、有时甚至完全消除起到了重要作用。[255]

但是,这些预期的公共卫生效果是不是学校疫苗接种要求的直接结果则更难确定。立法者、公共卫生官员、医生、科学家和学者明确认为,学校疫苗接种法律和政策有助于实现公共卫生目标。正如一位儿科医生所表明的那样:

在美国,疫苗可预防疾病发病率的显著下降与学龄儿童的免疫接种率约为95%或更高有关。这些比率可以部分归因于各州学校免疫法的制定和执行。[256]

这个论点是合乎逻辑的。学校疫苗接种法系统地以儿童充分接种疫苗为上学条件。虽然大多数当代的疫苗接种应该在孩子的头两年内进行(在孩子接受义务教育之前),但大多数父母允许(和医生进行)接种疫苗主要是为了孩子的健康,其次是因为不这样做将导致孩子后来在法律严格执行的州被拒绝入学。[257] 通过这种方式,学校疫苗接种法为未接种疫苗的儿童提供了"安全网",否则这些儿童将被安置在传播和感染疾病的风险更高的学

〔253〕 Centers for Disease Control & Prevention, U. S. Department of Health & Human Services, *Impact of Vaccines Universally Recommended for Children—United States*, *1900—1998*, Journal of the American Medical Association, Vol. 281, 1999, p. 1483.

〔254〕 Michael Specter, *Comment: Shots in the Dark*, The New Yorker, Oct. 11, 1999, at 39.

〔255〕 参见 Centers for Disease Control & Prevention, U. S. Department of Health & Human Services, *Impact of Vaccines Universally Recommended for Children—United States*, *1900—1998*, Journal of the American Medical Association, Vol. 281, 1999, p. 1482(引用了大量研究); Alan R. Hinman, *Immunizations in the United States*, Pediatrics, Vol. 86, 1990, p. 1064; Walter A. Orenstein et al., *Barriers to Vaccinating Preschool Children*, Journal of Health Care for the Poor and Underserved, Vol. 1, 1990, p. 315; Elizabeth R. Zell et al., *Low Vaccination Levels of U. S. Preschool and School-Age Children: Retrospective Assessment of Vaccination Coverage*, *1991—1992*, Journal of the American Medical Association, Vol. 271, 1994, p. 833.

〔256〕 Georges Peter, *Current Concepts: Childhood Immunizations*, New England Journal of Medicine, Vol. 327, 1992, p. 1794.

〔257〕 参见 Walter A. Orenstein & Alan R. Hinman, *The Immunization System in the United States—The Role of School Immunization Laws*, Vaccine, Vol. 17, 1999, p. S19; Charles L. Jackson, *State Laws on Compulsory Immunization in the United States*, Public Health Reports, Vol. 84, 1969, pp. 792-794.

校环境中。[258] 正如沃尔特·A. 奥伦斯坦(Walter A. Orenstein)和艾伦·
R. 欣曼(Alan R. Hinman)所表明的那样,学校疫苗接种要求"确保几乎所
有儿童在入学时都接种了疫苗……"[259]

然而,学校疫苗接种法是否与儿童疾病发病率降低或疫苗接种覆盖率
提高有关? 1999 年,美国疾病控制与预防中心的国家免疫接种计划
(National Immunization Program)和社区预防服务工作组(Task Force on
Community Preventive Services),根据对九项先前关注这些问题的科学研
究的专家审查,最近得出结论是:"有足够的科学证据表明,儿童保育、学校
和大学入学的疫苗接种要求,有效提高了疫苗接种覆盖率和免疫力,并……
降低了发病率"。[260] 六项区域研究发现,由于学校接种疫苗的要求,发病率
和疫情有所减少。[261] 三项全国性研究得出的结论是,有学校疫苗接种要求
的州腮腺炎和麻疹发病率较低,特别是当法律通过将未接种疫苗、未豁免儿
童排除在学校之外来执行时。[262] 例如,美国疾病控制与预防中心在 1973
年和 1974 年检查了制定有和没有制定学校疫苗接种法的州的麻疹发病率,
发现没有制定这种法律的州的麻疹发病率高出近 46%。[263] 无论种族/民

---

[258] Walter A. Orenstein & Alan R. Hinman, *The Immunization System in the United States—The Role of School Immunization Laws*, 17 Vaccine, Vol. 17, 1999, p. S23.

[259] 同上注。

[260] Peter A. Briss et al., *Reviews of Evidence Regarding Interventions to Improve Vaccination Coverage in Children, Adolescents, and Adults*, American Journal of Preventive Medicine, Vol. 18, 2000, pp. 97-104; 同时参见 David B. Nelson et al., *Rubella Susceptibility in Inner-City Adolescents: The Effect of a School Immunization Law*, American Journal of Public Health, Vol. 72, 1982, p. 710; Timothy R. Schum et al., *Increasing Rubella Seronegativity Despite a Compulsory School Law*, American Journal of Public Health, Vol. 80, 1990, p. 66(发现在 1985 年至 1987 年的两年间,尽管 1980 年通过并执行了州立学校风疹疫苗接种要求,但威斯康星州密尔沃基市中心的年轻人对风疹的易感性显著增加)。

[261] 参见 Briss et al., 同上注, p. 103(引用了各种研究); Abigail Shefer et al., *Improving Immunization Coverage Rates: An Evidencebased Review of the Literature*, Epidemiologic Reviews, Vol. 21, 1999, pp. 96-127(将所有相关研究的结果制成表格)。

[262] 参见 Shefer et al., 同上注, p. 124(引用了各种研究)。

[263] Centers for Disease Control & Prevention, U. S. Department of Health and Human Services, *Measles—United States*, Morbidity and Mortality Weekly Report, Vol. 26, 1977, p. 109 (Table 1)(描述了 1973 年 9 月至 1974 年 9 月期间的"麻疹发病率和麻疹入学免疫要求")。

族和社会经济地位如何，[264]这些和其他研究结果[265]印证了学校疫苗接种要求、降低疾病发病率和提高疫苗接种覆盖率之间的相关性。

但与其他一些公共卫生项目一样，[266]学校疫苗接种法是否有助于提高儿童免疫接种率和降低疾病发病率[267]值得怀疑。其他因素也可能促进这些积极事态的发展。例如，自从学校疫苗接种法开始实施以来，公众的态度发生了变化。公共卫生倡议越来越多地转向非强制性遵守方法，以鼓励公众参与。父母可能会根据更好的公共教育或儿科医生的建议而不是法律，主动愿意让孩子接种疫苗。沃尔特·A.奥伦斯坦和艾伦·R.欣曼认为"学校法律发挥了作用"，"因为父母……在做出免疫接种决定时依赖医生的建议，而大多数医生……都支持强制免疫接种"。[268]

此外，学校疫苗接种要求的有效性在一些州和地区受到质疑，因为（1）一些学龄儿童的疫苗接种水平普遍较低[269]并且（2）"豁免者"（即基于宗教或哲学根据自愿选择不接种疫苗的人）对公众健康构成威胁。[270] 虽然二十

---

[264] 参见 Abigail Shefer et al., *Improving Immunization Coverage Rates: An Evidencebased Review of the Literature*, Epidemiologic Reviews, Vol. 21, 1999, p. 124.

[265] Centers for Disease Control & Prevention, U. S. Department of Health and Human Services, *Effectiveness of a Seventh Grade School Entry Vaccination Requirement—Statewide and Orange County, Florida, 1997—1998*, Morbidity and Mortality Weekly Report, Vol. 47, 1998, p. 711(认为中学入学时的疫苗接种要求可以有效提高青少年的疫苗接种率)。

[266] 参见 Lawrence O. Gostin & James G. Hodge, Jr., *Piercing the Veil of Secrecy in HIV/AIDS and Other Sexually Transmitted Diseases: Theories of Privacy and Disclosure in Partner Notification*, Duke Journal of Gender Law & Policy, Vol. 5, 1998, p. 9(阐明了缺乏关于伴侣告知作为一项旨在减少性传播疾病病例的公共卫生措施有效性的实证数据)。

[267] Charles L. Jackson, *State Laws on Compulsory Immunization in the United States*, Public Health Reports, Vol. 84, 1969, p. 787(没有公开发表的数据可以证明或反驳这样的假设，即居住在有强制免疫法州的学龄前儿童的免疫接种情况不如居住在没有强制免疫法州的学龄前儿童)。

[268] Walter A. Orenstein & Alan R. Hinman, *The Immunization System in the United States—The Role of School Immunization Laws*, Vaccine, Vol. 17, 1999, p. S23.

[269] 参见 Elizabeth R. Zell et al., *Low Vaccination Levels of U. S. Preschool and School-Age Children: Retrospective Assessment of Vaccination Coverage, 1991—1992*, Journal of the American Medical Association, Vol. 271, 1994, p. 833; Walter A. Orenstein et al., *Barriers to Vaccinating Preschool Children*, Journal of Health Care for the Poor and Underserved, Vol. 1, 1990, p. 315.

[270] Daniel E. Salmon et al., *Health Consequences of Religious and Philosophical Exemptions From Immunization Laws*, Journal of the American Medical Association, Vol. 282, 1999, p. 47.

多年来,大多数疫苗的学龄儿童覆盖率等于或大于 95％,[271]豁免人数很少(全国约为 2％),[272]但各种因素导致儿童免疫接种率有时低得令人无法接受。[273] 这些因素包括(a)缺乏资源、无法获得服务或缺乏充分的国家监测;(b)疫苗费用增加;[274](c)在接种某些疫苗方面存在困难;(d)儿童免疫计划的复杂性;[275](e)一些学校系统记录保存不良。[276]

低免疫接种率可能导致疾病暴发。1989 年至 1991 年的几次麻疹大爆发造成约 44000 人患病,11000 人住院,130 人死亡。[277] 麻疹流行的很大一部分发生在未接种疫苗的儿童中(尽管其中许多病例可能涉及学龄前儿童)。诸如此类的疫情促使国会通过了 1993 年的《全面儿童免疫接种法》(Comprehensive Childhood Immunization Act)。[278] 该法规定符合条件的儿童有权通过"儿童疫苗"(Vaccines for Children ,"VFC")计划获得免费疫苗,[279]支持各州努力提供疫苗,增加社区参与和提供者教育培训,加强对

[271]　Walter A. Orenstein & Alan R. Hinman, *The Immunization System in the United States—The Role of School Immunization Laws*, Vaccine, Vol. 17, 1999, p. S23.

[272]　Jeanne M. Santoli et al., *Barriers to Immunization and Missed Opportunities*, Pediatric Annals, Vol. 27, 1998, pp. 366-367.

[273]　Elizabeth R. Zell et al., *Low Vaccination Levels of U. S. Preschool and School-Age Children : Retrospective Assessment of Vaccination Coverage, 1991—1992*, Journal of the American Medical Association, Vol. 271, 1994, pp. 838-839.

[274]　Jeanne M. Santoli et al., *Vaccines for Children Program, United States, 1997*, Pediatrics, Vol. 104, 1999, p. 1.

[275]　Centers for Disease Control & Prevention, U. S. Department of Health and Human Services, *Combination Vaccines for Childhood Immunization*, Morbidity and Mortality Weekly Report, Vol. 48, 1999, p. 1.

[276]　Elizabeth R. Zell et al., *Low Vaccination Levels of U. S. Preschool and School-Age Children : Retrospective Assessment of Vaccination Coverage, 1991—1992*, Journal of the American Medical Association, Vol. 271, 1994, p. 839.

[277]　Centers for Disease Control & Prevention, U. S. Department of Health and Human Services, *Measles—United States, 1992*, Morbidity and Mortality Weekly Report, Vol. 42, 1993, p. 378; National Vaccine Advisory Committee, *The Measles Epidemic : The Problems, Barriers, and Recommendations*, Journal of the American Medical Association, Vol. 266, 1991, p. 1547.

[278]　Pub. L. No. 103-166, Title XIII, § 13631(b)(2), 107 Stat. 637.

[279]　Jeanne M. Santoli et al., *Vaccines for Children Program, United States, 1997*, Pediatrics, Vol. 104, 1999, p. 1.

免疫接种状况的衡量,并推广组合疫苗以简化免疫接种计划。[280]

虽然采取了这些重要步骤,但获得儿童免疫接种的障碍可能导致免疫接种不足。[281] 就在最近的 20 世纪 90 年代初,美国每年出生的婴儿中约有 1/3 在两岁之前没有接受所有推荐的免疫接种。[282] 由于缺乏初级保健提供者,得不到充分服务的儿童没有得到定期的免疫接种监测。公共机构提供了所有儿童疫苗中近 1/3 的疫苗,但这些机构提供的服务往往在用语和文化上不合适,地点遥远,等待时间长,以及办公时间不方便。[283] 此外,一些学校系统可能无法严格执行现有的疫苗接种要求。[284] 不执行法律并不会使法律无效,但肯定会降低其效力。[285]

公共卫生当局[286]和其他人[287]认为,有必要"把重点放在为两岁以下的

〔280〕 Centers for Disease Control & Prevention, U. S. Department of Health and Human Services, *Reported Vaccine - Preventable Diseases—United States, 1993 , and the Childhood Immunization Initiative*, Morbidity and Mortality Weekly Report, Vol. 43, 1994, p. 57; U. S. General Accounting Office, Vaccines for Children: Critical Issues in Design and Implementation (1994), available at 1994 WL 836170.

〔281〕 Institute of Medicine, *Overcoming Barriers to Immunization: A Workshop Summary* (Jane S. Durch ed. , 1994); Felicity T. Cutts et al. , *Causes of Low Preschool Immunization Coverage in the United States*, 13 Annual Review of Public Health, Vol. 13, 1992, p. 385; Gary L. Freed et al. , *Childhood Immunization Programs: An Analysis of Policy Issues*, 71 Milbank Quarterly, Vol. 71, 1993, pp. 65-95.

〔282〕 Centers for Disease Control & Prevention, U. S. Department of Health and Human Services, *Vaccination Coverage of 2-Year Old Children—United States, 1991—1992 ,* Journal of the American Medical Association, Vol. 271, 1994, p. 260.

〔283〕 National Vaccine Advisory Committee, Standards for Pediatric Immunization Practices (1992), available at http://www. cdc. gov/od/nvpo/ standar. htm.

〔284〕 K. B. Robbins et al. , *Low Measles Incidence: Association with Enforcement of School Immunization Laws*, American Journal of Public Health, Vol. 71, 1981, p. 270.

〔285〕 Centers for Disease Control & Prevention, U. S. Department of Health and Human Services, *Measles and School Immunization Requirements—United States, 1978 ,* Morbidity and Mortality Weekly Report, Vol. 27, 1978, p. 303.

〔286〕 Centers for Disease Control & Prevention, U. S. Department of Health & Human Services, *Impact of Vaccines Universally Recommended for Children—United States, 1900—1998 ,* Journal of the American Medical Association, Vol. 281, 1999, p. 1482; Walter A. Orenstein & Alan R. Hinman, *The Immunization System in the United States—The Role of School Immunization Laws*, Vaccine, Vol. 17, 1999, p. S24.

〔287〕 Mel Friedman & Ellen Weiss, *America's Vaccine Crisis*, Parents Magazine, Vol. 68, 1993, p. 38.

儿童接种疫苗上,而不是关注学龄儿童"。[288] 在过去,一些人甚至建议学校疫苗接种法鼓励父母推迟孩子的免疫接种,因为直到学龄才是强制性的。[289] 然而,当代决策者认为对儿童接种疫苗的努力在某种程度上受到不完整和不准确理解和信息的阻碍。父母常常感到困惑或不理解免疫接种的要求。[290] 父母向卫生保健提供者提供的免疫接种信息——无论是通过召回还是通过疫苗接种卡——往往是不正确或不充分的。[291] 为此,一些州开发了免疫接种数据系统来跟踪儿童,确定需要接种疫苗的儿童,并在儿童接种疫苗到期或过期时生成通知。[292] 学龄前儿童的疫苗接种率得到显著提高。[293] 此外,学校疫苗接种运动特别是针对儿童可能在以后的生活中接种疫苗的疾病(即乙型肝炎),仍然有效地确保相当全面的免疫接种,[294]因此依旧是儿童疫苗接种政策的重要组成部分。

对现有学校疫苗接种政策有效性的另一个威胁,集中在大多数州的法

[288] Elizabeth R. Zell et al. , *Low Vaccination Levels of U. S. Preschool and School-Age Children: Retrospective Assessment of Vaccination Coverage*, *1991—1992* , Journal of the American Medical Association, Vol. 271, 1994, p. 839.

[289] Charles L. Jackson, *State Laws on Compulsory Immunization in the United States*, Public Health Reports, Vol. 84, 1969, p. 793.

[290] Jeanne M. Santoli et al. , *Barriers to Immunization and Missed Opportunities*, Pediatric Annals, Vol. 27, 1998, p. 369; Maureen Connolly, *Are Vaccines Still Safe?*, Ladies' Home Journal, 2000, p. 82.

[291] Jeanne M. Santoli et al. , *Barriers to Immunization and Missed Opportunities*, Pediatric Annals, Vol. 27, 1998, p. 369. 参见 Centers for Disease Control & Prevention, U. S. Department of Health and Human Services, *Impact of Missed Opportunities to Vaccinate Preschool-Aged Children on Vaccination Coverage Levels—Selected U. S. Sites, 1991—1992* , Morbidity and Mortality Weekly Report, Vol. 38, 1994, p. 709.

[292] National Vaccine Advisory Committee, Developing a National Childhood Immunization System: Registries, Reminders, and Recall(1994).

[293] 截至 1998 年 6 月 30 日,美国 19 至 35 个月大儿童多数疫苗的免疫接种覆盖率超过了 90%;只有水痘的覆盖率低于 80%。Centers for Disease Control & Prevention, Unpublished data (1999).

[294] 参见 Centers for Disease Control & Prevention, U. S. Department of Health and Human Services, *Effectiveness of a Seventh Grade School Entry Vaccination Requirement—Statewide and Orange County, Florida, 1997—1998* , Morbidity and Mortality Weekly Report, Vol. 47, 1998, p. 264; Salynn Boyles, *School-Based Hepatitis B Vaccination is Cost Effective*, Vaccine Weekly (Jan. 18, 1999).

规中出于宗教或哲学原因给予的豁免。虽然豁免者的统计比例仍然很低,[295]但学校中未接种疫苗的学生人数之多可能会减损全面接种疫苗的公共卫生利益。国家免疫接种计划的公共卫生官员和其他机构最近指出,基于宗教和哲学根据而免除学校疫苗接种要求的学生,感染麻疹的可能性是接种过疫苗的儿童的 35 倍。[296] 然而,广泛豁免接种疫苗的公共卫生后果不仅仅影响未接种疫苗的学生。1996 年在犹他州暴发的麻疹疫情证明,接种疫苗的学生从豁免者那里感染麻疹的风险在豁免人口增长的地方显著增加。[297]

由此可知,虽然学校疫苗接种政策被认为非常有效,但在确保预防儿童疾病或增加疫苗接种水平方面,它们并不是万无一失的,因为这些政策:(1)不是降低儿童疾病发病率的唯一原因;(2)无法克服全面儿童免疫接种的其他障碍;(3)在某些司法管辖区并不总是严格执行;(4)越来越多的宗教和哲学反对者合法地豁免。

(二)反对学校疫苗接种要求的最新论点

当代许多反对强制性学校疫苗接种的论点模仿了过去的反疫苗接种主义者。人们仍然对疫苗的安全性和潜在危害、疫苗的必要性(尤其是对于患病率极低或不存在的疾病)、政府在没有知情同意的情况下强制接种疫苗的权力以及疫苗接种与个人宗教信仰的冲突感到不安。与过去一样,这些问题已受到立法和司法部门的高度重视。[298]

与疫苗安全性有关的争论已通过联邦法律要求在立法上得到解决。联邦食品和药物管理局(Federal Food and Drug Administration,FDA)要求

---

〔295〕 Jeanne M. Santoli et al., *Barriers to Immunization and Missed Opportunities*, Pediatric Annals,Vol. 27, 1998, p. 369.

〔296〕 Daniel E. Salmon et al., *Health Consequences of Religious and Philosophical Exemptions From Immunization Laws*, Journal of the American Medical Association,Vol. 282, 1999, p. 49.

〔297〕 同上注,p. 51. 然而,至少犹他州的部分疫情可能与该州未能要求接种两剂麻疹疫苗有关。犹他州是当时少数几个不要求接种两剂麻疹疫苗作为入学条件的州之一。同上注。参见 Paul Etkind et al., *Pertussis Outbreaks in Groups Claiming Religious Exemptions to Vaccinations*, American Journal of Diseases of Children, Vol. 146, 1992, p. 173.

〔298〕 参见 Gretchen Flanders, *Vaccinations: Public Health's Miracle Under Scrutiny*, State Legislatures Magazine (Mar. 2000), available at www. ncsl. org/programs/ pubs/300vacc. htm # miracle.

制造商在向公众推广疫苗之前严格测试疫苗的安全性。即使在疫苗推出后,如果出现其他的安全问题,联邦食品和药物管理局仍有权禁止其使用。例如,联邦食品和药物管理局最近建议轮状病毒疫苗(一种预防儿童腹泻主要原因的疫苗)的制造商将该产品从市场上撤下,因为人们担心该产品在全国范围内使用时可能会导致幼儿肠梗阻。[299]

使用疫苗造成伤害的责任是 20 世纪 80 年代进行重大立法改革的根源。在该时间段的早期十年,制造商对疫苗引起的伤害诉讼的增加表示担忧。他们声称大量的侵权成本会阻碍研究和创新。与此同时,消费者团体认为在获得疫苗引起的伤害赔偿之前,让父母证明制造商有过错在道义上是错误的。在 1982 年至 1986 年就这些问题举行听证会后,国会于 1986 年通过了《国家儿童疫苗伤害法》(National Childhood Vaccine Injury Act, NCVIA)。[300]

《国家儿童疫苗伤害法》设立了四个项目:

(1)国家免疫接种计划的卫生与公共服务部门负责疫苗接种政策的大部分方面——例如,研究、开发、安全性和有效性测试、许可、分发和使用;

(2)疫苗伤害赔偿计划(Vaccine Injury Compensation Program)根据疫苗伤害表(Vaccine Injury Table)中设定的数值对遭受某些疫苗引起伤害的人进行赔偿。尽管这个计划的初衷是好的,但一直备受争议。虽然它大大减少了诉讼,但"无过错"裁判制度耗时、成本高昂且具有对抗性。[301] 近四分之三的索赔被驳回;

(3)疫苗不良事件报告系统(Vaccine Adverse Events Reporting System)要求卫生保健提供者和制造商报告疫苗的某些不良事件;[302]

(4)疫苗信息系统要求所有卫生保健提供者在接种某些疫苗前向家长提供标准化的书面信息。

---

[299]　*Diarrhea Vaccine Withdrawn*, The Washington Post, Oct. 16, 1999, at A3.

[300]　National Childhood Vaccine Injury Act of 1986, Public Laws 99-660, tit. III, § 311 (a), 100 Stat. 3756. 经修订的法典 at 42 U. S. C. A. § § 300aa-1 to 300aa-34 (2000);参见 Derry Ridgway, *No-Fault Vaccine Insurance: Lessons From the National Vaccine Injury Compensation Program*, Journal of Health Politics, Policy and Law, Vol. 24, 1999, p. 59.

[301]　Wendy K. Mariner, *The National Vaccine Injury Compensation Program*, Health Affairs, Vol. 11, 1992, pp. 255-262.

[302]　Institute of Medicine, Vaccine Safety Forum (1997)(讨论了不良影响的检测和应对)。

　　各州在立法上通过规定医学、宗教和哲学豁免这些要求,回应了反对学校疫苗接种计划强制性质的反疫苗接种主义者的论点。[303] 关于政府权力的其他争论已通过司法途径得到解决,通过法院裁判确保州强制接种疫苗的权力(有一些例外),州有能力将接种疫苗作为义务教育的条件,以及州卫生或教育委员会有权力确定当地学校的卫生政策。[304] 反对学校疫苗接种政策的当代法律争论的解决通常与过去的案例一致。例如,1988 年一家联邦上诉法院驳回了一对父母提出的宗教豁免要求,他们的理由是声称免疫接种违背了孩子的"基因蓝图"。[305]

　　然而,对学校疫苗接种政策的强烈反对依然存在。当前反疫苗接种主义者继续向联邦和州立法机构请愿,要求对现行疫苗接种制度进行法律改革,极力反对增加新的疫苗接种要求,为疫苗接种失败寻求行政和司法救济,在媒体传播和播放儿童因疫苗受伤的报道(无论真实与否),并试图影响其他人即父母。互联网已经成为国家疫苗接种信息中心(National Vaccination Information Center,NVIC)[306]等组织的主要工具,国家疫苗接种信息中心是一个倡导大规模疫苗接种制度改革的非营利组织,传播特定疫苗的负面信息和疫苗的一般使用情况。

　　美国疾病控制与预防中心的国家免疫计划已经查明(并大体上驳斥了)关于疫苗接种的常见误解,[307]包括:(1)保健和卫生的改善(而不是疫苗)对疾病的减少有效;(2)大多数患病的人都接种了疫苗;(3)疫苗会导致许多有害的副作用、疾病和死亡;(4)在美国,疾病的消除意味着不再需要接种疫苗。[308] 保罗·奥菲特(Paul Offit)和路易斯·贝尔(Louis Bell)试图揭露其他普遍流行的疫苗接种神话的谬误,包括:(1)婴儿太小而不能接种疫苗;(2)目前的疫苗削弱或耗尽了免疫系统;(3)疫苗含有可能伤害个人的防腐剂或其他传染性病原体(最近流行的是因脊髓灰质炎疫苗可能传播艾滋病

---

　　[303]　Charles L. Jackson, *State Laws on Compulsory Immunization in the United States*, Public Health Reports, Vol. 84, 1969, p. 791.

　　[304]　参见本文第三部分"(二)强制疫苗接种的合宪性"。

　　[305]　Mason v. General Brown Central School District, 851 F. 2d 47 (2d Cir. 1988).

　　[306]　National Vaccine Information Center, available at http://www. 909shot. com.

　　[307]　Centers for Disease Control & Prevention, U. S. Department of Health and Human Services, Common Misconceptions about Vaccination (and how to respond to them) (1996), at http://www. cdc. gov/nip/publications/6mishome. htm.

　　[308]　同上注。

毒的争论);[309] (4)制药公司生产的成批疫苗导致不良事件发生率高。[310]

广为流传的已发表论点认为,[311] 组合疫苗会导致或促成多种疾病,包括糖尿病、哮喘、孤独症和婴儿猝死综合征以及无数的副作用。2000 年印第安纳州众议员丹·伯顿(Dan Burton)主持了一场国会听证会,调查儿童孤独症发病率上升与疫苗使用有关的可能性。众议员伯顿的孙子最近被诊断出患有孤独症,他在开场白中表示麻疹/腮腺炎/风疹(MMR)疫苗是罪魁祸首。[312]

其中一些说法有科学价值,需要进一步的科学研究,但许多说法没有。正如约翰霍普金斯大学疫苗安全研究所主任尼尔·A. 哈尔西教授[313] 最近总结的那样:

糖尿病、孤独症和其他没有明确病因的疾病发病率的增加,与无线通信、电脑和快餐店的使用等许多其他因素的增加是平行的。人们可以很容易地假设,这些因素或我们生活方式的许多其他变化导致了这些疾病的增加,但没有科学证据支持这些观点。[314]

虽然这些争论有时耸人听闻和具有误导性,但可以理解少数美国公众的反疫苗接种者的情绪。个人评估对孩子的风险与公共卫生官员评估接种疫苗对公众的风险非常不同。从统计数据来看,接种疫苗产生不良反应的概率微不足道,这可能不会最终改变公共卫生政策,但对受伤害孩子的父母来说意味着一切。这些受到伤害的孩子成为每个父母都想避免接种疫苗令人同情的例子。这些风险对个人来说尤其难以承受,因为这是针对不再在儿童中扩散的疾病接种疫苗而产生的风险。"大多数人都不记得脊髓灰质

---

[309] 参见 Lawrence K. Altman, *New Book Challenges Theories of AIDS Origins*, The New York Times, Nov. 30, 1999, at F1; Jerome Groopman, *The End of Aetiology*, New Republic, Dec. 27, 1999, at 28; T. R. Reid, *Tests Fail to Show Link Between HIV, Polio Vaccine*, The Washington Post, Sept. 12, 2000, at A23.

[310] Paul A. Offit & Louis M. Bell, *Vaccines: What Every Parent Should Know*, Hoboken: Wiley, 1999, pp. 107-120.

[311] 参见 Harris L. Coulter & Barbara Loe Fisher, *DPT: A Shot in the Dark*, San Diego: Harcourt Brace Jovanovich, 1985.

[312] 参见 J. B. Orenstein, *The Harm In Injecting Doubt*, The Washington Post, Apr. 16, 2000, at B3.

[313] Institute For Vaccine Safety at http://www.vaccinesafety.edu.

[314] Testimony of Neal A. Halsey, M. D., *Before the House Committee on Government Reform, Safety and Efficacy Issues*, Oct. 12, 1999 (Lexis, Federal News Service).

炎、麻疹、白喉和天花每年导致数万名儿童死亡的年代。"[315]未接种疫苗的风险大大超过了以前接种疫苗的抵消风险。然而,当代公共卫生对多种疾病的"失败"导致越来越多的人呼吁消除这些疾病的疫苗。

也许在过去和现在的反疫苗接种争论中,最常见的主题是不信任。有些人并不完全信任负责研究、生产和从疫苗接种中获利的政府或大公司。虽然这种不信任往往是错误的,但反疫苗接种主义者指出,在一些例外情况下可能并非如此。1976年的猪流感免疫接种计划就是一个例子。虽然存在公共卫生和政治上的争论,以及生产足够数量的安全疫苗的问题,但在有报道称猪流感传播后,美国疾病控制与预防中心和杰拉尔德·福特总统启动了大规模免疫接种工作。[316] 在几周内,国家监测活动发现接种疫苗者中有几例古利安-巴雷综合征(Gullian-Barre syndrome,GBS)(一种可导致永久性瘫痪的急性炎症性神经病变)。[317] 三名老年人在最近接种疫苗后死亡(尽管他们的死亡可能与古利安-巴雷综合征或疫苗无关)。在4500万人接种疫苗后,该免疫接种计划很快被叫停,这让纳税人付出了巨大的代价。

许多学者认为公共卫生科学家负有主要责任,[318]这也许是理所当然的。[319] 然而,其他人也有责任。媒体夸大了猪流感对健康的影响,以及疫苗引起的伤害和死亡的风险。制药行业说服国会使其免受法律诉讼,同时又从政府积极推动的大规模疫苗接种计划中获利。[320] 政客们试图利用疫情为一个成功的公共卫生计划赢得赞誉,后来又避免其失败的耻辱。

最终,在学校疫苗接种要求仍然是主要公共卫生战略,以及对个人的风

---

[315] Michael Specter, *Comment: Shots in the Dark*, The New Yorker, Oct. 11, 1999, at 39.

[316] 参见 Richard E. Neustadt & Harvey V. Fineberg, *The Epidemic That Never Was: Policy-making and the Swine Flu Affair*, New York: Vintage Books, 1983; Walter R. Dowdle, *The 1976 Experience*, The Journal of Infectious Diseases, Vol. 176 (Suppl. 1), 1997, p. S69.

[317] Dowdle, 同前注, p. S69.

[318] Cyril H. Wecht, *The Swine Flu Immunization Program: Scientific Venture or Political Folly?*, American Journal of Law & Medicine, Vol. 3, 1977, p. 425; 参见 Nicholas Wade, *1976 Swine Flu Campaign Faulted, Yet Principals Would Do It Again*, Science, Vol. 202, 1978, p. 849.

[319] 现有的数据不足以预测猪流感是会被控制在小范围暴发,还是会成为一场更严重的流行病。参见 Jonathan E. Fielding, *Managing Public Health Risks: The Swine Flu Immunization Program Revisited*, American Journal of Law & Medicine, Vol. 4, 1978, p. 35.

[320] 同上注, p. 37.

险仍然具有重要性的情况下,反疫苗接种主义者的声音将始终存在。在许多方面,少数群体的集体声音有助于塑造和改进疫苗接种科学和政策。额外的改进仍然是需要的。然而,在某种程度上,反疫苗接种主义者认为学校疫苗接种要求是无用的、不必要的、弊大于利,并且不符合政府的职责,但他们的论点适得其反。

五、结　语

我们试图通过历史和现代的视角来分析和展示关于学校疫苗接种要求的各种争论,以及对这些争论的学术评估。有趣的是,关于强制性州疫苗接种及其在选择性环境如学龄儿童中应用的历史辩论现在仍在继续。随着时间的推移,疫苗接种支持者一直占主导地位,因为事实证明提高儿童免疫接种率的影响与降低疾病发病率直接相关。学校疫苗接种法主要促成了这些公共卫生影响合乎逻辑假设,并通过科学可靠的实证数据得到证实。反对接种疫苗的人拒绝广泛的学校疫苗接种要求没有成功,但他们成功地在政治上和宪法上为这些要求创造了医学、宗教和哲学上的例外。对某些人强制接种疫苗危险的指控(有些是准确的、许多是错误的)不断推动了他们的事业。这些争论复杂且不易解决,将继续影响未来的疫苗接种政策。因此,对其作出权衡将不可避免。儿童免疫接种工作可能会因越来越多的豁免者而受挫。接种疫苗可能伤害的儿童数量在统计上微不足道,但仍然代表着受到影响的无辜生命。虽然进行权衡永远无法完全解决争论,但学校疫苗接种政策有助于实现一项宝贵的公共卫生目标,即减少曾经流行的儿童疾病。儿童群体全面接种疫苗不仅对公共卫生而且对每个人都有益处。

Abstract: The historic and modern legal, political, philosophical, and social struggles surrounding vaccination are vividly reflected in legislative and judicial debates on the powers, or limits, of government to compel school vaccination policies. At the crux of public debate are core concerns about the tradeoffs between the public health benefits and the infringements on individual and parental freedoms arising from the systematic vaccination of millions of school age children in the United States. As a core component of public health practice in the United States, vaccination programs are supported by state legal requirements and federal funding and oversight. Each state has school vaccination laws which require children of appropriate age to be vaccinated for several communicable diseases. Subject to exceptions, including individual medical, religious, and philosophical objections, modern state school vaccination laws mandate that children be vaccinated prior to being allowed to attend public or private schools. Failure to vaccinate children can result in children being denied from attending school, civil fines and criminal penalties against their parents or guardians, and other measures. State school vaccination requirements are widely thought to serve important public health purposes. Incidents of communicable disease among children have significantly declined since the introduction and regular enforcement of school vaccination laws. Despite its utility, vaccination has provoked popular resistance from the beginning. Historical and modern examples of the real, perceived, and potential harms of vaccination, governmental abuses underlying its widespread practice, and strongly-held religious beliefs have led to fervent objections.

Keywords: Infectious Disease; School; Public Health; Vaccination; Argument

美国公共卫生法中传染病隔离措施的制度架构

吕正义[*]

内容提要:传染病隔离法律制度是公共卫生法的重要组成部分。以美国联邦传染病隔离法律制度为主要考察对象,可知美国联邦政府以贸易条款为宪法依据,通过国会立法、总统行政命令和部门规章等法源形式,设定传染病国际隔离措施和州际隔离措施,并由联邦疾病预防控制中心负责执行。除联邦政府设定的传染病隔离措施外,各州政府也拥有独立的隔离措施设定权限。当联邦疾病预防控制中心有理由相信相对人接触过或已感染隔离性传染病时,可根据风险水平,裁量决定是否采取传染病隔离措施。联邦疾病预防控制中心作出传染病隔离命令需经由一定的行政过程,相对人被采取隔离措施后,享有听取意见、获得代理权、卷宗阅览权、获得卷宗副本权等程序保障。美国传染病隔离法律制度受到司法审查的监督,但司法审查的监督效果并不明显。未来,美国应围绕传染病隔离措施设定权限的分散行使模式、隔离程序的事后保护型程序保障设计、司法审查流于形式等问题,完善其传染病隔离法律制度。

关键词:公共卫生法;传染病隔离措施;风险行政;行政强制措施

近年来,法学界对公共卫生法的关注逐渐加强。公共卫生法以保障群体的身心健康为价值取向,旨在探讨政府为实现公众的健康生活而应拥有哪些权力、承担哪些职责,以及在为公共利益而限制个人合法权益时,其权

---

* 浙江大学光华法学院博士研究生。本文受国家社会科学基金重大项目"突发重大公共卫生事件防控的法治体系研究"(编号 20&ZD188)资助。

力应受到何种限制。[1] 世界卫生组织将威胁人类健康的疾病分为三组：第一组为传染病、营养不良性疾病和孕产期疾病，第二组为慢性非传染性疾病，第三组为伤害。[2] 应对传染病给公众健康造成的威胁，实现传染病的有效预防和控制，是政府在公共卫生领域应承担的一项重要职责。

为有效应对传染病，政府可从控制传染源、切断传播途径、保护易感人群等多方面采取措施。在传染病暴发流行时，仅依靠医疗干预措施可能远远不够，并且医疗资源常常会处于稀缺状态，[3] 因此，通过传染病隔离措施遏制疾病蔓延，是古今中外各国采用的通行做法。传染病隔离措施一方面有助于实现保障公众健康的目标，另一方面也会对个人自由产生限制，如何实现二者的精巧平衡，是各国传染病隔离法律制度的关切所在，也是公共卫生法研究的重要课题。

在美国应对传染病疫情的实践中，传染病隔离措施同样发挥着重要作用。[4] 就美国而言，美国联邦政府的传染病隔离措施立法始于 1796 年的《与隔离相关法》，在 2017 年，联邦传染病隔离法律制度完成了最近的一次系统性更新。本文即以美国联邦现行传染病隔离法律制度为主要研究对象，在首先明晰传染病隔离措施概念的基础上，对美国传染病隔离措施的设定权限、适用条件、程序约束、司法审查展开全景式梳理，以求厘清其整体制度架构。从中或可管窥出美国传染病隔离法律制度如何试图在保障公众健康和限制个人自由间取得平衡，以及其在此方面仍然存在的不足。

一、美国传染病隔离措施的概念辨析

在美国，传染病隔离措施的表述为 quarantine 或 isolation，分别指代两

---

〔1〕　[美]劳伦斯·高斯汀、林赛·威利：《公共卫生法：权力·责任·限制》，苏玉菊、刘碧波、穆冠群译，北京大学出版社 2020 年版，第 4 页。

〔2〕　李立明主编：《公共卫生与预防医学导论》，人民卫生出版社 2017 年版，第 115 页。

〔3〕　[美]劳伦斯·高斯汀、林赛·威利：《公共卫生法：权力·责任·限制》，苏玉菊、刘碧波、穆冠群译，北京大学出版社 2020 年版，第 436 页。

〔4〕　Andres F. Quintana & Mikayla R. Quintana, *Surviving the COVID-19 Pandemic of 2020: A Constitutional and Policy Review of Involuntary Medical Quarantine*, 11 Wake Forest Journal of Law & Policy 327, 329 (2021).

种不同的隔离措施,可各自译为"隔离检疫"和"隔离治疗"。两种隔离措施均是对人身自由的完全限制,相对人需在某一指定地点接受彻底的隔离,区别在于：

（1）适用对象不同。隔离检疫的对象是有理由相信接触过隔离性传染病、但尚未表现出症状（not yet ill）的相对人。[5] 隔离治疗的对象是有理由相信已感染（infected）隔离性传染病的相对人,[6]具体来说,是指接触过隔离性传染病、并且有症状（symptomatic）的相对人。[7] 因此,在有理由相信相对人接触过隔离性传染病的基础上,适用何种隔离措施取决于相对人是否已出现隔离性传染病的相应症状;

（2）隔离期限不同。隔离检疫可将相对人隔离至其不再具有患病和传播疾病的风险,这一般是指疾病的潜伏期（incubation period）。[8] 隔离治疗可将相对人隔离至疾病的传染期（period of communicability）结束。[9] 隔离性传染病的潜伏期和传染期并非任意规定,而是需要得到有关科学文献的广泛承认与证实。[10]

一般而言,可用 quarantine 泛指传染病隔离措施。传染病隔离措施具有以下法律和功能上的特征,使其区别于其他传染病防控措施：

（1）传染病隔离措施涉及对公民权利的干预,有别于消毒、熏蒸、灭虫等不干涉公民权利的防控措施;

（2）传染病隔离措施是对公民人身自由的干预,不同于干预公民财产权、隐私权等其他权利的防控措施;

（3）传染病隔离措施是对公民人身自由的个别干预,即使隔离措施指向某一群体,也是针对同一航班上所有乘客此类情况,[11]有别于因封闭某一

---

〔5〕 参见 42 C. F. R. §70.1 & §71.1 对"quarantine"的定义。

〔6〕 参见 42 C. F. R. §70.1 & §71.1 对"isolation"的定义。

〔7〕 82 Fed. Reg. 6890, 6905 (Jan. 19, 2017).

〔8〕 CDC, *Order for Quarantine Under Section 361 of the Public Health Service Act*, https://www.cdc.gov/quarantine/pdf/Public-Health-Order_Generic_FINAL_02-13-2020-p. pdf, 2024 年 4 月 15 日最后访问。

〔9〕 CDC, *How long can someone be apprehended and detained?*, https://www.cdc.gov/quarantine/qa-final-rule-communicable-diseases. html, 2024 年 4 月 15 日最后访问。

〔10〕 James J. Misrahi, *The CDC's Communicable Disease Regulations: Striking the Balance between Public Health & Individual Rights*, 67 Emory Law Journal 463, 486 (2018).

〔11〕 82 Fed. Reg. 6890, 6912 (Jan. 19, 2017).

场所或地区,造成该区域内大量人员人身自由受到限制的情形;

(4)传染病隔离措施是对公民人身自由的完全限制,相对人需在某一指定地点接受彻底的隔离,不同于人身自由受到相对限制的情形。例如在附条件释放(conditional release)时,相对人不需接受隔离,但公共卫生官员可通过实地拜访、电话、网络等途径对相对人加以监视;[12]

(5)传染病隔离措施在功能上旨在控制传染源,有别于佩戴口罩、控制社交距离等旨在切断传播途径,以及疫苗接种等旨在保护易感人群的防控措施。

二、美国传染病隔离措施的设定权限

美国传染病隔离措施的设定,涉及宪法依据、规制范围和设定形式等问题。在美国,除联邦政府设定的传染病隔离措施外,各州政府也拥有独立的隔离措施设定权限,联邦与州传染病隔离法的关系是二者共同存在,同时有效。

(一)联邦政府的传染病隔离措施设定权限

1. 宪法依据

联邦政府设定传染病隔离措施的权力,通常认为源于美国联邦宪法中的贸易条款。[13] 美国联邦宪法第 1 条第 8 款第 3 项规定,国会可"规制美国与外国、州际及与印第安部落的贸易"。[14] 又根据美国联邦宪法的"必要和适当"条款(Necessary and Proper Clause),联邦政府可以采取一切合理适当的手段,来实现宪法所列举的国家权力目标。[15] 因此,对贸易条款规制范围内的事项,联邦政府拥有广泛的规制权力,这包含设定传染病隔离措

---

〔12〕 参见 42 C. F. R. §70.1 & §71.1 对"conditional release"的定义。

〔13〕 Jared P. Cole, *Federal and State Quarantine and Isolation Authority*, Congressional Research Service, RL33201, 1 (2014).

〔14〕 U. S. C. A. Const. Art. I §8, cl. 3.

〔15〕 [美]劳伦斯·高斯汀、林赛·威利:《公共卫生法:权力·责任·限制》,苏玉菊、刘碧波、穆冠群译,北京大学出版社 2020 年版,第 97 页。

施的权力。1944 年制定的《公共卫生服务法》,首次明确了联邦政府独立设定传染病隔离措施的权力。

2. 规制范围

联邦政府可在贸易条款的规制范围内设定传染病隔离措施。《公共卫生服务法》规定,联邦政府设定传染病隔离措施的范围,包括国际隔离(foreign quarantine)和州际隔离(interstate quarantine)。国际隔离指联邦政府可对从国外进入美国的相对人设定传染病隔离措施,[16]州际隔离指联邦政府可对下列对象设定传染病隔离措施:(1)将在州际移动的相对人;(2)自身虽未在州际移动,但对其他将在州际移动的个人,构成可能的感染源的相对人。[17]

上述规定与贸易条款的规制范围相符合。根据联邦最高法院在 U. S. v. Lopez 案中的解释,国会在贸易条款下可规制的活动包括:(1)对州际贸易通道的使用;(2)规制和保护州际贸易的机构(instrumentalities)、州际贸易中的人员、州际贸易中的事物,即使威胁可能仅来自州内活动;(3)规制和州际贸易具有实质性联系的活动。[18] 可以看出,联邦政府对来自国外的相对人,以及对将在州际移动的相对人设定传染病隔离措施,是对使用国际和州际贸易通道的规制,属于 U. S. v. Lopez 案提出的第一类规制范围。对可能构成感染源的相对人设定传染病隔离措施,是因其活动对州际贸易人员构成威胁,属于 U. S. v. Lopez 案提出的第二类规制范围。

3. 设定形式

具体地,联邦政府的传染病隔离措施由国会立法、总统行政命令、卫生及公众服务部的部门规章共同设定。[19] 首先,国会立法明确由总统行政命令设定哪些种类的传染病可采取隔离措施,[20]经由总统行政命令确定的传染病被称为隔离性传染病(quarantinable communicable diseases);其次,国会立法明确,卫生及公众服务部的部门规章可以对从国外进入美国的相对

---

〔16〕 42 U. S. C. §264 (c).

〔17〕 42 U. S. C. §264 (d).

〔18〕 U. S. v. Lopez,514 U. S. 549,558-559 (1995).

〔19〕 设定传染病隔离措施的国会立法主要涉及 42 U. S. C. §264;总统行政命令主要涉及第 13295、13375、13674、14047 号行政命令;卫生及公众服务部的部门规章主要涉及 42 C. F. R. Part 70 & 71.

〔20〕 42 U. S. C. §264 (b).

人设定传染病隔离措施；[21]最后，国会立法虽然规定卫生及公众服务部的部门规章可以设定州际隔离措施，但国会立法对此已作出相对明确的设计，[22]部门规章在州际隔离方面基本沿用已有的法律规定。因此，国会立法、总统行政命令、卫生及公众服务部的部门规章共同建构了联邦传染病隔离制度体系。

联邦传染病隔离法由卫生及公众服务部下设的联邦疾病预防控制中心(CDC)负责具体执行。联邦疾病预防控制中心在美国 20 个主要入境口岸设置了检疫站(quarantine station)，并配备相应的公共卫生官员履行传染病隔离等职责。[23] 此外，美国海关与边境保护局和美国海岸警卫队也可协助联邦传染病隔离法的执行。[24]

(二)各州政府的传染病隔离措施设定权限

1. 宪法依据

各州政府同样可以设定传染病隔离措施，这源于其固有的治安权(police power)，[25]美国联邦宪法第 10 修正案是州治安权的主要宪法依据。[26] 美国联邦宪法第 10 修正案规定，宪法未授予联邦政府或未禁止各州行使的权力，皆保留给各州或其人民。[27] 治安权即被认为是保留给各州的权力。各州行使治安权，旨在捍卫、维护和促进人民的健康、安全、道德和一般福利。[28] 就促进公众健康而言，治安权体现为所有直接或间接防止公众患病、早逝的法规范，设定传染病隔离措施旨在防止疾病传播，正是行使

---

[21]　42 U. S. C. §264 (c).

[22]　42 U. S. C. §264 (d).

[23]　CDC, *U. S. Quarantine Stations*，https://www. cdc. gov/quarantine/quarantine -stations-us. html, 2024 年 4 月 15 日最后访问。

[24]　42 U. S. C. §268 (b).

[25]　Jared P. Cole, *Federal and State Quarantine and Isolation Authority*，Congressional Research Service，RL33201，6 (2014).

[26]　Santiago Legarre, *The Historical Background of the Police Power*，9 University of Pennsylvania Journal of Constitutional Law 745，778 (2007).

[27]　U. S. C. A. Const. Amendment X.

[28]　[美]劳伦斯·高斯汀、林赛·威利：《公共卫生法：权力·责任·限制》，苏玉菊、刘碧波、穆冠群译，北京大学出版社 2020 年版，第 90 页。

治安权的具体表现。[29] 各州的传染病隔离法通常由卫生部门负责执行。[30]

2. 规制范围

各州政府设定传染病隔离措施的规制范围以管辖区域为界,可在各自管辖区域内设定传染病隔离措施。[31] 身处一州管辖区域的相对人,不论其来自国外、来自他州或来自州内,均应受到该州传染病隔离法的拘束。例如在 2020 年美国疫情期间,纽约州的州长行政命令曾规定,进入纽约州的人若来自新冠病毒阳性检测率高于 10% 的州,或来自每 10 万人中阳性超过10 人的州,均被要求进行 14 天的隔离,违者最高可被处以 1 万美元的罚款。[32] 缅因州的州长行政命令曾规定,任何进入缅因州的人,无论是否为本州居民,都被要求进行 14 天的自我隔离,违反隔离命令将被视为 E 级犯罪并处以六个月监禁和 1000 美元罚款。[33]

(三)联邦与州传染病隔离法的关系

经上述分析可知,在传染病隔离领域,联邦与州的规制范围有重叠,可能出现针对同一相对人,联邦与州均可行使传染病隔离权力的情形,因此需明晰联邦与州传染病隔离法的关系。目前,联邦与州传染病隔离法的关系是二者共同存在,同时有效。

在美国,涉及联邦与州均可行使某种权力时,应考虑是否存在联邦优先占领(federal preemtion)。联邦优先占领简称优占,是指在联邦与州均可行使某种权力时,联邦法可以优先于州法,使联邦政府单独占有该项权力,排除各州政府行使该项权力。[34] 美国国会可通过明示优占、领域优占、冲突

---

〔29〕 [美]劳伦斯·高斯汀、林赛·威利:《公共卫生法:权力·责任·限制》,苏玉菊、刘碧波、穆冠群译,北京大学出版社 2020 年版,第 92 页。

〔30〕 National Conference of State legislatures, *State Quarantine and Isolation Statutes*, https://www.ncsl.org/research/health/state-quarantine-and-isolation-statutes.aspx, 2024 年 4 月 15 日最后访问。

〔31〕 CDC, *State, Local, and Tribal Law*, https://www.cdc.gov/quarantine/aboutlawsregulationsquarantineisolation.html, 2024 年 4 月 15 日最后访问。

〔32〕 No. 205: Quarantine Restrictions on Travelers Arriving in New York (June 24, 2020).

〔33〕 An Order Establishing Quarantine Restrictions On Travelers Arriving in Maine. (No. 34 FY 19/20) (April 3, 2020).

〔34〕 王名扬:《美国行政法》,北京大学出版社 2016 年版,第 62 页。

优占等类型实现联邦优先占领。[35]

特别地,在各州规制占据主导地位的治安权领域,存在反优占推定(presumption against preemption)。反优占推定是指,若在传统上各州规制已经占据主导地位的治安权领域,[36]出现联邦与州均可行使某种权力的情形,美国国会必须表现出"清晰且明显"(clear and manifest)的优先占领意图,联邦法才可以优先于州法,[37]排除各州行使该项权力,否则便推定不存在联邦法的优先占领。在各州规制占据主导地位的治安权领域,存在反优占推定,是出于对联邦制和各州主权的尊重。[38]

各州制定传染病隔离法,属于州治安权的行使,并且传统上各州的传染病隔离法占据主导地位。早在美国独立之前,北美殖民地如马萨诸塞湾、纽约、宾夕法尼亚、特拉华、马里兰、罗得岛等就已经制定传染病隔离法;[39]美国独立后,在 1796—1878 年间,联邦政府仅有协助执行各州传染病隔离法的权力;[40]在 1878—1944 年间,联邦政府虽然逐渐获得了设定传染病国际隔离、州际隔离措施的权力,但这一权力仅能在州隔离法不存在或不足的情况下行使;[41]直到 1944 年,《公共卫生服务法》才首次明确了联邦政府独立设定传染病国际隔离、州际隔离措施的权力,但联邦政府极少作出具体的隔离命令,例如在 2005 年 1 月—2016 年 5 月间,联邦政府仅作出过 12 份隔离命令。[42]可见,各州的传染病隔离法始终占据主导地位。

因此,只有美国国会表现出"清晰且明显"的优先占领意图,联邦传染病隔离法才能取代各州隔离法,排除各州政府行使该权力。目前,美国国会并未表现出上述意图,因而联邦与州的传染病隔离法同时有效。美国国会的

---

[35]　Arizona v. U. S, 567 U. S. 387, 399 (2012).

[36]　Elizabeth Y. McCuskey, *Body of Preemption: Health Law Traditions and the Presumption Against Preemption*, 89 Temple Law Review 89, 101 (2016).

[37]　Rice v. Santa Fe Elevator Corp. , 331 U. S. 218, 230 (1947).

[38]　Jay B. Sykes & Nicole Vanatko, *Federal Preemption: A Legal Primer*, Congressional Research Service, R45825, 3 (2019).

[39]　Laura K. Donohue, *Biodefense and Constitutional Constraints*, 4 University of Miami National Security and Armed Conflict Law Review 82, 94 (2013).

[40]　Act of May 27, 1796, ch. 31, 1 Stat. 474 (1796); Act of Feb. 25, 1799, ch. 12, 1 Stat. 619 (1799).

[41]　Act of Mar. 3, 1879, ch. 202, 20 Stat. 484 (1879); Act of Feb. 15, 1893, ch. 114, 27 Stat. 449 (1893).

[42]　82 Fed. Reg. 6890, 6963 (Jan. 19, 2017).

传染病隔离立法规定,不得将国会的传染病隔离立法和依据法律制定的传染病隔离规章,理解为取代州法的规定,除非州法与联邦隔离权力的行使构成冲突。[43] 国会立法的表述可称之为"反优占条款"(anti-preemption provision),[44]体现出国会对各州传染病隔离法主导地位的尊重,并无"清晰且明显"的排除州隔离法的意图。

三、美国传染病隔离措施的适用条件

美国联邦传染病隔离法规定,当联邦疾病预防控制中心有理由相信相对人接触过或已感染隔离性传染病时,其可根据风险水平,裁量决定是否采取传染病隔离措施。

(一)隔离性传染病的范围

首先,传染病隔离措施仅能适用于特定类型的传染病,即总统行政命令确定的隔离性传染病。根据第 13295、13375、13674、14047 号总统行政命令的规定,隔离性传染病包括:[45]

(1)霍乱、白喉、传染性肺结核、麻疹、鼠疫、天花、黄热病和病毒性出血热(拉热沙病毒、马尔堡病毒、埃博拉病毒、克里米亚-刚果病毒、南美病毒,以及其他尚未被分离或命名的病毒);

(2)伴随有发热及肺炎或其他呼吸系统疾病、能够在人与人之间传播、并且正在引起或可能引起大流行或者如果控制不当,感染后极有可能导致死亡或严重疾病的严重急性呼吸综合征;

(3)由正在引起或可能引起大流行的,新型或再次出现的流感病毒引起的流感。

---

〔43〕 42 U.S.C. §264 (e).

〔44〕 Jay B. Sykes & Nicole Vanatko, *Federal Preemption: A Legal Primer*, Congressional Research Service, R45825, 14 (2019).

〔45〕 E.O. 13295 of Apr 4, 2003; E.O. 13375 of Apr 1, 2005; E.O. 13674 of Jul 31, 2014; E.O. 14047 of Sep 17, 2021.

(二)接触过或已感染隔离性传染病

其次,有理由相信相对人接触过或已感染隔离性传染病,是联邦疾病预防控制中心采取传染病隔离措施的前提条件。[46] 联邦疾病预防控制中心将根据多种因素,综合评估相对人是否接触过或已感染隔离性传染病,这包括:(1)是否接触过隔离性传染病病人或疑似病人;(2)是否有隔离性传染病流行地区的旅行史;(3)相对人自身对隔离性传染病的易感性;(4)是否表现出隔离性传染病的临床症状;[47](5)相对人的病史;(6)医学检查和检测结果[48]等能够证明感染或接触过病原体的因素。

(三)依裁量采取隔离措施

最后,若认为相对人接触过或已感染隔离性传染病,联邦疾病预防控制中心将根据具体的风险水平,裁量决定采取何种干涉措施。对接触过或已感染隔离性传染病的相对人,联邦疾病预防控制中心可作出隔离治疗、隔离检疫、附条件释放等公共卫生命令。[49] 在作出公共卫生命令前,联邦疾病预防控制中心应评估具体的风险水平。[50] 风险评估的考量因素可能包括:(1)病原体的危险性;(2)治疗方案的有效性;(3)相对人的传染性;(4)家庭环境的适宜性;(5)相对人遵守较小限制措施的能力和意愿等。[51] 联邦疾病预防控制中心应确保其所作出的任何命令,都与风险水平相称,并且应采取限制性最小的措施。[52]

只有在公共卫生风险较高时,联邦疾病预防控制中心才会采取限制性极强的传染病隔离措施。在公共卫生风险较低的情况下,联邦疾病预防控制中心将采取其他较小限制措施,或不采取任何措施。例如,得益于美国的卫生基础设施,霍乱基本不可能在美国传播,因此联邦疾病预防控制中心通

---

〔46〕 42 C. F. R. § 71. 32 (a) & 42 C. F. R. § 70. 6 (a).

〔47〕 81 Fed. Reg. 54230, 54242 (Aug. 15, 2016).

〔48〕 82 Fed. Reg. 6890, 6911 (Jan. 19, 2017).

〔49〕 42 C. F. R. § 71. 32 (a) & 42 C. F. R. § 70. 6 (a).

〔50〕 82 Fed. Reg. 6890, 6906 (Jan. 19, 2017).

〔51〕 82 Fed. Reg. 6890, 6914 (Jan. 19, 2017).

〔52〕 82 Fed. Reg. 6890, 6906 (Jan. 19, 2017).

常不会针对霍乱作出任何公共卫生命令，[53]包括传染病隔离命令。

四、美国传染病隔离措施的程序约束

美国联邦传染病隔离法规定，实施传染病隔离措施的行政过程包括发现可疑对象、采取临时羁束措施、作出传染病隔离命令、强制复审、再审程序等步骤，联邦法同时设置了公正行事、说明理由、告知、听取意见、获得代理权、卷宗阅览权、获得卷宗副本权等程序保障。

（一）实施传染病隔离措施的行政过程

实施传染病隔离措施的完整行政过程，包括如下五个步骤（见图1）：

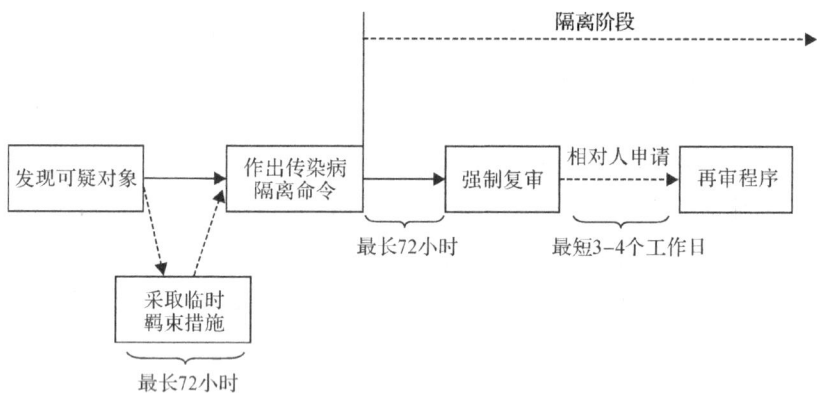

图 1　美国传染病隔离措施的行政过程

1. 发现可疑对象

采取传染病隔离措施，首先需要发现可能接触过或已感染隔离性传染病的可疑对象。联邦疾病预防控制中心可通过以下三种方式发现可疑对象：

（1）飞机机长、轮船船长的报告机制。卫生及公众服务部的部门规章规定，从国外驶往美国的轮船船长、飞机机长，和美国国内州际航班的飞机机

---

〔53〕 82 Fed. Reg. 6890，6906 (Jan. 19, 2017).

长,若发现乘客和工作人员出现病患(ill person)〔54〕、死亡现象,应立即向目的地的检疫站报告有关情况。〔55〕 例如,飞机机长在发现病患、死亡现象后,应将航空器识别标志、出发机场、到达机场、预计到达时间、机上人数、可疑病患人数、公共卫生风险的性质等信息报告给检疫站;〔56〕

(2)联邦疾病预防控制中心的探测机制。联邦疾病预防控制中心认为有必要时,可在入境口岸,以及机场、海港、火车站、公交总站等可能进行州际旅行的地点,通过肉眼检验耳鼻口、体温测量等非侵入性方式,以及要求旅客提供联系方式、目的地、健康状况、接触史、旅行史等信息,〔57〕对任意旅客进行检查,以发现可疑对象;

(3)政府有关部门的通报机制。与联邦疾病预防控制中心有合作关系的政府部门,在发现可疑对象后,也将向其通报相关情况。例如,美国海关与边境保护局承担在入境口岸检查国际旅客的职能,同时需协助联邦传染病隔离法的执行,美国海关与边境保护局的工作人员可通过肉眼观察旅客,发现某些特定症状,将情况通报给所在区域的检疫站。〔58〕

2. 采取临时羁束措施

在发现可疑对象后,若联邦疾病预防控制中心尚不能决定是否作出公

---

〔54〕 这里所指的病患(ill person),参见 42 C. F. R. §71.1 对"ill person"的定义,具体来说:

对搭乘飞机的人员,是指出现以下某种情况:(1)发烧(高于 38℃,或触摸时感到暖热,或有发烧史),并伴随有皮疹、呼吸困难、持续咳嗽、意识减弱或近期发病混乱(confusion of recent onset)、新的不明原因瘀伤或出血(无先前受伤)、持续腹泻、持续呕吐(晕机除外)、头痛伴随颈部僵硬、明显不适等一种或多种症状;(2)发烧持续 48 小时以上;(3)有联邦疾病预防控制中心在联邦公报上发布的传染病症状或其他迹象。

对搭乘轮船的人员,是指出现以下某种情况:(1)发烧(高于 38℃,或触摸时感到暖热,或有发烧史),并伴随有皮疹、呼吸困难或疑似或确诊肺炎、持续咳嗽或咳嗽伴有血痰、意识减弱或近期发病混乱、新的不明原因瘀伤或出血(无先前受伤)、持续呕吐(晕船除外)、头痛伴随颈部僵硬等一种或多种症状;(2)发烧持续 48 小时以上;(3)有急性肠胃炎,即腹泻(24 小时内出现三次或三次以上的稀便或高于正常水平)或呕吐(伴随有 24 小时内出现一次或多次稀便、腹痛、头痛、肌肉疼痛或发烧 38℃ 等一种或多种症状);(4)有联邦疾病预防控制中心在联邦公报上发布的传染病症状或其他迹象。

〔55〕 42 C. F. R. §70.11 (a) & 42 C. F. R. §71.21 (a) (b).

〔56〕 CDC, *Guidance for Airlines on Reporting Onboard Deaths or Illnesses to CDC*, https://www.cdc.gov/quarantine/air/reporting-deaths-illness/guidance-reporting-onboard-deaths-illnesses.html, 2024 年 4 月 15 日最后访问。

〔57〕 42 C. F. R. §70.10 (a) (b) & 42 C. F. R. §71.20 (a) (b).

〔58〕 81 Fed. Reg. 54230, 54250 (Aug. 15, 2016).

共卫生命令,可在综合评估相对人的接触史、旅行史、易感性、现有症状等因素的基础上,作出临时羁束(apprehension)相对人的决定。[59] 临时羁束是对相对人的暂时拘押,旨在确定是否有必要作出隔离治疗、隔离检疫、附条件释放等公共卫生命令。[60] 临时羁束的时间不能超过 72 小时。[61]

临时羁束期间,经相对人同意,联邦疾病预防控制中心可对其进行医学检查(medical examination)。[62] 医学检查旨在通过了解病史、体格检查(physical examination)、检测人体生物样本等方式,确定相对人的健康状况和潜在的公共卫生风险。[63]

3. 作出传染病隔离命令

采取临时羁束措施并非必经流程,只要联邦疾病预防控制中心认为可疑对象接触过或已感染隔离性传染病,并且经风险评估,决定采取传染病隔离措施,即可对相对人作出隔离命令。隔离命令应以书面形式作出,联邦疾病预防控制中心将在隔离命令作出后立即隔离相对人。

书面隔离命令应包括的信息有:(1)该命令所约束的相对人的身份;(2)隔离治疗或隔离检疫的地点;(3)说明联邦疾病预防控制中心有理由相信相对人接触过或已感染隔离性传染病的事实根据;(4)对强制复审、再审等程序加以说明;(5)说明相对人违反隔离命令将受到的刑事处罚;(6)说明经相对人知情同意,联邦疾病预防控制中心可对其进行医学检查。[64]

实践中,在作出传染病隔离命令的同时,联邦疾病预防控制中心还将发出一份医学声明。医学声明由一名检疫医疗官(quarantine medical officer)签署,旨在阐述采取隔离措施的事实和科学依据,以及检疫医疗官基于现有证据,认为采取隔离措施对保护公众健康确属合适必要的专业意见。[65]

---

〔59〕 82 Fed. Reg. 6890, 6902 (Jan. 19, 2017).

〔60〕 参见 42 C. F. R. § 70.1 & § 71.1 对"apprehension"的定义。

〔61〕 临时羁束的时间之所以限定为 72 小时,是考虑这一时限方能满足采集、运输、检测样本等医学检查的需要。参见 82 Fed. Reg. 6890, 6910 (Jan. 19, 2017).

〔62〕 82 Fed. Reg. 6890, 6910 (Jan. 19, 2017).

〔63〕 参见 42 C. F. R. § 70.1 & § 71.1 对"medical examination"的定义。

〔64〕 42 C. F. R. § 70.14 (a) & 42 C. F. R. § 71.37 (a).

〔65〕 James J. Misrahi, *The CDC's Communicable Disease Regulations: Striking the Balance between Public Health & Individual Rights*, 67 Emory Law Journal 463, 477 (2018).

4. 强制复审

强制复审是指，在传染病隔离命令送达相对人后 72 小时内，联邦疾病预防控制中心必须主动对该命令进行复审，评估继续维持传染病隔离措施的必要性。[66] 负责强制复审的官员应：(1)审查作出传染病隔离命令所依据的记录；(2)考虑最新的相关信息；(3)判断是否存在其他足以保护公众健康的较小限制措施。[67] 在此基础上，负责强制复审的官员需作出维持、修正或撤销传染病隔离措施的书面命令，并将该命令尽快送达相对人。[68]

若强制复审程序维持传染病隔离措施，或在不改变隔离措施性质的前提下，修正为其他较小限制措施，例如从看管式隔离修正为居家隔离，[69]相对人都将继续处于隔离状态。

5. 再审程序

强制复审程序后，相对人若仍然处于隔离状态，可向联邦疾病预防控制中心提出再审申请。收到申请后，联邦疾病预防控制中心应尽快开展再审程序，最快可在 3—4 个工作日后举行。[70] 再审程序同样旨在评估维持传染病隔离措施的必要性，但须先经医学审查(medical review)，在严格认定事实的基础上，才能作出维持、修正或撤销传染病隔离措施的决定。

首先，负责再审的官员，应指派一名具有传染病诊疗资质的人员担任医学审查官，[71]主导医学审查。医学审查旨在认定事实，确认相对人是否接触过或已感染隔离性传染病。需要认定的事实可能包括：(1)医学事实，如有关病原体、相对人的易感性、相对人可能接触病原体的环境等问题；(2)基本事实，如是否误认相对人身份、是否乘坐过受污染的交通工具、是否接触过传染病病人等问题。[72] 医学审查具有听证功能，相对人可在医学审查中举证、质证，医学审查官应审查相关证据，作出事实认定。必要时，经相对人

---

[66] 42 C. F. R. §70.15 (a) & 42 C. F. R. §71.38 (a).

[67] 42 C. F. R. §70.15 (b) (c) & 42 C. F. R. §71.38 (b) (c).

[68] 42 C. F. R. §70.15 (d) (f) & 42 C. F. R. §71.38 (d) (f).

[69] 82 Fed. Reg. 6890, 6912 (Jan. 19, 2017).

[70] 81 Fed. Reg. 54230, 54247 (Aug. 15, 2016).

[71] 医学审查官可由联邦疾病预防控制中心的雇员担任，也可指派外部人员担任。CDC, *Can the "medical reviewer" and "representatives" be people from outside the CDC?*, https://www.cdc.gov/quarantine/qa-final-rule-communicable-diseases.html, 2024 年 4 月 15 日最后访问。

[72] 81 Fed. Reg. 54230, 54247-54248 (Aug. 15, 2016).

同意,医学审查官可对其进行医学检查。

其次,医学审查官需在认定事实的基础上,向负责再审的官员递交一份书面报告。该报告需就是否继续维持传染病隔离措施提出建议,并说明是否存在其他足以保护公众健康的较小限制措施。该报告也应送达传染病隔离措施的相对人。[73]

最后,负责再审的官员应在审查书面报告和相对人就书面报告所提异议的基础上,作出维持、修正或撤销传染病隔离措施的书面命令,并将该书面命令尽快送达相对人。再审程序若维持传染病隔离措施,或在不改变隔离措施性质的前提下加以修正,相对人都将继续处于隔离状态,直至隔离期满。

再审程序结束后,若相对人继续处于隔离状态,并且仍然希望请求联邦疾病预防控制中心撤销传染病隔离措施,则其必须出示重大的、新的或已经变化的事实或医学证据。只有在这些事实或医学证据就相对人是否应继续受制于隔离措施提出了真实问题(genuine issue)的情况下,相对人才能请求联邦疾病预防控制中心撤销传染病隔离措施。[74]

(二)实施传染病隔离措施的程序保障

为规范传染病隔离权力的行使,保护相对人人身自由不受非法侵犯,美国卫生及公众服务部的部门规章在上述行政过程中设置了诸多程序保障,这包括:

1.公正行事。联邦疾病预防控制中心不得指派最初作出传染病隔离命令的官员,继续负责强制复审程序或再审程序,也不得指派其担任再审程序中的医学审查官。

2.说明理由。最初作出传染病隔离命令时,联邦疾病预防控制中心需在书面隔离命令和医学声明中,说明采取传染病隔离措施的事实依据和法律依据。

3.告知。最初作出传染病隔离命令时,联邦疾病预防控制中心需在书面隔离命令中,对强制复审、再审程序予以说明,告知相对人在再审中的程序权利,实践中还将告知相对人申请司法救济的权利。强制复审程序若维

---

〔73〕 42 C. F. R. §70.16 (l) & 42 C. F. R. §71.39 (l).

〔74〕 42 C. F. R. §70.16 (m) & 42 C. F. R. §71.39 (m).

持或修正传染病隔离措施,则需在书面命令中再次对申请再审程序加以说明。

4. 听取意见。再审程序中,联邦疾病预防控制中心将通过医学审查,充分听取相对人的意见。在医学审查中,相对人有权通过其代理人,提交医学或其他证据。经医学审查官允许,相对人还可提交合理数量的医学专家作为证人。[75] 此外,相对人还可对联邦疾病预防控制中心提交的证人进行质证。[76]

5. 获得代理权。再审程序中,在进行医学审查时,相对人可自费取得辩护人代理。在相对人提出申请并证明其贫困时,[77]联邦疾病预防控制中心应以政府经费为其指派代表,[78]以协助相对人进行医学审查。[79]

6. 卷宗阅览权。再审程序中,在医学审查开始前,联邦疾病预防控制中心应向相对人或其代理人提供合适机会,使其能够检查在医学审查中所涉及,并且与相对人有关的医学及其他记录。[80]

7. 获得卷宗副本权。传染病隔离命令的相对人经申请,可获得一份本人完整的行政记录副本,行政记录的范围包括:(1)联邦疾病预防控制中心最初作出的传染病隔离命令,以及在强制复审、再审程序中作出的书面命令;(2)联邦疾病预防控制中心作出历次书面命令时,所依据的任何医学、实验室或其他流行病学信息,这些信息需要由联邦疾病预防控制中心保有并且可获得;(3)传染病隔离命令的相对人或其代理人,在医学审查或申请撤销命令时所提交的信息;(4)医学审查官所作的事实认定和书面报告,包括

---

〔75〕　42 C. F. R. §70.16 (f) & 42 C. F. R. §71.39 (f).

〔76〕　82 Fed. Reg. 6890, 6915 (Jan. 19, 2017).

〔77〕　"贫困"的标准为:(1)相对人的家庭年收入,低于美国卫生及公众服务部在《联邦公报》上公布的贫困指导线的200%;(2)在没有收入的情况下,相对人的流动资产总额低于贫困指导线的15%。参见42 C. F. R. §70.1 & §71.1对"indigent"的定义。相对人证明自身贫困,仅需签署一份宣誓书,声明自身符合贫困标准。若实际情况并非如此,相对人将因作伪证被处罚。参见82 Fed. Reg. 6890, 6915 (Jan. 19, 2017).

〔78〕　联邦疾病预防控制中心指派的代表,包括一名具有传染病诊疗资质的医护,和一名了解公共卫生业务的律师。参见42 C. F. R. §70.1 & §71.1对"representatives"的定义。代表可由联邦疾病预防控制中心的雇员担任,也可指派外部人员担任。CDC, *Can the "medical reviewer" and "representatives" be people from outside the CDC?*, https://www.cdc.gov/quarantine/qa-final-rule-communicable-diseases.html, 2024 年 4 月 15 日最后访问。

〔79〕　42 C. F. R. §70.16 (f) & 42 C. F. R. §71.39 (f).

〔80〕　42 C. F. R. §70.16 (g) & 42 C. F. R. §71.39 (g).

医学审查的任何笔录,以及相对人或其代理人提交的任何书面异议。[81]

五、美国传染病隔离措施的司法审查

美国法院对传染病隔离措施的司法审查,主要体现为对传染病隔离规则的合宪性审查。对实体问题的审查,法院可能适用雅各布森案的高度尊重标准,或多元标准下的严格审查标准。对程序问题的审查,法院适用Mathews v. Eldridge 案提出的三种因素加以综合审查。[82]

(一)法院对实体问题的审查标准

1. 雅各布森案的高度尊重标准

1905 年的雅各布森诉马萨诸塞州案,涉及马萨诸塞州的一项法律,该法授权市镇卫生局在认为必要时,可要求居民接种疫苗。马萨诸塞州剑桥市卫生局基于该法授权,在天花流行的背景下,通过了一项要求剑桥市所有居民接种天花疫苗的法规,但当地牧师亨宁·雅各布森拒绝接种并诉至联邦最高法院,联邦最高法院最终肯定了涉案州法的合宪性。[83]

雅各布森案确立的高度尊重标准,几乎不存在司法审查的空间,[84]在洛克纳时代(Lochner era,1905—1937),该审查标准有其特殊的历史意义。联邦最高法院在雅各布森案中指出,对影响全体福利,旨在保护公众健康、道德或安全的法律,仅仅在其与健康、道德或安全等目标"没有真实或实质性联系",或"公然侵犯宪法权利"时方属违宪。[85] 这一表述宽泛的审查标准适用范围广泛,给予其他政府分支高度尊重,与洛克纳时代法院对立法普遍的严苛审查形成鲜明对比。正因此,彼时雅各布森案的高度尊重标准意义在于,当法院希望支持某部法律时,便可以引用雅各布森案,为法院支持

---

[81] 42 C. F. R. §70. 17 & 42 C. F. R. §71. 29.

[82] 审查联邦传染病隔离规则的案例极为少见,下文提及的案例均针对各州传染病隔离规则展开审查,但法院采取的审查标准同样适用于联邦传染病隔离规则。

[83] [美]劳伦斯·高斯汀、林赛·威利:《公共卫生法:权力·责任·限制》,苏玉菊、刘碧波、穆冠群译,北京大学出版社 2020 年版,第 126-127 页。

[84] Bayley's Campground Inc. v. Mills, 463 F. Supp. 3d 22, 31 (2020).

[85] Jacobson v. Commonwealth of Massachusetts, 197 U. S. 11, 31 (1905).

该部法律提供便利。[86]

随着洛克纳时代的结束,联邦最高法院逐渐发展出包括合理性审查、中度审查、严格审查在内的违宪审查多元标准,[87]在这一合宪性审查框架下,继续宽泛地理解并适用雅各布森案的高度尊重标准已经不合时宜。因此,法院对雅各布森案的高度尊重标准,产生了两种理解:(1)一部分法院认为,雅各布森案的高度尊重标准,是在通常的违宪审查多元标准之外,针对公共卫生紧急情况下采取的防控措施,设定了特殊的合宪性边界。在审查这些防控措施的合宪性时,应适用雅各布森案的高度尊重标准;(2)另一部分法院认为,审查公共卫生紧急情况下采取的防控措施,仍应适用通常的违宪审查多元标准。雅各布森案并未设定特殊的合宪性边界,其意义仅在于强调或增强了疫情防控下政府利益的权重。[88]

对雅各布森案的不同理解,影响着法院适用何种标准审查传染病隔离规则。由于传染病隔离措施是在发生公共卫生紧急情况时采取的防控措施,因此部分法院将适用雅各布森案的高度尊重标准展开审查,此时传染病隔离规则只有在与公共卫生紧急情况"没有真实或实质性联系",或"公然侵犯宪法权利"时方属违宪,这往往会肯定传染病隔离规则的合宪性。

例如,在 2020 年的 Carmichael v. Ige 案中,原告 Carmichael 等人对夏威夷州州长 Ige 发布的紧急公告(Emergency Proclamation)提起诉讼,该公告要求对任何进入夏威夷州的人实施 14 天的隔离。审理该案的联邦地区法院认为,涉案紧急公告是为了在新冠病毒流行期间保护公众健康,因此只有在紧急公告与此次危机"没有真实或实质性联系",或"公然侵犯宪法权利"时方属违宪。[89] 法院进一步认为,根据新冠病毒的潜伏期和夏威夷州面临的疫情形势,夏威夷州设定的隔离措施与保护公共卫生的目标具有"真实或实质性联系",同时,法院认为该隔离规则虽然对原告进入夏威夷具有一定的阻吓作用,但并未禁止其进入夏威夷,因此没有构成对旅行权(right

---

〔86〕 Daniel Farber, *The Long Shadow of Jacobson v. Massachusetts: Public Health, Fundamental Rights, and the Courts*, 57 San Diego Law Review 833, 844 (2020).

〔87〕 [美]劳伦斯·高斯汀、林赛·威利:《公共卫生法:权力·责任·限制》,苏玉菊、刘碧波、穆冠群译,北京大学出版社 2020 年版,第 153 页。

〔88〕 Daniel Farber, *The Long Shadow of Jacobson v. Massachusetts: Public Health, Fundamental Rights, and the Courts*, 57 San Diego Law Review 833, 858 (2020).

〔89〕 Carmichael v. Ige, 470 F. Supp. 3d 1133, 1143 (2020).

to travel)等宪法权利的"公然侵犯"。[90] 最终,法院肯定了涉案紧急公告的合宪性。

2. 多元标准下的严格审查标准

然而,在其他法院看来,雅各布森案并未构成特殊的合宪性审查标准,法院将运用通常的违宪审查多元标准对传染病隔离规则开展审查。违宪审查多元标准包括合理性审查、中度审查、严格审查,当法律对基本权利施加负担时,法院应适用严格审查标准,这要求政府必须证明:(1)存在令人信服的政府利益(compelling interest);(2)手段与目的之间高度匹配;(3)其目标不能通过较小限制措施来实现。[91]

传染病隔离措施对公民的旅行权等基本权利构成负担,因此法院将适用严格审查标准对传染病隔离规则开展审查。一般来说,适用严格审查标准将导致法律被宣告违宪,但在运用该标准审查传染病隔离规则时,法院也可能给予相当尊重,继而肯定传染病隔离规则的合宪性。

例如,在 2020 年的 Bayley's Campground Inc. v. Mills 案中,原告对缅因州的州长行政命令提起诉讼,该行政命令要求任何进入缅因州的人进行 14 天的自我隔离。审理该案的联邦地区法院认为,缅因州的州长行政命令对基本权利构成负担,应对其开展严格审查,该案焦点集中在缅因州设定的隔离措施是否属于实现目标的最小限制措施。法院认为,至少在新冠病毒传播早期,[92] 并不清楚是否存在其他能够使州政府实现目标的较小限制措施,这属于由政治人物实施并由选民评价的公共政策事项,不应当由未经选举的法官决定,[93] 因此法院最终肯定了缅因州隔离规则的合宪性。

由此可见,基于对雅各布森案的不同理解,美国法院会对传染病隔离规则适用不同的合宪性审查标准,但无论采取何种合宪性审查标准,法院最终的结论往往倾向于肯定传染病隔离规则的合宪性,使相对人难以获得有效的司法救济。某种程度上,这或许是因为在实施传染病隔离规则的时期往往弥漫着对传染病的恐惧,在这种氛围之下,法院很难就传染病隔离措施与

---

〔90〕 Carmichael v. Ige, 470 F. Supp. 3d 1133, 1143-1146 (2020).

〔91〕 [美]劳伦斯·高斯汀、林赛·威利:《公共卫生法:权力·责任·限制》,苏玉菊、刘碧波、穆冠群译,北京大学出版社 2020 年版,第 156 页。

〔92〕 该案判决于 2020 年 5 月 29 日,彼时美国尚处新冠病毒传播早期。

〔93〕 Bayley's Campground Inc. v. Mills, 463 F. Supp. 3d 22, 35 (2020).

个体权利间的关系进行充分详细的阐述。[94]

(二)法院对程序问题的审查标准

实施传染病隔离措施应符合正当程序。美国联邦宪法第 5 修正案规定,不得未经正当程序剥夺人的生命、自由或财产。[95] 传染病隔离措施剥夺相对人的自由,应当受到正当程序条款的约束。正当程序没有固定的程序保障要求,联邦最高法院在 1976 年的 Mathews v. Eldridge 案中提出,确定正当程序的具体要求需要对三个因素综合考量:(1)行政行为所影响的私人利益;(2)在现有程序下错误剥夺利益的风险,以及额外或代替的程序保障可能带来的收益;(3)包括相关行政作用在内的政府利益,以及额外或代替的程序保障可能带来的财政和行政负担。[96]

目前,对实施传染病隔离措施的程序保障要求,仅有西弗吉尼亚州最高上诉法院作出过详尽说明,联邦法院尚未作出过相应判决。在 1980 年的 Greene v. Edwards 案中,西弗吉尼亚州最高上诉法院认为,传染病隔离措施的相对人应享有以下程序保障:(1)获得充分的书面告知,详细说明隔离措施的理由和基本事实;(2)如果传染病隔离措施的相对人贫困,则享有获得指派律师的权利;(3)出席、质证、面对证人和提出证人的权利;(4)证明标准应达到明白、清晰和令人信服(clear, cogent and convincing)的程度;(5)获得逐字记录的副本以备上诉的权利。[97] 可以看出,目前联邦传染病隔离法的程序保障已基本满足该案提出的程序要求。

六、代结语:对美国传染病隔离法律制度的检讨

通过对美国联邦传染病隔离法律制度的全面考察,可以发现,美国传染病隔离法律制度为实现保障公众健康与限制个人自由的合理平衡,在传染

---

〔94〕 Wendy E. Parmet, *Quarantining the Law of Quarantine: Why Quarantine Law Does Not Reflect Contemporary Constitutional Law*, 9 Wake Forest Journal of Law & Policy 1, 20-21 (2018).

〔95〕 U.S.C.A. Const. Amendment V.

〔96〕 Mathews v. Eldridge, 424 U.S. 319, 334-335 (1976).

〔97〕 Greene v. Edwards, 164 W. Va. 326, 329 (1980).

病隔离措施的设定权限、适用条件、程序约束等方面形成了较为系统完整的规定。在设定权限上,美国传染病隔离措施设定权呈现出分散行使的特征,联邦政府与州政府各自拥有独立的隔离措施设定权限;在适用条件上,美国联邦传染病隔离命令的作出具有风险决策的特征,联邦疾病预防控制中心会根据具体的风险水平,裁量决定是否采取隔离措施;在程序约束上,美国联邦传染病隔离法律制度给予相对人的程序保障以事后保护型为主,相对人拥有的听取意见、获得代理等主要程序权利,都体现在其已经被采取隔离措施后的再审程序中。此外,在美国,法院虽可对传染病隔离法律制度进行司法审查,但司法审查的监督效果并不明显。从美国传染病隔离法律制度的现有特征看,其或许存在以下问题,有待未来继续改进:

第一,传染病隔离措施设定权限的分散行使模式,不利于实现保障公众健康的目标。在美国的联邦体制下,公共卫生权力由联邦与州分别独立行使,公共卫生权力分散在 2684 个州、地方和部落卫生部门。[98] 由上文可知,传染病隔离措施的设定权限同样如此,并且各州设定的隔离措施在实践中占据主导地位。这种分散行使模式固然可以避免公共卫生权力的过度集中,但地方政府各自拥有独立设定传染病隔离措施的权力,容易导致集体行动的困境,不同地区可能设定宽严不一的隔离措施,从而恶化疾病流行情势,破坏政府在公共卫生方面整体的公信力。[99] 并且地方政府制定隔离政策,容易受到地方民意影响,地方政府也相对缺乏理解传染病的专业能力,[100]这些因素都会促使其设定出有损整体抗疫大局的隔离措施。鉴于此,未来美国或有必要进一步厘清联邦与州隔离措施设定权限的关系,扩大联邦政府的隔离设定权限,以促进隔离措施的协调统一;

第二,传染病隔离措施的程序保障以事后保护型为主,不利于实现对相对人的充分程序保护。以事后保护型为主的程序设计,或可认为是传染病隔离领域风险行政理念的逻辑延续,但这一理念也不能过分克减相对人的程序权利。例如,相对人何时能够获得听证机会,是程序保护的重要关切,

〔98〕 Polly J. Price, *Do State Lines Make Public Health Emergencies Worse: Federal versus State Control of Quarantine*, 67 Emory Law Journal 491, 516 (2018).

〔99〕 Kyle J. Connors, *Federalism and Contagion: Reevaluating the Role of the CDC*, 12 ConLawNOW 75, 78 (2020).

〔100〕 Polly J. Price, *Do State Lines Make Public Health Emergencies Worse: Federal versus State Control of Quarantine*, 67 Emory Law Journal 491, 499-500 (2018).

但在美国联邦传染病隔离法律制度中，相对人最长可能被羁押一周左右后才能在再审程序中通过医学审查获得听取意见的机会，而医学审查也并未规定明确的审查时限，这可能造成相对人被长时间羁押但无法获得听证结果，违背正当程序的迅速审查要求。[101] 再如，传染病隔离措施包含隔离治疗和隔离检疫两类措施，对风险水平较低的相对人采取隔离检疫措施时，其程序保障是否同样应以事后保护型为主，也是有待斟酌的。从理论上讲，隔离措施的程序保障程度应是连续变化的，当相对人感染隔离性传染病的不确定程度增加时，就应强化相应的程序保障，[102]但目前美国联邦传染病隔离法律制度并未对两类隔离措施的程序保障作出区分；

第三，法院对传染病隔离措施的司法审查流于形式，不利于相对人获得有效的司法救济。由上文可知，无论美国法院适用何种合宪性审查标准，法院最终的结论往往倾向于肯定传染病隔离规则的合宪性，这可能存在使法院成为给传染病隔离措施背书的"橡皮图章"的风险，导致司法审查保护公民权利的宗旨落空。为避免"橡皮图章"风险，有美国学者指出，法院在对公共卫生干预措施进行合宪性审查时，应聚焦于"重点审查"（focused scrutiny），一方面审查是否有科学证据证明传染病本身具有相应的危险性，另一方面审查是否有证据证明公共卫生干预措施具有有效性，即该措施有助于实现保障公众健康的目标。[103] "重点审查"可适配于所有合宪性审查标准，能够为法院高效地进行事实调查提供具体可用的标准。[104]

---

[101]　Michael R. Ulrich & Wendy K. Mariner, *Quarantine and the Federal Role in Epidemics*, 71 SMU Law Review 391, 415 (2018).

[102]　Michelle A. Daubert, *Pandemic Fears and Contemporary Quarantine: Protecting Liberty through a Continuum of Due Process Rights*, 54 Buffalo Law Review 1299, 1334-1335 (2007).

[103]　Robert Gatter, *Reviving Focused Scrutiny in the Constitutional Review of Public Health Measures*, 64 Washington University Journal of Law & Policy 151, 160-165 (2021).

[104]　Robert Gatter, *Reviving Focused Scrutiny in the Constitutional Review of Public Health Measures*, 64 Washington University Journal of Law & Policy 151, 164-165 (2021).

我国行政法学变迁的"第三条道路"

——评沈岿教授《行政法理论基础:传统与革新》

黄　锴[*]

内容提要:在传统与革新之间,沈岿教授的专著《行政法学理论基础:传统与革新》指出了行政法学变迁的"第三条道路"。"第三条道路"指引下的行政法学变迁应当同时实现双重目标,一方面需要推进传统行政法教义学的体系化与本土化,另一方面需要引入新兴的"面向行政所面向"的行政法学。双重目标之间存在内在张力,需要在视野、角色和方法三个层面设定具体可行的路径:在视野方面应当实现行政过程"上游""中游""下游"的全覆盖,在角色方面应当兼具"监控者"和"管理者",在方法方面应当并举"法适用"和"法创造"方法。行政法学的变迁应当遵循特定的限度,行政法理论基础应当扩展而非转化、行政法学结构应当增长而非代替、与其他学科应当合作而非融合,从而保证行政法学的独立性与主体性。"第三条道路"立场鲜明,在分析具体议题上具有很强的适应性与解释力。

关键词:行政法学;变迁;行政法教义学;新行政法

一、引言

行政法学与行政实践的密切关系决定了它始终是处于持续变化且不断

---

* 黄锴,浙江工业大学法学院副教授。

找寻自我的过程之中。[1] 新中国行政法学形成于 20 世纪 80 年代,受到行政诉讼制度的创建、行政法学脱离行政学影响的独立意识以及大陆法系行政法学方法论三个彼此交织而促进的背景因素的影响,我国行政法学的传统具有面向司法裁判、以法教义学为核心、以合法性为目标的特征。进入到 21 世纪以后,随着实践中政府职能转变的推进以及学理上"新行政法"的引入,面向行政过程、融入多学科知识、以高效实现行政任务为目标的行政法学的革新成为了学界讨论的热点议题。面对"传统"与"革新",我国行政法学应当如何发展与变迁? 学者呈现出不同的立场:有学者主张坚持行政法学的传统,在此基础上通过不断完善法学概念与体系强化行政法学的解释力;[2] 亦有学者主张扬弃行政法学的传统,革新方法、价值和问题域以形成回应现实的行政法学。[3] 这两种不同的立场影响下的行政法学研究呈现出全然不同的问题意识、研究路径和研究方法,影响到行政法学作为一门学科的价值一致性和范围统一性。

正是在这样的背景下,沈岿教授的《行政法学理论基础:传统与革新》应运而生,在"传统"与"革新"之间为我国行政法学变迁指明"第三条道路",即兼顾传统与革新,进而统合传统与革新。"在思变的时刻,我们必须清醒,传统的其实还远不够扎实和成体系,正在变革的还尚未成型。"[4] 不同于西方行政法学首先完成了精致的教义化构建,而后寻找知识体系的重构,我国行政法学面临的是"双期叠加"的难题,即我们既要在全能政府向有限政府转型过程中形成以合法性为中心的行政法教义学,又要在干预型政府向服务型政府转型过程中形成以有效性为中心的回应性行政法学。因此,我们应当也必须兼顾行政法学"传统"与"革新"的两端,不能偏废。但知易行难,指明"第三条道路"的基础上,如何践行"第三条道路"是问题的关键。沈岿教

---

〔1〕 美国法学家克里斯托弗·埃德利曾说:"没有哪一个学科的研究者如同行政法学者那样需要不断重新思考、重新建构、重新聚焦自己的研究领域。"Christopher Edley Jr. , The Governance Crisis, Legal Theory, and Political Ideology, Duke Law Journal, vol. 1991, no. 3.

〔2〕 参见章剑生:《现代行政法面临的挑战及其回应》,《法商研究》2006 年第 6 期;何海波:《实质法治:寻求行政判决的合法性》,法律出版社 2009 年版,第 18 页;李洪雷:《行政法释义学:行政法学理的更新》,中国人民大学出版社 2014 年版,第 9 页。

〔3〕 参见薛刚凌:《行政法发展模式之检讨与重构》,《公民与法》2006 年第 3 期;于立深:《概念法学和政府管制背景下的新行政法》,《法学家》2009 年第 3 期;江国华:《行政转型与行政法学的回应型变迁》,《中国社会科学》2016 年第 11 期。

〔4〕 沈岿:《行政法理论基础:传统与革新》,清华大学出版社 2022 年版,第 252 页。

授通过行政法中的监控者和管理者、行政自我规制与行政法治、行政法上的效能原则、互联网经济与政府监管创新、应责胜任法治政府的构成等议题的分析,将"传统"与"革新"双重视角引入到行政法具体问题之中,继而完成视角的融合、概念的统合和体系的整合,从细微处着手,但最终均回到整体性、体系性的思考当中。

本文无意对每一个议题上的精彩分析进行重述,而希望以自身有限的理解,对具体议题之上的整体性观察和思考进行描摹,从而展现出沈岿教授所指明的"第三条道路"的全貌。本文的思路是,首先指出"第三条道路"在"传统"和"革新"两端共同发力的目标,其次提炼出为实现"第三条道路"在视野、角色、方法三个方面所要践行的具体路径,最后分析循着"第三条道路"我们所能或所应走到的界碑究竟在哪里。

二、我国行政法学变迁的双重目标

沈岿教授在书中多次提及我国行政法学的三大学术任务:(1)更加成熟的体系化;(2)接地气的本土化;(3)超越传统法学的局限。[5] 这三大学术任务可以分解为两部分,前两个所面向的是行政法学传统,而第三个是面向行政法学革新。基此可以对"第三条道路"所设定的双重目标作出以下描述。

(一)耕耘传统:行政法教义学的融贯

我国行政法学的传统并非生发于本国的文化传统,而是由西方舶来。在面对"新行政法"的冲击之前,人们甚至没有意识到我国行政法学已经形成了所谓的"传统"。20 世纪 80 年代,奥托·迈耶创立的德国近代行政法总论体系引入我国,该种学说将民法教义学移植到国家行政之中,从而实现以法的形式理性限制国家权力的目的,其本质上是以"行为方式—权利救济"为固定模式、以"合法性"为中心的行政法教义学。"行政法学的视野限

---

〔5〕 参见沈岿:《行政法理论基础:传统与革新》,清华大学出版社 2022 年版,第 141 页、第 252 页。

定于深化对法律的解释和对法律进行技术上的分析、构筑法律体系、维持合法性,并以其作为裁判规范学而得以高度发展作为其所追求的目标。"〔6〕1989 年《行政诉讼法》的实施,使得作为舶来品的行政法教义学与我国行政法实践高度融合,进而形成了我国行政法的"传统"。

虽然称之为"传统",但是并不意味着其是我国行政法的主流:"我国的行政法学,最初从行政管理等研究中独立出来,又逐渐受到外国行政法及其学说的影响,行政法释义学还没有成为主流,更没有主导行政法学。"〔7〕事实上,我国行政法教义学研究中的价值判断兼容问题、释义理论作用问题、比较法释义准用问题、本土法释义学建构问题等理论课题似乎都雾霭环绕,让研究者和实务工作者难以窥其全貌、察其精髓。〔8〕我国行政法教义学的不成熟导致了行政法学难以为司法审查提供扎实牢靠的概念与体系,也导致了本土行政法学在面对舶来概念时欠缺反思而全盘接收。另一方面,在立法水平相对较低的背景下,行政法教义学对我国的价值也远高于西方国家:"因为法律概念的不确定和法律漏洞的存在,法秩序呈现出很强的开放性和弹性,具有一定程度的未完成性,这使得法释义学在法秩序的形成方面往往拥有很大的价值评判和政策发展空间。"〔9〕

就此而言,我国行政法的传统不但不应该被摒弃,而且应被放在更为重要的位置上扎实耕耘,也即沈岿教授在本书中提出的两项任务:更加成熟的体系化和接地气的本土化。具言之:(1)更加成熟的体系化。我国行政法教义学虽然已经形成了一套体系,但该体系仍存在多处疏漏与错位,比如以确定诉讼被告为目标的行政主体理论早已难以回应行政体制改革中行政组织的种种问题;广义行政行为概念的存在,与移植既受取得的行政行为效力论、错误和瑕疵/违法论、撤销废止论、附款论等有严重的错位谬误。行政法教义学的体系化仍需不断地反思与完善。(2)接地气的本土化。"法教义学本就具有天然的'国别性'和'本土性',因为它是围绕本国的现行实在法,在本国的政治法制体制和社会文化环境中进行法律适用的产物。"〔10〕我国行

〔6〕 [日]大桥洋一:《行政法学的结构性变革》,吕艳滨译,中国人民大学出版社 2008 年,第 1 页。

〔7〕 陈越峰等:《行政法教义学:体系与方法》,北京大学出版社 2023 年版,第 36 页。

〔8〕 参见黄辉:《中国行政法教义学的问题与对策》,《社会科学家》2019 年第 8 期。

〔9〕 陈越峰等:《行政法教义学:体系与方法》,北京大学出版社 2023 年版,第 36-37 页。

〔10〕 雷磊:《法教义学:关于十组问题的思考》,《社会科学研究》2021 年第 2 期。

政法教义学作为舶来品,不仅受到德日行政法学的影响,还有许多英美行政法学的影子,在学习与移植的过程中,我们往往不加区分地予以继受,这不仅会导致体系的混乱,也增加了行政法学本土化的难度。比如由英美行政法引入的合理预期原则和由德日行政法引入的信赖利益保护原则,两者在审判实践中均有出现且有混用趋势。如何在针对本土案例分析的基础上,生发出基于本土的相关原则内涵便是行政法教义学的重要任务。

(二)直面革新:"面向行政所面向"的行政法学的提出

20 世纪 70 年代以来,西方各国兴起了反思行政法教义学的思潮,行政法教义学因为其抽象化和教义化的特点,被认为是一门被"双重截肢"的学科:一方面,它和行政实践以及行政学之间的联系被切断;另一方面,与行政法的政治原生领域之间的联系也被消除。[11] 有学者就此断言:"下一代行政法学者应当会见证从司法卫护的行政程序向着由立法者和官僚设计的管制项目的转变。"[12]进入到 21 世纪后,我国行政法学者也是循着这一思路对行政法教义学进行批评,其核心点均落在行政法教义学与行政实践脱节,无法回应行政目标和任务。[13] 行政法教义学以驯化行政权、保障公民权利自由作为行政法的核心任务,这既是其所长:它契合了中国行政法制度建设需要补上近代法治未完成的课题、大力加强对私人权利自由保护的现实需要;但也是其所短:它无法回应行政体制改革、无法助力政府职能转变、无法应对新技术所带来的治理风险,进言之,无法担负起建立新的法制框架、保障行政权有效行使、增进社会福祉的功能。因此,需要革新行政法学的知识结构,在行政法教义学之外建构一套新的行政法学体系,也即沈岿教授在书中提出的"超越传统法学的局限"的任务。

关于如何超越传统法学的局限,我国学理上已有颇多讨论,沈岿教授在此基础上提出了"面向行政所面向"的行政法学,其立意主要有二:(1)面向行政过程的行政法学。行政法教义学以"行为方式—权利救济"为基本思考模式,这决定了行政法教义学主要是面向行政过程"下游"司法审查的,对于

---

〔11〕 参见米歇尔·施托莱斯:《德国公法史:国家法学说和行政学(1800—1941)》,雷勇译,法律出版社 2007 年版,第 513 页。

〔12〕 Cass R. Sunstein, Administrative Substance, Duke Law Journal, vol. 1991, no. 3.

〔13〕 参见沈岿:《行政法理论基础:传统与革新》,清华大学出版社 2022 年版,第 127-133 页。

行政过程的其他部分着力甚少。因此,"面向行政所面向"的行政法学也蕴含了面向行政过程的行政法学的意涵。沈岿教授的反问振聋发聩:"面对这些在立法过程、行政政策过程中亟待解决的问题,行政法学人真的可以无视之,简单地闭上眼、摆摆手称'这不是我们所应研究和所能研究的'?"[14]（2）能够解决实践问题的行政法学。行政法教义学存在于规范层面,其核心目标是法律概念和法律体系的建构,但对事实层面的问题解决贡献甚微。因此,"面向行政所面向"的行政法学实则是面向行政实践所面向的问题的行政法学。这一定位与比较法上行政法学的新发展也是高度同步的:"与集中关注权力性活动的传统行政法学不同的是,规制战略理论是在对传统行政法学反省的基础上,将目标设置在如何广泛地把握实现公共利益的作用,积累以解决社会问题为目的的法律技术方面。"[15]

三、我国行政法学变迁的具体路径

作为"传统"的行政法教义学与作为"革新"的"面向行政所面向"的行政法学同为"第三条道路"所追求的目标,它们之间不可避免地存在高度的张力。如何实现"传统"与"革新"两端的齐头并进需要设定合理的路径。沈岿教授在书中透过对具体议题的分析,展示了在视野、角色、方法三方面的发展路径。

（一）视野的延伸

行政法教义学是以司法审查为中心架构起来的行政法学体系,其关注的视野集中于整个行政过程的"下游",力图通过司法审查来规范规制者,从而维护相对人的权益。日本学者大桥洋一曾批评道:"由于只是关注法院纠纷处理这一病理的方面,而忽视了很多在法律上十分重要的视角。"[16]"面向行政所面向"的行政法学弥补行政法教义学的不足之处,将研究的视野延

---

〔14〕　沈岿:《行政法理论基础:传统与革新》,清华大学出版社 2022 年版,第 246 页。

〔15〕　[日]原田大树:《规制战略理论的现状及其课题》,朱芒译,《南大法学》2024 年第 1 期。

〔16〕　[日]大桥洋一:《行政法学的结构性变革》,吕艳滨译,中国人民大学出版社 2008 年,第 2 页。

伸到行政过程的"中游"(行政法律规范在立法之后的执行过程)和"上游"
(立法过程和政策主张形成过程)。从而使得行政法学的研究视野兼具了阿
斯曼所说的"适用(法令)导向的解释"与"制定法令导向的决定"。[17]

在处理行政过程不同阶段问题时,行政法学所采用的进路也有不同。
在处理"下游"问题时,仍需采取法教义学所擅长的抽象诠释进路,将抽象的
法律规范涵摄到具体的法律事实;但在处理"中游"和"上游"问题时,抽象诠
释进路则力有未逮,此时需要采用具体描述的进路,即通过描述现实中的行
政现象,继而形成有利于达成行政目标的法律制度:"行政法体系也不能仅
由法院的观点而发展出来,因为此种法院观点,仅能涉及个案性,而且限于
其具有拘束性之裁判本身……宏观性的行政行为关联性,预定的计划及组
织结构等今日行政常借以解决问题协调的做法,却于判决中甚少论及或关
注。因此,一个比较好地涵括行政实务的做法,必须对行政实务展开一种
'对立调控'。涵摄行政实务时,应该将经验的标准、检验方法及采纳的标
准,即所谓'良好的行政实务'。"[18]本书第八章"互联网经济与政府监管创
新"即是对"中游""上游"问题研究的绝佳范式:在描述互联网技术对经济生
活和监管模式具体影响的基础上,形成互联网经济政府监管的原则,并进而
构建互联网经济政府监管的方式。[19]

需要进一步阐明的是,针对同一个问题,不同的视野能够做出不同的分
析。往往需要结合"上游""中游""下游"全过程的视野对问题进行全面的观
察,并得出客观中肯的结论。本书第六章"行政自我规制与行政法治"从"上
游""中游"和"下游"分别对行政权力制约这一问题进行观察:"上游"视野
下,立法机关通过立法制约行政权力,但由于立法的非专业性和难预测性,
其效果并不理想;"下游"视野下,法院通过司法审查制约行政权力,但由于
司法的被动性和个案性,其作用效果有限;"中游"视野下,行政机关设定规
则制定、合法性审查、备案审查等行政程序制约自身权力,但由于系统性、持
续性和有效性方面存在不足,其作用亦不可高估。基此,本章提出了要综合

---

〔17〕　参见[德]施密特·阿斯曼:《秩序理念下的行政法体系建构》,林明锵等译,北京大学出
版社 2012 年版,第 29 页。

〔18〕　[德]施密特·阿斯曼:《秩序理念下的行政法体系建构》,林明锵等译,北京大学出版社
2012 年版,第 10 页。

〔19〕　参见沈岿:《行政法理论基础:传统与革新》,清华大学出版社 2022 年版,第 199-215 页。

"上游""中游""下游"系统性地制约行政权力,而非只取一端。[20]

(二)角色的多元

行政法教义学所关心的是行政权力不越矩,因此它所扮演的角色是"监控者"。"监控者"冷眼旁观行政实践,却不提出任何有助于行政任务达成的建设性意见,因而受到学者的诸多批评:"法学不能满足于对个别法律规定及法律制度作诠释性之整理而已,法学也必须就其发生效力之条件加以探究。个别性的机制必须在大型的制度框架下被设定,而且个别机制须相互协调配合,使法律能够践行其秩序任务。"[21]基此,行政法学的另一端——"面向行政所面向"的行政法学应当弥补行政法教义学的不足,扮演"管理者"的角色。所谓"管理者",大抵与比较法上的"调控者"意思相当:"将法规范视为现代社会的主要调控媒介,深入分析其复杂的作用脉络,亦即将此一作用脉络的中心要素,包括不同调控主体、调控客体、调控媒介及调控手段,其各种作用力量、运作方式、相互关系、周遭条件及社会过程等都纳入分析,并比较不同调控构想的优缺点,以促进法制的实效性目标。"[22]

"监控者"与"管理者"的核心差异在于两者所关心的价值不同:"监控者"关心合法性,"管理者"关心有效性。不同的价值追求导致了两者在思维模式上也存在鸿沟:"监控者"所采用的是条件性思维,即将一切行政行为置于"合法/违法"二元符码体系之中,从而产生对应的法律效果;"管理者"所采用的是目的性思维,即通过制度设计高效实现行政目标和任务。行政法学既要扮演"监控者"又要扮演"管理者"看似不可能,但在本书第五章"行政法中的监控者与管理者"开篇部分即给出了两者分离但又融合的方案:(1)二者有着确定的、不能变动的基本使命及其特殊性,否则,将失去各自的独立价值;(2)在一个有着共同命运的系统中,监控者也不可能完全无视管理者的绩效目标和面临的问题。[23]进而在第九章"走向应责胜任的法治政府"中分别以"监控者"和"管理者"的角度审视法治政府的标准,从而得出

〔20〕 参见沈岿:《行政法理论基础:传统与革新》,清华大学出版社 2022 年版,第 144-164 页。

〔21〕 [德]施密特·阿斯曼:《秩序理念下的行政法体系建构》,林明锵等译,北京大学出版社 2012 年版,第 20 页。

〔22〕 高晢男:《由法释义学到政策导向之行政法学》,元照出版有限公司 2018 年版,第 102 页。

〔23〕 参见沈岿:《行政法理论基础:传统与革新》,清华大学出版社 2022 年版,第 114 页。

"监控者"所要求的"应责"(其中的政治应责也应归于"管理者"的要求)和"管理者"所要求的"胜任"是互相交织和促进的结论。[24]

(三)方法的演进

扮演"监控者"角色的行政法教义学所采用的方法主要是法律适用方法,即确定事实、解释法律后适用法律得出结论的三段论法,[25]这种方法不仅适用于行政过程的"下游"司法审查中二元符码的判定,也同样适用于行政过程的"中游"执行过程中行政行为内容的确定。然而对于扮演"管理者"角色的"面向行政所面向"的行政法学,法律适用方法是不够的:"行政法学之方法论不能如民刑法学方法论,仅集中于'法律适用'之方法论;相反地,行政法学之方法论应该扩充及于'法规如何制定'之方法论上,如此,行政法学才不会只沦为'快递送货员'的角色而已。"[26]根据阶段的不同,这种立法和政策形成的方法可以作如下阐述:(1)在立法或政策形成准备阶段,借助听证会等程序调查相关规范事实并衡量规范影响范围,落实立法评估程序;(2)在拟定立法或政策的具体内容阶段,应评估各目的优劣性及其手段间有无抵触或不能并存的情形;(3)在立法或政策生效阶段,持续观察和评估立法或政策的施行效果,并据此修正立法或政策内容。[27]

法律适用方法以法律规范的存在为前提,其本质上是一种"法认识",但立法和政策形成的方法以法律规范的创造为目标,其本质上是一种"法创造"。进言之,法律适用方法借助于文义、历史、目的、体系等对法条进行解释,其所借助的知识本质上还是法学内部的知识,但立法和政策形成的方法需要提出有效的规制策略,其所借助的知识是开放性的,包括了行政法以外的法学知识以及法学以外的各学科知识。[28] 本书第七章"行政法上的效能原则"集中体现了这两种方法在同一问题上的融合:效能原则在法适用论上

---

〔21〕 参见沈岿:《行政法理论基础:传统与革新》,清华大学出版社 2022 年版,第 217-232 页。

〔25〕 参见[德]卡尔·拉伦茨:《法学方法论》,黄家镇译,商务印书馆 2020 年版,第 344-352 页。

〔26〕 林明锵:《行政法学方法论》,载翁岳生、苏永钦、陈春生主编:《法学研究方法论:行政法、财税法编》,元照出版有限公司 2023 年版。

〔27〕 参见林明锵:《行政法学方法论》,载翁岳生、苏永钦、陈春生主编:《法学研究方法论:行政法、财税法编》,元照出版有限公司 2023 年版。

〔28〕 参见林明锵:《德国新行政法》,五南图书出版公司 2019 年版,第 203-204 页。

的运用蕴含了法律适用方法,其在司法审查中的作用主要是解释或续造已有的法律规范;效能原则在制度建构论上的运用蕴含了立法和政策形成的方法,其要求管理或服务制度的效益最大化,而评判是否达到"最大化"须借助于经济学上的成本—收益分析。[29]

四、我国行政法学变迁的应有限度

视野的延伸、角色的多元、方法的演进为我国行政法学变迁指明了具体路径,行政法学的"变"是必须的,也是可能的。然而,行政法学作为一门学科,必然是有范围的,而不是无所不包的,就此而言,在"变"之中寻找"不变"是更为重要的,也是"第三条道路"的核心价值所在。沈岿教授在书中并没有集中论述行政法学变迁的限度问题,但是在对具体议题分析过程中,关于限度的思考是无处不在的。

(一)行政法理论基础的扩展而非转化

"行政法理论基础"是本书书名中的中心词,也是沈岿教授的关切所在。探求行政法理论基础的意义在于寻找行政法学的本质是什么、行政法学的价值导向是什么,而这些内容也是行政法学成为一门学科的根基所在,是不能变的。[30] 就此而言,我国行政法学的变迁应当以行政法理论基础为界碑。本书第二章"行政法理论基础的争流"分析了 20 世纪 80 年代以来我国行政法学理上提出的关于行政法理论基础的各种学说,厘清了各种学说的优劣所在和发展脉络。沈岿教授虽然没有言明,但面对行政法学已经发生的变迁以及未来将要发生的变迁,"平衡论"在可检验性和可容纳性方面的优势是显著的。罗豪才教授的观点至今依旧能够为行政法的变迁预留充分的空间:"平衡论的基本主张是应当从关系的角度研究行政法,行政法上行政权力与公民权利的配置应当是平衡的,运用制约、激励与协调机制充分发挥行政主体与相对方的能动性,维护法律制度、社会价值的结构均衡,促进

---

〔29〕　参见沈岿:《行政法理论基础:传统与革新》,清华大学出版社 2022 年版,第 166-197 页。

〔30〕　参见杨海坤、章志远:《中国行政法基本理论研究》,北京大学出版社 2004 年版,第 75-80 页。

社会整体利益的最大化。"[31]

作为行政法理论基础,"平衡论"虽然具备足够的弹性与可扩展性,但是其容量终究是有限的,行政法学的变迁必须在"平衡论"的范围之内。无论如何解读"平衡论",有一点是肯定的:"它高度重视依法行政、保护公民权益、制约行政权的重要性。"[32]依法行政原理作为"平衡论"的重要内涵是不可逾越的。对行政法中任何问题的分析都须首先经过依法行政原理的审视,对行政法中任何理论的引入都须首先明确其与依法行政原理的关联。本书第七章"行政法上的效能原则"即典型示例。在构造行政法上效能原则的规范内涵后,即需回到效能原则与依法行政原理的关系究竟如何处理,此时的方案大抵有两种:(1)将其视为依法行政原理的新内容与新元素,列为依法行政原理的下位概念;(2)将其视为与依法行政原理并列的行政法学原理,即两者处于同一位阶。前者相当于是一种扩展方案,而后者则是一种转化方案。沈岿教授的选择是明确的:"坚持依法行政原则,并在该原则中嵌入灵活的、可适应改革发展之需的授权或其他装置,从而为效能原则的'依法应用'提供框架和空间。"[33]

(二)结构上的增长而非代替

沈岿教授在本书第五章"行政法中的监控者与管理者"中提出行政法学结构的变迁有"内生增长论"和"结构转换论"两种进路,前者认为行政法可以在传统框架和结构内寻求增长和变革,后者则认为行政法应当实现结构层面的转换。[34]结合后续"统合的维度与限度"部分的阐释,可以认为,在沈岿教授看来,行政法学总论的结构变迁须以"内生增长论"为限度,而非在传统的框架结构之外增加一套新的体系,"结构转换论"主要在行政法学分论体系建构中发挥作用。这一观点与比较法上的主流观点也是一致的:"今日行政法体系的基本状况可称之为:'传统加上新制'。然而,因为在一个体系中产生部分新增补充于其他现存的位置上,所以也不是一个单纯的新制

---

〔31〕 罗豪才:《中国行政法的平衡理论》,载罗豪才等:《行政法平衡理论讲稿录》,北京大学出版社 2011 年版,第 6 页。

〔32〕 沈岿:《行政法理论基础:传统与革新》,清华大学出版社 2022 年版,第 63 页。

〔33〕 沈岿:《行政法理论基础:传统与革新》,清华大学出版社 2022 年版,第 193 页。

〔34〕 参见沈岿:《行政法理论基础:传统与革新》,清华大学出版社 2022 年版,第 119 页。

紧邻于旧制之旁。毋宁是说,部分体系必须因新旧彼此关系而一再重新调校。"[35]

在行政法学总论部分,变迁主要体现在两方面:一方面,基于"面向行政所面向"的行政法学所需要,增加部分新内容,比如对于公共行政及其发展的介绍、对行政法学研究方法的阐释;另一方面,基于新与旧两方面的统合,对原有结构中的内容进行调试,具言之:吸收精简原则、效率原则、行政负责原则、行政效能原则等关怀行政目标、任务高效实现的基本原则,增加担负行政任务的新型组织形态,关注行政作用的全过程,引入政治责任的概念等。[36] 相比而言,行政法学分论由于本身缺乏体系与结构,"面向行政所面向"的行政法学所能带来的影响无疑是更为明显的。当然,由于部门或领域的不同所带来的行政目标和任务的不同,行政法学分论的体系也不可能是整齐划一的。可以想象,在上述行政法学结构变迁思路的指引下,未来我国行政法学将形成双峰对峙的局面:总论部分仍以行政法教义学为重心,为分论问题的解决发挥"储藏室"的功能;分论部分以规制行政、社会行政等部门行政法领域的具体问题和具体任务为研究对象,通过描述行政过程,为总论部分的发展提供充足的养分。[37]

(三)与其他学科的合作而非融合

行政法学方法的演进必须将其他学科知识引入到行政法问题的分析当中,据此有学者提出了"迈向综合法学的行政法学"和"迈向社会科学的行政法学"两种观点。前者旨在"跳出传统的法学二级学科所设定的专业化窠臼,打破学科壁垒,以问题为导向,主动链接问题所涉相关法学资源",后者旨在"广泛运用政治学、管理学、经济学、政策学、伦理学、社会学等诸多学科

---

〔35〕 [德]施密特·阿斯曼:《秩序理念下的行政法体系建构》,林明锵等译,北京大学出版社2012年版,第20页。

〔36〕 参见沈岿:《行政法理论基础:传统与革新》,清华大学出版社2022年版,第137-141页。

〔37〕 参见李洪雷:《中国行政法(学)的发展趋势——兼评"新行政法"的兴起》,《行政法学研究》2014年第1期。

理论和学说以解释公共行政过程中所出现的新问题"。[38]

此处需要强调的是,行政法学固然应该与其他学科进行合作交流,但在合作交流之中仍旧应当确保行政法学的主体性和独立性:"如结合行政法学作为调控学与体系学的双重角色,其乃必须发展一种区分义整合的观点,借此得以接纳理论、历史、经济、社会及文化学等不同角度,又不致放弃其规范性的释义学立场。"[39]沈岿教授在具体议题的分析中均展现了这一基本立场,如对新形态行政组织的分析中,明确了公法与私法不同的适用空间,[40]如在效能原则分析中虽然引入经济学知识,但仍旧在规范框架内予以展开。[41] 行政法学在与其他学科合作交流过程中不能迷失自我,应当永远守住"初心",这也是沈岿教授书中反复强调"传统"的用意所在。正如学者所说,"行政法教义学作为行政法学的核心内容,是行政法学者的安身立命之所在,也是行政法学与公共行政学、经济学、社会学等其他学科对话交流之'资本'所系。"[42]

五、结语:中庸之道并非没有立场

虽然沈岿教授从未将书中提出的行政法学变迁之路归纳为"第三条道路",但书名中的"传统与革新"早已隐含了这一学术追寻。或许有人会指摘,"第三条道路"不就是传统与革新之间的"中庸之道"吗?但正如沈岿教授在为"平衡论"正名时所说"中庸之道并非没有立场"。[43] 传统与革新之

---

〔38〕 参见江国华:《行政转型与行政法学的回应型变迁》,《中国社会科学》2016 年第 11 期。需要言明的是,此处的"迈向综合法学的行政法学"与沈岿教授书中引用日本学者铃木义男的"综合的行政法学"所指截然不同。前者意指行政法学应当与民法学、刑法学等法学二级学科融合,后者则强调行政法学的研究不应局限于司法审查,而应纳入行政法规范目的、背景、作用等内容。参见沈岿:《行政法理论基础:传统与革新》,清华大学出版社 2022 年版,第 129 页。

〔39〕 陈爱娥:《德国行政法学之新发展》,载台湾行政法学会主编:《行政契约之法理/各國行政法學發展方向》,元照出版有限公司 2009 年版。

〔40〕 参见沈岿:《行政法理论基础:传统与革新》,清华大学出版社 2022 年版,第 248-249 页。

〔41〕 参见沈岿:《行政法理论基础:传统与革新》,清华大学出版社 2022 年版,第 187-188 页。

〔42〕 李洪雷:《中国行政法(学)的发展趋势——兼评"新行政法"的兴起》,《行政法学研究》2014 年第 1 期。

〔43〕 参见沈岿:《行政法理论基础:传统与革新》,清华大学出版社 2022 年版,第 61-64 页。

间的第三条道路既不同于严守传统而不愿面对行政实践，又不同于投入革新而遗忘教义学传统。

　　"第三条道路"的追寻既需要完善行政法教义学的体系以充分发挥其在规范解释、个案适用中的能力，又需要构造"面向行政所面向"的行政法学以提升行政法学在助推高效实现行政目标和任务方面的能力。毫无疑问，这是一条更为艰难的道路。本书通过具体议题的分析，不仅为我们展现了"第三条道路"的目标、路径与限度，还亲自入局为我们演示了践行"第三条道路"的方法，更添这一理论创设的适应性与解释力。

行政法理论基础:溯源及其超越

——评《行政法理论基础——传统与革新》

姬 展　王瑞雪*

内容提要:《行政法理论基础——传统与革新》一书以行政法理论基础为题,时隔多年后将这一议题以专著的形式呈现。在监管实践日新月异、新的政府工具层出不穷、行政法的研究议题不断迭代的背景下,本书将研究者的目光再次聚焦在行政法原理中的底层逻辑,超越通常的行政法总论、分论议题,关注其最核心的价值与方法。在行政法平衡理论、新行政法等大规模的研讨渐趋沉寂之后,本书又一次将学术关怀置于行政法理论基础,一面回溯,一面求新。面对多元利益交织的社会现实和多重任务竞合的行政目标,行政法理论对权力与权利的探究日益复杂化,研究者应当以更加开放的姿态来回应控权、应责、服务、规制、开放、给付等诸多维度下的行政任务。

关键词:行政法理论基础;平衡论;新行政法;行政任务

引　言

　　行政法理论基础是对行政法底层规律的揭示,其核心落脚点在于行政权力与公民权利之间的关系。[1] 关于行政法理论基础的种种讨论,使得行政法学科在学科旨趣上与其他部门法学、行政管理学相区隔,始终着眼于回

　　* 姬展,南开大学法学院博士研究生;王瑞雪,南开大学法学院副教授,法学博士。本文系国家社会科学基金青年项目"声誉制裁在行政法中的体系定位与法治完善研究"(项目批准号:21CFX066)的阶段性成果。

　　〔1〕 参见罗豪才:《关于现代行政法理论基础的研究(代序)》,载罗豪才主编:《现代行政法的平衡理论》,北京大学出版社1997年版,第1页。

应不同情境下公权力如何合法有效运行、相对人权利如何保障的问题。面对日新月异的发展所带来的多元行政任务交织,行政法理论基础这一论题需要不断被重新审视,从而使得行政法学得以"合理诠释历史、有效回应现实、逻辑上完整自洽"。[2] 而《行政法理论基础——传统与革新》(以下简称《理论基础》)一书为沈岿教授对这一问题的集中思考。本书向读者呈现了在多重利益目标、多元行政任务需要实现的当代背景下,行政法应当怎样兼顾合法性与有效性,行政法理论基础的研讨应当如何展开。其前三章溯源、四至八章细述变革、最后两章面向未来,展示了一幅广阔的行政法理论基础发展图景。我们很难在如此丰富的叙事中取舍所需研讨的内容,谨选择了何为行政法理论基础核心议题、缘何对其进行深入讨论以及它对多元行政任务的容纳为侧重点予以讨论。

一、行政法理论基础的核心议题

(一)行政法理论基础的学理定位

究竟何为行政法理论基础,是一个见仁见智的问题。《法律辞典》对此界定的概念为,行政法理论基础是行政法学体系中的核心部分,由其决定一个国家行政法学的社会阶级性质、基本框架结构、基本原理以及发展方向,

---

〔2〕 沈岿:《行政法理论基础回眸——一个整体观的变迁》,《中国政法大学学报》2008 年第 6 期,第 84 页。

对于该国行政法的建设和发展具有直接的指导意义。[3] 有学者认为行政法理论基础承担着行政法体系化的期待,旨在为描摹、阐释、评价行政法现象的整个行政法理论体系提供根据,涉及行政法的本体论、认识论、价值论与方法论等一系列基本问题。[4]

在此之外,还有许多研究者虽然没有采取类似字眼,但却往往在行政法教科书的初始篇章,一边为读者描摹什么是行政法,一边将行政法的底层逻辑与核心范畴予以揭示。[5] 更不用说相当多探究行政法转型的篇章,实质上是对行政法理论基础的探讨。例如英国学者用"红灯理论""绿灯理论"和"黄灯理论"抽象出从消极控权到积极行政再到二者平衡这一行政法重心的变化;[6]美国学者用"传送带"模式向"利益衡量"模式的转型来表达公法的

---

〔3〕 中国社会科学院法学研究所《法律辞典》编委会:《法律辞典》,法律出版社 2003 年版,第 1616 页。该定义与学界大部分观点有相当程度之契合。如应松年教授认为行政法理论基础反映了不同类型行政法学的形成过程、体系结构、主要观点和发展方向,参见应松年、朱维究、方彦:《行政法学理论基础问题初探》,《中国政法大学学报》1983 年第 4 期,第 78 页;如杨海坤教授认为行政法理论基础是行政法学体系中的核心部分,由其决定一个国家行政法学的社会阶级性质、基本框架结构、基本原则及发展方向,参见杨海坤:《论我国行政法学的理论基础》,《北京社会科学》1989 年第 1 期,第 139 页;如叶必丰教授认为,行政法理论基础是为了揭示决定行政法本质特点或内在规律,从而为我国的行政法制建设和行政法现象的解释提供科学的理论根据,参见叶必丰:《行政法的理论基础问题》,《法学评论》1997 年第 5 期,第 19 页;如湛中乐教授认为,行政法的理论基础应当包括行政法的产生、发展规律、基本制度及其内在逻辑关系和行政权力和公民权利关系的阐释,参见湛中乐:《行政法基本理论研究之我见——以"平衡论"构建当代中国行政法学体系》,载罗豪才主编:《现代行政法的平衡理论》,北京大学出版社 1997 年版,第 105-106 页。

〔4〕 参见宋功德:《行政法的均衡之约》,北京大学出版社 2004 年版,第 53-54 页。还有其他学者从不同程度上肯定了行政法理论基础对于行政法学科建立、发展、深化的价值。参见郑贤君:《对行政法理论基础问题讨论的评价》,《首都师范大学学报(社会科学版)》1999 年第 6 期,第 48-50 页;周佑勇:《行政法理论基础诸说的反思、整合与定位》,《法律科学(西北政法学院学报)》1999 年第 2 期,第 39 页;高秦伟:《控权、管理抑或平衡:中国行政法理论基础之争》,载马怀德主编《共和国六十年法学论证实录(行政法卷)》,厦门大学出版社 2009 年版,第 3-4 页。

〔5〕 如改革开放后第一本公开出版的统编教材《行政法概要》一书中开篇第一章就介绍了行政法的涵义、调整对象、规范内容、渊源和主要价值目标,参见王珉灿主编:《行政法概要》,法律出版社 1983 年版,第 1-11 页;之后应松年和朱维究的《行政法学总论》、姜明安的《行政法学》、罗豪才主编的《行政法论》等早期行政法教科书基本沿袭了这一框架,开篇即勾勒行政法的疆域,描述行政法的内容,确认行政法的内在精神气质。

〔6〕 参见[英]卡罗尔·哈洛、理查德·罗林斯:《法律与行政(上卷)》,杨伟东等译,商务印书馆 2004 年版,第 92、145、196 页。

变迁;[7]日本学者的视角发生了从关注司法过程到现实行政活动的转型;[8]我国台湾地区学者也更新了对于行政法学科旨趣的判断,认为应将新行政法理解为调控之学。[9]

在此并不周延地对行政法理论基础进行如下阐释:第一,行政法理论基础是探寻行政法本质的原点,对于一国行政法的疆域、核心价值取向、制度设计和发展方向具有决定性影响;第二,行政法理论基础的包容性较强,能够统合多种理论工具和视角,全面阐释行政法的新现象,实现行政法体系化的学术期待;第三,行政法理论基础不断在历史、现实和未来三重维度来回流传,挖掘历史资源,立足当下实践,为我国行政法治建设提供方向。

改革开放后,我国围绕行政法理论基础的至少有过两次大型学术争鸣,分别是20世纪90年代初期关于行政法理论基础的争流以及2010年前后关于新行政法的讨论。此外,关于合法性、政府规制、公共治理、软法等方面的讨论亦触及行政法理论基础的重要维度。在这样的背景下,本书顺延行政法理论基础这一脉络,提出诸多核心理念和方法论,追溯行政法的主题变迁,有助于重新激发起学术界对于理论基础的热忱,挖掘诸多新的研究成果背后所隐喻的公法变迁脉络。

(二)行政法理论基础之滥觞

对于行政法理论基础的追寻,或可直接溯至中国行政法起源的20世纪初期。[10]在变法图强的时代背景下,学者们力图效仿外国行政法学理论来对我国行政过程进行重建。这一时期行政法理论基础呈现出至少以下几项特征。第一,行政法学的独立地位得以确认。我国行政法学的知识体系借鉴于日本行政法学,但引入我国后也基本形成了清晰的学科轮廓,实现了与行政学或政策学的学科分野。例如行政法学由总论和分论两部分组成,总论以依法行政为基本原理,对于多种行为方式进行介绍,而分论则是横向国

---

〔7〕 参见[美]理查德·B·斯图尔特:《美国行政法的重构》,沈岿译,商务印书馆2002年版,第21-22页。

〔8〕 参见[日]大桥洋一:《行政法学的结构性变革》,吕艳滨译,中国人民大学出版社2008年版,第5页。

〔9〕 参见陈爱娥:《行政法学作为调控科学——以行政组织与行政程序为观察重心》,载台湾行政法学会主编:《行政法学作为调控科学》,元照出版公司2018年版,第26-27页。

〔10〕 参见王珉灿主编:《行政法概要》,法律出版社1983年版,第25页。

家各个部门之间的行政法制问题。[11] 第二,行政法学方法论主要采取纯粹法学的立场,以实定法为中心,彰显了行政法的法学属性。[12] 第三,行政法理论基础客观上仍以统治为核心。由于现代意义上的行政法建立在特有的国家与人民关系上,但在当时的背景下,人民只能单方面作为行政机关的管理对象,因此,行政法所强调的依法行政理论与现实之间存在巨大鸿沟。[13]综上,这一时期行政法的引入和传播使得当时学界对于行政法理论基础进行了初探,为后续新中国行政法治的建设提供了历史资源。但是囿于当时的历史条件,行政法理论基础并无大量行政法治实践的支持,只是停留在初级阶段。

新中国成立后,行政法理论与实践的发展均受到以管理为核心价值的苏联行政法观念影响。改革开放以来,最早触及行政法理论基础这一核心命题的是王名扬先生。他介绍了法国行政法理论基础是如何从"公共权力说"进化到"公务说"的,极大地扩展了学人的视野。[14] 最初就"行政法理论基础"进行公开发表专门论述的是应松年、方彦、朱维究三位教授联合撰写的《行政法学理论基础问题初探》一文,指出行政法的理论基础是为人民服务论。[15] 但该问题在当时并未引起更多的学术争鸣。[16] 20 世纪 80 年代初期,行政法学研究作为我国法律体系中最薄弱的环节之一,[17]研究领域只局限于内部的公务员、行政组织、政府法制等较为狭窄的方面,行政立法方面的工作开展缓慢。行政诉讼法也无独立探讨空间。[18] 为在行政法治层面上保护外商投资的民事权利、保障国内企业经营自主权,与"民告官"相

---

〔11〕 参见《理论基础》,第 3-8 页。

〔12〕 参见王贵松:《中国行政法学说史》,中国人民大学出版社 2023 年版,第 69-70 页。

〔13〕 参见张树义主编:《行政法学(第二版)》,北京大学出版社 2012 年版,第 55 页。

〔14〕 参见沈岿、王锡锌:《行政法理论基础问题的反思与整合——访国家行政学院法学部主任、中国法学会行政法学研究会副总干事兼秘书长应松年教授》,载罗豪才主编:《现代行政法的平衡理论》(第 1 辑),北京大学出版社 1997 年版,第 236-237 页。

〔15〕 参见应松年、朱维究、方彦:《行政法学理论基础问题初探》,《中国政法大学学报》1983 年第 4 期,第 80 页。

〔16〕 从 1983 年到 1993 年,仅有姜明安和杨海坤两位学者跟进了这一论题。姜明安将行政法的理论学会所归纳为政府管理学派、控制政府学派和二者兼顾学派,参见姜明安:《行政法学》,山西人民出版社 1985 年,第 11 页。杨海坤认为行政法的理论不应是"为人民服务论",而是"人民政府论"。参见杨海坤:《论我国行政法学的理论基础》,《北京社会科学》1989 年第 1 期,第 140 页。

〔17〕 王珉灿主编:《行政法概要》,法律出版社 1983 年版,第 37 页。

〔18〕 参见江平:《〈行政诉讼法〉的台前幕后》,《政府法制》2011 年第 16 期,第 5 页。

关的条款被规定在《民事诉讼法》中。[19]

在筹备 1989 年《行政诉讼法》的过程中,行政法学的核心意旨得到了相当程度的总结和讨论。1986 年召开的"建立具有中国特色的行政诉讼制度"理论讨论会指出了行政诉讼制度是保障人民权利的必要制度,促进政府依法行政。[20] 同年 10 月成立的行政立法研究组也秉持限制公权、维护私权这一理念,确定了行政诉讼的目的,[21]明确行政诉讼案件中法院与行政机关的关系。[22] 这些规定体现了行政法学的内在脉络即是通过规范公权力的运作来保障个人权利的实现,重塑权力和权利的关系。[23] 行政诉讼奠定了行政法学的发展空间,并为行政法理论发展提供了源源不断的实践素材。

在罗豪才教授等学者于 1993 年提出平衡论后,行政法理论基础成为学界热议的重要问题。[24] "控权论"[25]"平衡论"[26]"公共权力论"[27]"公共利益本位论"[28]"为人民服务论"[29]等十余种学理模型与学术主张纷纷进入学人视野。正如本书所指出的,行政法理论基础自提出起就一直备受公

---

[19] 1980 年和 1981 年通过的《中外合资经营企业所得税法》《个人所得税法》和《外国企业所得税法》三部法律均确认了企业和个人针对税收争议有提起行政诉讼的权利。1982 年通过的《民事诉讼法(试行)》第 3 条第 2 款规定:"法律规定由人民法院审理的行政案件适用本法规定"。

[20] 参见何海波编:《法治的脚步声——中国行政法大事记(1978—2004)》,中国政法大学出版社 2005 年版,第 53 页。

[21] 见 1989 年《行政诉讼法》第 1 条规定:为保证人民法院正确、及时审理行政案件,保护公民、法人和其他组织的合法权益,维护和监督行政机关依法行使行政职权,根据宪法制定本法。

[22] 见 1989 年《行政诉讼法》第 5 条规定:人民法院审理行政案件,对具体行政行为是否合法进行审查。

[23] 姜明安:《民商法学家江平,何以成为行政法体系的"设计师"?》,https://mp.weixin. qq.com/s/oLTNYz5q0rD7UO3MuaAr6w,2024 年 2 月 24 日最后访问。

[24] 参见罗豪才、袁曙宏、李文栋:《现代行政法的理论基础——论行政机关与相对一方的权利义务平衡》,《中国法学》1993 年第 1 期,第 52-59 页。

[25] 参见孙笑侠:《法律对行政的控制》,山东人民出版社 1999 年版,第 46 页。

[26] 参见罗豪才、袁曙宏、李文栋:《现代行政法的理论基础——论行政机关与相对一方的权利义务平衡》,《中国法学》1993 年第 1 期,第 52-59 页。

[27] 参见武步云:《行政法的理论基础——公共权力论》,《法律科学》1994 年第 3 期,第 16-19 页。

[28] 参见叶必丰:《行政法的理论基础问题》,《法学评论》1997 年第 5 期,第 21 页

[29] 参见应松年、朱维究、方彦:《行政法学理论基础问题初探》,《中国政法大学学报》1983 年第 4 期,第 80 页;杨海坤:《论我国行政法学的理论基础》,《北京社会科学》1989 年第 1 期,第 140 页。

法学人关注,其争流在四十余年的发展中呈现出百舸争流、气象万千的态势。[30] 本书对蔚为大观的理论基础讨论进行了详尽的梳理与评述,不仅为读者描绘出前辈学者开阔的学术视野,同时也更为具象地表明,行政法理论基础的争鸣需要鲜活的实践素材,理论与实践总是相辅相成。

事实上,行政法理论基础的演变与行政实践的发展息息相关。行政诉讼制度建立后,与之配套的需要政府承担责任的行政复议和赔偿机制也得以构建。为了权力和权利的平衡,除了构建事后追责的制度,行政法治也需要对行政行为的活动方式予以规范。行政处罚、行政许可、行政强制作为行政机关最常用的强制性手段,陆续成为不同时期的立法重点。1996 年制定的《行政处罚法》聚焦于行政处罚的种类、设定权限、处罚程序这三个方面,[31]特别是对于不同层级的规范性文件的设立权限的规定,被称为"中国特色法律保留原则的萌芽"。[32] 其后《行政许可法》和《行政强制法》也通过限制相关权力的设定,规范公布、听证和陈述申辩等程序,确保限制政府滥用权限,并保障相对人知情权和参与权的实现。[33]

对于权力和权利关系的思考,几乎贯穿于整个行政法学的兴起与发展。正如本书所指出的中国行政法自引入时就携带着以控制、约束政府为主旨的基因;改革开放初期以约束政府来保障个人权利,建立和维护市场秩序;后期以提供更多公共服务来保障民生。[34] 在这一过程中,行政法学者回应实践需要,不断探讨"将权力关进制度的笼子里"的法治方案,规范限制机关处罚行为、许可行为、强制行为的设立权限和实施程序。为监督行政权力的行使,行政法学者不断将行政救济制度向纵深延展,夯实行政诉讼、行政复议、国家赔偿等制度的理论构造。诸多艰辛的努力均指向行政法学者在讨论中凝聚极大共识的价值追求——厘清行政主体作用的边界,保障相对人的合法权利。

---

〔30〕 参见《理论基础》,第 13 页。

〔31〕 参见张维:《行政立法研究组:法学界一个战斗的团队》,《法治日报》2016 年 10 月 13 日,第 6 版。

〔32〕 参见《理论基础》,第 87 页。

〔33〕 参见李昕、石新中:《我国行政法治的进一步深化——应松年教授谈〈行政许可法〉与〈行政强制法〉的制定》,《首都师范大学学报(社会科学版)》2003 年第 1 期,第 1-5 页。

〔34〕 参见《理论基础》,第 78-80 页。

(三)对平衡论的系统论证

在行政法理论基础的学术争鸣过程中,平衡理论运用"理想类型""统筹兼顾""结构调整""利益衡量"等方法,[35]不仅确立了"行政权与公民权应当平衡"这一规范命题,而且论证了"行政权与公民权如何平衡"这一实证命题。[36]

在"行政权与公民权应当平衡"这一规范命题中,行政法理论基础的争论折射了当时社会结构变迁的核心,即改革开放后的市场化改革呼唤尊重并保护个人权利的法治体系。[37] 平衡论认为我国的社会主义市场经济制度应平衡市场机制和宏观调控,在行政法上则表现为追求公共利益和个人利益之间的平衡关系。平衡论主张关注公共利益和个人利益之间的平衡的理论内核,不仅回答了行政法的本质是什么,充实了行政法的理论体系,也符合时代旨趣。正可谓,关于行政法理论基础的争论,是 80 年代有关经济体制的争论在行政法学上的反映。[38]

在"行政权与公民权如何平衡"这一命题中,行政法理论基础为学界提供了价值观引导,同时也更新了行政法研究视角的工具。平衡论的核心观点为"权力与权利的平衡",但其论证与适用的模型事实上是精妙复杂的。它在发展历程中,无时无刻不在提醒公法学人,既要关注个体权利保障,将人的尊严放在首位;又要关注权力运行,不能偏废行政活动的有效性。平衡论转换了传统行政法学的研究视角,不再局限于传统的行政权或者行政行为,而是转向更具有包容性和开放性的关系视角。[39] 它还广泛引进诸如结构理论、机制设计理论等各种相关知识,尤其是诸如博弈论、公共选择理论、

---

〔35〕 参见罗豪才:《中国行政法的平衡理论》,载罗豪才等:《行政法平衡理论讲演录》,北京大学出版社 2011 年版,第 9 页。

〔36〕 参见成协中:《行政法平衡理论:功能、挑战与超越》,《清华法学》2015 年第 1 期,第 38 页。

〔37〕 参见张树义主编:《行政法学(第二版)》,北京大学出版社 2012 年版,第 77 页。

〔38〕 参见罗豪才:《关于现代行政法理论基础的研究(代序)》,载罗豪才主编:《现代行政法的平衡理论》,北京大学出版社 1997 年版,第 6 页。

〔39〕 参见罗豪才:《从"关系"视角认识行政法》,载罗豪才等:《行政法平衡理论讲演录》,北京大学出版社 2011 年版,第 25-33 页。

利益衡量理论等方法论知识,通过外部知识的引入扩展了行政法的研究视域,[40]也推动着中国行政法学的研究范式正在从封闭、自足型向开放、回应型转换。

二、缘何深入探究行政法理论基础

面对行政管理实践中纷至沓来的新问题,如果不重视行政法理论基础研究,就会导致行政法学理论落后于行政法治实践,行政法治实践落后于经济发展实践的现象。[41] 对行政法理论基础的深入探究,本质上就是防止"头痛医头、脚痛医脚",不只限于具体的细节与琐碎的制度论战之中,而是直面行政法中的核心关切,使得行政法不断吐故纳新,增强理论可容纳性和解释力。[42]

(一)行政法学研究所需回应的现实挑战

制度构造了人民在政治、社会或经济方面发生的激励结构,制度变迁则决定了社会演进的方式。[43] 改革开放后波澜壮阔的实践变迁决定了行政法理论基础势必要不断回应其发展变化。本书对于行政法理论基础的思考,就是直面变革中的行政法本质,建构法治政府的基本模型。

1. 传统行政管理向公共治理的转化

当代中国正在经历从超大规模社会向超大规模复杂社会的转变过程。[44] 传统的国家管理囿于僵化的科层制,难以提高行政效能,导致公域

---

[40] 参见宋功德:《均衡之约——行政法平衡论的提出、确立与发展历程》,载罗豪才等:《现代行政法的平衡理论》(第三辑),北京大学出版社 2008 年版,第 101 页。

[41] 参见周汉华主编:《行政法学的新发展》,中国社会科学出版社 2013 年版,第 328 页。

[42] 参见宋功德:《均衡之约——行政法平衡论的提出、确立与发展历程》,载罗豪才等:《现代行政法的平衡理论》(第三辑),北京大学出版社 2008 年版,第 122 页。

[43] [美]道格里斯·C·诺斯:《制度、制度变迁与经济绩效》,刘守英译,上海三联书店 1994 年版,第 3 页。

[44] 泮伟江:《如何理解中国的超大规模性》,《读书》2019 年第 5 期,第 9 页。

之治的目标落空。[45] 当代中国的行政管理,面对的行政事务层叠复杂,面临的行政功能多元交织,履行的职责领域日益扩大。过去以限制行政权力为基本面向的消极行政已不符合当今的行政管理实践,需要变革为既保障秩序,又服务建设的多功能行政。[46]

治理主体呈现多元化趋势,社会力量受到重视。随着经济体制改革的深化,具有高度绑定关系的国家社会一元化结构开始向"国家─社会"二元结构过渡。[47] 国家角色的变迁,使得政府角色得以重新定位,政府从很多直接履行的活动中释放出来,专注于监管角色。[48] 社会组织、行业协会等社会中间力量的功能和作用得到更多的重视。因此,在公共治理的框架下,大量的行业或社会组织或通过法律法规授权,或通过行政机关委托,或依据自治章程,扮演着规制与治理的角色。

在行为方式方面,传统强制型的行政活动范式面临管理失灵的困境,更具弹性、开放性和灵活性的社会治理模式开始得到广泛应用。[49] 学界也开始关注软法这一概念,对于"法"这一概念进行反思,认为应当转变现有的国家主义法律观,认真思考软法的实践价值。[50] 这一思考将软法理论视为平衡论的延展。而本书着重强调了软法迥异于平衡论的独立价值,主要在以下三个方面:[51] 第一,软法理论反思"法"的本质含义,其价值超越了行政法这一学科,可以辐射至与公共治理网络有关的部门法领域。例如网络平台利用自己制定的平台规则对平台使用者的账户予以限制,该平台规则即是在民法和行政法交叉领域的软法;第二,软法在公共行政的背景下,可以涵盖几乎所有行使公权力的组织或个人,超越了传统的行政法主体理论。第三,软法理论的具体内容在于划分硬法与软法,涉及行政法的研究对象,而

---

〔45〕 参见罗豪才、宋功德:《公域之治的转型——对公共治理与公法互动关系的一种透视》,《中国法学》2005 年第 5 期,第 4 页。

〔46〕 参见罗豪才主编:《现代行政法的平衡理论(第二辑)》,北京大学出版社 2003 年版,第 110 页。

〔47〕 参见罗豪才:《社会转型中的我国行政法制》,《国家行政学院学报》2003 年第 1 期,第 4 页。

〔48〕 王瑞雪:《治理语境下的多元行政法》,《行政法学研究》2014 年第 4 期,第 137 页。

〔49〕 参见罗豪才、宋功德:《认真对待软法——公域软法的一般理论及其中国实践》,《中国法学》2006 年第 2 期,第 5 页。

〔50〕 参见罗豪才《中国行政法的平衡理论》,载罗豪才等:《行政法平衡理论讲演录》,北京大学出版社 2011 年,第 9-11 页。

〔51〕 参见《理论基础》,第 72-73 页。

平衡论关切的是行政法学的整体制度架构。例如沈岿教授指出不是所有符合"自治"标准的软法就是典型软法，典型软法的认定需要评估"自治"标准中约束力是否最终来源于"国家强制"。[52] 对于软法理论价值的重新探寻，不仅仅是对平衡论这一行政法理论基础的超越，也体现着贯彻本书的核心精神，即将目光来回流转于行政法理论基础和社会实践，更好回应社会现实，实现行政法理论基础的革新。

2. 现代科技对传统的行政管理的挑战

现代科技发展需要政府不断在监管思路、规制工具上推陈出新，需要行政法学研究回应新业态的发展趋势，建立符合法治目标、逻辑自洽、发展导向的理论框架。本书指出，科技的快速进步，使得政府面临管理实践中层出不穷的新问题时，需要不断在寻求稳定和面向未来之间寻找到平衡，从而在不同场景下面对不同监管问题作出明智决策。[53] 例如，面对技术爆炸带来的互联网这一新型经济增长方式，政府的监管呈现出放松趋势。在优化营商环境的背景下，构建与市场经济尤其是与数字经济发展相适应的规制框架体系成为政府新的发展方向。[54] 又例如，面对人工智能技术、生物技术、网络信息技术等伦理问题较大的研究领域时，行政机关应当采取软法规制的方式，及时发布行政指导，或采取行业自律、私人自治等软法规范将伦理的设计要求融入产品设计之中，回应新兴科技的不确定性，缓解伦理冲突和科技发展之间的紧张关系。[55]

与此同时，现代科技的发展也对政府"赋权"，要求政府提供公共服务的方式不断更新。可以说，政府职能、义务的发展，与科技发展背景下权利主张的迭代密不可分。民众需要更加准确、易得的信息和更加便捷、人性化的公共服务。晚近大数据、人工智能、数字平台等新科技被大量应用于行政治理之中。这些技术上的创新不仅带来了行政管理技术水平的提高，还助推了政府角色的转型。例如，国务院在推动服务型政府建设时，将数字技术广

---

〔52〕 参见沈岿：《自治、国家强制与软法——软法的形式和边界再探》，《法学家》2023 年第 4 期，第 29-41 页。

〔53〕 参见《理论基础》，第 208-213 页。

〔54〕 参见卢超：《包容审慎监管的行政法理与中国实践》，《中外法学》2024 年第 1 期，第 143 页。

〔55〕 参见谢尧雯、赵鹏：《科技伦理治理机制及适度法制化发展》，《科技进步与对策》2021 年第 16 期，第 115 页。

泛应用于政府管理服务，推动更多关联性强、办事需求量大的跨部门、跨层级政务服务事项实现"一件事一次办"。[56] 概言之，政府提供公共服务的平台、场景已经与传统行政法框架中对权力行使方式的既有认识具有显著不同，行政法学研究需要回应这样的变革。

(二)行政法理论基础对于行政法体系的作用

本书指出，探寻行政法理论基础有利于形成行政法整体思维，以行政法理论基础为基石对行政法的本质、内容、价值取向和功能进行全面的、穿越历史和现实的、逻辑自洽的回答。[57] 行政法调整的是国家(权力)与人民(权利)之间的关系，当权力与权利的关系因社会实践或价值观念发生变化时，行政法体系就不能不随之转型。[58] 行政法理论基础可以作为一个切入点，通过观察我国在社会转型期的国家与人民的关系变化，溯源行政法学的历史进程，统摄研究场域、研究方法、研究重心的变化，立足本土资源以便更好回应当下行政管理实践。[59]

1. 行政法理论基础与行政法学术品格独立之关系

行政法所关注的研究领域和对象，亦为诸如政治学、管理学、行政学、宪法学等学科共同研究的课题。因此行政法学在聚焦规制工具、部门行政法时，往往可以与行政管理、公共政策学、规制经济学等展开对话。但与之不同的是，行政法始终关切法治价值导向，关注权力的合法合理运行，关注个体权利的保障。正因为如此，我国行政法理论基础在产生之初，就致力于厘清行政法的疆域，准确认定法律规范和案件的性质，控制公权力，实现对公法的正确适用。[60]

在行政法理论基础大讨论后的四十年里，行政法理论基础也在回应行政变迁中不断发展。例如，效能原则在我国行政法诞生之初不被认为是行

---

〔56〕 国务院办公厅：《国务院办公厅关于加快推进"一件事一次办"打造政务服务升级版的指导意见》，https://www.gov.cn/zhengce/content/2022-10/03/content_5715693.htm，2024年2月26日最后访问。

〔57〕 参见《理论基础》，第52页。

〔58〕 参见陈爱娥：《行政行为形式——行政任务——行政调控——德国行政法总论改革的轨迹》，《月旦法学杂志》2005年第5期，第16页。

〔59〕 参见《理论基础》，第54页。

〔60〕 罗豪才主编：《现代行政法的平衡理论》，北京大学出版社1997年版，第302页。

政法的基本原则。但是在向福利国的转型中，人民希望政府可以提供更多更好的服务，效能原则重新进入行政法的视野中。[61] 正如本书所指出的，行政法理论基础的追问，承载着行政法学体系化的使命。[62] 这一目标需要把目光集中在我国行政法的本土经验，通过建立逻辑融贯的行政法学概念、原理、教义，实现行政法的体系化。行政法从而得以回应现实，超越现实，为中国行政实践发挥更大的学科价值。

　　2. 行政法理论基础与行政法学总论、分论之关系

　　我国行政法自诞生之初就以外国法为学习蓝本，尤其是受到"经由日本传入中国的德国近代行政法体系"的影响。[63] 该体系通过提取公因式，选取行政行为作为基础概念，借由行政行为对于行政权力的行使进行合法性控制，并以此为核心构建了行政诉讼制度，使得行政法实现了"行为—救济"的逻辑闭环。[64] 改革开放后重新发展的中国行政法继受了此种行政法理论基础的影响，关注行政行为，并以行政行为为核心建构了行政诉讼制度。概言之，我国的行政法总论追求以限制行政权力行使来保障个人权利的价值实现。

　　随着公共服务的改革展开，国家角色向提供更多给付、更多福利的方向发展。[65] 为保障相对人权利，行政法不能仅仅只关注控制行政权，而要向着更关注实现行政权的有效性、最佳性发展。面对多元复杂的行政任务，行政机关进行行政管理时势必要摆脱单方行政模式，转向由多方利益参与、协商的过程。

　　或许并不自觉地，行政法学者在探究总论问题时往往更倾向于采取控权视角，但行政法分论的研究则更多地以有效规制为着眼点。控权与规制的统合成为更加具有时代考验的研究课题。在这样的背景下，超越总论和分论各自的研究倾向，行政法理论基础研究应当对行政法的疆域、方法进行更加完整、充分的探索。如果没有足够丰富的、具有解释力的理论框架来回

---

　　[61]　参见《理论基础》，第 166-167 页。

　　[62]　参见《理论基础》，第 141 页。

　　[63]　参见《理论基础》，第 238 页。

　　[64]　参见朱芒：《中国行政法学的体系化困境及其突破方向》，《清华法学》2015 年第 1 期，第 7-8 页。

　　[65]　参见周光辉：《构建人民满意的政府：40 年来中国行政改革的方向》，《社会科学战线》2018 年第 6 期，第 13 页。

应越发多元、繁复的行政任务,那么行政法总论和分论各行其道、互不映射的现状将难以改变。例如,虽然经济行政法的分析框架由来已久,政府特许经营、行政协议业已成熟进入行政法分析框架,但地方债等更加广阔的政府经济活动却难以通过行政法基本原则的直接落实以及行政行为理论的分析框架来获得学术回应,亦即行政法总论的丰富度无法支撑分论的广袤疆域。由此,夯实行政法理论基础的讨论,增进整体学科的知识更新与研究方法融合,融汇总论与分论的讨论,或许是行政法理论基础议题越发急迫的任务。

3. 行政法理论基础与行政法方法论之关系

传统行政法学以行政行为为线索,以法教义学为方法,通过法律论证和逻辑涵射等方式,追求以行政合乎立法的形式法治。[66] 行政法教义学作为“行政法学的核心内容,是行政法学者的安身立命之所在”[67]。本书中贯穿了法教义学逻辑缜密的治学思路。例如,在证成效能原则可以作为行政法一般原则时,本书从效能原则的基础性概念入手,分析出该原则的“效率”和“能力”两个面向,从制度建构上指出效能原则的规范内涵、行政管理中如何适用和司法领域中如何适用。[68] 这激励着后续公法学人在利用法教义学的方法分析社会现象时,在溯源词义的基础上通过法律论证和逻辑涵射,增强行政法学概念的解释力,实现逻辑和价值的有机统一。

而新行政法下,行政活动不能再完全依照法律的形式规定,而需要以更全面和专业的样态适用于社会的各个领域。面对高效实现行政任务和目标的需求,传统行政法理论基础指导下的教义学这一方法论并不能帮助行政法充分及时回应急剧变化的社会现实。[69] 学界希望通过法释义学、社会学、政策设计等方法的融合,建构一个调整多方利益、兼容法解释功能和政策制度设计的中国行政法理论基础。[70] 本书中在论及效能原则如何适用

---

〔66〕 参见赵宏:《行政法学的主观法体系》,中国法制出版社 2021 年版,第 23-29 页。

〔67〕 参见李洪雷:《中国行政法(学)的发展趋势——兼评“新行政法”的兴起》,《行政法学研究》2014 年第 1 期,第 119 页。

〔68〕 参见《理论基础》,第 182-192 页。

〔69〕 参见高秦伟:《行政法学方法论的回顾与反思》,《浙江学刊》2005 年第 6 期,第 29 页。

〔70〕 参见王贵松:《作为利害调整法的行政法》,《中国法学》2019 年第 2 期,第 91 页;朱芒:《中国行政法学的体系化困境及其突破方向》,《清华法学》2015 年第 1 期,第 15-18 页;李洪雷:《中国行政法(学)的发展趋势——兼评“新行政法”的兴起》,《行政法学研究》2014 年第 1 期,第 112-119 页。

时,综合运用了经济学上的成本收益分析、行政学上的制度设计和法释义学的方法,生动地描绘出效能原则在具体情境中的适用图景。[71] 这也体现出了本书中对于行政法理论基础成熟的思考。在公共行政和新行政法的变迁下,行政法理论基础从通过控制权力的行使来保障个人权利转变为关注行政目标的实现从而提供更好服务,行政法学研究所需要的方法不应当仅仅局限于法教义学中,而是利用法政策学、法经济学等社会科学方法,实现行政权的应责胜任。

三、行政法理论基础对复合型政府角色的容纳

纵观我国行政法学术史,对于行政法理论基础的探寻既是回应改革的需要,也是行政法学体系化、不断超越自身的追求。[72] 本书以行政法理论基础为落脚点,高屋建瓴地对行政法学在新情境下的时代目标、基本原则和核心范畴进行了解读;又深入微观地探究政府角色,以行政实践中最重要的载体——政府为重心,纵深对行政法学体系进行了重构。[73] 行政法体系的广度必须足以掌握当代行政任务的光谱。[74] 本书抽离出不同的行政任务面向下的主要特征,以行政法理论基础的革新回应政府的不同职能,在此我们选取若干视角进行讨论。

(一)控权面向的行政法任务下的政府角色

行政法自诞生之初,就承担着防止政府滥用权力保护公民的使命。[75]

---

〔71〕 参见《理论基础》,第182-194页。

〔72〕 参见章志远:《基本建成法治政府呼唤行政法学基础理论创新》,《法学论坛》2017年第2期,第10页。

〔73〕 学界不乏关于讨论行政法的转型与政府角色的变化这一相互交织的关系,但大都是针对政府的某一种类型的角色。例如,在服务型政府的面向下,行政法应当进行何种转型。参见罗文燕:《服务型政府与行政法转型——基于"善治"理念的行政法》,《法商研究》2009年第2期,第7页;任刚军:《论建设服务型政府与行政法发展》,《政府法制》2008年第23期,第50页。又如在有限政府的面向下,行政法范式的变化。参见彭华:《"反思型"政府:有限政府构建的新思路——以行政法范式的转型与重构为视角》,《江苏广播电视大学学报》2013年第2期,第75-80页。

〔74〕 参见[德]施密特·阿斯曼:《秩序理念下的行政法体系建构》,林明锵等译,北京大学出版社2012年版,第145页。

〔75〕 参见[英]威廉·韦德:《行政法》,楚剑译,中国大百科全书出版社1997年版,第5页。

行政权的行使要受到限制一直是行政法的核心价值所在。对于控权面向下政府角色的探讨,本书不仅关注行政权在行政三法(《行政处罚法》《行政许可法》《行政强制法》)规范下的运行,还关注了实践中法律性质模糊的行为应当如何进行规范。[76]

行政三法出台后,行政机关在这三方面的设定权限、实施程序得到了控制。但在行政任务不断调整的当代社会里,为有效实现行政目标和任务,行政机关的活动范围大大超出了原有行政三法的设定疆域,行为方式和性质也更加复杂化。例如在规范市场经济建设方面,行政机关既可以直接适用性质明确的行政处罚,也可以通过没有法律拘束力的行政指导、约谈、建议和性质尚不明确的黑名单、信用档案、失信惩戒等方式对市场主体实现治理。[77]

面对性质杂糅的行政行为,行政法研究为保障相对人的权利至少须从以下两个角度回应。第一,从传统行政行为的定义出发,构建一个统领性概念,从而将行政活动予以定性并展开不同的救济方式。[78] 第二,加强行政程序立法,将更多元的行政方式纳入统一的程序性设置,以程序带动相对人权利的保障。

(二)应责面向的行政法任务下的政府角色

不同于社会力量主导改革的西方国家的行政法治发展路径,我国的行政法治建设主要是由国家力量主导的。[79] 建设一个强有力的应责政府更符合当下中国治理体系和治理能力现代化的需要。本书中对于应责和胜任政府的探讨集中于两个方面。第一,责任政府的建设应贯彻整个行政过程,特别是政策制定的过程中。完善的信息公开、沟通机制,科学的专家筛选机制和开放的反思体系,是政策制定专业化和科学化的必要条件。[80] 第二,责任政府需要建设相应的救济制度。行政诉讼、行政复议和国家赔偿制度的建立标志着责任政府的转型向更深领域发展。[81]

---

〔76〕　参见《理论基础》,第 85-90 页;第 139-140 页。

〔77〕　参见《理论基础》,第 139 页。

〔78〕　参见《理论基础》,第 140 页。

〔79〕　参见章剑生:《现代行政法基本理论》,法律出版社 2008 年版,第 19 页。

〔80〕　参见《理论基础》,第 228-232 页。

〔81〕　参见《理论基础》,第 80-85 页。

面向应责胜任政府的行政法理论,需要针对不同行政任务设计与之相匹配的组织形式,合理确定不同政府部门的责任目标、履职要求与权责边界,建立公正合理、尊重客观规律、多元化的评价机制,避免对政府是否应责胜任的评价流于形式主义和痕迹主义。此外,应责政府还面临如何确定各方主体责任的问题。[82] 在应责政府的面向下,政府在提供和组织公共服务、解决深刻而复杂社会难题的职能应当被得到更高程度的强调。行政法研究应当对复杂的政府责任、治理责任机制作出系统回应。尤其无论公共服务者是公抑私,无论社会难题的成因是历史性抑或结构性,法律制度的设计均应充分鼓励各方积极参与、实现更高水平的各司其职、各尽其责,确保服务和发展水平。[83] 而这无疑是复杂、艰辛而重要的议题。

(三)规制面向的行政法任务下的政府角色

面对公共行政蓬勃兴起的现代社会,各国公法学者对行政法的转型进行了行政法理论基础的回应。德国公法学者提出了"着眼于国家任务和国家目的的研究方法",重新审视过去审查行为形式合法性的形式法治。[84] 日本公法学者提出要吸纳其他学科知识和方法论,实现行政法学的转型。[85] 美国公法学者将程序性问题和实体性问题结合起来,探索政策的行为过程,以促使政府科学有效地进行管理。[86]

本书将新行政法的目的归纳为高效实现行政目标和任务,并周延地将效能原则纳入行政法的一般原则。[87] 效能原则在行政法治初创时期,在控制国家权力保障公民权利的行政法理论基础上不被认为是行政法的一般原则。但随着行政职能的扩大,行政法学的重心从传统的"合法性"向"有效

---

〔82〕 参见沈思怡:《政府不出场地和补贴,奉贤民营企业为啥愿意"贴钱"做社区食堂》,https://www.fengxian.gov.cn/gzms/20231113/56901.html,2023 年 3 月 6 日访问。

〔83〕 参见陈天昊:《构建以公共服务为导向的行政法学体系》,《中国社会科学报》2023 年 12 月 26 日,第 A05 版。

〔84〕 参见[德]沃尔夫、奥托·巴霍夫、罗尔夫·施托贝尔:《行政法》,高家伟译,商务印书馆 2007 年版,第 12-16 页。

〔85〕 参见[日]大桥洋一:《行政法学的结构性变革》,吕艳滨译,中国人民大学出版社 2008 年版,第 47 页。

〔86〕 参见董炯:《政府管制研究——美国行政法学发展新趋势评介》,《行政法学研究》1998 年第 4 期,第 80 页。

〔87〕 参见《理论基础》,第 131-132 页。

性"转移,[88]效能原则的独特性和重要性重新彰显。面对多个角色和多个行政任务之间可能存在的紧张关系,行政机关以效能原则为准绳,根据行政任务匹配相应的组织形态和行政手段,从而实现效能原则的精细化展开,确保高质高效完成行政任务。[89]

在此基础上,行政法研究还应当回应政府规制基础理论中的一系列复杂议题,例如多元规制工具的类型、适用情境以及合法性、合理性的判定。行政法理论基础应当为其建立完整的、具有解释力的分析框架,而不至于使其成为散落的、无法类型化的行政行为方式。

(四)开放面向的行政法任务下的政府角色

由于现代行政是一个基于目标而展开的"管理"过程,因而公共决策、行政立法等新的行政形式成为政府实现其职能的主要方式。[90] 对于开放政府,本书认为其内涵集中为政策制定过程中的公众参与和政府信息公开两个方面。[91] 其中,政策制定过程中的公众参与已被《重大行政决策程序暂行条例》予以法定化,但如何达到真正意义上的落实仍需要非常细致的理论研究与制度设计。而政府信息公开更是越发复杂,个人信息保护与政府处理个人信息的边界是非常复杂的议题,政府与其他公私权力主体基于已公开信息对个体进行数字画像更是新的权力行使方式。此外,数字时代下的政府数据开放也对行政法理论提出新的挑战。政府数据作为具有财产属性的新资源,其在开放过程中面临权属争议、利用困难、监管不力等诸多困境。[92] 为保障在数字时代中信息权利越发受到威胁的个体权利,行政法研究亦须进入到数字法学基础理论研究中去,探究政府数据开放及授权运营

---

〔88〕 参见朱新力、唐明良:《行政法基础理论改革的基本图谱:"合法性"与"最佳性"二维结构的展开路径》,法律出版社 2013 年版,序言。

〔89〕 参见沈岿:《行政任务、效能原则与行政组织法治》,《行政法学研究》2023 年第 6 期,第 3页。

〔90〕 参见王锡锌:《行政正当性需求的回归——中国新行政法概念的提出、逻辑与制度框架》,《清华法学》2009 年第 2 期,第 104 页。

〔91〕 参见《理论基础》,第 91-93 页。

〔92〕 参见施彦军:《大数据时代政府数据开放利用的现实困境及其法治保障路径》,《北京邮电大学学报(社会科学版)》2023 年第 6 期,第 70 页。

中的数据性质,并进一步厘清政府相关职责与权力边界。[93]

(五)给付面向的行政法任务下的政府角色

给付行政一直是现代公共行政中的重要命题。中国传统的民生理念也影响了我国行政法的价值目标,即以民生建设实现人权保障。[94] 本书虽对给付行政着墨不多,但是始终贯彻着注重实现公共福祉的价值理念。给付行政不再只是生存照顾的工具,而是指向公共福祉,其目的从促进经济发展向保障公平正义变化。[95]

我国当前的给付实践立足于我国的社会经济现实,所面临的问题涉及教育、医疗、养老、扶贫等各个方面。面对中国独特的全方位、大规模、多领域的给付实践,行政法研究须回应给付主体和给付形式更多创新。除传统的"个人申请——国家审核——发放给付"这一给付形式外,[96]其他类型的给付形式也应当被更多的总结、反思与建构。[97]

结　语

面对社会转型期同时存在的传统、现代与后现代问题,行政法理论基础的价值需要重新审视,从行政法在发展历程中与社会系统中的关系窥见我国社会转型期中到底需要什么样的行政法。[98] 中国行政法学界需要以历史为养分,以现实为基础,以方法论为引线,构建独属于自己的理论基础。

"一切过往,皆为序章",本书既细述过往,又谱写序章。它通过学说史的溯源,寻找行政法理论基础革新的历史资源,同时通过描摹社会转型期中

〔93〕 参见马颜昕:《公共数据授权运营的类型构建与制度展开》,《中外法学》2023 年第 2 期,第 336-337 页。

〔94〕 参见罗豪才:《中国以民生为重的人权建设》,《人权》2013 年第 3 期,第 3 页。

〔95〕 参见胡敏洁:《给付行政范畴的中国生成》,《中国法学》2013 年第 2 期,第 41 页。

〔96〕 参见胡敏洁:《我国行政给付义务类型化及其法律拘束》,《中国法学》2023 年第 2 期,第 93-97 页。

〔97〕 例如可见解志勇:《基于中国式扶贫实践的给付行政法治创新》,《法学研究》2022 年第 6 期,第 27 页。

〔98〕 参见罗豪才等:《现代行政法的平衡理论(第二辑)》,北京大学出版社 2003 年版,第 198 页。

政府角色的变化,思考适应当下的行政法理论基础,勾勒出行政法学研究的变革图景。从本书呈现的行政法学传统与革新的画卷中可以清晰地看到,经由"强烈的自我独立意识"而框定的学科疆域已被超越,更为开放地找寻研究议题、努力吸收在实践中难以与行政法治割裂的"其他学科知识",成为行政法学方法论发展的重要维度,也成为行政法学研究对象中新的智识增长点。[99] 可以说,本书为我们描绘了行政法学的新图景,即行政法学如何在包容不同学科视角的同时维持其作为本学科的独立性,进而指引我国行政法向统合以司法为面向的传统行政法和以行政为面向、以有效性和管理为视角的新行政法的方向发展。

Abstract：The book *Theoretical Foundation of Administrative Law-Tradition and Innovation* presents this topic in monograph form after a lapse of many years under the title Theoretical Foundations of Administrative Law. Against the backdrop of rapidly evolving regulatory practices, the proliferation of new government tools, and the constant iteration of administrative law research topics, this book refocuses the researcher's attention on the underlying logic in the principles of administrative law. Going beyond the usual topics of general and sub-topics of administrative law, it emphasizes its core values and methods. After the extensive discussions on the Theory of Balance and New Administrative Law have become quiet, this book once again puts the academic concern on the theoretical foundation of administrative law, simultaneously glancing back and seeking innovation. Faced with the social reality of intertwined multiple interests and the administrative goals of multi-task competition, the inquiry of administrative law theory on power and rights has become increasingly complex. Researchers should respond to the administrative tasks under the dimensions of controlling power, accountability, service, regulation, openness, and payment, with a more open attitude.

---

〔99〕 参见《理论基础》,第 179-181 页。

Keywords：Theoretical Foundation of Administrative Law Theory of Balance New Administrative Law Administrative Task

"有效—规范":新行政法思维框架
——兼应黄锴、姬展、王瑞雪的评论

沈　岿[*]

一、引言:怎样的评论? 如何回应?

(一)假定的批评

我要在此对章剑生教授和《公法研究》表达深深的感谢之情! 时隔八年以后,再次得到垂青,可以与同仁们交流、探讨本人于 2022 年出版的《行政法理论基础:传统与革新》一书(以下简称"拙著")之所得与不足。我也要感谢浙江工业大学法学院的黄锴老师、南开大学法学院博士生姬展和王瑞雪老师对该书细致、周详的点评!

半年多以前,章剑生教授就书评一事与我沟通。自那时起,我就非常期待同行——因放弃由自己选定评议人的机会而不知晓会是谁——的评论,希望能见到犀利的质疑与批评,以揭露我在写作中闪念而过、又不敢直面的犹疑、彷徨和困惑。待日前收到《公法研究》邮件,多少有点遗憾,发现此次的评论皆未施展"正面的"猛烈攻击,而更多是在肯定拙作之余,花了较大笔墨对中国行政法学变迁、"行政法理论基础"学术史及当代使命进行其独到的阐发。与之前俞祺、胡若滇评论《公法变迁与合法性》一书相比,[1]少了

　　* 沈岿,北京大学法学院教授,博士生导师。
　　〔1〕 参见俞祺:《转型社会中的行政合法性问题——评沈岿教授〈公法变迁与合法性〉》,载章剑生主编:《公法研究》第 15 卷,浙江大学出版社 2016 年,第 346-358 页;胡若滇:《新时代的合法性重构——评〈公法变迁与合法性〉》,载章剑生主编:《公法研究》第 15 卷,浙江大学出版社 2016 年,第 359-380 页。

"刀枪剑戟"加身。评论者笔下留情,令我一时不知如何应对,踌躇良久。当然,我不能反客为主,变被评论者为评论者。只是,在更加细致的阅读之下,我理解或者假定两篇评论与拙作有较大差别之处,就是评论者暗含批评的地方,或者即便评论者并无批评之意,也是我需要予以特别回应的。

(二)《第三条道路》的评论

黄锴的《我国行政法学变迁的"第三条道路"——评沈岿教授〈行政法理论基础:传统与革新〉》一文(以下简称"《第三条道路》"),将我在书中对待行政法学发展或"新行政法"的立场概括为"第三条道路",以区别于另外两个立场。一个是"坚持行政法学的传统,在此基础上通过不断完善法学概念与体系强化行政法学的解释力";另一个是"扬弃行政法学的传统,革新方法、价值和问题域以形成回应现实的行政法学"。黄文进一步从三个方面系统阐述了"我的"第三条道路:第一,行政法学的双重目标是行政法教义学的融贯(传统)和"面向行政所面向"(革新);第二,通往目标的路径包括:(1)行政法学应延伸视野至行政全过程;(2)行政法学应兼具关心合法性的监控者角色和关心有效性的管理者角色;(3)行政法学方法应当并举"法适用"和"法创造"两种方法;第三,行政法学变迁的限度是:(1)理论基础的扩展而非转化;(2)结构增长而非代替;(3)与其他学科合作而非融合。

我之所以将读者可以轻而易举地从《第三条道路》的内容摘要中获知的主要观点,在此以略微改动的方式进行重述,就是想要让读者结合本文即可同意我的如下结论:黄锴对"我"进行了一次"画像";将零碎的、散布在拙著中的、若隐若现的"我"捏合成了一个完整的、成体系的、鲜明的"我",并且以"第三条道路"给"我"所走的路冠名。这个寓"建构"(construction)于"解释"(interpretation)之中的方法,是一种非常值得为之击节的努力。它完成了一个概念化(conceptualization)的过程,一个提炼的过程,一个向读者展示更容易被读懂的"我"的过程。当然,我也可以对此理解为,《第三条道路》似乎隐含地在批评我,拙著并没有提出或系统性地提出明确的核心命题或主张。

对于《第三条道路》,我在本节的简单回应是:第一,感谢精心细致的"画像",我不能在有限的篇幅中一一指明画得对的地方,也没有必要,只好给出一个大致的准确率:百分之八九十;第二,感谢可以推衍出来的隐含批评——即便黄锴可能否认有任何批评之意。我本人也是坚持文章或著作应当有明确的、一以贯之的核心命题；第三，然而，"我"在拙著中的碎片化存在也许是更加真实的"我"，因为面对新行政法，我的确未形成非常成熟的"我"，未形成融会贯通的系统性观点，还在探索新行政法的诸多可能性。下文我将结合一个新的主张，再充分展开这第三点回应。

(三)《溯源及其超越》的评论

姬展和王瑞雪的《行政法理论基础：溯源及其超越——评〈行政法理论基础：传统与革新〉》一文(以下简称《溯源及其超越》)，并未如《第三条道路》那样对"我"画像，而是讨论了拙著并未直接应对的三个议题：第一，行政法理论基础的核心议题；第二，缘何深入探究行政法理论基础；第三，行政法理论基础对复合型政府角色的容纳。

该文严格意义上并不是评论，在文中多处对拙著观点的引用，看上去是为了支持其在这三个议题上的若干主张。然而，由于引用之故，又容易给读者造成我们之间观点的相同或相似。我在以下试图提出一种新的主张的回应中，于必要时，会直接或间接地表明我与该文观点不尽一致之处。当然，只能择其重要者而非穷尽所有。

(四)本文的结构

章剑生教授、《公法研究》，以及三位评论人，都给了我向读者展示拙著所未尽言、未明言、未试言的机会。下文的回应将首先表明，我是在什么意义上使用"传统"一词；其次，我将就为何以及在何处"面向行政所面向"这一问题进行阐述，从而表明我是在什么方面期待"革新"的；最后，我会提出自己始终在思考、但仍然不够成熟的一个概念工具："有效-规范"，通过对此概念意涵的初步探索，希望表明新行政法可能的思维框架。

二、中国行政法学的两个传统

(一)行政法(学)基础性问题

明眼的读者可以发现，我在序言中也已点明，拙著实际上是我在博士论文出版之后,[2]多年来于行政法理论基础题域中撰写之论文的集合。在汇集、整理并试图建立各章之关联的时候,才更加清醒地意识到,自己一直以来都是在恩师罗豪才教授给出的指引之下,持续不断地追问行政法(学)的基础性问题:行政法是什么? 行政法的目的和价值何在? 行政法如何实现其目的和价值? 行政法学(者)是或者应该如何回应行政法的基本关切?

其实,这样的多少带有哲学意义上本体论、认识论和方法论色彩的追问,应该是绝大多数行政法学者[3]都会时不时地于内心深处、于脑海之际浮现的。无论是否就这些问题直接撰文立说,对于它们的或浅或深的回答,都会在学者们的相关学习、研究之中,以这样或那样的方式,或直接或间接、或隐或现地存在。而且,由于现代意义行政法[4]的关切对象——工业化以来的公共行政——的目标、任务、形式、方式,总是在发生变动,对行政法基础性问题的回答,似乎也很难保持一种"以不变应万变"的立场和姿态。

(二)功能主义传统

对于行政法历久弥新的基础性问题——在此意义上也可以说是"传统"问题,中国行政法学于 20 世纪 90 年代有过一次比较全面的、系统的、直接的应对。掀起这股学术运动或浪潮的前因后果,拙著在第二章"行政法理论基础的争流"、第三章"'为了权利与权力的平衡'及超越"进行了勾勒。这一勾勒难言还原了历史的全貌,但大致上通过对当时行政法共同体的整体描述和对其中代表人物罗豪才教授思想的个别回顾,描述了一个传统。这是我在考虑拙著书名时想到"传统"一词所希望表达的第一个意义。

之所以称其为"传统",主要有四个考虑:(1)直面上述的行政法基础性问题;(2)萌芽于 20 世纪 70、80 年代的中国行政法学复兴之际,[5]也是一

---

〔2〕 参见沈岿:《平衡论:一种行政法认知模式》,北京大学出版社 1999 年版。

〔3〕 必须指出,本文所用"行政法学者"一词,指向所有学习、研究行政法的人,无论其身份是学生、教师,还是法官、检察官、公务员、律师等。

〔4〕 本文讨论之"行政法"都是"现代"意义上对公共行政加以规范的法律体系。而"现代"(英文对应词是 modern,由于翻译不同,也可译为"近代")意义行政法有别于古代法律对行政的规定的重要之处是,前者建立在被统治者同意基础上,以被统治者利益为目标导向,后者更多是为了统治者尤其是君主的利益。参见王名扬:《法国行政法》,中国政法大学出版社 1988 年版,第 14-15 页。对此加以厘清,对于行政法理论基础之研究有着重要的意义。

〔5〕 最早就"行政法理论基础"这一命题进行专门论述的文章是应松年、方彦、朱维究合著的《行政法学理论基础问题初探》,发表于 1983 年。参见拙著:第 13-14 页。

个学科奠基最需要思考基础性问题的时候;(3)该场学术运动持续 20 余年,[6]对行政法共同体的影响是深远的,学说流派的争相斗艳并不需要完成"大一统",但各派学说在行政法是"保权"还是"控权",行政扩权现象如何应对,非强制性行政活动如何认识,中国行政法学如何在比较法研究基础上坚持语境论、本土论等问题上,形成了诸多共识;[7](4)不能因为学术热潮已退,就好像传统没有了。很多学术传统沉淀在知识体系中,因为时间久远而不为知识体系学习者所觉察,下面讨论的另一个传统更是如此。

那个年代展开的大讨论以及经过大讨论后形成的共识——而不是哪个学说流派——形成了中国行政法理论基础的一个传统。其中,行政法的目的究竟在于保障行政权力还是控制行政权力,在《行政诉讼法》起草之际成为讨论第一条立法宗旨时遇到的首要问题,也成为许多学说热议和产生分歧的出发点。此外,相关的讨论很大程度上不是对行政法规范的解释,不是从行政法案例中析出原理,不是在行政法学体系中相关概念、规范、原理之间的关系进行融贯的梳理,而是更多在行政法如何对待行政权、公民权这一涉及国家-社会-个人关系的基本问题上展开对行政法整体结构、功能的认识。因此,我在这里将其冠名为"功能主义传统"。

对于这一称谓的使用,有必要指明两点。

第一,我在此使用"功能主义"一词,与英国学者马丁·洛克林笔下的"功能主义",有相似之处,但更多的是迥然有别的差异。相似之处是:中国20世纪 90 年代发达的行政法理论基础诸学说,无论各自主张有多么不同,但在对待民主制、立法、权利来源、国家与个人关系等更深层次问题上,都没有体现出本质性差别,且相当接近于洛克林的"功能主义"。后者视民主代表制是正当性的基础,视体现民主意志的立法为最高级的法律形式,视公民权利源于国家,在国家与个人关系上并不反对能动的国家。差别在于:洛克林所谓公法中的"功能主义风格",有着社会实证主义、进化论社会理论、实用主义为基础,有着公法中的"规范主义风格"以及该风格的保守主义、自由

---

〔6〕 进入 21 世纪以后,相关讨论还在持续。例见,杨海坤、章志远:《中国行政法基本理论研究》,北京大学出版社 2004 年版;罗豪才等著:《现代行政法的平衡理论》(第二辑),北京大学出版社 2003 年版;宋功德:《行政法的均衡之约》,北京大学出版社 2004 年版;罗豪才等著:《现代行政法的平衡理论》(第三辑),北京大学出版社 2008 年版;罗豪才等著:《行政法平衡理论讲演录》,北京大学出版社 2011 年版。

〔7〕 参见拙著:第 53-54 页。

主义基础作为对立的理想类型，其有深厚的政治学、哲学、社会学底蕴。[8]而我们的行政法理论基础诸学说绝大多数都未深入到这个层次。

第二，我在这里所提的功能主义传统，限定在行政法理论基础或行政法总论范围之内，而不涉及行政法分论。行政法分论中展现的功能主义风格是完全不同的。下一节将对此予以更多的阐明，但必须在此十分郑重地强调，以免下文与此传统有关的观点会引起诸多误解。

（三）形式主义传统

中国行政法理论基础的另一传统，与功能主义传统形成了一个相映成趣的格局。这个传统在"新行政法"概念出现之前，一直未被充分地讨论过，没有像功能主义传统那样曾经在行政法理论基础讨论热烈时高光地存在。然而，就是这样一个隐匿的传统，却牢牢地、深深地、稳稳地把控着中国行政法总论的理论体系。无论是罗豪才先生提出的平衡论，还是众多学者力主的控权论等其他学说，都没有对行政法总论体系给予真正的撼动。这个传统就是早在民国时期就已经通过法律移植，[9]漂洋过海来到中国的"奥托·迈耶传统"。

这个传统的实质并非价值中立，其目标是克服集权国家或警察国家的弊端和建立法治国家；其方法是将"依法律行政"注入行政法，强调行政的合法律性、可控性以及司法对行政合法性的控制和检验；其选定行政行为作为基础概念，关注行政行为的形式化及其可预测性与可计算性；与形式法治主义相随的法教义学/法释义学，表现为以行政行为为核心的"行政方式法释义学"，使行政法最终发展为"行为方式—权利救济"的固定模式。[10] 这个传统以法治的形式理性要求约束行政，故基本上对具体行政目标和任务的实现不予关注。20 世纪 80 年代初引进的英美行政法学，同样不关注行政管理和服务的实质内容。此种学术特点，直至英美学者对规制（regulation）展开更多研究以后，才有所改变。此外，行政诉讼法在中国的出现，使得长

---

〔8〕 参见[英]马丁·洛克林：《公法与政治理论》，郑戈译，商务印书馆 2002 年版，第 86-87 页，第 89-193 页。

〔9〕 拙著第一章对民国时期行政法的移植特点进行了非常简单的分析。对民国时期行政法更为细致、周详的回顾，参见王贵松：《中国行政法学说史》，"第一章 近代中国行政法学史"，中国人民大学出版社 2023 年版。

〔10〕 参见赵宏：《行政法学的体系化建构与均衡》，《法学家》2013 年第 5 期，第 41-47 页。

期以来以诉讼或司法为中心的法学方法论,理所当然地成为学者研究行政诉讼法进而研究行政法的基本方法,强化了对公共行政本身如何运作才能达成有效政府、善治政府有意无意忽略不计的奥托·迈耶传统。[11] 由于该传统只是将行政权约束于法治的形式理性之中,故也可称之为"形式主义传统"。我在拙著第五章、第十章所处理的行政法传统,就是这一传统,也是书名中"传统"的第二个意义。

(四)两个传统的共同点

行政法理论基础/行政法总论的功能主义传统较之形式主义传统,会更多地关注公共行政本身,更多地思考公共行政变迁带来的行政法学之回应,进而更多地利用传统法学方法论以外的哲学、政治学、行政学、经济学等知识工具,去解决前述基础问题。但是,理论基础或总论的功能主义传统的关注仍然是为"行政法究竟应该如何对待行政权"这个核心问题提供支持,而并没有转换其问题为"公共行政如何才能有效实现其行政任务"。在这一点上,功能主义传统和形式主义传统是相同的。后一问题总是被认为属于行政学而不是行政法学的"学术疆域",不是行政法学的安身立命之所。所以,看似两个各行其道的传统,在此共享了同一块土壤。

《第三条道路》对"传统"的理解,偏于形式主义的、教义学的传统;《溯源及其超越》则侧重于功能主义传统。他们都"对,也不对"。这归因于我在书中未确切说明,而不能苛责评论者。

三、为何以及在何处"面向行政所面向"

(一)为何"面向行政所面向"?

中国行政法理论基础/行政法总论的功能主义传统和形式主义传统,皆未直面公共行政的有效性问题。即便如平衡论者,主张权利与权力的平衡,主张行政法不能仅仅维护公民权利,还要保障行政权的有效行使,其也并未

---

〔11〕 参见拙著:第 238—239 页。

在后一维度进行体系化的展开，从而也就停留在"有效性"目标上，以及从行政管理法律关系偏重行政支配角度对既有的教义学——如行政行为效力理论——的功能进行阐发。[12]

有人会问："这有什么问题呢？公共行政如何才能有效实现其行政任务，难道不是行政学研究的议题吗？行政法学只需保证公共行政的合法性，不就可以了吗？"的确，尽管行政学的研究者对什么是行政学各有表述，对其目标的认识也存在一定的歧见，但促进公共行政有效性一向被认为是其研究的一个当然目标。行政学"是研究国家行政组织运用国家权力依法管理国家事务和社会公共事务，满足社会公共需求的科学。……其目的在于帮助政府提高行政效能，有效履行政府职能，满足公共需求，推动社会发展。"[13] 既然如此，行政法学又何必越俎代庖，抢占他人之地盘而又不能擅长他人之所能呢？上述疑问看似非常有理。

然而，无论从什么学科、何种角度、哪些方法去研究公共行政，不可否认的是，高效实现行政任务是对公共行政的核心要求之一。这个要求古已有之。在君主时代，对于建构怎样的组织、选择什么样的人、去高效率地实现君主心目中设定的任务等问题，即使君主决策可能受到一定制约，最终决断——哪怕是恣意的——也是在其手中。而在民主制下，君主已被人民替代，行政有效性相关问题，会在根本意义上由人民或其代表予以考虑，为避免决策的恣意，会由法律将经过慎议的结果予以固化，使其在一定时期内保持稳定。就此而言，法律——尤其是立法——是不可能避开行政有效性的。既然法律/行政法无法避开，很难想象行政法学就可以避开。

此外，两个传统执着于合法性而不提或较少提及有效性，应该是隐含着一种假定，即行政法学只需研究和保证行政如何合法即可，有效性问题已经在法律上得到解决了，只要合法行政，就能实现有效行政。试想，如果没有这个假定，就意味着行政法学只顾其研究对象——公共行政——的合法性，而不顾其有效性；行政法学（者）若被赋予此种意义，显然是荒谬的，是会被耻笑的。不过，没有这个假定是荒谬的，有了这个假定则是幼稚的。因为，这个假定等于是说，立法者已经充分考量行政有效性，并将这种考量转变为

---

〔12〕 参见罗豪才、沈岿：《平衡论：对现代行政法的一种本质思考——再谈现代行政法的理论基础》，《中外法学》1996 年第 4 期，第 3 页。

〔13〕 金太军主编：《行政学原理》，中国人民大学出版社 2012 年版，第 6 页。

相应的法规范;而这是不可能的、不现实的,立法者没有这种万能的力量。更何况,现代行政的复杂性,决定了对行政有效性的更多考量不是人民或人民代表完成的,而是由行政官员完成的,这在政府的立法分支明显弱于行政分支的宪制下,更是如此。

因此,摆在行政法(学)面前不可回避的任务是:第一,应该摒弃两个传统隐形存在的、不被身在传统中的我们清醒知觉的合法性蕴涵有效性、合法行政即可实现有效行政的假定;第二,既然有效行政是对公共行政的核心要求之一,应该建构和实施能够保证公共行政满足或尽可能接近有效性要求的法律制度;第三,应该进行相应的理论研究,以对接这样的法律制度之建构和实施。行政有效性相关的制度建构,行政有效性的判断、评估等,是因行政所面向的目的、任务、情境、手段等因素而有不同的,故行政法(学)"面向行政所面向"是其本身应有的品性,不应该被上述传统埋没。

(二)什么是"行政所面向"?

接下来的一个问题是,究竟什么是"行政所面向"? 这是一个看似十分简单的问题。因为,回答它的一种方法似乎就是将自己设想为行政官员,面对法律或上级布置下来的行政任务,思考究竟应该可以利用什么或哪些资源——广义的,包括但不限于金钱、时间、物质、手段、措施、人脉等——去完成任务,并对此作出重要性、复杂性、难易性程度不一的决策。然而,在庞大的公共行政甚至是公共治理网络之中,这样的行政官员不计其数,其所处的"任务-资源"情境是千差万别的,就此而言,以上简单描述其实是非常空洞的。

然而,这并不意味着完全不能在空洞化和特定化之间对"行政所面向"进行某种程度的一般化努力。美国最高法院大法官史蒂芬·布雷耶(Stephen Breyer)曾经给出了一个理想化的标准制定过程。[14]

> 立法者或者有着广泛法定职权的行政官员,首先会将诸如污染或公路交通所致的死亡界定为负面影响,然后试图去加以控制。然后行政官员会使用初步的粗略的成本/收益分析,来选择他应该开始着力问题的特定部分所在,以期能以最低的成本获得最大的

---

〔14〕 参见安东尼。

改进。再后，行政官员应该获得更多信息，能以一个经济上合理的水平、以最低成本的可得进路，来设计出可削减不利作用的标准。他将执行这样的标准，发展出确保标准执行的手段。最后，他将监督标准的实施，对标准的有效性加以评判，根据他的发现来修订标准。

虽然布雷耶认为"这样的描述将会带来误导"，因为它无法充分说明标准制定的典型问题，但是，他正是在对行政官员所面向的基本决策需求进行如此描述的基础上，才对标准制定展开了更切实的描述，并讨论了"标准制定过程中普遍存在的几个问题"。至少，这可以作为什么是"行政所面向"的例示。

（三）在何处"面向行政所面向"？

那么，是不是在"新行政法"概念出现以前，我国的行政法（学）就从未有过"面向行政所面向"的样态呢？答案是："不是的！"。《第三条道路》指出，"面向行政所面向"的行政法学主要立意，一是面向行政过程，二是能够解决实践问题。这看起来没错，但是，一方面，"能够解决实践问题"的表述因过于宽泛而容易与我的本意发生偏差，另一方面，更为重要的是，不要由此产生以下误导，即以往的行政法学是不面向行政过程的、是不能解决实践问题的。其实，虽然我也并不完全赞同《溯源及其超越》的评价："行政法学者在探究总论问题时往往更倾向于采取控权视角，但行政法分论的研究则更多地以有效规制为着眼点"，然而，它基本抓准了我所设想的对于应当在何处发展"面向行政所面向"的行政法学问题的答案。

在新行政法概念之前，"部门行政法"和"行政法分论"分别对接着特定行政管理或服务领域的行政法制度以及相应的行政法学。部门行政法本身同样肩负一般行政法对行政权力进行规范的任务，使其不至于在特定管理或服务事项上任意妄为。但是，纵览土地管理法体系、海关法体系、市场竞争法体系、产品质量法体系、社会保障法体系等——无需穷尽列举——部门行政法，其设定行政目标和任务、建构管理或服务的组织体系、赋权具体手段和措施、规定行政的程序、明确法律责任，更主要的作用是由此形成一个合理、有效的管理或服务制度，以实现立法者/民意代表者或具体或抽象的目标。

若部门行政法偏向于有效性,以此为研究对象的行政法分论,在逻辑上自然是不可能完全无视之的。相关的学术文献可谓汗牛充栋、不胜枚举,在此仅以风险行政法的研究数例释明。我曾经在舆论一片质疑食品免检制的背景下,分析该制度的善意初衷、表现出的正效应和负效应、面临的合法性质疑,并在风险治理视野下对其进行进一步检讨之后,得出的结论之一是:"食品免检制虽然已成历史,但其曾经希望发挥的功能——适当引导市场、摆脱地方保护主义、减少企业和行政负担等,如何与有效控制食品风险的功能,有机地融入一种建构相对完善的食品风险治理体系之中,将是更为艰巨的任务。"[15] 赵鹏在讨论风险规制的理性模型和民主模型时,也是更多地从"如何更好地规制风险"、如何实现"良好风险规制"的角度切入的。[16] 金自宁指出风险行政法面对的独特问题是"无知","在'无知'笼罩之处,什么是良好的风险规制活动成为没有答案的问题",这个主张虽然不免夸大"无知"的绝对性,但实际上也是展示了对"有效性"如何认知的问题。[17] 宋华琳同样是从"有效性"角度揭示,2001 年版《药品管理法》缺乏风险监管设计理念,导致"药品安全监管每每面对应急性、被动性的局面,使得政府肩负了过重的责任,企业规避了应有的义务,增加了消费者面临的用药风险。"[18] 当然,这并不意味着行政法分论的研究者完全只关注有效性,恰恰相反,研究者们更多还是偏向于对部门管理或服务领域行政权的合法性控制的,但对合法性控制的研究若完全离开有效性的关切,是注定会成为空中楼阁、无本之木的。在风险行政法研究普遍推开之前,朱芒就曾经在"必要性"意义上讨论抗 SARS 措施的正当性及其与合法性之冲突,进而明确需要"平衡有效地满足'必要性'手段与法制国家对包括人身自由在内的人权的保障要求之间的紧张关系"。[19]

这些充分证明了行政法分论早已存在且延续至今的功能主义路径。其与行政法理论基础/行政法总论的功能主义相似处是都关切行政法如何作用于公共行政。然而,相较后者在更加抽象的意义上阐述行政法应有之作用,行政法分论的功能主义更加彻底、更加明确地关注公共行政在特定管理

---

〔15〕　参见沈岿:《食品安全、风险治理与行政法》,北京大学出版社 2018 年版,第 24 页。

〔16〕　参见赵鹏:《风险社会的行政法回应》,中国政法大学出版社 2018 年版,第 149 页。

〔17〕　参见金自宁:《风险中的行政法》,法律出版社 2014 年版,第 18-20 页。

〔18〕　参见宋华琳:《药品监管制度的法律改革》,译林出版社 2023 年版,第 40 页。

〔19〕　参见朱芒:《功能视角中的行政法》,北京大学出版社 2004 年版,第 188-195 页。

或服务领域或事项上,如何或应当如何通过合理的组织、资源、手段、程序、责任分配等,合法而有效地完成特定的行政任务。

就此而言,"面向行政所面向"的行政法学是需要在行政法总论之中更多地予以探索和发展的,而不是在其早已驻足的行政法分论之中。《第三条道路》提及"需要引入新兴的'面向行政所面向'的行政法学",《溯源及其超越》主张"研究者应当以更加开放的姿态来回应控权、应责、服务、规制、开放、给付等诸多维度下的行政任务",在没有精准地抓住拙著中飘忽不定的"我"的意义上,也是都"对,又不对"。

四、"有效—规范"作为思维框架

难题在于,行政法总论究竟应该如何体现"面向行政所面向"。拙著也指出这是最难统合之处,但并非完全不可以。进而,拙著在行政法总论教材体例上提出了引入六个方面内容的构想:(1)管理者视野下的公共行政及其发展;(2)多样化的行政法学问题和研究方法;(3)关怀行政目标、任务高效实现的行政法基本原则;(4)担负行政任务的组织形态及其类型、保障行政高效的组织机制以及公共治理体系;(5)有效实现行政目标和任务的行政活动及其过程;(6)促进行政应责、胜任的政治责任。[20]

在撰写本文进行回应的时候,我又重新审视自我,反思能否在这些内容里面找到一个更为抽象的框架,以体现行政法总论本身应该具备的抽象化特点。或许,"有效—规范"(Efficacy-Norm)可以作为新行政法的思维框架进行探索。之所以有此概念化的想法,也是源于一直以来的一个反问:"既然有效性是对公共行政的核心要求之一,那么,为什么不能将这个要求作为一种规范来对待?以研究与公共行政有关的规范及规范体系为使命的行政法学,又为什么不能接纳'作为规范的有效性',而一定要将其推给邻居学科行政学去处理呢?"对此,拙著曾经简单地提到:"'高效'目的其实也是对行政提出一个可控的要求。'高效'目的所需要的、有助该目的实现的组织架构、活动方式、行政过程、法律规范等,也都可以且必须进入监控者视野,以

---

〔20〕 参见拙著:第 137-141 页。

弥补传统上其以法官为模本、以行政是否合法为审视着眼点所存在的局限。当然,任何与行政任务、目标高效实现有关的新行政和行政法现象,纳入行政法总论体系的过程,也应该是抽象化、教义化的,亦即在相当程度上抽去其与特定部门、领域和背景的关联性,而使其具备必要的普适性、稳定性、持续性以及体系的融贯性。"〔21〕

然而,这只是提出了一个方向,却并没有给出具体的路径,即如何实现抽象化、教义化? 前述六个方面的内容,似乎也只是给出了行政法总论教材体例可能的新增项,但并没有明确给出一个统一的框架。"有效-规范"框架的提出,意在尝试于过去的思维停靠点继续前行,突破怠惰或犹疑形成的藩篱和障碍,挖掘、探索更深的理论扎根处。由两个概念构成的简单程式,需要进一步陈述其意涵,才能将这个框架完整地展开。

(一)有效作为一个规范

"有效-规范"框架的核心要义是,对公共行政的有效性期待或要求本身,就应该作为一个规范来对待,将其纳入行政法的规范体系之中。行政目标和任务是林林总总、千差万别的,但"有效实现行政目标和任务"可以作为一个共通要求。该要求在行政法总论上可以剥离纷繁复杂的具体目标、任务和情境,而在行政法分论上又可以与具体的目标、任务和情境发生必要的、不可或缺的分析勾连。

必须指出以免误解的是,将有效性作为规范,并不是要实现从事实到价值的跳跃,并不意味着只要行之有效,就具有规范意义。在"有效-规范"框架之下,"公共行政应当有效实现行政目标和任务"是一个规范,尽管非常原则和抽象;它与"这是有效的,所以是规范的"并不享有同样的意义指向。在行政法一般原则之中,明确效能原则的地位,探索和阐发其规范意义,〔22〕就是"有效-规范"框架的体现,也就是前述第(3)项内容。

(二)"有效-规范"框架在行政法总论体系中的展开

中国行政法总论自民国借鉴日本以来,基本延循了在逻辑上划分行政组织法、行政行为法和行政救济法三个主要组成部分的体系。"有效-规范"

---

〔21〕　参见拙著:第 137 页。

〔22〕　参见拙著:第 166-197 页。

框架既然把有效性作为规范,那么,就需要思考一个问题:这个框架会给三个部分带来怎样的变化?

前述第(4)、(5)、(6)项内容就是试着回答这个问题。在行政组织法部分,或可考虑将传统的行政主体为中心的行政组织类型,概念化为"责任导向的行政组织",而将担负行政任务的组织以及高效行政的组织机制甚至公共治理机制,概念化为"任务导向的行政组织"。在行政行为法/行政活动法部分,或可考虑在传统行政行为理论之外,将各种规制工具纳入,大致梳理其正当性理据、对什么问题有什么效用、采用什么程序以及存在什么局限。[23] 在行政救济法/行政责任法部分,除了传统的行政复议、行政诉讼之外,或可考虑引入政治责任及其过程。由于行政有效的复杂性、相对性,行政组织在有效性方面的应责,更多需要在政治过程中完成,尽管并不排除在具体而微且相对简易的问题上,行政复议、行政诉讼仍有其发挥作用的空间。

如此植入而获得重新塑造的体系对于行政法学(者)有何意义呢? 如果是从行政法总论的形式主义传统及其背后"面向司法"倾向的法学传统角度看,似乎这些新内容并无多大实践价值。因为,法官基本还是偏重考虑合法性,而不是考虑行政有效性,这些对他们而言不是可以用来判断合法性的知识工具。[24] 然而,一方面,法官偏重考虑合法性,不见得是合适的,另一方面,法官并不见得就一定不考虑有效性。[25] 就此而言,新内容的植入,尤其是行政活动法/行政行为法部分关于规制工具有效性的知识体系,不见得对司法或未来的司法没有任何用处。当然,这些新植入的内容,是基于将有效性作为规范来对待的设想,其更大的意义是在立法论维度的。

---

[23]　比较细致、详尽的学术努力,可例见[美]史蒂芬·布雷耶:《规制及其改革》,李洪雷、宋华琳、苏苗罕、钟瑞华译,北京大学出版社 2008 年版,第一部分;[英]安东尼·奥格斯:《规制:法律形式与经济学理论》,骆梅英译,中国人民大学出版社 2008 年版,第三、第四部分。

[24]　布雷耶的一段描述可以理解法官的倾向。"法院可能不会抱有宽容和同情,去理解行政机关想在弄清楚所有细节之前就颁布标准的希冀。因此一个法院因为标准中没有对模拟测试的特性给出完备的说明,就推翻了 NHTSA 的被动安全装置标准。"可是,这个问题只是涉及基本标准非常次要的方面。[美]史蒂芬·布雷耶:《规制及其改革》,李洪雷、宋华琳、苏苗罕、钟瑞华译,北京大学出版社 2008 年版,第 175 页。

[25]　关于法院在行政行为司法审查过程中对效率的考虑,参见拙著:第 174-179 页。

(三)"有效—规范"框架的立法论意义

此处的"立法论"是广义上的,包括《立法法》上的法规范——法律、法规、规章——的制定,也包括其他规范性文件、政策性文件的制定,甚至包括严格意义上不具有强制约束力的软法规范的制定;也可以称之为制度建构论,与法政策学的研究方法有着密切的关联。"有效-规范"框架在立法论上展开的基础问题意识是:需要制定哪些规范,可以让公共行政在接受这些规范的约束或指引之下,达到其目标和任务的实现?

在此基础之上,进一步考虑的问题主要有:(1)在行政组织、行政活动/行政行为、行政应责这三个组成部分,需要制定什么规范是明确体现有效行政要求或者有助于实现有效行政要求的。在此姑且称之为"有效性规范"。(2)有效性规范应该是传统意义的、有强制性约束力的硬法规范,还是有着指引性的软法规范,[26]抑或是政策性规范;或者,哪些应该体现为硬法规范,哪些应该是软法规范、政策性规范。(3)有效性规范的细致程度,即应该制定非常详尽的、周全的有效性规范,还是应该制定具有一定程度原则性、留出一定程度灵活性的有效性规范。有效性规范制定得过于细致,反而有可能会带来效率的低下;有效性规范制定得过于笼统、"留白",又会给行政机关过多的裁量权,无法对其控制。

这些问题当然需要在具体的立法领域或事项上才能有针对性地进行思考和展开,即在部门行政法/行政法分论中才能得以充分展开。然而,在行政法总论体系中,若能给出"任务导向的行政组织"之类型,同时给出效能原则对"行政的组织"进行检验的一般向度,以及这些检验存在什么样的局限;[27]若能将比较成熟的、更多从如何有效解决规制问题的规制工具理论中汲取知识,建立"规制工具箱",并对各种规制工具形成"规制问题-正当性

---

〔26〕　在英国,曾经就"什么才是'善'的规制所应具备的内容"颁布过一个简洁的指导性纲要(*Thinking about Regulating*:*A Guide to Good Regulation*,1993),提出十点必须考量的因素。"1.确定议题……确保规制与问题成比例。2.尽量简单……以目的为基础的规制。3.为将来预留灵活性……设定规制发展的总体性目标而非具体方式。4.尽量简短。5.预测对竞争及贸易的影响。6.最小化合规成本。7.与先前的规制相结合。8.确保规制得到有效实施和监管。9.确保规制的实施效力能够得到评估。10.允许充足的时间。"参见[英]安东尼·奥格斯:《规制:法律形式与经济学理论》,骆梅英译,中国人民大学出版社2008年版,第344-345页。

〔27〕　参见沈岿:《行政任务、效能原则与行政组织法治》,《行政法学研究》2023年第6期,第3-18页。

-制度设计-有效性-局限性"的分析框架,或许会引导在立法论维度上对前述问题的思考。[28] 换言之,"有效-规范"框架或可形成对规范设计的一般性指南,而不是在这些指南引导下针对特定立法领域或事项制定具体规范。对应地,这些或许也可成为行政机关——若其在行政组织打造、规制工具选择方面有着决策地位——在政治应责过程中接受问责的主要向度。

(四)重新对待"有效性与合法性的冲突"

以往,行政法学(者)自觉或不自觉地将"有效性"归入行政学系统中,将"合法性"归入行政法学系统中。于是,有效性与合法性之间的对立与冲突,就成了两个系统之间的事情。"有效-规范"框架的引入,可打破两个系统的人为藩篱。于行政法学(者)而言,有效性作为一种规范,其与合法性的冲突,也就是同一系统内两种规范性要求之间的紧张关系。甚至,合有效性也可视为广义合法性之一种,属于实质合法性之一种。那么,原先话语表述为"有效性与合法性的冲突",实际上也就是合有效性与形式合法性(依法行政)之间的冲突,或者合有效性与其他实质合法性标准(如比例原则、信赖保护原则、正当程序原则等)之间的冲突。

我在拙著中曾经对这些冲突如何应对,进行了一定的探究。[29] 然而,这是远远不够的。规范体系纳入有效性/效能,意味着规范冲突的解决之道注定是更为复杂的。除了以上冲突需要应对,有效性/效能与基本权利保护规范、尊重和保障人权规范以及其他权利保护规范出现张力,当如何处理;不同场景——如常规状态和紧急状态,不同行政任务——如秩序行政、福利行政、风险行政,不同技术手段——如人工行政和全自动行政(算法行政)等等,会对应当如何处理产生怎样的差别化影响。这些都是值得认真对待和

---

[28] 布雷耶提到,其发展出的规制分析框架的正当性不在于理论上的整全性,而是提供有用的概括、知识和经验。"作为一个更具普遍性的问题,本书第一部分的讨论提示了某些通常可以适用于经典规制的经验法则。"参见[美]史蒂芬·布雷耶:《规制及其改革》,李洪雷、宋华琳、苏苗罕、钟瑞华译,北京大学出版社 2008 年版,第 10、270 页。

需要指出的是,英文 a rule of thumb,翻译为经验法则、拇指法则,是指一种启发式(heuristic)指导原则,它提供了关于特定主题或行动过程的简化建议或一套基本规则。它是为完成或接近某项任务提供实际指导的一般原则。通常,经验法则是实践和经验的结果。See Rule of Thumb: Definition and Financial Examples (investopedia.com). 经验法则有可能成为硬法规范的前身或基础,甚至可以直接转化为软法规范。

[29] 参见拙著:第 192-195 页。

研究的,也是"有效-规范"框架在解释论维度上可以发挥作用之处。若以为"有效-规范"框架仅仅在立法论上才有其价值,也是一种片面的解读。

(五)"有效—规范"框架与"因开放、反思而合法"

最后,有效作为一个规范的最大难题是,相比较形式合法性规范和其他的实质合法性规范而言,针对复杂程度比较高的是否有效的问题,其无法提供相对精确的检验标准,据此标准可以得出确定的、较少争议的答案。布雷耶在其书中对六种经典规制方法以及经典规制的替代方法进行了深度分析,每一种经典规制或者替代方法都有其可有效应对的问题,但也不可避免地存在诸多局限或挑战。这些规制工具是否能够有效地解决规制问题的判断,就会面临许多争议。"一个令人感到困扰的明显事实在于,无论未加规制的现状存在何种问题,任何替代的规制进路,都将证明会遭遇重重困难。"[30]而在什么样的行政组织打造可以有效地实现其面临的行政任务这个问题上,也会"在一些相对简单的判断上有所明确的斩获,但多数时候会遭遇不少难题。"[31]

当然,有效性/效能对公共行政提出的实质性规范要求,有其特殊的价值,并不会因为上述问题和挑战的存在而荡然无存。现实世界中,行政机关及其官员的行为受到这条戒律的影响是普遍存在的。只是,检验标准和检验结论在一些重大、复杂、疑难问题上表现出来的不确定性,意味着"有效-规范"框架必须置于更大的"开放、反思的形式法治"框架之下。[32]唯有如此,才能使其既保有实质法治的意涵,又能在出现"诸神之争"的情况下,使其仍然坚持致力于去获得一种"一时可接受的"结论,并让这个结论在开放、反思的宪制结构下获得其意义。[33]

---

〔30〕 参见[美]史蒂芬·布雷耶:《规制及其改革》,李洪雷、宋华琳、苏苗罕、钟瑞华译,北京大学出版社 2008 年版,第 270 页。

〔31〕 沈岿:《行政任务、效能原则与行政组织法治》,《行政法学研究》2023 年第 6 期,第 13 页。

〔32〕 关于"开放、反思的形式法治",参见沈岿:《何种形式法治?什么样的开放、反思?——兼应俞祺、胡若溟的评论》,载章剑生主编:《公法研究》第 15 卷,浙江大学出版社 2016 年,第 381-397 页。

〔33〕 关于效能原则在"行政的组织"问题上作为一种开放的、反思的计算工具的观点,参见沈岿:《行政任务、效能原则与行政组织法治》,《行政法学研究》2023 年第 6 期,第 16 页。

五、结语:期待共同探索

以上回应在拙著所涉的何种传统、为何以及在何处"面向行政所面向"等问题上进行了"自我画像",希望能把拙著中隐隐约约的"我"展现得更加清晰。但愿这个努力是基本成功的,而不是画得越来越让人看不懂。

与此同时,回应又增加了一个新的探索,试图以"有效-规范"框架,将我在拙著中对行政法总论体系的革新设想进行一个概念化的抽象。这个新的尝试把我曾经在脑海中不断盘旋的若干问题进行了处理。它明确提出"有效是一个规范"作为核心要义;指出"有效-规范"框架在行政法总论传统的行政组织法、行政活动法/行政行为法以及行政责任法部分都可以有所展开;这种展开更多地具有立法论意义,对于有效性规范的设计可以形成具有引导性的一般指南;而当有效性规范进入整个行政法规范体系之中后,原先的"有效性与合法性之间冲突"的表述需要重新整理为"合有效性与其他合法性规范之间冲突",而冲突解决之道有待进行成体系化的发展;最后,"有效-规范"框架建构起实质法治的又一标准或维度,但同时直面有效作为一个规范的局限,其可以放在更大的"开放-反思的形式法治"框架下保有其价值。

"有效-规范"框架无疑是一个初步提出的未定型观念,其可能还需要我在以后继续给出更多的阐发和证成。但我更想表达的是,新行政法概念的出现,实际上宣告了行政法(学)自我认同出现了较大的分裂,虽然还谈不上是一种危机。行政法(学)的自我认同是由提供框架的承诺和身份规定的。无论是德国奥托·迈耶百多年前厘定的"行为方式-权利救济"的框架——中国行政法总论更多继受的,还是英国、美国的以行政程序、司法审查为主体的框架——中国行政法总论也受影响的,都无视或轻忽对公共行政的有效性要求,都无视或轻忽行政机关及其官员所面向的问题。而在这个框架内,行政法(学)有了自我认同的空间,知道自己应该做什么、不应该做什么、能做什么、不能做什么,以及如何与邻近的学科/学人进行"自我 v. 他者"的区隔。这种自我认同是如此的熟悉,是如此的牢固,以至于任何试图有所撼动的努力,都会带来特别强烈的自觉或不自觉的反对或至少是不舒服感。

因为一旦被撼动,已有的完整框架可能会松动,已有的空间感和方向感可能会消失,已有的自我认同可能会发生混乱,"我"将迷失"自我"。

可是,公共行政本身不是分裂的,有效性和(传统)合法性都是对它的规定性,不可分割。而且,由于公共行政本身似乎处在一个需要不断变革的时代,需要在变革中不断地重新定位;上述两个方面的规定性决定了,需要有不计其数的规范被设计出来告诉它有什么目标和任务,应该如何调动资源高效完成这些目标和任务。所以,对规范和规范体系的设计有着自己专业所长的行政法(学),必须有"面向行政所面向"的立场和方法。这样的"必须"早已在行政法分论领域成为实然,而在行政法总论体系中尚未找到合适的表现方式。

要么是"有效-规范"框架,要么是其他概念化的框架,实际上都是在重新打造行政法(学)的自我认同,重新树立其空间感和方向感! 这需要我们的共同探索。

见证行政立法的时代

——全国人大法工委办公室原主任高志新访谈

何海波*

高志新,1950年生于北京。1982年毕业于北京大学法律系,同年进入全国人大法工委国家法室工作。1985年至1992年担任全国人大法律委员会顾问陶希晋的秘书。1993年担任全国人大法工委办公室副主任,1999年担任全国人大法工委办公室主任,2010年退休。曾经长期参与、组织行政立法研究组的活动,见证和参与了《行政诉讼法》《国家赔偿法》《行政处罚法》等多部重要行政法律的起草工作。

成为陶希晋的秘书

何海波(以下简称"何"):高老您好,谢谢您接受我的采访。您曾经在北大读书,后来进入法工委工作,能先介绍一下这段经历吗?

高志新(以下简称"高"):我个人是这样,因为"文革"中断学业,在北京一个小工厂工作了差不多10年。1977年恢复高考,第二年我就考进了北大法律系。当时,我在班里算年纪比较大的了,因为我是50年生人,都是"老三届"的人了。1978年入学,1982年毕业。

为什么到人大来?人大法工委是最早到北大法律系来招人的。我在年级是党支部书记,也是北京市的优秀毕业生,成绩也不错。系里说,这个单位来要人了,你去不去?我说,可以吧。就这样,到这儿来了。当时大学生少,毕业生比较好分配。我们一个年级就一个班,64个人,想留在北京的都能留,基本上是在部委吧。那时,各方面都缺人才。

---

* 何海波,清华大学法学院教授。

何：您是因为什么样的机缘给陶老做秘书？

高：我1982年毕业后，分到法工委民法国家法室。后来拆分为民法室和国家法室，我在国家法室。1985年的时候，领导跟我说："陶老这缺个秘书，你愿意不愿意去？"我说可以，这样就来了。陶老当时已经是法律委员会顾问，不是实职了。我做陶老秘书，一直到1992年陶老去世，干了六七年时间。在担任陶老秘书期间，除了陶老的事之外，主要就是参与了行政立法组的工作。这个一会儿咱们再慢慢说。

何：陶老去世后呢？

高：陶老去世后，领导说，既然从陶老这儿出来，就在办公室干吧。所以，就留在办公室。1992年到办公室，1993年担任办公室副主任，1999年担任办公室主任，一直干到2010年退休。从副职开始算下来，当了17年的主任。我这个办公室主任，既是法工委的办公室主任，也是法律委的办公室主任。因为法律委本身没有办事机构，法工委的办事机构就是法律委的办事机构，所以我同时是两个委的办公室主任。

陶老走后，我也没有离开行政法。因为我是法律系毕业，又热爱立法工作，所以，虽然身份是在办公室，行政立法组的事我一直在参与。行政立法组前后活动了不少年头，起草了多部法律。这期间活动的组织、事项的安排、后勤的保障，都是我在负责。

陶老其人

何：您给陶老当了多年秘书，能否请您介绍下陶老？

高：陶老的经历，你们可能了解一点儿。他是咱们国家的第一任法制局局长，政务院的副秘书长，主管法制。中华人民共和国成立初期，中央人民政府政务院有两个法制相关的委员会：一个叫法制委员会[1]，主任是王明，陶老是副主任，实际是陶老负责；另一个叫政治法律委员会[2]，那时候主任

---

[1]　该部门受政务院的领导及政务院政治法律委员会的指导，职责是研究、草拟与审议各种法规草案并解答现行各种法规。陶希晋于1953年12月至1954年9月任中央人民政府法制委员会副主任委员。

[2]　政治法律委员会任务是指导内务部、公安部、司法部、法制委员会和民族事务委员会的工作，并受毛泽东主席委托，联系和指导最高人民法院、最高人民检察署的工作；受周恩来总理委托，联系和指导政务院人民监察委员会的工作。

是彭真[3],陶老是秘书长。这两个委员会陶老都参与领导。但是,陶老后来受一些事牵连,去广西了。

粉碎"四人帮"之后,陶老到北京来。好像是江华向中央领导推荐的,说陶老这个人又有文化又懂法。于是,把他留下来,给他恢复了工作。那时候,有个中央政法领导小组,小组成员大多是公检法部门领导兼的,只有陶老是专职成员,实际负责、主持工作。

全国人大那时候也逐渐地恢复工作了,设了法制委员会。当时叫"法制委员会",不是现在的"法制工作委员会"。法制委的第一任主任是彭真,第二任主任是习仲勋。陶老从法制委一成立就过来了,当副主任。当时"文革"刚刚结束,很多老同志都要恢复工作,一下子安排不了,法制委里安排了许多没有法制工作经历的同志。但陶老不一样,他有丰富的法制工作经历,他这时候担任法制委副主任,也是实职。

陶老担任法制委副主任期间,参与了多个重要立法,《刑法》《刑事诉讼法》的制定都参与了。刑事法律先有了,民法还没成型,陶老就主张制定民法典。最开始中央搞过一个民法起草小组[4],组长是杨秀峰,副组长是陶老,实际上是陶老在负责。这个小组聚集了一大批当时的民法专家,像王家福、佟柔等都在那儿。陶老领导他们起草民法典,前后 4 稿。但当时对民事法律立法路径有争议,后来决定先不搞民法典,"批发"转"零售"了,这个起草小组也就解散了。我去的时候,起草小组刚刚解散。但这个稿子对以后的民事立法还是起了很大作用,很多民事法律就是在这 4 稿的基础上搞的。

何:陶老后来当了法制委顾问?

高:不是,他是法律委员会的顾问。这事有点复杂,涉及机构的变化。

全国人大刚开始就一个委,就是我们说的"法制委"。后来因为工作需要,法制委员会拆成两个机构,一个叫"法律委员会",一个叫"法制工作委员会"。[5]法律委员会作为全国人大的专门机构,成员主要是一些老同志(现

---

〔3〕 此处回忆似有误。政治法律委员会的主任应为董必武,彭真任党组书记。

〔4〕 指 1979 年 11 月初,全国人大常委会成立的民法起草小组。领导民法典的起草是陶希晋担任全国人大法制委员会副主任期间最主要的工作。

〔5〕 1979 年 2 月,第五届全国人大常委会第六次会议决定设立全国人大常委会法制委员会。1983 年 6 月,第六届全国人大第一次会议通过决议,成立全国人大法律委员会。法律委员会为专门委员会,委员由全国人大代表组成,实行任期制。同年 9 月,第六届全国人大常委会第二次会议通过决议,法制委员会改为法制工作委员会,法制委员会是全国人大常委会的立法工作机构。

在也还主要是领导同志),都是人大代表,参与法律的审议;法工委则是全国人大常委会的办事机构,是个工作机构。当初法制委员会的各室就改成法工委的各室了。法工委不是法律委的办事机构,是全国人大常委会的办事机构;但是,法工委的各室又是法律委员会的工作机构。现在很多人对法律委、法工委的关系弄不清楚,确实有些复杂。

成立法律委之后,陶老就担任法律委顾问了。法律委顾问当时有三个人:一个是陶老;一个叫高克林,当过最高人民法院副院长,也是个资格很老的同志;还有一个叫周仁山。这三个人中,陶老是最懂法的。

何:陶老的法律是哪儿学的?

高:陶老在国民党时期,上过南京的中央大学。后来他参加革命,一开始在石家庄,担任咱们党的石家庄市委第一任书记。抗日战争时期到山西,担任相当于地委一级的领导。之后到华北人民政府,担任秘书长。当时华北人民政府的主席是董必武,他跟董老的关系比较好,两个人都是文人。华北人民政府实际上是后来中央人民政府的底子,所以中央人民政府成立的时候,陶老就担任了副秘书长。当时中央人民政府政务院的秘书长是习仲勋,陶老是副秘书长兼法制局局长、参事室主任。

陶老在咱们党的干部当中算是有文化的,在法制委和法律委中也是比较懂法的。大家对他都比较尊重。

何:陶老跟彭真、习仲勋、王汉斌有许多交集吧?

高:跟这几位,工作上肯定有很多联系。你想,50年代的时候,彭真是政法委书记,陶老是秘书长,当然联系很多是吧? 跟习仲勋自然也是。政务院时期,习仲勋是秘书长,陶老是副秘书长;后来成立法制委员会,习仲勋是第二任主任,陶老是副主任。跟王汉斌工作上的联系也很多。1986年成立了法律委、法工委,陶老到法律委当顾问了。当时法律委主任是彭冲,法工委主任是王汉斌。

何:江平等很多人都提到过陶老的“新六法”主张,他是从什么时候开始有“新六法”的构想?

高:在我来之前的情况,我不太清楚。我来了之后,陶老就不断地跟我讲这个事儿。陶老过去学过法,他读书的时候就有“六法全书”的说法。但他理解的“六法”是除了宪法之外,刑法、民法、行政,再加三个诉讼法,也就是宪法统帅下的“新六法”。他的观点就是这六法构成完整的法律体系,

他的目标也是努力建设这个法律体系。我觉得陶老最大的贡献也是在这
儿。如果多说两句,当时经济法要不要单立体系,争论也很大。陶老就不太
赞成经济法单立,他就是宪法之下的"六法"观点。

完整的法律体系要有这"六法"。当时《刑法》《刑事诉讼法》有了,民法
起草也告一段落,陶老就觉得,咱们国家刑法、民法相对来讲研究力量比较
强,比较薄弱的就是行政法。当时很多大学也没有行政法的专门教研室,研
究行政法的人也少,这方面也没有什么东西。《民法通则》出来后,陶老的心
思马上聚集在行政法上。陶老其实是搞民法出身的,但他从法治这个大角
度看,认为咱们国家应该加强行政法。

行政立法研究组的成立

何:陶老怎么想到成立行政立法研究组?

高:行政法研究力量薄弱,要加强行政立法,就得把咱们国家研究行政
法的人给组织起来,把力量给集中起来。你没有机构怎么组织?这样,陶老
就构想成立一个行政法的起草小组,叫"行政立法研究组"。这个小组的任
务就是为重要行政立法提供一个"毛坯",再交给法工委去打磨。

何:陶老怎么筹设行政立法研究组?

高:要成立小组,就得有支持的人。得用钱,不是吗?所以陶老先找到
王汉斌,谈这个想法。王汉斌当时是法工委主任,对陶老很尊重。当时是我
帮陶老约的。我先联系了法工委的秘书长岳详同志,又和汉斌同志当面报
告了,说陶老想请汉斌同志一块谈谈。汉斌同志很谦虚,说陶老年纪大了,
不用让陶老来,我去他家。于是,在陶老家里,陶老把行政立法研究组这个
构想跟王汉斌谈了。汉斌同志很支持,一方面他尊重陶老,另一方面也很认
同陶老师这个想法。同时,他说要跟彭真同志报告一下,因为彭真同志当时
是人大常委会委员长,也是主管法制工作的中央领导。

过了几天,汉斌同志回话了,说彭真同志也很支持这个事,研究组的成
立没问题。汉斌同志还说,人选由陶老定,财政由法工委支持,不单设机构,
需要人法工委帮着办,也不单立财政,需要钱就从法工委开支。这样,这事
就算定了。

何:那研究组的人选是怎么确定的呢?

高:当时专门研究行政法的人确实不多。考虑江平同志过去一直参与

民法典的工作,跟陶老很熟,又是政法大学的校长,将来有什么事好商量,所以让江平担任组长。一开始,江平说我是搞民法的,怎么让我当组长?陶老跟他讲,现在行政法本身力量不强,你又是政法大学的校长,将来调动人你都好安排,所以江平同志也就答应了。

组长定了,副组长考虑从政法大学和北大各找一个。当时我印象中,政法大学有个行政法教研室,有几个老师。今后有些具体工作还要叫政法大学做,是吧?具体找谁呢?当时政法大学有三个人,一个应松年,一个朱维究,还有一个方彦,也是个老同志。应松年做副组长,其他两位是成员。政法大学有了,北大也得有。北大当时一个是罗豪才,法律系副主任,也是宪法行政法教研室的负责人,他担任副组长。还有一个姜明安,是北大 77 级的,跟我算是校友了,也认识。人大找了两个人,一个叫王向明,一个叫皮纯协。王向明去世比较早,后来主要是皮纯协皮老师参加的。法学所请了一个叫张焕光,他也是搞行政法的。名单你应该知道吧?我就不一一说了。

何:陶老开始跟您提行政立法小组的设想,是什么时候?

高:1986 年年初。这个小组第一次开会是 1986 年 10 月。不知道你见没见过那个简报,行政立法研究组的第一期简报?第一期简报讲的就是开会成立这个事儿,1986 年 10 月 4 日。

何:这个简报是您写的吧?

高:我参与写的。

何:陶老跟王汉斌谈行政立法研究组的时候,有没有谈到人选问题?

高:我印象中没有。他很尊重陶老,说过人由陶老定。意思就是,什么事你定就行了。

何:那人选是什么时候确定下来的?

高:确切的时间我说不准,我估计到七八月份基本就定了。我到陶老那是 1985 年,1986 年开始就议论这些事了,当年 10 月份就成立了。在成立之前,把这些事都做好了。七八月份应该就定下来了。

何:当时陶老对学界可能不了解。他跟您商量的时候,您有没有提过谁呢?

高:当时跟陶老是这么想,几个主要大学、研究所都要有,几个主要国家机关,像最高法、法制局、法工委这几个单位都要有。当时我跟陶老商量找谁谁,再看那边能提出谁来。比如说找到江平,江平提了应松年这几位法大的老师;找到罗豪才,看看他提出谁来。

大部分单位,都先找的领导,具体人选有的就由单位领导提。有些人我知道,但不一定直接认识,所以跟单位协商。有的时候直接问,你们单位是不是这个人搞行政法的?像法学所,这都很明显,谁搞行政法的,就来呗。当然,都是经过单位同意的,都是找的单位主要领导。因为他要参加工作,他领导得知道,要不然他领导不支持。另外,按陶老的威望,跟这些单位联系都没问题,很多单位领导陶老都认识。

何:陶老当时跟罗豪才不认识吧?

高:他跟罗豪才不直接认识。罗老师是我提的,因为我是北大出来的,知道罗老师,我们的外国宪法就是他教的。当时他是法律系的副主任。我跟陶老提了,陶老说好,我就跟罗老师联系。

何:最高法的人选是怎么定的?

高:一开始是费宗祎。他也是搞民法的,跟陶老很熟。当时最高人民法院院长是任建新。陶老在当第一任法制局局长的时候,任建新是法制局党组秘书,实际上就是陶老的秘书。当时陶老师找任建新,就定了费宗祎。后来,最高法院成立了行政庭,研究组成员就变为行政庭的庭长黄杰。研究组的实际活动,黄杰参加不多,主要是江必新。当时江必新还相当年轻,参会、起草、提意见都很积极。《行政诉讼法》和后面几部法律的起草,他是个主力,也是一个比较重要的人。

何:国务院法制局那边,是怎么找的人?

高:法制局我们找的是他们局长,我印象当时是孙琬钟。孙琬钟跟陶老也很熟,这些人都当过陶老的部下,都很尊重陶老。所以一找他,他就说让谁谁谁参加。行政立法研究组初期的活动,经常参加的是黄曙海。后来参加活动的主要是他们研究室的主任,叫高帆。高帆手下有个处长汪永清,很年轻,比我还年轻,经常参加。有时候高帆不来他就来,有时候高帆来他也来。他不是正式成员,但相当活跃。

何:北京市也出了人?

高:北京市政府法制办的主任张耀宗也是立法组的成员。他为几部法律的起草提供了很多实际素材。副主任张引不是正式成员,但也参加了很多活动。张引后来去北京市人大当了法制委主任,还经常参加。

何:研究组的顾问是怎么定的?

高：那几位顾问，有些陶老原先就认识，像龚祥瑞、陈汉章等等，是陶老自己提的。也有个别的，是江平、应松年、罗老师他们提的。

何：国务院法制局的黄曙海回忆，陶老曾经约黄曙海、龚祥瑞几个人去他家谈成立行政立法研究组的事，当时您也在场。不知道您还记得吗？

高：我记得这个事儿，但太细的我说不清了。当时陶老找了不少人。黄曙海是法制局副局长，也算是陶老50年代法制局的老部下，对陶老很尊重，所以陶老也找他商量。

何：行政立法研究组的人员组成好像一直没有调整？

高：陶老去世之后，立法组还在活动。有人提出来说，行政立法组成员有的去世了或什么，是不是要变化？后来这个事儿还是汉斌同志拍板的。汉斌同志说，既然陶老定了就不要变了。所以，立法组正式成员就没有调整。

行政立法研究组的运作

何：行政立法研究组中，您跟谁联系最多？

高：研究组组长是江平，副组长是罗豪才和应松年。后来的实际工作主要是应老师在负责，我跟他联系最多。尤其到后来，我几乎都是跟应老师联系。

为什么呢？江平觉得自己是搞民法的，参加活动比较少。罗老师后来当了致公党主席、全国政协副主席，实际参加活动就少了一点。应老师主要精力一直放在行政立法研究组上。组长江平和副组长罗豪才都说了，你们该怎么做就怎么做，没关系。这个组这点好，大家很融洽，没有什么矛盾。江老师、罗老师几位很豁达，有什么事说完就完，从来没说什么"这事我怎么不知道"，没有这事儿。大家都是搞法律嘛。

何：您跟应老师怎么商量？

高：立法组实际负责的是应老师，他有什么事跟我商量，我有什么事跟他商量。我们关系非常好，非常密切。什么事我和应老师一商量，行，就这么定了。比如应老师说要出去调研，我说行，就去了，然后我帮他们联系好调研单位，回来费用我这边报销。立法组要开个行政处罚的会，应老师跟我一商量，我这边就发通知，然后就开会。那时候经常开会，基本都是这样。

何：行政立法研究组开会是怎么开的？谁来通知？谁主持？

高:主持一般都是应老师,会议通知、后勤保障等是我负责。如果只是研究组的人参会,就不一定发文字通知了,打个电话就行。如果有外部人的参加,必须以法工委的名义发文。我把通知拟好,打印出来,盖法工委印章,交给有关部门发出去;一般的会,就盖法工委办公室的章。

何:会一般在哪里开?

高:那时候开会主要是在后库,就是现在叫人大会议中心那个地儿。当时是人大的办公楼兼招待所,陶老办公室在那,我的办公室也在那。那有会议室,有食堂,中午可以吃饭,也有房间可以住。搞行政法的时候,找各单位的人来开会,需要住宿不是?我们当时很多会在那里开,民法小组一开始就在那住。因为是我们人大的招待所,我联系起来也比较方便,一个电话就行了。后来,在外边开会也有。

何:行政立法研究组开会时,成员都来吗?

高:基本上都来,但各人情况不一样,有的比较活跃,也有的不怎么说话。姜明安自始至终参与活动,相当活跃,而且比较有见解,为几部法律的起草做了很大贡献。朱维究也是研究组的重要成员,参加活动很积极,贡献也有比较大。

何:还有一些年轻学者参加了研究组的活动,您记得吗?

高:当时研究组名义上成员就是这些人,实际上非成员参加的也不少。应老师几个学生就经常参加,像刘莘、张树义、马怀德。刘莘当时还是个女孩子,很可惜去世了。张树义一开始参加,后来就不怎么参加了。应老师的学生中,好像还有于安、胡建淼,当时也参加。

何:北大这边还有哪些人参加过?

高:北大主要是罗老师、姜明安。龚祥瑞是顾问,一开始参加一点,后来几乎没参加活动。其他学生也有参加的,像袁曙宏、湛中乐、陈端洪等。

何:行政立法研究组开会的时候,陶老自己参加得多吗?

高:参加不多。一开始参加过,后来他就不怎么参加了,主要是他身体不大好。大概从1989年开始住院,反反复复,一直到1992年去世。为了治疗,还上呼吸机,把气管切开了。即使出院后,气管那口老开着,没封上,一旦需要得用。那个地儿很容易感染,所以他很少出来了。江平、罗老师、应老师和其他一些成员都到他家去过,有什么事在他家里谈。

何:陶老还参加过行政法学年会?

高：是的，陶老还去了重庆一次，参加行政法学会的年会。具体哪年我记不太清了。

何：应当是 1986 年年底。

高：对，1986 年。那时候行政立法组已经成立了，应老师他们邀请陶老。开始我陪着陶老在广西。陶老在广西待得比较习惯了，每年冬天他都去广西住上一段时间。我们是从广西一起去的重庆，住在重庆宾馆。宾馆当时没暖气，阴冷，还给陶老弄了个加热器。

当时年会上，陶老还发表讲话，大力呼吁加强行政立法，加强行政立法研究。他引用了一句唐诗，"不识庐山真面目，只缘身在此山中"，说行政法和每个人生活都密切相关。陶老回北京后，就病了。从那之后，慢慢身体就不太好了。

何：研究组的会，您是每次都参加？

高：我每次都参加。

何：您做记录吗？

高：会议记录都是应老师安排他的学生做。我只是做我自己的记录。

何：立法研究组的活动有简报留下来吗？

高：简报有两类：一类叫"行政立法研究动态"，另一类叫"行政立法研究资料"。《行政立法研究动态》相当于行政立法研究活动的报道，出过 4 期。"动态"是铅印的，比较正式，题头几个字还是陶老书写的呢。《行政立法研究资料》主要介绍国外的材料，比如哪国的行政诉讼法、什么什么法，先后出了十几期。原来每期我都有，后来搬了几次家，一时不好找了，法工委档案室应当都有。

何：除了您之外，参与立法组工作比较多的，法工委这边还有谁？

高：法工委这边参与比较多的，一个是肖峋，一个是张春生。肖峋是民法室的副主任，跟江平是同学，相互很熟悉。一开始，行政立法主要在民法室，他参加得多。后来行政立法的工作转移到国家法行政法室了，张春生当时是副主任，后期的大半段他都参加了。像国家赔偿、行政复议，都归国家法行政法室管，所以都是张春生参加。其他人也参加一些，但都没有这两人参加得多、了解得全。

行政立法研究组的贡献

何：行政立法研究组先搞行政基本法，中途转向《行政诉讼法》。

高:是。

何:我问一下行政基本法的情况。从现有资料看,这个法的名称似乎不统一,有的叫行政基本法,有的叫行政法大纲,有的叫行政法通则。你们当时用什么样的名称比较多?

高:当时行政立法小组就用"行政基本法"。从刚一成立的时候,陶老的意思就是搞一个类似行政法总则的东西,搞个基本法。当时也起草了,我印象中打印出来了,有一个打印稿,但没有铅印。

何:什么时候决定放弃呢?

高:行政基本法差不多搞了半年。后来考虑,内容太多,一下很难搞出来,不如先搞个诉讼法。诉讼法简单一点,从形势看也更需要。所以,就到陶老家跟陶老商量这事儿,江平、罗老师、应老师和我一块儿去的。陶老同意了。所以,立法组就不搞行政基本法,转向了《行政诉讼法》。这应当是1987 年夏天的事。

何:《行政诉讼法》的起草过程是怎么样的?

高:这个过程还是挺顺利的,1987 年动手,1989 年就出台了。

何:您如何评价这部法律? 如果没有 1989 年的《行政诉讼法》,我们会是什么样的?

高:咱们行政诉讼法最大特点就是民告官,但就是这一点,很不容易。1987 年行政立法组试拟出《行政诉讼法》之后,交给法工委发到各地去征求意见。当时很多单位(主要是基层单位)都有意见,怎么老百姓可以告官? 有人给中央写信,意思我们做点事,老百姓就告我们,我们这工作怎么做? 这恰恰就说明,过去咱们法治意识薄弱。《行政诉讼法》规定民可以告官,这是民主的一个里程碑。

何:回过头看,陶老和行政立法研究组都是非常特殊的存在,对我国的民主法治事业做出了特殊的贡献。

高:陶老推动成立的行政立法研究组确实是一个很特殊的组织,非常特殊,和后来其他的立法小组都不一样。这个组得到了中央领导的同意和法工委的全力支持,前后也活动了很长时间,起草了《行政诉讼法》《国家赔偿法》《行政处罚法》《行政许可法》《行政强制法》等多部法律草案的试拟稿。这个小组为咱们国家的行政法治建设真是做了不少工作,起到了巨大的推动作用。

在行政立法研究组成立这个事儿上也能看出来,陶老个人对咱们国家行政法治的建设,也起到了重要的推动作用。当时陶老恰好处在一个"承上启下"的位置。向上,他可以联系到中央领导,提出他的设想;向下,也有威望能够组织人员、开展活动。他又愿意动脑筋,真是发自内心关心咱们国家的法治建设,关心完整的法律体系的建立、行政法治的实现。现在想想,要是当时没有陶老这个角色,不会有行政立法研究组这个组织,行政立法也就不会有后来的局面。

访谈时间:2023 年 11 月 7 日

2024 年 6 月 25 日

整理:王敏